Na trilha do pop:

a música do século XX em sete gêneros

Kelefa Sanneh

Na trilha do pop:

a música do século XX em sete gêneros

tradução
André Czarnobai

todavia

Introdução 9

Usando fone de ouvido · Literalmente genérico · Excelente/popular/interessante · Dividir e conquistar

1. Rock 23

O reino do rock 'n' roll · Barulheira · Menos monstruoso e mais glamoroso · No limite de cair do precipício · Alternativos por toda parte · O heavy metal é foda · O poder do mal · Rock de pica · Contracultural · O oposto de barulho · Confessional · Fazendo progressos · Rock 'n' roll das antigas

2. R&B 107

Uma música exclusiva · Uma questão de raça · A soul music é nossa · Vendendo a alma · Essa disco music não é de nada · A conveniência do crossover · A outra música negra · Vergonha e sem-vergonhice · Culpado · Deplorável · Um processo de renascimento · Mea-culpa

3. Country 173

Da puríssima • O que é música country? • Sem gritaria de modo algum • Uma revolta, uma releitura e uma campanha de vendas • De volta às origens • Os rebeldes da merda de cavalo • Subúrbios e mamadeiras • Boa sorte em sua nova empreitada • Cadê sua coragem? • Só nos Estados Unidos • A experiência branca • O que te torna country? • O que está certo nesse formato

4. Punk 233

Convertido • Incoerente e inescapável • Rock 'n' roll em seu estado mais puro • Explosão do punk • Política punk • Mais pesado que o punk • Um encantamento • Alimentando-se das migalhas • Teimosos puristas • O oposto do punk • Hipsters por toda parte

5. Hip-hop 293

O rap não precisa ensinar coisa nenhuma • O (novo) som dos jovens norte-americanos • Música em cada frase • Fazendo discos usando discos • Rimas das ruas • Não sou rapper • A verdadeira face do rap • Machismo exacerbado • Autoconsciência • Ambição e desejo • A fuga de Nova York • Rap sério • Sua voz muito desmaiada • Híbridos misturados

6. Dance music 375

Para que mais serve a música? · Uma grande mistura
· Vivíssima · *Party Monster* · Mundos diferentes ·
A espiral ascendente · Perder-se na música

7. Pop 417

A revolução do pop · O monstro de oito letras · O triunfo do poptimismo · As músicas mais populares do país? · Sorriso Colgate · Os perigos do (novo) estrelato do pop · Música pop pura · Você vai sair dessa quando crescer · O fim do gosto · Como é que alguém pode gostar duma coisa dessas?

Agradecimentos 467
Índice remissivo 471

Introdução

Usando fone de ouvido

Quando meu pai se encontrava numa cama de hospital em New Haven, Connecticut, acometido por uma doença repentina, e os médicos e enfermeiras procuravam por qualquer sinal de que ele ainda estivesse vivo, minha mãe deduziu que ele precisava de uma trilha sonora. Ela levou para o quarto seu fone de ouvido com cancelamento de ruído da Bose e nos revezamos tocando para ele suas músicas favoritas. Ao longo da semana seguinte, enquanto lhe fazíamos companhia e nos despedíamos, um dos álbuns que mais colocamos para tocar foi *Clychau Dibon*, de 2013, uma brilhante colaboração entre Catrin Finch, uma harpista galesa, e Seckou Keita, um tocador de corá da região de Casamansa, no Senegal, África Ocidental — não muito distante de onde meu pai havia crescido, na Gâmbia.

O corá, um instrumento similar a uma harpa, com 21 cordas esticadas entre um braço de madeira e um corpo feito de cabaça, era o instrumento favorito de meu pai — sem dúvida o fazia se lembrar da vida de aldeia que havia deixado para trás ainda adolescente. Ele me batizou em homenagem a um lendário guerreiro que inspirou duas das mais importantes composições na tradição do corá, "Kuruntu Kelefa" e "Kelefaba". E certa vez passei um verão surreal na Gâmbia, estudando corá, tomando longas lições diárias de um professor com quem me comunicava sobretudo por meio de uma linguagem de sinais improvisada. Lembro-me de como meu pai ficou empolgado quando descobriu aquele disco de harpa e corá, uma atmosfera híbrida e acalentadora que lhe soou imediatamente familiar. Às vezes, quando alguém diz que ama música, é a isso que essa pessoa se refere. Você escuta alguma coisa que ecoa com algum fragmento da sua própria biografia e experimenta uma sensação de que não se importaria se esses fossem os últimos sons que ouvisse na vida.

Geralmente, entretanto, apaixonar-se por música é um processo muito mais complicado e controverso. Quando mais novo, eu pensava nas amadas fitas cassete de corá do meu pai como música de cortar os pulsos, por causa das vozes lamuriosas dos griôs, que, para mim, soavam como se estivessem uivando. Eu não tinha nenhum interesse naquilo, assim como não tinha nenhum interesse nos compositores clássicos que eram escutados com muita frequência em casa, e cujas criações aprendi a tocar no violino, a partir dos cinco anos. Como a maioria dos jovens, sempre gostei da ideia de que a música poderia me transportar para fora da minha casa, me levar para as ruas, para dentro da cidade e além. Dei o primeiro passo pedindo a minha mãe que me comprasse uma fita de *Thriller*, de Michael Jackson, porque todo mundo na escola estava falando disso. Em pouco tempo eu estava ouvindo as primeiras manifestações do hip-hop, rock 'n' roll antigo e moderno e, por fim, punk rock, que transformou meu interesse moderado por música numa paixão desmedida. O punk me ensinou que a música não precisava expressar consenso; não era necessário cantar com o que quer que estivesse tocando no aparelho de som da família, ou o que quer que estivesse passando na televisão, ou o que quer que os garotos na escola estivessem curtindo. Você podia usar a música como uma maneira de se apartar do mundo, ou pelo menos de *uma parte* do mundo. Podia encontrar nela uma coisa para amar e uma coisa — talvez diversas coisas — para rejeitar. Podia ter uma opinião e uma identidade.

Isso soa detestável? Provavelmente sim, e provavelmente soaria ainda mais detestável se você tivesse me pedido que explicasse isso quando eu era um adolescente recém-convertido ao evangelho do punk. Acho, porém, que os fãs de música tendem a ser pelo menos um pouquinho detestáveis ou constrangedores, e é por isso que é tão fácil ridicularizar os ouvintes compulsivos, sejam eles puristas esnobes e pretensiosos ou seguidores histéricos de divas pop, colecionadores de discos sorumbáticos em porões ou *stans* agressivos nas redes sociais. (O termo "*stan*" vem de uma música de Eminem sobre um fã com uma fixação mórbida e romântica nele; tanto a canção quanto a palavra refletem uma crença bastante difundida de que existe algo de vergonhoso, assustador e *efeminado* na obsessão dos fãs pelos seus ídolos.) Nós até poderíamos, por pura cordialidade, concordar em discordar e não zombar do gosto musical de outras pessoas. Entretanto, mesmo aqueles entre nós considerados oficialmente adultos talvez descubram que nunca abandonamos de fato a ideia de que existe algo intrinsecamente bom sobre a música que gostamos, algo intrinsecamente ruim sobre a que não gostamos e algo intrinsecamente errado com todos que não concordam com isso. Levamos a música para o lado pessoal, em parte porque a decoramos; canções, mais do que filmes ou livros, são criadas para ser experienciadas repetidas vezes, feitas para ser memorizadas. Também a levamos para o lado pessoal porque geralmente a ouvimos socialmente: com outras pessoas, ou pelo menos *pensando* em outras pessoas. Sobretudo no final do século XX, a música popular norte-americana foi se tornando cada vez mais tribal, com estilos diferentes ligados a modos diferentes de se vestir e de ver o mundo. Na década de 1970, gêneros diversos já representavam culturas diversas; na de 1990, havia subgêneros e subsubgêneros, todos com seus próprios valores e expectativas.

De muitas maneiras, essa é uma história familiar. Muita gente tem a mesma ideia difusa de que no passado a música popular era mesmo *popular* e que, de algum modo, ela foi se tornando cada vez mais fragmentada e obscura. Colocamos nosso fone de ouvido e fugimos do mundo usando as trilhas sonoras que nós mesmos escolhemos. Ao mesmo tempo, porém, muitos fãs seguem fiéis à ideia de que a música aproxima as pessoas, reunindo plateias que transcendem barreiras. A verdade, é claro, é que esses dois conceitos são importantes e verdadeiros. Canções, intérpretes ou estilos populares podem destruir determinadas barreiras, mas também podem criar outras. As primeiras composições de hip-hop, por exemplo, deram origem a um movimento que atraiu fãs de todo o planeta. Mas o movimento também ajudou a aprofundar um abismo geracional, dando aos jovens ouvintes negros um caminho para renunciar ao R&B que seus pais tanto amavam. E, nos anos 1990, a música country se tornou mais suburbana e mais acessível. Entretanto, mesmo assim ela permaneceu sendo um mundo à parte do mainstream da música pop. (A música country ganhou mais ouvintes, na verdade, apresentando-se como uma alternativa mais suave e melodiosa às sonoridades progressivamente mais truculentas do rock e do hip-hop daquela década.) Com grande frequência, o mercado da indústria musical ajudou a reforçar essas divisões. Estações de rádio incentivavam seus ouvintes a verem a si próprios como seguidores, leais às suas emissoras favoritas. Lojas de discos separavam sua mercadoria por gêneros, na expectativa de otimizar a experiência de compra e proporcionar descobertas casuais. E as gravadoras se esforçavam para identificar públicos e tendências, procurando maneiras de reduzir, pelo menos um pouco, a imprevisibilidade dos ouvintes.

Reconhecer a evidente diversidade da música popular é fácil. Contudo, "diversidade" é um termo deveras inconveniente, que remete a um mundo polido e estático, onde as pessoas possuem a serenidade de aceitar as diferenças umas das outras. Com maior frequência, a música popular não vem sendo apenas diversa, mas também divisiva, destroçada por crossovers de sucesso e expurgações cruéis, rivalidades entre fãs e rixas carregadas de sarcasmo; repleta de músicos e ouvintes que continuam descobrindo novas maneiras de se apartarem uns dos outros. Esse é o espírito divisivo que detectei pela primeira vez no punk, e por intermédio do punk aprendi a escutá-lo em todos os lugares, até na música de corá do meu pai, que ele amava, em parte, porque ela representava o mundo do qual ele havia se apartado. Ao contrário de praticamente todos os seus muitos irmãos e meios-irmãos, meu pai deixou para trás sua família e seu país para construir uma vida muito diferente nos Estados Unidos, onde se tornou um acadêmico bastante respeitado na área do cristianismo e do islamismo globais. Ele nunca sequer fingiu compartilhar da minha paixão pela música popular, mas também não deve ter ficado muito surpreso pelo meu interesse nas pessoas teimosas e incansáveis que a produziam e a amavam, e pelas turbulentas comunidades que elas criavam.

O fone de ouvido da Bose que meu pai usou no hospital estava novinho em folha. Uma semana antes, eu o tinha dado a ele de presente de Natal; uma semana depois, nós o trouxemos de volta para casa e o aparelho passou a ser meu novamente. Estou usando-o agora, enquanto escrevo, escutando sets de techno e house sem vocais na plataforma de compartilhamento de músicas SoundCloud. Para mim, isso é música de fundo, talvez até música de conforto; é ao que em geral recorro quando tenho de ler ou escrever. Entretanto, mesmo um set sereno de um DJ que progride suavemente é, em alguma medida, um argumento: ele reescreve a história indefinida da disco music; prioriza um punhado de faixas em detrimento de incontáveis outras; endossa uma visão particular sobre como elas deveriam ser combinadas. A música eletrônica para dançar é famosa por suas infinitas categorias, que podem parecer absurdas a qualquer um que não se dedique a investigar a diferença básica entre house music e techno, sem falar nas distinções mais sutis que separam, digamos, o progressive house do deep house. Essas diferenças, porém, importam muito para um DJ, principalmente porque ajudam a determinar quem vai à festa e quem fica nela. A dance music, assim como a música country e o hip-hop, aproxima as pessoas ao *afastar* outras. Essas tribos musicais atraem e repelem, aproximando alguns de nós enquanto afastam alguns outros. E, às vezes, elas acabam se tornando nossa casa.

Literalmente genérico

Fico sempre um pouco perplexo quando um músico é aclamado por transcender seu gênero musical. O que há de tão especial nisso? Nas artes visuais, "pintura de gênero" se refere a obras que retratam pessoas normais fazendo coisas normais. Na literatura, "ficção de gênero" é o equivalente de baixa qualidade da ficção literária. E os cinéfilos falam sobre "filmes de gênero", um termo aplicado às obras que cumprem os requisitos básicos de determinado estilo, como filmes de terror ou policiais — e, como em geral está implícito, não vão além disso. Na música popular, entretanto, simplesmente não há como escapar dos gêneros. Nos velhos tempos das lojas de discos, cada exemplar que havia no estabelecimento precisava ser classificado em *alguma categoria*. Mesmo os serviços de streaming acham válido basear-se em categorias; se você quiser explorar o Spotify, a primeira opção que lhe é oferecida é pesquisar por "Gêneros & Humores". A ideia de transcender um gênero sugere uma correlação inversa entre excelência e pertencimento, como se os maiores músicos fossem, de alguma maneira, menos importantes para suas comunidades musicais, e não o contrário. (Marvin Gaye transcendeu o R&B? E Beyoncé?) Às vezes, músicos são elogiados por misturar gêneros, embora eu não esteja convencido de que a mistura é necessariamente melhor do que o purismo, ou mesmo um caminho mais garantido para a transcendência. De todo modo, é estranho louvar a mistura de gêneros sem louvar também a existência permanente dos gêneros que tornam essas misturas possíveis.

Descobri que músicos, em geral, odeiam falar sobre gêneros. O que faz bastante sentido: esse não é o trabalho deles. Em praticamente todas as entrevistas que conduzi com músicos surgiu alguma versão da frase "Não entendo por que não posso simplesmente chamar de 'música boa'". Tal sentimento sem dúvida captura algo de profundamente verdadeiro sobre muitos músicos, em especial os de sucesso. Eles *detestam* ser rotulados. E pensam mais nas regras que quebram do que naquelas a que obedecem, primando pela liberdade — sobretudo no estúdio. (Algo que eu não saberia por experiência própria: embora tenha trocado o violino, que tocava na orquestra do colégio, pela guitarra e pelo baixo em bandas, nunca atingi algo superior a uma competência rudimentar, e só eventualmente.) Entretanto, músicos costumam ter uma ideia de quem são seus pares, mesmo quando insistem que comparações são inúteis. Também costumam ter uma ideia de quais são as expectativas da indústria e do público, mesmo quando dizem que adoram subvertê-las. É muito comum que seus comentários, bem como seus álbuns, reflitam uma série de princípios dos quais eles mal estão cientes: sobre quais qualidades podem tornar uma faixa aceitável para os programadores das rádios; sobre que tipos de colaborações podem ser considerados valiosos ou surpreendentes; sobre como as músicas são feitas e quando elas estão prontas. Cantores de música country, por exemplo, contrariam ocasionalmente as tradições do estilo ao gravar seus discos com membros de suas bandas de apoio em vez de lançar mão de músicos de estúdio de Nashville. Ao mesmo tempo, a maioria daqueles que não estão inseridos na música country provavelmente nem sequer imagina que essa tradição existe. Você não tem como se rebelar contra um gênero a menos que também se sinta parte dele.

Em muitos debates e livros sobre música, os puristas de gênero são o grande inimigo. Eles são os executivos mercenários das gravadoras, determinados a enquadrar cada novo artista que surge dentro de uma caixinha, só para facilitar a vida do departamento de marketing. E eles — nós! — são os críticos musicais míopes, que se preocupam tanto em categorizar as músicas que nunca chegam a escutá-las de verdade. Ainda assim, este livro é uma defesa dos gêneros musicais, que não são nada além de nomes que damos a comunidades de músicos e ouvintes. Algumas vezes, essas comunidades são físicas, gravitando ao redor de lojas de discos ou de casas noturnas. Com maior frequência, são comunidades virtuais, que compartilham ideias e opiniões usando discos, revistas, *mixtapes* e ondas de rádio; sobretudo na época anterior às mídias sociais e à internet, os fãs às vezes precisavam acreditar que existiam outras pessoas por aí, ouvindo aquelas músicas também. Acredito que a história da música popular, sobretudo nos últimos cinquenta anos, é uma história dos gêneros. Eles se fortaleceram e proliferaram; mudaram e se recusaram a mudar; resistiram mesmo quando parecia que iam desaparecer ou ser absorvidos. (Aparentemente, a cada década, mais ou menos, um gênero se torna tão popular que as pessoas ficam preocupadas que ele vá se dissolver em meio ao mainstream da música pop.)

A persistência dos gêneros — a persistência dos rótulos — moldou a maneira como a música é feita e também a maneira como a escutamos. Portanto, este livro é uma tentativa de reconhecer isso. É, literalmente, um livro genérico.

Pode parecer um pouco brochante enxergar a música popular desse modo, mas não acho que isso seja ruim. A música pop, em sua definição mais abrangente, tem uma inclinação para a irreverência e, mesmo assim, é comum que ela seja debatida em tons reverenciais, como se fosse o produto de uma sucessão de gênios carismáticos. E, de fato, muitos desses gênios conhecidos desempenham um papel nessas histórias, desde Johnny Cash até os membros do N.W.A. Mas quando damos ênfase aos gêneros, inevitavelmente acabamos pensando nas *outras* estrelas também — os *hitmakers* que não costumam ser celebrados em filmes *blockbusters*. Como o Grand Funk Railroad, que, em certa época, foi uma das bandas de rock mais populares dos Estados Unidos, embora muitos críticos jamais tenham conseguido entender o porquê. Ou Millie Jackson, uma pioneira do R&B que nunca conseguiu se adaptar muito bem à disco music. Ou Toby Keith, que sintetizou tão bem aquilo que as pessoas amavam e odiavam na música country nos anos 2000. Muitos dos músicos que estão neste livro *não* transcenderam seus gêneros, algumas vezes porque nem se deram ao trabalho de tentar, outras vezes porque tentaram e fracassaram. Alguns lutaram contra a percepção de que sua música era "genérica" num sentido pejorativo — como se qualquer artista musical abraçado por uma comunidade específica carecesse necessariamente de imaginação. Mas essa crítica à música "genérica" é simplesmente a reafirmação da crítica mais comum que se faz à música popular, de forma geral: a ideia de que existe algo de indecente em determinados tipos de popularidade. Ao longo do último meio século, diversos músicos e ouvintes pertenceram a alguma tribo. O que há de errado nisso?

Excelente/popular/interessante

Em 2002, fui contratado como crítico de música pop pelo *New York Times*, um emprego dos sonhos que me permitia — ou melhor, que me exigia — não fazer praticamente nada além de ouvir música e escrever sobre o que estava ouvindo. Em 2005, o jornal me enviou para o deserto da Califórnia para cobrir o Coachella, um evento tão influente que ajudou a alavancar toda uma cena de festivais de música a céu aberto nos Estados Unidos. Eu ficava indo de palco em palco, tentando ver e ouvir o máximo que podia, parando mais tempo para assistir às performances que pareciam particularmente excelentes, populares ou interessantes. Esses eram meus critérios, em festivais e de maneira geral: eu escrevia sobre música que era ou excelente, ou popular, ou interessante, nessa ordem de importância, com foco especial nos músicos que preenchiam pelo menos dois desses requisitos, e com uma investigação mais aprofundada sobre aqueles que preenchiam apenas o último, e de menor importância. (Acho que uma enorme parte da cobertura musical é dedicada à música supostamente interessante, embora não atice um furor específico nem no público em geral nem na pessoa que escreve sobre aquilo. Se uma coisa não é popular nem excelente, será ela tão interessante assim?) Quando cheguei ao Coachella, já estava bem acostumado à dissonância cognitiva causada pelo fato de meu trabalho praticamente consistir em ir a festas, segurando um caderninho como um maluco, enquanto circulava em meio aos outros frequentadores, que nem registravam minha presença. Nunca gostei muito de festivais de música, talvez por causa da minha vida musical tremendamente privilegiada: sendo morador de Nova York com um emprego de destaque na imprensa musical, tive acesso a todas as casas noturnas e shows daquela que é talvez a cidade mais excitante do planeta; nenhum festival consegue superar isso. Contudo, cobrir o Coachella não foi de forma alguma uma tarefa desagradável, sobretudo depois que aprendi a me orientar em meio à complexa hierarquia das áreas VIP.

Uma noite eu estava sentado num gramado muito importante com alguns amigos, depois que a maioria dos shows já havia terminado, quando um cara estiloso com um sorriso enorme apareceu: Yasiin Bey, rapper que então era conhecido como Mos Def. Eu o havia entrevistado uma vez, alguns anos antes, e ele apertou minha mão com vontade, num cumprimento inesperado.

"Que pena que você não gostou do disco", disse ele.

Eu tinha esquecido disso. Seis meses antes, eu descrevera seu álbum mais recente, *The New Danger*, como "enfadonho". Então me preparei para uma discussão.

Bey continuou sorrindo. "Mas *eu* gostei", disse ele, dando de ombros. Foi uma resposta muitíssimo elegante para uma situação tremendamente constrangedora e inevitável.

Músicos têm o direito de ficar magoados quando um repórter que foi amigável pessoalmente publica uma resenha negativa. Por outro lado, é provável que eles também não se sentiriam muito melhor se esses repórteres tivessem sido grosseiros cara a cara. Em parte, era por esse motivo que eu evitava fazer entrevistas durante os anos em que estive no *Times*. Geralmente, eu era apenas mais um ouvinte com um CD ou um ingresso de um show na mão e algumas opiniões bem fortes sobre o que escutava.

Algumas dessas opiniões mudaram e se enfraqueceram — na verdade, *The New Danger* hoje soa um pouco melhor para mim do que soava em 2004. Entretanto, com maior frequência, eu me percebo ainda gostando do que gostava no passado, não importando se o público concorda comigo ou não. De todo modo, sou cético em relação à maneira como revisamos nossas opiniões ao longo do tempo para nos adequarmos melhor às pressões sociais do momento. Neste livro, tento me concentrar na maneira como a música popular foi recebida quando foi lançada, o que significa que me baseio muito em matérias e entrevistas da época, bem como em algumas métricas, como a venda de álbuns e as posições nas paradas de sucesso. Não é nenhum segredo que esses números podem ser manipulados pelas gravadoras, embora também seja verdade que muitas dessas tentativas fracassam; existe um motivo para que nem todo artista movido a jabá chegue ao topo das paradas. E, ao longo da história da música pop, listas das paradas como as publicadas pela revista *Billboard*, o semanário definitivo da indústria musical, ajudaram a construir percepções mais abrangentes do que é sucesso e do que é fracasso, às vezes complicando histórias triviais de maneiras muito interessantes. (Alguns dos discos mais excelentes e interessantes da história não foram populares — ou, pelo menos, não quando foram lançados.) Os dados da nossa história musical são uma cacofonia fragmentada: as gravadoras tinham uma ideia aproximada de quantas pessoas compravam cada disco, mas não tinham como contabilizar quantas vezes esses discos eram tocados. No entanto, medidas como as paradas da *Billboard* podem servir como um corretivo útil para as distorções históricas e hagiográficas. Não traz prejuízo nenhum ao assombroso legado de Aretha Franklin, por exemplo, o fato de que em sua carreira ela teve apenas dois singles chegando ao número 1: "Respect", seu hit definitivo de 1967, e "I Knew You Were Waiting (for Me)", sua parceria com o galã inglês George Michael, de 1987. Franklin tinha uma das maiores vozes de sua época, mas não era exatamente — a julgar pelos números — uma pop star.

Dou atenção também ao que diziam os críticos da época. Não porque suas opiniões estivessem necessariamente corretas, ou mesmo fossem influentes. Durante meu período como crítico, percebi logo que possuía relativamente pouco poder, não muita coisa além da possibilidade de, vez ou outra, dar um pouco mais de espaço para um artista desconhecido. E esse estado das coisas me parecia saudável. No mundo da crítica musical, o que parece ser poder é muito mais uma premonição, a habilidade de identificar um sucesso antes que ele estoure. (Nunca fui muito bom nessa parte do trabalho.) Mas, mesmo sem esse poder de prever o que vai fazer sucesso, os críticos ainda detêm certa influência, já que o conjunto de seus julgamentos afeta a maneira como os músicos são vistos e como eles veem a si mesmos. Artistas de quem os críticos não gostam às vezes passam a se perceber como rebeldes populistas, travando uma batalha contra uma elite musical opressora. E os artistas que os críticos adoram às vezes ajudam a definir a percepção geral de como determinado gênero deveria soar, mesmo sem atrair um grande público. É claro que, sendo eu mesmo um crítico, não consigo ser muito imparcial em relação à crítica e às pessoas que a praticam: em nome da transparência, admito que conheço várias delas e escrevi, eventualmente, para algumas das publicações que cito neste livro, como *The Source*, *Village Voice* e *Rolling Stone*. Por conta disso, não tenho uma visão particularmente idealizada da profissão. Críticos de música são apenas pessoas que escutam muita música e encontram maneiras de compartilhar suas ideias — que, na minha experiência, tendem a ser, de modo geral, *menos* radicais que as dos fãs casuais.

Parte da diversão em revisitar textos antigos sobre música é a oportunidade de ser lembrado de que julgamentos e reputações podem mudar. É bem possível que muitos dos ouvintes de hoje em dia mal consigam acreditar, por exemplo, que alguns ouvintes bem qualificados já consideraram Prince um símbolo de tudo o que estava errado com o R&B. Nos últimos anos tem havido esforços intensos no sentido de reconsiderar diversas carreiras musicais, em especial aquelas que um dia foram caracterizadas pela transgressão ou pelas ideias ofensivas. Esse não é um fenômeno novo: músicos e estilos estão constantemente entrando e saindo de moda, às vezes por um bom motivo e às vezes sem nenhum motivo muito evidente. Grande parte dos ouvintes hoje em dia quer ter a certeza de que os artistas que eles amam também são pessoas de quem gostariam — um desejo bastante comum, embora talvez muito mais radical do que certos ouvintes se dão conta. (Uma lista de músicas compostas apenas por músicos impecáveis e de bom coração provavelmente não se encaixaria na lista dos maiores sucessos de ninguém.) Existe algo de intrigante nas músicas antigas que atende aos requisitos de ouvintes de agora, mas também existe algo de intrigante nelas que não atende, por qualquer que seja o motivo. De todo modo, este livro não tem o objetivo de lhe dizer o que você tem de escutar hoje. Seu objetivo é lhe contar um pouco sobre o que as pessoas andaram ouvindo por aí e por quê.

Dividir e conquistar

Existe uma teoria comum, e talvez até correta, segundo a qual a música mudou nos anos 1960. Geralmente essa alegação envolve os Beatles, a cultura jovem e alguma coisa sobre a Guerra do Vietnã. Contudo, os Beatles acabaram no final daquela década, e este é um livro sobre o que aconteceu depois disso, ao longo dos cinquenta anos seguintes, contando a história de sete gêneros musicais de destaque. Os três primeiros são os mais venerados: rock 'n' roll, R&B e country — gêneros antigos que permaneceram tão populares, e são tão característicos, que passaram a ser vistos como elementos permanentes da paisagem cultural norte-americana. Os próximos três são mais recentes: punk rock, hip-hop e dance music — novatos que herdaram versões diferentes do espírito rebelde que outrora impulsionou o rock 'n' roll. O último é a música pop, que praticamente nem chega a ser um gênero em si. Em diversos momentos, "pop" se referiu a todo o espectro da música popular, ou apenas aos artistas que não se encaixam exatamente em nenhum gênero; o termo começou a ser usado há relativamente pouco tempo e, de forma inesperada, acabou se tornando também um gênero por si só.

Essa estrutura é, certamente, mais confortável para alguns artistas do que para outros. E a história contada aqui é, certamente, parcial. A música clássica ficou de fora, bem como o jazz, gêneros que, na época em que essas histórias começaram, tinham se afastado (ou sido eliminados) do mundo das paradas de sucesso, dos hits e das grandes turnês. Da mesma forma, a história da música popular moderna em geral não está associada ao blues, ao folk, ao gospel e a outros estilos tradicionais que sobrevivem sem muita ajuda do mercado da música mainstream. Este livro reflete minha fascinação com os Estados Unidos, onde vivo desde os cinco anos, de modo que ele é todo focado no pop norte-americano — e, eventualmente, no seu equivalente britânico. Não pretende fazer justiça ao universo mais abrangente da world music, o que inclui a amada música de corá de meu pai. (Imagino que ele entenderia, sobretudo levando em conta que ele foi o motivo de minha família ter se mudado para os Estados Unidos.) Nem aos gêneros latinos, que poderiam e deveriam ser o tema de outro livro como este, desenvolvendo-se, em grande parte, lado a lado com os estilos apresentados aqui. A música latina aparece de forma ocasional nessas histórias, muito embora nos últimos tempos tenha se tornado central para a sonoridade do pop norte-americano — num relato sobre os *próximos* cinquenta anos da música popular nos Estados Unidos, os gêneros latinos sem dúvida ocupariam um lugar de destaque.

Uma história sobre gêneros musicais é necessariamente uma história sobre conflito, como qualquer um que tenha assistido à animação *Trolls 2* pode atestar. (No filme, tribos de trolls devotos de gêneros diferentes entram em guerra — e, de forma muito pouco convincente, fazem as pazes.) Artistas e ouvintes descobrem juntos como e quando policiar as fronteiras de suas comunidades e discutir sobre a posição daqueles que encontram formas de transcendê-las. Em geral, fazer isso significa "se tornar pop", abandonar seu gênero para produzir músicas pensadas para serem mais universalmente palatáveis. Mas esse processo também pode funcionar ao contrário, nos momentos em que um gênero se torna popular a ponto de deixar os pop stars com inveja. "Gone Country", de 1994, foi um hit sarcástico de Alan Jackson sobre artistas que se mudaram para Nashville em busca de crédito no mundo da música country. ("Ela virou country, olhem só suas botas", cantava Jackson. "Ela virou country, de volta às suas raízes.") E, em 2020, o ex-astro adolescente Justin Bieber reclamou quando o Grammy o colocou na categoria "pop", e não em "R&B". "Eu me criei admirando o R&B e quis fazer um projeto que incorporasse esse som", explicou ele no Instagram. Artistas, quando se rebaixam a ponto de falar sobre gêneros, costumam ser incrivelmente ambivalentes, reafirmando suas afiliações a determinado estilo musical enquanto alegam, ao mesmo tempo, gozar de total liberdade musical. Em diversos gêneros, um senso de identidade cultural mais sólido consegue produzir um senso de identidade musical mais livre: nos anos 1980, as bandas de hair metal exibiam trejeitos caricatos de roqueiros enquanto gravavam canções de amor melosas conhecidas como *power ballads*. No fim, acabaram perdendo espaço para uma geração de grupos de rock supostamente alternativos, alguns dos quais não eram capazes sequer de decidir se queriam enterrar velhas ideias do passado glorioso do rock 'n' roll ou trazê-las de volta.

Quando eu estava no ensino médio, no começo dos anos 1990, a música popular passava por uma fase estranhamente tribal, e talvez seja por isso que quis escrever um livro sobre tribos. Muita gente com mais ou menos a minha idade ainda consegue se lembrar das taxonomias que definiram sua adolescência: algumas escolas tinham metaleiros e garotos usando chapéus de caubói; algumas tinham góticos e roqueiros raiz; quase todas as escolas tinham um bando de fãs de hip-hop e muitas, uma facção de *clubbers*; regiões diferentes do país tinham tipos diferentes de punks. Chegou até a existir, em 1990, um festival que reuniu múltiplos gêneros, chamado A Gathering of the Tribes. (Ele ajudou a pavimentar o caminho para o Lollapalooza, que surgiria no ano seguinte.) Um dos seus organizadores era Ian Astbury, da banda britânica The Cult, que se orgulhava de ter levado uma ampla gama de músicos alternativos para o mainstream pop: o pioneiro do punk Iggy Pop, o grupo de hip-hop Public Enemy, a dupla de folk Indigo Girls e muitos outros.

"Não existe mais isso de nós e eles", declarou Astbury ao *Los Angeles Times*, embora, é claro, a intenção do festival não fosse assim tão ambiciosa. As tribos, afinal de contas, deveriam se reunir, e não desaparecer.

Diversas vezes, um momento de maior visibilidade para um gênero musical é, também, um momento de ansiedade existencial — em que o gênero parece prestes a desaparecer. Na década de 1980, algumas pessoas começaram a se preocupar com a viabilidade do R&B a longo prazo, justamente por causa do seu sucesso: com estrelas como Michael Jackson e Prince definindo o som do pop mainstream, como o estilo manteria sua identidade e seu público? Na década de 1990, o sucesso do Nirvana enfiou a cultura "alternativa" goela abaixo do mainstream, criando tanto uma oportunidade quanto um paradoxo para uma geração de bandas que, até então, pertenciam ao underground. E, nos dias de hoje, o predomínio do hip-hop é tão absoluto que o próprio termo enfrenta certa turbulência: se as músicas mais populares dos Estados Unidos podem ser descritas mais ou menos como "hip-hop", onde se encaixam todos os rappers e produtores que *não* emplacam sucessos no universo do pop? Nos serviços de streaming, as músicas mais tocadas tendem a ser híbridos de hip-hop que esticam ao máximo os limites do gênero. Batidas lentas, com tambores sintetizados que rufam;

ambiências eletrônicas melancólicas, às vezes até assustadoras; vocais sombrios, com uma dicção que frequentemente não é clara e fica num meio-termo entre cantar e fazer rap. Será que a questão do gênero foi por fim resolvida? Seria possível que, mesmo quando afinal temos acesso a praticamente qualquer música que desejarmos, muitos de nós continuem escutando as mesmas coisas?

Essa não costuma ser a pergunta que fazemos a nós mesmos, em especial nos Estados Unidos de hoje em dia, onde a percepção geral é de que as nossas divisões estão mais profundas e são mais destrutivas do que nunca. Em alguns lugares e momentos, ainda é verdade que a música é capaz de aproximar as pessoas, independentemente de suas crenças e preferências. Mas a intensidade e a raiva que caracterizam grande parte dos debates políticos modernos refletem também algo importante sobre a tendência muito humana — e, talvez, muito norte-americana — de impor limites e intensificar diferenças, e de definir a nós mesmos tanto pelas coisas que odiamos quanto por aquelas que amamos. Ao longo de mais de meio século, ouvintes, sobretudo durante seus anos de formação, vêm usando a música popular para definir suas identidades. E, enquanto ela servir a esse propósito, será necessariamente divisiva, aproximando-nos ao mesmo tempo que nos afasta uns dos outros.

1.
Rock

O reino do rock 'n' roll

Uma noite em 1962, uma garota de treze anos chamada Pamela ficou feliz de ver, em sua televisão, um rapaz do Bronx de 22 anos chamado Dion Di-Mucci. Ele era o ex-vocalista da banda Dion and the Belmonts e proeminente ídolo adolescente — uma das maiores estrelas do rock 'n' roll. Na verdade, a garota ficou mais do que feliz. "DION!!!", escreveu ela no seu diário. "Socorro!!! Estou tão emocionada que acho que vou MORRER!!! Comecei a correr pela casa, me engasgando e chorando e berrando e gritando."

Como muitos adolescentes americanos da década de 1960, Pamela era obcecada pelas estrelas do rock. Conforme ela foi ficando mais velha, sua obsessão ficou cada vez mais intensa, em sintonia com a crescente intensificação de seus objetos de adoração. Alguns anos após Dion vieram os Beatles e, mais especificamente, Paul McCartney. "Todo dia eu mandava um poema bobo e brega pro Paul McCartney, escrito num aerograma e selado com um beijo", recorda. Pamela tem uma lembrança particularmente vívida de um postal dele que tinha uma fotografia que outros fãs talvez considerassem infeliz. "Dava pra ver a marca de suas bolas sendo esmagadas pela calça muito apertada", lembraria mais tarde. Ela e suas amigas igualmente fissuradas chamavam a si mesmas de Beatlesweeties e escreviam, umas para as outras, histórias românticas centradas nos Beatles, nas quais elas se imaginavam participando da vida de seus ídolos.

No entanto, Pamela logo se deu conta de que estava começando a gostar de outra pessoa: Mick Jagger, dos Rolling Stones, que ela e suas amigas sempre tinham visto como "sujo" ou "desleixado"; ela estava descobrindo que essas características já não eram assim tão repulsivas. "Com meu precioso Paul eu nunca ultrapassei limites na fantasia, mas agora com Mick eu ousava imaginá-lo com sua calça de veludo cotelê arriada até os tornozelos", recorda. As anotações em seu diário registraram suas fantasias, que estavam se tornando cada vez mais fisiológicas. "Um dia ainda vou tocá-lo e apalpá-lo, tenho certeza", escreveu. "Mick, eu amo seu PÊNIS!"

Essa jovem escritora acabou transformando sua paixão pelas estrelas do rock num estilo de vida e, depois disso, numa carreira literária. Ela é Pamela Des Barres e, em 1987, incluiu essas anotações de seu diário em seu primeiro livro, *I'm with the Band: Confessions of a Groupie*. O título é muito certeiro: Des Barres ocupou por muitos anos uma posição de destaque na cena rock 'n' roll de Los Angeles, e sua vida adulta acabou se revelando ainda mais interessante do que seu diário de adolescente. (Sua profecia sobre Mick Jagger, por exemplo, não demorou muito tempo para se concretizar.) Todavia, o verdadeiro tema do seu livro era o estrelato do mundo do rock em si. Poucas pessoas escreveram de maneira tão perspicaz e compreensiva sobre o peculiar frenesi que confere ao gênero do rock 'n' roll sua lendária reputação, ou sobre os complexos laços que unem artistas e fãs — e, tão importante quanto, os laços que os dividem. Em vários momentos ao longo do livro, Des Barres e seus ídolos parecem se esforçar para entender exatamente como deveriam se relacionar entre si. Afinal de contas, Des Barres não era apenas uma fã, e sim uma subcelebridade, além de ser também artista: ela era membro da GTO, Girls Together Outrageously, uma trupe artística de rock 'n' roll que lançou um disco por um selo capitaneado por Frank Zappa, o roqueiro excêntrico que foi seu mentor. Ainda assim, ela estava perfeitamente ciente do poder de sedução que o estrelato do rock exerce e do desequilíbrio de poder que havia em muitas de suas relações. "Eu me perguntava se deveria namorar firme com o melhor guitarrista do mundo", pensava, enquanto estava saindo com Jimmy Page, do Led Zeppelin. Como parte do pacote, ele esperava que ela desse palpites no próximo disco da banda:

> No seu dia de folga, ficamos no meu quarto, ouvindo sem parar um vinil de teste de *Led Zeppelin II*, enquanto ele fazia milhares de anotações. Tive de comentar todos os solos e, embora achasse que o solo de bateria de "Moby Dick" se estendia por tempo demais, fiquei de boca fechada e segui passando sua calça de veludo e pregando os botões de sua jaqueta de cetim.

Quando Des Barres publicou seu livro, as regras desse mundo já tinham sido sistematizadas. Era 1987 e a MTV fazia sucesso, impulsionada por um estilo particularmente glamoroso e decadente de rock 'n' roll que viria a ser conhecido como hair metal. Mesmo as pessoas que não se interessavam por rock 'n' roll àquela altura tinham uma boa ideia de como uma estrela do rock deveria se vestir e se comportar. As estrelas do rock sobreviveram à cena de Los Angeles descrita por Des Barres e também aos anos 1980. Na década de 2010, o termo *"rock star"* era usado para descrever CEOs vagamente extravagantes, políticos levemente carismáticos, atletas moderadamente excêntricos e, ocasionalmente — embora com muito menos frequência —, músicos profissionais. Às vezes fica a impressão de que o termo "estrela do rock", seja como descrição, seja como uma espécie de aclamação genérica, se descolou do próprio gênero. Uma música chamada "Rockstar", de Post Malone, com participação de 21 Savage, foi um dos maiores hits de 2017, e outra música completamente *diferente* e sem qualquer relação chamada "Rockstar", de DaBaby, com participação de Roddy Ricch, foi um dos maiores hits de 2020. As duas falavam sobre o estrelato do rock como forma de se tornar celebridade, ou como um estado de espírito. (Post Malone afirma: "Eu me sinto como uma estrela do rock", enquanto DaBaby pergunta: "Você já conheceu algum crioulo que é uma estrela do rock de verdade?".) E as duas faixas eram hip-hop — não rock 'n' roll.

No final dos anos 1960, por outro lado, estrelas do rock eram novidade. Certamente, eram uma novidade tão grande que ainda nem tinham nome. O termo "estrela do rock" está praticamente ausente do livro de Des Barres, muito embora o estrelato do rock seja seu tema; numa das anotações de seu diário, feita nos primeiros meses de 1970, ela se refere ao seu mundo como "círculo das estrelas do pop", não "círculo das estrelas do *rock*". A *Rolling Stone*, que foi a publicação oficial do mundo do rock 'n' roll durante muitas décadas, só passou a usar o termo com alguma regularidade a partir da década de 1970. A primeira ocorrência de destaque do termo "estrela do rock" no *New York Times* data de 5 de outubro de 1970, numa manchete de capa: "MORRE JANIS JOPLIN. ESTRELA DO ROCK TINHA 27". (Não foi o único termo utilizado; o artigo descreveu Joplin de várias maneiras, como "cantora de rock" e "cantora pop".) As mortes de Joplin e Jimi Hendrix, em 1970, e a seguir a de Jim Morrison, da banda The Doors, em 1971, ajudaram a popularizar o conceito de estrelato do rock, reforçando a ligação entre música, drogas e álcool, ao mesmo tempo que passavam a impressão de que a vida de uma estrela do rock era selvagem e arriscada, e, como consequência, possivelmente muito curta também.

A era das estrelas do rock começou mais ou menos na época em que o diário de Des Barres foi ficando mais explícito, no final da década de 1960. A evolução de suas preferências acompanhou a evolução do próprio gênero. Dion e McCartney, que tinham sido seus primeiros amores, não eram estrelas do rock — no sentido moderno —, mas ela os trocou por Jagger, Page e outros, que certamente eram. Muitos ouvintes ficaram com a impressão de que ouviram alguma coisa mudando à medida que os anos 1960 do rock 'n' roll foram dando passagem para os anos 1970 das estrelas. Quando McCartney lançou seu segundo álbum solo, *Ram*, em 1971, a *Rolling Stone* publicou uma resenha desalentadora escrita pelo crítico Jon Landau, que o chamou de "incrivelmente insignificante" e "monumentalmente irrelevante", o símbolo de uma cultura em declínio. Ele argumentava que *Ram* representava "o ponto mais baixo do processo de decomposição do rock dos anos 60 até agora", confirmando o que o término dos Beatles havia sugerido. "Nos dias de hoje, os grupos nada mais são do que uma junção de artistas solo", escreveu. "O conceito de grupo como uma unidade com identidade própria vem se tornando cada vez mais fora de moda."

Quando Joplin foi imortalizada como "estrela do rock" na capa do *Times*, o estilo já havia deixado para trás algumas de suas conexões mais antigas. Na década de 1950, o rock 'n' roll destruidor de paradigmas de Elvis Presley era tão amplamente popular que ele chegou ao topo das paradas de pop, R&B e country ao mesmo tempo. O rock 'n' roll, por outro lado, se desenvolveu de maneira mais singular. Nos anos 1950, ele se separou do country; nos anos 1960, se separou do R&B; e, nos anos 1970, se separou do pop, consolidando seus próprios veículos de comunicação e suas referências. Agora, as bandas de rock 'n' roll estavam sendo julgadas pelos seus álbuns, e não pelos seus singles; agora eram as vendas de discos e ingressos, e não a performance nas paradas de sucesso, que determinavam quais delas estavam no topo. ("Stairway to Heaven", possivelmente a canção que melhor resume o Led Zeppelin, ajudou o grupo a vender dezenas de milhões de cópias de *Led Zeppelin IV*, muito embora a faixa nunca tenha sido lançada como single.) Ao mesmo tempo, entretanto, a música estava se fragmentando, atraindo uma nova geração de modificadores que ameaçava transformar o gênero num conjunto de subgêneros: acid rock, soft rock, folk rock, rock progressivo, rock de arena, art rock, punk rock. Em

1977, quando Elvis Presley morreu, um de seus muitos obituários foi escrito pelo crítico Lester Bangs, que, de forma geral, gostava do clima de estranheza e insolência cada vez mais presente no rock e, como era de esperar, desprezava o ato derradeiro da carreira de Elvis, sua transformação em artista veterano fazendo shows em Las Vegas. Bangs o comparou, de forma não elogiosa, a Hendrix e a Joplin e, de forma mais elogiosa, ao Pentágono, que não era uma banda, e sim o quartel-general do Departamento de Defesa dos Estados Unidos. Que, escreveu ele, era uma "gigantesca instituição blindada", famosa por seu poder "legendário". "É óbvio que todos nós gostamos mais de Elvis do que do Pentágono", prosseguiu o crítico, "mas vejam só que escolha miserável de fazer." Contudo, mesmo zombando de Presley, Bangs também percebeu que sentiria falta do suposto Rei do Rock 'n' Roll, porque sentia falta da época em que o reino do rock 'n' roll era coerente o bastante para ter um suposto rei. "Uma coisa posso garantir: nunca mais seremos unânimes em relação a coisa alguma como fomos em relação a Elvis", escreveu. "Então, não vou nem perder meu tempo dando adeus ao seu cadáver. Vou dar adeus a vocês."

Nos anos 1970, muitos músicos e ouvintes aparentemente concordavam com a visão de Landau e Bangs de que o rock 'n' roll estava se decompondo ou se desintegrando. E muitos respondiam a isso dobrando suas apostas, insistindo que o rock 'n' roll não era simplesmente uma categoria musical, mas sim uma identidade, uma bandeira a ser levantada. Houve um surto de canções de rock 'n' roll sobre o rock 'n' roll, com uma leve inclinação para a nostalgia. "American Pie", o sucesso de 1971 de Don McLean, era uma melancólica exaltação dos bons e velhos tempos do rock 'n' roll — exatamente como "Rock and Roll", do Led Zeppelin, lançada no mesmo ano. ("Já faz bastante tempo desde 'Book of Love'", brada Robert Plant, prestando um tributo barulhento a uma antiga canção de 1957.) Às vezes, os astros do rock pareciam estar tirando uma com a cara do gênero que eles supostamente deveriam amar. "Lembro quando o rock era jovem", cantou Elton John em "Crocodile Rock", acrescentando que "os anos se passaram e o rock simplesmente morreu"; a melodia alegre, inspirada pelo rock dos anos 1950, ajudou a dar uma adocicada nessa amarga derrocada cultural. "Long Live Rock", do The Who, de 1974, segue seu título otimista com uma reflexão desanimada: "Vida longa ao rock — esteja ele vivo ou morto". E Mick Jagger ofereceu ao gênero decadente sua resignação afetiva com: "Sei que é apenas rock 'n' roll, mas eu gosto".

A característica que sintetiza o rock 'n' roll nos anos 1970 é sua autoconsciência, e, nesse sentido, eles nunca terminaram. O rock 'n' roll autoconsciente acabou se revelando surpreendentemente versátil e surpreendentemente duradouro. Desde aquela década, as bandas de rock precisam encontrar maneiras de reafirmar sua fidelidade a um gênero que não é nada novo e não está nada morto. E desde aquela década, praticamente todo movimento que surge dentro do rock vê a si mesmo como uma espécie de reforma, como se tivesse a missão de trazer de volta o espírito de uma suposta era de ouro, real ou imaginária. Gerações de músicos e ouvintes aprenderam a ver o "rock" como uma identidade pela qual vale a pena lutar, o que produziu um debate interminável sobre o que constitui o "verdadeiro" rock. Ao contrário da música country, que santifica estilos de vida brancos e rurais, ou o R&B, que conversa com diversas gerações de ouvintes negros, no rock 'n' roll em geral a identidade de sua plateia não está relacionada à sua demografia. (Talvez seja por isso que o rock é um sucesso desproporcional entre homens brancos de classe média que são pais, e as bandas de rock, por sua vez, não ganhariam credibilidade caso quisessem se gabar de sua popularidade nesse segmento.) Em vez disso, o rock 'n' roll resistiu como uma música tradicional com a qual sucessivas gerações se conectaram — talvez seja o mais tradicional entre os principais gêneros do pop. Também é o mais espiritual. O rock 'n' roll costuma ser descrito não como um conjunto de práticas ou uma sonoridade em particular, e sim como uma presença, que se manifesta em qualquer lugar onde estiverem seus verdadeiros fãs, de maneira mais ou menos similar à fórmula que Jesus revelou aos seus discípulos: "Onde dois ou três estiverem reunidos em meu nome, ali estou eu no meio deles".

Se o rock 'n' roll é um espírito eterno, então deve ser, também, eternamente ele mesmo — capaz de ser eternamente revivido, embora não modificado em sua essência, apesar do surgimento de novos estilos e maneirismos. Bruce Springsteen tem sido um de seus maiores revivalistas ao longo dos anos, sendo ele próprio um tanto quanto retrógrado quando surgiu, em 1973. Ele entendeu que "estrela do rock" era um trabalho e um personagem. ("Eu conheço sua mãe, ela não gosta de mim porque eu toco numa banda de rock 'n' roll", canta em "Rosalita".) Sua paixão pela história do rock 'n' roll é parte daquilo que fez dele um visionário: percebeu que, dos anos 1970 em diante, o futuro do rock 'n' roll estava no passado. ("O futuro do rock 'n' roll não *existe*", declarou Mick Jagger em 1980. "É tudo reciclagem do passado.") Springsteen se tornou uma estrela do rock do primeiro escalão em 1975, com o lançamento de *Born to Run*, álbum que o pôs na capa tanto do *Times* ("A NOVA SENSAÇÃO DO ROCK") quando da *Newsweek* ("NASCE UMA ESTRELA DO ROCK"). Em seguida, fez uma coisa ainda mais impressionante: permaneceu sendo uma estrela do rock e foi, durante décadas, um dos cantores mais populares do país, além de um dos maiores vendedores de ingressos. Springsteen ainda estava entre os grandes nomes do rock em 2017, quando, aos 68 anos, deu início a uma série de apresentações solo, cantando suas músicas e contando histórias num teatro da Broadway, cinco noites por semana, durante mais de um ano. Mesmo sem sua banda, ele desempenhava seu papel de devoto fiel do rock 'n' roll, às vezes discursando com fervor entre uma canção e outra. "Só existe amor quando um mais um soma três", declarava durante o show. "Essa é a equação fundamental da arte, a equação fundamental do rock 'n' roll." Ele ria da própria fé adolescente no rock 'n' roll e ficava embasbacado ao perceber como tão pouca coisa havia mudado desde então. "É por esse motivo que o rock 'n' roll de verdade — e as bandas de rock de verdade — nunca vão morrer!"

Barulheira

Ao longo de 1970, os Beatles lançaram seu último álbum, *Let It Be*, seus quatro membros lançaram seus discos solo e, no dia 31 de dezembro, Paul McCartney por fim deu início ao processo legal que culminaria no rompimento oficial da banda. Como consequência disso, alguns ouvintes começaram a se fazer uma pergunta que deve ter soado razoável na época, embora pareça totalmente disparatada agora: Quem seriam os próximos Beatles? Boa parte das respostas em potencial era tremendamente improvável, mesmo para a época. O Badfinger, conhecido pelas suas canções grudentas e espirituosas, foi uma delas; o argumento mais forte a favor da banda como ocupante do trono era o fato de ter sido a primeira contratada da Apple Records, o selo dos Beatles. (O Badfinger chegou a emplacar meia dúzia de hits, mas nunca ascendeu à elite do rock 'n' roll.) Em 1976, uma banda chamada Klaatu lançou um disco com tão poucas informações e tantas semelhanças com a sonoridade dos Beatles que diversos ouvintes se convenceram de que quem cantava eram eles próprios, disfarçados. (O Klaatu, como as pessoas logo descobriram, era um grupo de rock progressivo do Canadá, mais lembrado hoje em dia por "Calling Occupants of

Interplanetary Craft", uma tocante balada espacial que acabou sendo um hit moderado quando os Carpenters gravaram uma versão pop.) Mas houve uma banda que tentou seguir os passos dos Beatles e que, de certa maneira, conseguiu atingir o sucesso — fazendo esgotar os ingressos do Shea Stadium, no Queens, mais rápido do que os próprios Beatles e se tornando, durante um período, um dos grupos mais populares dos Estados Unidos.

O nome dessa banda era Grand Funk Railroad. Atualmente, seus membros são mais lembrados por "We're an American Band", um tributo ao estilo de vida de uma estrela do rock movido a muito *cowbell*, e por suas versões caprichadas de alguns hits dos anos 1960, "The Loco-Motion" e "Some Kind of Wonderful". Por outro lado, de modo geral eles não são sequer lembrados; muitos dos ouvintes que escutassem seu nome agora poderiam supor, de forma equivocada porém sensata, como eu mesmo fiz por anos, que se trata de uma banda de funk. Na verdade, os caras do Grand Funk Railroad tocavam o que se poderia chamar de hard rock: alguns críticos qualificaram suas músicas como "barulhentas", "poderosas" ou, ainda, "bem diretas". Em sua maioria, entretanto, os críticos as descreveram como terríveis. Escrevendo para o *New York Times*, em 1972, Loraine Alterman emitiu uma opinião implacável, embora nada incomum. "Qualquer pessoa que tenha um pingo de bom gosto para o rock 'n' roll não tem como afirmar a sério que o Grand Funk produziu qualquer música minimamente memorável, a não ser pela sua algazarra ensurdecedora", escreveu. Naquele mesmo ano, a banda lançou uma compilação de seus maiores sucessos, que trazia, em seu encarte, uma colagem de matérias publicadas em jornais, muitas delas nada lisonjeiras:

O GRAND FUNK É TERRÍVEL
EXECUTIVOS DE GRAVADORAS SURPRESOS COM O SUCESSO DO GRAND FUNK
BANDA QUENTE TEM RECEPÇÃO FRIA EM CASA

O Grand Funk Railroad talvez tenha sido a primeira banda popular de rock 'n' roll a se estabelecer em oposição ao que diziam os críticos, que ainda eram uma espécie relativamente rara. A *Rolling Stone* foi lançada em 1967; seu fundador era Jann Wenner, um ambicioso jornalista e fã de música de San Francisco que imaginou que haveria um público para uma revista que levasse o rock 'n' roll a sério — ou seja, para uma revista de rock 'n' roll que levasse a *si mesma* a sério. Essa acabou sendo uma ótima ideia, principalmente porque a opinião dos críticos e a dos fãs de rock na época tinham, em geral, uma tendência a coincidir. Em 1969, o *Village Voice*, o principal jornal de contracultura de Nova York, começou a publicar a coluna Consumer Guide, escrita por um crítico severo, embora de mente aberta, chamado Robert Christgau, que dava notas no formato de letras para os álbuns que escutava, como se eles fossem deveres de casa. Christgau escreveria mais tarde que, naquela época, críticos de rock como ele estavam, de maneira geral, em sintonia com a audiência. "Nem todo rock popular era bom", afirmou, "mas quase todo rock bom era popular." O sucesso do Grand Funk, entretanto, foi um sinal de que nos anos 1970 críticos e fãs de rock começaram a divergir — e para sempre, como se veria mais tarde. A *Rolling Stone* se referiu certa vez ao Grand Funk Railroad, de forma muito arrogante, como "a melhor banda para ouvir no rádio do carro". E Christgau resenhou seis dos seus sete primeiros álbuns de estúdio, conferindo notas que variaram entre C- e C+.

Observada com o distanciamento de várias décadas, a discografia do Grand Funk Railroad não parece nada controversa: as canções barulhentas com influências de blues soam exatamente como você imaginaria que soassem; não é difícil de entender por que um ouvinte jovem que estivesse procurando uma banda barulhenta de rock 'n' roll acabasse parando para ouvir o Grand Funk e gostasse, pelo menos por algum tempo. Alguns críticos lutaram contra sua própria possível irrelevância quando decidiram lutar pelo Grand Funk. Dave Marsh, da *Creem*, polêmica revista de rock de Detroit, fez um elogio exaltado, embora não exatamente convincente, ao Grand Funk, dizendo que a banda estava "em sintonia com [...] o espírito da juventude norte-americana"; de forma similar, Christgau acabou expressando admiração pela "sinceridade populista" do grupo. Na *New Yorker*, Ellen Willis, uma das críticas mais brilhantes dessa e de qualquer outra época, publicou um artigo com o título "My Grand Funk Problem — and Ours" [O meu — e o nosso — problema com o Grand Funk] (uma provocativa referência a "My Negro Problem — and Ours" [O meu — e o nosso — problema com os negros], um angustiante ensaio sobre o racismo, de autoria de Norman Podhoretz). Willis havia desprezado a banda num primeiro momento, classificando-a como "barulheira", mas depois, ao se dar conta de que milhões de jovens estavam comprando seus discos, ela foi acometida por um pensamento desagradável: "Será que meus pais não tinham reagido exatamente dessa maneira a Little Richard?". Quando o artigo foi publicado, em 1972, Willis tinha trinta anos e mesmo assim se pegou perguntando se já não estava perdendo o contato com as novas gerações. Os adolescentes de então haviam escolhido sua própria música, só que era rock 'n' roll, considerado a música *dela*. O sucesso do Grand Funk lhe pareceu mais uma evidência da "fragmentação do público do rock". No passado, o rock 'n' roll estivera em um dos lados do abismo geracional — o lado que estava crescendo. Agora, havia um abismo geracional dentro do próprio gênero. Assim como o rock 'n' roll tinha outrora escandalizado e polarizado a cultura norte-americana, agora uma nova leva de bandas estava fazendo uma coisa muito parecida com o próprio rock. E elas faziam isso com músicas que soavam, até para muitos fãs de rock, como "barulheira".

Nos anos 1960, os críticos às vezes usavam o termo *"acid rock"* para se referir a bandas que sintetizavam o espírito da contracultura, geralmente com letras muito loucas e guitarras elétricas barulhentas. O termo era utilizado com frequência para descrever Hendrix, cujo estilo de tocar e persona remetiam à exploração psicodélica, e também grupos barulhentos e blueseiros como Cream, do qual fazia parte Eric Clapton, e Blue Cheer, cujas canções lindamente toscas eram entrecortadas por solos enlouquecidos de guitarra. O "ácido" de *"acid rock"* sugeria uma conexão com a cultura hippie de San Francisco, mas bandas como o Cream ajudaram a levar o rock 'n' roll para longe dos hippies e em direção ao futuro. Em 1971, no *Los Angeles Times*, o crítico John Mendelssohn citou "o Cream e seus imitadores" como a trilha sonora escolhida por uma nova geração de fãs que colocava "distorções em alto volume e exibicionismo" em primeiro lugar. "Esses jovens, em geral, trocaram os psicodélicos relativamente benignos de seus irmãos e irmãs mais velhos por barbitúricos e por vinho vagabundo", escreveu um decepcionado Mendelssohn.

> Essas músicas não exigem absolutamente nada de seus ouvintes — tudo é burramente simples, extremamente alto, e se repete de forma tão implacável que você pode estar completamente chapado e/ou bêbado que, mesmo assim, não vai perder nada. Esse fenômeno todo é muito apavorante.

Mais recentemente, a socióloga cultural Deena Weinstein observou, de maneira menos alarmada, que essas novas bandas tinham atraído a atenção de um público numeroso que normalmente era ignorado: trabalhadores braçais brancos que haviam aderido a vários elementos da contracultura dos anos 1960 (drogas, jeans, cabelo comprido, guitarras barulhentas) ao mesmo tempo que rejeitavam seu idealismo deslumbrado em favor de um éthos claramente masculino, centrado num imaginário de poder e dominância. Esses caras eram "uma mistura de hippies com motoqueiros", escreveu ela, e eles precisavam encontrar uma música que atendesse a seu gosto.

Durante um tempo, ninguém soube muito bem como chamar esse som pós-ácido. Um termo usado foi "*downer* [pessimista] rock", que parecia descrever tanto os ritmos pesados das músicas quanto os sentimentos profundamente anti-idealistas de seus fãs, para não falar nas drogas que eles gostavam de consumir. Em 1971, a *Billboard* eternizou o Grand Funk Railroad como "os reis do *downer* rock underground da juventude". Mais ou menos na mesma época, a *Rolling Stone* ovacionava uma banda esquisita e fascinante de Birmingham, na Inglaterra — "os príncipes das trevas do *downer* rock", como escreveu a revista. Essa banda era o Black Sabbath, e bem no seu início alguns ouvintes acharam aquela música confusa. O álbum de estreia, de 1970, batizado com o nome do grupo, era estranho demais para ser considerado genérico: começava com o som da chuva, depois de sinos, e a seguir entravam a guitarra e o baixo, arrastando-se juntos em câmera lenta. Nada na voz do vocalista prometia aquilo que os cantores de rock 'n' roll prometiam: diversão. Ele murmurava: "O que é isso parado à minha frente?/ Esse vulto de preto apontando pra mim". Depois de cerca de cinco minutos, o andamento mudava daquela estranha lentidão para uma pressa tenebrosa, o que soava como uma espécie de gentileza da parte dos músicos. O Black Sabbath era radical e (apesar de não tocar muito no rádio) radicalmente popular, o que, segundo consta, teria pegado de surpresa alguns executivos da gravadora da banda. Alguns críticos ficaram horrorizados: Robert Christgau descreveu o Black Sabbath como "o pior da contracultura servido numa bandeja de plástico". (Em referência às suas letras macabras, ele acrescentou: "Eu temia que algo assim pudesse acontecer desde a primeira vez que vi uma coluna sobre numerologia num jornal underground".) Lester Bangs, por outro lado, gostou da "visão sombria da sociedade e da alma humana" da banda e, mais importante, das "paredes sonoras obsessivas e demolidoras". Assim como os roqueiros primitivos de algumas décadas antes, o Black Sabbath fazia uma música que parecia tão simples, tão boba, que muitos adultos tinham dificuldade de levá-la a sério.

Com o tempo, surgiu um termo para descrever o Black Sabbath e todo um universo de grupos mais ou menos similares: heavy metal. As duas palavras foram reunidas de forma memorável em 1968, pela banda canadense Steppenwolf, em "Born to Be Wild", que também serviu de tema musical para o filme *Easy Rider — Sem destino*, de 1969. Quando John Kay entoou "Trovão de metal pesado/ Correndo com o vento/ E a sensação de que estou por baixo", parecia ser evidente que ele estava falando de uma motocicleta, mas, nos anos seguintes, talvez em parte por coincidência, "metal" e "heavy metal" entraram para o glossário do rock 'n' roll. (Em 1970, uma resenha sobre o Led Zeppelin no *New York Times* fez referência à combinação dos "sons agudos e metálicos da guitarra de Jimmy Page e dos vocais de Robert Plant".) Uma revolução musical também estava a caminho, conforme as bandas começaram a perceber que poderiam criar músicas não a partir de suas letras ou da progressão de acordes, mas sim a partir dos riffs — frases de guitarra simples, com muito ritmo e peso. Mendelssohn tinha razão sobre o aumento da importância das "distorções em alto volume". Com a ajuda de um amplificador barulhento, uma única guitarra era capaz de se impor perante o resto da banda. E um acorde de uma guitarra de seis cordas ganhava ainda mais peso quando era reduzido à sua essência, usando três notas, oitavas e uma quinta, nem maior nem menor — uma *power chord*. Tony Iommi, o guitarrista do Black Sabbath, era um mestre das *power chords*, algo que caía como uma luva tanto em sua sensibilidade musical quanto em sua própria mão: ele havia perdido a ponta de dois de seus dedos num acidente numa fábrica quando adolescente.

Como muitos revolucionários da música, os membros do Black Sabbath não percebiam o quanto eram revolucionários. Ozzy Osbourne, o vocalista, às vezes parecia perplexo quando lhe perguntavam sobre o fascínio da banda pelo demônio — e isso apesar de cantar letras como "Meu nome é Lúcifer, por favor, pegue a minha mão", e apesar do fato de o texto no encarte do seu disco de estreia ter sido escrito dentro de uma cruz invertida. "Todas as músicas do nosso primeiro álbum são um alerta contra a magia negra", disse ele a um entrevistador. E tentou explicar que "War Pigs", do segundo álbum do grupo, *Paranoid*, era uma canção de protesto: "Ela fala sobre os VIPs, que ficam ali sentados dizendo 'Vá a luta', enquanto as pessoas comuns são obrigadas a fazer isso, mas os VIPs mesmo nunca o fazem", disse. Porém quando as pessoas pensam em "War Pigs", elas não costumam pensar que Osbourne está fazendo uma defesa emocionada dos "pobres". Pensam na guitarra soturna de Iommi e nos dois versos de abertura da letra: "Generais reunindo seus exércitos/ Como bruxas em suas missas negras". O brilhante aqui é a maneira como Osbourne faz referência não apenas aos custos da guerra como também a seu apelo sedutor. Parte do que fez o Black Sabbath soar como novidade — e do que fez o heavy metal soar como novidade — foi a rejeição a uma atitude otimista, esperançosa ou hipócrita. Em geral, sua música parecia ter como principal objetivo evocar o mal e a crueldade, e só como objetivo secundário condená-los. Às vezes, nem isso.

Quando Ellen Willis estava tentando descobrir o que pensava sobre o Grand Funk Railroad em 1972, ela mencionou a possibilidade de que "o enorme sucesso de bandas como Grand Funk Railroad e seu correspondente britânico, Black Sabbath" talvez pudesse "recriar uma comunidade coesa no rock". Talvez isso fosse pedir demais, embora o surgimento do heavy metal realmente tenha ajudado a delinear uma "comunidade roqueira" nos anos 1970, fazendo com que aquele gênero que parecia estar se fragmentando ficasse mais parecido com uma tribo novamente. Em 1970, outro grupo inglês, o Deep Purple, lançou um disco muito influente apresentando um rock cheio de riffs velozes e poderosos chamado *Deep Purple in Rock*. A capa mostra os cinco membros esculpidos no monte Rushmore: a banda de "rock" definitiva. Uma matéria de 1974 na *Time* sobre como o rock 'n' roll estava se fragmentando em subgêneros descrevia o heavy metal como o estilo de rock preferido dos "adolescentes mais jovens em suas primeiras experiências com a maconha" — ou você também poderia dizer que era o rock 'n' roll do rock 'n' roll.

O Led Zeppelin era um nome de destaque do gênero, atraindo algumas das maiores plateias da época enquanto permanecia mais ou menos sem se encaixar em nenhuma categoria; suas canções e álbuns épicos eram incrivelmente primorosos, com influências que iam da música folk ao country blues. "Me incomoda muito quando vejo a banda classificada como 'heavy' e colocada na mesma categoria de outras como o Grand Funk", disse Jimmy Page à *New Musical Express* em 1972. Ao contrário do Black Sabbath, o Led Zeppelin fazia uma música difícil de imitar. Mas Robert Plant, o vocalista, era o ideal platônico de uma estrela do rock, idolatrado por sua voz gloriosa e pelos seus igualmente gloriosos cachinhos dourados, que balançavam, sempre muito bem tratados, ao sabor da música. O Led Zeppelin ajudou a padronizar a ideia de que um show de rock deveria ser um grande espetáculo e, em 1976, lançou uma audaciosa e divertida filmagem de uma de suas apresentações, intitulada *The Song Remains the Same*, com longos interlúdios instrumentais acompanhados por sequências gravadas, algumas ficcionais e outras melhores do que a própria ficção. (Mais registros de shows deveriam incluir filmagens do empresário no banco de trás de uma viatura da polícia.) Muitas das bandas grandes de rock da época desenvolveram suas próprias maneiras de dar um espetáculo. Alice Cooper se vestia como uma espécie de vampiro drag e fazia uma performance em cima do palco que frequentemente ofuscava sua própria música. O Queen construía minissinfonias semimetálicas, usando elementos que não deveriam funcionar juntos: a guitarra derretida de Brian May, a voz de tenor expansivo de Freddie Mercury, teclados tirados de um musical da Broadway e harmonias que não pertenciam ao rock 'n' roll. Mais tarde, no final da década, surgiu o KISS, usando maquiagem preta e branca no rosto e cuspindo fogo, embora seus integrantes sempre insistissem que estavam apenas tentando promover as tradições do gênero. "O KISS nunca foi nada além de uma banda de rock 'n' roll, pura e simplesmente", explicou Paul Stanley, o vocalista, que interpretava um personagem chamado Starchild. O refrão mais conhecido da banda é uma prova da sua devoção ao gênero e também de que este havia se tornado sinônimo de decadência: "Eu quero fazer rock 'n' roll a noite inteira/ e festa todos os dias".

Nenhuma dessas bandas pesadas era amada pelos críticos, e todas, cada uma à sua maneira, estavam tremendamente fora de moda, mas elas também confiavam na ideia de que jovens comuns — e, talvez, também alguns hippies motoqueiros — as apreciavam, mesmo que ao contrário dos formadores de opinião. Essas bandas de rock eram *populistas*, uma descrição que provavelmente soaria redundante na década anterior. Nos anos 1960, pressupunha-se que o rock 'n' roll era ao mesmo tempo algo que agradava às multidões e estava na moda; nos anos 1970, a impressão era de que as bandas com frequência tinham de escolher entre uma coisa e outra. Christgau acabou chegando à conclusão, em 1979, de que os dez anos anteriores haviam destruído a conexão que existia entre popularidade e excelência. "A melhor música desta década", escreveu, foi "semipopular", e não popular — amada por uma elite emergente de ouvintes meticulosos, tanto profissionais quanto amadores. Enquanto isso, Peter Frampton, ex-membro de uma banda chamada Humble Pie, saiu em carreira solo e lançou um disco ao vivo que o transformou num galã do mainstream e, durante algum tempo, uma das maiores estrelas do rock do mundo, para a surpresa de muitos críticos, mesmo aqueles que gostavam dele. E, em Boston, cinco caras adotaram o nome de Aerosmith e, copiando sem o menor pudor os Rolling Stones e outros astros consagrados do rock, conquistaram um lugar de destaque se apresentando para grandes plateias e se tornaram famosos pela intensidade da sua base de fãs, o Blue Army, assim batizado devido à sua devoção pelo jeans. Steven Tyler, o vocalista, recordaria mais tarde que a banda era especialmente popular no "Cinturão da Ferrugem: Toledo, Cincinnati, Cleveland, Detroit". A primeira vez que o Aerosmith foi capa da *Rolling Stone*, em 1976, a matéria começava, de maneira sarcástica, com uma cena tirada de um filme de terror:

> Eles vieram cambaleando pelo estacionamento naquele fim de tarde salgado em Michigan, avançando na direção do Pontiac Stadium — uma dessas monstruosas arenas esportivas modernas — como um exército embriagado de operários usando capacetes, cuja única intenção fosse pôr abaixo aquele lugar. Era uma visão horrorosa. Ninguém mais se arruma para ir a um show hoje em dia. Eles jogavam Seconal goela abaixo com grandes goles de cerveja. Alguns caíam de cara no chão e saíam rolando morro abaixo.

Eis uma maneira de definir o rock 'n' roll: o termo — e o gênero — pertence a quem tiver o maior exército, a quem melhor berrar, embriagado, seu nome, a quem estiver mais disposto a reivindicar o território. (Nas palavras lapidares de Steven Tyler, "nossa música é o rock 'n' roll, e o rock 'n' roll é o rock 'n' roll".) Essa é uma definição apropriadamente democrática e revela um padrão por trás da fragmentação aparentemente infinita do rock. Dos anos 1970 em diante, uma extensa linhagem de bandas barulhentas e para as quais os críticos inegavelmente torceram o nariz foi tomando o gênero para si. Em toda nova geração, sempre há quem considere essa situação como um destino pior do que a morte para um gênero do qual, um dia, era possível se orgulhar. Mas mesmo essa queixa reconhece que o gênero não está morto — ele cambaleia, como um zumbi, movido a cerveja, uma identidade vagamente operária e um punhado de comprimidos de Seconal, ou qualquer outra coisa que te deixe mais chapado pelo menor preço.

Menos monstruoso e mais glamoroso

"Senhoras e senhores, rock 'n' roll." Essas foram as primeiras palavras transmitidas pela MTV quando a emissora foi inaugurada, no verão de 1981. A sigla significava "music television", é claro; a ideia, um lampejo de genialidade, era simplesmente exibir vídeos de música o dia inteiro. (Parte da genialidade era o fato de que as gravadoras pagavam pelos vídeos e os ofereciam de graça para a MTV, como estratégia de promoção.) Aparentemente, ninguém havia pensado muito naquela declaração de abertura, nem no comprometimento musical que ela representava — em 1981, talvez parecesse óbvio que uma nova e ousada empreitada musical deveria estar alinhada ao rock 'n' roll. Quando a emissora se recusou a transmitir um vídeo do astro do R&B Rick James, um de seus executivos explicou que o "público de rock" do canal não estava interessado em "R&B ou disco". Essa posição excludente logo se mostraria insustentável; nem a MTV foi capaz de resistir ao encanto de Michael Jackson, que se transformou numa das suas principais atrações a partir do lançamento de *Thriller*, em 1982. Mas o rock 'n' roll permaneceu central para emissora, que foi se tornando, em resposta, cada vez mais central para o rock 'n' roll.

Embora alguns fãs de R&B tenham ficado incomodados com esse excesso de foco, o mesmo se deu com alguns roqueiros, preocupados com o que a emissora poderia fazer com seu gênero. A *Rolling Stone*, que viu com cautela a explosão do heavy metal na década de 1970, foi mais hostil ainda em relação à revolução da MTV, pelo menos no começo. Em 1983, a revista publicou uma matéria de capa que prometia ser reveladora: "POR DENTRO DA MTV: O ROCK & ROLL À VENDA". (A capa era ilustrada por um desenho à Andy Warhol de Michael Jackson e Paul McCartney, que tinham acabado de gravar o videoclipe do seu dueto "Say Say Say".) O autor do texto, Steven Levy, observou que a MTV estava "se tornando um dos fatores na escolha de quais canções de rock & roll são gravadas, e quais bandas assinam contratos com uma gravadora", e escreveu que na emissora havia poucos sinais "da energia e do otimismo musical dos anos 60". Levy fez uma série de reclamações: ele estava preocupado com a ausência do R&B e da música country, com a "violência e o machismo" de alguns videoclipes, e com o fato de que os espectadores eram estimulados a ser consumidores "passivos". Mas, de modo geral, ficou a impressão de que Levy — e talvez, por extensão, os editores da *Rolling Stone* — simplesmente não gostava muito da música que a MTV exibia. Ele observou que o canal "transforma em astros sujeitos como Adam Ant", performático cantor britânico associado à onda de "new pop" que fazia sucesso na época. Para o jornalista, isso parecia um processo de emburrecimento e também de destruição do rock 'n' roll. "Os astros do futuro provavelmente serão muito mais parecidos com o superficial e palatável Adam Ant do que com o enigmático Bob Dylan", escreveu.

Alguns músicos concordavam com ele. No livro *I Want My MTV*, uma história oral da emissora, Howard Jones, outro performático cantor britânico, lembra com carinho da MTV como uma aliada, que ofereceu apoio a ele e aos seus colegas astros do pop em sua batalha contra o establishment "machão" do rock 'n' roll. "A explosão da MTV foi muito importante, porque ela mandou o rock 'n' roll à merda", recorda; a emissora ajudou uma geração de extravagantes astros do pop britânico a conquistar os Estados Unidos por um curto período. Por outro lado, ao mesmo tempo estava *obcecada* pelo rock, que havia se tornado, de qualquer maneira, mais performático durante os anos 1970. (Até Bob Dylan andou pintando o rosto de branco durante um breve período, em sua turnê de *Rolling Thunder Revue*, entre 1975 e 1976. No documentário ficcionalizado sobre essa turnê, que Martin Scorsese lançou em 2019, Dylan admite sem rodeios que roubou a ideia do KISS.) "Quem não fosse performático estava perdido", lembra Dee Snider em outro trecho do livro. Snider liderava o Twisted Sister e virou um improvável astro do rock em 1984, depois que a MTV começou a transmitir o clipe de "We're Not Gonna Take It", o single de estreia da banda. "Os videoclipes inspiraram um renascimento do metal — o heavy metal nunca desapareceu, mas teve um momento de muito destaque nos anos 1980", diz ele. "O metal deve isso à MTV. Mas a MTV também deve ao metal." No caso do Twisted Sister, ser "performático" significava incorporar uma espécie de drag queen chique do tempo das cavernas. No clipe de "We're Not Gonna Take It", seus membros lutam furiosamente contra um pai conservador, careta demais para entender o amor do filho pelo rock 'n' roll. A música era um tanto quanto pitoresca, com direito a um cântico natalino e um solo de guitarra tão decepcionante que chegava a ser engraçado. Mesmo assim, ela ganhou ainda mais exposição no ano seguinte, quando o Parents Music Resource Center [Centro de Recursos Musicais para Pais] (PMRC, na sigla em inglês), um grupo que tinha como objetivo denunciar músicas prejudiciais e ofensivas, compareceu a uma audiência no Senado norte-americano e citou "We're Not Gonna

Take It" como um exemplo de como o rock 'n' roll era capaz de promover a violência. Snider estava lá e tentou tranquilizar os senadores, dizendo ser cristão fervoroso, além de homem de família. Durante um interrogatório conduzido pelo senador Al Gore, entretanto, foi obrigado a admitir que o nome do fã-clube da banda era SMF Fans of Twister Sister, e que as iniciais significavam "Sick Mother Fucking".

Snider empunhava com orgulho a bandeira do heavy metal, mas, em algum momento entre o Black Sabbath e o Twisted Sister, a música que um dia havia sido descrita como "*downer* rock" tinha se transformado em algo mais próximo de um "*upper* rock". No começo dos anos 1980, o hard rock e o heavy metal eram comandados por bandas furiosas como AC/DC, Iron Maiden e Judas Priest, com suas canções vigorosas e exuberantes. Era música de festa, levemente disfarçada — o Judas Priest, por exemplo, cultivava um visual ameaçador com muito couro preto, mas era famoso por cantar sobre "Viver depois da meia-noite/ Fazendo rock até amanhecer". A MTV ajudou uma geração de jovens do mainstream norte-americano a descobrir o quanto aquela música podia ser divertida, ao mesmo tempo que incentivava as bandas a enfatizar o quanto elas estavam se divertindo também. Uma banda que não precisava de muito incentivo era o Van Halen, um grupo californiano ancorado em dois irmãos holandeses, que apresentou ao mundo possivelmente o vocalista mais extrovertido de sua geração, David Lee Roth. Fundado no final dos anos 1970, o Van Halen aperfeiçoou uma vertente fosforescente do heavy metal; Eddie van Halen, o guitarrista virtuose, criava obras de arte com os dedos, além de ter popularizado uma técnica que às vezes é chamada de "tapping", posicionando as duas mãos sobre os trastes. (Ele tocava sua guitarra como se ela fosse uma coleção de sintetizadores acelerados e conectados uns aos outros.) Ao contrário de muitos virtuoses, Eddie van Halen gostava de passar a impressão de estar se divertindo com toda aquela virtuosidade, e todos os primeiros discos da banda parecem ter sido gravados numa festa na casa de alguém, com o som das pessoas ao fundo removido depois, na mesa de edição. Mas talvez mais importante do que tudo isso era sua base de fãs. "Desde o início, o Van Halen foi uma banda que atraiu tanto homens quanto mulheres, e o nosso público refletia essa popularidade", explicou Noel E. Monk, que trabalhou durante um tempo como seu empresário. "Um monte de adolescentes metaleiros metidos a besta e muitas gatinhas novinhas que morreriam por uma oportunidade de conhecer algum dos caras da banda." Em seu livro de memórias dessa época, Monk se lembra de quando foi com a banda para a Inglaterra, em 1978, para abrir shows do Black Sabbath. "Quando eu olhava para a plateia todas as noites, parecia que uns 98% do público era formado por homens jovens (e nem tão jovens assim)", escreveu. Essa característica demográfica teria um efeito catastrófico sobre a rotina dos membros da banda depois dos shows.

Como sabe qualquer empresário experiente, um grupo de rock que atrai mulheres além de homens tem uma probabilidade muito maior de lotar arenas e até estádios, como o Van Halen acabou fazendo. E, na esteira do sucesso do Van Halen, uma geração de bandas californianas — algumas locais, várias realocadas — percebeu que novos estilos e sonoridades, chupados do heavy metal, poderiam ajudá-la a atingir um estrelato do rock 'n' roll à moda antiga. Ninguém se esforçou mais para emplacar esse novo formato do que o Mötley Crüe, uma banda de rock que parecia bastante simples, mas acabou se revelando um complexo híbrido cultural. (Os tremas, puramente decorativos, foram inspirados pela cerveja Löwenbräu, e não pela banda de hard rock dos anos 1970 Blue Öyster Cult.) Em *The Dirt*, sua divertida e lasciva história oral escrita pelo crítico Neil Strauss, os membros do Mötley Crüe descrevem sua formação musical. Uma influência óbvia era o KISS, muito embora Mick Mars, o guitarrista, os *detestasse*; ele também detestava os hippies, apesar de amar o rock dos anos 1960. Nikki Sixx, o baixista, teve uma fase punk, mas andava preocupado com o fato de o movimento estar se tornando "muito mainstream". Tommy Lee, o baterista, tinha tocado no passado num grupo influenciado pelo Beach Boys, embora achasse que este era "uma bosta pra viadinho retardado"; ele só o fizera porque estava louco para tocar numa "banda de rock de verdade". E Vince Neil, o vocalista, costumava se vestir apenas de branco quando liderava uma banda irregular embora glamorosa da Califórnia, chamada Rock Candy. Em outras palavras, quando o Mötley Crüe foi formado, "rock 'n' roll" significava muitas coisas diferentes; de alguma maneira, seus membros conseguiram sintetizar todas aquelas influências numa mistura que não pareceu nada heterogênea.

Não há como exagerar a importância da imagem da banda, um visual durão e andrógino: peças de couro justas e muitas tachas de metal, maquiagem sedutora e penteados feitos por profissionais. Os membros se inspiravam em bandas glamorosas dos anos 1970, em especial o New York Dolls, mas também em filmes apocalípticos como *Mad Max* e *Fuga de Nova York*.

Embora Tommy Lee fosse um cara realmente obsessivo com seu instrumento, nenhum dos outros integrantes era conhecido pela proficiência musical. "Nós não somos excelentes, somos apenas o.k.", afirmou Nikki Sixx em 1986. Mas sua aparência e sua atitude davam uma pista da insanidade que era a vida deles, definida não apenas por festas intermináveis, mas também pelo vício brutal em drogas, por brigas violentas envolvendo tanto homens quanto mulheres e por mais sobrevivências a experiências de quase morte do que se esperaria, de forma razoável, que quatro pessoas teriam passado. Quando pediram a Nikki Sixx que explicasse por que o nome do segundo álbum da banda, com um pentagrama na capa, era *Shout at the Devil*, ele disse a um jornalista da *Creem* que o grupo não tinha vendido a alma para o diabo, mas sim para o rock 'n' roll. "Gosto de pensar que somos como os Rolling Stones dos anos 80. Eles viviam suas vidas ao máximo, e suas canções falavam sobre seu estilo de vida, e é isso o que fazemos", prosseguiu, e voltou a discorrer sobre o título do disco. "Grite com os seus professores, com a polícia, com os políticos, com qualquer figura de autoridade que te coloca pra baixo ou te impede de conquistar o que você quer na vida. Grite com esses filhos da puta, faça o que tiver de fazer. É por isso que o disco tem esse título."

Um dos muitos garotos que captaram essa mensagem foi Chuck Klosterman, um garoto do interior de Dakota do Norte e fã do Mötley Crüe que cresceu para escrever *Fargo Rock City*, um livro de ensaios autobiográficos sobre o gênero que viria a ser conhecido como hair metal. Klosterman tem orgulho de ser metaleiro, mas ao mesmo tempo entendeu que o metal dos anos 1980 não era de fato uma subcultura, e sim um fenômeno de massa, tanto em sua popularidade quanto no seu éthos. "Em vez de dizer a um garoto excluído que não havia problema em ser diferente, o metal parecia dizer: '*Você não é nada diferente*'", escreveu. "Na verdade, você é supernormal. Na verdade, você é extremamente popular e muito cool." A MTV espalhou essa mensagem, ajudando o Mötley Crüe a vender milhões de álbuns e impulsionando incontáveis outras bandas vagamente similares, apesar de nem sempre tão selvagens. O Def Leppard, da Inglaterra, e o Bon Jovi, de Nova Jersey, se associaram a parceiros muito perspicazes (o produtor Mutt Lange e o compositor Desmond Child, respectivamente) para criar canções pop de hair metal altamente viciantes, com sintetizadores lado a lado com as guitarras. O Whitesnake, comandado por um ex-vocalista do Deep Purple, David Coverdale, firmou uma parceria de sucesso com a modelo Tawny

Kitaen, que estrelou uma série de videoclipes do grupo. (O sucesso posterior na MTV de bandas com os nomes White Lion e Great White ajudou a consolidar a ideia de que o hair metal era curiosamente padronizado.) Alguns veteranos do rock foram bem-sucedidos reinventando-se para a era do hair metal, como o Aerosmith, que havia sido uma das inspirações do estilo, e o Heart, uma ótima banda de hard rock dos anos 1970 liderada pelas irmãs Nancy e Ann Wilson, que passaram por uma transformação completa. No livro da história da MTV, recorda Ann Wilson, "a ideia era nos transformar em gatinhas de filme pornô". No fim das contas, muita gente dentro da emissora tinha sentimentos conflitantes em relação ao hair metal. Essas pessoas acreditavam, de forma muito acertada, que o fato de o canal depender tanto de homens (eventualmente também mulheres) de cabelo comprido vestindo collant estava minando a "imagem cool e revolucionária que queremos passar", nas palavras de um de seus executivos. Mas elas também haviam percebido que o estilo tinha índices de audiência muito menores do que qualquer outro estilo musical.

Olhando em retrospecto, o movimento do hair metal provavelmente teve seu auge em 1987, quando o Guns N' Roses lançou *Appetite for Destruction*, um sucesso de vendas do qual até detratores do hair metal gostaram. Eu tinha onze anos na época e me lembro de estar sentado no quarto de um amigo quando ele me mostrou a fita cassete — de forma muito tímida, como se aquilo fosse pornografia. O encarte trazia um desenho de Robert Williams, que ilustrava o título do disco. A imagem mostrava uma mulher, seminua e inconsciente, encostada numa cerca; um robô esquelético, que, presumia-se, a teria atacado, parado de pé à sua frente; e um monstro vermelho-sangue, possivelmente um anjo vingador, descendo rápido em sua direção. Os membros da banda tinham uma aparência ainda mais assustadora e devassa do que a dos caras do Mötley Crüe; em suas fotografias, tendiam a aparecer sempre meio sujos e consideravelmente alterados. O vocalista, Axl Rose, tinha uma voz que ia do rosnado ao guincho, mais extrema do que a de todos os seus contemporâneos, enquanto Slash, o guitarrista, dava preferência a *bends* elegantes numa espécie de aceno às formas mais primitivas de rock e blues. No ano seguinte, a cineasta Penelope Spheeris lançou *The Decline of Western Civilization Part II: The Metal Years*, um documentário fascinante que registrou a alegria e o desespero na cena de hair metal de Los Angeles. (Ele é a sequência de um documentário sobre a cena punk de Los Angeles.) No filme, músicos de pouca relevância, loucos pelo sucesso, dividem a tela com grandes nomes, como Paul Stanley, do KISS. Stanley aparece sem maquiagem, ou pelo menos com menos do que a mulher de lingerie que ele está acariciando; em 1983, os membros do KISS abandonaram sua maquiagem no rosto em reconhecimento do fato de que o rock tinha se tornado menos monstruoso e mais glamoroso. Quando a câmera começa a recuar, vemos que Stanley está na verdade acariciando três mulheres diferentes. "Acho que o heavy metal é o verdadeiro rock 'n' roll dos anos 80", diz ele. "E o rock 'n' roll era, basicamente, uma música produzida por pessoas que estavam pensando com o pau."

No limite de cair do precipício

Uma característica que definia o hair metal era o fato de que as pessoas o detestavam — a postura exibicionista das bandas e seu evidente desejo de adulação facilitava a tarefa de desprezá-las, e elas estavam cientes disso. A *Rolling Stone* acabou com o segundo álbum do Mötley Crüe; a resenha dizia: "Você quase tem a impressão de que o disco foi criado pelo departamento de marketing da MTV". E Jann Wenner, o editor da revista, considerava o Bon Jovi tão irrelevante que, segundo consta, fez lobby para manter a banda fora do Rock & Roll Hall of Fame, cujos membros ele ajudava a escolher. Wenner disse a seu biógrafo, Joe Hagan: "O que o Bon Jovi significa para a história da música? Nada". (O Bon Jovi entrou para o Hall of Fame em 2018, quase uma década após se tornar apto; o Mötley Crüe, apto desde 2007, ainda está esperando.) Um dos temas centrais de *Fargo Rock City* é o fato de Klosterman ser apaixonado por um estilo musical que os puristas do rock adoram odiar. "*Shout at the Devil* foi meu *Sgt. Pepper's*", escreve ele, ciente de que alguns leitores se contorcerão ao ler a comparação entre o Mötley Crüe e os Beatles. Mas o purismo é essencial para o universo dos fãs, sobretudo os de música, porque adorar uma coisa inevitavelmente significa detestar outra. Mesmo quando criança Klosterman não estava imune a essa lógica. Ele lembra que *Hysteria*, o álbum recordista de vendas do Def Leppard de 1987, lhe pareceu uma traição, em parte porque foi muito popular, especialmente entre "*cheerleaders* sem graça" e "garotas chamadas Danielle que usam regatas da Esprit". Mais complexa ainda era sua relação com o Poison, uma banda oriunda da Pensilvânia conhecida por sua versão estranhamente feminina do glam rock e pela sonoridade alegrinha que era mais "hair" do que "metal". (Na *Rolling Stone*: "Um monótono desfile de clichês aborrecidos em três acordes e harmonias ofegantes".) Klosterman adorava o Poison, mas manteve essa paixão em segredo, porque sabia que os metaleiros locais — que também eram puristas, à sua própria maneira — não consideravam que a banda fizesse metal "de verdade". Para ele e, sem sombra de dúvida, para muitos outros alunos do ensino médio, o Poison era um prazer secreto.

Para falar a verdade, o Poison foi a primeira banda de rock que vi tocando ao vivo, em abril de 1988, no Centrum, em Worcester, Massachusetts. O grupo estava abrindo para David Lee Roth, que tinha saído do Van Halen alguns anos antes. A ideia de ir vê-los não tinha sido minha — era aniversário de um amigo, e seus pais foram generosos o bastante para levar uma turma de garotos da sétima série para um show. Eu não sabia muita coisa sobre nenhuma das atrações além de conhecer as capas de suas fitas cassete, e me lembro de ter ficado perplexo, mas não exatamente furioso, com o visual de *Look What the Cat Dragged In*, o disco de estreia do Poison, que mostrava seus quatro integrantes usando uma pesada maquiagem nos olhos e batom vermelho. Por outro lado, tenho uma vaga lembrança de não prestar muita atenção no palco quando seus membros surgiram, pois eles não pareciam tão montados nem tão transgressores quanto na capa do seu disco. E acho que me lembro também de algumas das peripécias de David Lee Roth — imagens dessa turnê revelam que a apresentação incluía uma cena dentro de um ringue de boxe, um solo de tambor de aço e Steve Vai, a principal atração de sua banda, destruindo na guitarra. Mas a maior parte das coisas de que me lembro é tremendamente genérica: o som das guitarras era alto, todo mundo estava de jeans, algumas pessoas fumavam cigarros que não tinham cheiro de cigarro e a fila do mictório era tão extensa que alguns caras mijavam na pia. Tudo aquilo parecia muito rock 'n' roll.

No ano seguinte, 1989, minha família se mudou de Belmont, em Massachusetts, para Hamden, um subúrbio de New Haven, em Connecticut, onde, como a televisão sintonizava muito poucos canais, meus pais finalmente se convenceram a assinar a TV a cabo. Pela primeira vez na vida eu teria acesso à MTV em casa, e a emissora tinha começado a separar sua programação em diversos programas específicos por gênero: *Yo! MTV Raps* para hip-hop; *Club MTV* para música pop e dance music; *Headbangers Ball* para heavy metal; *120 Minutes* para o que estava começando a ser chamado de música "alternativa"; *Dial MTV*, uma contagem regressiva que exibia os vídeos mais populares em toda a programação. "Senhoras e senhores, rock 'n' roll" não era mais suficiente; agora, a emissora estava reconhecendo o poder da fragmentação musical. Mesmo assim, ainda havia bastante hair metal na MTV, e um dos clipes mais populares daquele verão, quando o técnico veio instalar o cabo na nossa televisão, foi "Heaven", o hit vanguardista de uma banda meio glam chamada Warrant. O vídeo começa com o som de um violão sendo tocado e um close-up de Jani Lane, o vocalista loiro, que olha diretamente para a câmera recitando uns versinhos contemplativos sobre uma foto desbotada e sobre lembranças que vão se apagando. Ele fica apenas matando o tempo ali até que, após um minuto, surge o resto do grupo, com uma sequência devastadora de três acordes e um refrão perfeitamente vago: "O paraíso não está muito longe/ Estou mais próximo a cada dia".

Sempre existiu certa distância entre o conceito do hair metal e sua sonoridade. Muitos ouvintes perceberam que, embora as letras fossem repletas de provocações na linha de "estou arrebentando na selvageria", como cantou Vince Neil um dia, a música geralmente era muito mais comportada. A maioria dos discos dessa época era repleta de canções robustas, de andamento moderado, conduzidas por riffs de guitarra simples e explosivos que, aqui e ali, ficavam estridentes. Ao mesmo tempo, porém, uma ou duas vezes por álbum, as explosões cessavam temporariamente para que o vocalista pudesse chegar mais perto do microfone para cantar algo mais tranquilo e solene: uma *power ballad*. O formato surgiu na década de 1970, quando diversos artistas do rock descobriram, pelo visto ao mesmo tempo, que nem mesmo os fãs de rock estavam imunes aos encantos consideráveis de uma canção de amor sentimental. Para as bandas "pesadas" em especial, a *power ballad* representava uma oportunidade para reduzir drasticamente tanto a velocidade quanto o volume de suas canções. "Stairway to Heaven", do Led Zeppelin, é um de seus primeiros exemplos, muito embora talvez seja longa demais e muito imprevisível para ser rotulada como tal. (Quando eu estava no começo do ensino médio, "Stairway to Heaven" era uma música que era tocada para os casais dançarem juntos, apesar da temerária aceleração mais perto do final. Lembro-me até hoje da vergonha que senti quando comecei a me balançar de um jeito esquisito, com minha parceira, quando Jonh Bonham começou a castigar a bateria e fiquei tentando entender se a dança lenta havia terminado ou não.) Outro exemplo dos primórdios é "Without You", uma joia obsessivamente lapidada pelo Badfinger em 1970, embora a maioria das pessoas conheça a versão mais animada, gravada pelo diabólico Harry Nilsson, que se tornaria um dos singles mais populares de 1972. Na época, a *power ballad* não era considerada parte integrante da tradição do rock 'n' roll — na verdade, o termo ainda não estava difundido nem em 1981, quando o Journey lançou "Don't Stop Believin'", uma obra-prima do hard rock melancólico que permanece até hoje como uma das *power ballads* mais amadas de todos os tempos.

Na década de 1980, as *power ballads* deixaram de ser coadjuvantes para se tornar a principal atração do rock 'n' roll. O Mötley Crüe tinha "Home Sweet Home", o Poison tinha "Every Rose Has Its Thorn", o Def Leppard tinha "Love Bites", o Whitesnake tinha "Is This Love". (Não preciso nem dizer que o White Lion tinha "When the Children Cry" e o Great White tinha "The Angel Song".) A popularidade do formato era uma prova de que canções lentas e sentimentais nunca saem de moda. Mas a febre das *power ballads* também ilustra a maneira paradoxal como os gêneros musicais costumam evoluir, com sua imagem e seu som apontando para lados diferentes. As bandas de hair metal usavam a moda e a retórica para posar de extremistas do rock, promovendo uma versão intensificada das estrelas do rock dos anos 1970. Ao longo do tempo, entretanto, esse movimento foi se tornando menos radical, como em geral acontece com os movimentos dentro da música — estendendo-se, como Klosterman percebeu, para além dos jovens metaleiros, para atrair ouvintes que não eram nem jovens nem metaleiros. Provavelmente o comprometimento das bandas com a ostentação caricata do mundo do rock facilitou sua decisão de gravar canções de amor melosas, conduzidas por violões ou pianos, sem que ninguém se preocupasse se eles estavam ou não abandonando a essência do estilo. Um dos últimos grandes sucessos do Aerosmith foi "I Don't Want to Miss a Thing", escrita pela compositora de música pop Diane Warren — não era exatamente um rock 'n' roll, exceto pelo fato de ser uma *power ballad* do Aerosmith, o que fez dela, por definição, um rock 'n' roll. Em geral na música popular, quanto mais você se apresenta como uma coisa e desempenha esse papel, mais liberdade conquista para mudar o roteiro.

Ao mesmo tempo, a popularidade e a impureza musical do hair metal também eram vulnerabilidades, porque o descompasso entre a imagem de rebeldia do gênero e sua sonoridade mais amena foi se tornando cada vez mais evidente. Olhando em retrospecto, fica claro que alguns ouvintes estavam atrás de um formato mais puro e restrito de rock 'n' roll. (No rock 'n' roll, como em diversas outras empreitadas humanas, períodos de expansão e diluição tendem a dar origem a períodos de contração e purificação, e vice-versa.) É ponto pacífico que o hair metal morreu no outono de 1991, aniquilado por um único evento: o lançamento de uma canção chamada "Smells Like Teen Spirit", de uma banda até então desconhecida, de nome Nirvana. A música tinha um riff rudimentar de quatro acordes e nenhum solo de guitarra de verdade; o videoclipe, que tem como cenário um ginásio de colégio mal iluminado, mostra o vocalista com o cabelo desgrenhado, usando uma camiseta listrada gigantesca e cantando com uma voz que era quase um murmúrio. Por algum motivo, essa música se tornou um hit, e depois um movimento, popularizando um subgênero conhecido como grunge, e também todo um gosto musical mais amplo ao qual se referia, eventualmente, como alternativo. Mas será mesmo que o fim do hair metal foi assim tão simples?

As evidências sugerem que esse mito provavelmente é verdade. Eu estava entrando no ensino médio quando "Teen Spirit" estourou e, apesar de não ter gostado muito dela, lembro como de repente ficou impossível evitá-la, e como a MTV foi rapidamente tomada por bandas similares. Em *I Want My MTV*, Peter Mensch, que foi empresário do Def Leppard, descreveu o MTV Video Music Awards de 1992 como um momento "apocalíptico": enquanto tocava "Let's Get Rocked", um tributo caricato à rebeldia adolescente, o Def Leppard parecia desastrosamente deslocado. (Não deve ter ajudado muito o fato de o vocalista, Joe Elliott, talvez numa tentativa de se aproximar da moda grunge, estar usando boina e um sobretudo azul-claro que parecia um roupão.) Kip Winger, bonitão que liderava uma banda de hair metal chamada Winger, afirmou que ela foi efetivamente inviabilizada pelo videoclipe do Nirvana. "Assisti a 'Smells Like Teen Spirit' e pensei: *É isso, acabou pra nós*", disse. "Todo mundo sabia. Era óbvio." Em 1993, Winger apareceu em *Beavis and Butt-Head*, desenho animado de sucesso da emissora sobre dois metaleiros cretinos que assistem a videoclipes e vivem aventuras idiotas.

"Esses caras vivem no limite", zomba Butt-Head quando um clipe do Winger aparece na TV.

"É... no limite de cair do precipício", diz seu parceiro, Beavis.

No exato momento em que Kip Winger está chegando ao malicioso refrão — "Ela só tem dezessete/ Papai diz que ela é muito nova, mas pra mim ela já está na idade" —, Butt-Head finalmente pede que Beavis troque de canal. "Vamos achar alguma coisa mais *rock 'n' roll*", diz ele. O programa acrescentaria uma nova camada ao insulto ao incluir um personagem chamado Stewart Stevenson, um garoto cristão que fazia xixi na cama e estava sempre usando uma camiseta do Winger.

O fim veio praticamente na velocidade que Kip Winger imaginou. Sua banda nunca mais teve outro grande sucesso — bem como, de modo geral, o Van Halen, ou o Def Leppard, ou o Poison, ou o Warrant, ou o Whitesnake (ou o White Lion, ou o Great White). O Guns N' Roses lançou *Use Your Illusion* partes I e II, um álbum duplo um tanto quanto cansativo, em 1991, e se desintegrou antes de conseguir gravar uma sequência decente para ele. O Mötley Crüe seguiu em atividade, mas seu single pós-grunge, "Hooligan's Holiday", deixou bem claro o quanto as coisas haviam mudado. A banda tinha se separado de Vince Neil e convocado um novo vocalista, John Corabi, que tinha uma voz mais potente e, de acordo com os relatos, uma personalidade muito mais tranquila. A nova música do Mötley Crüe era um blues melancólico, e o videoclipe, repleto de slogans irônicos escritos em vermelho e branco que pareciam ter sido inspirados na obra da artista Barbara Kruger. Uma banda que tinha ajudado a inventar o som e o visual do rock mainstream dos anos 1980 agora queria ser vista como parte do crescente movimento "alternativo". Alternativo a quê?

Alternativos por toda parte

O Nirvana teve uma ideia. Kurt Cobain, seu líder, não tinha nenhum interesse em particular no "rock alternativo" enquanto gênero, embora certamente visse a si mesmo como membro da oposição ao rock 'n' roll. À medida que o Nirvana foi sendo transformado, num período de poucos meses, de grupo famoso no underground a grupo no topo das paradas de todo o mundo, Cobain tentou garantir que os ouvintes entendessem que sua banda, que havia sido forjada na cena pós-punk de Seattle, não era como as outras que tocavam no rádio. "Não ficamos orgulhosos de saber que tem um monte de moleque fã dos Guns N' Roses que gosta do nosso som", disse ele, quando "Smells Like Teen Spirit" começou a estourar. Em 1992, quando o Nirvana saiu na capa da *Rolling Stone*, Cobain se pôs na posição de flautista de Hamelin do rock 'n' roll, afastando a impressionável juventude norte-americana das bandas do mainstream. "Tomara que eles gostem da nossa música e comecem a ouvir alguma outra coisa na mesma pegada, que é um pouco diferente da do Van Halen", disse. Em algum outro lugar, ele reclamou da humilhação que era ter que se deparar com fãs que vinham lhe pedir um autógrafo usando camiseta de Bruce Springsteen — Cobain odiava a ideia de que o Nirvana tinha se tornado apenas mais uma banda de rock de arena. No encarte de *Incesticide*, uma coletânea de 1992, ele fez um alerta aos seus novos ouvintes. "Se algum de vocês odeia, de qualquer forma, homossexuais, pessoas de outras cores ou mulheres, por gentileza, nos faça esse favor — nos largue de mão, porra! Não vá aos nossos shows nem compre os nossos discos."

No entanto, a música do Nirvana parecia passar uma mensagem diferente. Ela era convidativa: grudenta e dramática, alternando frequentemente entre versos despretensiosos e refrões intensos, feitos para cantar junto. Nesse sentido, as canções de Cobain, em especial os hits, eram bem menos combativas do que suas entrevistas. Mas as guitarras continuavam barulhentas, e as músicas se baseavam em progressões de acordes bastante simples — em outras palavras, aquilo continuava sendo rock 'n' roll. Assim, nunca existiram limites musicais muito claros entre as bandas de rock "verdadeiramente" alternativas, como o Nirvana, e todas as bandas do mainstream que estavam, como disse Cobain certa vez, "pulando no bonde alternativo". O sucesso do Nirvana ajudou a popularizar diversos outros produtos de Seattle: Pearl Jam, Soundgarden, Alice in Chains, além do supergrupo eventual Temple of the Dog. (Cobain tirava sarro do Pearl Jam chamando-o de banda "corporativa", mas o Pearl Jam acabou sendo tanto uma das bandas de maior sucesso da década quanto uma das menos comprometidas com o grunge, profundamente fiel ao seu próprio som e seus princípios.) O rótulo "alternativo" caiu como uma luva em um trio de bandas de rock maluconas da Costa Oeste que tinham estourado antes do Nirvana: Red Hot Chili Peppers, Faith No More e Jane's Addiction. "Alternativo" também descrevia, mais ou menos, dois dos mais populares grupos do novo rock dos anos 1980, R.E.M. e U2, que surgiram nas cenas claramente à margem do mainstream de Athens, na Geórgia, e Dublin, na Irlanda, respectivamente. Só que, mais importante que isso: "alternativo" era um rótulo colado em praticamente qualquer banda de rock esquisita ou melancólica que fez um mínimo de sucesso na década de 1990 — "alternativo" era um termo cada vez mais abrangente que foi se convertendo, de forma progressiva e também paradoxal, num sinônimo para rock 'n' roll.

Os programadores das emissoras de rádio perceberam essa mudança e começaram a usar "alternativo" para denominar um formato amplo o bastante para cobrir desde estações universitárias dedicadas à música estranha até os grandes nomes do mercado que se concentravam nas bandas mais comerciais. A *Billboard* tinha uma parada chamada Modern Rock, que supostamente deveria ser uma alternativa à parada Album Rock, que acabaria sendo renomeada como Mainstream Rock em 1996. Entretanto, muitas vezes era difícil fazer essas distinções. Por exemplo, "You Oughta Know", a intensa e contagiante canção de Alanis Morissette, chegou ao número 1 da parada de Modern Rock, ao número 3 na parada de Album Rock e ao número 6 na parada de música pop. Morissette, uma estrela do pop canadense que se reinventou como pioneira do rock, não era tão neurastênica quanto Cobain, mas suas canções prolixas contrastavam muito mais com o estilo "festa-todo-dia" das letras do rock dos anos 1980. (Muitas de suas letras não soavam nem um pouco como rock: "Vamos falar um pouco sobre a vida/ Os conflitos, a loucura e o som das máscaras caindo".) Seu arrojado álbum *Jagged Little Pill* se tornou um dos discos de rock mais influentes e populares da modernidade, vendendo mais de 15 milhões de cópias nos Estados Unidos; os "alternativos" estavam por toda parte. Em 1995, um artigo na *Billboard* definia "alternativo" como "um daqueles termos usados no rádio que ninguém consegue definir muito bem, mas com o qual todo mundo quer ganhar dinheiro"; o artigo observava que o formato contemplava artistas tão diferentes quanto o Offspring, uma banda de rock meio punk, e Sheryl Crow, uma cantora e compositora levemente rústica, além de incontáveis outros artistas mais obscuros. Uma das poucas coisas com as quais todo mundo parecia estar de acordo era o fato de que "alternativo" era uma abreviatura de "rock alternativo": era mais uma forma alternativa de rock 'n' roll do que uma alternativa *ao* rock 'n' roll.

O Nirvana conseguiu se descolar, orgulhosamente, do rock genérico. Contudo, no rescaldo da morte de Cobain, por suicídio, em 1994, o rock genérico começou a soar como a banda e a se parecer cada vez mais com ela. Roqueiros cabeludos cortaram o cabelo, e alguns passaram a usar roupas mais largas ou incorporaram um look de brechó chique. Até as estações de rádio mais mainstream começaram a soar mais melancólicas, repletas de canções em acordes menores, com letras angustiadas, muitas vezes mal entoadas, e guitarristas que resistiam à tentação de se exibir. Um dos vários sucessos pós-Nirvana da década foi o Stone Temple Pilots, uma banda de San Diego que a princípio tocava funk e depois adotou um estilo mais soturno, até que, em 1992, lançou *Core*, seu álbum de estreia, que vendeu milhões de cópias. Esse sucesso seria inimaginável no mundo do rock pré-Nirvana — para começar, os *dois* primeiros singles da banda, "Sex Type Thing" e "Plush", eram canções atormentadas sobre mulheres sendo violentamente assassinadas. Mas o Stone Temple Pilots não tinha ligação com nenhuma cena underground de rock nem com nenhuma rádio universitária; desde o início, sempre foi uma banda de rock para fãs comuns. (Nos anos 2000, Scott Weiland, o vocalista, se juntou a ex-membros do Guns N' Roses para formar uma espécie de supergrupo ao mesmo tempo pré-grunge e pós-grunge chamado Velvet Revolver.) Collective Soul, Candlebox, Live, Bush, Seven Mary Three: nenhuma dessas bandas foi revolucionária nem veio do underground, e nenhuma sofria, como Cobain, com a possibilidade de que o tipo errado de ouvinte pudesse frequentar seus shows. Mas todas ofereceram provas de que, nos anos 1990, ser um grupo que tocava "rock", e não qualquer de seus subgêneros, significava soar um pouco como o Nirvana. E algumas bandas do underground descobriram que, de repente, estava a seu alcance se tornarem estrelas do rock, a exemplo do Smashing Pumpkins, grupo indie de Chicago especializado em canções de rock barulhentas e oníricas que não sofreu nem um pouco quando foi transplantado diretamente dos bares para as arenas.

Não é justo dizer que a era alternativa foi igual à era do hair metal, com alguns ajustes na música e na moda. O desejo por músicas diferentes e incomuns no pós-Nirvana ajudou a revitalizar as ondas sonoras, abrindo espaço a uma ampla gama de artistas. (Existe algo de admirável num formato que promove tanto o Offspring quanto Sheryl Crow.) E o festival itinerante Lollapalooza, criado em 1991 por Perry Farrell, do Jane's Addiction, e originalmente realizado até 1997, juntou no mesmo palco bandas de rock populares e desconhecidas, rappers e nomes cultuados em nichos — o espectro completo dos alternativos. Mesmo assim, a era alternativa, assim como a era do hair metal, também teve sua parcela de tradições e clichês. As vozes masculinas ficaram mais graves e roucas, afastando-se dos gritos estridentes que dominavam o hard rock desde o surgimento do Led Zeppelin. E os vocalistas pareciam dispostos a fingir que estavam se divertindo menos do que parecia, e não o contrário. Eles estavam começando a escutar o que Cobain havia declarado: "Eu me sinto idiota e contagioso". Esse tom confessional e autodepreciativo logo se tornaria inevitável: "Sou um verme" (Radiohead); "Sou um perdedor, baby" (Beck); "Sou perdedor e usuário" (Green Day); "Sou apenas um otário sem autoestima" (Offspring); "Sou uma aberração" (Silverchair). Uma canção sobre angústia não é necessariamente mais profunda, nem sequer melhor, do que uma sobre fazer festa.

A coisa mais esquisita sobre a era pós-Nirvana foi sua duração. Em 1991, havia bons motivos para pensar que o assim chamado movimento grunge era uma moda passageira e que a obsessão nacional com as bandas barulhentas de Seattle duraria apenas alguns anos. Mas o Nirvana foi tão influente, e por tanto tempo, que a revolução que inspirou parece agora predestinada: *é claro* que o Nirvana, ou uma banda como o Nirvana, tinha de aparecer. A mudança do hair metal para o grunge era reflexo de uma revolução cultural mais abrangente, em direção a estilos e atitudes mais casuais, e, por conta disso, talvez fosse inevitável que os astros do rock evoluíssem dos collants apertados para os jeans folgados, da folia para a reflexão, dos berros agudos para os gemidos graves.

Uma coisa, entretanto, permaneceu igual: as novas estrelas do rock acabaram sendo tão polarizadoras quanto os velhos astros dos anos 1980, talvez até mais. A revista *Spin* foi criada em 1985, oferecendo uma alternativa mais descolada e descontraída à cobertura um tanto quanto sóbria da *Rolling Stone*, e nos anos 1990 a revista se tornou fortemente identificada com o movimento do rock alternativo. Mas quando a década terminou, e "rock alternativo" e "rock mainstream" viraram praticamente sinônimos, ficou mais difícil saber quais bandas estavam de qual lado. Em 2000, as manchetes na capa da *Spin* incluíam bandas "alternativas" que tocavam muito no rádio, como Papa Roach, Matchbox Twenty e, a mais polêmica de todas, Creed, um grupo da Flórida que simplificou e amplificou o formato grunge, acrescentando riffs mais sujos e refrões mais grandiosos, entoados por um *front man* autocentrado chamado Scott Stapp. Os integrantes do Creed eram cristãos, fato que fez com que a revista citasse, de forma um tanto quanto depreciativa, as "letras pró-Jesus" da banda. Um executivo da VH1, uma emissora irmã da MTV, expressou uma opinião bastante ambígua sobre o grupo. "O som deles bebe muito do rock clássico dos anos 60 e 70", disse. "E bebe também muito do grunge. Mas eles também são muito eles mesmos." O grau de hostilidade da matéria, entretanto, não tinha sido suficiente para alguns leitores da *Spin*, um dos quais desabafou na seção de cartas da edição seguinte:

Eu preferia ver a Britney Spears na capa da revista por um ano inteiro em vez disso. O Scott Stapp e sua banda idiota fazem música prum bando de retardados patéticos. Me senti ofendido quando li o autor Gavin Edwards comparando os fãs do Led Zeppelin com os fãs do Creed. E se o ídolo de Stapp, Jim Morrison, ainda estivesse vivo, ele vomitaria no peito oleoso do vocalista.

Pessoas que odeiam grupos como o Creed normalmente os odeiam por um ou outro motivo. Algumas, como o autor da carta para a *Spin*, consideram o Creed "idiota", que é o tipo de insulto que se costuma fazer às bandas barulhentas e despretensiosas de rock, em especial aquelas que têm uma base de fãs jovem. No mundo do rock 'n' roll, é claro, "idiota" não precisa ser necessariamente um insulto — ao longo dos anos, diversos astros do rock demonstraram o valor da idiotice, seja ela forjada ou sincera. (O autor da carta comparou, de forma negativa, o Creed com o Led Zeppelin e com Jim Morrison, do The Doors, mas tanto o Led Zeppelin quanto o The Doors foram descritos usando termos similares, às vezes pelos próprios fãs. Uma resenha publicada na *Creem* elogiou o "estilo de rock cretino" de *Led Zeppelin II*. E Lester Bangs certa feita enalteceu Morrison chamando-o de "Dionísio Bozo".) Outros odiavam o Creed e seus pares não porque sentiam falta de inteligência, mas sim de inovação, o que faz mais sentido. Quase uma década depois do estouro do Nirvana, parecia que estava na hora de um novo formato.

Quando o Creed estampou a capa da *Spin*, uma alternativa ao alternativo já havia surgido: o rap rock, um gênero híbrido sintetizado pela furiosa banda de protesto Rage Against the Machine, e adotado, em diversos formatos, por artistas campeões de venda como o Korn, Kid Rock e o Limp Bizkit. Nos anos 2000, esse gênero híbrido era às vezes chamado de "nü-metal", um termo que atraía a atenção tanto para seus riffs quanto para a importância da novidade. (O trema era apenas decorativo e, muito provavelmente, depreciativo, uma vez que o termo, assim como "hair metal", era usado sobretudo por seus detratores.) Ao contrário da enésima geração do grunge, essas bandas se esforçavam para ser inovadoras, convidando DJs para suas formações ao vivo, colaborando com rappers e fazendo experimentos com técnicas percussivas de guitarra. O Linkin Park se destacou como a banda mais popular desse estilo e uma das mais populares do novo século, aperfeiçoando as inovações dos seus antecessores para criar uma máquina de sucessos de nü-metal muito eficiente e confiável.

Com exceção do Rage Against the Machine, cujos hinos de revolta esquerdistas faziam com que todas as demais bandas parecessem acanhadas, o nü-metal nunca foi considerado cool. Esses novos astros do rock, na sua maioria, eram brancos, e sua paixão pelo hip-hop os fazia imitar rappers, nem sempre de maneira satisfatória. Com seu boné de beisebol vermelho virado para trás e a mania de estar sempre com a mão na virilha, Fred Durst, do Limp Bizkit, ganhou notoriedade como saco de pancadas da cultura pop, apesar dos riffs elásticos de sua banda. Era fácil rir dele, e dos outros, pelas suas tentativas patéticas de soarem como rappers, mas eu gostava de verdade de algumas daquelas bandas. Lembro-me em especial de uma incrível apresentação do Korn, em 2002, no Madison Square Garden, na qual sua música sombria e propulsiva fez com que aquela arena parecesse uma catacumba pulsante. (Jonathan Davis, o vocalista, chamou os fãs para cantar junto em "Faget", um relato sobre o bullying que ele sofrera no colégio, que elevou a autodepreciação do grunge a um nível ainda mais atormentado: "Sou um viadinho!".) Gostei quando o Linkin Park aceitou sem pestanejar o convite para servir como banda de apoio de Jay-Z num álbum colaborativo chamado *Collision Course*. Para mim fazia sentido que as maiores bandas de rock do país se aproximassem do hip-hop, em vez de ignorá-lo, como muitas haviam feito no passado. Se o futuro do rock mainstream era ser inclusivo e, algumas vezes, constrangedor — bom, esse não parecia ser o pior destino possível para o gênero.

O nü-metal logo desmoronou, vitimado pela crescente impopularidade do seu principal representante, Durst, e pelo consenso cada vez mais difundido de que fazer rap era difícil, e que talvez fosse melhor deixar aquilo para os profissionais. Depois que você escuta Jay-Z empilhando rimas sem o menor esforço em cima dos riffs do Linkin Park, fica difícil se emocionar com o rapper da própria banda, Mike Shinoda. Enquanto isso, incrivelmente, o movimento pós-grunge seguia vivo, arrastando-se aos trancos e barrancos: uma das bandas mais populares de rock mainstream dos anos 2000 foi o Nickelback, um grupo canadense que desenvolveu uma versão um tanto quanto pragmática da sonoridade dos anos 1990. Quando resenhei um show da banda para o *New York Times*, em 2002, escrevi que as canções combinavam "a paleta sônica limitada do grunge com a afetação ilimitada do hard rock", e fiquei me perguntando, em meio àquelas músicas banais e piadinhas idiotas, se aquele show não teria sido uma elaborada paródia disfarçada. Evidentemente não era, porque o Nickelback seguiu vendendo discos e emplacando sucessos, entre os quais "Photograph", uma *power ballad* bem aceitável, que ganhou nova vida na década de 2010 ao ressurgir como meme nas redes sociais. (Em 2019, o então presidente Donald Trump tuitou uma versão do meme de "Photograph" que havia sido transformada numa crítica a Joe Biden.) Quando o Nickelback foi anunciado como atração do intervalo de um jogo do Detroit Lions no Dia de Ação de Graças em 2011, um detrator do grupo criou um abaixo-assinado pedindo aos Lions que "pensassem nos seus torcedores antes de escolher uma banda tão tenebrosa para tocar no show do intervalo" e perguntando: "Será que alguém gosta mesmo do Nickelback?". Alguma coisa fez com que aquela petição conquistasse o imaginário das pessoas, mas o show ocorreu normalmente como programado — no intervalo, a banda entrou no campo para cantar "When We Stand Together", uma canção de protesto curiosamente vaga e fria. ("Temos de nos levantar, sem ninguém desistir/ De mãos dadas para sempre, é assim que vencemos.") De certa maneira, o Nickelback era simplesmente a mais nova versão do mesmo fenômeno do Grand Funk Railroad: uma banda de rock popular que é desprezada pelos especialistas e pelos críticos — o que inclui a mim mesmo, nesse caso.

Alguma coisa, porém, estava mudando: em 2011, após um período de quase uma década, o Nickelback não estava mais emplacando hits nos Estados Unidos — bem como quase nenhuma das outras bandas de rock. Um relatório da Nielsen revelou que, durante a década de 2010, a maior parte das músicas mais tocadas nas rádios de "rock alternativo" dos Estados Unidos era de grupos relativamente desconhecidos, como Cold War Kids e AWOLNATION, nenhum dos quais possuía integrantes que um fã de rock médio fosse capaz de identificar ou reconhecer. Ao mesmo tempo, todas as dez músicas mais tocadas na faixa de "rock mainstream" eram dos anos 1990, a maioria de bandas grunge antigas, como Nirvana e Pearl Jam. Naquele período, Nirvana e Pearl Jam ajudaram a levar o rock alternativo para o mainstream. Mas na década de 2010, até o rock mainstream era apenas mais uma alternativa. Possivelmente nenhuma outra banda de rock mainstream gozou de maior sucesso na década do que o Imagine Dragons, que bebia no pop e na música eletrônica para fazer músicas grudentas, ainda que um tanto comportadas demais. Os ouvintes norte-americanos que estavam em busca de uma banda mais dedicada ao puro rock 'n' roll talvez gravitassem ao redor de algo como, digamos, o Five Finger Death Punch, conhecido pela sua mistura de metal e rock alternativo impulsionada por riffs e gritaria — um nome de peso, mas somente no minúsculo circuito de ouvintes que gosta desse tipo de som. Na década de 2010, o rock, nos Estados Unidos — o rock verdadeiro e barulhento, e não alguma variação suavizada ou artística, tocada por gente nova e bandas mais novas ainda, e não por velhos e veteranos —, estava vivo, embora relativamente obscuro, pelo menos comparado ao hip-hop ou ao pop. E as novíssimas estrelas do rock não eram, em geral, consideradas celebridades automaticamente. Era como se a profecia de Ellen Willis tivesse por fim se cumprido, de uma maneira que ela nunca teria imaginado, nem gostado. Ela havia se perguntando quando a "comunidade do rock" pareceria mais "coesa" novamente. A resposta era: quando o gênero encolhesse.

O heavy metal é foda

Um dos vídeos de rock mais divertidos dos anos 1980 nunca chegou a ser exibido na MTV. Ele não tinha astros, nem enredo e praticamente nenhuma música. Com o título *Heavy Metal Parking Lot*, consistia em dezessete minutos de imagens captadas do lado de fora de um show do Judas Priest no Capital Centre, uma arena em Landover, Maryland. Circulando em fitas VHS piratas, o filme se transformou num sucesso cult nos anos 1990, porque retratava de forma visceral o sentimento de paixão dos fãs. Um homem com cabelo comprido esvoaçante e regata listrada preta e branca resumia a filosofia musical que imperava naquele estacionamento — e, sem dúvida, em estacionamentos similares espalhados por todo o país. "O heavy metal *é foda*", dizia ele. "Punk rock é tudo uma bosta, aquilo não é deste mundo, porra, aquilo é de Marte, cara. Que porra é o punk? Uma merda. E Madonna, na minha opinião, pode ir pro inferno. Ela é uma idiota." Ele parecia estar recitando um evangelho e, de certa forma, era isso mesmo que estava fazendo: "O heavy metal é foda de verdade: Twisted Sister, Judas Priest, Dokken, Ozzy, Scorpions — todos são foda!".

Nem toda história sobre a evolução do heavy metal culmina no surgimento do Mötley Crüe e da febre de hair metal. Na verdade, embora a banda fosse às vezes promovida como heavy metal, Nikki Sixx discordava do rótulo. Em 1986, numa entrevista para a revista de rock e metal *Kerrang!*, ele disse: "A gente nunca foi uma banda de heavy metal". (Ele gostava de pensar no Mötley Crüe simplesmente como uma banda de rock 'n' roll "sórdido".) Muitos metaleiros provavelmente concordam com ele.

Discussões sobre a identidade do heavy metal se tornaram mais frequentes na década de 1980, e os limites do gênero, em resposta, foram ficando cada vez mais palpáveis. O sucesso e a intensidade de grupos como o Judas Priest inspiraram o que ficou conhecido como a nova onda do heavy metal britânico, ou NWOBHM [*new wave of British heavy metal*], abreviação que funcionou mais para os fanzines mais obsessivos do que para uma conversa corriqueira. O Iron Maiden, que ajudou a definir a NWOBHM, tinha talento para a parte visual da coisa: as letras angulosas do logotipo da banda pareciam ter sido pensadas para ser costuradas em jaquetas jeans, e as capas dos seus álbuns invariavelmente exibiam sua mascote, Eddie, uma aparição de olhos sinistros, sem pele, que ficava ótima numa camiseta para ir a um show. A banda era amplamente ignorada pelas estações de rádio norte-americanas, mas sua parte visual funcionou como uma espécie de ação de marketing; muitas pessoas, sem sombra de dúvida, viram seu logo antes de ouvirem suas músicas, que eram aceleradas e vigorosas — embora, verdade seja dita, não tão macabras e diabólicas quanto Eddie pode tê-las feito pensar.

Desde seus primórdios, o heavy metal foi uma música superlativa, com as bandas competindo para ver quem era a mais extrema: em 1968, o grupo pioneiro do acid rock Blue Cheer era anunciado como "o som mais pesado que existe". O Black Sabbath, com seus andamentos arrastados e letras sombrias, parecia mais pesado ainda. O Deep Purple era mais robusto. O Judas Priest, com aquelas roupas pretas de couro, era mais durão. Uma banda como o KISS, por sua vez, era muito divertida, embora não exatamente extrema, o que ajuda a entender por que foi praticamente excluída do cânone do heavy metal. E, assim, enquanto grupos como o Mötley Crüe conquistavam Los Angeles e em seguida a MTV, as bandas britânicas cultivavam um público mais obsessivo. Os ouvintes norte-americanos acompanharam o movimento em novas revistas, como a *Kerrang!*, que havia sido fundada em 1981, e em publicações ainda menores e mais amadoras, onde conheciam outras pessoas com as quais se correspondiam e trocavam fitas cassete. Essa onda britânica logo inspirou uma onda norte-americana: um movimento de bandas dedicadas a aperfeiçoar o som dos ingleses, tornando-o mais rápido e mais sujo. Bruce Dickinson, do Iron Maiden, era quase um cantor lírico e cantava como se estivesse conduzindo suas tropas de metaleiros em direção a uma gloriosa batalha. Já os grupos norte-americanos geralmente tinham vocalistas que rosnavam e se vestiam como encrenqueiros de colégio, com calça jeans, tênis de cano alto e cabelo comprido relativamente descuidado. Muitos guitarristas eram adeptos de uma venerável técnica do metal conhecida como *palm muting* [abafamento]: usa-se a parte de baixo da mão que toca as cordas para silenciá-las, produzindo um ritmo mais contido, diferente do que aconteceria se as cordas continuassem reverberando. E eles faziam isso em velocidades impossíveis, disparando bombardeios tão furiosos que faziam bandas de metal estabelecidas, como o Judas Priest, parecerem graciosas e serenas.

Um repórter da *Kerrang!* se referiu a esse estilo como "thrash metal", e o termo colou numa geração inteira de bandas, entre as quais uma cujo nome assegurava que ela jamais renunciaria ao metal: Metallica. O baterista, Lars Ulrich, um imigrante dinamarquês muito antenado com o que rolava no underground da Inglaterra e de toda a Europa, resolveu montar uma banda de metal *de verdade*, que serviria como contraponto à cena glamorosa e alegrinha que despontava em Los Angeles. Para deixar suas intenções bem claras, Ulrich e seus colegas inicialmente queriam batizar seu álbum de estreia, de 1983, de *Metal up Your Ass*, mas acabaram concordando com algo um pouco menos belicoso: *Kill 'Em All*. Enquanto as bandas de hair metal tomavam conta da MTV, o Metallica se recusava a fazer videoclipes, o que os punha numa posição semelhante à dos líderes de uma facção clandestina underground. Assim como os punks, os metaleiros do thrash se viam como oposição ao rock mainstream, mas muitos pensavam, como o cara de camiseta zebrada naquele estacionamento em Maryland, exatamente a mesma coisa do punk. Comparado ao metal, o punk parecia muito artístico, muito palatável para a elite dos críticos de rock, muito na moda — ou o contrário, como no caso do punk hardcore, que era cru demais, desconsiderando exageradamente o valor da habilidade musical. (Esperava-se de uma banda de metal que pelo menos um de seus integrantes fosse um músico de altíssima qualidade, e idealmente mais de um.) Talvez os fãs de thrash metal não quisessem chegar ao mainstream, mas também não queriam exatamente ser vistos como esquisitões. Embora fossem fiéis à estranha subcultura do metal, os membros dessas bandas também se apresentavam como pessoas comuns, cujos interesses mais estranhos envolviam tocar guitarra em alto volume e consumir bebidas geladas. James Hetfield, guitarra base e vocalista do Metallica, foi fotografado certa vez usando uma camiseta com estampa de uma paródia da capa do primeiro álbum da banda. Nela estava escrito "ALCOHOLICA: DRANK 'EM ALL", e no lugar do martelo e da poça de sangue do original havia uma garrafa de Smirnoff e uma poça de vodca.

O Metallica despontou como principal banda da cena de thrash metal, mas a competição era acirrada. Um ex-guitarrista do grupo, Dave Mustaine, formou o Megadeth, que tocava uma versão estranhona e criativa do thrash, com riffs em zigue-zague que tomavam rumos inesperados. E também havia o Slayer, uma banda tremendamente rápida e malvadona, empurrada por um baterista, Dave Lombardo, cujo estilo de tocar parecia movido a puro ódio e alguns braços a mais. Nessa cena, o que fez com que o Metallica se destacasse não foi exatamente a ferocidade, mas sim o fato de seu som se encaixar no gosto musical mais tradicional: seus membros sabiam como compor riffs que deixassem suas canções fáceis de decorar e acreditavam que talvez pudessem conquistar alguns fãs fora da bolha underground do thrash. *Ride the Lightning*, seu segundo álbum, foi lançado em 1984 e continha a interpretação do grupo para uma *power ballad*: "Fade to Black", um bilhete de suicídio em forma de canção, que começa com um violão e vai ficando cada vez mais alta e mais rápida. Em 1989, o Metallica finalmente lançou um videoclipe, de uma música chamada "One". A versão completa tinha quase oito minutos de duração e encontrou na MTV o seu lar, apesar de não parecer nem soar como nada existente na programação: cenas da banda eram entrecortadas por cenas de *Johnny vai à guerra*, um filme de 1971 sobre um soldado ferido na guerra; a música se desenrola como uma minissinfonia thrash, que evolui para um solo eufórico e tem seu *gran finale* ao ritmo de uma metralhadora.

"One" ajudou a mandar o Metallica para a estratosfera: o próximo álbum da banda, *Metallica* (frequentemente chamado de *The Black Album*), foi lançado em 1991, e era um trabalho severo, porém acessível, cheio de hard rock de andamento moderado e até uma balada romântica de verdade, "Nothing Else Matters", uma *power ballad* com direito à participação de uma orquestra. O disco foi um sucesso sem precedentes, com mais de 16 milhões de cópias vendidas nos Estados Unidos. Provavelmente é o álbum de heavy metal mais popular da história — exceto, é claro, pelo fato de que muitos fãs de heavy metal talvez não o considerem um álbum de heavy metal. No outono de 1991, o grupo saiu na capa da *Rolling Stone* ("METALLICA: DO METAL PARA A FAMA") e Kirk Hammett, o guitarrista solo, confessou que alguns dos metaleiros que ele conhecia não tinham gostado da nova sonoridade da banda. "Amigos meus que são fãs hardcore do estilo me disseram: 'Bom, o álbum não é tão pesado. Vocês não são mais tão pesados como antes'", contou. Sua reposta foi filosófica: "O que é pesado pra você?".

O poder do mal

Há alguma coisa no heavy metal que faz com que seus ouvintes deixem a mente viajar. Os fãs que ouviram os primeiros discos do Black Sabbath não conseguiam deixar de imaginar que estavam tendo acesso a um reino de espíritos malignos, muito embora o próprio Ozzy Osbourne tenha tentado explicar que não nutria nenhum interesse por "magia negra". Depois de ser expulso do Black Sabbath por excesso de bebedeira em 1979, Osbourne se lançou em carreira solo e cimentou sua reputação como maníaco do heavy metal ao supostamente decapitar dois animais com os próprios dentes: uma pomba, de propósito, numa reunião com executivos da gravadora em 1981, e um morcego, sem querer (ele achou que era um morcego falso), num show em Iowa, em 1982. Alguns anos depois, Osbourne foi processado, separadamente, por duas famílias diferentes, que alegaram que sua canção "Suicide Solution" tinha incentivado seus filhos a cometer suicídio. Nenhum dos processos foi vitorioso, mas eles ajudaram a consolidar a imagem de Osbourne não apenas como um pioneiro da música, mas também como uma ameaça à sociedade. Um inimigo da civilização educada. Uma lenda.

Geralmente, quando dizemos que um estilo musical específico tem má reputação, o que estamos querendo dizer é que o achamos medíocre. A má reputação do heavy metal era do outro tipo: as pessoas achavam que ele era do mal, ou que, no mínimo, continha elementos malignos. O gesto com os dedos que simboliza o estilo são os "chifres do diabo", uma saudação feita com o indicador e o mindinho popularizada por Ronnie James Dio, que foi vocalista de uma banda derivada do Deep Purple chamada Rainbow e, depois, do Black Sabbath, após a saída de Osbourne. Ao longo dos anos 1980, houve relatos de que satanistas estariam usando o heavy metal com o objetivo de atrair jovens para cultos que praticavam violência ritualística. (Nunca houve uma prova conclusiva de que esses cultos existiam, embora tenha havido alguns relatos, aqui e ali, de criminosos violentos que eram fascinados pela iconografia satânica.) A audiência do Parents Music Resource Center, em 1985, apenas reforçou essa má reputação e, apesar de

Dee Snider ter se esforçado para deixar bem claro que ele e sua banda eram totalmente contra o mal, outras bandas pareciam se beneficiar desse tipo de atenção. Um dos destaques dessa mesma audiência foi a W.A.S.P., uma banda bem ridícula de shock rock. O grupo foi denunciado por ter lançado um single intitulado "Animal (F**k Like a Beast)", que mostrava na capa um homem utilizando um método contraceptivo pouco crível e aparentemente impossível — uma cueca com uma serra circular acoplada nela. A lista de músicas ofensivas do PMRC incluía, ao lado de hits pop de Prince e Cyndi Lauper, uma música de uma banda chamada Venom. É fácil achar graça do PMRC, mas nesse caso o conselho havia feito uma escolha bastante inteligente, porque o Venom, associado ao NWOBHM, realmente parecia um pesadelo para políticos. Seus dois primeiros álbuns, *Welcome to Hell* (1981) e *Black Metal* (1982), eram bem extremos, com letras que juravam lealdade a Satã e um estilo musical acelerado e solto; os membros da banda facilitavam muito para os ouvintes a tarefa de imaginar que eles estavam na presença sonora do mais puro mal. O comprometimento do Venom com o extremismo musical foi o que inspirou outras bandas de thrash metal, como o Metallica, a desenvolver um som mais acelerado e frenético — mais *metal*, por assim dizer.

É claro que, no fim das contas, os metaleiros que correram para o Metallica atrás de frenesi tiveram de se contentar com *The Black Album* e suas canções de andamento moderado; apesar do nome que escolheram, os membros da banda na verdade estavam menos interessados em defender a pureza do metal do que em consolidar e expandir seu formato particular de rock 'n' roll. Quando o Metallica chegou ao mainstream, alguns dos metaleiros mais fervorosos já haviam substituído o grupo pelo Slayer, que garantia aos seus ouvintes uma experiência livre de baladas. Seu álbum clássico, *Reign in Blood*, de 1986, emenda dez canções em menos de meia hora, com Tom Araya, o baixista e vocalista, vociferando sobre morte, vingança e o fogo do inferno; a música de abertura, "Angel of Death", era um relato da vida de Josef Mengele, médico nazista conhecido pelos seus experimentos cruéis em prisioneiros em campos de concentração. (O Slayer se tornaria um dos alvos do PMRC.) Em 1989, a *Spin* incumbiu o reverendo Bob Larson, um pastor conhecido por pregar contra os perigos do heavy metal, de acompanhar uma turnê do Slayer e ver de perto se os músicos eram tão depravados quanto suas canções. O que ele encontrou dentro daquele ônibus, em algum lugar na Alemanha Ocidental, foi uma banda de rock 'n' roll fazendo coisas que uma banda de rock 'n' roll faz: assistindo a filmes de terror, bebendo cerveja, matando o tempo. "A maior depravação que vi foi uma revista *Playboy* meio velha que eles ficavam olhando o tempo todo", escreveu. Embora o Slayer tivesse uma música chamada "Altar of Sacrifice", que descreve um sacrifício humano num ritual satânico, nenhum dos integrantes tinha um interesse específico pelo satanismo. Larson pareceu meio decepcionado pelo fato de que eles não eram adeptos do satanismo, e sim apenas quatro caras comuns que tocavam música eufórica para seus fãs.

Em 1989, quando Larson embarcou no ônibus da turnê do Slayer, a linha de produção do metal já havia criado algo mais extremo que o thrash. Uma banda chamada Possessed, criada por fãs do Venom na Califórnia, tinha lançado em 1985 o álbum *Seven Churches*, que roubou um pouco dos holofotes do thrash metal: os guitarristas usavam uma técnica conhecida como tremolo, tocando repetidamente a mesma nota para produzir o som de um enxame de abelhas; Jeff Becerra, o vocalista e baixista, não rosnava apenas, ele rugia. Nos anos seguintes, grupos como Death e Morbid Angel seguiram essa mesma cartilha, aprimorando um estilo frenético, ainda que altamente técnico: o death metal. Se as bandas de thrash metal já tinham um pé atrás com o sucesso do mainstream, as de death metal eram totalmente alérgicas a ele. Algumas delas levavam a blasfêmia muito a sério (Glen Benton, do Deicide, tem uma marca permanente de uma cruz invertida na testa), e praticamente todas tinham letras ininteligíveis sobre brutalidade e degradação física. Uma banda de Buffalo, em Nova York, chamada Cannibal Corpse ganhou fama compondo algumas das letras mais repulsivas do gênero; *Tomb of the Mutilated*, de 1992, incluía uma faixa com o título "Necropedophile", escrita, como várias canções do grupo, em primeira pessoa. (Um dos versos mais suaves: "Os mortos não estão a salvo/ Violarei o corpo sem vida da criança".) O álbum também contém um dos maiores sucessos do death metal, "Hammer Smashed Face", tocado pela banda numa cena curta, porém memorável, de *Ace Ventura — Um detetive diferente*, comédia de 1994 com Jim Carrey. O death metal sempre foi visto com certa dose de humor, sobretudo por aqueles que não faziam parte do movimento e que, em vez de se impressionarem com linhas de guitarras sobrepostas, riam da obsessão quase adolescente do gênero com barulho e violência — o death metal, como a maioria dos seus antecessores, era incorrigivelmente não cool.

Ao longo das décadas de 1980 e 1990, com frequência aparecia um novo subgênero de heavy metal querendo se mostrar mais extremo que o anterior. Quem considerava o death metal insuficientemente brutal poderia optar pelo grindcore, um estilo em que se toca tão rápido que o ritmo pulsante da música é quase tão indecifrável quanto suas letras. (*Reek of Putrefaction*, de 1988, o disco de estreia de uma banda britânica chamada Carcass, soava tão brutal que parecia de outro planeta: era uma mistura de vibrações, explosões e grunhidos, com letras tiradas de livros médicos.) Quem acreditava que o heavy metal tinha de ser acima de tudo *pesado* possivelmente caiu nas graças do doom metal, que bebia na mesma fonte do esplendor apocalíptico dos primeiros discos do Black Sabbath; no final da década de 1980, o doom metal já havia inspirado uma versão mais punk e mais suja do estilo conhecida como sludge metal. Enquanto isso, o sucesso do Metallica multiplicou o público para todos os tipos de metal. Em 1992, a banda Pantera, do Texas, lançou o álbum *Vulgar Display of Power*, inclassificável, mas extremamente influente, misturando riffs do thrash metal com interlúdios rítmicos inusitados, toques de rock 'n' roll com influências do blues e vocais beligerantes; o refrão mais popular do álbum tinha o vocalista Phil Anselmo gritando: "Você está falando comigo?". O disco vendeu milhões de cópias, e sua sequência, o igualmente beligerante *Far Beyond Driven*, estreou na primeira posição da parada dos mais vendidos. O Pantera nunca brilhou fora da bolha dos metaleiros, mas o sucesso da banda mostrou exatamente o tamanho dessa bolha.

Em algum momento ao longo dos anos, o metal abandonou o adjetivo "heavy" e a relação do gênero com o rock 'n' roll foi ficando mais tensa. Ser "do metal" virou sinônimo de ser, em alguma medida, extremo, e na verdade "metal extremo" se tornou uma espécie de termo guarda-chuva para muitas das expressões mais brutais — e, talvez, por isso mesmo, mais autênticas — do gênero. (*Terrorizer*, uma revista britânica de metal, foi lançada em 1993; um de seus slogans era "A revista de música extrema número 1 do mundo".) De certa maneira, toda essa filosofia musical perversa era apenas mais uma versão exagerada da boa e velha rebeldia do rock 'n' roll, mas havia algo de paradoxal na maneira como diversas dessas bandas buscavam ser ao mesmo tempo repulsivas e atraentes. Os músicos às vezes se comparavam a diretores de filmes de terror, dispostos a oferecer ao seu público um bom espetáculo e, quem sabe, deixá-lo apavorado. Ao contrário dos punks, os metaleiros aceitavam e até esperavam certa dose de teatralidade.

Quando o Black Flag, uma banda de punk hardcore, fez um show com o Venom em 1986, Henry Rollins, seu vocalista, não ficou muito impressionado com o que viu. "É um monte de luzes e maquiagens", anotou em seu diário da turnê, que mais tarde seria publicado. Rollins se sentiu ofendido pelo fato de seus integrantes usarem *roadies* em vez de eles mesmos carregarem e afinarem seus instrumentos, e achou que o líder, conhecido como Cronos, passava muito tempo preocupado com o cabelo. "O Venom é uma merda", escreveu. "Que piada de mau gosto. Esses caras não sabem suar a camisa e provavelmente não devem nem transar."

Quão "metal" os metaleiros gostariam que suas bandas fossem, de verdade? As bandas de thrash acabaram se revelando bem menos hostis do que aparentavam à primeira vista; até os selvagens do Slayer não pareciam ter nenhuma outra intenção oculta além de tocar em alto volume e se divertir. Entretanto, nos anos 1990 surgiu uma onda no norte da Europa que empurraria o éthos do metal em direção à sua conclusão lógica. As bandas dessa região tocavam um estilo chamado black metal, assim nomeado em homenagem ao antigo álbum do Venom. Enquanto a maioria das bandas de metal havia tratado o satanismo como brincadeira ou artifício, um grupo de bandas da Noruega estava tentando descobrir o que significaria ser realmente "do mal". Praticamente desde o início, sua música foi ofuscada pela violência e pela destruição, o que fazia com que o visual preferido dos músicos — pulseiras de couro com tachas de metal e uma maquiagem branca fantasmagórica conhecida como *corpse paint* — parecesse ameaçador, e não cafona. Um de seus discos fundamentais, *Hvis Lyset Tar Oss*, foi lançado por um artista solo chamado Burzum, em abril de 1994. No mês seguinte, o homem por trás de Burzum, Varg Vikernes, foi mandado para a prisão após ser considerado culpado por esfaquear até a morte outro músico e incendiar três igrejas. Apesar de tudo isso, a música de Burzum não era exatamente brutal: o título do álbum significa "Se a luz nos levar" e começa com três canções longas e poluídas, de andamento moderado, com uma guitarra tocada de maneira rudimentar e vocais que soam como gritos vindos de um corredor; o clima é sombrio (um dos adjetivos mais populares do black metal), mas também um tanto melancólico, especialmente na quarta e última faixa, uma peça atmosférica para teclado com catorze minutos de duração. Pouco tempo antes de sua condenação, Vikernes deu uma entrevista para uma revista chamada *SOD*, ou *Sounds of Death*, na qual ele se pinta como membro de uma vanguarda revolucionária. "Queremos provocar o máximo possível de caos, medo e sofrimento, para que a pacata e idiota sociedade cristã desmorone", afirmou, alegando que sua música era parte crucial dessa empreitada. "Ela destrói a alma do ouvinte e, através dela, nós espalhamos morte e devastação."

Quando eu era um adolescente punk, tinha um pé atrás com o metal. Respeitava seu comprometimento com o extremismo musical, mas não me interessava pela virtuosidade, e as letras sobre Satã e homicídios não chamavam muito a minha atenção. Conforme fui envelhecendo, passei a apreciar o brilhantismo de um riff lapidado com perfeição e também a sensualidade secreta do heavy metal: sua determinação em alcançar a transcendência através da intensidade pura, sua exuberância física. (Parte do motivo pelo qual é divertido ouvir grandes riffs tem a ver com o fato de eles soarem como se fosse divertido tocá-los.) Mas o black metal foi o formato que na verdade me pegou, justamente por ser tão incoerente. Era como se as bandas tivessem levado às últimas consequências a brutalidade criada pelo Cannibal Corpse e o resultado dessa experiência fosse uma música desconcertantemente serena. Em vez de rosnar sobre Satã, os vocalistas em geral cantavam sobre a natureza, revisitando ou inventando antigos mitos pagãos como parte de sua campanha contra o cristianismo — ou, como Vikernes às vezes dizia, "cultura judaico-cristã". Na prática, Vikernes é neonazista e, embora rejeite o termo, escreveu sobre seu desejo de "expulsar milhões de não brancos da Europa" e sobre sua determinação em se levantar contra o "domínio mundial dos judeus". (Em 2009, ele foi solto da prisão, sem arrependimentos, após cumprir dezesseis anos de uma sentença de 21.) Na Europa Central e no Leste Europeu, sobretudo, uma horda de bandas de black metal gravou discos que por vezes eram implícita ou explicitamente neonazistas: as letras exaltavam a natureza e o orgulho nacionais ou étnicos; a música às vezes misturava o caos e a ambiência do black metal com antigas tradições do folclore local.

Passei horas incontáveis escutando esse tipo de som, atraído pela sua beleza assustadora e pela maneira como ele confunde ideias comuns sobre os limites do que é aceitável em termos musicais. É claro que entendo por que tantas pessoas acreditam que seria melhor se ninguém fizesse ou ouvisse música desse tipo, e talvez elas tenham razão. Se é verdade que a música pode incentivar o bem, então também deve ser verdade que ela pode incentivar o mal. No entanto, suspeito que sua influência moral é, de maneira geral, muito sutil e, de qualquer modo, imprevisível. A popularidade do black metal, por exemplo, inspirou recentemente uma verdadeira constelação de bandas antifascistas dentro do gênero, numa tentativa de demonstrar que o sombrio e a bondade podem coexistir. Parte do poder da música é sua habilidade de nos inserir em uma cultura estranha a nós, borrando os limites entre observador e participante: quando escuta Burzum, você se torna, pelo menos por algum tempo, o tipo de gente que escuta Burzum. (Eu às vezes fazia compras numa loja de discos no East Village que tinha muito black metal em seu acervo, incluindo CDs de bandas explicitamente neonazistas. Ela ficava no porão de uma loja de reggae, o que talvez nos diga alguma coisa sobre a maneira como comunidades musicais aparentemente divergentes podem coexistir.) Será que precisamos nos convencer — ou fingir — de que nossas bandas favoritas estão fazendo do mundo um lugar melhor antes de começarmos a gostar delas? Bandas de metal vêm evocando o mal desde que Ozzy Osbourne uivou pela primeira vez sobre "um vulto de preto". O poder do mal já parecia bem real naquele momento. Será que ele é menos real, ou menos fascinante, quando o vocalista realmente acredita no que está dizendo?

Rock de pica

"É uma merda, cara, esse lance de as pessoas curtirem o mal — só que não é o mal em si, é só o *conceito*." Keith Richards estava a bordo do jato particular dos Rolling Stones no verão de 1972, conversando com o romancista Terry Southern, que trabalhava num artigo para a *Saturday Review*. Southern estava querendo arrancar uma manifestação de Richard sobre um panfleto que havia circulado num show recente dos Stones, de autoria de um grupo chamado Men Struggling to Smash Sexism [Homens Lutando para Acabar com o Sexismo]. O panfleto acusava a banda de perpetuar a opressão sexista através das músicas que cantava e da atmosfera que criava:

> Se você é homem, esse show é para você. A música que você ouvirá esta noite foi composta para a sua cabeça. Ela falará com você sobre a *sua* mulher, sobre como é bom tê-la sob seu domínio, para que ela só possa falar quando alguém falar com ela. Homens tocarão uma música pesada e cheia de energia que vai te excitar e te deixar pronto para agir [...]. Nós nos ressentimos da imagem que os Stones apresentam como o exemplo masculino a ser seguido.

Se "Under My Thumb" não era perversa, sem dúvida era pelo menos sórdida. A música tinha sido lançada originalmente em 1966, um relato cáustico de uma conquista sexual, com Jagger zombando da "garota que um dia me botou pra baixo" e assim concluindo: "Mas a mudança chegou/ ela agora está sob meu domínio". Pode-se interpretar essa canção como o regozijo de um insensível, ou como o monólogo interno de um homem amargurado numa relação desumana. Dentro daquele avião, Richards aparentemente se recusou a ser arrastado para um debate sobre a complacência dos Stones com o machismo — para ele, aquele panfleto era apenas mais um exemplo da tendência de seus fãs de projetar suas fantasias mais sombrias na música da banda. "É a fascinação *deles* com o mal que nos torna alvo dessas projeções", disse. Talvez ele ainda estivesse pensando na desastrosa participação do grupo num festival no autódromo de Altamont, na Califórnia, em 1969, onde quatro pessoas haviam morrido — uma delas, um jovem negro de dezoito anos chamado Meredith Hunter, esfaqueado e morto por um membro dos Hells Angels, a gangue de motoqueiros que deveria estar fazendo a segurança. (Hunter estava empunhando uma arma de fogo, e seu suposto assassino foi condenado por homicídio.) Os Rolling Stones estavam tocando "Under My Thumb" quando isso aconteceu.

O problema dos Rolling Stones, se é que esse problema existia, também era o do rock 'n' roll como um todo. A masculinidade do rock 'n' roll se refletia no culto à celebridade que acompanhava o estilo, uma cultura na qual era esperado que homens famosos se envolvessem em relacionamentos sem compromisso com mulheres deslumbradas, apaixonadas ou por eles ou pela imagem idealizada que tinham deles. Muitos desses relacionamentos parecem, agora, obviamente abusivos. Pamela Des Barres escreveu que as fantasias em seus diários só foram se concretizar quando ela tinha dezenove anos, mas diz-se que uma de suas contemporâneas mais famosas, Lori Mattix, teve encontros sexuais com David Bowie e Jimmy Page aos quinze. Numa entrevista de 2015, Mattix confessou não se arrepender de nada, descrevendo suas experiências com Bowie como "muito lindas" e dizendo que se considerava "abençoada" por Page, apesar de ele ter partido seu coração. No entanto, três anos depois, em meio a uma crescente conscientização sobre o abuso sexual, Mattix disse ao jornal *The Guardian* que estava começando a repensar seu relacionamento com Page. "Nunca pensei que existia nada de errado com aquilo, mas talvez exista", declarou. "Não acho que menores de idade devem ir para a cama com adultos."

Em 1970, o jornal underground *Rat* publicou um ensaio emblemático, intitulado "Cock Rock: Men Always Seem to End Up on Top" [Rock de pica: Os homens parecem estar sempre por cima]; o texto foi atribuído a Susan Hiwatt, que era, claramente, um pseudônimo. (Hiwatt era uma marca britânica de amplificadores.) "Ter ficado excitada ouvindo 'Under My Thumb', uma canção de vingança repleta de ódio pelas mulheres, me deixou louca", escreveu Hiwatt, acrescentando: "Quando você presta atenção nas letras masculinas do rock, a mensagem passada para as mulheres é devastadora". Mesmo assim, a severidade daquela mensagem a incomodava menos do que sua onipresença. "Todos os nomes nos discos, todas as pessoas que trabalham na luz e no som, todas as vozes no rádio e até os radialistas entre as músicas — todos são homens", escreveu. Na sua opinião, Janis Joplin era a única exceção, e sua morte havia sido um ponto de virada. "Quando ela morreu", prosseguiu Hiwatt, "um dos poucos vínculos que eu ainda tinha com o rock se rompeu." Seu ensaio era tanto uma crítica quanto uma carta de adeus.

Ellen Willis, por outro lado, interpretou "Under My Thumb" menos como um insulto e mais como um desafio. "Em seus primórdios", reconheceu ela, num ensaio para a *New Yorker* em 1971, "o rock era machista das maneiras mais evidentes possíveis." Mas ela preferia a abordagem com ar de superioridade dos Rolling Stones a algumas das alternativas. "Uma diatribe como 'Under My Thumb' é muito menos machista em suas implicações do que, por exemplo, uma canção muito mais suave e complacente como 'Wild World', de Cat Stevens", escreveu. Se os Rolling Stones retratavam a mulher como adversária, Stevens, um cantor de voz trêmula, de inspiração folk, que emanava sensibilidade, descrevia a mulher como vítima em potencial: "Mas se você quiser ir embora, tome muito cuidado/ Espero que você conheça um monte de gente legal por aí/ Mas lembre-se de que tem um monte de gente ruim também, então cuidado". Para Willis, isso era a mais pura hipocrisia, e ainda mais baixa porque a agressividade não era tão evidente. "É difícil imaginar uma mulher alertando melancolicamente o ex-namorado para o fato de que ele é inocente demais para o mundo horrível que existe lá fora", escreveu. Num ensaio publicado no *Village Voice*, em 1977, Willis explicou que parte do que ela amava no rock 'n' roll era sua insolência, uma postura que, no seu entender, parecia intrinsecamente radical, às vezes a despeito de si própria.

Músicas que, corajosa e agressivamente, verbalizavam o que o cantor queria, amava ou odiava — como o bom rock 'n' roll fazia — me desafiavam a fazer o mesmo e, assim, ainda que as letras fossem contra as mulheres, contra o sexo e, de certo modo, contra a natureza humana, a forma delas me incitava na minha luta por libertação. Da mesma maneira, música mais acanhada me fazia me sentir mais acanhada, independentemente do seu conteúdo político.

Assim como muitos críticos, Willis decodificou o rock 'n' roll através das lentes de sua própria convicção de que o gênero poderia e deveria ter consciência política, e ser uma força em prol da "libertação". Ela compartilhava dessa convicção com diversas gerações de ouvintes e músicos, muitos dos quais realmente acreditavam que o rock 'n' roll possuía certa essência liberativa. Nesse e em diversos outros aspectos, os Rolling Stones foram extremamente sagazes, encontrando maneiras de abordar, em suas canções, a tensão latente entre duas ideias antagônicas de libertação: a libertação política, que pode exigir disciplina e comprometimento, e a libertação pessoal, que tende a rejeitar essas coisas. Várias de suas músicas que possuem uma sonoridade mais urgente, como "Gimme Shelter" e "Street Fighting Man", são astuciosamente ambíguas, evocando convulsão política sem transmitir nenhuma mensagem clara o suficiente para ser considerada uma canção de protesto. Ao longo dos anos, muita gente foi se dando conta, estarrecida, de que os Rolling Stones, que um dia haviam sido jovens e rebeldes, tinham envelhecido e se acomodado, e agora estavam satisfeitos em amealhar fortunas no circuito de turnês. (Em 1983, a *Rolling Stone* publicou uma matéria sobre uma tendência então em expansão: bandas como os Stones estavam começando a ser patrocinadas por grandes empresas; a Jovan, uma marca de perfumes, havia patrocinado sua turnê de 1981.) Lembro-me de pegar o metrô até Van Cortland Park, no Bronx, em 2002, para uma pomposa e desnecessária entrevista coletiva na qual os Rolling Stones anunciaram os detalhes de sua próxima turnê; um dirigível e uma empresa de serviços financeiros tiveram grande destaque no evento. Mas quando, alguns meses depois, os vi tocando ao vivo no Madison Square Garden, fiquei chocado ao perceber como tinham envelhecido bem. Keith Richards soava como nenhum outro guitarrista de rock que eu tivesse ouvido; suas levadas, entrecortadas por pequenos silêncios, eram como pedras quicando sobre a superfície de um mar agitado. Enquanto isso, Jagger desfilava fazendo caras e bocas, um homem de 59 anos que não precisava provar nada para ninguém e não tinha nada do que se envergonhar — um astro do rock magnífico, que nunca fingiu ser nem mais nem menos do que isso.

Nos anos 1950 e 1960, o rock 'n' roll foi celebrado (e, algumas vezes, denunciado) como um exemplo da integração norte-americana em ação: um gênero universal, feito e consumido tanto por negros quanto por brancos. Na década de 1970, entretanto, esse mito foi minado pela realidade da segregação do pop. A música negra era tipicamente caracterizada como R&B ou soul, enquanto o rock 'n' roll foi redefinido como um gênero branco, embora em grande dívida com seus antepassados negros, sobretudo cantores de blues. O rock dos anos 1970 era às vezes criticado por não atender às expectativas do gênero de manter uma identidade universal — na verdade, uma matéria da *Rolling Stone* de 1972 reproduz outro panfleto (ou talvez seja até o mesmo) distribuído durante outro show dos Rolling Stones, fazendo uma conexão entre o notório machismo da banda e o fracasso que isso representava na tentativa de ser inclusivo. "O rock deveria ser uma música para todos", dizia o panfleto. "A cultura do rock deveria ser a cultura de todos." A segregação musical tinha uma clara tendência a prejudicar as aspirações profissionais de músicos negros que, em geral, consideravam o estrelato do R&B muito menos lucrativo do que seu correspondente no rock 'n' roll. E claramente havia muitos músicos negros compondo faixas geniais de rock 'n' roll nos anos 1970, de Sly Stone a George Clinton, passando por Chaka Khan. Entretanto, classificá-los como parte do mundo do rock 'n' roll, e não do R&B, seria enriquecer o rock 'n' roll e empobrecer o R&B. Como isso poderia ser uma melhoria? É justo afirmar que músicos são capazes de produzir em mais de um gênero (e eles geralmente o fazem). Mas também me parece importante não distorcer a realidade daquela época, quando o mundo do rock 'n' roll estava, de diversas maneiras, muito menos misturado do que fora em seu passado.

Quando se descolou do R&B, nos anos 1960, o rock 'n' roll perdeu grande parte do seu público negro e, portanto, de sua pretensão à universalidade — ele não poderia, jamais, ser novamente chamado de som dos Estados Unidos. Sem nenhuma surpresa, o rock 'n' roll perderia seus metais mais ou menos nessa mesma época: o saxofone, que um dia fora parte integral da sonoridade do gênero, havia praticamente desaparecido do estilo no começo dos anos 1970, exceto por algum eventual solo. Agora, a predominância do violão e das guitarras era total, e a guitarra elétrica era cada vez mais percebida como um instrumento "branco". De modo geral, os roqueiros dos anos 1970 pareciam estar cientes de que eram astros brancos num gênero com uma história negra tão ilustre. Os Rolling Stones se voltaram infinitas vezes para os mestres do blues que os inspiraram e, algumas vezes, quiseram passar um recado fazendo turnês com atrações negras tocando em suas aberturas. (É possível interpretar "Brown Sugar", sua música igualmente amada e odiada sobre escravidão e sexo inter-racial, como uma alegoria autobiográfica: a história de músicos britânicos cujo "sangue-frio inglês fervia" quando escutavam a música negra norte-americana.) Algumas bandas, por sua vez, escolheram o caminho oposto, na tentativa de construir uma identidade musical para o estilo que fosse independente de suas raízes no blues e na música negra. Os críticos eventualmente usavam "blues" como insulto, para descrever passagens instrumentais muito arrastadas e previsíveis. Um crítico bem perspicaz conhecido como Metal Mike Saunders, admirador das bandas mais pesadas, teceu elogios a *Led Zeppelin II* por ter dado "um primeiro passo crucial para se distanciar do blues e do seu excesso de solos punheteiros"; uma resenha sobre o Fleetwood Mac na *Rolling Stone* observou, como algo positivo, que o grupo havia abandonado seus "laboriosos improvisos de blues e rock"; a *Time*, em sua matéria de 1974 que destrinchava o heavy metal, o descreveu como uma espécie de "blues simplificado, mais pesado e tocado no volume máximo". Virar as costas para o blues se tornou uma alternativa para os astros de rock que queriam posar de modernos ou autênticos. Em 1978, Tom Petty, que mal tinha começado a ser aclamado pelo seu rock 'n' roll ácido e encorpado, disse à revista britânica *Sounds*: "Nunca curti muito o blues", embora tenha expressado uma admiração por álbuns antigos de R&B. E numa entrevista para a *BAM*, uma revista de rock de San Francisco, Alice Cooper, o vampiro drag do hard rock, explicou seu menosprezo pelo blues em termos demográficos. "Não dá pra gente tocar delta blues", disse. "Não dou a mínima pra quantas vezes o seu benzinho te abandonou. Nós fomos uns pirralhos suburbanos de classe média que tinham tudo o que queriam. Nunca *tivemos* uma fase de *blues* [sofrimento]."

A normalidade da vida suburbana de classe média evocada por Cooper destoava de sua vida nos palcos. Ali, ele interpretava uma personagem chamada Alice (seu nome verdadeiro era Vincent Furnier), que tinha a aparência, como ele explicou uma vez, de "prostituta barata" cujo guarda-roupa incluía botas de cano alto de oncinha e cuja maquiagem negra e sempre presente nos olhos dava a impressão de que o rímel havia explodido em seu rosto. Essa era mais uma mudança dos anos 1970: uma expectativa crescente de que os astros masculinos do rock incorporassem elementos da cultura drag. Os Rolling Stones também foram pioneiros nesse quesito. Um daqueles panfletos sugeria que a maneira como a banda enxergava e tratava mulheres estava ligada a um conceito retrógrado de masculinidade, e acusava o grupo de reforçar a ideia de que "os únicos homens de verdade são aqueles que querem se parecer ou com John Wayne ou com Mick Jagger". Entretanto, os trejeitos e caretas de Jagger eram, de certa forma, uma espécie de rejeição ao modelo de masculinidade de John Wayne. No artigo "Confessions of a Gay Rocker" [Confissões de um roqueiro gay], o crítico Adam Block abordou a "ambiguidade sexual" que definia a imagem dos Rolling Stones, especialmente de Mick Jagger, que ele descreveu como "um heterossexual que gostava de flertar com garotos". (Block cita "Schoolboy Blues", música dos Rolling Stones de 1970 nunca lançada e que, possivelmente, foi gravada como uma peça de sabotagem contratual, na qual Jagger canta: "Onde devo ir para que alguém chupe o meu pau?/ Para que alguém coma o meu cu?".) Jagger nunca declarou ser nada além de heterossexual. Mas muitos fãs suspeitavam ou torciam para que ele tivesse tido um caso romântico com seu amigo David Bowie, que se identificou, em 1976, numa entrevista para a *Playboy*, como bissexual — e se tornou, nos anos seguintes, talvez o primeiro astro pop a enfrentar rumores de que era secretamente hétero.

Contracultural

Os anos de estrelato do rock da década de 1970 também foram o ápice do que algumas pessoas chamam de glitter rock, um subgênero baseado numa teatralidade caricatural. Bowie fazia parte desse movimento, cujas definições não eram muito claras, bem como Alice Cooper, e também Roxy Music, Gary Glitter e Marc Bolan, o fantástico (nos dois sentidos) líder do T. Rex. Por algumas definições, Elton John também se encaixa: sua música tinha poucas semelhanças com os padrões do glitter rock, que valorizava vocais afetados e guitarras efervescentes, mas sua tendência a subir no palco vestindo roupas escandalosas cobertas de lantejoulas dava a impressão de que ele era um dos seus. Sob a influência do glitter rock, que também era chamado de glam rock, muitos dos astros do mainstream, entre os quais

Mick Jagger, começaram a fazer experimentações com maquiagem e figurinos esvoaçantes. E em Nova York, duas bandas muito influentes ajudaram a deixar o glitter rock um pouco menos afetado. Uma era o New York Dolls, cuja música, irreverente, sarcástica e grosseira, ajudou a inspirar a primeira onda de bandas punk. A outra era o KISS, com seu visual de histórias em quadrinhos e letras falando de tocar "rock 'n' roll a noite inteira" — seus membros se deram conta, assim como Alice Cooper antes deles, de que era possível ser ao mesmo tempo um astro doidão do rock e um cidadão norte-americano comum.

De modo geral, o movimento do glitter rock se apresentava como heterossexual. Elton John era a exceção: numa matéria de capa da *Rolling Stone* em 1976, ele revelou ser bissexual — embora não mais bissexual do que o resto do mundo, brincou. ("Acho que todo mundo é bissexual até certo ponto", disse. "Não acho que sou só eu.") Ele só foi se identificar publicamente como gay em 1992. Elton John também foi uma exceção em outro sentido: ao contrário da maioria dos astros do glitter rock, ele não era exatamente um galã. Em 1974, foi descrito pela *New Musical Express* como "um gorducho calvo de óculos", um grande músico e artista que tinha alcançado o sucesso apesar de "quebrar absolutamente todas as regras visuais dos anos 70". Era mais comum, entretanto, que os artistas do estilo acreditassem que o glamour do glam rock só os tornava ainda mais desejados pelas mulheres. Quando um artista homem vestia um jeans apertado e um top cheio de babados, e aplicava um pouco de maquiagem no rosto, geralmente era só porque queria ficar parecido com um astro do rock. No final dos anos 1970, era basicamente essa a aparência de todos eles.

Quando o glitter e o glamour retornaram nos anos 1980 na forma do hair metal, seu éthos estava muito mais para KISS do que para Bowie. Parte do que deixava o hair metal tão divertido era o fato de que a aparência extravagante dos astros não estava ligada a uma identidade cultural ou musical igualmente provocativa. Às vezes os próprios artistas nem sabiam direito como ou por que se vestiam exatamente da mesma maneira que as garotas com quem eles saíam. "As garotas gostavam de nós", lembra-se Phil Collen, do Def Leppard, na história oral da MTV. "Éramos uma banda de rock, mas a gente não queria ser igual às outras, com aquele cabelo ensebado e jeans imundo. Nossas namoradas deixavam a gente pegar as roupas delas emprestadas." Em *The Dirt*, Vince Neil se recorda de uma ocasião, no começo da carreira do Mötley Crüe, em que eles se apresentaram num bar de motoqueiros, com a banda vestida em seu figurino típico: "sapatos de salto, laquê no cabelo, unhas pintadas de vermelho, shortinho cor-de-rosa e maquiagem". Por quê? Porque supostamente era cool. Chuck Klosterman lembra que, em sua cidadezinha em Dakota do Norte, os bonitões do Poison "quase pareciam um tipo de propaganda gay". A piada, é claro, é que o Poison, assim como a maioria das bandas de hair metal, não tinha nenhuma intenção oculta por trás disso. Foi justamente o fato de não haver nenhuma intenção oculta por trás que fez com que a cena de hair metal parecesse tão atual e divertida, descolando-se de outros formatos mais crus e antiquados de rock 'n' roll.

De certa maneira, Vince Neil de salto alto num bar de motoqueiros representa uma espécie de "luta por libertação", ainda que não exatamente igual à luta em que Ellen Willis se engajou. De outras maneiras, tanto o surgimento da disco music quanto a insurgência do punk e o crescimento da música pop eletrônica destruíram a ideia de que o rock 'n' roll estava do lado do progresso, ou que era intrinsecamente legal. Por conta disso, o ressurgimento do "puro" rock 'n' roll, em Los Angeles e na MTV, foi percebido com frequência como algo reacionário para a música, uma grande vingança contra várias revoluções musicais. O hair metal também foi percebido com frequência como algo reacionário para a *política*, e não só porque as bandas em geral se recusavam a compor músicas de protesto. Vários adeptos do estilo abraçaram, sem qualquer remorso, a cultura das groupies, e encheram seus vídeos com mulheres seminuas que, geralmente, não diziam sequer uma palavra. O Warrant, em especial, foi ridicularizado e criticado por um videoclipe de 1990 para "Cherry Pie", no qual a modelo Bobbie Brown apoia uma torta de cereja no colo e leva um jato de uma mangueira de incêndio enquanto o vocalista, Jani Lane, grita: "É tão bom trazer lágrimas aos seus olhos/ Minha doce tortinha de cereja". Na verdade, o vídeo, colorido e animado, é muito menos irritante do que a música em si, graças em grande parte a Brown, que tem uma presença de tela muito mais exuberante do que a de qualquer um dos integrantes da banda. (Anos mais tarde, em seu livro de memórias, ela escreveu que achou "ridículas" as acusações de machismo, classificando-o como "um vídeo sensual e bem-humorado para uma canção sensual e bem-humorada".)

Não é simples ser galã — tradicionalmente, um homem que aparenta ser mais jovem, atraindo a atenção de um grande número de mulheres e garotas. Os astros do hair metal eram todos galãs e, portanto, eram criticados pelos fãs que gostariam que eles não fossem tão masculinizados e pelos que gostariam que eles não fossem tão afeminados. Críticos de rock os insultavam com tanta raiva quanto os metaleiros na Dakota do Norte de Klosterman. E, apesar de tudo isso, os galãs foram muito importantes. Quando falam sobre a desigualdade de gênero no rock 'n' roll, as pessoas costumam se concentrar na desigualdade entre os artistas e ficam tentando descobrir os motivos pelos quais a indústria e a cultura do rock 'n' roll frustraram os planos tanto de artistas mulheres de sucesso quanto os daquelas que nem chegaram ao estrelato. Não são poucas as histórias: quando as irmãs Wilson, do Heart, falaram sobre serem transformadas em "gatinhas de filme pornô", sem dúvida estavam falando por muitas mulheres que eram apresentadas dessa maneira e por muitas outras cujas carreiras sofreram porque não eram. Mas é claro que o objetivo da música popular não é empregar e enriquecer músicos, e sim encantar seus ouvintes. Assim, uma maneira de avaliar como um estilo musical trata as mulheres é perguntar o quanto ele as atrai como consumidoras. Olhando por esse ponto de vista, o movimento do hair metal foi um sucesso e talvez tenha sido também um tremendo progresso; bandas como Bon Jovi, Def Leppard e mesmo Mötley Crüe se destacaram, ao contrário de suas antecessoras dos anos 1970, por arrastarem públicos enormes que eram em grande parte constituídos por mulheres. Ou que talvez fossem *principalmente* constituídos por mulheres — é difícil encontrar boas estatísticas da época. Existem limites para análises desse tipo, é claro, porque é possível que esse dado represente apenas que os ouvintes estão dispostos a aceitar, e não o que eles de fato querem. Mas isso vale para todos os gêneros e todos os públicos. E não existem motivos para acreditar que os fãs que lotavam as arenas para ouvir hair metal estivessem particularmente hesitantes ou estranhamente insatisfeitos com aquilo.

De modo geral, é lógico que os galãs do hair metal não se viam como feministas. Pelo contrário: eles pertenciam a uma geração que ajudou a separar o rock 'n' roll das políticas liberais, em parte por reforçar a ideia de que deveria ser divertido, algo que o pensamento liberal não era. (Joey Allan, o guitarrista base do Warrant, defendeu o vídeo de "Cherry Pie" certa vez apelando a uma das regras tácitas do gênero: "Molhar uma garota com uma mangueira de incêndio? Dá um tempo, isso é rock 'n' roll".) "O rock se tornou uma música despolitizada", explicou um executivo de marketing para a *Rolling Stone* em 1983. Na mesma revista, poucos meses depois, Bob Pittman, o CEO da MTV, destrinchou a visão que a emissora tinha sobre o rock 'n' roll. "Nos anos 60, música e política se fundiram", disse ele. "Mas declarações políticas não existem mais. A única coisa que os fãs de rock têm em comum é a música." Alguns artistas mais antigos mantiveram sua crença no poder idealista do rock 'n' roll: em 1988, Neil Young lançou o videoclipe da música "This Note's for You", que trazia sósias de Michael Jackson e Whitney Houston para zombar do pop corporativista. E astros consagrados do rock e do pop se juntaram para colaborações filantrópicas, como "We Are the World", um single de 1985 que teve sua renda revertida para ajuda humanitária na África, e *A Very Special Christmas*, disco de 1987 que arrecadou fundos para as Olimpíadas Especiais. Mas pode-se dizer que a causa mais importante para o rock 'n' roll dos anos 1980 foi de seu próprio interesse: um amplo movimento contra a censura, em oposição aos esforços do PMRC e outros para marginalizar músicas com letras explícitas. (A campanha do PMRC deu origem a um acordo no qual as gravadoras norte-americanas concordaram em criar um sistema de classificação, que rotulava determinados álbuns como "explícitos"; o Walmart e algumas outras lojas se recusaram a vender álbuns "explícitos" em suas unidades.) Essa foi uma das maneiras que o impulso liberacionista encontrou para permanecer vivo no rock 'n' roll: os músicos defendendo seu direito de cantar o que quisessem.

No mundo do hard rock e do heavy metal, um persistente éthos anti-hippie deu origem a uma postura similar à contracultura. Duas camisetas que aparecem no vídeo *Heavy Metal Parking Lot* estão estampadas com mensagens antiguerra muito populares na época: "Atire em Todos/ Deixe que Deus Escolha!" e "NÃO FIQUE CHATEADO/ BOMBA ATÔMICA NESSES FILHOS DA PUTA". E algumas bandas de metal, como o Black Sabbath havia feito antes delas, lançaram músicas contra a guerra que evocavam o caos com mais vivacidade (e, às vezes, com maior simpatia) do que a paz. Quando Bruce Dickinson, do Iron Maiden, berrou "Corra para as colinas/ Corra para salvar sua vida", ele estava denunciando o assassinato de indígenas norte-americanos pelo "homem branco", embora o refrão soasse mais triunfante que pesaroso. O heavy metal costuma demonstrar um fascínio pela brutalidade e é justamente esse fascínio que enche de energia músicas teoricamente contra a guerra como "One", do Metallica, e "War Ensemble", do Slayer. Nem mesmo "Angel of Death", a canção do Slayer sobre os crimes de guerra do nazista Josef Mengele, consegue deixar de glamorizar o personagem, especialmente porque critica Mengele usando palavras como "infame", algo que, para o heavy metal, soa mais como elogio. É uma música sobre violência e sobre o mal, feita por uma banda *obcecada* pela violência e pelo mal.

Poucos discos sintetizam melhor a complexa mensagem do hard rock dos anos 1980 do que *G N' R Lies*, do Guns N' Roses, lançado em 1988, um ano após *Appetite for Destruction*. O disco tem um formato híbrido esquisito, com quatro faixas ao vivo, ou mais ou menos isso, e quatro faixas essencialmente acústicas. Uma das acústicas, "Patience", era uma balada rock sublime — talvez a melhor da década. Outra, "Used to Love Her", era basicamente um par de versos provocando de forma agressiva uma ex desagradável: "Eu a amava/ Mas tive de matá-la". A música foi lançada como piada, porém alguns anos depois Axl Rose foi processado por ter agredido violentamente a ex-esposa e entrou numa guerra judicial contra uma ex-namorada também por supostos episódios de violência. A música mais chocante, entretanto, era "One in a Million", o monólogo de um "garoto branco de uma cidade pequena", de saco cheio da vida em Los Angeles. "Policiais e crioulos — é isso mesmo/ Saiam da minha frente", rosnava Rose. No segundo verso, eram "imigrantes e viados"; no terceiro, "radicais e racistas". A canção provocou revolta, embora não tenha causado danos mais sérios à carreira da banda, e no ano seguinte, na *Rolling Stone*, Axl Rose alegou ter usado a palavra *"nigger"* [crioulo] como forma de protesto. "Não gosto que me digam o que posso e o que não posso dizer", declarou. Ele explicou que a letra fora inspirada em situações específicas: "negros" que ele tinha visto vendendo "joias roubadas" e drogas adulteradas no centro de Los Angeles; um imigrante, funcionário de uma loja, que o havia expulsado de lá; um homem que certa vez tentou estuprá-lo quando ele viajava pedindo carona. (Rose nunca se desculpou, muito embora a canção tenha ficado de fora de uma versão remasterizada do disco lançada em 2018.) De forma possivelmente acidental, a música resumiu a posição conflitante do rock 'n' roll mainstream no final dos anos 1980: provocador, ressentido e cada vez mais deslocado em meio ao caos da cidade grande.

O surgimento do grunge mudou isso, muito embora talvez não tanto quanto se pode imaginar. Certamente Cobain assumiu um compromisso de ressuscitar a ideia do rock 'n' roll como força progressiva, e ele se opunha a pessoas como Axl Rose, a quem se referiu como "machista, racista e homofóbico de merda" numa entrevista para a revista LGBT *The Advocate*. "Não dá pra você ficar do lado dele e do nosso lado", disse. (Cobain e Rose tiveram um encontro hostil nos bastidores do MTV Video Music Awards de 1992, o mesmo em que o Def Leppard foi ofuscado pela insurgência do grunge.) E, mesmo assim, o grunge ajudou o rock 'n' roll a ficar ainda mais isolado musicalmente, ao popularizar uma versão mais suja e mais pura do hard rock. Ao rejeitar o envaidecido "establishment" do rock 'n' roll, o movimento alternativo afastou ainda mais o gênero de suas raízes na música negra: solos de saxofone agora pareciam ridículos e risíveis; ninguém mais queria ou esperava que guitarristas se acabassem em improvisos inspirados no blues; e muitas bandas se deram conta de que não precisavam de backing vocals, que em geral eram mulheres negras. Até o nome "rock alternativo" sugeria uma tradição musical cujos heróis eram bandas brancas e excêntricas como The Velvet Underground e R.E.M. — uma corrente que aparentemente não tinha muito a ver com o rock 'n' roll negro de pioneiros como Sister Rosetta Tharpe, Ike Turner e Chuck Berry. A ascensão do rock alternativo ajudou a reforçar uma antiga ideia que parecia nova apenas poucas décadas antes: que o rock 'n' roll era uma música branca.

Não acho que essa evolução precise ser necessariamente lamentada. Gêneros se transformam, e a existência de gêneros predominantemente negros nos Estados Unidos, um país de maioria branca, na prática garantia, como uma certeza matemática, que também haveria gêneros predominantemente brancos. Por que o rock 'n' roll não se tornaria um deles? A maior surpresa talvez seja o fato de que o rock 'n' roll se tornou mais versátil culturalmente do que a maioria de seus fãs do passado poderiam imaginar. Assim como motocicletas e tatuagens, ele pode significar coisas diferentes em lugares e épocas diferentes. Uma das histórias mais inesperadas das últimas décadas é o sucesso do rock cristão. O primeiro álbum desse estilo a ganhar um disco de platina pela venda de milhões de cópias foi *To Hell with the Devil*, de 1986, de uma banda cristã de hair metal chamada Stryper, que não era famosa pela sutileza — seus integrantes arremessavam Bíblias de bolso na plateia durante seus shows. Contudo, na metade dos anos 1990 e nos anos 2000, uma nova geração de roqueiros cristãos alcançou o sucesso do mainstream: não apenas o Creed, mas também Jars of Clay, P.O.D., Switchfoot, Evanescence, Daughtry, The Fray e Lifehouse. Muitas dessas bandas, entre as quais o Creed, resistiam ao título de "rock cristão" ou até o rejeitavam, porque não queriam ser rotuladas. Sempre houve cristãos no mundo do rock, dependendo de como se define "cristão"; Bono, do U2, passou toda a sua carreira cantando sobre sua fé e suas dúvidas cristãs.

Mas, à medida que o que rock mainstream foi se afastando cada vez mais de suas raízes na contracultura, a fé cristã foi se tornando cada vez menos estranha dentro do estilo. Duas das bandas de maior sucesso nas últimas décadas, The Killers e Imagine Dragons, são lideradas por membros da Igreja de Jesus Cristo dos Santos dos Últimos Dias, antigamente conhecidos como mórmons, e os fãs, em sua maioria, não percebem ou não se importam. Ou talvez os fãs do rock mainstream no século XXI simplesmente gostem mais do bem do que do mal.

O oposto de barulho

Havia outro caminho para o rock 'n' roll. No verão de 1969, a *Newsweek* celebrava duas novidades. Uma estava estampada na capa: a rainha Elizabeth II punha uma coroa na cabeça de um dos filhos, o príncipe Charles, indicando assim que ele era seu herdeiro ao trono britânico. Dentro da revista, mais perto das últimas páginas, algo mais interessante e que possivelmente teria maiores consequências era descrito: o surgimento de uma nova modalidade de rock 'n' roll e de um novo tipo de estrela do rock. A "cena do rock 'n' roll", de acordo com a matéria, vinha sendo "um mundo de grupos masculinos, de música agitada e barulhenta que ofuscava o que era dito, que raramente era algo importante". Mas agora surgia "uma nova escola de mulheres trovadoras", dispostas a dar um "toque feminino" ao rock 'n' roll. De acordo com a *Newsweek*, a mais proeminente dessas novas herdeiras do rock 'n' roll era Joni Mitchell. Dentro de alguns anos ela seria reconhecida como uma cantora e compositora radicalmente original, mas naquela época era vista, com frequência e de forma um tanto quanto condescendente, como uma garotinha ingênua. O artigo classificava o estilo de cantar de Mitchell como "natural" e com o "frescor de flores", e sugeria que sua casa, em Laurel Canyon, em Hollywood Hills, era um refúgio urbano. "Sou um pouco avessa à cidade grande, por ter crescido numa cidadezinha no campo em Saskatchewan", disse Mitchell. "Eu devo a mim mesma morar num lugar com muito verde."

Essa ideia — de que muitos fãs estavam loucos por uma trégua do rock 'n' roll barulhento — estava amplamente difundida no começo dos anos 1970. Em 1971, a *Time* encontrou uma maneira diferente de celebrar aquele som que surgia, com uma capa que trazia a ilustração de um homem com bigode e cabelo castanho comprido que lhe descia até os ombros ao lado de uma manchete definitiva: "O NOVO ROCK: BAIXO E AGRIDOCE". O homem era James Taylor, um compositor de baladas folk, e a revista o aclamava como um antídoto ao "rock 'n' roll ácido, ensurdecedor e alucinante" que, assegurava a revista aos seus leitores, estava em franco declínio. Alguns anos depois, uma matéria do *New York Times* descrevia Taylor como "um alívio reconfortante após os excessos destruidores de tímpanos da música psicodélica do final dos anos 60". E, em 1972, um artigo da Associated Press exaltava a cantora e compositora Carole King como "rainha" do "soft rock" — que, conforme o texto explicava, era a antítese do "hard rock". Havia algo de levemente desdenhoso na maneira como essas cantoras eram celebradas por serem mais quietinhas. O oposto de barulho, afinal de contas, é o silêncio e, às vezes, parecia que aquelas artistas estavam apenas criando um novo modismo. Nem todos receberam a novidade de braços abertos. "Se algum dia for à Carolina, vou tentar dar um jeito de matar James Taylor", escreveu Lester Bangs certa vez, fazendo referência a uma das suas músicas mais amadas, "Carolina in My Mind". Bangs quis exagerar, de maneira deliberada, o contraste entre seu próprio temperamento irritadiço e a música e o comportamento insuportavelmente calmos do artista. Se Taylor queria assassinar o monstro do rock barulhento, Bangs estava disposto a matar primeiro o cantor e compositor.

"Carolina in My Mind" apareceu no final de 1968, no álbum de estreia autointitulado de James Taylor, lançado pela Apple, a gravadora dos Beatles. A voz de Taylor era afetuosa e parecia quase uma conversa, embora seu temperamento não fosse exatamente tranquilo: ele tinha apenas vinte anos, mas já havia sido internado num hospital psiquiátrico e acabava de começar o que viria a ser uma luta de vários anos contra a dependência de heroína. O narrador da canção é alguém que sente desesperadamente falta de sua casa e, possivelmente, também de sua droga: "Ei, gata, o céu está pegando fogo — eu estou morrendo, não estou?/ Eu vou para a Carolina nos meus pensamentos". Em 1973, um repórter da *Rolling Stone* perguntou a James Taylor sobre o último lançamento de Joni Mitchell, *For the Roses*, um disco brutal que parecia descrever o colapso de um relacionamento amoroso. "Eu estou muito interessado em ouvi-lo, porque adoro a música da Joni", disse Taylor. "Todo mundo que compõe, faz canções autobiográficas, e as dela às vezes são especialmente desconcertantes." Essa foi uma resposta contida, porque Taylor era ex-namorado de Mitchell, e os fãs queriam saber se ele havia sido a inspiração de suas novas músicas; ele estava sendo entrevistado ao lado de outra cantora e compositora, Carly Simon, que, coincidentemente, era sua nova esposa. Parte do atrativo desse estilo musical tinha a ver com o voyeurismo: os ouvintes adoravam a ideia de que estavam ouvindo um relato sincero da vida real de uma pessoa que havia passado por aquelas coisas, muito embora a verdade fosse com frequência muito mais complexa. O maior sucesso da carreira de Taylor foi "You've Got a Friend", que chegou ao número 1 da parada de música pop. A canção, uma grudenta declaração de lealdade, ajudou a consolidar Taylor como um dos cantores e compositores mais populares de sua geração, apesar de, nesse caso, ele ser apenas o intérprete: a música foi composta por sua amiga Carole King, que gravou sua própria versão no álbum *Tapestry*, também lançado em 1971, e que logo ofuscou todos os álbuns de Taylor — e de praticamente todos os demais artistas.

A carreira de King pavimentou uma estrada que conduziu o rock 'n' roll de um estilo mais antigo para um mais novo. Trabalhando ao lado de Gerry Goffin, ela foi coautora de alguns dos mais contagiantes sucessos do começo dos anos 1960, como "Take Good Care of My Baby", de Bobby Vee, e "The Loco-Motion", de Little Eva. Mas *Tapestry*, que foi gravado depois que ela se mudou para Laurel Canyon, soava autêntico e caseiro, como se ela tivesse de alguma forma evoluído de profissional para amadora. A capa era um retrato de King sentada na frente de uma janela, parcialmente escondida pelo seu gato, que olha para a câmera. E o álbum terminava com "(You Make Me Feel) Like a Natural Woman", que ela havia composto, em parceria com Goffin, para Aretha Franklin, que a transformou num sucesso imortal. Comparada à versão arrasadora de Franklin, a interpretação de King, na qual ela cantava acompanhada por um piano também tocado por ela, soava quase como um demo, e talvez tenha sido por isso que tanta gente se apaixonou pela canção. *Tapestry* deu origem a dois grandes sucessos radiofônicos ("It's Too Late" e "I Feel the Earth Move"), mas era o tipo de álbum que as pessoas queriam levar para casa e passar a vida escutando. Ele se tornou um dos discos mais vendidos de todos os tempos e ajudou a criar um formato mais intimista de celebridade para o mundo do rock. *Tapestry* parecia se comunicar com seus ouvintes como se eles fossem seus confidentes, compartilhando histórias e dando conselhos. "Você vai descobrir, vai sim/ Que você é tão bonito quanto você acha", cantou King, uma dupla de versos que não estaria deslocada em nenhuma das dezenas de músicas motivacionais que chegaram ao topo da parada de sucessos do pop neste século.

King costumava recusar entrevistas, mas era às vezes descrita como parte de um movimento de "mulheres libertas" que conduziam uma revolução musical. Essa classificação era uma maneira de reconhecer que o movimento dos cantores e compositores foi, em grande medida, moldado por artistas mulheres, contrastando fortemente com as modalidades mais barulhentas do rock 'n' roll. "Cantor e compositor" era uma categoria muito flexível: Joni Mitchell e Carly Simon eram às vezes colocadas no mesmo grupo de artistas mais suaves, como Linda Ronstadt, que era fundamentalmente intérprete — seus hits com inspiração country em geral eram covers, não composições originais. (Uma das compositoras de Ronstadt era Karla Bonoff, que lançou um excelente, embora praticamente ignorado, álbum autointitulado em 1977.) Judy Kutulas, historiadora e crítica cultural, acredita que o mundo dos cantores e compositores era "um espaço que os críticos viam como feminino" e que o formato "ajudou a construir uma ponte sobre o abismo que separava a revolução sexual da revolução feminista"; em vez de celebrar o amor livre, muitas dessas canções falavam sobre as complicações das relações românticas. Kutulas inclusive liga o surgimento do gênero à aprovação, a partir de 1970, de diversas leis de divórcio em vários estados. Uma matéria de capa da *Time* sobre Joni Mitchell e outras "mulheres do rock" em 1974 observa, em tom de pesar, que "as mulheres do rock raramente têm sucesso no casamento", muito embora, naturalmente, isso fosse ainda mais raro entre os *homens* do rock. Quando, em 1973, a *Rolling Stone* perguntou a James Taylor por que ele e Carly Simon haviam se casado, ele disse, bem-humorado: "Porque a gente sempre ouviu que deveria fazer isso". Estava se referindo a uma canção de Simon, "That's the Way I've Always Heard It Should Be", sobre uma mulher refletindo sobre o casamento e as angústias que este poderia trazer.

O mundo dos cantores e compositores acabou se fundindo ao do assim chamado soft rock, um estilo no qual a suavidade era valorizada não porque permitia uma autoexpressão mais íntima, e sim porque era suave. O rótulo colou em Ronstadt e em alguns membros de sua banda, que pararam de tocar com ela para formar um grupo que se tornaria um dos mais populares de toda a história do rock: o Eagles. Os críticos tendiam a desconsiderar essa corrente musical, especialmente aqueles que achavam que um rock 'n' roll fácil de ouvir era uma contradição em termos. O termo "soft rock", porém, não servia apenas para descrever restrições, mas também expansões, uma vez que os músicos misturavam o rock não apenas com o country, como o Eagles, mas também com o R&B e o jazz. "Soft rock" descrevia, mais ou menos, a dupla Steely Dan, cujas primorosas composições eram executadas por músicos extremamente habilidosos e ficavam ainda melhores com suas letras sublimes que flertavam, de leve, com alguma perversão. "Rastejo como uma víbora/ Por estas ruas suburbanas", cantou Donald Fagen, por cima de um groove adequadamente sinuoso. (Décadas depois, os discos de soft rock mais suaves e com influências do funk foram reclassificados, retrospectivamente, como "yacht rock", um termo que lhes atribuiu uma reputação meio cafona.) Na maioria das discussões sobre rock, entretanto, "pesado" costuma ser mais um adjetivo do que "leve". Na edição de 1980 de *The Rolling Stone Illustrated History of Rock & Roll*, o crítico Dave Marsh criticou os adorados discos solo de Neil Young dos anos 1970 basicamente por não serem rock 'n' roll o bastante. Os álbuns de Young com o Buffalo Springfield e com o Crosby, Stills, Nash & Young fizeram dele uma estrela do rock, mas nos anos 1970, escreveu Marsh, Young se tornou "um cantor/compositor mais aos moldes de James Taylor ou Joni Mitchell". O crítico insinuava que ele não soava mais como um "grande artista", mas sim como alguém que apenas produzia "soft rock".

O "soft rock", ao contrário do "hard rock" ou do "heavy metal", nunca desenvolveu uma identidade tribal própria. Os músicos em geral rejeitavam esse rótulo e tendiam a rejeitar todos os outros também, um dos motivos pelos quais o estilo aparentemente desapareceu à medida que outras bandas mais barulhentas começaram a proliferar. Mas o soft rock continua por toda parte desde então. Muitos dos artistas mais duradouros dos anos 1970 foram classificados como soft rock. Houve um triunvirato de grandes baladeiros: Barbra Streisand, Neil Diamond e Barry Manilow, os três muito mais "soft" do que "rock", fazendo acenos para um mundo musical que existia antes do rock 'n' roll. Elton John, apesar de todo o seu glitter, era soft rock também — um cantor e compositor pianista com um asterisco. (O asterisco é um reconhecimento de que John compôs apenas as músicas mais confessionais; seu colaborador de uma vida inteira, Bernie Taupin, era quem geralmente escrevia as letras, que muitas vezes eram enigmáticas.) O Fleetwood Mac, outrora um grupo de blues, foi transformado em sensação do soft rock graças ao acréscimo de uma dupla de cantores e compositores californianos, Stevie Nicks e Lindsey Buckingham; em 1977, a banda lançou *Rumours*, um álbum perfeitamente agridoce, repleto de canções sobre relacionamentos que acabou superando as vendas de *Tapestry*. E Billy Joel, um cantor e compositor pianista apaixonado pela história do rock 'n' roll, achava que suas canções eram pesadas demais para o estilo; numa entrevista concedida à *Rolling Stone* em 1997, ele reconhece o subtexto envolvendo sexo e sexualidade que está por trás desse argumento. "Sou percebido como um dos principais nomes do soft rock — que, para mim, é uma coisa meio pau mole", disse. "Eu odeio isso. Cinquenta por cento das músicas dos meus discos são hard rock." Há algo de comovente em ler Joel, na época um dos cantores de maior sucesso no mundo, tentando convencer um repórter da *Rolling Stone* de que seu estilo de rock era hard, ou "meio hard".

O termo "soft rock" normalmente é associado às estações de rádio AM dos anos 1970, que tocavam os hits mais palatáveis — ao contrário das estações mais novas, em FM, que tocavam bandas barulhentas, como o Led Zeppelin. Nos anos 1980, todos os estilos musicais estavam migrando para o rádio FM, que entregava maior fidelidade sonora, embora em menores distâncias; as ondas da faixa AM foram sendo gradualmente dominadas por estilos variados de programas de conversa. Mas o espírito do soft rock permaneceu vivo: as *power ballads* eram claramente "soft" e inegavelmente "rock", e "soft rock" é uma boa descrição para muitas das canções que dominaram as ondas do rádio ao longo das décadas, qualquer que seja o gênero de onde saíram. Exemplos: "Lady", do popular cantor de country Kenny Rogers, em 1980; "Say You, Say Me", do astro do R&B meloso Lionel Richie, em 1985; "Can't Help Falling in Love", da banda britânica de reggae UB40, em 1993; "Breathe", da cantora country Faith Hill, em 2000; "I'm Yours", de Jason Mraz e seu violão tranquilo, em 2008; "Perfect", do despretensioso cantor e compositor britânico Ed Sheeran, em 2017. Alguns gêneros permanecem porque as pessoas se tornam seus devotos; outros, como o soft rock, permanecem porque acabam se tornando categorias úteis, em que é fácil se encaixar e porque ninguém se preocupa muito em policiar suas fronteiras. Se "soft rock" descreve uma tradição musical de canções sobre o amor romântico que não são nem aceleradas nem barulhentas e criam uma sensação intimista, então "soft rock" não é exatamente um gênero, mas sim um formato, importante para uma ampla variedade de gêneros e fundamental para a música popular.

Confessional

Toda essa discussão sobre cantores e compositores acontece à sombra de Bob Dylan, que ajudou a criar o formato, porém seguiu se reinventando, dando tanta alegria e frustração aos seus fãs que muitas vezes eles tinham dificuldade de entender o que era o quê. Em 1970, na *Rolling Stone*, o crítico Greil Marcus abriu uma resenha do então último álbum de Dylan, *Self Portrait*, com a pergunta: "Que merda é essa?". Marcus se destacaria nas décadas seguintes como um dos mais respeitados estudiosos da obra de Dylan, o que não é pouca coisa, e sua resenha não era exatamente uma crítica, ou, pelo menos, não era apenas isso. O texto tinha mais de 7 mil palavras, um tratado sobre a grandeza geral, talvez inabalável, de Dylan, e sobre os Estados Unidos, a respeito dos quais ele adorava cantar. *Self Portrait* parecia ter sido pensado especialmente para acabar com o mito de Dylan como o maior dos cantores e compositores, porque era um álbum duplo que consistia basicamente em covers. O título era paradoxal, assim como a tese de Marcus, que dizia que, ao gravar tantos covers, Dylan teria "se voltado para dentro", convidando seus ouvintes a se questionarem sobre suas complexas motivações pessoais, em vez de ajudá-los a pensar sobre o mundo lá fora. (Por que diabos ele decidiu fazer uma versão de "Blue Moon", uma das músicas mais conhecidas do cancioneiro norte-americano?) Visto por esse ângulo, *Self Portrait* era uma crítica sarcástica à glorificação de cantores e compositores, uma vez que o disco traz Dylan basicamente negando ser um deles. Mas era também um exemplo perfeito do solipsismo de cantores e compositores, porque esses covers se tornam interessantes justamente pelo que revelam sobre a visão que Dylan tem de si mesmo. Dylan ensinou aos seus muitos discípulos a importância de interpretar um personagem e, ao mesmo tempo, a futilidade disso. Não importa o quanto sejam sofisticados, seus fãs sempre vão pensar que o que quer que você esteja cantando diz a eles alguma coisa sobre quem você é "realmente".

Joni Mitchell parecia, no começo, uma cantora de folk disposta a compartilhar com seus ouvintes verdades simples sobre ela mesma e sobre todos nós. *Ladies of the Canyon*, seu disco de 1970, incluía "Big Yellow Taxi", uma canção melancólica sobre a degradação do meio ambiente que continua sendo, até hoje, uma de suas músicas mais conhecidas, com um refrão perfeito para estampar um button: "Asfaltaram o paraíso pra transformar em estacionamento". No ano seguinte, ela lançou *Blue*, que era melhor ainda, e ajudou a inventar um formato que hoje em dia é muito comum: o álbum de fim de relacionamento. E embora as letras fossem, às vezes, surpreendentemente simples ("Eu te odeio um pouco, eu te amo um pouco"), a maneira como ela cantava era imprevisível e extraordinária. Os versos ou acabavam antes ou se estendiam, provocando um poderoso efeito de síncope; estrofes monótonas e meio faladas se transformavam de repente, levando sua voz aos seus limites mais altos. Fora isso, Mitchell também era artista visual e, na sua opinião, a parte mais importante de ser cantora e compositora era a natureza solitária do ofício, o controle absoluto. ("Quantas vezes você já ouviu falar de pintores trabalhando juntos?", perguntou ela certa vez, a título de comparação.) A cada novo álbum ela se parecia cada vez menos com a integrante de um movimento — e menos ainda, como a *Newsweek* havia insinuado, uma presença terapêutica, para dar ao rock 'n' roll um "toque feminino". Alguns cantores e compositores pareciam convictos de que deveriam ser considerados poetas, mas Mitchell parecia mais interessada em ser compositora de fato, e seus discos foram ficando cada vez mais fantásticos. Ela produziu canções que prestam muita atenção nos complexos ritmos da língua inglesa, e sua música possui um senso de swing e melodia que costuma ser mais associado ao jazz. Assim como Dylan, Mitchell foi amplamente (e corretamente) aclamada como genial, venerada de forma tão intensa por seus fãs que um crítico certa vez descreveu a atmosfera dos seus shows como "excessivamente devocional". E, assim como Dylan, era incansável e às vezes desconcertante. Em 1977, ela lançou *Don Juan's Reckless Daughter*, um álbum que a trouxe de *blackface* na capa, o que era bastante eloquente, embora também um tanto quanto chocante. (Nem todo mundo gostou. "Tenho certeza de que o disco é chato, só não sei o quanto", escreveu Robert Christgau, que, mesmo assim, atribuiu ao álbum um aceitável B-.) Seu álbum seguinte foi *Mingus*, uma parceria de muito menos sucesso com o baixista e compositor de jazz Charles Mingus, um teste tanto para o alcance de sua visão musical quanto talvez para o limite da tolerância de seus fãs. "Prefiro ser crucificada por mudar", disse ela, "a permanecer a mesma."

Cantores e compositores não levantavam a bandeira do rock 'n' roll do mesmo jeito que os pioneiros do heavy metal. E, ainda assim, eles evidentemente eram parte do mundo do rock 'n' roll — talvez até se possa argumentar que estavam no centro dele. Desde o começo de sua carreira e apesar de suas diversas tentativas de complicar a própria história, Bob Dylan era visto como um símbolo de autenticidade: um artista cuja música era, de uma maneira difícil de definir, absolutamente verdadeira. (Quando Dylan foi até Princeton para receber um diploma honorário, em 1970, foi exaltado na cerimônia como "a expressão autêntica da consciência aflita e perturbada da juventude norte-americana".) Outras estrelas do rock também foram julgadas por sua habilidade em se apresentar de uma forma que parecesse, de algum modo, verdadeira. Em 1970, quando o roqueiro britânico Rod Stewart lançou seu segundo álbum solo, *Gasoline Alley*, uma resenha na *Rolling Stone* elogiou a "autenticidade de seu fraseado", o que dava à sua música "suavidade e profundidade". No entanto, conforme a década foi avançando, Stewart evoluiu: ele deixou de ser uma fonte de rock 'n' roll levemente rústico e anasalado e passou a cultivar a imagem de playboy, emplacando hits como "Hot Legs" e, em 1978, "Da Ya Think I'm Sexy", uma faixa escancarada de disco music que atingiu o topo das paradas de música pop. Muitos críticos e fãs mais antigos não gostaram e, em 1979, a *Rolling Stone* perdeu a paciência, observando que um cantor que um dia havia parecido "perfeitamente autêntico" fazia agora uma música ridícula, que "não tinha nenhuma convicção". Se um dos arquétipos do rock 'n' roll é um bando de caras fazendo música barulhenta com guitarras, outro é um cara com uma pegada acústica, cantando letras pungentes com voz igualmente pungente — Dylan, ou alguma versão dele. Afaste-se demais de qualquer dessas duas versões de autenticidade no rock 'n' roll e acabará se tornando um reles pop star: amado, porém não respeitado, pelo menos não pelos fãs de rock 'n' roll.

Havia muitos cantores e compositores que obtinham o mesmo tipo de respeito dispensado a Dylan, às vezes até na mesma quantidade, criadores de uma música teimosa e idiossincrática que era rock 'n' roll no espírito, embora não na sonoridade. Os álbuns e poemas tristonhos de Leonard Cohen o transformaram em ídolo cultuado. Randy Newman desenvolveu um estilo sarcástico e fofinho e foi de sucesso de crítica a figura do primeiro escalão de Hollywood. (Ele se tornou presença constante nos Oscars, aclamado por sua contribuição às trilhas sonoras de desenhos animados.) Havia cantores e compositores com influências do country, como Townes Van Zandt e John Prine. E Tom Waits cantava uns blues ruidosos que podiam soar ou crus ou desleixados, dependendo do seu gosto. Esse tipo de música era visto como cool e literário, e a natureza solitária de sua criação lhe acrescentava uma camada de integridade e individualidade. Os ouvintes podiam imaginar que aquelas canções tinham sido criadas a uma boa distância da indecorosa indústria musical, por desajustados solitários que não tinham interesse em fazer parte de nenhuma organização social, nem mesmo uma banda. Esse tipo de música sugeria que a tradição dos cantores e compositores poderia se expandir para além da bolha do soft rock.

E havia ainda Paul Simon, um dos cantores e compositores mais amados que surgiram nos anos 1960: uma das metades da dupla Simon & Garfunkel, ele compôs "The Sound of Silence" e "Bridge over Troubled Water", e outras músicas tão populares e genuínas que rapidamente adquiriam o aspecto de hinos contemporâneos. Como sua voz era suave tal qual a de um garoto, e não rouca, e uma vez que ele se comportava mais como um aluno aplicado do que como um encrenqueiro, Simon acabou sendo subestimado algumas vezes. Em seus álbuns solo, ele desenvolveu um estilo suave maravilhoso, com uma queda por ritmos mais animados. A canção "Mother and Child Reunion", de 1972, foi gravada na Jamaica, sob a influência de um novo gênero chamado reggae; era uma canção alegre, batizada em homenagem ao nome de uma entrada feita com ovos e frango que Simon tinha visto num cardápio em Chinatown. Em 1986, ele fez um retorno inesperado, lançando *Graceland*, um clássico do afropop que foi também o único disco de música contemporânea que me lembro de ter visto meus pais escutando. Como muitas pessoas da minha idade, cresci ao som de *Graceland* — minha mãe, que é sul-africana, dava aulas de zulu e outras línguas do sul da África em Yale, o que significava que ela era uma das poucas ouvintes norte-americanas capazes de entender todas as letras do disco. Mas não tenho certeza de que apenas a nostalgia explica por que considero praticamente todos os álbuns de Simon tão apaixonantes. Penso que *The Rhythm of the Saints*, o ruidoso álbum de 1990, lançado depois de *Graceland*, merecia mais destaque do que teve, e no meu entender *So Beautiful or So What*, de 2011, é um ponto alto de fim de carreira, usando fragmentos de música gospel antiga para reforçar as letras desconcertantes de Simon sobre amor e morte. Meus amigos às vezes acham que estou brincando quando digo que, ao longo dos anos, Simon me deu muito mais prazer do que Dylan ou Joni Mitchell, ou de qualquer outro cantor e compositor legendário. Gosto da prolixidade nervosa de suas letras. ("Que doze anjos o protejam enquanto você dorme", cantou ele certa vez, reconsiderando após deixar a frase reverberar por um instante: "Talvez isso seja um desperdício de anjos, sei lá".) E gosto da maneira como ele dava vida a essas letras, combinando-as com ritmos vibrantes de todos os cantos do mundo. Ele é um praticante da apropriação cultural sem o menor remorso e trabalhou duro para encontrar essas fontes inesperadas de inspiração, bem como para evitar que suas músicas soassem simplesmente como nostálgicas ou retrô. A carreira de Simon é uma prova de que a tradição dos cantores e compositores pode furar não apenas a bolha do soft rock, mas também a do próprio rock 'n' roll.

Nesse sentido, "cantor e compositor" é um termo que pode ser aplicado a praticamente qualquer artista que combina letra e melodia de maneira inesquecível, e o termo é particularmente útil para artistas que não pertencem exatamente ao rock 'n' roll. Bob Marley, o imortal do reggae, também era um astro do rock honorário; "Redemption Song", uma gravação solo acústica que está entre suas músicas mais amadas, o faz soar como um dos maiores cantores e compositores de todos os tempos. Também se pode aplicar esse termo a Kate Bush, cujas composições eram ambiciosas e levemente teatrais; no começo dos anos 1980, quando hordas de cantores britânicos dominavam as paradas com suas canções pop eletrônicas, as sublimes composições de Bush pareciam ter sido feitas em outro planeta. O álbum de estreia de Sinead O'Connor, *The Lion and the Cobra*, de 1987, é um clássico da categoria, muito embora seu grande sucesso, alguns anos mais tarde, tenha vindo com uma interpretação — uma versão demolidora de "Nothing Compares 2 U", de Prince. Cantores e compositores influentes também surgiram no pós-punk underground. A islandesa Björk deixou sua banda, o Sugarcubes, para criar minissinfonias inebriantes que são unicamente dela; o australiano Nick Cave deixou a sua, o Birthday Party, e se reinventou como um teatral criador de baladas. Na década de 1990, uma roqueira indie pouco conhecida chamada Liz Phair lançou *Exile in Guyville*, um álbum sarcástico e altamente elogiado que a princípio foi um fenômeno entre os indies e, com o tempo, se tornou um marco geracional — sem dúvida um dos álbuns mais influentes de uma cantora e compositora já gravados.

O papel de cantora e compositora parecia mais hospitaleiro para mulheres do que vários outros papéis do mundo do rock e, em 1997, uma turnê chamada Lilith Fair confirmava essa afinidade. Uma das criadoras da turnê foi a cantora e compositora canadense Sarah McLachlan, e, apesar de ser anunciada como "uma celebração das mulheres na música", todas as atrações principais representavam uma tradição que a crítica Ann Powers havia definido como "folk-pop feminino": Sheryl Crow, Tracy Chapman, Jewel, a dupla Indigo Girls e a própria McLachlan. A turnê foi um sucesso, embora também tenha levantado algumas perguntas complicadas sobre a "música feminina", categoria que parecia incluir todas as músicas feitas por mulheres, mas que também funcionava como um pseudogênero, com suas próprias expectativas e convenções estilísticas. Na verdade, esse fato foi um dos motivos que viabilizaram essa turnê: as atrações principais eram similares o suficiente para atrair uma plateia de fãs muito parecidos. Alguns fãs reclamaram que, ao sugerir que "mulheres na música" era o mesmo que "cantoras e compositoras", a turnê estava diminuindo a tremenda variedade musical produzida por mulheres. Jennifer Taylor, uma musicóloga canadense, observou que a identidade musical desse festival estava "claramente equivocada", porque reverberava uma ideia antiquada sobre o tipo de música que mulheres deveriam fazer. "A imagem de uma mulher tocando sozinha um instrumento acústico e cantando estoicamente letras confessionais não contesta as representações tradicionais da feminilidade, baseadas numa respeitabilidade branca e de classe média", escreveu Taylor. Em seu segundo ano, a turnê ampliou o leque, e o palco principal passou a contar com rappers e cantoras de R&B: Missy Elliott, Queen Latifah, Erykah Badu. Sem dúvida a Lilith Fair melhorou, como qualquer empreitada melhoraria, com a inclusão desse trio. No entanto, sempre fiquei um pouco confuso com as críticas ao formato original da turnê: parece injusto supor que a música feminina — mas não a masculina — precise se contrapor à ordem social. E se realmente existe, como sugeriu a Lilith Fair original, um público numeroso e majoritariamente feminino para mulheres que tocam violão cantando músicas "confessionais", bem, qual é o problema?

Em retrospecto, a década de 1990 foi uma nova era de ouro para cantoras e compositoras confessionais — principalmente, mas não apenas mulheres. Tori Amos vendeu milhões de discos repletos de canções com letras altamente elaboradas; Beck se revelou tanto um roqueiro alternativo esquisitão quanto um grande criador de baladas; Ani DiFranco atraiu um grande público extremamente devotado usando apenas um violão e calhamaços de letras ardentes. Como diversas tradições musicais afro-americanas possuem um intenso grau de colaboração, o termo "cantor e compositor" costuma ser menos útil para descrever astros do hip-hop e do R&B, que geralmente compõem suas músicas ao lado dos seus produtores. Mas no rock e no pop, os cantores e compositores prosperaram — o termo não se refere a uma sonoridade específica, mas sim a um formato de trabalho, com um enorme campo de precursores nos quais se inspirar ou se contrapor. Fiona Apple, veterana do Lilith Fair original, se tornou uma das artistas mais aclamadas de sua geração, cantando músicas furiosamente intensas e corajosamente íntimas; cada álbum parece um mundo à parte. Longe do mainstream, inúmeros cantores e compositores construíram suas próprias carreiras idiossincráticas; nutro, há décadas, uma obsessão pessoal por Daniel Bejar, cantor e compositor canadense que lança suas músicas sob o pseudônimo Destroyer e cujas letras estão carregadas de piadas internas tão enigmáticas que ninguém entende por inteiro — nem ele. Para os maiores nomes da música, identificar-se como cantor e compositor significa se comprometer com certa retidão de propósitos. Taylor Swift era uma estrela do country que virou estrela do pop, mas sempre se apresentou, em primeiro lugar, como cantora e compositora; ela criticou certa vez as "músicas que parecem ter sido criadas num laboratório", com "oito autores diferentes". Na verdade, porém, Swift é brilhante tanto compondo sozinha quanto em parceria, e trabalhou com coautores em praticamente todos os seus discos. Não existe, é claro, nenhum motivo para um artista se envergonhar disso. Compor e cantar as próprias canções é apenas uma maneira de trabalhar com música. Mas é evidente que, mesmo depois de tantos anos, isso continua sendo uma maneira tremendamente prestigiosa — ser cantor e compositor é o tipo de coisa da qual até um pop star pode se gabar.

Fazendo progressos

No começo dos anos 1970, parecia evidente — para algumas pessoas, pelo menos — que o futuro do rock 'n' roll seria muito diferente de como acabou sendo. Em 1967, os Beatles lançaram *Sgt. Pepper's Lonely Hearts Club Band*, mostrando para o mundo como, com o uso de orquestração e truques de estúdio, um álbum de rock 'n' roll poderia evocar o mesmo prazer imersivo de assistir a um filme, em lugar do prazer efêmero de escutar música no rádio. Os singles estavam sendo substituídos pelos álbuns, que evoluíam para se tornar o que se chamaria de álbum conceitual, unificado pelo tema, porém diverso em sua sonoridade. E algumas bandas estavam abandonando as curtas e diretas canções de amor para fazer experimentações com composições intricadas, com letras mitopoéticas. Para alguns desses artistas e seus fãs, parecia absurdo imaginar que grupos de rock 'n' roll ficariam para sempre tocando canções de amor de três minutos quando havia um terreno musical tão vasto a ser explorado. Alguns acharam que o rock 'n' roll ia se misturar ao jazz e à música clássica para criar uma música singular do futuro, combinando o melhor de todas essas tradições. E todos tinham certeza de que, para se manter relevante, o rock 'n' roll precisava continuar fazendo progressos.

No começo, "rock progressivo" era um formato radiofônico que se referia às estações nas quais os radialistas podiam tocar as músicas menos conhecidas de um disco e outras faixas não comerciais. Mas, no começo dos anos 1970, "rock progressivo" também passou a designar um punhado de bandas ambiciosas, a maioria delas inglesa, que esperava levar o rock 'n' roll para o futuro apostando na extravagância: instrumentos estranhos e letras fantásticas, composições complexas e álbuns conceituais enigmáticos, solos elaborados e apresentações ao vivo mais elaboradas ainda. O objetivo era criar o que Jon Anderson, da banda de rock progressivo Yes, chamava de "formato artístico mais elevado". Esses grupos gostavam de exibir a destreza com seus instrumentos: Keith Emerson, o tecladista virtuoso do Emerson, Lake & Palmer (ELP), adorava tocar o mais rápido que podia — e, às vezes, mais rápido que isso; Robert Fripp, um austero cientista da guitarra, liderava uma assustadora banda chamada King Crimson, que usava dissonância e distorções rigorosamente calculadas para produzir um furioso porém preciso pandemônio. Bill Brufort, um baterista virtuoso que tocou tanto com o Yes quanto com o King Crimson, disse certa vez que queria dar aos seus ouvintes "uma amostra do futuro". De certa maneira, essa corrente era diametralmente oposta à cena vicejante do heavy metal — essas bandas não queriam derrotar o rock 'n' roll, e sim elevá-lo às alturas rarefeitas da arte suprema. Muitos críticos detestavam. Em 1974, Lester Bangs assistiu a um show do ELP e saiu dali horrorizado com o arsenal de instrumentos (que incluía "dois gongos do tamanho da távola do rei Artur" e "a primeira bateria eletrônica do mundo") e com a aparente determinação da banda em deixar o rock 'n' roll mais inteligente ao buscar inspiração em fontes mais respeitáveis. O ELP chegou ao Top 10 tanto da parada britânica quanto da norte-americana, com um álbum ao vivo baseado em sua bombástica versão de *Quadros de uma exposição*, do compositor russo Modest Mussorgsky, do século XIX. Carl Palmer, o baterista, disse a Bangs: "Esperamos estar, no mínimo, incentivando os jovens a escutar música de melhor qualidade" — e "qualidade" era precisamente a qualidade que Bangs detestava. Ele escreveu na *Creem* que os integrantes do ELP eram um bando de vendidos sem alma, que estavam colaborando com "a insidiosa deturpação de tudo que era sujo e visceral no rock".

É fácil zombar das muitas pretensões e maluquices das bandas de rock progressivo. Em suas turnês, o Yes se apresentava em cenários projetados por Roger Dean, o artista responsável pelas capas extraterrestres dos álbuns do grupo. As inovações de Dean incluíam casulos enormes em formato de saco de dentro dos quais os integrantes da banda emergiam. (Como era inevitável, o mecanismo de um desses casulos certa vez emperrou, prendendo um dos músicos e antecipando uma famosa cena de *This Is Spinal Tap*, o notório documentário paródico sobre rock 'n' roll.) Por outro lado, não é preciso destacar as consideráveis pretensões do gênero para reconhecer sua audácia. O Yes misturava belíssimas harmonias vocais para criar canções que eram, alternadamente, suaves e bucólicas, gloriosas e futurísticas. Em 1972, uma canção do grupo chamada "Roundabout" se tornou um sucesso nas rádios norte-americanas, ajudando a dar o pontapé inicial na febre do rock progressivo nos Estados Unidos. Mais tarde, naquele mesmo ano, o Yes lançaria *Close to the Edge*, uma obra-prima em três canções. Quando os pioneiros do rock progressivo britânico saíram em turnê pelos Estados Unidos, eles se apresentaram em arenas; no final da década, bandas norte-americanas do gênero como Styx e Kansas também se apresentavam em arenas, assim como o Rush, do Canadá. Esse foi um movimento de vanguarda meio populista, conduzido por supostos visionários cujos maiores fãs não eram universitários afetados, e sim jovens animados que se esgoelavam nas arquibancadas. Jovens homens, para ser mais preciso: Bill Bruford, baterista do Yes na época, reconheceu com tristeza que, ao longo de toda a sua carreira, as mulheres "geralmente teimavam em passar bem longe" de seus shows. Obcecadas pela técnica e pelos seus equipamentos e, de modo geral, desinteressadas por canções de amor, as bandas confirmavam diversos estereótipos sobre o que os homens queriam. Mas elas também produziram algumas músicas excelentes — durante um tempo.

A questão do progresso atormentava muitas das bandas progressivas: o éthos, que implicava constante transformação, destoava do som, que era bem característico e, portanto, estanque. Robert Fripp resolveu esse problema acabando com o King Crimson no exato momento em que o grupo lançava *Red*, um dos pontos mais altos do rock progressivo. "A banda deixou de existir em 1974, que era a época em que todas as bandas britânicas do gênero deveriam ter deixado de existir", diria ele mais tarde. Depois que músicas que ocupavam um lado inteiro de um disco haviam sido gravadas, e alguns fragmentos de música clássica haviam sido apropriados, não estava muito claro quanto progresso ainda poderia ser feito, especialmente levando em conta que agora as bandas tinham plateias enormes para agradar. Em sua versão modificada, porém, essa corrente se mostraria surpreendentemente adequada para o mainstream. Tom Scholz, um engenheiro mecânico de Toledo, em Ohio, usou o rock progressivo como base para criar o Boston, grupo que se tornaria, no final dos anos 1970, um dos principais nomes do hard rock. O Yes simplificou e "modernizou" sua música, nas palavras do guitarrista Steve Howe, e alcançou o primeiro lugar da parada de sucessos norte-americana em 1983 com "Owner of a Lonely Heart". E o Genesis, um dos pioneiros do progressivo, se converteu numa máquina de fazer hits e ainda gerou três carreiras solo de sucesso: Peter Gabriel, o vocalista, se tornou um astro do pop, assim como o baterista, Phil Collins, e também o baixista, Mike Rutherford, que se tornou o líder do grupo Mike + The Mechanics. A banda progressiva mais popular de todas foi o Pink Floyd, embora talvez seja mais correto chamar o Pink Floyd de semiprogressivo, porque evitava as passagens instrumentais altamente virtuosísticas e complexas que ajudaram a definir o estilo. O Pink Floyd é responsável por três dos álbuns mais vendidos na história da música: *The Dark Side of the Moon*, *Wish You Were Here* e *The Wall*, e parte do poder imersivo dos três vinha justamente da sua contenção. As músicas pareciam tocadas em câmera lenta, criando uma sensação que muitos ouvintes procuravam intensificar com técnicas extramusicais. A ligação vaga, porém robusta, do Pink Floyd com a cultura das drogas psicodélicas foi em parte o que ajudou a banda a manter sua reputação no underground mesmo quando passou a vender mais do que praticamente todas as outras bandas de rock consideradas mainstream.

Um aspecto levemente decepcionante do rock progressivo era a admiração que os músicos tinham por músicas que não eram rock 'n' roll, uma admiração quase sempre unilateral. Frank Zappa, cuja extensa discografia inclui o rock progressivo e muitas outras coisas além disso, acabou se associando ao maestro e compositor francês Pierre Boulez no final de sua carreira. Mas, de forma geral, essas bandas eram ignoradas pelo establishment da música clássica — e, aliás, pelo establishment do jazz também. Bill Bruford, por exemplo, sempre quis tocar jazz, mas, apesar de ter lançado alguns discos muito potentes influenciados pelo estilo, chegou à conclusão de que não tinha o talento, crucial para os maiores músicos de jazz, de "transformar tudo num piscar de olhos". Houve, nos anos 1970, um movimento batizado de jazz-rock, mas muitos dos grupos que pertenciam a esse estilo, como o Chicago, funcionavam na prática como bandas de rock com naipes de metal. (Um dos vocalistas do Chicago, Peter Cetera, se tornaria um *hitmaker* do soft rock nos anos 1980.) Na outra ponta da corda surgia o jazz fusion, que deu nova vida ao jazz com a barulheira e os ritmos espessos do rock 'n' roll: John McLaughlin, guitarrista britânico que tocou com Miles Davis, liderou um magnífico grupo de fusion chamado Mahavishnu Orchestra; outro colaborador de Miles Davis, o pianista Chick Corea, montou sua própria banda, a original e imprevisível Return to Forever. E, mesmo assim, de modo geral o rock 'n' roll seguiu firme no universo da música popular, longe dos festivais e das instituições que alimentavam o jazz e a música clássica. Ao longo dos anos, houve ocasiões excepcionais, como quando algum luminar do rock compôs uma trilha sonora, ou quando cantores de ópera ou de jazz gravaram canções pop e foram parar nas ondas do rádio comercial. Esses eventos, porém, são normalmente identificados como "crossovers", um termo que reconhece que cada corrente musical demarcou as fronteiras do seu próprio território, permitindo de forma muito eventual a entrada de invasores.

No longo prazo, as bandas grandiosas e às vezes espalhafatosas do rock progressivo foram atropeladas por uma corrente mais humilde e aparentemente menos ambiciosa que surgiu por volta da mesma época. O Grateful Dead começou a se apresentar em San Francisco em 1965 e, ao contrário de alguns outros grupos do período, jamais transcendeu a cultura hippie — foi crescendo com essa subcultura, mesmo quando se esperava que deveria parar de crescer. "Os doidões são os únicos que vêm nos assistir, e já houve uma época em que, se a gente tocava em certos lugares, não aparecia ninguém, porque não existia nenhum doidão naquela cidade", explicou Jerry Garcia, o vocalista, para a *Rolling Stone* em 1970. "Hoje não há lugar que não tenha seus próprios hippies." Se as bandas progressivas sonhavam em criar o futuro, o Grateful Dead abraçou uma identidade hippie que estava começando a ficar meio ultrapassada e, mesmo assim, seus membros perseguiam sua versão particular de progresso musical. A ideia não era inventar um novo gênero, nem fazer mudanças radicais de um álbum para o outro. A ideia era improvisar, de maneira muito similar aos músicos de jazz, encontrar novas inspirações musicais a cada show, alterar os grooves e as digressões de tal forma que tanto os músicos quanto os ouvintes pudessem compartilhar a sensação de que estavam indo em alguma nova direção. Era um tipo muito sutil de ousadia. Quando garotinho, eu tinha ouvido na escola dominical que o Dead representava uma coisa muito esquisita, possivelmente até nociva, de modo que fiquei decepcionado a primeira vez que ouvi a banda, numa fita cassete, com seu som agradável e antigo, que lembrava um pouco a country music. Comecei a entender melhor essa música alguns anos mais tarde, na faculdade, quando me deparei com *Anthem of the Sun*, de 1968, que começa com uma animada canção mutante que evolui, primeiro, para um barulhento improviso de rock 'n' roll e, depois, para uma ruidosa colagem de sons pré-gravados. Com o tempo, aprendi a amar aquela releitura desleixada e furtiva da grandeza do rock 'n' roll: a maneira como os longos improvisos não se expandiam apenas para cima, mas também para os lados, espalhando-se e entrecortando-se; oscilações sonoras simples criando padrões vertiginosos.

Até a morte de Garcia, em 1995, e em várias versões reduzidas depois disso, o Grateful Dead estabeleceu uma comunidade que fazia o rock progressivo parecer coisa do passado: em vez de ficarem obcecados por meia dúzia de álbuns, os fãs do Dead desenvolveram uma rede descentralizada de troca de fitas cassete. O Dead também inaugurou uma tradição que foi abraçada por outras bandas com grande entusiasmo. A Allman Brothers Band, de Macon, na Geórgia, era classificada como grupo de southern rock [rock sulista], apesar de explorar basicamente o mesmo terreno musical que o Grateful Dead, mais ou menos na mesma época, buscando seus momentos de inspiração em aberturas blueseiras e explorações jazzísticas que pareciam deliciosamente infinitas. "Mountain Jam", um improviso sublime e imprevisível do álbum duplo *Eat a Peach*, de 1972, dura tanto tempo que teve que ser dividido entre os lados dois e quatro. O mundo das bandas de improviso, como eram conhecidas, era quase tão démodé quanto o mundo do rock progressivo, mas ele acabaria se provando muito mais autossustentável do que o próprio Garcia teria sonhado, continuando por um bom tempo depois que os hippies começaram a desaparecer. A Dave Matthews Band arrastou plateias enormes dos anos 1990 em diante, com canções e improvisos fáceis de escutar, embora um pouco neurastênicas. E o Phish buscou inspiração tanto no rock progressivo quanto nas bandas de improviso; criado em 1983 em Vermont, o grupo conquistou um número enorme de seguidores sem nunca ter gravado sequer uma música que pudesse ser classificada como hit. Num show do Phish em Coney Island, em 2014, no estádio local da Minor League de beisebol, escutei um fã reclamando de que uma música nova da banda, "Crowd Control", parecia "música feita para o rádio". (Ele não precisava se preocupar com isso, porque as estações de rádio obviamente discordavam de sua opinião.) Na minha resenha destaquei, com bastante ênfase, o quanto a banda significava para sua comunidade de fãs — e quão pouco ela significava para qualquer um que não pertencesse a essa comunidade. Os discos do Phish nunca me encantaram da mesma forma que os do Dead, ou mesmo que meus álbuns favoritos de rock progressivo. Apesar disso, acho que, se assistisse a um show do Phish hoje em dia, eu estaria menos propenso a criticar a insularidade da banda e muito mais inclinado a admirar o tamanho e a longevidade do universo que seus integrantes criaram para si próprios e para seus ouvintes.

Comparativamente, o mundo do rock progressivo encolheu bastante ao término da década de 1970. O declínio do gênero, de modo similar ao que aconteceu com a disco, foi marcado por um movimento bem distinto: assim que a palavra "progressivo" se transformou num palavrão, poucas bandas quiseram continuar associadas a ela — mesmo aquelas, como o Yes, que haviam ajudado a inventar o estilo. Mas o rock progressivo, em sua definição mais abrangente, jamais desaparecerá, porque sempre existirão músicos dispostos a fazer experimentações com músicas extensas, conceitos grandiosos, estruturas complexas e letras fantásticas. Uma banda chamada Tool reimaginou o rock progressivo no contexto dos anos 1990: exato, ainda que tremendamente pesado, repleto de murmúrios e rugidos. E, na Suécia, grupos como Meshuggah e Opeth levaram a precisão do progressivo ao mundo do metal extremo. Fora isso, entretanto, as gerações mais atuais do rock progressivo foram bastante clandestinas. Em 1997, a banda de rock alternativo Radiohead lançou *Ok Computer*, um verdadeiro marco na música que era profundamente progressivo: grandioso e distópico, com um single de mais de seis minutos de duração. Contudo, quando um repórter perguntou aos integrantes da banda se o Radiohead tinha sido influenciado pelo Genesis e pelo Pink Floyd, a resposta foi breve e categórica: "Não. Nós *odiamos* rock progressivo". Se estiver disposto, você vai encontrar traços do gênero nas composições intricadas e no estilo virtuosístico de tocar harpa da cantora e compositora Joanna Newsom, ou em "Pyramids", a música lenta de dez minutos de Frank Ocean que combina mitologia afrocêntrica com uma narrativa sobre trabalho sexual. Certas correntes musicais começam no underground e depois furam a bolha do mainstream, mas a história do rock progressivo foi escrita de trás para a frente: um sucesso das arenas que virou cult, além de, talvez, também uma tendência universal.

Rock 'n' roll das antigas

Enquanto os pioneiros do rock progressivo tentavam antecipar prematuramente um futuro para o rock 'n' roll, outros músicos já estavam querendo conservar seu passado. Em 1970, o rock 'n' roll tinha cerca de vinte anos, dependendo de quando se começa a contagem, e nem todo mundo achava que ele precisava de mais nenhum tipo de progresso. Levon Helm falou por muitos fãs de rock quando disse que 1957 foi o ano em que "a febre do rock 'n' roll atingiu seu pico explosivo". Helm assistiu à apresentação de Elvis Presley no *The Ed Sullivan Show* em janeiro daquele ano e, alguns meses depois, montou sua própria banda; ele era um baterista que tinha se deslumbrado com os "ritmos da selva" de Bo Diddley e Jimmy Van Eaton, que tocavam com Jerry Lee Lewis. Não muito tempo depois, juntou-se ao The Hawks, a banda de apoio de um operário do rock chamado Ronnie Hawkins, que ganhava a vida se apresentando no circuito de turnês. Em 1962, conta Helm em seu livro de memórias, o The Hawks já era "uma das últimas bandas de rock 'n' roll das antigas", o que nos diz algo sobre como uma nova tendência pode se converter rapidamente numa relíquia cultural histórica.

Não demorou muito para que Helm e seus colegas de banda encontrassem um novo astro para acompanhar, um cantor de folk que estava querendo soar um pouco menos folk: Bob Dylan. Depois de alguns anos tocando com Dylan, Helm e os outros criaram meia dúzia de canções e decidiram lançar um projeto autoral, uma banda chamada The Band. Assim como o The Hawks, ela era orgulhosamente antiquada; John Simon, que produziu seus dois primeiros álbuns, disse que sua música se parecia mais com "um tesouro enterrado do cancioneiro norte-americano do que com as novas músicas que são lançadas por artistas contemporâneos". Os críticos e muitos fãs concordaram: o grupo chegou à capa da *Time* em 1970, acompanhada de uma matéria que sugeria que ele talvez fosse tão bom quanto os Beatles. Suas canções eram majestosas e refinadas, com ritmos empolgantes e harmonias agradáveis inspiradas no folk, no country e nas levadas do rock 'n' roll primitivo. Sua música, sugeriu a revista, não era voltada para "groupies e projetos de groupies", mas sim para ouvintes adultos com personalidade reflexiva e, talvez, um pouco nostálgica. A banda continuou colaborando com Dylan, que, da mesma forma, também estava feliz por estar fora de moda. Às vezes parecia que ele estava escrevendo sua própria versão da história da música norte-americana: em 1975, lançou um de seus álbuns mais populares e eternos, *Blood on the Tracks*, que consistia em dez canções que poderiam quase ser consideradas velhos standards. Sua linguagem, ora casual, ora sofisticadamente arcaica, contribuíram para essa impressão: "Foi numa outra vida, de labor e sangue/ Quando a sujeira era virtude e as estradas de lama pura".

Esse desejo de soar menos atual era, ironicamente, uma das coisas que Dylan tinha em comum com muitos de seus contemporâneos. Tanto ele quanto a The Band eram parte de um movimento de country rock que estava em alta no começo dos anos 1970; os roqueiros se interessaram pela música country precisamente porque o gênero soava meio antiquado e excêntrico, fazendo uma conexão com os Estados Unidos do passado. ("Os velhos e estranhos Estados Unidos", como disse Greil Marcus, em seu livro sobre Dylan, The Band e a música folk norte-americana, de 1997.) Gram Parsons, uma das figuras mais importantes do movimento, havia largado a faculdade em Harvard para se reinventar como pioneiro do country de contracultura; ele andava com os Rolling Stones quando eles gravaram *Exile on Main St.*, sua indistinta obra-prima de 1972. O álbum era repleto de canções que evocavam tradições veneráveis da música norte-americana, como "Torn and Frayed", na qual Mick Jagger encarna muito bem um cantor de country numa bodega empoeirada. "Só enquanto a guitarra toca/ Deixe que ela roube seu coração", canta ele, acompanhado de uma *pedal steel guitar* que soa tão melancólica quanto sua própria voz.

No final dos anos 1970, é claro, pioneiros como Dylan e os Rolling Stones eram, eles próprios, emissários do passado, uma vez que vinham gravando discos desde 1962 e 1963, respectivamente. A revista *Rolling Stone* teve seu nome inspirado no single tanto dos Stones quanto de Dylan, "Like a Rolling Stone", e, embora fosse amplamente vista como uma publicação sobre rock 'n' roll, era também — algumas vezes primordialmente — uma revista sobre o final dos anos 1960. Alguns dos melhores e mais engraçados trechos da biografia de Jann Wenner, o fundador da *Rolling Stone*, escrita por Joe Hagen, detalham a relação íntima e complicada que existia com a realeza do rock, à qual era dada atenção constante nas páginas da revista. (Paul McCartney, durante muitos anos, foi uma exceção — em parte, ao que parece, porque Wenner gostava mais de John Lennon.) Em uma matéria de 1981 sobre a turnê mais recente dos Rolling Stones, Wenner declarou que a banda estava "redefinindo o rock 'n' roll ao estabelecer novos padrões para uma música totalmente moderna" e "explorando novos territórios"; ele os aclamava pelas suas recém-conquistadas "maturidade" e sobriedade (relata que "não se viam frascos cheios de cocaína de L.A. em lugar nenhum"), e chamou o grupo de "tesouro vivo". Essa última alegação pelo menos era totalmente verdadeira: em 1981, os Rolling Stones permaneciam, assombrosamente, tão populares como sempre, talvez até mais. A banda tinha acabado de lançar *Tattoo You*, que viria a se tornar o último dos álbuns definitivos dos Stones. O single, "Start Me Up", alcançou o número 2 na parada de música pop da *Billboard*, e essa foi a última vez que eles chegaram tão alto.

Parte do motivo pelo qual os Rolling Stones não pareciam tão obsoletos em 1981 era o fato de que muitas bandas mais novas soavam como se fossem antigas. Segundo Wenner, o único rival verdadeiro dos Stones no rock era Bruce Springsteen, que havia sido tanto exaltado quanto criticado por ser retrógrado desde antes da fama. Em 1974, o crítico Jon Landau escreveu, num jornal semanal de Boston: "Vi o futuro do rock 'n' roll e seu nome é Bruce Springsteen"; o que era um tremendo elogio, muito embora o que Landau realmente gostasse em Springsteen era a maneira como evocava o passado, fazendo renascer a excitação que ele sentia uma década antes, quando era obcecado pelo rock dos anos 1960. A banda do cantor incluía até um elemento, na figura de Clarence Clemons, do qual a maioria dos grupos de rock havia aprendido a abrir mão: um saxofonista. (A resenha foi boa para Springsteen, mas também para Landau, que, pouco tempo depois, se tornaria seu coprodutor e empresário, parceria que duraria um longo período.) Anos mais tarde, *The Rolling Stone Illustrated History* julgaria Springsteen por um prisma mais cético. "Sua persona musical como um todo é assombrada por uma sensação incômoda de déjà-vu", dizia o texto. "É verdade que ele defende uma tradição. Mas será que acrescenta alguma coisa a ela?" No fim das contas, Springsteen acabou subjugando a maioria de seus detratores, por se tornar cada vez mais sério e também mais popular. *Nebraska*, de 1982, foi um disco incrivelmente austero, gravado de forma barata, simples e totalmente solo, o melhor formato para que seus ouvintes focassem Springsteen como cantor e compositor. E seu disco seguinte, *Born in the U.S.A.*, foi um sucesso estrondoso, com uma faixa-título que resume os anos 1980 como um todo: é uma canção patriótica se você só prestar atenção no refrão, uma canção de protesto se você só prestar atenção nos versos ("Fui falar com o cara no Departamento dos Veteranos/ Ele me disse: 'Filho, você não está entendendo'") ou as duas coisas, se você ouvir a música até o final.

Era difícil criticar Springsteen por sua nostalgia quando ele estava sendo incensado como a voz de uma geração. E, além disso, no começo dos anos 1980 o déjà-vu estava se tornando cada vez mais presente no rock 'n' roll. Um grupo chamado The Knack gozou de breve sucesso em 1979, ao comandar uma ressurgência do rock contra as forças sinistras da disco music com "My Sharona". (No fim, ele acabou se tornando mais ou menos o que se criticava em muitos artistas da disco music: uma banda de um sucesso só.) Tom Petty acabou se mostrando bem mais robusto: um presunçoso astro do rock, que trazia em sua bagagem diversas canções memoráveis e uma boa dose de ressentimento. Numa época em que os gêneros se multiplicavam, ele fez com que o rock 'n' roll tradicional ganhasse ares provocativos novamente, embora suas músicas, por vezes invocadas e um tanto quanto desengonçadas, não fossem assim tão tradicionais quanto ele dizia. Da mesma maneira que negava ser influenciado pelo blues, Petty rejeitava qualquer vínculo com movimentos contemporâneos. "Não somos uma banda de heavy metal, nem um grupo de new wave", disse ele à revista *Musician*, em 1981. "Somos uma banda de rock americano." De forma similar, Huey Lewis, John Mellencamp e, mais para o final da década, Melissa Etheridge conquistaram o estrelato fazendo um rock 'n' roll orgulhosamente antiquado: inspirado pelos anos 1960 e intocado pelo metal. O Dire Straits, da Inglaterra, se tornou um sucesso mundial com uma versão empolgante e transfigurada do blues rock dos anos 1970. E alguns roqueiros do passado encontraram novos públicos: o ZZ Top, banda de blues do Texas formada em 1969, prosperou na MTV; Steve Winwood, veterano da cena britânica dos anos 1960, chegou ao topo das paradas do pop nos Estados Unidos em 1986 e, novamente, em 1988, 25 anos após o início de sua carreira; Eric Clapton, contemporâneo dos Beatles, permaneceu no posto de deus incontestável da guitarra por décadas.

Eu era apenas um menino, mas ainda me lembro de como, nos anos 1980, gravações antigas de rock 'n' roll pareciam ser quase tão prevalentes quanto os sucessos do momento. Em *De volta para o futuro*, o filme mais popular de 1985, o personagem de Michael J. Fox viaja no passado até 1955, onde inflama uma plateia num baile colegial ao tocar "Johnny B. Goode", de Chuck Berry, que só seria lançada em 1958. (A trilha sonora incluía uma regravação de "Johnny B. Goode", com "The Power of Love", o tema musical do filme, de Huey Lewis and the News, que chegaria ao topo das paradas.) E toda uma geração de espectadores associaria para sempre "Old Time Rock & Roll", gravada por Bob Seger em 1978, com *Negócio arriscado*, filme de 1983 no qual Tom Cruise, de camisa social, cueca e meias brancas, dubla a canção. "A música de hoje em dia não tem a mesma alma", canta Seger, verbalizando um sentimento que estava aos poucos se tornando um clichê do rock 'n' roll.

A nostalgia no rock não era nenhuma novidade: o Sha Na Na, banda que produzia um revival cômico do som dos anos 1950, se apresentou em Woodstock, em 1969, e a autoconsciência das bandas dos anos 1970 — com todas aquelas músicas sobre rock 'n' roll — também era uma forma de nostalgia. Contudo, nos anos 1980, surgiu um novo formato radiofônico: o rock clássico, um termo que juntava os ícones dos anos 1960 com alguns dos nomes de maior destaque da década seguinte, entre os quais Led Zeppelin e Pink Floyd. Ao contrário de outros formatos radiofônicos, como o MOR, "*middle of the road*" [meio do caminho], que fez sucesso nos anos 1960 e 1970, o rock clássico foi bem recebido porque parecia sério e seletivo. Essas estações juravam lealdade ao rock, comprometendo-se a tocar apenas as melhores bandas. Sem dúvida ajudou, nesse processo, o fato de muitas dessas bandas ainda estarem fazendo turnês e vendendo ingressos, embora não estivessem mais emplacando sucessos: lembro claramente de estar sentado no carro de um amigo escutando um radialista local de rock clássico em 1989 falando empolgadamente sobre uma futura turnê do The Who. Muitos dos radialistas — e, sem dúvida, dos ouvintes também — pareciam concordar com a queixa de Seger: no mundo do rock clássico, esses caras das antigas eram rock 'n' roll *pra valer*, enquanto as paradas de sucesso ofereciam apenas uma cópia barata do estilo. Os ouvintes mais jovens tinham cada vez mais opções além do rock 'n' roll, e os mais velhos tinham cada vez menos lembranças de uma vida antes dele. Como era esperado, o rock 'n' roll estava envelhecendo.

De certa forma, o surgimento do grunge apenas acelerou esse processo. Kurt Cobain era rebelde, porém um rebelde com uma profunda admiração pela história do rock: a rebeldia do punk que o inspirou tinha mais de quinze anos de idade, e o primeiro single do Nirvana foi um cover de "Love

Buzz", uma canção de 1969, de um grupo holandês chamado Shocking Blue. Muitas das bandas alternativas dos anos 1990, de maneira muito semelhante aos hipsters do country-rock antes deles, descobriram os encantos da cultura vintage: roupas de brechó e discos usados. Na Inglaterra, surgiu o movimento Brit-pop, cheio de bandas que se inspiravam de maneira sutil, embora inequívoca, nos Beatles e nos Rolling Stones; as duas maiores, Oasis e Blur, gravaram excelentes canções que eram propositalmente tradicionais, sobretudo quando comparadas aos diversos produtores e DJs britânicos que competiam pela atenção do público e da crítica. E, nos anos 2000, o Coldplay, menos descolado, embora mais palatável, foi durante algum tempo o grupo de rock mais popular do planeta, em parte por se afastar dessa corrente e não dar muita ênfase ao rock 'n' roll tradicional. O ponto focal da banda não era nenhum deus da guitarra, mas sim Chris Martin, o vocalista e pianista que se tornaria, após se casar com a atriz norte-americana Gwyneth Paltrow, uma celebridade internacional.

Os Estados Unidos produziram sua própria resposta ao Brit-pop: uma horda de bandas, com Strokes e White Stripes à frente, que encontrou maneiras inteligentes e muitas vezes espetaculares de reimaginar a história do rock. ("Last Nite", o incendiário single dos Strokes de 2001, tem sua introdução inspirada em "American Girl", canção de 1977, de autoria de Tom Petty.) Na época, aquilo pareceu um movimento ousado, mas com o tempo essa impressão diminuiu, pois foi ficando cada vez mais claro que todas as bandas de rock atuais estavam copiando estilos e sonoridades — quando não riffs inteiros — dos seus antecessores. Na década de 2010, até o metal estava se tornando retrô: os fãs falavam com paixão das novas bandas que evocavam "o death metal clássico" ou "o black metal das antigas", e parte da animosidade tribal foi desaparecendo à medida que os fãs foram se dando conta de que esses subgêneros não eram facções rivais, mas apenas opções num bufê musical, no qual as novas bandas podiam se servir à vontade.

Ainda existe um rock 'n' roll barulhento e orgulhoso, mas, para a maioria do público atual, o gênero perdeu bastante de sua importância cultural, apesar de a música permanecer onipresente. O rock resiste como uma caixa de ferramentas, mas seus movimentos se tornaram tão banais que a maioria dos ouvintes nem sequer os percebe. O bonitão do pop Shawn Mendes, por exemplo, geralmente se apresenta com uma banda e costuma empunhar uma guitarra enquanto canta. Mas nem seus fãs nem seus detratores parecem dispostos a debater se ele é ou não um roqueiro "de verdade", porque o termo simplesmente não é significativo o bastante para gerar uma discussão acalorada. Bandas de rock progressivo acreditavam que o rock 'n' roll estava evoluindo e se aperfeiçoando, e mal podiam esperar para escutar o que viria depois. Entretanto, nos dias de hoje, a história do rock não parece linear, e sim cíclica. Não houve nenhuma grande evolução, apenas um processo interminável de redescoberta e reavaliação, à medida que diversos estilos e comportamentos entraram e saíram de moda. Apesar disso, de forma muito surpreendente, o cânone permanece. Se você disser para alguém hoje que seu estilo favorito de música é o rock, essa pessoa provavelmente — e de forma provavelmente correta — imaginará que você gosta de muitas das mesmas bandas de que Pamela Des Barres gostava quando frequentava a cena de Los Angeles: Beatles, Rolling Stones, talvez Led Zeppelin. O rock 'n' roll parece ter se convertido numa música de repertório, um novo e maravilhoso cancioneiro norte-americano para os norte-americanos que não gostavam tanto assim do antigo e maravilhoso cancioneiro norte-americano (que se converteu, por sua vez, na nova música clássica, ensinada nos conservatórios e admirada por experts.) Certa noite, em 1969, não muito antes do desastre em Altamont, Des Barres estava parada perto dos amplificadores num show dos Rolling Stones, olhando para a plateia do ponto de vista de Jagger. "Todos eram uma coisa só; levantando-se como uma onda em direção ao palco, milhares de olhos hipnotizados pela magia de Mick Jagger", escreveu ela em seu diário. "Isso é poder com P maiúsculo." Talvez ela tenha imaginado, como muitas outras pessoas, que os Rolling Stones durariam para sempre e que ninguém jamais tomaria o lugar de Jagger e dos outros heróis que ela amava. Ao longo de meio século, muita coisa aconteceu no mundo do rock 'n' roll. A impressão que fica, porém, é que o gênero nunca conseguiu substituir os astros do rock originais. Milhões de olhos ainda seguem hipnotizados e famintos, mesmo depois de todo esse tempo.

2.
R&B

Uma música exclusiva

No verão de 1960, um empresário de Detroit publicou um anúncio na *Cash Box*, uma revista voltada para o mercado da música. "DO MEIO-OESTE VEM UMA NOVA GRAVADORA DESTINADA A CONQUISTAR SEU ESPAÇO ENTRE OS LÍDERES DA INDÚSTRIA." A gravadora se chamava Tamla, e seu fundador, explicava o anúncio, era "UM DOS MAIS JOVENS E TALENTOSOS GÊNIOS DO MERCADO DA MÚSICA CONTEMPORÂNEA". Talvez essa última opinião não fosse exatamente uma unanimidade na época, mas pelo menos uma pessoa concordava sinceramente com ela: Berry Gordy Jr., o pretenso gênio em pessoa, que havia escrito o texto. Ele era o proprietário de um conjunto de gravadoras de Detroit que viria a ser conhecido coletivamente como Motown e que em pouco tempo superaria as previsões mais ousadas daquele anúncio. No seu auge, na metade da década de 1960, a Motown parecia uma máquina de lançar sucessos, o que era mais que suficiente para justificar a alegação, impressa em todos os seus discos, de que sua música era "O som dos jovens norte-americanos".

Berry era de fato muito talentoso, e sua genialidade residia na sua aptidão em perseguir dois objetivos aparentemente incompatíveis ao mesmo tempo. Ele queria ser o dono da maior e melhor gravadora do mundo. Mas também era um devoto do rhythm and blues, um gênero definido por muitas considerações musicais em evolução, e por apenas uma única consideração demográfica: o termo "rhythm and blues", tradicionalmente, estava reservado para a música negra, um fato que, em momentos diversos, foi motivo de orgulho e também de frustração para os músicos cujo trabalho era classificado dessa maneira. Na época em que Gordy fundou sua gravadora, o R&B ainda ocupava uma posição deveras marginalizada na indústria musical. Gravações populares de R&B podiam entrar no mainstream — como de fato o faziam —, mas o gênero em si operava num universo desconexo de promotores e selos independentes. O crítico cultural Amiri Baraka escreveu que o R&B era, originalmente, "uma música exclusiva", querendo dizer que em sua primeira encarnação ela era "executada quase que exclusivamente para, e tinha que, satisfazer um público negro".

Baraka publicou essas palavras em 1963, no livro *Blues People*, seu estudo fundamental sobre a complicada relação entre raça e música. Nos anos 1960, o R&B estava cada vez menos exclusivo, graças, em grande parte, aos esforços de Gordy, cujo otimismo e ambição encontravam eco nas músicas que ele lançava. Um dos primeiros sucessos da Motown foi "Way over There", do Miracles, grupo de Smokey Robinson. Era uma música animada sobre um relacionamento à distância:

Eu tenho um amor, bem lá longe
Lá nas montanhas, e sei que é lá
Que tenho que estar

Em sua autobiografia, *To Be Loved*, Gordy relaciona essa letra, composta por Robinson, à sua própria ambição profissional. "Para mim", escreveu, "'Way over There' era onde estavam os meus sonhos — em relação à Motown, à felicidade, ao sucesso." O público pode ter achado que era uma canção de amor, mas Gordy não conseguia deixar de escutar, nas palavras de Robinson, sua obsessão pessoal com o sucesso.

E o sucesso não foi exatamente instantâneo. "Way over There" chegou ao número 94 no Hot 100 da *Billboard*, a mais importante parada de sucessos da música pop. Naquele momento, a Motown já havia conquistado seu primeiro lugar, com "Please Mr. Postman", das Marvelettes, e em pouco tempo se tornaria presença constante nas paradas. Um sinal do sucesso de Berry apareceu no dia 30 de novembro de 1963, quando a *Billboard* de repente parou de publicar sua longeva parada de singles de R&B, que listava as músicas mais populares do estilo nas lojas e no rádio. O gênero, segundo uma definição da própria revista, havia se tornado praticamente impossível de distinguir do pop mainstream, o que tornava supérflua uma categoria específica para ele. A parada foi trazida de volta em 1965 e anunciada numa das manchetes abreviadas da revista: "BB TEM NOVA PÁGINA DE R&B". Dentro dela, a nova parada de sucessos: Hot Rhythm & Blues Singles. No seu topo, naturalmente, um lançamento da Motown: "My Girl", dos Temptations, que ficou nessa posição por seis semanas e, no final, chegou ao topo da parada de música pop, onde, de certa maneira, permanece até hoje; é uma daquelas músicas que sempre parecerão contemporâneas, um verdadeiro clássico norte-americano. Os maiores sucessos da Motown nos anos 1960, como "My Girl", parecem dispensar a própria existência de um gosto musical: são canções que todos nós conhecemos e (a menos que sejamos radicalmente contra) gostamos, não importa o estilo de música que *realmente* preferimos.

Baraka publicou uma continuação de *Blues People* em 1967: seu nome era *Black Music* e, embora fosse principalmente dedicado ao jazz, que Baraka adorava (e, como prova de sua adoração, às vezes afrontava), o livro trazia um capítulo sobre as mais recentes evoluções do R&B. Seu veredito era inconsistente. Ele adorava a extravagância do gênero, seu uso da linguagem romântica para evocar extremos emocionais como "felicidade selvagem" ou "dor profunda". Mas achava que o som da Motown era, comparativamente, um tanto quanto domesticado; ele o classificou como "uma versão astuciosamente urbanizada de formatos mais antigos do R&B influenciados pela música gospel". Baraka era o tipo de crítico que usava "astúcia" como insulto, para descrever um estilo de música que havia sido purificado e diluído para agradar a um público casual. Sua crítica, porém, era amplamente compartilhada, inclusive por algumas das maiores estrelas da Motown, que começavam a temer que o estilo excessivamente alegre da gravadora estivesse muito fora de tom num país tão conturbado. Marvin Gaye recordaria, anos mais tarde, de um dia em 1965 quando um radialista interrompeu uma de suas músicas — "Pretty Little Baby", um sucesso etéreo que chegou ao Top 40 — para falar aos ouvintes sobre os tumultos que ocorriam em Watts, em Los Angeles. "Meu estômago se revirou muito e meu coração começou a bater enlouquecidamente", lembrou Gaye. "Fiquei me perguntando: Se o mundo à minha volta está explodindo, como é que vou seguir cantando canções de amor?"

A era de ouro da Motown também foi a era de ouro do R&B, e só durou alguns poucos anos. A famosa alegação da gravadora, de representar "O som dos jovens norte-americanos", começou a aparecer em seus discos em 1966, num momento em que seu estilo de R&B já se encontrava ameaçado. O público que havia se cansado da "astúcia" e da "urbanidade" da Motown estava se voltando para cantores com vozes mais agressivas e, de modo geral, sensibilidades mais coléricas: James Brown, Otis Redding, Aretha Franklin.

Isso também era R&B, mas os fãs lhe deram um novo nome: eles a chamaram de soul music, por que o "soul" ("alma") trazia uma promessa de autenticidade. O termo também funcionava como um desafio implícito, sugerindo que qualquer outro tipo de música, incluindo o R&B da Motown, era relativamente desprovido de alma. Algumas vezes, esse desafio chegou a ser explícito. Numa entrevista de 1967, Redding criticou a Motown por gravar seus discos em estúdio, em vez de deixar que os músicos tocassem ao vivo. "É tudo feito de forma mecânica", disse ele, com desdém. E Franklin, uma cantora de Detroit que a Motown por algum motivo não conseguiu contratar, lançou seu sublime álbum *Lady Soul* em 1968. No verso da capa do disco havia um texto do crítico de rock Jon Landau, que argumentava, de forma plausível, que Franklin estava na "vanguarda" de um novo movimento cultural. "Foi Aretha, mais do que qualquer outra pessoa", escreveu ele, "quem deu ao rhythm and blues moderno sua expressão mais efetiva, levando a mensagem do soul para o grande público." Ele usava os dois termos de forma quase intercambiável, embora estivesse, ainda assim, sugerindo que "soul" era mais do que apenas um gênero musical — ele tinha uma "mensagem" também. No final da década, em 1969, a *Billboard* reconheceu essa mudança: a revista abandonou o termo "R&B" e deu um novo nome à sua antiga parada de sucessos: Soul Singles.

Então, o que aconteceu com o R&B? Essa é uma pergunta que músicos e fãs se fazem desde então, dos tempos da Motown em diante. No fim das contas, o gênero sobreviveria à revolução do "soul" e às muitas revoluções que viriam depois disso. A história do R&B após sua era de ouro é uma história de um gênero autoconsciente e em guerra constante, debatendo-se eternamente com sua complicada relação com o mainstream e com sua própria história. Desde os anos 1960, os cantores de R&B sempre estiveram no centro da música popular norte-americana, de Stevie Wonder a Beyoncé, passando por Michael Jackson. Mas cada nova década trouxe novas alegações de que o gênero estava morto, ou que estava morrendo, ou que merecia morrer. Dos anos 1980 em diante, um número cada vez maior de cantores de R&B passou a dizer que eles não eram como aqueles *outros* cantores de R&B, ou que não eram "apenas" cantores de R&B, ou que sua música não era, na verdade, R&B. Essa ambivalência a respeito do gênero em si deve ter alguma coisa a ver com sua insistente identidade, mesmo depois de todas essas décadas, como um gênero da música negra — talvez a mais negra das músicas. Nos anos 2000, quando era crítico profissional de música, percebi que os shows de hip-hop, pelo menos em Nova York, atraíam plateias racialmente diversas. Quase todo rapper que fazia sucesso atraía um contingente numeroso de jovens fãs, muitos deles brancos, latinos ou asiáticos. (Parte do que atraía esses fãs com certeza era o fato de que aquela era uma música intransigente e inacessível demais para o público branco do mainstream.) Nos shows de R&B, por outro lado, o público era mais velho e predominantemente — às vezes quase que por inteiro — afro-americano. De fato, a durabilidade do R&B é, em parte, uma evidência da persistente relevância da questão da raça nos Estados Unidos e da persistente realidade da segregação em nossas comunidades musicais. No início dos anos 1980, a *Billboard* reconheceria essa realidade ao batizar sua parada de Soul Singles com um novo e provocativo nome: Black Singles. E a revista seguiu classificando as principais gravações de música negra do país até 1990, quando os editores finalmente retornaram, após um hiato de duas décadas, a um termo antigo para descrever aquela música — um termo que, assim como a tradição a que ele se refere, ainda não havia saído de moda: "rhythm and blues".

Uma questão de raça

As pessoas que ouvem R&B hoje em dia decerto não perdem muito tempo pensando sobre essas duas letras: a sigla se parece tanto com o nome de uma marca, como AT&T, ESPN ou KFC, que oficialmente não representam mais coisa alguma. Mas houve uma época em que "rhythm and blues" era uma descrição mais ou menos acurada de uma fórmula musical. O termo surgiu nos anos 1940 para descrever, de forma bastante abrangente, as músicas populares — e que frequentemente eram dançantes — gravadas por artistas negros. Um dos pioneiros foi Louis Jordan, mestre de um estilo frenético conhecido como jump blues, que se esforçava para fazer com que as velhas *big bands* parecessem acabrunhadas, ultrapassadas e obsoletas. A *Billboard* vinha publicando uma parada de sucessos voltada para os "territórios negros" desde 1942, primeiro como Harlem Hit Parade e depois como Race Records. Contudo, no verão de 1949, a revista começou a usar o título Rhythm and Blues, uma decisão que ajudou a introduzir o termo no vocabulário cotidiano. (Nessa mesma edição, a *Billboard* também rebatizou sua parada de música folk, adotando outro termo igualmente vago: Country and Western.) Ao longo da década de 1950, a parada de R&B da

Billboard foi a miscelânea que seu próprio nome sugere, cheia de artistas que agora nos parecem quase inclassificáveis. Uma inovadora que aparecia nela era Dinah Washington, uma sofisticada cantora de jazz que inventou maneiras muito inteligentes de enfatizar os contratempos da batida. Outro foi Bo Didley, cuja guitarra estridente ajudou a codificar uma sonoridade que as bandas de rock 'n' roll vêm recriando desde sempre.

 Quando Berry Gordy publicou aquele anúncio na *Cash Box* em 1960, o mundo do R&B era lucrativo e caótico; ele estava determinado a fazer sucesso naquele mundo imediatamente e, em algum momento, deixá-lo para trás. Antes de virar magnata, Gordy era compositor e, de acordo com sua própria opinião, do tipo ambicioso. (Sua primeira composição, "You Are You", foi inspirada em Doris Day, em parte porque ela era extremamente popular; ele diz que estava "pensando no grande público", embora tivesse apenas vinte anos.) Em sua autobiografia, Gordy descreveu a maneira como cultivava amizades estratégicas na indústria do R&B: ele fazia favores para os radialistas negros e sempre dava atenção às principais revistas negras do momento, *Jet* e *Ebony*. Mas também se lembrou das reuniões tensas realizadas toda sexta-feira de manhã na Motown, nas quais tinha que decidir quais das novas músicas valiam a pena e quais eram "lixo". Explicando a diferença, ele escreveu que "lixo, para mim, era qualquer coisa que a gente não considerasse que pudesse chegar ao Top 40". Para Gordy, emplacar sucessos de R&B era importante, mas não suficiente: todo o conceito da Motown era produzir gravações de R&B que fossem capazes de transcender o gênero e se tornarem pop. Num certo momento, recorda ele, um de seus executivos teceu loas a "Can I Get a Witness", a gravação de Marvin Gaye. "Ontem à noite levei para casa e meus filhos ficaram dançando", disse o executivo a Gordy. "São garotos brancos."

 Esse minigrupo de foco fez muito bem seu trabalho. "Can I Get a Witness" foi lançada no outono de 1963, e a *Billboard* acabou com sua parada de R&B no exato momento em que a canção estava se aproximando do topo. Mas "Can I Get a Witness" estourou sua bolha, alcançando a 22ª posição na parada de música pop; até hoje serve como um exemplo quintessencial da fórmula da Motown. Como diversos outros sucessos da era de ouro da gravadora, a canção tinha sido composta por Eddie Holland, Lamont Dozier e Brian Holland, que eram conhecidos como Holland-Dozier--Holland, ou H-D-H. Eles tinham uma queda por composições alegres e ensolaradas, com melodias e batidas que combinavam como um terno muito bem cortado. Pode-se até dizer que enfatizavam mais o ritmo, deixando o blues mais de lado: mas quem ouviu "Can I Get a Witness" no rádio talvez não tenha percebido logo de cara que Gaye estava se queixando, não comemorando. Ele queria saber: "Está certo ser tratado desse jeito/ Quando você deu tudo que tinha pra dar?". Entre as muitas pessoas que adoraram a canção estavam os Rolling Stones, que gravaram uma versão mais aguada e petulante para seu álbum de estreia, lançado no ano seguinte. "Can I Get a Witness" era conduzida por uma batida metálica, marca registrada da Motown que se tornaria um dos sons mais admirados e imitados da música popular. Pode-se ouvi-la em "Substitute", do The Who, que é inspirada em outro hit da Motown — o título vem de um verso em "The Tracks of My Tears", de Smokey Robinson and the Miracles. Pode-se ouvi-la em "Good Vibrations", do Beach Boys — é aquela batida que faz o refrão eufórico se diferenciar dos versos tristonhos. Pode-se ouvi-la até na música de abertura do programa de TV *Sesame Street*, que foi gravada em 1969 e usa uma variação do som da Motown para evocar a alegria simples de crianças brincando.

Se hoje em dia parece estranho o fato de Marvin Gaye e os Rolling Stones terem gravado a mesma música, isso nos diz alguma coisa sobre a maneira como, a partir do final dos anos 1960, os termos "R&B" e "rock 'n' roll" passaram a denominar dois gêneros diferentes — um fortemente negro e o outro cada vez mais branco. Mas, em 1963, os termos às vezes se confundiam. Foi Alan Freed, um radialista branco de Cleveland, quem popularizou o termo "rock 'n' roll" nos anos 1950, para descrever a música que ele tocava. Apesar disso, a maior parte do que ele tocava era R&B. Um dos cantores que Freed adorava era Fats Domino, um artista de R&B de New Orleans que hoje em dia é celebrado como um dos pioneiros do rock. Dave Bartholomew, compositor e produtor negro que trabalhou ao lado de Fats Domino, foi um de muitos que não viram o rock 'n' roll como um fenômeno novo, e sim como um fenômeno velho com uma nova roupagem dada por forasteiros. "A gente já tinha o rhythm and blues fazia muitos e muitos anos", disse ele numa entrevista concedida para um documentário de 1995. "Aí veio meia dúzia de brancos e eles começaram a chamar de rock 'n' roll — mas aquilo era rhythm and blues o tempo todo."

Muitos fãs e especialistas concordam, atualmente, que o surgimento de "rock 'n' roll" como termo também sinaliza o surgimento de um novo gênero, que se inspirava muito no R&B, mas também em alguns dos estilos mais barulhentos da música country. Por outro lado, também é verdade que, por muitos anos, "R&B" e "rock 'n' roll" foram tratados quase como sinônimos, precisamente porque a música era muito variada. Quando a primeira gravação dos Beatles foi lançada nos Estados Unidos, ela saiu pela Vee-Jay, um selo de R&B de Chicago comandado por negros. *The Beatles Second Album*, de 1964, trazia versões de três hits da Motown, entre as quais "Please Mr. Postman". (Gordy ficou extasiado com aquilo, embora tenha se arrependido mais tarde de ter dado um desconto aos Beatles nos royalties das músicas.) O espírito dessa época tão misturada foi resumido pelo *Teenage Awards Music International*, mais conhecido como *T.A.M.I. Show*, um espetáculo de 1964 que também virou filme, famoso pelo seu impressionante *lineup*: Rolling Stones, Beach Boys e Chuck Berry, além de James Brown, Marvin Gaye e Supremes.

    Nenhum artista era mais importante para a Motown nos anos 1960 do que as Supremes, lideradas por Diana Ross, que tanto se beneficiou quanto, por vezes, foi vítima da obsessão de Gordy em se tornar pop. Elas fizeram sucesso gravando canções de R&Bs sublimes, muitas das quais compostas por H-D-H, e prestando uma enorme contribuição para o avanço tanto do R&B quanto do rock 'n' roll. Em 1965, quando a *Time* declarou que o rock 'n' roll era "o som dos anos 60", as Supremes estavam na capa e também no interior da revista, que as chamou de "o grupo feminino que domina o rock 'n' roll". Mas a própria Diana Ross as descrevia como "menos selvagens do que essas músicas de *big beat* que se escuta hoje em dia"; as Supremes, ela escreveria mais tarde, se destacaram pela sua "elegância" e pelo seu "senso de sofisticação". Para Gordy, a sequência de hits das Supremes que parecia não ter fim era apenas o começo. Ele tinha certeza de que o grupo transcenderia qualquer gênero da música popular e, com esse objetivo, convenceu suas integrantes a dar uma incrementada em suas apresentações ao vivo acrescentando canções adultas como "You're Nobody Till Somebody Loves You", um grande sucesso de Dean Martin. Seu objetivo era transformar as Supremes numa atração de primeira grandeza para o circuito de clubes. (Ele declarou certa vez que não estava interessado em competir com os astros do pop, mas sim com os "superastros do entretenimento, como Frank Sinatra, Tony Bennett e Sammy Davis Jr.".) Gordy alcançaria esse objetivo e, mais tarde, chegaria muito próximo de alcançar outro, ainda mais ambicioso: fazer de Diana Ross uma atriz de cinema consolidada no mainstream.

Nas décadas seguintes, muita gente se lembraria da era de ouro do R&B como uma época de integração musical, em que gêneros e plateias se misturavam livremente. "Nos anos 60, todos os estilos musicais estavam misturados", declarou certa vez Smokey Robinson. "Os muros tinham caído." Mas esse momento de mistura foi também o período durante o qual o rock 'n' roll começou a se redefinir — aparentemente, para sempre — como música branca. Nelson George, crítico cultural e ex-editor da *Billboard*, é um importante e incisivo especialista em R&B moderno; em 1988, ele publicou *The Death of Rhythm & Blues*, livro que se tornou um marco ao traçar uma tese provocativa sobre a evolução do gênero. George argumenta que Freed usava o termo "rock 'n' roll" basicamente para "disfarçar a negritude" da música que ele tocava. E escreveu que a integração no *T.A.M.I. Show* não era uma vitória, e sim uma caricatura, um sinal agourento de tudo que viria depois. Na opinião de George, os astros brancos do rock, como Mick Jagger, dos Rolling Stones, que eram a principal atração do festival, não chegavam aos pés dos principais artistas de R&B em termos de performance de palco, e ele reclamou da plateia jovem por não perceber essa diferença qualitativa. "O fato de eles se empolgarem com Mick Jagger chacoalhando pelo palco e se debatendo como uma galinha depois da performance incrivelmente atlética de James Brown, com seu *camel walk* e seu *moonwalk* primitivo — saudando os dois com o mesmo volume em decibéis —, revela uma perigosa ausência de discernimento", escreveu George. "Aplaudir a excelência negra e a mediocridade branca com o mesmo vigor é ver essas duas coisas como equivalentes e, nesse caso, o artista negro, nos Estados Unidos, sempre sairá perdendo." Na sua visão, a era do *T.A.M.I. Show* foi o momento em que os imitadores brancos começaram a ofuscar os criadores negros.

Logicamente, é verdade que as habilidades como dançarino de Jagger não eram páreo para as de Brown — se bem que, quando você assiste à filmagem desse show, não é difícil entender por que Jagger, com sua insolência e agressividade felinas, inflamou tantas plateias ao longo de tantas décadas. Mas mesmo os leitores que discordavam de George sobre a suposta "mediocridade" dos Rolling Stones podiam refletir sobre uma leitura mais ampla desse argumento: à medida que o sucesso do R&B foi se transformando em sucesso do rock 'n' roll, os artistas brancos foram se tornando cada vez mais centrais à sua história, e os artistas negros, cada vez mais marginais, mesmo em retrospecto. (Hoje em dia, quando alguém fala sobre o rock dos anos 1960, normalmente não está se referindo às Supremes.) Em parte por causa disso, muita gente no mundo do R&B começou a usar um novo termo: "soul music".

A soul music é nossa

Como a palavra "soul" sugeria autenticidade, ela se encaixava em artistas consagrados como Ray Charles e Nina Simone tão bem quanto em astros emergentes como Otis Redding. E como "alma" é uma coisa que se pode ter, além de uma coisa que se pode tocar, o termo estava ligado a identidade, particularmente à identidade negra. Quando a *Billboard* começou a chamar sua parada de R&B de parada de "soul", em 1969, seus editores disseram que "o termo 'soul' contempla de forma mais adequada o amplo espectro de canções e músicas instrumentais derivadas da genialidade musical dos artistas negros americanos". Em 1974, Michael Haralambos publicou *Right On*, um livro que registra a maneira como os locutores das rádios negras falavam da soul music como se ela não fosse apenas um gênero musical, e sim a manifestação de uma essência racial. "O homem negro canta com alma", afirmou Lee Garrett, conhecido como Rockin' Mr. G, da WGPR, em Detroit, "e é daí que vem o termo 'soul music'." Fred Goree, de outra estação de Detroit, a WCHB, disse: "Chamar isso de 'soul music' é uma forma de identificá-la, de pôr um selo nela e dizer que a soul music é nossa". Brancos também podiam fazer soul music, mas o termo era uma lembrança de que aquela música, ao contrário do rock 'n' roll, não pertencia a eles e jamais pertenceria.

Para muitos dos cantores mais antigos de R&B, a meta era conquistar as paradas do pop atraindo ouvintes brancos — a Motown tinha até seu próprio curso de boas maneiras, comandado por Maxine Powell, que ensinava aos jovens aspirantes a astros como conquistar o público branco norte-americano. "Minha filosofia era: não antagonize seu inimigo, constranja-o", disse ela. "Seja simpático, eu dizia, seja natural, mantenha sua postura e seja positivo." No entanto, muitos fãs queriam ouvir algo mais provocativo. Depois de ser criticado por lançar "America Is My Home, Pt. 1", uma espécie de canção antiprotesto (ela era explicitamente patriótica e implicitamente pró-Exército), James Brown retornou com "Say It Loud — I'm Black and I'm Proud", que ainda soa radical hoje em dia: um exercício em minimalismo de alto impacto, consistindo em quase nada além de uma batida que parece um tambor de guerra e uma letra que parece um grito de guerra. Brown, o sargento, vocifera a primeira parte do refrão e um exército de crianças grita de volta a segunda parte. Em 1968, essa música não apenas foi número 1 na parada de R&B como também chegou ao número 10 da parada de pop, o que significava que os brancos também estavam ouvindo — e significava, em contrapartida, que o estilo de R&B da Motown tinha ficado ultrapassado e que sua postura nada avessa ao sucesso precisava ser repensada.

A verdade é que a Motown não tinha escolha. Seus principais *hitmakers*, o coletivo H-D-H, haviam praticamente parado de compor para a gravadora em 1967, em meio a uma disputa financeira com ela, e interromperam a parceria definitivamente em 1968. Gordy tentou substituí-los formando o Clan, uma nova equipe de compositores que incluía ele próprio. O Clan compôs uma música chamada "Love Child", pensada para mostrar aos ouvintes que as Supremes podiam fazer outras coisas além de cantar música romântica — pode-se dizer que ela foi pensada para fazer com que o foco do grupo saísse do R&B e fosse para o soul. A letra contava a história de uma mãe solteira e seu filho sem pai, mas Diana Ross a interpretou de uma maneira bizarramente animada, como se fosse o tema de abertura de um divertido programa de TV:

Filho fora do casamento
Não era pra ter vindo
Filho fora do casamento
Nascido no meio da pobreza

A canção chegou ao número 1, o 11º dos doze singles das Supremes que chegaram ao topo da parada de sucessos do pop. Mas a repaginação de Ross como cantora de soul não durou muito tempo — ao que parece, ela não ficou muito satisfeita com "Love Child". "A letra é boa", lembraria ela mais tarde, "mas essas canções românticas açucaradas como 'Come See About Me' fazem mais sentido para mim." (Essa era uma diferença entre Ross e Gaye: mesmo com o mundo explodindo à sua volta, ela queria continuar cantando canções de amor.) Depois de um último show com as Supremes em Las Vegas, Ross se lançou em carreira solo em 1970 e, finalmente, acabou encontrando sua identidade musical, graças a outra transformação: um envolvimento com a cultura da discoteca, que a ajudou a emplacar uma sequência gloriosa de sucessos da disco music.

A pessoa que mais se empenhou para ajudar a Motown a sobreviver e prosperar na era da soul music foi Norman Whitfield, um produtor brilhante que combinava um gosto por arranjos de vanguarda com uma sensibilidade coloquial. (Gordy descreveu uma das primeiras produções de Whitfield como "de rua", no bom sentido.) Trabalhando com Barrett Strong, seu parceiro recorrente, Whitfield compôs "I Heard It Through the Grapevine", um tremendo sucesso nas vozes do Gladys Knight & the Pips em 1967, e um sucesso ainda maior na de Marvin Gaye no ano seguinte. A versão de Gaye era sacana e insinuante, ecoando a paranoia da letra e apresentando uma versão mais sombria e menos alegre do som da Motown. Trabalhando principalmente com os Temptations, Whitfield e Strong criaram um novo estilo conhecido como soul psicodélico, que Gordy a princípio não aprovou. Ele argumentou que "Cloud Nine", que Whitfield produziu em 1968 para os Temptations, tinha "uma mensagem que poderia ser interpretada do jeito errado". (O refrão era uma celebração da alegria e, talvez, do uso de drogas: "Estou voando alto, viajando nas nuvens".) Gordy logo mudou de ideia, e a música foi um sucesso, comprovando de forma definitiva a tese de Whitfield. Àquela altura, o executivo estava menos controlador do que já havia sido, até porque estava menos presente na gravadora: quando a música foi lançada, ele já havia levado a família para Los Angeles e ele próprio passava cada vez menos tempo em Detroit. Isso deixou Whitfield livre para fazer praticamente tudo o que quis, usando a Motown — e a discografia dos Temptations, sobretudo — como um laboratório para experimentações com o R&B. Em 1972, "Papa Was a Rollin' Stone", dos Temptations, chegou ao topo da parada do pop, apesar de ter quase sete gloriosos minutos de duração (a versão do álbum tinha doze), sustentada quase que apenas por uma linha de baixo perfeita e algumas palmas cuidadosamente posicionadas.

No final dos anos 1960, a definição de sucesso na indústria musical tinha mudado: para os artistas mais ambiciosos do R&B, o objetivo não era mais apenas emplacar singles de sucesso, mas também gravar álbuns importantes, exatamente como as maiores e mais respeitadas bandas de rock 'n' roll estavam fazendo. (Nessa área, assim como em muitas outras, James Brown mostraria o caminho das pedras. Em 1963, ele lançou *Live at the Apollo*, um álbum ao vivo que fez um sucesso estrondoso e inesperado; pouco tempo depois do seu lançamento, um distribuidor relatou, feliz da vida, que o disco estava "vendendo que nem um single".) Em 1969, a Stax, gravadora rival da Motown no mundo da soul music, lançou *Hot Buttered Soul*, de Isaac Hayes, constituído de quatro faixas muito longas. O Sly and the Family Stone foi aperfeiçoando seu próprio estilo de soul psicodélico, que atingiu o ápice em *There's a Riot Goin' On*, uma obra-prima estranha e embasbacante de 1971. Nesse mesmo ano, Aretha Franklin lançou *Aretha Live at Fillmore West*, que incluiu uma versão em altíssima velocidade do seu clássico "Respect", ao lado de covers dos Beatles ("Eleanor Rigby") e Simon and Garfunkel ("Bridge over Troubled Water"). Para os artistas de R&B dos anos 1960, fazer sucesso fora de sua bolha normalmente significava aparecer nas paradas de sucesso do pop; para os cantores de soul music dos anos 1970, esse sucesso às vezes significava aparecer nas lojas de discos e, talvez, também nas estações de rádio FM, lado a lado com os astros do *rock*.

Uma das maiores surpresas na história da Motown é a maneira como uma gravadora relativamente conservadora e desavergonhadamente voltada para a produção em série de hits conseguiu se destacar nesse novo momento. Isso aconteceu, em parte, graças às experimentações de Whitfield, mas também à evolução de um ex-astro adolescente do pop conhecido como Little Stevie Wonder, que era contratado da Motown desde os onze anos. No começo da década de 1970, respaldado pela sequência de hits que havia emplacado na década anterior, Wonder negociou um novo contrato que lhe garantiu um grau incomum de autonomia e, a partir daí, se dedicou a perseguir suas próprias obsessões, uma das quais foi um grupo que praticamente não fez sucesso chamado Tonto's Expanding Head Band. O grupo era oficialmente uma dupla, mas na verdade se tratava de um trio: consistia em um norte-americano, um britânico e um sintetizador modular, que os dois haviam customizado. Wonder começou a trabalhar com o sintetizador e seus criadores e apareceu, em 1972, com um disco de soul eletrônico intitulado *Music of My Mind*. Era o início de um arco de cinco álbuns, encerrado em 1976 com *Songs in the Key of Life*, que ajudou Wonder a se consolidar como uma das mais importantes personalidades da música norte-americana, em todos os gêneros. Sua música era radicalmente inclusiva, abraçando praticamente tudo: gospel, jazz, rock progressivo, música folk, canções da Broadway. Ele era tanto um excelente compositor quanto um artista muito generoso, sempre incentivando seus convidados a cantarem com ele.

Marvin Gaye, assim como Stevie Wonder, foi um *hitmaker* da Motown que chegou à conclusão de que só fazer sucesso não era o bastante. Em algum momento em 1970 — mais de cinco anos após aquele dia em que havia ficado com vergonha ao escutar suas próprias "canções de amor" inócuas no rádio —, ele disse a Gordy que queria fazer um álbum de protesto. Gordy não concordou; "Protestar contra o quê?", perguntou. Embora talvez estivesse desempenhando o papel de executivo mercenário de gravadora, ele também estava fazendo uma boa pergunta. E parte da genialidade do álbum que Gaye fez é o fato de ele ecoar essa mesma ótima pergunta em vez de tentar responder a ela. O termo "álbum de protesto" sugere declarações inflamadas, mas a versão de Gaye era mais sutil, quase onírica. O título, *What's Going On*, tinha um ponto de interrogação invisível (porém audível), e suas composições lânguidas se emendavam umas nas outras como se tudo fosse uma única e extensa canção. O programa político de Gaye era convincente, apesar de vago: contra a guerra, o desemprego, a poluição e o desespero; a favor de Deus e do amor; claramente ambíguo em relação às drogas. De acordo com Raynoma Singleton, que foi executiva da Motown nos primeiros anos, Gordy a princípio havia detestado o álbum, mas mesmo assim o lançou, em 1971, depois que Gaye ameaçou entrar em greve. É claro que o disco foi um sucesso: vendeu bem, mandou três singles para o topo das paradas de soul (e para o Top 10 das paradas de pop) e segue, até hoje, como talvez o álbum mais celebrado da história da Motown. Infelizmente, as coisas costumam acontecer da seguinte maneira na música popular: quando um artista, uma gravadora ou um gênero emplaca seu maior triunfo, tudo começa a desmoronar.

Vendendo a alma

No começo dos anos 1970, a Motown estava mais famosa que nunca, embora não fosse mais tão poderosa quanto já havia sido. Era a casa de Marvin Gaye, Stevie Wonder e Diana Ross — uma gravadora cujas ações estavam sendo negociadas na Bolsa de Valores e cujo dono, Berry Gordy, passara a ser visto como o poderoso chefão da música negra. No entanto, praticamente todos os hits da gravadora estavam vindo dos artistas consagrados dos empoeirados anos 1960, o que significava que o som dos jovens norte-americanos estava envelhecendo. Ao mesmo tempo, a revolução da soul music avançava: o "soul" estava começando a se parecer cada vez menos com um levante idealista e cada vez mais com uma fatia de mercado sustentável e lucrativa. No rescaldo do movimento pelos direitos civis, diversos ativistas estavam mudando seu foco, da integração para a autonomia, reforçando a importância do estabelecimento de instituições negras. Nesse contexto, a maturação — e a mercantilização — da soul music passava uma impressão de progresso, porque era um sinal de independência da cultura negra. Em 1971, os editores da *Tiger Beat*, uma revista adolescente, lançaram uma publicação equivalente para o público negro, *Right On!* Nesse mesmo ano, um programa de dança de Chicago chamado *Soul Train* ganhou projeção nacional, dando à música negra um espaço semanal na televisão. Um de seus principais patrocinadores era uma linha de cosméticos para negros que tinha acabado de abrir seu capital na Bolsa de Valores: a Johnson Products, fabricante da linha de produtos para cabelo Afro Sheen. Uma pesquisa da Harvard Business School, encomendada pela Columbia Records, revelou que a soul music era um gênero duplamente valioso, capaz tanto de alimentar novas carreiras quanto de catapultar seus astros consagrados para o mainstream; o relatório destacava "a importância estratégica das estações de rádio de soul como um dos veículos mais efetivos para colocar os artistas no Top 40".

O estudo de Harvard foi publicado em 1972, um ano após a Columbia lançar seu próprio selo de soul music, o Philadelphia International Records, criado em parceria com dois sagazes produtores da Filadélfia, Kenneth Gamble e Leon Huff. Numa entrevista de 1972 para a *Jet*, Gamble revelou o ideal grandioso que tinha para o selo. "Não queremos ser rotulados como uma marca que, por exemplo, lança somente R&B", disse. "Isso já foi feito e é um conceito um tanto ultrapassado." Se era uma crítica velada à Motown, pelo menos foi feita dentro do espírito de Berry Gordy, que sempre procurou se expandir para além do R&B, apesar de seu legado estar se tornando cada vez mais inseparável da história do gênero. De forma similar, Gamble e Huff foram espetacularmente bem-sucedidos ao fracassar naquilo a que haviam se proposto: deixar o gênero para trás.

Durante algum tempo, na década de 1970, a Philadelphia International Records foi o selo mais importante de R&B do mundo, popularizando um estilo sedoso que viria a ser conhecido como Philly soul, ou "TSOP (The Sound of Philadelphia)", que dava nome a uma produção de 1973 de Gamble e Huff, gravada pela banda de estúdio da gravadora, chamada MFSB. (A sigla significava "*mother, father, sister, brother*", mas era mais interpretada como "*motherfuckin' son-of-a-bitch*", uma expressão que os músicos aparentemente usavam para demonstrar aprovação.) "TSOP" chegou ao número 1 tanto na parada de soul quanto de pop, ajudando a definir a sonoridade do R&B na era pós-Motown. A música havia sido pensada para ser acessível: suave e requintada, adocicada por cordas e por um naipe de metais. E, mesmo assim, "TSOP" não era uma música pop tradicional — na verdade, não era sequer uma música pop, e sim uma música dançante e praticamente sem vocais. Durante algum tempo, ela foi o tema de abertura de *Soul Train*. E se tornou um exemplo de como a soul music, nos anos 1970, podia fazer sucesso no pop sem *se tornar* pop.

Se o som da Motown, pelo menos no começo, era animado e otimista, o da Philadelphia International era melancólico e frequentemente nostálgico, como se insinuasse que a era de ouro do R&B já havia passado. Trabalhando com Thom Bell, um brilhante compositor e produtor, Gamble e Huff se especializaram em pegar veteranos subestimados do soul e fazê-los soar como novidades. Eles fizeram um sucesso estrondoso em 1972 com "Me and Mrs. Jones", de Billy Paul, um cantor da velha guarda: ele havia lançado seu primeiro disco vinte anos antes, em 1952. O O'Jays, que vinha gravando desde o começo dos anos 1960, fez sua estreia na Philadelphia International em 1972, com *Back Stabbers*, um álbum clássico recheado de melodias agridoces e letras apáticas, que resumia bem a sensação dolorosa da desilusão que costuma se manifestar quando o amor, ou o idealismo, começa a minguar. O selo também ressuscitou a carreira de Harold Melvin & the Blue Notes, um grupo veterano local, dando destaque ao baterista do grupo, Teddy Pendergrass, que num primeiro momento se tornou o vocalista da banda e mais tarde se lançou em carreira solo, tornando-se um dos maiores cantores de balada da década.

A expressão "slow jam" só foi se popularizar por volta de 1983, quando um grupo de R&B chamado Midnight Star lançou uma música com esse nome, que se tornaria cult. Mas o slow jam enquanto formato tinha nascido nos anos 1970, graças a grandes baladistas como Pendergrass e outros. Em 1973, dois anos após *What's Going On*, Marvin Gaye gravou *Let's Get It On*, que era um tipo muito de diferente de álbum conceitual, dedicado ao amor e ao sexo; a faixa-título é uma música de sedução que se tornaria arquetípica. (Mesmo depois de todos esses anos, aquelas três primeiras notas de guitarra ainda evocam uma atmosfera de penumbra e incenso; no cinema, essa sequência familiar de notas costuma funcionar como uma insinuação, como num dos filmes de Austin Powers, quando Dr. Evil bebe um afrodisíaco e depois olha apaixonadamente para sua capanga carrancuda.) Nenhum outro cantor de soul se dedicou mais à sedução do que Barry White, que combinou sua voz profunda com grooves acetinados e arranjos sinfônicos, desenvolvendo um estilo particular de música para dar uns amassos, uma espécie de irmã do Philly soul. Ao longo da década de 1970, White emplacou sucessos de forma consistente nas rádios de R&B, e de forma não tão consistente nas de pop ("Can't Get Enough of Your Love, Babe", de 1974, foi sua única canção a atingir o número 1 da parada de pop), e alguns críticos aparentemente se perguntavam até que ponto deveriam levá-lo a sério — ou até que ponto ele próprio se levava a sério. Um artigo publicado na revista de jazz *DownBeat* descreveu a música de White como "dissimulada" e "exagerada", e palavras como essas estavam, de fato, sendo cada vez mais associadas ao R&B como um todo. Não há dúvida de que as produções aveludadas de White não eram necessariamente mais "dissimuladas", ou menos honestas, do que os grunhidos e gemidos de James Brown, mas o público não estava errado quando percebeu que havia uma mudança aí. Parte do atrativo da soul music clássica era o fato de os cantores se comprometerem a dizer a verdade. O slow jam dos anos 1970 estava soando cada vez menos cru e cada vez mais luxuoso, enfatizando a importância do prazer tanto nas melodias quanto nas letras: os cantores agora se comprometiam a dizer qualquer coisa que fizesse o ouvinte se sentir bem.

Na esteira do sucesso de *Let's Get It On*, Gaye começou a planejar uma turnê. Aquele era um momento glorioso: a faixa-título tinha sido sua primeira música a chegar ao número 1 da parada de pop desde "I Heard It Through the Grapevine", em 1968, e Gaye era, naquela altura, um dos cantores mais amados do país. Mais tarde, entretanto, ele se lembraria de estar se sentindo naquele momento como se tivesse alguma coisa a provar. "Todo mundo estava falando dos novos grupos de funk como Commodores, Earth, Wind & Fire e Kool & the Gang", recordou. "Beleza, o Kool até era legal, mas era tão descolado quanto o cara mais descolado da minha quebrada." A referência de Gaye à "quebrada" era um reconhecimento de que se esperava que essas bandas, de modo geral, tivessem uma conexão mais profunda com as comunidades afro-americanas do que os especialistas em músicas românticas, talvez porque aparentemente elas eram menos atraentes para o público não negro. O historiador Nelson George cita um especialista em paradas de sucesso que aponta que o ápice do crossover entre o R&B e a música pop aconteceu entre 1967 e 1973; depois disso, as gravações que faziam sucesso nas paradas de R&B tendiam a ficar por lá mesmo, raramente repetindo idêntico sucesso nas paradas do pop. (Em outras palavras, logo depois do estudo da Harvard Business School, as portas entre o R&B e o pop começaram a se fechar.) George considerou esse declínio um "desastre", um sintoma de que a indústria musical estava se tornando menos acolhedora aos artistas negros na era da disco music. Por outro lado, a longo prazo talvez o declínio nas rádios de música pop tenha ajudado o R&B a preservar sua identidade como música negra, o que aumentou o valor simbólico dos artistas que eram particularmente populares entre ouvintes negros.

Ao longo dos anos 1970, uma horda de bandas de R&B com uma pegada funkeada — não só Commodores, Earth, Wind & Fire e Kool & the Gang como também Rufus, Ohio Players e muitas outras — gravaram discos extremamente criativos e eletrizantes, cheios de músicas que hoje são consideradas clássicos do R&B. Um dos mais amados entre esses grupos era também um dos menos acessíveis: o Funkadelic, ao lado do seu alter ego, o Parliament, ambos liderados por George Clinton, um ex-compositor da Motown que tinha deixado a gravadora muito para trás. Em sua autobiografia, Clinton resume sua relação com o mainstream do R&B lembrando seus primeiros shows em Detroit, durante os quais, em algumas ocasiões, ele vestiu apenas um lençol ou provocou os figurões da primeira fila roubando seus drinques e virando-os na própria cabeça. "Rolou um boato de que mijei em Berry e em Diana durante uma performance", contou, "mas era apenas o vinho que escorreu pela minha careca e pingou do lençol."

Clinton se destacou tanto pelo seu papel de líder de banda quanto como criador de mitos. No universo do P-Funk, cada álbum e cada turnê eram novos episódios de uma saga em andamento sobre libertação cósmica através da música funk. Os posicionamentos firmes, como "Os Estados Unidos devoram seus jovens" (*America eats its young*, nome de um álbum do Funkadelic de 1972 e também de uma canção tristonha dele) andavam de mãos dadas com piadas de conotação sexual, fantasias de ficção científica e os solos de guitarra contemplativos de Eddie Hazel. Clinton tinha uma aura exuberante e excessiva, e seus fãs tendiam a responder de maneira similar. Um deles é o pensador Cornel West, que celebrou sua música como uma expressão singular da identidade negra. "O Funkadelic e o Parliament desafiam a emulação por parte dos não negros", escreveu ele, argumentando que a obra de Clinton "exacerba e acentua escancaradamente a 'negritude' da música negra, a 'afro-americanidade' da música afro-americana — sua irredutibilidade, sua inimitabilidade, sua singularidade." Entretanto, "negritude" é uma qualidade escorregadia, especialmente quando se trata de música popular, na qual a reputação de uma música é determinada, em parte, pelas pessoas que decidem ouvi-la. Existem diversos elementos musicais que são identificados com a cultura afro-americana, como a escala pentatônica menor, determinados padrões de sincopação, notas dobradas, padrões de chamada e resposta e improvisos. Mas, de modo geral, há uma definição mais conveniente para negritude musical que é, também, mais simples e flexível. Sempre que o público negro ouve de forma desproporcional uma música feita por artistas negros, essa música será classificada, logicamente, como negra — não importa como ela soe.

Quem ouvia o P-Funk? As rádios de R&B eventualmente tocavam os sucessos do Parliament e, com menor frequência, os do Funkadelic. Mas as rádios de rock underground às vezes também o faziam. E, de muitas formas, Clinton permaneceu, e de maneira consciente, à margem do mainstream da música negra da década de 1970, muito tempo depois de seu encontro com Berry Gordy e Diana Ross. Ele acreditava que a hibridização, e não a pureza, era a característica mais fundamental para seu público e sua música. "Nós éramos muito brancos para os pretos e muito pretos para os brancos", recorda Clinton, com orgulho. "Éramos uma fonte de confusão. E era exatamente isso que a gente queria." Mas ele também encontrava maneiras de exaltar a identidade negra, talvez como forma de reconhecer ou fortalecer o vínculo com seus fãs negros. Em 1975, o Parliament lançou "Chocolate City", uma faixa de funk embalada pelo sonho de uma Casa Branca com um gabinete totalmente negro:

Richard Pryor, ministro da Educação
Stevie Wonder, secretário de Cultura
E a srta. Aretha Franklin, a primeira-dama

A Philadelphia International cultivava uma imagem muito menos extravagante que a de Clinton, embora o selo tenha optado por uma abordagem igualmente surpreendente em relação à identidade negra, fazendo gestos, em momentos diversos, tanto à universalidade quanto à particularidade. *Back Stabbers*, o álbum de sucesso do O'Jays, incluía "Love Train", uma celebração do humanismo que chegou ao topo tanto da parada de R&B quanto da de música pop. Na sequência, o grupo gravou *Ship Ahoy*, um álbum batizado com o título de uma faixa imersiva, de quase dez minutos de duração, que narra a escravização dos africanos. De forma similar, Billy Paul, depois de "Me and Mrs. Jones", o sucesso romântico do final de sua carreira, lançou um single chamado "Am I Black Enough for You", em 1972, que foi um hit modesto na parada de R&B e um fracasso na rádio pop: chegou ao número 79 no Top 100. Paul nunca mais teve outro hit capaz de furar sua bolha e, anos mais tarde, criticaria Gamble e outros executivos por terem-no usado para divulgar uma mensagem de orgulho negro, deixando que ele pagasse sozinho o custo profissional desse ato. "Isso me prejudicou", recorda, "e fiquei chateado com aquilo, e por muito tempo." Ao longo dos anos 1970, a determinação de passar uma mensagem foi se intensificando em Gamble: o novo slogan do selo era "A mensagem está na música", e vez ou outra ele escrevia breves tratados sobre fé, amor e família, que acabavam impressos nos encartes dos discos. Dependendo da perspectiva de quem lia, essas mensagens podiam soar como demonstrações revigorantes de idealismo ou como exemplos de uma tirania exercida pelos executivos de gravadora — ou até as duas coisas.

    A exemplo de vários magnatas de sucesso na indústria musical, Gamble era um visionário e tinha opiniões fortes a respeito de sua visão e sobre como ela deveria ser executada. Em 1979, o duo McFadden & Whitehead emplacou o hit "Ain't No Stoppin' Us Now", uma canção exuberante interpretada de maneira geral como uma expressão do orgulho negro e de seus propósitos. No entanto, John Whitehead, um dos intérpretes, reconheceu que ele e seu parceiro, Gene McFadden, estavam pensando mais numa luta pessoal por autodeterminação quando compuseram a letra: eles haviam trabalhado como compositores para o selo e estavam envolvidos numa disputa judicial por causa de royalties. "Se é para significar alguma coisa", disse Whitehead, "essa música é nossa declaração de independência de Gamble." A música suave da Philadelphia International era, de diversas maneiras, ao mesmo tempo conservadora e radical, o que também podia ser dito de Gamble, que se converteu ao islamismo em 1976 e teve uma vida orientada pela crença na importância da independência financeira dos negros. Em 1993, ele fundou a Universal Companies, que atua numa rede de escolas na Filadélfia. E em 2000 discursou na Convenção Nacional do Partido Republicano, apresentando uma de suas mensagens tradicionalmente híbridas de empoderamento negro e valores familiares. "Eu pus a minha fé, *alhamdulillah*, eu pus a minha fé em jogo", disse, referindo-se ao seu trabalho na Philadelphia International. "Nós estávamos tentando reconstruir a família."

Comparado a Gamble, que foi em alguns aspectos seu sucessor, Barry Gordy demonstrava relativamente pouco interesse em passar uma mensagem através da música. Sua maior ambição era ser ambicioso: a Motown foi inspirada pelo seu próprio sonho de alcançar um patamar de sucesso que o levaria *"way over there* [bem lá longe]", nas palavras de Smokey Robinson. Ao longo dos anos 1970, Gaye e Wonder lançaram discos espetaculares sem praticamente nenhuma supervisão. (A sequência de sucessos de Wonder, que durou uma década, se encerrou de maneira abrupta quando, em 1979, na esteira do clássico *Songs in the Key of Life*, ele lançou *Stevie Wonder's Journey Through the Secret Life of Plants*, um álbum duplo que foi um fracasso e vem se mostrando imune tanto à redescoberta quanto à reavaliação.) Enquanto isso, Gordy, após conseguir consolidar o nome de Diana Ross no circuito dos clubes, voltou a formidável potência de sua atenção para um projeto mais difícil: ajudá-la a se firmar como atriz de cinema. Em 1972, Ross estrelou *O ocaso de uma estrela*, produzido por Gordy e baseado na vida de Billie Holiday; em 1975 ela estrelou *Mahogany*, dirigido pelo executivo, sobre uma jovem aspirante a estilista de moda. *O ocaso de uma estrela* é, de maneira geral, considerado decepcionante, embora tenha sido indicado para cinco Oscars e tenha, de fato, alavancado a carreira de Ross no mainstream; o diretor Lee Daniels contou que esse filme o inspirou a fazer cinema. *Mahogany*, com um orçamento mais enxuto, teve uma performance mais modesta no circuito das salas de cinema, mas mesmo assim acabou se convertendo num clássico cult, em parte por causa do seu tema musical, que, cantado por Ross, se tornou um de seus maiores sucessos. O mais impressionante é o fato de ambos os filmes refletirem a preocupação de Gordy em fazer sucesso no mainstream — e com suas consequências. Essa, é claro, foi precisamente a preocupação que o levou a tentar se afastar do R&B, e também de Detroit, para tomar o rumo de Las Vegas e de Hollywood. Esses movimentos foram interpretados algumas vezes como esforços para cortar os laços da empresa com sua identidade afro-americana. (Consta que, depois que Gordy deixou Detroit, alguns radialistas locais organizaram um boicote, recusando-se a tocar qualquer coisa da Motown — com a única e compreensível exceção de Stevie Wonder.) Mas o anseio de entrar para o mainstream ao lado das dúvidas sobre se afastar da própria comunidade é precisamente a mistura que marca a história de Gordy como uma história especificamente afro-americana. Toda narrativa sobre furar sua bolha é uma narrativa sobre como é ser marginal e como é deixar de sê-lo. *O ocaso de uma estrela* e *Mahogany* são veículos para furar uma bolha que falam, em grande parte, *sobre* furar uma bolha; isso talvez ajude a explicar, paradoxalmente, por que os dois filmes encontraram nas plateias negras sua audiência mais fiel.

A Motown teria, ainda, mais um artista capaz de furar sua bolha: o Jackson 5, grupo formado por irmãos que começou a lançar álbuns em 1969. O primeiro deles se chamava *Diana Ross Presents the Jackson 5* — título que deve ter sido pensado para estimular a percepção, bastante difundida, embora pelo visto não verdadeira, de que foi ela quem descobriu o grupo. Independentemente disso, seu endosso foi fundamental, e *Diana Ross Presents* ajudou a transformar os Jackson em astros do pop instantâneos; seus primeiros quatro singles conquistaram o primeiro lugar das paradas de R&B e de música pop. Gordy lembra de quão empolgado estava um de seus marqueteiros para trabalhar com o grupo. "Eles são bonzinhos, limpos, lindos e pretos", disse o marqueteiro. "Mal posso esperar para fazer o kit de divulgação deles." Entre 1969 e 1975 — ano em que o Jackson 5 trocou a Motown pela Epic, uma subsidiária da Columbia Records —, Gordy lançou mais de uma dúzia de álbuns do Jackson 5 e dos integrantes do grupo, entre os quais Michael Jackson; um dos irmãos, Jermaine, se casou com Hazel, uma das filhas do executivo, em 1973. O sucesso dos Jackson no mundo do pop foi a grandiosa realização do sonho de Gordy de furar sua bolha, embora ela tenha sido um tanto quanto agridoce, uma vez que Michael Jackson já não era mais artista da gravadora quando conquistou o mundo com *Thriller*, em 1982. Mesmo assim, Gordy gostava de dizer que os Jackson tinham sido seu triunfo pessoal, e de forma muito compreensível — o caso de maior sucesso na música pop dos anos 1980 tinha sido também a vitória final da Motown dos anos 1960. "Eles foram os últimos grandes astros que saíram da minha linha de produção", declarou.

Essa disco music não é de nada

No dia 26 de outubro de 1974, a *Billboard* noticiou o lançamento de uma nova compilação de R&B funkeado. A coletânea trazia sucessos de James Brown e Barry White ao lado de "Love Doctor", da irreverente estrela do soul Millie Jackson, e "Why Can't We Live Together", que tinha chegado ao número 1 da parada de R&B graças a um obscuro cantor de nome Timmy Thomas, que acompanhava com a voz um instrumento que era uma grande novidade na época: um sequenciador. O álbum, segundo a *Billboard*, foi uma "novidade na indústria musical", não por conta de suas músicas, já que nenhuma era inédita, mas sim pela maneira como elas eram apresentadas, como uma "mixagem contínua", que havia sido "especificamente projetada para as pistas de dança". O disco se chamava *Disco Par-r-r-ty*, e seu título espichado vinha acompanhado de uma coluna de fotos tiradas numa discoteca. Nessa mesma edição, uma nova parada de sucessos fez sua estreia: Disco Action, listando as dez faixas mais populares no efervescente circuito de discotecas de Nova York. Essa parada sobrevive até hoje; atualmente, a *Billboard* publica uma série de paradas diferentes, dedicadas ao que é conhecido, de maneira mais abrangente, como dance music. Em 1974, entretanto, o top 10 de Disco Action era uma maneira de a revista reconhecer o poder das discotecas e das músicas aceleradas de R&B nelas tocadas — que logo começaram a ser chamadas de *disco records*.

A disco music foi, de muitas formas, uma extensão do R&B, e sua sonoridade não era muito diferente da do soul da Filadélfia, com o andamento e o hedonismo lá em cima. Muitos artistas que acabariam se destacando como estrelas da disco music vieram do mundo do R&B, entre os quais Gloria Gaynor, que chegou ao número 1 da parada de disco da *Billboard* com "Never Can Say Goodbye". Gaynor começara sua carreira musical em 1965, com um single no estilo da Motown chamado "She'll Be Sorry", e "Never Can Say Goodbye" havia sido, de fato, um single da Motown no passado: sua versão era um cover de um hit de 1971 do Jackson 5. A versão de Gaynor, entretanto, era totalmente moderna: mais de 50% mais rápida do que a original do Jackson 5, polida e delicada, com metais e cordas e uma batida insistente, que criava uma sensação de movimento constante. Os frequentadores de discotecas adoraram: a *Billboard* noticiou que "Never Can Say Goodbye" foi a música mais tocada em casas noturnas por cinco semanas seguidas. Mas os fãs de R&B, obviamente, não gostaram, e a música não passou do número 34 na parada. Essa é outra maneira de detectar o surgimento de um novo gênero musical: prestando atenção em quem está ouvindo. Em 1974, a indústria musical percebeu que artistas de R&B eram capazes de emplacar grandes hits sem precisar de muita ajuda do público de R&B. Surgia um novo mercado — e, com ele, quem sabe também um novo gênero.

A ascensão da disco music prometia recompensas que nenhum artista de R&B seria capaz de esnobar, além de também reorganizar as antigas prioridades do gênero, o que em determinados momentos acabou alienando alguns de seus veteranos. Millie Jackson, que apareceu no pioneiro mix *Disco Par-r-r-ty*, está entre os muitos artistas excelentes de R&B que nunca conseguiram encontrar seu lugar no universo da disco music. Em 1979, ela lançou o disco *A Moment's Pleasure*, que trazia diversas faixas dançantes. (Uma delas, "We Got to Hit It Off", acabou reaproveitada em 2010, servindo como base para "Use Me Again", do produtor holandês Tom Trago, que acabou virando uma queridinha no circuito internacional.) O álbum também trazia um picante monólogo, no qual Jackson interpreta uma mulher de coração partido em busca de distração. "Eu vou ficar bem, me arrumar e sair pra dançar numa *discoteca*", diz, em cima de uma batida bombástica. Ela vai até a discoteca, livra-se de algumas "vagabundas esganiçadas" que perguntam sobre sua vida romântica, aprende alguns novos passos de dança e se vê positivamente surpresa. "Essa disco music não é de nada — *conta outra*", diz, empolgada. Mas, no final daquele ano, seu espírito não era exatamente de conciliação. Numa entrevista para o *New York Times*, em dezembro de 1979, Jackson adotou uma linha mais dura. "Eu odeio a disco music", afirmou. "Bum, bum, a gente dança, você dança. Disco music, a maior parte dela, não *diz* coisa nenhuma. Prefiro escutar um bom country."

Enquanto a Philadelphia International tinha sido liderada quase que só por cantores homens, o som da disco music era preponderantemente feminino. "Os cantores negros", diz Nelson George, "foram basicamente ignorados." (Em sua opinião, isso teve alguma ligação com o fato de que a maioria dos DJs das casas noturnas, que atuavam como formadores de opinião, era de "gays do sexo masculino".) Estações de rádio que tocavam disco music às vezes abraçavam um formato chamado "*urban contemporary*", liderado por Frankie Crocker, um influente radialista da WBLS, de Nova York. Na WBLS e em vários outros lugares, os ouvintes esperavam escutar uma música que fosse dançante, mas também leve, com mais ênfase no ritmo do que no blues. Segundo George, os executivos de várias estações de rádio "urbanas" achavam que "muitos artistas negros eram 'negros demais' para seu formato", e diziam isso às gravadoras. Ele cita dois exemplos: a banda de funk Cameo, que tocava de forma praticamente exclusiva nas rádios de R&B, e Millie Jackson, cujo ceticismo em relação ao movimento da disco music talvez tenha algo a ver com o doloroso fato de que, apesar de todas as músicas dançantes que ela gravou, o universo da disco music manifestou o mesmíssimo ceticismo em relação a *ela*.

Para os artistas de R&B que foram engenhosos o suficiente para encontrar um espaço para o bate-estaca em suas músicas, a era da disco foi uma nova era de ouro. Thelma Houston vinha gravando fazia uma década quando lançou, em 1976, "Don't Leave Me This Way", um cover de uma canção do Harold Melvin & the Blue Notes. Ela transformou um sucesso de R&B num clássico da disco music, com uma batida ensolarada e uma performance vocal surpreendentemente delicada: seus versos tranquilos e sussurrados são bem mais memoráveis do que o vigoroso refrão. E foi a disco que forneceu inspiração para o maior triunfo da carreira solo de Diana Ross: *diana*, seu álbum de 1980 que foi um sucesso estrondoso, composto e produzido por Bernard Edwards e Nile Rodgers, da visionária banda de disco Chic. O álbum emplacou dois grandes sucessos, "Upside Down" e "I'm Coming Out". Ross jamais cantou com a mesma força ou determinação de muitos de seus contemporâneos do R&B; o crítico cultural Gerald Early descreveu sua voz como "sem profundidade" e "sintética". Mas Rodgers percebeu que essas qualidades eram precisamente o que transformava Diana Ross numa cantora pop tão bem-sucedida. Ela interpretava suas músicas com elegância e controle, como se estivesse a um metro de distância dos ouvintes; ao longo de *diana*, ela soa como se fosse a única pessoa na discoteca que não está suando. Em "Upside Down", Rodgers disse que ele e Edwards utilizaram "palavras excessivamente polissilábicas, como 'instintivamente' e 'respeitosamente'" para acrescentar sincopação, ressaltando a sofisticação de Ross. E "I'm Coming Out" era uma homenagem cultural muito inteligente, inspirada em algumas das drag queens que imitavam — e idolatravam — a cantora. Segundo Rodgers, ele quis dar a ela uma chance de "falar com seus fãs gays usando uma linguagem levemente codificada":

Estou saindo daqui
Quero que o mundo todo saiba
Vou deixar aparecer

Se a ascensão da disco music representou um desafio para o gênero do R&B, seu inevitável e espetacular declínio fez a mesma coisa. No final dos anos 1970, as gravações de disco music começaram a desaparecer do Top 40, e havia uma percepção cada vez mais comum de que aquela música era infantil e chata — de que a disco music era uma merda. George lembra que, embora a explosão da disco não tenha beneficiado todos os artistas negros, sua derrocada foi muito menos seletiva. "Durante um tempo, toda música dançante feita por negros era considerada 'disco'", escreveu ele. "Aquilo era uma estupidez. Era racismo. E provou, mais uma vez, que a semântica pode exercer uma força poderosa na percepção do que é música popular." Mas a decadência da disco também ajudou o R&B a reconquistar sua independência: ele era, novamente, um gênero à parte — "uma música *exclusiva*", como havia dito Amiri Baraka. Seus expoentes podiam dizer ao mundo, e de forma justificável, que não eram meros astros da disco music, e sim cantores de R&B. O único problema era que, no mundo pós-disco, eles precisavam descobrir o que significava "R&B".

A conveniência do crossover

Quando Smokey Robinson lançou seu terceiro álbum solo, a onda da disco music ainda estava se formando. Era 1975; poucos anos antes ele havia deixado seu grupo, os Miracles, e agora estava começando a se acostumar com uma nova, embora familiar, carreira de criador de canções românticas urbanas e adultas. O álbum se chamava *A Quiet Storm*, e na capa trazia Robinson na frente de algumas árvores, com um dos joelhos no chão, absorto em seus pensamentos, enquanto um cavalo pastava de forma simbólica às suas costas. A primeira faixa, "Quiet Storm", se parecia muito com os hits concisos da Motown pelos quais Robinson havia ficado famoso: era uma balada com influências do jazz de quase oito minutos de duração e, embora a versão do rádio tivesse apenas a metade do tempo, ela nunca passou do número 61 na parada de sucessos do pop. Houve, entretanto, pelo menos uma estação de rádio que se apaixonou por essa canção: a WHUR, que era administrada pela Universidade Howard, a notória instituição de ensino superior destinada a negros com sede em Washington, DC. O título da música acabou dando nome a um programa criado em 1976 e apresentado por um estudante do segundo ano de Howard chamado Melvin Lindsey. E, no fim das contas, o programa de Lindsey acabou dando nome a um novo formato radiofônico: as estações dedicadas ao "quiet storm" tocavam uma mistura de baladas de R&B e o que se chamava de crossover jazz, o ramo mais pop do estilo que, alguns anos mais tarde, viria a ser conhecido como smooth jazz. "Isto é música negra maravilhosa", declarou Lindsey certa feita. "É nossa resposta às estações de *easy listening*."

Talvez pareça estranho o fato de um dos disc jockeys mais influentes da década de 1970 ter se inspirado no *easy listening*, um formato anacrônico, que estava se aproximando do final de sua história. (A *Billboard* publicou uma parada de Easy Listening até 1979, quando ela foi rebatizada de Hot Adult Contemporary.) Mas, de alguma maneira, Lindsey estava dando continuidade ao trabalho de Berry Gordy, que queria muito ver os artistas de R&B obtendo o mesmo respeito e a mesma remuneração de aristocratas do pop como Frank Sinatra, que era uma presença garantida nas playlists de *easy listening*. Lindsey, por sua vez, era famoso por uma postura respeitável; ao contrário dos falastrões que haviam definido a tradição dos radialistas de R&B com uma fala repleta de gírias, Lindsey se expressava de forma serena e solícita, como o maître de um restaurante caro; em 1979, ele declarou numa entrevista que não ia muito a casas noturnas e preferia socializar em "grupos pequenos de pessoas". O formato quiet storm interessava às estações de rádio porque interessava aos seus anunciantes, atraindo uma audiência de meia-idade, de classe média e racialmente variada, ainda que majoritariamente negra. Em 1987, o *New York Times* publicou uma matéria que dizia que as estações dedicadas ao formato atingiam ouvintes "com renda de pelo menos 30 mil dólares", e incluiu a declaração de um executivo que era um grande entusiasta: "Quando descobrimos uma estação que usa o formato 'quiet storm', embarcamos nela imediatamente".

Pesquisas demográficas ajudaram a alimentar a percepção de que o quiet storm era a trilha sonora favorita de uma classe média negra emergente. E a própria música mostrava isso. O crítico e historiador cultural Mark Anthony Neal argumenta que as estações de rádio de quiet storm agradavam aos ouvintes negros de classe média porque "reafirmava seu status de classe média, distanciando-os da barulheira musical de uma classe urbana inferior". E ele observa que, "na maioria dos casos", a música era "desprovida de qualquer comentário político significativo", preferindo conservar "uma estética rígida e uma distância narrativa dos assuntos ligados à vida negra urbana". Na prática, essas divisões não eram assim tão rígidas; Lindsey, particularmente, tinha um gosto bastante amplo, tocando o meloso, embora malandro, astro de R&B Willie Hutch com a cantora de jazz Nancy Wilson. Por outro lado, as estações de quiet storm pareciam realmente oferecer aos seus ouvintes uma espécie de fuga: um mundo de canções de amor reconfortantes e ascensão social, como simbolizado por um homem negro de Detroit ajoelhado na clareira de uma floresta, ao lado de um cavalo.

Uma das definições do R&B no começo dos anos 1980 era a seguinte: "Música negra maravilhosa" — uma alternativa ao bate-estaca que dominava as paradas do pop. O termo "soul music", tão profundamente ligado aos sons e esperanças do final dos anos 1960 e início dos 1970, começava a soar datado; esse sem dúvida foi um dos motivos que levaram a *Billboard* a interromper, em 1982, a publicação da parada de Soul Singles e pôr em seu lugar uma parada de Black Singles. A mudança foi uma maneira de reconhecer que os hábitos de escuta do país ainda estavam enormemente segregados por raça, embora alguns tenham se preocupado que a mudança de nome perpetuaria essa mesmíssima segregação, ao sugerir que a música negra deveria ser mantida separada dos outros gêneros. Mas a mudança também era uma maneira de reconhecer uma diversidade estilística, mandando um sinal para as estações de rádio e lojas de discos negras de que podiam abraçar uma grande variedade de estilos — como, de fato, era o caso de muitas delas. (Afinal de contas, existiam muitos tipos de música negra.) O sucesso do quiet storm ajudou a consolidar o R&B como gênero adulto, mais velho e mais refinado que o pop do mainstream. Ao mesmo tempo, uma corrente renegada do R&B evoluía na direção oposta, mirando no funk e nas pistas de dança, e almejando superar a disco music com grooves mais pesados e sujos. Um desses novos heróis do funk era um ex-compositor da Motown chamado Rick James, que entendia, assim como George Clinton, a força propulsiva de uma linha de baixo grudenta. "Super Freak", o hit mais característico de James, hoje em dia é reverenciado como clássico nas pistas de dança, além de ser a origem de uma das linhas de baixo mais conhecidas da história da música popular, que MC Hammer pegou emprestada para seu megassucesso "U Cant' Touch This", de 1990. Mas quando surgiu, em 1981, "Super Freak" foi só mais uma canção lançada por Rick James que não furou a bolha do mainstream: foi número 3 na parada de R&B e 16 na de pop.

Na época, James era um dos artistas mais populares do país; sua turnê por grandes estádios em 1981 foi, de acordo com a *Billboard*, a mais lucrativa de um artista negro até os dias de hoje. E, mesmo assim, a MTV, que havia sido inaugurada naquele ano, se recusou a incluir Rick James na programação, assim como se recusara a acrescentar diversos outros artistas negros. Em 1983, James disse ao *Los Angeles Times* que a emissora era "racista", por ignorar algumas das músicas mais populares do país. Um executivo da emissora chamado Buzz Brindle, entretanto, respondeu que a decisão não tinha sido baseada em raça, mas sim em gênero. "O público de rock, que é o que buscamos, não está interessado em ouvir R&B ou disco music, que é como eles definem a música negra", disse. Décadas mais tarde, na história oral da MTV, a executiva negra Carolyn Baker argumentaria que o videoclipe de "Super Freak", em especial, era simplesmente impróprio para exibição. "Não foi a MTV quem recusou 'Super Freak'", disse ela. "*Fui eu*. Sabe por quê? Porque havia mulheres seminuas nele e era uma merda. Como mulher negra, eu não queria que meu povo fosse representado dessa forma no primeiro videoclipe negro a aparecer na MTV."

Na década de 1980, falar sobre o R&B era, de modo geral, falar sobre a complicada questão do crossover. É verdade que a MTV, em seus primeiros anos, exibia poucos vídeos de artistas negros, em parte por causa de sua dedicação ostensiva ao rock 'n' roll. Mas também é verdade que em 1983 a emissora transmitia "Billie Jean", de Michael Jackson, em alta rotação; foi o primeiro de uma série de vídeos que fariam de Jackson o artista mais proeminente da MTV. Quando, em 1988, Nelson George deu a seu livro o título *The Death of Rhythm & Blues*, sua maior preocupação não era com a exclusão. Do seu ponto de vista, a maior ameaça ao gênero não era sua incapacidade de se tornar mainstream, mas sim sua disposição em se comprometer — para ser assimilado pelo mainstream branco — na busca pelo sucesso. Perto do fim do livro, George faz um alerta sombrio. "A obsessão assimilacionista dos negros norte-americanos está nos levando diretamente ao suicídio cultural", escreveu. E aconselhou os músicos e executivos negros a "se libertarem das conveniências do crossover, resgatarem sua identidade racial e lutarem pelo direito de existir de acordo com seus próprios termos".

Não há como separar a história do R&B nos anos 1980 da história de *Thriller*, lançado por Michael Jackson em 1982, que, de acordo com alguns critérios, é o disco mais popular de todos os tempos, permanecendo 37 semanas no topo da parada de álbuns da *Billboard*. (Segundo a Recording Industry Association of America, só uma coletânea de maiores sucessos do Eagles vendeu mais e foi mais ouvida em serviços de streaming — uma coletânea, porém, não é exatamente um álbum, tecnicamente falando.) O videoclipe de "Billie Jean" ajudou a acabar com a ideia de que a MTV era uma emissora essencialmente focada em rock, e outros dois clipes do álbum, "Beat It" e "Thriller", ajudaram a mostrar o quanto esse formato audiovisual poderia ser arrojado e potente. No fim, sete das nove faixas de *Thriller* foram lançadas como singles, e todas chegaram ao Top 10. Por ter sido tão popular e tão presente, *Thriller* acabou mudando a percepção sobre como a música popular deveria soar. Foi o primeiro álbum de um artista negro a chegar ao topo da parada de álbuns da *Billboard* em mais de três anos. Depois de 1982, todo mundo sabia que o som do pop do mainstream era o som de Michael Jackson, um veterano da Motown que se tornou a personificação dos sonhos da gravadora de furar sua bolha, apesar de não fazer mais parte dela. Em outras palavras, depois de 1982 o som do pop do mainstream se tornou, mais ou menos, o som do R&B.

"Mais ou menos", porque *Thriller* era difícil de classificar. Em 1979, Jackson tinha lançado *Off the Wall*, um álbum de disco music extraordinariamente refinado e contagiante. Em *Thriller*, Jackson e seu produtor, Quincy Jones, modernizaram o formato da disco com batidas produzidas em máquinas e rompantes de sonoridades eletrônicas. Mas o álbum também trazia um dueto com Paul McCartney (na verdade, um dos três duetos Jackson-McCartney da época) e um solo vibrante de guitarra em "Beat It", a cargo de Eddie van Halen, da banda de hard rock Van Halen, bem como um punhado de slow jams que os DJs de quiet storm podiam tocar. *Thriller* era uma tremenda maçaroca de estilos, além de ser também uma tentativa descarada de produzir um sucesso estrondoso. "Desde garotinho", diria Jackson mais tarde, "eu sonhava em criar o disco mais vendido de toda a história." George, porém, tinha lá suas dúvidas acerca das ambições de Jackson, que ele via estampadas no corpo do astro — um corpo que ele percebia como aflitivamente inautêntico. "A plástica no nariz, a maquiagem com frequência mal concebida e o cabelo artificialmente encaracolado de Michael são, aos olhos de muitos negros, uma negação de sua cor que constitui um ato de traição racial", escreveu George. "Acrescente a isso uma androginia inquietante e você tem uma figura terrivelmente não negra e não masculina ocupando o papel de homem negro mais popular dos Estados Unidos."

Olhando em retrospecto, a manifestação de George pode parecer um tanto chocante, e não apenas pela sua certeza de que havia algo de necessariamente errado com a "androginia" de Jackson. Quando morreu, em 2009, Jackson era visto como uma gigantesca personalidade da música, embora não fosse de modo algum representativo; seu corpo, por mais alterado que tivesse sido, não o identificava como um homem negro que se vendera em troca de uma popularidade entre os brancos, mas sim como uma anomalia, incrivelmente bem-sucedida e incrivelmente estranha. Revelações recentes sobre seu envolvimento sexual com crianças serviram apenas para acentuar a percepção de Jackson como uma pessoa grotesca. Mas George, escrevendo nos anos 1980, via o sucesso do cantor como exemplo de uma tendência mais abrangente: a música negra estava se tornando cada vez menos característica. Ele afirmou que Frankie Crocker, o DJ da WBLS que havia sido pioneiro no formato *"urban contemporary"*, estava "ascendendo socialmente em direção ao fracasso" e citou o próprio Crocker, dizendo que ele estava interessado em "artistas cuja música simplesmente transcende a cor de sua pele". Acusou George Benson, guitarrista e cantor de jazz que se tornaria um improvável astro pop no final dos anos 1970, de ter se submetido a "alterações faciais". E criticou Janet Jackson, Whoopi Goldberg e Oprah Winfrey por terem usado "lentes de contato azuis ou verdes" em sua busca por sucesso comercial.

Um dos alvos de George era um artista que, agora, nos parece incontestável: Prince, que a partir de 1978 foi desenvolvendo seu próprio formato fantástico de R&B e até hoje soa estranhamente moderno, tanto pela sua música de amplo espectro quanto pela sua provocativa apresentação pessoal. Prince também foi queridinho do R&B muito antes de se converter em astro pop — na verdade, ele só foi emplacar um hit no Top 10 com "Little Red Corvette", que consta em seu quinto álbum, *1999*, e que subiu nas paradas em 1983, o ano seguinte a *Thriller*. No fim das contas, a MTV percebeu que Prince era irresistível, e em pouco tempo ele se tornou, assim como Jackson, um exemplo de como um cantor de R&B poderia ascender em direção ao estrelato do pop. Na visão de George, porém, Prince só atingiu o sucesso e furou sua bolha quando "fugiu de sua própria negritude". O crítico observou que em *Purple Rain*, filme semiautobiográfico do artista, a mãe deste era interpretada por uma atriz branca, Olga Karlatos, apesar de na vida real sua mãe ser uma cantora de jazz negra, Mattie Della Shaw. E censurou Prince por escalar "mulheres brancas e mulatas" para aparecer em seus videoclipes, promovendo implicitamente a ideia de que "mulheres negras de pele escura não são tão atraentes quanto elas". Rick James, que chegou a fazer uma turnê com Prince tocando na abertura, apresentou uma versão muito menos hostil dessa mesma crítica numa entrevista em 1994. "Prince é um daqueles homens negros que não está muito a fim de ser negro e que também não quer ser homem", disse James.

Essas críticas estão embasadas no fato de que, nos anos 1980, o gênero do R&B estava ligado a uma espécie de conservadorismo cultural. Ele tinha sobrevivido à revolução do rock 'n' roll, à insurgência do soul e à explosão da disco music e, em algum ponto nessa jornada, havia se tornado convencional. A tão sonhada era de integração musical nunca chegou, e a música negra seguia viva, em grande parte, no seu próprio — e menos rentável — mundo. Isso significava que o R&B era tratado com frequência como um gênero de segunda linha, nem popular nem descolado o suficiente para exigir respeito. Mas isso também significava que o gênero havia conservado sua identidade e independência: todo mundo sabia que o R&B continuava vivo, com seus próprios astros e suas próprias regras. Seus cantores eram vistos como representantes da comunidade negra, refletindo tanto seu orgulho quanto seus preconceitos. Diversos artistas construíram carreiras sólidas nesse universo. Uma graciosa banda de R&B chamada Frankie Beverly and Maze foi muito tocada nas estações de rádio do estilo e se tornou uma das atrações mais requisitadas no circuito de turnês entre o público negro norte-americano, ao mesmo tempo que permanecia praticamente desconhecida entre os brancos. Anita Baker se consagrou como uma das vozes características do quiet storm nos anos 1980, gravando baladas românticas que faziam acenos discretos ao jazz e ao blues. E temos ainda Luther Vandross, um mestre contemporâneo da soul music mais sofrida, que está entre os maiores cantores que o R&B já produziu. Começando em 1981, com "Never Too Much", Vandross lançou uma sequência de álbuns tão bem-feitos e tão consistentes que eles lhe valeram um lugar aparentemente vitalício no cânone da música negra. (Numa votação proposta pela *Ebony* em 2002, os leitores o elegeram como o cantor mais favorito de todos os tempos.) Ao longo de sua carreira, Vandross foi assombrado pelo fato de jamais ter chegado ao número 1 do Top 100 — ele admitiu certa vez que estava "sedento" por emplacar uma música no topo da parada de música pop.

Todavia, na esteira de *Thriller*, um número surpreendente de cantores de R&B descobriu que também poderia furar sua bolha e fazer sucesso no mundo do pop. Lionel Richie largou sua banda de funk, os Commodores, para se tornar um engenhoso criador de hits como "Hello" e "All Night Long (All Night)". Tina Turner, outrora uma das metades da dupla pioneira de R&B Ike & Tina Turner, se destacou como *hitmaker* em sua carreira solo, bebendo tanto do rock quanto do pop; o mesmo fez Chaka Khan, ex-vocalista da banda de R&B funkeado Rufus. Houve uma febre de duetos inter-raciais: além de Jackson e McCartney, tivemos Diana Ross e o cantor espanhol Julio Iglesias ("All of You"); o cantor de R&B James Ingram com a baladista pop Linda Ronstadt ("Somewhere Out There"); Dionne

Warwick com Elton John e uma dupla composta de lendas da Motown, Stevie Wonder e Gladys Knight ("That's What Friends Are for"). Em 1987, Aretha Franklin se juntou ao pop star britânico George Michael, para gravar "I Knew You Were Waiting (for Me)", uma canção electro-pop com atmosfera gospel. Se foi uma tentativa de tocar nas rádios de pop, ela funcionou: Franklin conquistou seu primeiro número 1 na parada de sucessos do pop desde "Respect", duas décadas antes. Nos anos 1980, ainda era possível que um imortal do R&B conquistasse as paradas do pop — desde que estivesse disposto a fazer o que era necessário. Até Stevie Wonder, um dos artistas mais admirados de sua época, se reinventou na década de 1980. Em 1982, ele chegou ao topo da parada de pop com "Ebony and Ivory", um dueto com Paul McCartney. Dois anos depois, lançou "I Just Called to Say I Love You", uma canção romântica nada funkeada que se tornaria o single mais vendido de sua carreira, além de ter sido um dos últimos sucessos que ele emplacaria pela Motown original. Em 1988, Gordy vendeu a Motown para a MCA, uma das maiores gravadoras no mercado, o que manteve viva a marca, mas não seu modelo de negócios. A velha e independente Motown havia prosperado numa época em que o R&B era um mundo à parte. A nova Motown participava da indústria musical do mainstream — incorporada, embora não exatamente integrada —, tanto para o bem quanto para o mal.

A outra música negra

Em 1984, Teddy Pendergrass, o grande criador de baladas de R&B, lançou um single chamado "Hold Me". Era o começo de uma nova era para Pendergrass: o primeiro single do primeiro álbum que ele gravava desde o acidente de carro que, em 1982, o deixara paralítico da cintura para baixo. Conhecido pela voz frequentemente descrita como "possante", Pendergrass soava mais suave do que antes — depois do acidente ele nunca mais seria o mesmo. Mas contava com uma boa ajuda nessa faixa: uma parceira de dueto com voz esplêndida e precisa que cantava o segundo verso, acrescentando algumas gloriosas notas agudas perto do final. Ela tinha apenas vinte anos e era uma desconhecida naquele momento, mas seu nome era Whitney Houston e, dentro de um ano, seria uma das cantoras mais populares do país. Seu primeiro single solo foi "You Give Good Love", de 1985, que chegou ao topo da parada de R&B, e também — para a surpresa de sua própria gravadora — alcançou o número 3 da parada de pop. Clive Davis, o executivo que ajudou a conduzir a carreira de Houston, disse ao *Los Angeles Times*: "Não imaginamos que ela fosse furar a bolha de maneira tão intensa como fez". Houston era filha de uma cantora gospel, Cissy Houston; Dionne Warwick era sua prima e Aretha Franklin, uma amiga da família. Mas, com sua voz imensa e límpida e a tendência, incentivada pela mãe, de pronunciar as palavras com clareza, Houston foi considerada como pop star, e não uma estrela do R&B. A *Time* a chamou de "rainha do baile de formatura do soul", um elogio complexo, que reconhecia sua popularidade ao mesmo tempo que a fazia parecer uma adolescente suburbana.

Como Houston possuía uma enorme aptidão técnica, era muito fotogênica (ela já havia trabalhado como modelo) e não compunha suas próprias músicas, às vezes era vista como um mero produto comercial, e não como uma artista séria. Esse tipo de condescendência crítica costuma recair sobre qualquer músico que frequente as paradas do pop com regularidade, mas Houston teve de lidar com um grau a mais de patrulhamento, porque a maneira como ela abraçava a música popular era às vezes interpretada como abandono do R&B, ou mesmo abandono de sua identidade negra. A revista de rock alternativo *Spin* escreveu que seu segundo álbum, *Whitney*, era "o equivalente sonoro da plástica que Michael Jackson fez no nariz". ("Dizer que ele é formulaico, que é um crossover ou que é simplesmente branco demais seria eufemismo", prosseguia a resenha.) Cissy Houston se recorda de um ponto baixo na carreira da cantora durante a entrega do Soul Train Awards de 1989, no qual Whitney havia sido indicada para Melhor Single de R&B Feminino. "Algumas pessoas começaram a vaiar", escreveu Cissy num livro sobre a filha. "E, no mezanino, alguém começou a gritar 'Branquela! Branquela!'"

Essa era uma crítica muito cruel e injusta, mas parecia ecoar na própria Houston. Em seu terceiro álbum, *I'm Your Baby Tonight*, de 1990, ela trabalhou com Luther Vandross e Stevie Wonder, além de outros colaboradores com credenciais impecáveis no mundo do R&B. Clive Davis, seu mentor, explicou em seu livro de memórias que essas escolhas tinham sido estratégicas. "Uma cantora com o pedigree de Whitney ser identificada como branca era uma infelicidade e um equívoco, então nos comprometemos a corrigir essa percepção", escreveu. "Gozávamos de um patamar de sucesso sem precedentes no mundo do pop, e agora queríamos aumentar a credibilidade dela no mundo do R&B." Ele chegou a falar sobre a importância de "levar Whitney para o grande público afro-americano", um pensamento que ecoava uma tendência emergente naquela época: no começo dos anos 1990, a relação entre o R&B e o pop do mainstream estava novamente em transformação. Agora, uma cantora identificada com o pop como Houston poderia almejar um tipo diferente de sucesso além de sua bolha, não deixando o R&B de lado, mas sim abraçando-o.

Para Houston, o desejo de conquistar o que Davis chamou de "credibilidade no mundo do R&B" não era alimentado apenas pela ambição artística ou profissional. De acordo com sua mãe, ela sempre foi muito consciente de suas origens, que eram de classe média, e da visão de que isso a tornava menos autêntica como negra. No ensino médio, lembra Cissy, Houston "começou a se gabar" — falsamente — "de ser da periferia, ou 'da quebrada'". E Cissy chega a especular que essa insegurança talvez ajude a explicar por que a filha acabou se envolvendo com um cantor de um tipo muito diferente do dela. "Talvez ela tenha se cansado daquela imagem que tinha de boa moça de classe média que frequenta a igreja", escreveu. "Poucos anos antes ela havia dito para todo mundo que era 'da quebrada' — bom, essa era uma pessoa que realmente era da quebrada. E essa pessoa a escolhera."

Essa pessoa era Bobby Brown, que foi casado com Houston por quinze anos e que ela gostava de chamar de "o rei do R&B". Esse título não era reconhecido universalmente, mas ressaltava a ideia de que ele tinha uma conexão mais genuína com o gênero do que ela, apesar de ela ter muito mais sucesso. Brown realmente havia crescido na periferia e, embora tivesse alcançado a fama como membro da boy band New Edition, também foi um dos primeiros exemplos de um novo arquétipo do R&B. Brown se portava com muita arrogância e truculência. Um dos primeiros sucessos de sua carreira solo foi "My Prerogative", de 1988, que não começava falando de amor, e sim fazendo uma provocação: "Todo mundo fala um monte de coisas sobre mim/ Por que não me deixam viver em paz?". A partir dos anos 1980, o R&B ganharia uma nova definição: a identidade do gênero estava cada vez mais fixada como uma oposição ao hip-hop. Artistas como Vandross e Baker ficavam satisfeitos produzindo um tipo de "música negra maravilhosa" na qual rappers não tinham muito interesse, encontrando formas de levar seus ouvintes para longe das frustrações e das mazelas da vida cotidiana. Brown foi um dos primeiros grandes astros do R&B a optar por uma estratégia diferente: em vez de oferecer aos seus fãs uma alternativa ao hip-hop, oferecia sua própria versão do estilo. Ele se apresentava, essencialmente, como um rapper no corpo de um cantor de R&B, valendo-se da postura e dos ritmos do hip-hop para insinuar que não era um mero criador de canções românticas. Naquele mesmo ano, Gene Griffin, que produziu "My Prerogative", e Teddy Riley, que tocou teclados nesse disco, se juntaram para produzir o disco de estreia autointitulado de um trio de R&B chamado Guy, que também contava com Riley como integrante. O álbum, com o single de Brown, ajudou a popularizar um estilo híbrido conhecido como new jack swing, que sugeria que batidas atléticas inspiradas no funk e no hip-hop podiam conviver em harmonia com os vocais lamuriosos do R&B.

A era do new jack swing durou pouco tempo, do final dos anos 1980 ao comecinho dos 1990. Mas deixou alguns hits memoráveis, nenhum deles tão eterno quanto "Poison", do Bell Biv DeVoe, formado por três dos antigos colegas de Brown no New Edition. Riley deixou o Guy e formou seu próprio grupo, o Blackstreet, enquanto ia se estabelecendo como um dos mais influentes produtores de música pop. O new jack swing foi um movimento tão criativo quanto inevitável: à medida que o hip-hop se expandia, o R&B precisou correr atrás. As batidas constantes, imponentes e pulsantes da disco music evocavam a euforia das pistas de dança, mas agora o R&B estava se reconstruindo ao redor de uma percussão mais pesada, quase sempre eletrônica, e ritmos sincopados, dois elementos que sugeriam uma mentalidade mais rebelde. Uma das pioneiras do estilo foi a amada irmã mais jovem de Michael Jackson, Janet, uma estrela do pop tímida e discreta que reinventou sua carreira com um par de álbuns audaciosos, guiados pelas batidas: *Control*, em 1986, e *Rhythm Nation 1814*, de 1989.

Houston acabou se firmando no mundo do R&B — sua voz era inquestionável, muito embora ela jamais tenha conseguido desenvolver uma identidade musical que se encaixasse na sonoridade do gênero, em transformação naquele momento. Seus melhores singles seguiam poderosos e expressivos, mas, nos anos 2000, seus álbuns começaram a ficar cada vez mais irregulares, assim como sua vida. (Em 2012, ela se afogou dentro de uma banheira, e a autópsia descobriu que sua morte estava ligada parcialmente ao uso de cocaína.) A herdeira musical de Houston era Mariah Carey, outra baladista com voz gloriosa que começara sua carreira de forma similar, num espaço entre o R&B e o pop; ela cita George Michael como uma de suas primeiras inspirações. Os críticos a acusavam de "não ter alma" e de produzir uma "soul music com sabor de adoçante", mas Carey era muito mais talentosa do que seus detratores imaginavam. Após alguns anos de sucesso no mundo pop, ela deu uma guinada em direção ao hip-hop, colaborando com o rapper Ol' Dirty Bastard e o produtor Sean "Puffy" Combs, que construiu toda a sua carreira encontrando conexões entre o hip-hop e o R&B. Carey foi abraçada pelas rádios de hip-hop, que estavam se tornando uma enorme potência musical, e ajudou a ensinar uma geração de cantores de pop e R&B a ver os rappers como seus aliados naturais e colaboradores em potencial. Ela também desenvolveu um estilo de cantar evasivo e sincopado que a ajudou a se afastar das grandes baladas rumo a composições mais simples, voltadas para as pistas de dança. Ao longo da década de 1990, o hip-hop se tornou a vertente de música negra mais popular e influente nos Estados Unidos, tomando a posição de destaque que pertencia ao R&B praticamente desde sua concepção. Agora, o R&B era a *outra* música negra, e seus artistas precisavam se adaptar. A parada de R&B da *Billboard* se tornou, oficialmente, a parada de R&B/Hip-Hop em 1999, em reconhecimento à crescente simbiose entre os dois gêneros. (A revista também tinha uma parada separada de "Hot Rap Singles".) E as ligações estreitas entre rappers e cantores fizeram com que o Grammy, a premiação mais importante da indústria musical norte-americana, incluísse em 2001 uma nova categoria: "Melhor Colaboração de Rap/Tema Cantado".

O desafio imposto pelo hip-hop não era apenas musical. Os cantores de R&B, em especial, tiveram de lutar contra a percepção de que rappers eram durões, o que os fazia parecer muito moles em comparação com eles. Uma solução partiu de Combs, que conduzia uma espécie de escola informal de maus modos, com uma abordagem exatamente oposta à da Motown: sob sua tutela, os cantores de R&B aprendiam a ser um pouco *menos* certinhos. O Jodeci, um grupo de R&B do começo dos anos 1990 que tinha suas raízes na música gospel, desenvolveu, sob a influência dele, uma imagem mais baderneira, inspirada no hip-hop; isso os ajudou a se destacar de artistas R&B mais polidos que vestiam ternos bem cortados, como os membros do Boyz II Men, que começava a soar um tanto antiquado. Os integrantes do Jodeci usavam jeans folgados e botas de pedreiro, e uma vez compareceram a uma premiação com um deles usando máscara de esqui e outro carregando um facão. Eles se especializaram em produzir canções intensamente românticas que faziam muito sucesso nas rádios de R&B e geralmente não furavam a bolha do pop, o que o produtor considerava um sinal de sua autenticidade musical e racial. "O Boyz II Men tem um apelo de massa, mas o Jodeci é totalmente negro", declarou ele à *Vibe*, revista lançada em 1993 que se tornou a principal publicação sobre R&B. "É galinha frita na veia." Combs prestou serviços similares a Usher, que foi enviado de Atlanta para Nova York pelo executivo L. A. Reid, para viver sob sua orientação. O objetivo era fazer o cantor absorver um pouco da atitude do hip-hop nova-iorquino, embora tivesse apenas quinze anos. O projeto, evidentemente, foi um sucesso, uma vez que Usher se converteu num dos maiores nomes do R&B. "Puffy fez exatamente o que eu queria que ele fizesse", disse Reid. "Ele inventou para aquele moleque um R&B malcriado e arrogante, com uma forte influência do hip-hop na sua sonoridade." Combs também trabalhou com Mary J. Blige, cuja música densa e melancólica era às vezes classificada como "hip-hop soul". O primeiro álbum da cantora, *What's the 411?*, não começa com um teclado suave, mas sim com uma mensagem abrupta deixada numa secretária eletrônica: "Yo, Mary, é o Puff. Atende o telefone, negona!". Essa era uma maneira de alertar os ouvintes de que eles não deviam esperar por uma hora de slow jams aveludadas — e ressaltar que, mesmo num mundo que começava a ser transformado pelo hip-hop, o R&B não tinha motivo algum para se envergonhar disso.

Vergonha e sem-vergonhice

Quando falava sobre levar as Supremes do circuito do R&B para o dos clubes, Gordy estava falando sobre ambição — ele queria que a Motown ascendesse para "um patamar superior do show business", como contou em suas memórias. Um dos artistas que compartilhavam da mesma aspiração era Marvin Gaye, embora sua motivação fosse mais complexa que a de Gordy. Ele passou anos trabalhando com o jornalista David Ritz num livro que deveria ser sua autobiografia. (As conversas entre ambos também deram origem a um dos maiores hits de Gaye, "Sexual Healing": Ritz é creditado como um dos autores da letra.) Após a morte do cantor, Ritz terminou de escrever o livro no formato de biografia, *Divided Soul*, uma das melhores já escritas, cheia de citações inesquecíveis e espontâneas do biografado. A certa altura, Gaye fala sobre um antigo single seu que tinha ido bem na parada de R&B, mas que não chegara ao Top 40. Ele se lembrava disso como o momento em que percebeu o quanto seria difícil entrar para o clube majoritariamente branco dos superastros do entretenimento. "Eu sabia que teria de trilhar o mesmo caminho de todos os outros artistas negros antes de mim — conquistar um público fiel no soul e só depois tentar ir além disso", disse. "Olhando em retrospecto, acho que foi uma boa escolha. Fazer isso me manteve autêntico e me obrigou a voltar às minhas raízes, embora também me frustrasse um pouco, porque isso significava que eu teria que ir lá balançar a bunda que nem todos os outros."

Gaye falava com frequência sobre a conexão que via entre ser um artista negro e um objeto sexual, e passou a vida inteira tentando entender como se sentia em relação a isso. Ele começou a se apresentar ainda menino, quando as mulheres na igreja o incentivavam a cantar. "Elas me abraçavam e me sufocavam no meio daqueles peitos enormes", lembrou. "Eu gostava disso — de ser capaz de alegrá-las com a minha voz e de ficar mais perto de Deus, de perceber a satisfação delas." Anos mais tarde em seus shows, ele desenvolveria o hábito de secar o suor com um lenço e depois atirá-lo para a plateia. "Eu adorava ficar olhando as mulheres brigando pelo meu suor", contou. "Aquilo me dava uma sensação estranha, um misto de empolgação com medo." Gaye sonhava em deixar aquele mundo do R&B para trás, evoluindo para um estilo de celebridade mais branco, mais rico e menos carnal. Sua ambição secreta era "cantar para os republicanos ricos em seus smokings e seus vestidos de gala no Copacabana". Mas ele sabia que não podia se dar ao luxo de esnobar as mulheres negras, que constituíam seu público mais fiel. Ele as chamava de seu "pão com manteiga" e dizia se sentir na obrigação de lhes oferecer um grande show. "Existe integridade na ideia de entreter seu próprio povo", disse, e, de fato, esse é um dos pilares da integridade musical: jamais virar as costas para sua base de fãs. (Por esse motivo, os cantores de R&B, assim como os de música country, costumam prestar muita atenção nas paradas de seus gêneros, pois elas providenciam uma estimativa aproximada de quais artistas estão atendendo melhor às demandas de seu público.) Existe, porém, outra definição para integridade musical: cantar exatamente o que você tem vontade, fazendo concessões o mínimo possível. Como muitos outros cantores de R&B, Gaye descobriu que esses dois tipos de integridade não eram necessariamente compatíveis. Mais tarde em sua carreira, ele encerrava suas apresentações tirando a roupa até ficar só de cueca; dizia que era isso que seus fãs exigiam dele, embora parecesse mais um ritual voluntário de autodegradação. No encarte de *Let's Get It On*, Gaye defende a liberação sexual em termos que soariam perfeitamente atuais nos dias de hoje. ("Não consigo ver nada de errado em sexo feito de forma consensual por quaisquer pessoas", escreveu.) Na vida particular, no entanto, ele por vezes parecia viver um conflito maior em relação às questões de sexo e de gênero. Ele contou a Ritz que se sentia constrangido pelo pai, por este às vezes expressar sua sexualidade de maneira "afeminada", e que se sentia "culpado e envergonhado" pelo fato de que, assim como o pai, ele ocasionalmente gostava de vestir roupas femininas.

A faixa-título de *Let's Get It On* foi gravada mais ou menos na mesma época em que Gaye estava se apaixonando por uma garota chamada Janis Hunter, que se tornaria sua namorada aos dezessete anos e, alguns anos mais tarde, sua esposa. Gaye era, de acordo com seus próprios relatos, um marido imprevisível e às vezes até abusivo; certa ocasião, no Havaí, ele chegou a apontar uma faca para o peito de Hunter, decidido a matá-la, até se dar conta de que não poderia fazer isso. Hoje em dia é fácil perceber um toque de humor numa música como "Let's Get It On", que evoca lindamente uma personagem muito familiar e levemente ridícula: o homem que implora por sexo para uma mulher. Mas, nos anos que se sucederam ao lançamento do disco, a vida de Gaye foi ganhando contornos sombrios, tanto por conta de sua dependência de cocaína quanto pela relação turbulenta com o pai. Em 1984, um dia antes do seu aniversário de 45 anos, Gaye partiu para a agressão física com ele, que o assassinou com um tiro.

A biografia de Ritz sugere que vários dos relacionamentos mais importantes na vida de Gaye eram abusivos — incluindo, possivelmente, até sua relação com os fãs. "Mesmo depois de todos esses anos", disse ele, perto do fim da vida, "sigo aqui, no circuito do rhythm-and-blues." Quando James Brown pedia que o anunciassem como "o homem que mais trabalha no show business", parecia estar se gabando, o que era uma maneira de comunicar às plateias que ele possuía a energia e a resistência para diverti-los a noite inteira. (Esse conceito se refletia num famoso truque de palco, no qual Brown de repente se convertia num velhinho e desmaiava, apenas para saltar de volta, rejuvenescido, e voltar a dançar.) Mas Gaye estava ciente de que havia uma expectativa de que astros do R&B dessem a vida para o deleite dos fãs, reencenando paixões privadas para o consumo público. Em 1978, ele lançou *Here, My Dear*, um álbum ressentido dedicado à ex-mulher, Anna, irmã de Gordy, que tinha direitos sobre os royalties do disco. Ele soava como se estivesse cantando — tanto para a ex quanto para sua plateia — sob protesto, apontando dedos para todas as pessoas que o haviam obrigado a entrar naquele estúdio. A música é contagiante, mas é impossível escutá-la sem se sentir conivente com essa suposta coerção.

Depois que começa a enxergar o R&B dessa forma, como um mundo repleto de dinâmicas de poder frequentemente ligadas ao sexo, você começa a enxergar conivência e coerção por todos os lados. O Ohio Players ficou conhecido por uma sequência de álbuns com fotos de corpos femininos em destaque em suas capas; dois dos primeiros, ambos de 1972, são intitulados *Pain* e *Pleasure*. Artistas homens e mulheres sofriam muita pressão para exibir o corpo às plateias. Depois que Teddy Pendergrass ficou preso a uma cadeira de rodas, sua enorme plateia nunca chegou realmente a retornar. E Luther Vandross, que sempre reconheceu suas dificuldades com a balança, passou por altos e baixos enquanto resistia à obsessão do gênero pela anatomia. ("Quero estar na prateleira dos melhores cantores dos nossos tempos", disse uma vez, "não naquela que reúne os que ficam dançando de forma lasciva e falando sobre coxas e bundas de outras pessoas.") A história de Diana Ross é particularmente marcada por obrigações e constrangimentos, sobretudo devido ao fato de que seu mentor, Berry Gordy, era também o dono da gravadora dela — e, durante um período, seu namorado. Sua transição da música para o cinema foi, em parte, a realização de um sonho de Gordy — ele descrevia o cinema como uma "expressão artística total", com o que, aparentemente, queria dizer que os filmes de Ross expressavam a visão *dele*. Em seu livro de memórias, Ross fala surpreendentemente pouco sobre música, mas há uma passagem muito vívida na qual ela escreve sobre aplicar maquiagem para encarar toda noite o trabalho não opcional de ser aquela mulher glamorosa e atraente que as plateias queriam ver. "É isso que venho fazendo desde criança, passo essa coisa no rosto e depois subo num palco por duas horas, duas horas e meia, às vezes três no máximo, e depois tenho que passar pelo sofrimento de tirar tudo aquilo de novo", contou. "Isso não é nada divertido, mas não há como evitar."

Olhando hoje para o passado é fácil perceber que até Michael Jackson, a cara da Motown, seu artista mais "exemplar", teve problemas com a voracidade descomunal do R&B. Ao evocar seus tempos no Jackson 5, ele descreveu seus próprios encontros aterrorizantes com algumas de suas fãs. "Elas não percebem que você pode se machucar porque estão fazendo aquilo motivadas por amor", lembrou em sua autobiografia. "Elas não querem fazer mal, mas posso garantir que ser abordado por uma multidão *machuca*. Você se sente como se estivesse prestes a sufocar ou a ser desmembrado." (É difícil ler essa descrição sem pensar no videoclipe de "Thriller", no qual a acompanhante de Jackson é atacada por uma horda de zumbis enquanto ele próprio alterna em diferentes papéis: presa, protetor e predador.) Jackson tinha apenas onze anos quando o grupo emplacou seu primeiro sucesso, "I Want You Back", e sua precocidade foi crucial para seu encanto. Ele copiava passos de dança de adultos dos astros do R&B, como Jackie Wilson e James Brown, e, embora esse tipo de apropriação fosse visto de forma geral como uma coisa fofinha, a crítica cultural Margo Jefferson questionou essa percepção num livro curto, porém profundo, chamado *On Michael Jackson*, de 2006. Ela faz uma revisão dos primeiros anos de sua carreira, pedindo aos leitores que considerem a possibilidade de que Jackson e os executivos que o aconselhavam talvez estivessem envolvidos em algo que deveria nos incomodar. Na opinião de Jefferson, os movimentos e as poses do cantor mirim eram inquestionavelmente sexuais e, portanto, sexualizavam: era como um espetáculo de pedofilia que provocava "desejo sexual" entre seus fãs, muitos dos quais eram adultos. E ela sugere que escutemos novamente "ABC", uma canção de amor adolescente na qual Jackson insinua ou consente uma paixão em sala de aula: "O pro-pro-pro-professor vai te ensinar/ Como tirar uma nota A", brada. Segundo Jefferson, "esses sucessos transformaram Michael num objeto sexual nacional — um brinquedo sexual, na verdade".

 Quando se converteu no maior astro do pop mundial, Jackson era outro tipo de objeto sexual. Em *The Closing of the American Mind*, um longo lamento sobre o declínio da cultura americana que se tornou best-seller, o filósofo Allan Bloom escreveu, com evidente repulsa, sobre uma cerimônia na Casa Branca na qual o presidente Reagan foi visto "apertando efusivamente a mão de Michael Jackson, estendida com delicadeza e coberta por uma luva". Na opinião de Bloom, Jackson era um exemplo de como os astros do pop estavam competindo entre si para ver quem era o mais "esquisitão"; ele também citou Prince a esse respeito. Entretanto, as muitas provocações de Prince — entre as quais uma canção particularmente transgressora chamada "Sister", que descreve uma fantasia sexual envolvendo um garoto adolescente e sua irmã adulta — eram inteligentes e em tom de brincadeira. Assisti a um show seu em 2002, quando ele tinha 43 anos e não era mais um *hitmaker*, embora ainda fosse um dos artistas mais eletrizantes do mundo: atlético e feroz, e menos interessado no futurismo do pop do que em proporcionar uma viagem pelas sonoridades e estilos do R&B atravessando décadas de história. Se Prince irradiava alegria, a música de Jackson era alimentada por uma mistura de sentimento e paranoia. Suas canções de amor geralmente eram ambíguas, embora suas descrições fossem vívidas, em especial "Billie Jean", seu grande sucesso na MTV, e sua sequência, "Dirty Diana", as duas sobre mulheres inescrupulosas que tiravam proveito dos homens. E mais do que qualquer outro *sex symbol* antes ou depois dele, Michael Jackson sempre foi muito reservado em relação ao que ele próprio desejava. Uma de suas poucas músicas sobre desejo sexual foi "Muscles", que ele compôs para Diana Ross. Na canção, ela suspira: "Eu quero músculos!/ Por todo o seu corpo". A letra não parece menos provocante nem quando se fica sabendo que Muscles era o nome do píton que Jackson tinha como animal de estimação.

Em 1993, a polícia declarou que estava investigando uma alegação de que Jackson havia abusado sexualmente de um garoto de treze anos, o primeiro de uma série de meninos que ele mais tarde diria considerar seus amigos íntimos. O cantor fez um acordo judicial com a família do garoto por um valor não revelado, segundo consta superior a 20 milhões de dólares, e sua carreira nunca mais foi a mesma. Seu primeiro single de sucesso após as acusações foi "Scream", uma contestação contundente sobre falsas acusações, que ele lançou com uma balada diáfana e um tanto quanto desagradável chamada "Chasdhood". Essa última canção, sobre um sujeito cuja "infância dolorosa" havia feito dele criança para sempre, supostamente serviria para explicar por que Jackson jamais poderia ter feito o que o acusavam de fazer, muito embora também funcionasse bastante bem para explicar por que ele teria feito. Uma década depois, ele foi processado e julgado por diversas acusações de abuso infantil e, embora tenha sido absolvido de todas elas, foi sendo cada vez mais escanteado da cultura pop em que outrora havia reinado; com o lançamento, em 2019, de um documentário sobre dois homens que disseram ter sido abusados sexualmente por ele durante anos quando crianças, algumas pessoas começaram a acreditar que a música de Jackson deveria ser banida das playlists contemporâneas. Jackson, que morreu de overdose de drogas em 2009, não viveu o suficiente para ver a si próprio amplamente reconhecido como estuprador. Mas viveu o bastante para vivenciar as complicadas consequências do sucesso de quem fura sua bolha. Assim como Gaye, ele nunca conseguiu se afastar totalmente do exaustivo mundo do R&B. Poucos meses após sua morte, sua família autorizou o lançamento de *This Is It*, a filmagem de um show que era na verdade a filmagem de um ensaio, mostrando Jackson trabalhando intensamente, debilitado mas preciso, ensaiando as músicas e os passos de dança para um show que nunca chegou a apresentar.

De todo modo, nos anos 1990 Jackson ainda era famoso, embora não fosse mais tão importante. A era do furo das bolhas, que tanto preocupava Nelson George, havia chegado ao fim. Uma nova era — a do hip-hop — começava a despontar. Artistas do R&B estavam aprendendo a trabalhar ao lado de rappers, e com frequência essa relação era interpretada como uma espécie de guerra dos sexos. O hip-hop era associado à masculinidade e à brutalidade, e supunha-se que seu público era predominantemente masculino. O R&B era associado à feminilidade e à ternura, e supunha-se que seu público era predominantemente feminino. (Dave Hollister, um ex-integrante do grupo Blackstreet, de Teddy Riley, reconheceu essa percepção numa entrevista de 1999. "Os caras sempre fazem seus discos pensando nas mulheres", disse, "mas ninguém faz o mesmo pensando em nós.") Essas percepções foram transformando os papéis de gênero dentro do R&B. Nos anos 1980, estrelas como Jackson e, mais do que ele, Prince inspiraram alguns artistas do R&B a fazer experimentos com uma androginia glamorosa, talvez como uma maneira de não ficar muito atrás da cena pop da MTV. Nos anos 1990 a maré virou, e foram as artistas femininas de R&B que adotaram imagens mais andróginas, como uma forma de reconhecer a crescente influência do hip-hop. Na maioria dos seus primeiros clipes, Mary J. Blige usava calças folgadas e moletom e às vezes vestidos com decotes generosos. As integrantes do TLC, um trio de Atlanta, apareceram usando macacões e camisetas muito maiores que seu tamanho, criando um efeito lúdico, como se elas tivessem atacado o armário de seus irmãos mais velhos.

Se a expansão do hip-hop incentivava as mulheres do R&B (ou lhes permitia) a, por vezes, deixar o sexo de lado, esse fenômeno teve o efeito oposto sobre os homens, que pareciam se esforçar mais do que nunca no sentido contrário. Pode até ser que eles quisessem apenas se exibir para outros homens, mas o público de modo geral os via como conquistadores, apresentando-se para (e pelo) o deleite das mulheres, que compravam a maioria de seus discos e dos ingressos para os seus shows. O Jodeci tentou acabar com esse paradoxo apostando numa imagem barra-pesada, embora o grupo cantasse canções de amor relativamente civilizadas. (Os membros da banda também carregavam a fama de criadores de confusão: uma figurinista contou à *Vibe* que eles haviam assediado sexualmente as modelos e assistentes durante a gravação de um videoclipe, e depois outra mulher acusou dois integrantes de a terem bolinado sob a mira de uma arma; ambos confessaram seus crimes e foram condenados: um por abuso sexual e o outro por uso de arma de fogo.) Um quinteto masculino chamado DRS, ou Dirty Rotten Scoundrels, emplacou em 1993 o hit de R&B "Gangsta Lean", que soava como uma slow jam romântica, mas que era na verdade um hino homossocial: uma elegia para os *homies* que tinham sido mortos ou estavam presos. A maneira mais certeira de um cantor de R&B pegar emprestado um pouco da atitude do hip-hop era simplesmente transformar suas canções de amor em canções sobre sexo: ao compor letras mais explícitas, eles conseguiam ao mesmo tempo zombar do decoro que lhes era exigido e reafirmar o compromisso com suas fãs. "I Wanna Sex You Up", de um grupo de menor expressão chamado Color Me Badd, pode ter soado como uma novidade em 1991, quando se tornou um sucesso gigantesco. Mas nos anos seguintes, acompanhando a explosão do gangsta rap, as paradas do R&B foram se tornando cada vez mais sexuais e de forma cada vez mais aberta. Um dos maiores sucessos de R&B em 1994 foi "I'll Make Love to You", uma perfeita balada, de um grupo altamente cavalheiresco, o Boyz II Men; outro foi "Any Time, Any Place", de Janet Jackson. Alguns anos depois, um grupo chamado Next lançou "Too Close", uma balada genérica sobre uma ereção numa pista de dança que chegou ao topo tanto da parada de R&B quanto da de pop. (E os integrantes ainda cantavam como se estivessem se lamentando, o que era parte da graça: "Ai, você está dançando muito perto/ E ainda por cima bem devagarinho/ Tá ficando duro pra mim".) Em 2006, no programa *Saturday Night Live*, Justin Timberlake e Andy Samberg apresentaram a canção "Dick in a Box", que deveria ser uma paródia sobre quão absurdas eram as músicas sobre sexo dos anos 1990; a letra deles é de fato muito engraçada, embora não fique assim tão longe das músicas de verdade.

Culpado

Nas décadas de 1990 e 2000, houve um cantor de R&B que teve mais sucesso se apropriando da atitude do hip-hop do que todos os outros; um cantor que na época costumava ser chamado pelo título que, na opinião de Whitney Houston, Bobby Brown merecia: o rei do R&B. Seu nome é R. Kelly, e ele apareceu em 1991 como integrante do grupo Public Announcement. Embora seu som fosse inspirado pelo new jack swing, não demorou para construir uma reputação como *hitmaker* versátil e popular (colaborando com Michael Jackson e a baladista canadense Céline Dion), além de ser considerado membro honorário da ala VIP do hip-hop. Seus clipes pareciam de rap, cheio de carros reluzentes, mulheres rebolando e homens com a cara fechada. No final de 1994, o jornalista Danyel Smith publicou na *Vibe* uma reportagem sobre a vida de Kelly e sua próspera carreira. Na matéria, intitulada "Superfreak", Smith escreveu a respeito dos rumores de que Kelly estaria tendo relações sexuais com sua protegida, Aaliyah, que era adolescente. A revista publicou uma certidão de casamento do começo do ano, segundo a qual Aaliyah tinha dezoito anos, embora na época tivesse apenas quinze; Kelly tinha 27. (Mais tarde, naquele ano, Aaliyah lançaria um álbum chamado "Age Ain't Nothing but a Number", composto quase que inteiramente por Kelly, incluindo a faixa-título.) O casamento foi anulado pouco tempo depois, e Aaliyah prosseguiu na carreira, sem R. Kelly, e gravou dois álbuns de R&B eletrônico futurísticos — e altamente influentes — antes de morrer, aos 21 anos, num acidente de avião em 2001.

Mas Kelly também prosseguiu na carreira. Do começo da década de 1990 até o final dos anos 2000, ele foi uma presença dominante, responsável pela criação de um estilo de R&B delicado, embora repleto de gírias, e fortemente rítmico. Muitas de suas músicas mais amadas falavam sobre sexo: "Bump n' Grind", de 1993, virou hit vitalício nas casas noturnas, sinônimo de movimentos insinuantes na pista de dança; alguns anos depois, ele colaborou com Notorious B.I.G. em "#!*@ You Tonight", cantando "Já que você tá acostumada comigo pagando/ Todos aqueles jantares com vinho/ Eu vou te comer hoje à noite!". Tal qual praticamente todos os seus colegas de ofício, ele se via como um homem cuja principal função era entreter mulheres e cantava essas letras depravadas com certa dose de ironia, com frequência contrabalançando esse tipo de música com outras mais sensíveis, sobre relacionamentos, como "When a Woman's Fed Up", um lamento melancólico sobre um homem que percebe que é tarde demais para pedir desculpas para uma parceira que ele magoou.

A notoriedade de Kelly aumentaria em 2002, depois que começou a circular um vídeo que o mostrava fazendo sexo com uma garota menor de idade e depois urinando sobre ela. Ele foi indiciado em 21 acusações de produção de pornografia infantil, mas acabou sendo inocentado; foi preso devido a denúncias por posse de pornografia infantil, acusações essas que acabaram sendo retiradas; e fez acordos para encerrar ao menos três processos ajuizados por mulheres que supostamente teria assediado. Mesmo assim, enquanto tudo isso acontecia, ele seguiu colecionando hits, como "Ignition (Remix)", uma animada canção sobre sexo que virou um daqueles sucessos dos quais parece que todo mundo gosta. (Adam Levine, do grupo de pop Maroon 5, a tocou num show; o rapper Lil Wayne gravou sua própria versão; Michael Jackson apareceu em um vídeo dançando ao som dela; em 2013, a banda indie francesa Phoenix convidou Kelly para cantá-la com eles em seu show no Coachella.) Kelly também tinha uma enorme e fiel base de fãs, e eu fazia parte dela: achava sua música extraordinária e, como crítico, dizia isso com bastante frequência. Nunca insinuei que Kelly fosse inocente, mas também nunca imaginei algo que agora parece evidente: ele seguia tendo comportamentos abusivos, e eram muito mais perturbadores do que a promotoria alegava. Eu gostaria de ter prestado mais atenção nisso e ter mergulhado mais fundo nas diversas acusações que surgiram contra ele. Com certeza isso me faria escrever a seu respeito de maneira muito diferente hoje em dia.

Somente em 2017, no contexto do movimento #MeToo, e porque o jornalista Jim DeRogatis revelou que ele vinha mantendo garotas adolescentes no que seus pais descreveram como um "culto", Kelly capitulou. Em 2018, sua ex-mulher o acusou de violência doméstica. Em 2019, após a exibição na TV do devastador documentário *Surviving R. Kelly*, sua gravadora, a RCA, o dispensou. Mais tarde naquele ano, o cantor foi indiciado por múltiplos crimes em diversas jurisdições e, enquanto escrevo isso, ele segue na prisão, aguardando o julgamento de acusações que podem mantê-lo atrás das grades pelo resto de sua vida. Kelly é agora um pária, e a maioria das pessoas, imagino, considera cada vez mais fácil evitar sua música, que já foi onipresente um dia. Mas sua música ainda existe. E explica de forma muito clara por que ele foi tão dominante — talvez até mesmo intocável — por tanto tempo. Mesmo com as canções de Kelly banidas da maioria das playlists, tanto das estações de rádio e TV quanto dos streamings, sua influência permanece na obra de incontáveis artistas que talvez nem percebam o quanto o R&B soava diferente antes de R. Kelly. Um dos diversos cantores que cresceram em cima das inovações musicais de Kelly foi Chris Brown, que estava tendo uma ascensão meteórica no mainstream até o dia, em 2009, em que agrediu brutalmente sua colega Rihanna, com quem estava se relacionando na época. A reputação de Brown nunca se recuperou, porém sua carreira não se encerrou ali: ele seguiu cantando, de maneira quase sempre brilhante, e continuou empilhando hits, especialmente no mundo do

R&B, onde alguns de seus fãs pareciam sentir um orgulho paradoxal ao idolatrar alguém tão vilipendiado pela sociedade educada. Para mim, Kelly não foi uma anomalia do R&B, mas sim um exemplar extremo de diversas tendências contraditórias do gênero, como sua incessante obsessão por sexo. Ao longo de sua história, o R&B foi visto várias vezes como um *guilty pleasure* — não porque a música não fosse boa, mas porque ela geralmente orbitava questões muito complexas de gratificação e cumplicidade.

Deplorável

O *NSYNC era a boy band mais popular do mundo — talvez a mais popular da história, dependendo de se contar ou não os Beatles — quando *No Strings Attached* chegou às lojas de discos, em 2000. O álbum vendeu 2,4 milhões de cópias na primeira semana, estabelecendo um novo recorde; é provável que ninguém jamais venda novamente essa quantia de álbuns físicos em sete dias. (A cantora britânica Adele vendeu 3,4 milhões de cópias do seu álbum *25* na primeira semana do lançamento, em 2015. Mas cerca de metade dessas vendas foi de álbuns digitais.) É impossível manter esse grau de popularidade por muito tempo, sobretudo para uma boy band, cujos fãs costumam ser bem jovens e crescem rapidamente. Mas também é impossível ignorar esse grau de popularidade — na verdade, o próximo álbum do *NSYNC, lançado no ano seguinte, se chamava *Celebrity*. Geralmente é sinal de encrenca ou de exaustão uma banda pop começar a cantar sobre sua própria popularidade. E o primeiro single do álbum, "Pop", era uma faixa dançante meio mal-humorada, composta em defesa do gênero que o grupo havia escolhido. O segundo single, entretanto, apontava em outra direção. Era uma música mais simples e mais bela: uma canção de rompimento amoroso com batidas quebradas chamada "Gone". Justin Timberlake fazia a voz principal com seu falsete, e o clipe, filmado em preto e branco, começava com ele sozinho num quarto, descalço e pensativo. "Gone" chegou à 11ª posição na parada de pop; pelas médias elevadas do grupo, foi um sucesso modesto. Mas a canção foi revolucionária em outro sentido. O vídeo entrou em alta rotação na programação da Black Entertainment Television (BET), uma emissora que até então tinha praticamente ignorado o grupo. E a canção se tornou tão popular nas rádios de R&B que chegou ao 14º lugar da parada de R&B, fazendo dela, oficialmente, o primeiro sucesso desse gênero do *NSYNC.

O *NSYNC merecia estar na parada de R&B? "Gone" com certeza soava, mais ou menos, como uma slow jam. Trazia um violão tocando uns acordes quebrados, bem ao estilo de Babyface, o cantor de R&B conhecido por fazer baladas conduzidas por violões. E no refrão, enquanto os outros membros do grupo entoavam a palavra que dá o título à música, Timberlake emenda uma série de improvisos vocais em falsete, na tradição do R&B clássico. Em contrapartida, havia o evidente fato de que os cinco membros do *NSYNC eram brancos, e se esperava até então — e se espera até hoje — que cantores de R&B fossem negros. Nos anos 1960, cantores brancos do gênero eram tão comuns que deram origem a uma expressão: "blue-eyed soul". Nos anos 1970, esse rótulo foi algumas vezes colado a astros do rock como Elton John e David Bowie, tendo ambos viajado para a Filadélfia para gravar álbuns inspirados pela soul music; nos anos 1980, Hall & Oates, que emplacaram uma série de hits inspirados pelo R&B, eram às vezes chamados de "blue-eyed soul". Mas as rádios de R&B não costumavam tocar esses artistas e, na maioria dos casos, os expoentes do "blue-eyed soul" eram vistos como estrelas do rock ou do pop, não como astros do R&B. Houve algumas exceções, embora surpreendentemente poucas. Rick James teve uma protegida branca de nome Teena Marie, que gravou pela Motown uma série de hits de R&B nos anos 1980. E na década seguinte um cantor de R&B branco chamado Jon B. teve certo sucesso, com a ajuda de Babyface, que produziu seu primeiro álbum. (Jon B. tomou o cuidado de assegurar aos ouvintes de R&B que estava totalmente comprometido com o gênero e tinha consciência racial. "Sempre uso mulheres negras nos meus clipes", declarou certa feita, "porque não existem relacionamentos inter-raciais o suficiente na televisão.") Rappers brancos sempre foram fascinantes, mas gozaram também de enorme sucesso, de Debbie Harry, do Blondie, até o Beastie Boys; de Eminem a Macklemore. Em contraste, cantores brancos de R&B foram bem mais raros e brilharam muito menos.

O motivo por trás disso tem algo a ver com a nebulosa identidade musical do próprio R&B. Existem algumas linhas gerais: canções de R&B tendem a dar maior ênfase ao contratempo das batidas do que a maioria das canções pop, possuem mais notas dobradas e improvisos vocais, além de letras que carregam no vocabulário e na gramática do inglês afro-americano. Mas, ao contrário do que ocorre com o hip-hop, pode ser difícil identificar um R&B. Pode-se dizer de imediato quando alguém está cantando um rap, mas nem sempre se pode dizer se alguém está cantando R&B e não uma música pop, por exemplo. Na prática, o R&B, assim como a maioria dos gêneros, foi definido principalmente ou pelos seus ouvintes ou pelo que os programadores das rádios achavam que esse público gostava de ouvir. O que significa que ele continua sendo definido pela raça. Mesmo tendo passado pelo curso de maus modos de Sean "Puffy" Combs, Usher se especializou no que era essencialmente um pop adolescente, mas, como era negro, sempre foi visto como cantor de R&B e abraçado tanto pelas rádios do estilo quanto por seus ouvintes. Já Christina Aguilera tinha uma tremenda voz, que lembrava a de Whitney Houston, e adorava o tipo de improviso vocal que os cantores de R&B usavam para se exibir. Mas nunca foi considerada cantora de R&B e nunca chegou a tocar de verdade nas rádios de R&B; sempre foi vista como cantora pop, em parte porque era vista como branca. (Ela é latina também, já que seu pai nasceu no Equador.) Esse tipo de divisão racial é autoperpetuante, porque os músicos tendem a gravitar em torno dos formatos que os aceitam. A cantora branca conhecida como P!nk surgiu em 2000, com uma canção atrevida chamada "There You Go", que era um R&B do começo ao fim: tinha sido composta em parceria com Kandi Burruss, do grupo de R&B Xscape (e, mais recentemente, do reality show *The Real Housewives of Atlanta*), e produzida por Kevin "She'kspere" Briggs, que trabalhara em vários hits com o TLC e o Destiny's Child. A música chegou à sétima posição do Hot 100 e ao 15º lugar da parada de R&B. P!nk se tornou uma das pop stars de maior sucesso nos anos 2000, mas nunca mais teve outro hit na parada de R&B.

O sistema vigente de segregação musical não afetava artistas negros e brancos da mesma maneira, é claro. Como disse certa vez Eddie Levert, do O'Jays, "fazer música negra nem sempre dá tanta grana quanto fazer pop". O fato de Luther Vandross nunca ter conseguido se firmar na parada do pop limitou sua carreira, como ele sabia muito bem. Por outro lado, o fato de Madonna jamais ter se firmado na parada de R&B não atrasou a sua em praticamente nada. No caso de Timberlake, "Gone" foi uma vitória estratégica, mesmo que a canção não tenha chegado ao Top 10. A música deu a ele uma migalha de credibilidade no mundo do R&B, o que facilitaria a transição de sua carreira de fenômeno de boy band para a de cantor adulto. Em 2002 ele lançou *Justified*, seu álbum solo de estreia, um sucesso estrondoso do pop que também impulsionou uma música, "Cry Me a River", até a 11ª posição da parada de R&B. Para celebrar sua nova carreira solo, Timberlake se apresentou no Super Bowl de 2004, ao lado de uma artista que estava do outro lado da fronteira entre o pop e o R&B: Janet Jackson, cuja música pop eletrônica era uma influência para Timberlake e seu colaborador recorrente, o produtor conhecido como Timbaland. A performance, é claro, não entrou para a história como um grande sucesso, porque inclui uma sequência de dança durante a qual Timberlake removeu por acidente parte do sutiã de Jackson, expondo seu seio direito. O episódio, que ficou conhecido como Nipplegate, se tornou uma das principais notícias do mundo do pop naquele ano: Michael Powel, presidente da Comissão Federal de Comunicações, classificou o episódio como "deplorável", e a entidade multou a CBS, a emissora que exibiu o Super Bowl, em mais de meio milhão de dólares, embora a decisão tenha sido revertida na justiça. O alvoroço encerrou efetivamente a carreira de Jackson como *hitmaker*: antes do Nipplegate, todos os seus álbuns desde *Control* tinham emplacado pelo menos dois singles no Top 10; depois do Nipplegate, ela nunca mais emplacou nenhum. Timberlake, por sua vez, escapou ileso do incidente — chegou a se apresentar no Grammy, também exibido pela CBS, na semana seguinte, e continuou sendo um dos cantores mais populares do país. (Ele seria convidado novamente para se apresentar no intervalo do Super Bowl em 2018.) Esse momento foi revelador: Jackson, mesmo com todo o seu sucesso, ainda era vista como cantora de R&B e de repente foi escanteada de novo para o gênero marginal. Enquanto isso, Timberlake continuou tocando sua carreira como um imaculado astro do pop — certamente inspirado pelo R&B, porém não limitado por ele.

Estaria a longevidade do R&B, de alguma maneira, ligada à sua insolência? Dois de seus antepassados, o jazz e o blues, foram se tornando mais respeitáveis à medida que se desenvolveram à margem da cultura popular contemporânea. Na década de 1980, por exemplo, o jazz era uma das práticas artísticas mais amadas do país, embora seu sucesso não tivesse se originado nas estações de rádio, mas sim, e cada vez mais, nos conservatórios e instituições sem fins lucrativos, como o Jazz at Lincoln Center, fundado em 1987. (A exceção foi o smooth jazz, que, durante algum tempo, foi um formato radiofônico bastante popular — e que, aliás, é o único estilo de jazz que de modo geral não costuma inspirar respeito.) Talvez seja mais fácil colocar um gênero num museu ou num currículo, caso ele pareça estar ameaçado de extinção; talvez o R&B tenha ignorado tudo isso por conta de sua saúde exuberante. Mas talvez esse processo também funcione ao contrário: às vezes, os gêneros que duram décadas são justamente aqueles que se dedicam de forma intensa e desavergonhada a agradar a seu público. "So Gone", de Monica, foi em muitos sentidos um hit característico — e caracteristicamente excelente — do R&B do começo dos anos 2000. A canção foi produzida pela pioneira do hip-hop Missy Elliott, que usou naipes de metal e cordas de uma slow jam dos anos 1970 para criar uma lânguida música para clube. A voz de Monica foi luxuosamente dividida em múltiplas pistas, mas a letra era prosaica, refletindo uma frustração cotidiana num relacionamento ruim: "Eu fico me perguntando o que estou fazendo de errado/ Pra você passar a noite fora e nem pensar em me ligar". A música ficou cinco semanas no topo da parada de R&B, embora tenha sido menos dominante — chegou à décima posição — na Hot 100. Então, em 2016, ela foi ressuscitada num fenômeno das redes sociais chamado #sogonechallenge, no qual os usuários gravavam a si mesmos cantando rap sobre a batida da música. Não houve um motivo específico para que essa música reaparecesse naquele exato momento, mas esse desafio acabou jogando luz sobre um tipo bastante específico de nostalgia. Em sua época, "So Gone" tinha sido muito importante para o mundo do R&B, mas não tanto assim para o mundo fora dessa bolha. As pessoas que gostavam dela na época se sentiam como seus donos, como se aquela fosse uma "música *exclusiva*", como o R&B continuava sendo, mesmo depois de todo esse tempo.

Um processo de renascimento

Existe, ainda, outra maneira de olhar para a era do R&B mais tardio: não como um gênero em transformação, sempre atrás de novas maneiras de agradar a sua audiência tradicional, e sim como uma versão degradada do seu próprio passado. Nessa outra versão da história do R&B, a "morte" do gênero não veio com o advento do estouro da bolha do pop dos anos 1980, mas com o advento de uma música dançante, sensual e espalhafatosa, inspirada pelo hip-hop nos anos 1990. Esse gênero musical, segundo conta sua história, havia sido outrora o domínio de artistas reflexivos e com consciência política, como Marvin Gaye e Aretha Franklin. De alguma maneira, esse venerável estilo fora sequestrado por um bando de conquistadores baratos, cantando músicas que pareciam ser, todas, sobre o mesmo assunto: "Freak Me" (Silk, 1993), "Freak Like Me" (Adina Howard, 1995) e "Freek'n You" (Jodeci, 1995). Olhando por esse ângulo, a má reputação do R&B era totalmente merecida. Havia chegado a hora de promover uma reforma no estilo.

Esse movimento de reconstrução recebeu o nome de neo-soul, um termo criado por um executivo de gravadora chamado Kedar Massenburg. Ele usava essa expressão para descrever dois músicos em especial: D'Angelo, de quem era empresário, e Erykah Badu, que ele havia contratado para seu selo, que era distribuído pela Universal Records. (Badu fez sua estreia em 1997 e, no ano seguinte, Massenburg foi nomeado presidente de outro selo dentro da família Universal: a Motown.) O neo-soul queria se apresentar como uma alternativa ao R&B contemporâneo, lançando um olhar para a soul music dos anos 1970. "Não era um som novo", Massenburg me disse, anos mais tarde. "Era só um som antigo reapresentado." Durante um programa na BET no começo de sua carreira, Badu subiu ao palco com um incenso e realizou o que parecia ser um ritual de cura. "A música está convalescendo", disse. "Ela está passando por um processo de renascimento, e me considero uma de suas parteiras."

Muitos artistas do neo-soul realmente olhavam com carinho para os artistas melancólicos da soul music dos anos 1970, como Ann Peebles e Donny Hathaway. Massenburg adotou a palavra "soul" pelo mesmo motivo que vários artistas e executivos a haviam abandonado depois dos anos 1970: porque ela evocava uma versão mais antiga e respeitável do R&B. Mas o neo-soul não era apenas retrô; ele também representava uma nova tentativa de fundir o R&B com o hip-hop. Tanto D'Angelo quanto Erykah Badu tinham iniciado a carreira como membros de grupos de hip-hop, mas eles ensinariam aos artistas de R&B uma maneira contraintuitiva de fazer referência ao estilo: não aumentando a energia da música, mas diminuindo. O álbum de estreia de D'Angelo, *Brown Sugar*, foi lançado em 1995, com sua atmosfera jazzeada e levemente chapada; as batidas pareciam se arrastar e despencar, e ele murmurava as letras, quase como se fosse descolado demais para pronunciar as palavras. O primeiro álbum de Erykah Badu, *Baduizm*, apresentava ao mundo tanto sua voz graciosa, com frequência comparada à de Billie Holiday, quanto a forma complexa como ela trabalhava os ritmos. O principal single do álbum, "On & On", foi o primeiro neo-soul a alcançar o topo da parada de R&B, e seu refrão lembrava um pouco uma estrutura de verso comum nos primórdios do hip-hop: "Vai e vai, e vai e vai/ Meu som vai rolando como uma pedra que cai". Badu proferia as palavras suavemente, como se estivesse falando ao pé do ouvido, na cama, quase como se quisesse lembrar a todos os rappers que ela podia fazer algo que eles não conseguiam: cantar.

Nos anos seguintes, o termo "neo-soul" foi sendo aplicado a uma ampla gama de artistas. Maxwell era um criador de baladas de mente aberta; Jill Scott era tanto cantora e compositora quanto poeta; Lauryn Hill intercalava cantar e fazer rap, o que a tornou tanto pioneira do hip-hop quanto expoente do neo-soul. De modo geral, o neo-soul era uma categoria negativa, o que significa que ela se definiu em oposição ao mainstream: as canções que tocavam no rádio estavam cheias de samples e sons eletrônicos, então o neo-soul botava músicos para tocar, ao vivo, instrumentos tradicionais; as letras nas rádios falavam sobre encontros casuais, então os luminares do neo-soul se dedicavam a cantar o amor eterno, na esperança de que sua música também fosse vista como algo duradouro, não uma moda passageira. Pode-se perceber essa postura na música "Video", de 2001, de India Arie, um sucesso modesto (ela chegou à 14ª posição da parada de R&B, mas nunca apareceu no Top 40) que teve um impacto descomunal, porque sua mensagem era tão direta, tão incomum — e tão oposta. No videoclipe, Arie empunha um violão enquanto transmite uma mensagem de exaltação pessoal que só se tornaria comum na música popular dentro de uma ou duas décadas:

Não sou a garota-padrão que você vê na TV
E não tenho corpo de supermodelo
Mas aprendi a me amar incondicionalmente
Porque sou rainha

Quando Marvin Gaye considerou que havia "integridade na ideia de entreter seu próprio povo", estava apenas se consolando, procurando um motivo para concluir que havia algo de nobre em dar aos seus ouvintes o que eles pareciam querer, mesmo que não fosse exatamente o que *ele* queria. Para os artistas do neo-soul, entretanto, a outra definição de integridade era mais importante. Eles se dedicaram a agir de acordo com sua consciência — aliás, os artistas do neo-soul sempre tiveram uma forte conexão com os chamados rappers conscientes, que faziam um movimento similar dentro do hip-hop. No contexto do neo-soul, integridade significava resistir às regras impostas pelas rádios de R&B e se recusar a ser "a garota-padrão que você vê na TV".

E, mesmo assim, o neo-soul nunca foi tão simples, ou tão puro, quanto parecia. As canções mais populares do movimento tocaram nas mesmas estações de rádio que tocavam o R&B contemporâneo mainstream; não há a menor dúvida de que a maioria dos ouvintes gostava dos dois estilos. Muito embora Arie nunca mais tenha emplacado outro sucesso, muitos dos nomes de destaque do neo-soul tiveram carreiras de difícil classificação. Uma das canções mais populares de Maxwell, "Fortunate", foi composta por outro tipo de representante da soul music: R. Kelly. Depois de *Brown Sugar*, D'Angelo lançou um álbum chamado *Voodoo*, uma obra-prima do funk insinuante que converteu seu criador em sex symbol para o mainstream: ele aparece sem camisa na capa do disco e, também de peito desnudo, se contorce no videoclipe de "Untitled (How Does It Feel)". Algumas pessoas que trabalharam com D'Angelo disseram que ele se sentia incomodado, da mesma forma que Gaye antes dele, com a percepção de que sua popularidade estava ligada ao seu apelo sexual; levou catorze anos para lançar seu próximo trabalho, um álbum retraído e sombrio que não trazia nada parecido com um hit radiofônico. Erykah Badu parecia ter um prazer especial em frustrar as expectativas de seus ouvintes de neo-soul. Ela colaborou com rappers, fez experiências com sonoridades eletrônicas e lançou uma série de discos excelentes e imprevisíveis: um deles tinha uma faixa de onze minutos que parecia um techno minimalista; outro é uma *mixtape* ensolarada repleta de canções sobre telefones. Ela parecia determinada a mostrar ao mundo que uma suposta "artista de neo-soul" não precisava ser uma revivalista nostálgica, e se orgulhava da sua facilidade em se relacionar com rappers e com artistas mais jovens. "Eu sou uma OG", ela me disse. "A poderosa chefona. A tiazona. Eles estão sempre crescendo e envelhecendo — mas eu sou sempre a mesma."

 Músicos não costumam gostar de rótulos, sobretudo os de sucesso, que preferem se imaginar como talentos singulares, e não como expoentes de algum subgênero espúrio. O neo-soul não foi exceção: nenhum dos artistas do grupo original adotou o termo. E, mesmo assim, tanto o termo quanto a tendência em si ajudaram a modificar e a enriquecer a maneira como o R&B era percebido, o que explica a sobrevivência do neo-soul por tanto tempo depois do pontapé inicial dado por Massenburg, na forma de golpe de marketing. Em 2001, a *Rolling Stone* mostrou aos seus leitores uma nova artista que a revista chamou de "a nova princesa do neo-soul", uma cantora que já havia aberto shows para Maxwell. Numa época em que a maioria das faixas do R&B mainstream era feita por computadores, ela se dedicava a um instrumento antiquado — na verdade, era tão dedicada a ele que chegou a adotar seu nome. Ela se chamava Alicia Keys e, além de cantora e pianista, era também profunda conhecedora da história do R&B. (Numa apresentação a que assisti no Radio City Music Hall em 2002, ela inseriu fragmentos e trechos de músicas de Marvin Gaye, Prince, Michael Jackson e do vibrafonista e *bandleader* Roy Ayers.) A canção que a alçou ao sucesso, "Fallin'", era uma balada delicada e melancólica orgulhosamente diferente de tudo o que tocava no rádio. Mas Keys tinha um defensor que sabia como transitar pelo mundo do R&B: Clive Davis, o mesmo executivo que havia conduzido a carreira de Whitney Houston anos antes. Com uma ajudinha de Davis, Keys transcendeu não apenas a bolha do neo-soul, mas também a do R&B em geral, tornando-se primeiro uma *hitmaker* e, em seguida, uma celebridade em todos os sentidos; em 2019, ela foi apresentadora do Grammy, cerimônia que é principalmente um termômetro sobre como a indústria musical norte-americana quer ser vista. Boa parte do encanto de Keys, tanto para seus fãs quanto para os organizadores do Grammy, reside no fato de ela representar um ideal muito antigo do que é considerado um "verdadeiro" talento musical: uma cantora e pianista habilidosa e comedida, proporcionando um breve alívio em meio ao caos que era — e é — a música popular contemporânea.

Talvez faça sentido que o espírito de rebelião e reforma do neo-sul tenha culminado no surgimento de uma estrela altamente palatável como Alicia Keys. Apesar das experimentações de artistas como Badu, a força que impulsionava o neo-soul era um tanto quanto reacionária, querendo levar o R&B de volta para o passado, uma era supostamente mais simples. Em certos momentos, o neo-soul foi aclamado como se fosse o ramo de maior autenticidade negra dentro do amplo espectro do R&B, mas, tanto nos anos 1990 quanto nos 1970, negritude musical era algo difícil de quantificar. Não era assim tão evidente, nos shows ou na programação das rádios, que o neo-soul estivesse agradando a seus ouvintes negros de forma mais fiel ou mais *exclusiva* que a alternativa do mainstream. A era do neo-soul também foi uma época de inovações extraordinárias no R&B mainstream, que adotou uma sonoridade futurística misturando instrumentos eletrônicos com complexos padrões de sincopação. Boa parte dos fãs (e talvez até alguns artistas) não parecia sequer perceber o espírito de inovação que havia na época. Isso talvez tenha acontecido porque a música em si era despretensiosa, de maneira geral — as pessoas por trás dos sucessos mais recentes do R&B não costumavam escrever manifestos, nem davam entrevistas explicando por que haviam escolhido determinado tipo de batida. Isso também pode ter acontecido porque a maioria dos fãs prestava mais atenção nas letras, que tendiam a ser simples, do que nos timbres e nos ritmos, que tendiam a ser exóticos.

Nenhuma outra canção resumiu melhor o espírito inovador do R&B no pós-hip-hop do que "Are You That Somebody?", de Aaliyah, que havia reconstruído sua carreira com a ajuda de Timbaland, um produtor visionário que se orgulhava de criar batidas fáceis de cantar (ou de fazer rap) em cima. Em "Are You That Somebody?", lançada em 1998, ele compôs uma faixa minimalista, com ousadas erupções de silêncio, que era ao mesmo tempo plural e complexa. (A chegada do refrão é anunciada pelo murmúrio de um bebê.) A voz de Aaliyah nunca foi particularmente potente, mas, assim como Diana Ross antes, ela sabia como deixá-la fria, talvez até mesmo gelada, diminuindo de maneira descontraída a tradicional responsabilidade do artista de R&B de cantar de forma inflamada. Talvez seja difícil imaginar hoje em dia o impacto que foi ouvir uma música como "Are You That Somebody?" no rádio em 1998. Na época eu morava em Cambridge, Massachusetts, e estava começando a curtir a estação de R&B local, a JAM'N 94,5, que vinha resistindo de maneira bizarra à maré do hip-hop: em suas ondas sonoras, cantores eram as grandes estrelas, e rappers apareciam muito esporadicamente. "Are You That Someboy?" prendeu minha atenção porque soava como se tivesse vindo do futuro — e isso me fez pensar que talvez o R&B pudesse ser mais criativo do que seu primo mais novo, o hip-hop. Eu adorava a ideia de que uma rádio local de R&B pudesse ser tão ousada musicalmente quanto uma banda desafinada de fundo de quintal ou um obscuro disco de noise music — se não fosse mais. Alguns meses depois, o TLC lançou um single impactante chamado "Silly Ho!", que também adorei: o som violento de uma campainha aparecia de tempos em tempos entre os versos, como se fosse uma pegadinha do produtor, Dallas Austin.

Essas foram gravações muito ardilosas: eram experimentos eletrônicos radicais disfarçados de inocentes canções pop. Isso também era uma tradição do R&B: de Stevie Wonder a Donna Summer, a história do gênero conta com diversos músicos que ajudaram a trazer sonoridades eletrônicas para o mainstream da música. Mas essas gravações também são uma lembrança de quanto as categorias musicais podem ser instáveis e incertas. Ao longo de sua história, o R&B foi definido por dois impulsos equivalentes: um para fora, na direção do mainstream e do sucesso fora da bolha; e outro para dentro, na direção de uma conexão mais profunda com os ouvintes negros que dão ao gênero sua identidade. A história do neo-soul e do R&B mainstream, no final dos anos 1990, é a história desses dois impulsos — e de como às vezes pode ser difícil diferenciar um do outro.

Mea-culpa

No dia 6 de julho de 2003, o jornal *New York Times* publicou uma manchete de seis palavras que entrou para a história da infâmia: "BEYONCÉ SOLO: NÃO É NENHUMA ASHANTI". No Twitter, essa manchete em geral reaparece sempre que Beyoncé vira notícia, o que costuma acontecer bastante, ou sempre que as pessoas estão a fim de dar boas risadas, o que ocorre quase o tempo todo. Nas redes sociais de maneira geral, manchetes costumam circular sem contexto algum, sem sequer uma assinatura. Nesse caso, no entanto, a assinatura debaixo da manchete costuma estar sempre visível. Sei disso porque quem escreveu essa manchete fui eu.

Não preciso dizer que cometer um erro em público é muito mais desagradável do que cometê-lo em privado, e que uma manchete do *New York Times* que viraliza é praticamente o grau máximo de público a que alguém pode chegar. Não tenho como defender essa opinião, então não vou nem tentar. Mea-culpa. Mas acho que posso explicar.

Muito antes de Beyoncé garantir seu lugar como uma das maiores cantoras de R&B de todos os tempos, ela era simplesmente a integrante mais importante do grupo vocal feminino mais extraordinário do momento. O grupo, o Destiny's Child, estampava a capa de uma edição da revista *Jet* de 1999, com uma manchete que lhe fazia um elogio bastante morno. Dizia: "DESTINY'S CHILD: UM DOS GRUPOS FEMININOS MAIS QUENTES DA ATUALIDADE". (A matéria, dentro da revista, citava diversos grupos que não conseguiram sustentar seu sucesso por muito tempo fora da bolha do R&B e, em alguns casos, nem mesmo dentro dela: Total, 702, Blaque, Divine, Before Dark.) Desde o início, Beyoncé foi escolhida para ser a estrela do grupo, simplesmente porque o empresário era ninguém menos que seu pai, Mathew Knowles. Knowles via a si mesmo como uma espécie de Berry Gordy moderno, que estava moldando a carreira das Supremes modernas, e estimulava o tempo todo a percepção de que o Destiny's Child era uma empreitada comercial. "Sucesso é pegar um produto excelente e maximizá-lo de acordo com as necessidades do consumidor", disse ele numa entrevista;

em outra, após ter expulsado duas das quatro integrantes do grupo, tranquilizou os fãs dizendo que o Destiny's Child era uma marca tão confiável quanto a Coca-Cola. Beyoncé era conhecida — e algumas vezes criticada — por desempenhar o papel de pop star cautelosa e boazinha, sem disposição para criar problemas. Em 2001, o Destiny's Child participou de um show em Washington, DC, na cerimônia de posse do presidente George W. Bush. A MTV noticiou que Beyoncé inflamou a plateia gritando: "Eu quero ouvir vocês dizendo 'Bush!'".

Entre 1997 e 2001, o grupo lançou três álbuns irretocáveis de R&B, com uma sonoridade clara e limpa, impulsionada por harmonias precisas e uma atitude frequentemente descrita, nem sempre de forma positiva, como "atrevida". No começo de sua carreira, o grupo era famoso pela música "Bills, Bills, Bills", cujo refrão, tremendamente grudento, expressava uma visão nada sentimental do amor:

Você pode pagar meus boletos?
Pode pagar a conta do meu telefone?
Você paga as despesas do meu carro?
Se você pagasse, acho que estaria tudo bem
Mas como você não paga
Eu e você paramos por aqui

Em 2001, no *New York Times*, Ann Powers exaltou a mensagem "direta" do Destiny's Child, elogiando o grupo por usar uma "identidade feminina fraturada" como "fonte de poder". (Powers estava se referindo, em parte, a "Survivor", na qual Beyoncé e suas colegas de grupo provocavam as duas cantoras que haviam sido expulsas: "Vocês acharam que eu não venderia sem vocês — vendi 9 milhões".) Mas, algumas semanas depois, o jornal publicaria a carta de um leitor comparando as integrantes do Destiny's Child de maneira desfavorável a algumas cantoras e compositoras de rock, como Liz Phair e Ani DiFranco, e dizendo que estas, sim, representariam "um ideal musical feminista mais verdadeiro". Vários críticos musicais também não ficaram muito impressionados com a música do grupo: a *Rolling Stone* as chamou de "chatíssimas"; Nick Hornby escreveu, na *New Yorker*, que sua música era "altamente genérica" e "quase paradoxalmente esquecível". Nenhum desses três álbuns do Destiny's Child encontrou lugar na lista de melhores do ano do Pazz & Jop no *Village Voice*, que era uma referência para os críticos. E, ao longo de uma carreira que durou mais de uma década, com quatro hits conquistando o topo da parada (e outros cinco singles chegando ao Top 5), o Destiny's Child ganhou apenas três Grammys, e todos nas categorias específicas do R&B, não nas gerais, que são mais prestigiosas. O grupo não estava recebendo a merecida atenção.

Lembro-me de pensar que o álbum solo de Beyoncé mudaria tudo isso, sobretudo depois do sucesso estrondoso de "Crazy in Love", seu primeiro single. Mas o resto do álbum tinha um clima grandioso e levemente antiquado em comparação com o catálogo do Destiny's Child — ou, pelo menos, foi como me soou na época. E me lembro de ter ficado positivamente surpreso com o segundo álbum de Ashanti, uma cantora de R&B que tinha uma vozinha delicada e era (e permanece) mais conhecida pelos seus duetos ensolarados com o rapper Ja Rule. Hoje em dia, é claro, isso tudo parece loucura; e na época, sem dúvida, também pareceu. Eu me deixei levar mais pelas minhas próprias expectativas do que pelas músicas que estavam nos discos de Beyoncé e Ashanti, que, atualmente, me soam, respectivamente, mais e menos interessantes do que na época. Talvez eu também tenha me deixado levar um pouco demais pela vontade de dizer alguma coisa interessante. Críticos musicais que emitem opiniões muito próximas do senso comum às vezes correm o risco de ser vistos como monótonos ou supérfluos. Mas aqueles que se afastam de forma muito abrupta desse mesmo senso comum às vezes correm o risco de ser vistos como completamente malucos.

Por sorte, uma resenha completamente maluca não foi o suficiente para prejudicar a carreira solo de Beyoncé. (Dei oi para ela algumas vezes, mas nunca tivemos uma conversa; se algum dia tivermos, talvez eu tenha a oportunidade de descobrir se ela vem guardando um insulto para mim todo esse tempo ou, como parece mais provável, se estava ocupada demais com outras coisas para se preocupar com isso.) Logo que saiu em carreira solo, Beyoncé foi muito comparada com Diana Ross quando deixou as Supremes. Contudo, uma comparação ainda melhor teria sido com Stevie Wonder, um artista que foi ainda adolescente um fenômeno do pop, cresceu, se diversificou e conseguiu botar o mundo inteiro para cantar seus experimentos musicais. O segundo álbum solo de Beyoncé, *B'Day*, era curto e extraordinariamente furioso, cheio de ritmos agressivos seguindo a tradição de James Brown e Janet Jackson. Mesmo a canção mais radiofônica, "Irreplaceable", era brutalmente arrogante com uma melodia cativante: "Acho que você não me conhece/ Eu posso ter outro que nem você amanhã". O lançamento de *B'Day* marcou o início de uma série de álbuns nos quais Beyoncé se reinventaria para se encaixar num novo momento cultural. Anos depois, um crítico descreveria as integrantes do Destiny's Child, de forma sarcástica, como "projetos de feministas em potencial". Em sua carreira solo, entretanto, Beyoncé deixava cada vez mais explícito seu compromisso com o feminismo; seu álbum autointitulado de 2013 traz um interlúdio feminista de autoria da escritora nigeriana Chimamanda Ngozi Adichie. Ela se alinhou com o movimento Black Lives Matter e com a cena hip-hop muito particular de sua cidade natal, Houston — ela era, segundo cantou, uma "caipira do Texas".

Pop stars correm o risco de parecer falsos ou desesperados quando tentam se reinventar para se adequar ao momento político, como Diana Ross quando gravou "Love Child". Mas a reinvenção de Beyoncé foi estranhamente bem-vista, e a elevou do patamar de mera pop star para algo ainda maior: uma mistura de heroína do povo, líder de seita e eminência real; ela passou a ser celebrada com o nível de entusiasmo e unanimidade que normalmente é reservado para músicos que já morreram, ou que estão quase chegando lá. Michelle Obama, que, de acordo com alguns critérios, era a mulher mais amada dos Estados Unidos, disse que, se pudesse escolher o trabalho de qualquer outra pessoa no mundo, gostaria de ser Beyoncé. E quando a cantora britânica Adele, que também é tremendamente popular por seus próprios méritos (e, numa leitura mais ampla, uma cantora de R&B, apesar de ser branca), ganhou o Grammy de Álbum do Ano em 2017, pareceu mortificada por ter derrotado *Lemonade*, o disco mais recente de Beyoncé. Num ato muito perspicaz de diplomacia cultural, Adele usou seu discurso para prestar reverência. "A artista da minha vida é Beyoncé", disse ela, choramingando, olhando para Beyoncé e para a plateia. "Todos os artistas que estão aqui, a gente te *adora* pra caralho. Você é a nossa luz."

A beatificação de Beyoncé em vida veio num momento em que algo estranho estava acontecendo: o R&B estava se tornando conceituado. Um ponto de virada ocorreu no dia 11 de março de 2011, quando um cantor emergente postou uma foto dele próprio num estúdio com Beyoncé. O cantor escreveu uma legenda curta: "Esta é a sala em que vou trabalhar hoje. Não quero me gabar nem nada, mas, cara, que surreal". Seu nome era Frank Ocean e, na época, era mais conhecido como o membro mais tranquilo do Odd Future, um tumultuoso coletivo de hip-hop de Los Angeles. Algumas semanas após a postagem dessa foto me encontrei com Ocean num restaurante em Beverly Hills, e ele falou sobre seu aprendizado da importância da paciência — uma qualidade que, segundo o próprio, não era inata nele. Na época, Ocean tinha 23 anos, era mais velho que os outros rappers do grupo e, embora já tivesse um contrato com uma gravadora, ele decidira, por conta própria, se apresentar ao mundo por meio de uma *mixtape* digital que podia ser baixada de graça, chamada *nostalgia,* ULTRA. Uma obra repleta de canções melosas e melancólicas de R&B que ostentavam todas as suas influências: uma faixa reciclava fragmentos de "Hotel California", o hit do soft-rock dos anos 1970 gravado pelo Eagles; outra ressignificava "Electric Feel", sucesso do indie rock da banda MGMT. Ocean rapidamente se converteu num artista de culto, com uma carreira à parte do Odd Future; a selfie com Beyoncé era um sinal antecipado de que ele entraria para o mainstream do R&B e ajudaria a redefinir o gênero. Naquele verão, o quarto álbum de Beyoncé foi lançado e trazia uma canção composta em parceria com Ocean. No ano seguinte, ele fez uma postagem na rede social Tumblr dizendo que estava apaixonado por um homem. Isso foi uma declaração oficial de saída do armário e o transformou num pioneiro LGBTQ+ no mundo do R&B.

Mais ou menos na mesma época, uma misteriosa entidade conhecida como The Weeknd começou a lançar slow jams eletrônicas estranhas e sombrias — um eco digital fantasmagórico da boa e velha era do quiet storm. Não demorou muito para que se revelasse que The Weeknd era, na verdade, Abel Tesfaye, um canadense filho de imigrantes etíopes; assim como Ocean, ele também entrou para o primeiro escalão do R&B. The Weeknd encontrou uma maneira de conquistar as paradas de R&B e pop, enquanto Ocean criou uma sensação e uma mística, lançando álbuns sedutores que seguiam um cronograma próprio, aparentemente sem qualquer interesse em se tornar um *hitmaker*. Ao mesmo tempo, outra dupla de artistas de R&B encontrava novas formas de evocar o espírito audacioso de Prince nos anos 1980: Janelle Monáe construiu uma base de fãs entusiasmada com músicas exuberantes e estilizadas, e Miguel conseguiu fazer com que suas românticas canções de amor tocassem no rádio. Juntos, esses quatro artistas transformaram a reputação do gênero. Poucos anos antes, o R&B era visto pelo mainstream quase como piada — mais ou menos ao estilo de "Dick in a Box". No começo dos anos 2010, porém, ele era amplamente considerado o gênero mais cool e criativo do país: lar de Beyoncé, um verdadeiro ídolo norte-americano, ao lado de um punhado de outros jovens e ambiciosos astros. No mundo do indie rock, onde músicos e fãs outrora riam do R&B, eles agora procuravam maneiras de encaixá-lo no estilo. Justin Vernon, líder da banda indie Bon Iver, inventou uma forma moderna de blue-eyed soul. A cantora e produtora conhecida como Grimes criou canções pop eletrônicas e alienígenas inspiradas em Mariah Carey. Numa entrevista, A. C. Newman, fundador de uma banda de indie rock à moda antiga chamada The New Pornographers, apontou uma mudança que percebeu no gênero. "Muita coisa que é amplamente considerada legal e popular no indie rock hoje em dia soa como o R&B dos anos 90", disse ele. "Tipo, nem parece mais que é indie rock."

Ninguém encontrou um bom nome para esse momento específico no começo dos anos 2010, quando a cultura do R&B colidiu com o que se chama de cultura hipster. (Um termo que não colou foi "PBR&B", uma referência à suposta predileção de hipsters brancos pela cerveja Pabst Blue Ribbon.) De certa maneira, o surgimento de um R&B hipster foi um exemplo de verdadeiro intercâmbio cultural. Beyoncé gravou uma música composta e produzida, em parte, por Caroline Polachek, da banda indie Chairlift. Ouvintes indies brancos começaram a acolher artistas negros cuja música, inspirada no R&B, era difícil de classificar, como Blood Orange e FKA Twigs. Outros ouvintes e críticos, entretanto, rejeitaram a percepção de que só então o R&B tinha entrado na moda — como se, durante todas as décadas anteriores, o estilo fosse démodé e desinteressante. Uma artista de R&B que tentou bater de frente com esse dilema foi Solange, uma incansável cantora e compositora que, por acaso, também vem a ser a irmã caçula de Beyoncé. Solange começou sua carreira fazendo um pop divertido, mas logo passou a se aventurar em outras direções, até encontrar seu lugar artístico na intersecção entre o R&B e a música indie. Ela trabalhou com Blood Orange para gravar uma versão muito elogiada de "Stillness Is the Move", da banda indie Dirty Projectors. Ao evocar o espírito R&B que estava adormecido nesse clássico indie (ela levantou a canção com uma batida tornada famosa por Erykah Badu), Solange fez com que tanto ela própria quanto a banda parecessem mais cool. Em 2016, ela lançou um álbum memorável chamado *A Seat at the Table*, amplamente (e corretamente) apontado como um marco do R&B: uma coleção de canções mordazes, embora graciosas, refletindo um momento de raiva e ansiedade, aclamada de forma quase unânime pelos críticos.

Solange ficou desconfiada com o entusiasmo repentino dos críticos pelo R&B, principalmente aqueles que pareciam ter acabado de se converter ao gênero que ela chamava de lar. Uma de suas artistas preferidas era Brandy, cantora e atriz que emplacou diversos hits de R&B nos anos 1990 e (de forma mais discreta) fez algumas gravações bastante ousadas nos anos 2000. Em 2013, após aparentemente ler uma série de opiniões negativas sobre o mais recente álbum de Brandy, Solange postou uma espécie de manifesto R&B no Twitter. "Certos blogs musicais só teriam a ganhar se contratassem pessoas que REALMENTE entendem a cultura do R&B para falar sobre R&B", escreveu. Uma provocação como essa não era muito comum: as pessoas vinham exaltando e desprezando a cultura hip-hop havia décadas, mas a cultura do R&B quase nunca era discutida — talvez alguns até ficassem surpresos de saber que o R&B também era uma cultura. Ela pediu que jornalistas "parassem de se comportar como se o R&B tivesse estourado só no ano passado", como se apenas recentemente o gênero tivesse se tornado "interessante e experimental". Ela também propôs a implementação de um sistema de credenciais: "Vocês deveriam, no mínimo, conhecer as músicas mais obscuras da Brandy antes de sair dando uma 'nota' ou um 'valor' para qualquer artista de R&B". Essa última declaração foi a que atraiu mais as atenções para Solange, nem todas positivas: algumas pessoas acharam hilário o fato de ela ter usado uma linguagem de fã purista de rock (valorizando mais as "faixas obscuras" dos álbuns do que os singles que foram hits) para elogiar uma cantora como Brandy, que, nos anos 1990, não apenas foi uma *hitmaker* da música pop como também estrela de uma sitcom. A questão, porém, era justamente essa: Solange estava usando Brandy como símbolo de autenticidade no R&B não apenas por gostar de sua música, mas porque Brandy era considerada muito cafona, muito fraca, muito pop. No começo da década de 2010, as mesmas qualidades que outrora haviam feito dela uma sensação do crossover agora permitiam que fosse vista como uma espécie de guardiã de um portal, a pessoa que você precisava conhecer se quisesse ser visto como um verdadeiro especialista em R&B.

 Seria fácil alegar que a reputação oscilante de Brandy é uma maneira de mostrar o quanto as discussões sobre autenticidade no R&B são infrutíferas. Com a passagem do tempo, a distinção entre os hits radiofônicos e as músicas obscuras do R&B às vezes desaparece. Da mesma forma, e com mais frequência, isso também acontece em relação aos argumentos aparentemente definitivos sobre ter uma alma ou vendê-la. Entretanto, desde que Berry

Gordy fez sua corajosa declaração, sempre houve, de modo geral, uma espécie de autocorreção na natureza do R&B, um gênero que nunca conseguiu decidir direito se quer ser o som universal dos jovens (e dos nem tão jovens assim) dos Estados Unidos ou o segredo mais bem guardado dos negros, ou — de alguma maneira — as duas coisas ao mesmo tempo. Essa indecisão talvez ajude a explicar por que fãs como Solange podem às vezes adotar uma postura defensiva em relação às transformações do gênero. Talvez também ajude a explicar por que um crítico como eu se esforçou tanto para atestar a autenticidade de alguém como Ashanti. Acho que eu a via como uma espécie de representante de todos os artistas que foram injustamente menosprezados ao longo das décadas; artistas tratados como apenas mais um nome razoavelmente esquecível que chegou ao topo das paradas de R&B; artistas que não receberam nem a atenção nem o respeito que mereciam. Nelson George, nos anos 1980, estava preocupado que os artistas que furavam cada vez mais a bolha do R&B pudessem representar uma ameaça fatal para o gênero. Mas a verdade dolorosa é que o R&B, como um todo, jamais furou sua bolha de forma tão definitiva a ponto de desaparecer. Depois que a *Billboard* mudou o nome de sua parada de Race Records, surgiram alguns artistas negros muito bons e outros realmente excelentes que o público negro adorou, mas o público branco não curtiu tanto assim. E, enquanto isso permanecer verdadeiro, as pessoas sempre poderão recorrer a um termo que um dia serviu como eufemismo para a segregação musical e que, às vezes, ainda funciona da mesma maneira hoje em dia: R&B.

3.
Country

Da puríssima

Como muitos fãs de música country, Paul Hemphill buscava música country *de verdade* quando foi a Nashville. Ele era colunista do *The Atlanta Journal* e estava curioso sobre aquela indústria que estava reinventando uma cidadezinha pacata no meio do Tennessee. Reuniu suas impressões em *The Nashville Sound*, um livro inteligente e cheio de insights publicado em 1970, que dissecava uma indústria e um gênero em luta contra um problema invejável: a popularidade. Hemphill conversou com Wesley Rose, pertencente à segunda geração de sua família a ocupar um cargo de executivo do mercado de música country, que acabaria se revelando um tanto quanto purista. "Você não pode ser country e estar nas paradas do pop ao mesmo tempo", afirmou Rose, emitindo uma opinião que naquela época já soava antiquada. Contudo, Rose também foi visionário ao perceber que a mistureba de estilos nas paradas no final dos anos 1960 não era presságio de uma futura música pop universal, sem divisões de gênero. "Quem acredita que só vai existir um estilo de música está completamente maluco", disse. Hemphill não tinha muita certeza disso. Em sua opinião, artistas grisalhos do country como Johnny Cash e Merle Haggard — que "mal tinham deixado para trás a dura vida no campo", em seus modos, se não também em suas vidas — estavam destinados a ser substituídos por novatos ambiciosos e com mentalidade mais voltada para o pop. Mas uma noite, no Grand Ole Opry, o longevo show de country transmitido pelo rádio que fez de Nashville a capital do estilo, Hemphill encontrou um motivo para ter esperanças. Ele assistiu à apresentação de "uma loirinha incrível, linda como um sorvete de baunilha", equipada com uma "voz de soprano apalachiana e trêmula". A cantora e sua banda, afirmou, representavam "música country da puríssima". Seu nome era Dolly Parton.

Nas décadas seguintes, Parton se tornaria uma das artistas mais amadas dos Estados Unidos, muito embora, naturalmente, seu nome não estivesse associado exclusivamente à pureza. Parton cresceu numa pequena cidade nas montanhas na região leste do Tennessee. Ainda criança, cantou na igreja, no rádio e, em 1959, aos treze anos, no Grand Ole Opry. "Eu me enxergava como cantora de música country, e isso era tudo que sempre quis ser", diria mais tarde. Isso, contudo, acabaria se revelando um negócio bastante complicado. Após concluir o ensino médio, ela se mudou para Nashville, assinou um contrato de compositora e, o mais importante, conquistou um espaço na revista televisiva *The Porter Wagoner Show*; Wagoner, um *hitmaker* de respeito, se tornou seu mentor, além de parceiro frequente em seus duetos. Parton era invariavelmente apresentada como a "garotinha linda" ou a "mocinha bonita", mas tinha uma presença disruptiva, com sua voz aguda e limpa capaz de evocar toda a história da música rural, como percebeu Hemphill. Num episódio de 1973, ela apresentou uma de suas novas composições, definindo-a como "uma velha canção popular com uma levada mais pesada e moderna". E então cantou "Jolene", um relato das angústias românticas contemporâneas que, por algum motivo, parecia mais antigo que as próprias montanhas. A música chegou ao primeiro lugar da parada Hot Country da *Billboard*, assim como seu próximo single, "I Will Always Love You", um clássico da dor de cotovelo, que foi um adeus carinhoso para Wagoner e seu programa. A música também chegou ao topo da parada de country — duas vezes, na verdade, porque Parton gravou uma nova versão em 1982, que também conquistou o topo da parada. O fato de muitas pessoas nem sequer pensarem nela como uma canção country atualmente é um tremendo atestado da sua versatilidade, mais associada a Whitney Houston, cuja majestosa interpretação a tornaria, em 1992, a música a ficar mais tempo, em toda a história, no primeiro lugar da parada de música pop.

Se a voz de Parton era em alguma medida um reflexo de sua juventude no Tennessee, o mesmo pode ser dito de sua implacável ambição. Em sua autobiografia, de 1994, um livro espirituoso como ela sempre foi, Parton se lembra de ter comprado um Cadillac com um de seus primeiros grandes pagamentos, seguindo à risca o estereótipo do "caipira que enriquece"; também se descreve como uma "cantora de música country loira meio bagaceira", uma maneira inteligente de reconhecer que sua imagem glamorosa e caricata apenas a fazia parecer mais autêntica. E conta como, após deixar o *The Porter Wagoner Show*, conheceu Sandy Gallin, um agenciador de talentos de Los Angeles, e disse a ele: "Eu vou me tornar uma superstar, e quem me ajudar a conseguir isso também ficará rico e famoso". Parton o convenceu, e ele, em contrapartida, a convenceu a não ter medo de se indispor com a cena de Nashville. O resultado foi "Here You Come Again", canção pop conduzida por um piano, com alguns toques de steel guitar, exigência de Parton para enviar uma mensagem conciliatória aos fãs de country. A canção foi um sucesso — chegou ao número 3 na parada de pop e ao número 1 na de country — e marcou o início de uma nova carreira de Parton como popstar norte-americana, servindo como embaixadora da cultura da música country, mesmo quando fazia escolhas musicais muito distantes das raízes do gênero. Em 1980, a previsão que ela havia feito a Gallin se concretizaria de forma estupenda com *Como eliminar seu chefe*, um filme de comédia coestrelado por Parton que foi um sucesso arrasador, e com "9 to 5", um single pop que foi um sucesso igualmente arrasador, com uma batida dançante que era praticamente disco music. As estações de rádio de country também tocaram a música (e sem necessidade de uma steel guitar), talvez pelo fato de que as credenciais de Parton fossem impecáveis: justamente por descrever a si mesma como caipira, ela podia ir para Hollywood sem abrir mão de sua identidade cultural. Da mesma maneira que as bandas de hair metal podiam gravar *power ballads* e ainda ser consideradas rock 'n' roll, Parton podia cantar praticamente qualquer coisa que quisesse — ela sempre seria Dolly Parton. Quando acusada de estar abandonando a música country, ela dava de ombros. "Eu não estou abandonando", gostava de dizer. "Estou levando ela comigo para outros lugares."

O que é música country?

Dolly Parton é praticamente uma unanimidade. Mas quando o assunto é música country, as pessoas parecem discordar de praticamente todo o resto. Desde seu princípio, o country foi vendido como música excepcionalmente honesta, ligada a uma simplicidade que se costuma associar à vida rural nos Estados Unidos. A música country é mais antiquada do que o rock 'n' roll, embora seja menos tradicional — ou melhor, mais ambivalente quando se fala em tradição. O formato básico de uma banda de rock permanece incrivelmente estável desde os anos 1970: bateria, baixo e, acima de tudo, guitarra. Mas na música country, instrumentos tradicionais como o banjo e a steel guitar costumam entrar e sair de cena à medida que os artistas vão tentando decidir o quanto realmente querem soar "country". Alguns historiadores da música marcam o nascimento da música country numa série de gravações dos anos 1920, quanto a Victor Talking Machine Company — que não era exatamente uma gravadora, e sim uma fabricante de toca-discos — enviou Ralph Peer para o sul dos Estados Unidos, em busca de artistas. Alguns dos músicos negros que ele gravou, como Will Shade, líder da Memphis Jug Band, seriam vistos mais tarde como pioneiros do R&B. E alguns dos artistas brancos seriam considerados precursores da música country. Peer gravou Fiddlin' John Carson, ex-funcionário de uma fábrica de algodão na Geórgia, entoando uma canção de menestrel do século XIX, "The Little Old Log Cabin in the Lane", originalmente escrita por Will S. Hays, um compositor branco, usando dialetos negros, ou uma aproximação disso. Peer gravou Jimmie Rodgers, um ex-guarda-freio ferroviário do Mississippi, cujas canções tirolesas bem-humoradas fizeram dele um dos primeiros astros do country. (Em 1970, Dolly Parton levou uma composição de quarenta anos de idade de Jimmie Rodgers ao número 3 da parada de country, uma canção tirolesa do começo ao fim.) E Peer também gravou a Carter Family, dos montes Apalaches, no oeste da Virgínia. "Mother" Maybelle Carter, uma virtuose do violão e da auto-harpa, popularizou o estilo de dedilhar cordas e tocar acordes que provavelmente é o que vem à cabeça quando se pensa em música country.

Durante algum tempo, todas essas músicas eram consideradas folk music, um termo que lhes conferia um aspecto rural e tradicional, além de possivelmente perene, como se elas estivessem sendo passadas ininterruptamente de geração em geração. A *Billboard* começou a publicar uma parada das Gravações de Folk Mais Tocadas em Jukeboxes em 1944; cinco anos depois, a revista introduziu uma nova parada, focada nas estações de rádio, que estavam bombando: Gravações de Country & Western Mais Tocadas por Disc Jockeys de Folk. As duas palavras utilizadas no título evocavam a natureza heterogênea desse estilo musical. "Country" significava o legado apalachiano de artistas como a Carter Family — música caipira, como às vezes era chamada, nem sempre de forma elogiosa. E "Western" reconhecia a influência do Texas e da região Sudoeste do país, além da crescente popularidade das canções de caubói e do seu imaginário. Hank Williams era o exemplar perfeito de um astro moderno do country, e sua credibilidade rural e sulista era parte de seu atrativo. Em 1947, sua gravadora prometia aos ouvintes que o mais recente single de Williams era "tão caipira quanto bourbon". Sua banda de apoio tinha o nome de Drifting Cowboys, em homenagem aos filmes de caubói que ele adorava, e também em sintonia com a identidade do gênero, que flertava com a estética dos faroestes. (Williams morreu, possivelmente por causa de álcool e drogas, em 1953, aos 29 anos. É visto desde então como uma espécie de santo padroeiro da música country.) Com o tempo, "& Western" acabou desaparecendo do nome do gênero — a *Billboard* rebatizou sua parada como Hot Country Singles em 1962. A influência do Western, contudo, permaneceu, e hoje em dia praticamente ninguém se pergunta por que Nashville, cidade que nunca foi famosa pelos seus ranchos de gado, é sinônimo de chapéus e botas de caubói.

No começo dos anos 1970, quando Hemphill publicou *The Nashville Sound*, a música country ainda era amplamente encarada como um fenômeno regional. No final da década, graças, em parte, ao sucesso de Parton, ela se tornou febre nacional, com estações de rádio proliferando e vendas de discos explodindo. "Se 1978 entrou para a história como o Ano da Disco Music", dizia um artigo da *Billboard*, "1979 certamente será lembrado como o ano em que a música country se espalhou por todos os cantos." A revista *Esquire* havia recém-publicado uma matéria sobre os fãs de música country em Houston: nenhum deles era fazendeiro, mas todos eram apaixonados pela mitologia do caubói e passavam suas noites num *honky-tonk* gigantesco chamado Gilley's. Em 1980, essa reportagem se transformaria num filme, *Cowboy do asfalto*, sobre um homem com chapéu de caubói interpretado por John Travolta, que lutava para domar um touro mecânico numa bodega local. (Apesar desse enredo, não se tratava de uma comédia.) Da mesma maneira que um filme anterior de Travolta, *Os embalos de sábado à noite*, tinha levado a disco music ao mainstream, *Cowboy do asfalto* fez algo similar pela música country, com resultados igualmente confusos. Durante algum tempo, muita gente quis ser "country", mesmo sem ter muita certeza do que isso significava. No ano seguinte, uma longeva *hitmaker* do country chamada Barbara Mandrell abordou essa situação na música "I Was Country When Country Wasn't Cool". O título era uma declaração de falsa modéstia e, talvez, também um recado para os fãs que haviam sido convertidos por Travolta, enquanto os versos faziam uma elegante homenagem aos símbolos de autenticidade do country: camisas de flanela, o Grand Ole Opry, "pôr amendoins na Coca-Cola". Mas seu arranjo, ditado por um piano, era praticamente de soft rock. A canção levantou — sem, contudo, responder — uma pergunta que vinha sendo feita desde que a música country tinha parado de ser tratada como música folk para virar outra coisa. O que a música country significa na era do rock 'n' roll? Ou na era da disco music? Ou na era do hip-hop? O que é música country?

Uma resposta, oferecida por uma pequena porém insistente minoria, é que a música country é, e deveria ser, o que foi um dia: violinos, banjos, steel guitars e violões, e sotaques anasalados, letras estilizadas e harmonias solitárias. Para esses tradicionalistas, a música country era uma espécie ameaçada, com risco de extinção, se é que isso já não havia acontecido. Em praticamente toda nova fase na evolução do gênero houve quem se lamentasse com o fato de que a versão antiga e mais verdadeira do country estava sendo deixada para trás. E com frequência esses desmancha-prazeres estavam certos (ou quase). A expansão do rádio, que criou um público nacional para a música country, também ajudou a extinguir as tradições musicais regionais que tinham sido a fonte original do gênero. E, desde então, muita gente vem se preocupando com o fato de a música country estar cada vez menos característica e cada vez mais similar a outros estilos musicais. "Acho que estamos nos afastando da música country e nos aproximando da música pop", observou um decepcionado ouvinte de country em 1990. Acontece que esse decepcionado ouvinte de country era também um artista de grande sucesso no estilo: Garth Brooks, um camarada com mentalidade tradicionalista que, ao mesmo tempo, nos cinco anos seguintes, fez o máximo que pôde para levar o country na direção do pop mainstream. Atualmente, Brooks continua sendo um dos seus principais nomes e, se agora parece uma figura um tanto quanto antiquada, isso serve para mostrar o quanto outros astros do country seguiram seu exemplo nas últimas décadas e fizeram o gênero avançar ainda mais em sua evolução.

Outra resposta à pergunta sobre a identidade do country foi dada por Parton: a música country é uma identidade cultural, algo que vive nas profundezas de qualquer um que tenha tido a sorte de ter sido criado dessa maneira. Não muito tempo atrás entrevistei Morgan Wallen, um astro do country que surgiu no final dos anos 2010 e que tinha crescido ouvindo bandas radiofônicas como Breaking Benjamin e Nickelback. "Talvez não tenha sido a maior influência na minha vida, do ponto de vista musical", disse ele, quando perguntei sobre música country. "Mas quando comecei a compor, as músicas *soavam* como country. E pensei, tipo: bom, acho que vou ter que cantar música country, porque essa é a vida que eu conheço."

A música country permanece distinta, em parte porque "country" se refere a algo que não se resume à música: a palavra também tem implicações demográficas, definindo um grupo de pessoas que, em geral, são brancas e não se sentem muito confortáveis numa cidade grande, mesmo que vivam numa delas. (Wallen cresceu na minúscula Sneedville, no Tennessee, embora sua família tenha se mudado mais tarde para Knoxville, uma cidade de médio porte.) A palavra "country" muitas vezes foi usada mais ou menos como sinônimo de uma série de termos que em geral são pejorativos: "caipira", "matuto", "jeca". E com frequência essa identidade social deu a artistas como Parton — e, nesse sentido, Wallen — liberdade para ultrapassar os limites dos gêneros musicais. Se o country é uma cultura dentro da qual é preciso ter nascido, isso significa que forasteiros não são necessariamente bem-vindos. Mas também significa que seus membros têm muito espaço para a experimentação, desde que não se esqueçam de onde vieram. Como as bandas de hair metal descobriram nos anos 1980, seus fãs o perdoarão até de homicídio, desde que você se apresente e atue de acordo com seu papel.

Uma terceira resposta para a pergunta é a menos idealista de todas e, talvez, também a mais plausível. Barbara Mandrell, a cantora que punha amendoins em sua Coca-Cola, tinha toda a credibilidade country que uma artista poderia desejar: fora criada à base de velhos discos "caipiras" e já dominava a steel guitar antes mesmo da adolescência. Mas obteve sucesso, nos anos 1970 e 1980, com uma série de baladas de soft rock, e passou a ser vista como o epítome do pop country. Ela representava Nashville no que a cidade tinha de mais servil. Mas também no que esta tinha de mais versátil e flexível, encontrando maneiras de incorporar sonoridades de outros gêneros: solos de saxofone e trechos de sintetizadores nos estúdios de gravação; coreografias e monólogos de cabaré em cima dos palcos. Mandrell sabia que alguns públicos consideravam sua música inautêntica — ela se lembrava de ter tido uma recepção "definitivamente distante" num festival de música country em Londres, no qual os frequentadores pelo visto esperavam uma performance mais à moda antiga. Em sua autobiografia, entretanto, ela afirmou que sentia orgulho de ter desempenhado um papel na evolução do gênero. "Em certa medida", escreveu, "country era qualquer artista que fazia sucesso em Nashville e nas rádios de country na época."

De maneira ainda mais pronunciada do que os outros gêneros, a música country se propõe a agradar a seus fãs — não à toa, o prêmio mais cobiçado da indústria se chama Entertainer of the Year. É por isso que Mandrell, assim como a maior parte dos principais artistas do mainstream do country nos últimos cinquenta anos, sempre prestou muita atenção nas playlists das rádios e nas paradas da *Billboard*. É por isso, também, que a maioria de seus sucessos no country frequentemente fazia acenos ao pop mainstream. E, mesmo assim, toda essa ânsia em agradar jamais enfraqueceu seu fortíssimo senso de identidade — nem o do gênero. Pelo contrário: ao dar uma atenção desmedida aos fãs, tanto astros quanto executivos do country incentivaram seu público a ser não simplesmente fiel, mas tribal, passando a pensar em si mesmo como uma verdadeira comunidade. Da mesma forma que "R&B", historicamente, se refere a uma música feita por e para pessoas negras, "country", historicamente, se refere a uma música feita por e para pessoas brancas — e, de fato, ao longo dos anos, esse compromisso com a branquitude vem sendo, de forma recorrente, um tema implícito em várias composições, e às vezes até mesmo explícito. Mas não todo tipo de branco, é claro: o gênero costuma dizer que fala por e para um tipo específico de branco. Algumas músicas do country fazem com que o gênero soe como a voz oficial do respeitável mainstream norte-americano; outras fazem com que ele soe como uma rebelião contra a respeitabilidade do mainstream; a maioria dos principais artistas tem canções dos dois tipos. Mas todos os artistas de sucesso do estilo estão cientes da existência de um público bem característico e influente dentro da música country. E muitos deles reconhecem que ela é qualquer coisa que essas pessoas queiram que ela seja.

Ao longo dos anos, essa terceira resposta foi a que prevaleceu: a música country resiste e prospera até hoje porque é assim que os fãs de "country" determinam. Contudo, as discussões sobre quem pertence ao universo da música country e sobre como ela deveria soar nunca arrefeceram. De modo geral, os seus artistas mais populares definiram a si próprios em oposição a uma ou outra percepção sobre o que era o mainstream do gênero, como Garth Brooks, que desdenhava do pop country, apesar de ele próprio ter desenvolvido sua versão particular do estilo. Durante algum tempo, o Dixie Chicks redefiniu a noção de celebridade dentro da música country, apesar de no fim ter sido expulso do gênero — lembrando a outros artistas do estilo, portanto, que ainda havia muitos limites a ser respeitados. Taylor Swift foi uma das histórias de maior sucesso no country de todos os tempos, embora sua trajetória tenha acabado por levá-la para muito longe, e além de

Nashville e das estações de rádio de country. E, em 2019, um cantor negro desconhecido chamado Lil Nas X ganhou o mundo com "Old Town Road", uma canção deliciosa e dançante cantada com um forte sotaque que se tornou um dos maiores hits da história do pop e inspirou um debate: essa música deveria ou não ser considerada country?

Ao contrário de Dolly Parton ou Morgan Wallen, não fui criado no meio do country — por nenhuma definição possível. Nem meus pais nem meus amigos davam a menor atenção à música country, exceto por algum eventual grande sucesso. Então, quando comecei, no papel de crítico musical, a passar um tempo ouvindo o gênero e frequentando seu circuito de shows, aquilo me soava como uma espécie de world music, exótica e sublime. Eu já conhecia alguns dos clássicos — mesmo sendo um adolescente punk, entendia o apelo contracultural de Johnny Cash, alternando momentos de seriedade e comédia, enquanto entretém uma plateia barra-pesada na prisão de Folsom. Mas fui me interessando cada vez mais pelo que algumas pessoas chamavam, de forma pejorativa, de "new country": as misturas híbridas e adocicadas que dominavam as playlists das rádios. Nashville parecia uma cidade de perfeccionistas, abarrotada de grandes músicos e grandes compositores que trabalhavam dentro dos mesmos limites estreitos, todos tentando resolver o mesmo quebra-cabeça: como compor a música perfeita. Eu adorava o conceito de que um refrão também podia soar como piada. ("Talvez eu me odeie pela manhã/ Mas vou te amar essa noite", como canta Lee Ann Womack.) Eu adorava a maneira pela qual uma steel guitar era capaz de fazer a música mais idiota do mundo soar um pouquinho mais melancólica. E achava que havia algo de corajoso e atrevido na insistência do gênero em produzir ganchos poderosos e letras inequívocas: sem barulheira, sem impressionismo, sem nada a esconder. Essas músicas acabaram se tornando parte constante da minha dieta musical e também da minha vida; quando me casei, em 2009, minha esposa, Sarah, e eu tivemos nossa primeira dança ao som de uma canção country. "It Just Comes Natural", um hit caloroso e robusto de 2006, de autoria de George Strait. E parte da graça de ir aos shows de country em Nova York e nas redondezas era que eu me sentia como se não estivesse mais na cidade: as plateias estavam cheias de pessoas de outras regiões do país, interagindo com aquela jovialidade leve que é característica dos expatriados. Homenagens ao Exército, que raramente aconteciam em shows de outros estilos musicais em Nova York, costumavam ser recebidas com tremendas ovações. Pelo menos uma vez ao longo da noite, sem nenhum motivo em específico, parte da plateia sempre puxava um "USA! USA!".

Àquela altura, nos anos 2000, o gênero estava começando a descobrir como utilizar as guitarras do rock 'n' roll e, cada vez mais, as batidas do hip-hop; e, às vezes, também se debatia com o significado de sua duradoura identidade como música branca. Apesar de tudo, a música country ainda era importante, principalmente por causa do seu público: a questão sobre quem merecia ser considerado um artista country estava ligada à de quem teria acesso ao mercado de country, que permanecia sendo algo à parte e que tinha se expandido tremendamente e se tornado muito mais lucrativo desde a época que Hemphill visitou Nashville. Esse é um dos fatos mais surpreendentes sobre a música country: como ela permaneceu — e ainda permanece — sendo um gênero pelo qual vale a pena lutar.

Sem gritaria de modo algum

Uma das formas de contar a história da música country moderna é dizendo que o gênero ainda não se recuperou do impacto provocado por Elvis Presley. "O som subia pela coluna da gente", escreveu Waylon Jennings em 1996, em sua autobiografia, sobre a primeira vez que o ouviu no rádio. "Do jeito que cantava, ele soava como se fosse negro, mas tinha alguma coisa em suas canções que as deixava bem country." Em 1956, o ano em que Presley explodiu, um artigo na *Billboard* o citava como o principal exemplo de uma nova tendência: as *"diskeries"* — ou seja, as gravadoras — "vêm lançando um número cada vez maior de discos gravados por artistas country, mas que têm características definitivamente associadas ao R&B". Algumas pessoas chamavam essa música de "rockabilly", querendo dizer que era um rock 'n' roll feito por *hillbillies* [caipiras]. Presley havia se criado em Tupelo, no Mississippi, e depois em Memphis, no Tennessee, ouvindo música gospel, country e blues. E seus primeiros sucessos foram tão dominantes que chegaram a apresentar uma ameaça existencial ao sistema de classificação da *Billboard*: "Don't Be Cruel" e "Hound Dog" chegaram ao número 1 das paradas de pop, R&B e country, algo que nem todos os fãs de country aprovaram. A *Billboard* respondeu à polêmica num editorial altamente mordaz. "Há quem sugira que artistas de country que têm um material ou um estilo muito parecidos com o R&B devem ser excluídos da parada dos mais vendidos do country", afirmou a revista. "Essas sugestões demonstram total falta de conhecimento." (No ano seguinte, 1957, Jerry Lee Lewis também atingiria o topo triplo das paradas com uma dupla incendiária de sucessos, "Whole Lotta Shakin' Goin' On" e "Great Balls of Fire".) A presença de Presley nas paradas do country refletia e também alimentava a crescente popularidade do rock 'n' roll entre os ouvintes que gostavam de música country, um dos quais era Jennings, na época um jovem disc jockey em Lubbock, no Texas, que de repente se pegou repensando seus gostos musicais.

Parte do que tornou Elvis um fenômeno tão chocante foi o fato de que, embora "soasse como negro", como disse Jennings, na verdade ele era branco, o que o ajudou a se destacar dos diversos pioneiros do R&B em quem ele se inspirava, além de, sem dúvida, tê-lo tornado muito mais atraente para muitos ouvintes brancos. O movimento de Presley, o movimento do rock 'n' roll, era um movimento da juventude, o que fez com que a música country parecesse música de velho, uma reputação que acompanhou o gênero por décadas. Alguns artistas de country reagiram a isso adotando o som ou o espírito do rock 'n' roll. Jennings foi demitido da estação de rádio onde trabalhava depois de tocar duas músicas de Little Richard em sequência e entrou para a banda que acompanhava as turnês de um de seus amigos de Lubbock: Buddy Holly. (Em 1959, ele estava viajando com Holly na noite em que o músico fretou um avião para chegar ao local do seu próximo show; Jennings cedeu seu assento na aeronave para J. P. Richardson, mais conhecido como Big Bopper, que morreu, com Richie Valens e Holly, quando o avião caiu.) Em Bakersfield, na Califórnia, um fã de rock 'n' roll chamado Buck Owens desenvolveu uma versão mais enxuta da música country, calcada no violão, que ficou conhecida como "o som de Bakersfield". E havia ainda Johnny Cash, que por um breve período foi colega de gravadora de Presley na Sun Records e que emplacou diversos hits inesperados no country ao longo de décadas, ao mesmo tempo que, por algum motivo, permanecia inclassificável; nenhum outro artista fez tanto sucesso no country levando a indústria tão pouco a sério.

De modo geral, porém, a resposta da música country ao rock 'n' roll não foi competir, mas sim se contrapor. Um grupo de produtores perspicazes, liderado por Owen Bradley e Chet Atkins, criou o que viria a ser conhecido como "o som de Nashville". A ideia era apresentar o country como uma música urbana feita para adultos, sem perder tempo com filigranas, a menos que viessem da seção de cordas, e sem gritaria, de modo algum.

Os ouvintes que não estivessem interessados na energia maníaca do rock 'n' roll poderiam se voltar para artistas mais sofisticados como Patsy Cline e Jim Reeves, os quais estavam no seu auge quando morreram em acidentes de avião em 1963 e 1964, respectivamente. O som de Nashville foi sucedido pelo que se convencionou chamar de *countrypolitan*, que tinha uma sonoridade ainda mais delicada e elegante; ambos foram tentativas de modernizar e popularizar a música country, paradoxalmente alinhando-a a valores musicais ultrapassados. Muitos críticos se referiram a esses estratagemas de formas menos lisonjeiras. Numa matéria de capa do *New York Times* em 1985, o crítico Robert Palmer lamentava a influência persistente do som de Nashville, que ele descreveu como "arranjos de orquestra melosos e grudentos acompanhados por corais bovinos". Como vários outros críticos, Palmer considerava o som de Nashville imperdoavelmente insosso e conservador, "muito refinado e alinhado demais com o pop para aludir à nostalgia fronteiriça" — basicamente, não era country o suficiente. Essa crítica acabaria se transformando em senso comum, uma explicação recorrente para justificar o que tinha dado errado com o gênero nos anos 1960 e 1970. Ameaçada por um levante cultural, a música country se retraiu, convertendo-se numa procissão de homens de terno e mulheres em vestidos de festa, cantando (suavemente!) para os pais e avós da geração rock 'n' roll.

Charles L. Hughes, historiador especializado na música sulista norte-americana, argumenta que esse country suavizado era bem mais sofisticado do que muitos críticos perceberam, porque refletia um processo de bolhas tanto culturais quanto raciais sendo furada: o soft country, de forma muito similar ao soft rock, incentivou os artistas a explorar uma extensa gama de estilos, incluindo estilos negros contemporâneos. Billy Sherrill, produtor que ajudou a inventar o som *countrypolitan*, vinha do mundo do R&B: em 1959, ele foi um dos fundadores do estúdio de gravação FAME, em Muscle Shoals, no Alabama, um grande laboratório para o som da soul music sulista. Em Nashville, Sherrill criou hits com Tammy Wynette e George Jones, que ajudariam a definir o som da música country depois de Elvis. (Um dos sucessos de Jones com Sherrill foi um cover de "Hallelujah, I Love You So", de Ray Charles, com direito a saxofone, um instrumento praticamente proibido nas estações de rádio de country.) Outro cliente importante de Sherrill foi Charlie Rich, que emendou uma sequência de singles de sucesso nos anos 1970 que eram basicamente o equivalente country das slow jams; o empresário de Rich se gabou, certa feita, de que sua banda de apoio contava com "três cantoras negras — The Treasures, diretamente de Memphis — e um quarteto de sopros". Ronnie Milsap, um dos *hitmakers* mais consistentes do country nos anos 1970 e 1980, iniciou sua carreira no universo do blues e do R&B, e chegou até a abrir shows para James Brown antes de se reinventar como cantor de country, embora conhecido por suas suaves canções de amor. "Praticamente todos os principais astros da *countrypolitan* dos anos 1970", escreveu Hughes, faziam "um som influenciado pela soul music para demonstrar seu potencial de furar a bolha." Para os artistas de country, popularizar-se poderia significar envolver-se de forma mais intensa com a música negra.

Essa engenhosa estratégia híbrida ampliou a paleta do gênero, ao mesmo tempo que garantiu que a música country permanecesse autêntica, e fácil de ser reconhecida — separada, às vezes de forma brusca, do movimento do rock 'n' roll que outrora já havia ameaçado engoli-la. O astucioso contra-ataque de Nashville também permitiu que alguns artistas excelentes prosperassem por lá, entre os quais Glen Campbell, cuja voz e arranjos suaves muitas vezes acentuavam as canções sorrateiramente poderosas que ele cantava. Um dos seus primeiros grandes sucessos, em 1968, foi "Wichita Lineman", escrita pelo compositor pop Jimmy Webb, que imaginou a vida de um operário trabalhando em postes de luz em algum lugar no Kansas, perdido em devaneios com sua amada. "Ouço sua voz cantando nos fios", cantava ele suavemente, convidando seus ouvintes a chegar mais perto para escutá-la também.

Campbell furou a bolha do country em direção não somente das paradas da música pop, mas também da televisão, onde se tornou o apresentador de *The Glen Campbell Goodtime Hour*, que estreou na CBS em 1969, o mesmo ano do lançamento de outros dois programas: *The Johnny Cash Show*, que durou duas temporadas, e *Hee Haw*, um programa de variedades com temática country que, de alguma forma, sobreviveu até a década de 1990. Mas nem todo artista de country queria passar a vida cantando baladas serenas. Jennings, que tinha voltado para o country depois de alguns anos tocando rock 'n' roll, deu a impressão, durante algum tempo, de que trilharia o mesmo caminho que Campbell. Ele se juntou a Chet Atkins, adotou um estilo mais maleável e até fez sucesso com sua própria versão de uma canção de Jimmy Webb — "MacArthur Park", uma lamúria estranha e sentimental que garantiu a Jennings um Grammy. (A canção tinha estourado anteriormente com o ator Richard Harris, muito embora sua versão mais popular tenha sido gravada no final dos anos 1970 por Donna Summer, a rainha da disco music.) Mas o som de Nashville nunca levou Jennings ao topo das paradas de country, que no fim acabou rompendo com Atkins; a partir de 1972, ele lançou uma série de álbuns que não se pode chamar de suaves. O primeiro foi *Good Hearted Woman*, sobre um casal que estava apaixonado, mas não completamente feliz: "Ela é uma mulher de bom coração apaixonada pelo cara que apareceu na hora certa/ Ela o ama, mesmo ele fazendo coisas que ela não entende".

Jennings compôs a canção com um amigo, um conterrâneo texano que também havia crescido em meio às frustrações com a roupagem que Nashville deu para a música country. O nome desse amigo era Willie Nelson e, de alguma forma, ele poderia ter sido um excelente caminho para o gênero após o advento de Evlis Presley. Nelson tinha talento para compor músicas reconfortantes com influências de jazz que transitavam em meio a vários gêneros, como "Crazy", que outrora fora a marca registrada de Patsy Cline e que agora está tão profundamente atrelada ao cancioneiro norte-americano que a maioria dos ouvintes provavelmente nem se lembra de que é uma canção country. Contudo, de início Nelson teve dificuldade de se estabelecer nas paradas de sucesso, talvez porque sua maneira de cantar fosse esquisita e informal: nos anos 1960 e ao longo de toda a sua carreira, ele sempre gostou de cantar fora do tempo, às vezes esperando tanto para cantar um verso que os ouvintes achavam que tinha desistido.

No fim das contas, Nelson acabou desistindo de Nashville. Em 1972, ele se mudou para o Texas — não para Abbott, a cidadezinha onde havia crescido, mas para um lugar a poucas horas de distância de Austin, onde prosperava uma mistura permissiva de country e rock 'n' roll. O evento que deu origem ao movimento tinha sido um fracasso: o Dripping Springs Reunion, festival realizado naquele ano nos mesmos moldes de Woodstock, sofreu com o problema inverso — não um excesso de espectadores, mas sua ausência. Mesmo assim, Nelson, que foi uma das principais atrações, inspirado pela atmosfera do evento, cordial e repleta de drogas, deu início em 1973 ao seu próprio festival, o Willie Nelson's Fourth of July Picnic, uma tradição mantida quase anualmente até 2019. Um dos colegas de Nelson que também foi uma das principais atrações do Dripping Springs era Kris Kristofferson, que, na época, estava começando a se destacar não apenas como um celebrado compositor da cena de Nashville, mas também como um cantor cultuado por um pequeno público e um ator promissor. Outro era Jennings, que tinha começado a frequentar Austin com regularidade, apresentando-se para plateias que nem sempre pareciam ser receptivas à sua música. Ele se recorda de uma ocasião em que topou com um lugar lotado de "cabeludos" e enquadrou Nelson nos bastidores, perguntando: "Em que diabos você me meteu?". Mas acontece que os cabeludos adoraram a música de Jennings, que estava cada vez mais taciturna e misteriosa. Em 1973, ele lançou um álbum intitulado *Lonesome, On'ry & Mean*, que fez com que os fãs passassem a vê-lo não como um veterano de Nashville, e sim como um novo tipo de anti-herói do country — tão pertencente à contracultura, à sua própria maneira, quanto os hippies de Austin.

Uma revolta, uma releitura e uma campanha de vendas

Não aconteceu só com Nelson e Jennings. A partir dos anos 1960, algumas bandas e ouvintes de rock 'n' roll começaram a descobrir a música country e a tratar o gênero como uma espécie de brechó musical, repleto de estilos e canções extraordinárias que soavam cool justamente por serem um pouco antiquadas, talvez até mais que "um pouco". Em 1968, uma arrojada banda californiana de rock chamada The Byrds lançou *Sweetheart of the Rodeo*, um álbum ornamentado por muitos banjos, violinos e steel guitars. As rádios de country não lhe deram muita atenção, mas o álbum ajudou a criar um novo subgênero, o country rock. Gram Parsons, um hipster que adorava country e que toca nesse disco, se converteu num herói cult do country rock, lançando um punhado de álbuns, tanto solo quanto com o Flying Burrito Brothers, antes de sua morte, provocada por uma overdose de álcool e morfina, em 1973. Parsons era muito amigo dos Rolling Stones, que nessa época estavam fazendo experimentações com o country rock. (Uma delas, "Wild Horses", canção dos Stones com uma história curiosa: ela apareceu primeiro num álbum do Flying Burrito Brothers, porque Parsons tinha obtido permissão da banda para gravar sua própria versão.) Janis Joplin é considerada uma das vozes definitivas da explosão do rock 'n' roll, mas seu único sucesso pop foi uma versão vulcânica de "Me and Bobby McGee", uma música de Kristofferson. O emissário mais importante do mundo do rock foi Bob Dylan, que gravou uma série de álbuns em Nashville; um deles, *Nashville Skyline*, foi lançado em 1969 e teve o encarte dedicado a uma longa e praticamente indecifrável homenagem em forma de poema escrita por Johnny Cash. A primeira faixa desse álbum era uma nova versão para um dos clássicos de Dylan, "Girl from the North Country", cantada em dueto com Cash, e diversos fãs perceberam que a voz fanhosa e rasgada de Dylan soava mais suave do que nunca, como se ele estivesse se esforçando para cantar de um jeito específico — fazendo uma homenagem cool ao estilo cafona do som de Nashville.

Enquanto Nelson angariava fãs em Austin, Jennings foi encontrar seu próprio lar em Nashville. Tompall Glaser, um cantor que pensava como ele, tinha um estúdio lá, que passou a ser chamado de Hillbilly Central, uma espécie de clube anti-Nashville bem no coração da cidade — praticamente dobrando a esquina da rua na qual ficava o RCA Studios, onde Chet Akins era o chefão. Algumas estações de rádio e jornalistas começaram a usar o termo "country progressivo" para se referir ao festival de Willie Nelson e toda música associada ao evento. Naquela época, porém, o adjetivo "progressivo" estava sendo reivindicado por um grupo de bandas de rock cujos álbuns tinham uma tendência — ausente nos de Jennings e Nelson — a exaltar a inovação e a complexidade. Esses artistas de country compartilhavam a convicção de que o som de Nashville havia se tornado muito confuso e espalhafatoso, e que suas músicas seriam muito mais potentes se fossem reduzidas ao essencial. Esse foi um movimento revivalista, mesmo que não estivesse muito claro o que exatamente os artistas queriam reviver. Ao contrário de alguns artistas que viriam depois, o grupo não estava tentando recriar sozinho o visual e o som dos pioneiros da era pré-rock 'n' roll. E, apesar de não seguir a ortodoxia de Nashville — menos naipes de cordas, letras um pouco menos sombrias —, essa música ainda era facilmente identificável como country, ao mesmo tempo que representava uma transformação cultural.

Em 1973, Hazel Smith, uma marqueteira muito esperta de Nashville, sugeriu um rótulo que colou: "country fora da lei". A expressão "fora da lei" evocava a mitologia do Velho Oeste, filmes como *Bonnie e Clyde* e *Sem destino*, e um dos versos mais memoráveis de Bob Dylan, "Para viver fora da lei você precisa ser honesto". O movimento fora da lei produziu um hit surpreendente dois anos depois, quando Nelson lançou *Red Headed Stranger*, um impressionante álbum conceitual sobre caubóis que tinha arranjos tão escassos que os executivos da gravadora acharam, originalmente, que se tratava de uma fita demo. No ano seguinte, a RCA Records lançou uma coletânea caça-níqueis chamada *Wanted! The Outlaws*, trazendo canções de Jennings, Nelson, Glaser e Jessi Colter, uma veterana do gênero que, por acaso, também era a esposa De Jennings. *Wanted!* acabou sendo uma nova surpresa, o primeiro álbum da história da música country a conquistar o disco de platina, pela venda de mais de 1 milhão de cópias. *Wanted!* transformou o "country fora da lei" no ramo mais vendável do estilo e pôs em xeque a visão da indústria sobre os fãs do gênero — o senso comum dizia que eles compravam sobretudo singles, e não álbuns, ou que apenas ouviam as músicas no rádio. Muita gente que comprou essa coletânea, entretanto, provavelmente nem sequer era fã de country. No encarte, Chet Flippo, um crítico da *Rolling Stone*, tentava convencer os ouvintes mais céticos de que aqueles artistas de country não eram, na verdade, artistas de country. "Não é country, nem country rock", escreveu. "É só música boa pra caramba que é verdadeira e" — como Dylan teria dito — "honesta."

Como diversos outros movimentos musicais, o country fora da lei foi, em parte, uma estratégia de marketing que deu um novo nome para um fenômeno cultural nem tão novo assim. Era uma revolta, uma releitura e uma campanha de vendas; ele tem isso em comum com o punk rock, que surgiu mais ou menos na mesma época, e com certos movimentos reformistas que viriam mais tarde, como o hip-hop consciente e o neo-soul. O californiano Merle Haggard já era um fora da lei antes que isso se tornasse um movimento — ele havia cumprido pena por tentativa de roubo e fuga da prisão. Desde a metade dos anos 1960, muito antes de o termo "country fora da lei" ter sido inventado, ele já frequentava o topo das paradas do country com canções muito aclamadas que com frequência falavam sobre homens desesperados. E, em 1983, Haggard e Nelson lançaram *Pancho & Lefty*, um delicioso álbum de duetos que mais tarde se tornaria um clássico do country fora da lei. Kristofferson também era um fora da lei, e Shel Silverstein, que, além de escritor e cartunista, também era compositor de country, era considerado um "fora da lei honorário", de acordo com Jennings. Johnny Cash foi, de certa maneira, o fora da lei original: ele e Jennings moraram juntos durante algum tempo e, nos anos 1980, ele se juntou a Nelson, Jennings e Kristofferson para fundar o Highwaymen, um supergrupo fora da lei.

Nem todos os fora da lei eram grandes compositores, mas o movimento seguia uma convicção de que uma grande canção era mais importante do que uma grande técnica musical. Kristofferson, particularmente, tinha uma voz raquítica e incentivou toda uma geração de compositores de Nashville a perceber que eles também poderiam garimpar um lugar atrás de um microfone. Os anos 1970 também foram a era de ouro do southern rock, um híbrido do blues que fazia uso de algumas das mesmas simbologias utilizadas pelo movimento fora da lei. O southern rock acabou se infiltrando nas playlists das rádios de country na forma de covers: a versão de Jennings para "Can't You See", da Marshall Tucker Band, chegou à quarta posição; Nelson levou "Midnight Rider", da Allman Brothers Band, ao número 6. Mas as estações de country ignoravam o Byrds e Parsons; mesmo o Eagles, cuja versão mais acessível de country rock o transformou numa das maiores bandas daquela década, nunca fez muito sucesso nas rádios country.

O movimento fora da lei foi um híbrido musical, mas para ouvintes casuais provavelmente soava mais como uma caricatura. As batalhas de Cash contra o vício e a lei conferiam às suas músicas um atrativo voyeurístico, principalmente nos álbuns que ele havia gravado ao vivo nos presídios estaduais de Folsom e San Quentin. ("Já estivemos em muitas prisões", disse ele, em meio a aplausos em San Quentin — porém, apesar de ter sido detido diversas vezes, Cash nunca chegou a cumprir pena encarcerado.) Um cantor com um nome artístico muito similar chamado Johnny Paycheck se notabilizou por suas baladas românticas, mas nos anos 1970 se reinventou com êxito como fora da lei. Essa transformação foi possível graças à sua biografia: Paycheck era um viciado de longa data que, certa feita, dera um tiro num sujeito durante uma briga de bar. Ela também foi possível graças a um tremendo sucesso do country, construído ao redor de um refrão provocativo que até hoje soa como um murro bem dado na boca: "Pegue esse emprego e enfie", rosnava Paycheck. "Não trabalho mais aqui." Como diversas outras canções de country, essa também era mais ambígua, e muito mais engraçada, do que parecia à primeira vista. (A piada é que o narrador, apesar de falar grosso, não passa de um falastrão, e talvez seja até meio covarde. Exatamente antes de chegar ao refrão, ele canta: "Deus, mal posso esperar para ver a cara deles/ Quando eu criar coragem pra dizer [...]".) A música foi composta por outro fora da lei, David Allan Coe, um encrenqueiro selvagem que alegava viver ainda mais distante da lei do que os fora da lei originais.

Os fora da lei associavam criatividade a mau comportamento, criando a impressão de que eram imprudentes e desordeiros demais para fazer parte do establishment do country. Muito antes de Nelson se apresentar como um dos principais defensores da maconha nos Estados Unidos, seu festival ficou famoso por juntar hippies maconheiros com fãs de country mais tradicionais — em 1976, um artigo na *Texas Monthly* exaltava o cantor por "reunir vaqueiros e maconheiros". E, em Nashville, Jennings construiu uma reputação como provocador de confusões relacionadas aos seus vícios, entre os quais se incluíam, em momentos diversos, cocaína, anfetaminas e máquinas de *pinball*. (Em dado momento, relembra Jennings, ele e seus amigos gastavam mil dólares em moedas de 25 centavos todas as noites, o que levanta uma pergunta: como alguém tão obcecado por *pinball* podia jogar tão mal?) Os rumores sobre o comportamento selvagem dos fora da lei se transformariam numa má notícia em 1977, quando Jennings foi preso sob a acusação de posse de cocaína com a intenção de distribuí-la. A acusação acabou sendo retirada, e Jennings compôs uma canção apropriadamente agitada sobre o incidente, que chegou à quinta posição da parada, apesar de fazer uma referência velada à cocaína:

O que começou como brincadeira, a polícia não entendeu
Será que fui preso pelos "homi" porque canto pelo nariz?

A música se chamava "Don't You Think This Outlaw Bit's Done Got Out of Hand", e sua mensagem parecia ser dirigida tanto aos fãs quanto aos "homi". Nelson foi malandro e versátil o suficiente para se despir de sua fantasia de "fora da lei" quando ela não mais lhe servia. (Em 1978, ele lançou *Stardust*, uma coletânea de standards, que se tornou um inesperado sucesso de vendas.) Jennings, por sua vez — que disse ter parado de usar cocaína em 1984, praticamente duas décadas antes de sua morte, em 2002 —, nunca se descolou de sua imagem de fora da lei. De certa maneira, o gênero também não. A era dos fora da lei criou um ideal de independência e arrojo com o qual os artistas de country vêm se comparando desde então. O legendário Johnny Cash conquistou uma nova geração de fãs nas décadas de 1990 e 2000, quando se juntou ao produtor de rock Rick Rubin para gravar uma sequência de álbuns sombrios, cheios de músicas escritas por compositores mais jovens oriundos de lugares muito distantes do country. Entre os jovens, a canção mais popular de Johnny Cash é, sem dúvida, a versão para "Hurt", de 2002, do Nine Inch Nails, gravada em suas sessões com Rubin. Atualmente, quando alguém reclama que a "verdadeira" música country está sumida, ou diz que só gosta "das coisas antigas", provavelmente está se referindo aos fora da lei, um pequeno e diverso grupo de artistas que se posicionou contra o mainstream do country e, dessa maneira, ajudou a redefini-lo.

Talvez os fora da lei sejam vistos agora como símbolos de autenticidade, mas, de modo geral, eles sempre tiveram consciência da extensão de sua própria autenticidade, ou da falta dela. Em 1975, Waylon Jennings fez uma comparação exasperada entre ele próprio e Hank Williams, o pioneiro do country que talvez tenha sido o verdadeiro fora da lei original. Ele cantou: "Tem certeza de que Hank fez desse jeito?". Em 2009, um astro emergente do country chamado Eric Church atualizou esse sentimento na canção "Lotta Boot Left to Fill". Ele tirava sarro de artistas mais jovens de country que usavam os nomes de fora da lei para aumentar a própria credibilidade: "Você canta sobre Johnny Cash/ O Homem de Preto teria te dado um cacete!". É claro, porém, que Church estava fazendo a mesma coisa. "Acho que o Waylon não fez daquele jeito", canta ele, por cima de guitarras rugindo de uma maneira que soa completamente diferente de todos os clássicos de Jennings. "Lotta Boot Left to Fill" é uma canção híbrida e, justamente por isso, presta uma justa homenagem ao som do country fora da lei dos anos 1970.

De volta às origens

Apesar de estarem sempre de cara fechada, os músicos do country fora da lei acabaram fazendo um tremendo e inesperado sucesso. Gente que jamais teria comprado um álbum de Waylon Jennings adorava a postura mal-humorada que ele exibia uma vez por semana como narrador de *Os Gatões*, série de televisão exibida entre 1979 e 1985; como muitas crianças que cresceram nos anos 1980, eu sabia de cor toda a letra daquela canção de abertura muito antes de saber quem era Jennings. E a simbologia de caubói usada pelos fora da lei encontrou eco no *Cowboy do asfalto* de John Travolta, que criou, por sua vez, uma abertura para um caubói de verdade chamado George Strait, cantor em período integral e fazendeiro do Texas em meio período que, em 1981, mandou "Unwound", uma canção elétrica e guiada por violinos, para o sexto lugar da parada de country. Se Travolta estava sendo duplamente falso — um ator interpretando um cara que fingia ser caubói —, Strait foi apresentado como um "caubói de verdade" que cantava música country verdadeira. (As manchetes nem sempre resistiam à tentação de ligar o sobrenome de George a seu estilo: SOME REAL STRAIT-FORWARD COUNTRY; PLAYING IT STRAIT; COUNTRY MUSIC SERVED STRAIT UP.) Alguns anos atrás, dentro de um ônibus de turnê estacionado bem em frente a uma arena em Las Vegas, perguntei a Strait o que tinha levado a sonoridade do pop-country a se tornar tão predominante em Nashville quando ela surgiu. Strait é famoso pela reticência: não costuma conversar com repórteres e, quando o faz, não diz muita coisa. Sobre esse assunto específico, porém, ele se alongou bastante, relativamente falando. "Eu nunca quis ter nada a ver com aquilo", disse. "Eu queria ser country. E eu *era* country."

Nas décadas seguintes, Strait se tornou, de acordo com alguns critérios, o cantor de country mais popular de todos os tempos, o que explica o fato de ainda estar lotando arenas em Las Vegas quando conversei com ele. Depois de "Unwound", ele emplacou outros 85 singles no Top 10 do country, com 44 destes chegando ao primeiro lugar — um recorde absoluto. Em 1992, estrelou o filme *Pure Country*, que foi mal nas bilheterias, mas muito bem quando chegou às fitas de videocassete e, nas décadas seguintes, também à TV a cabo. Strait foi um dos primeiros representantes do assim chamado neotradicionalismo, um grupo de jovens cantores dispostos a levar o country de volta às suas origens. Esse foi um movimento relativamente modesto, embora admirável, tendo produzido poucos sucessos capazes de furar a bolha e nenhum manifesto, porém mantendo uma produção regular de cantores muito bem-sucedidos. Randy Travis, assim como Strait, se especializou em canções maravilhosamente simples e elegantes que tocavam o tempo todo nas rádios de country — e nunca nas demais estações; Alan Jackson surgiu, alguns anos depois, com um senso de humor irônico que o ajudou a passar décadas emplacando hits. (A discografia de Jackson inclui "The Talkin' Song Repair Blues", na qual um compositor e um mecânico ficam conversando sobre diagnósticos técnicos.) E Reba McEntire, uma das mais bem-sucedidas integrantes do neotradicionalismo, mostrou o quanto as fronteiras do gênero podiam ser porosas. No início de sua carreira, McEntire havia se esforçado abertamente para evitar o que chamava de "essa coisa contemporânea; essa mistura de gêneros"; ela se inspirava nos clássicos da música country gravados por Dolly Parton e Merle Haggard. No entanto, um de seus maiores sucessos veio quando ela decidiu abandonar essa postura austera. "Whoever's in New England", balada que fez estourou em 1986, tinha um pianinho estridente e um videoclipe, o primeiro de McEntire, que parecia um filme feito para a TV, com a cantora interpretando uma esposa desesperada com um marido que fazia viagens de negócios muito suspeitas. A canção ajudou a consolidar McEntire como um dos maiores nomes da música country, e seu clipe marcou o início de uma carreira de atriz que a levou para as telas de cinema, para os palcos da Broadway e, durante seis temporadas, para o centro de sua própria sitcom, *Reba*. E, mesmo assim, "Whoever's in New England" quase não tocou nas estações de pop e nunca chegou ao Top 40 — ela podia parecer e até soar como um crossover, mas sua trajetória se deu inteiramente dentro do universo da música country.

Olhando em retrospecto, o fato mais espantoso sobre a música country mainstream dos anos 1980 é o quanto ela estava isolada. À medida que a febre de *Cowboy do asfalto* foi baixando, o gênero começou a soar terrivelmente cafona — mais ou menos como aconteceu com a disco music após seu próprio encontro com John Travolta. A diferença foi que, ao contrário da disco music, um gênero híbrido novo, a música country era relativamente antiga. O gênero tinha passado décadas ensinando os seus ouvintes a enxergarem a si mesmos como fãs de country e construído toda uma infraestrutura para incentivar e monetizar em cima desse senso de identidade. Sob esse aspecto, tinha mais em comum com o R&B, exceto pelo fato de que naquela época os artistas de country estavam muito mais distantes do mainstream do que os de R&B e, consequentemente, tinham uma probabilidade muito menor de aparecer nas rádios do Top 40, para não falar na MTV. É incompreensível que Luther Vandross, apesar de seus inúmeros hits de R&B, nunca tenha chegado ao topo da parada de pop. Mas talvez seja ainda mais incompreensível que a ousada e extraordinária dupla The Judds — formada por Wynonna Judd e sua mãe, Naomi — tenha emplacado catorze canções no topo da parada de country nos anos 1980 sem jamais ter marcado presença na Hot 100, a parada de pop da *Billboard*. A dupla também era, mais ou menos, parte do movimento neotradicionalista, usando harmonias fechadas e pondo o violão em evidência para evocar um passado distante, um tempo em que a música country era música folk. Seus ritmos, entretanto, se inclinavam na direção do rock, bem como a habilidade vocal de Wynonna Judd de ir do murmúrio ao rosnado num mesmo verso. Em teoria, The Judds poderia ter sido enquadrada em diversos gêneros musicais. Na prática, os fãs de country foram os sortudos que ficaram com elas só para eles.

É claro que pessoas sensatas costumam discordar sobre o que significa ser, como diz o título da estreia cinematográfica de Strait, "puro country". A trilha sonora de *Pure Country* se tornou o álbum mais vendido da carreira dele, e colocou "Heartland", que não era de fato "puro country", no primeiro lugar da parada de sucessos. ("Essa música é o mais perto que você pode chegar do rock 'n' roll e ainda se encaixar no mercado de country", declarou Strait na época.) Ouvintes que quisessem algo ainda mais tradicional que os neotradicionalistas podiam optar pelo bluegrass. O termo surgiu na década de 1950 para descrever um som que havia se consolidado nos anos 1930: música apalachiana animada, acústica e sem percussão, que praticamente não produziu nenhum hit, a menos que se conte a música de abertura da série *A família Buscapé*. Mas o bluegrass resistiu, e de maneira muito similar ao blues, ao cancioneiro norte-americano e a diversos formatos de jazz: como uma espécie de música de repertório norte-americana. O gênero era redescoberto o tempo todo, como em 1972, quando um grupo de country rock chamado Nitty Gritty Dirt Band lançou *Will the Circle Be Unbroken*, um álbum triplo que trazia diversos pioneiros do bluegrass, entre os quais "Mother" Maybelle Carter. Se a música popular, em sua definição mais ampla, era ditada pelas paradas de sucesso, por personalidades midiáticas e modas efêmeras, estilos como o bluegrass são mais bem definidos por suas riquíssimas trajetórias, e pela extraordinária técnica e expressão interpretativa dos músicos que se dedicam a eles. Fãs de bluegrass criaram seus próprios festivais e instituições, e reverenciam seu próprio panteão de heróis, como a dupla de violão e banjo Flatt and Scruggs, que gravou aquela música de abertura para *A família Buscapé*, e Ralph Stanley, um virtuose do banjo, que parou de tocar pouco tempo antes de sua morte, em 2016, aos 89 anos.

Para um cantor de bluegrass, "furar a bolha" talvez não significasse sair do mundo da música country, e sim encontrar um lugar dentro dele. Nos anos 1980, Ricky Skaggs e Keith Whitley saíram diretamente do circuito de bluegrass para o topo da parada de country diversas vezes. Alison Krauss, violinista e cantora de bluegrass, teve uma trajetória similar, conquistando tanto o sucesso no mundo do country quando o reconhecimento do mercado externo da indústria musical. Em 2011, Krauss já havia ganhado 27 Grammys, estabelecendo o recorde absoluto para um artista até 2021, quando Beyoncé a ultrapassou. Os prêmios de Krauss, junto com sua voz extraordinariamente aprazível, acabaram lhe garantindo um lugar honorário da elite de Nashville. Ela teve um tremendo sucesso radiofônico com "Whiskey Lullaby", um dueto tristonho com o astro do country Brad Paisley. E, em 2006, produziu *Like Red on a Rose*, um álbum gracioso e criativo de Alan Jackson, repleto de slow jams muito autênticas. No ano seguinte, na primeira edição do festival de country californiano Stagecoach, Jackson era uma das principais atrações, e sua apresentação da música que dava nome ao álbum — uma canção de amor adulta e serena — foi a coisa mais memorável que escutei naquele fim de semana. O álbum de Jackson era excepcional, embora estrategicamente nem tanto: espera-se que de tempos em tempos os astros do mainstream do country façam acenos às suas conexões com versões mais antigas do gênero. Um cover ou uma parceria eventual conferem autenticidade e talvez até inspirem certa dose de nostalgia nos fãs, que muitas vezes sentem saudades dos velhos tempos do country, mesmo que jamais os tenham vivido. Praticamente todo mundo gosta de dizer que ama esse som mais antigo, mas os programadores das rádios sabem que a maioria do público prefere, na realidade, ouvir as coisas mais novas.

Os rebeldes da merda de cavalo

Ao longo das décadas, as playlists muito restritas e a evolução do gosto das estações de rádio country frustraram um grande número de músicos e fãs: talvez até mais do que os executivos das gravadoras, os programadores das rádios são vistos como vilões terríveis por quem acredita que há alguma coisa de errado com os hábitos de escuta do público em geral. O movimento fora da lei ajudou a mostrar para uma geração de ouvintes que havia muita música country além do que tocava no rádio, impulsionando a carreira de cantores e compositores muito eloquentes como Guy Clark e Billy Joe Shaver. (Waylon Jennings certa vez disse: "Billy Joe falava como um caubói moderno falaria, se tivesse saído do Velho Oeste para viver nos dias de hoje".) John Prine surgiu em 1971, com a ajuda de Kris Kristofferson, como um obstinado cantor e compositor por vezes cáustico; ele foi aclamado pela imprensa como um brilhante novo cantor de country, apesar de seu som ser profundamente inspirado na versão de Dylan para a música folk. Emmylou Harris também era uma cantora de folk, uma veterana da cena de Nova York do final dos anos 1960 que ficou famosa cantando com Gram Parsons e que se tornaria, décadas após sua morte, uma improvável colecionadora de sucessos. Ela parecia, às vezes, ter duas carreiras ao mesmo tempo, sendo tanto uma pioneira da contracultura no country quanto, durante um período, uma presença constante nas estações de rádio, levando ecos delicados de country rock para muitos ouvintes que nunca tinham ouvido falar em Gram Parsons. Em 1995, quando praticamente desapareceu das playlists das rádios de country, Harris lançou *Wrecking Ball*, um álbum quente e vibrante que consistia sobretudo em covers. O disco não emplacou nenhum hit, mas serviu como um marco para ouvintes e artistas que estavam atrás de um novo tipo de música country. Mais tarde, Harris diria que o álbum havia sido, em parte, sua resposta ao fato de ter sido ignorada pelas rádios de country. "Basicamente me disseram: 'Você não está mais convidada para essa festa'", declarou.

Na época do lançamento de *Wrecking Ball*, um número cada vez maior de artistas de country estava batendo de frente com Nashville. De modo geral, sua música era conservadora na sonoridade e reformista no espírito, às vezes de forma um tanto quanto agressiva: a ideia era voltar a um tempo anterior ao início da degradação da música country, para reescrever a história do gênero do jeito que ela deveria ter acontecido. Dwight Yoakam não era simplesmente um neotradicionalista. Era completamente retrô — um devoto de Buck Owens — e abominava todos os artistas contemporâneos de country que não soavam nem um pouco como Owens; ele descreveu, certa vez, o longevo e despretensioso grupo vocal Oak Ridge Boys como "uma merda de cavalo pop de segunda linha". Yoakam conseguiu emendar uma sequência de singles de sucesso nas rádios country e, em 1986, também se tornou o primeiro cantor de country a colocar um videoclipe na programação da MTV, onde sua atitude anti-Nashville o ajudou a se encaixar por lá. (Ele e sua banda talvez tenham feito alguns dos telespectadores se lembrarem do Stray Cats, uma banda meio punk, revivalista de rockabilly, que caiu nas graças da emissora no começo dos anos 1980.) Steve Earle e Lyle Lovett, dois dos cantores e compositores mais celebrados da década, construíram carreiras de sucesso sem muita ajuda das rádios de country, o que, em parte, era justamente o que eles queriam; "Não estou tentando ser George Strait", declarou Lovett certa feita. Essas mesmas estações de rádio também praticamente ignoraram k.d. lang, uma artista performática do Canadá que criou uma versão estilizada da música country inspirada por Patsy Cline, a quem idolatrava. Para seu álbum de estreia, em 1988, lang convenceu Owen Bradley, o ex-produtor de Cline e um dos cocriadores do som de Nashville, a deixar temporariamente sua aposentadoria. Embora tenha ganhado alguns Grammys na categoria de country, ela nunca foi indicada a um prêmio da Country Music Association. Quando lang participou de uma campanha a favor do vegetarianismo em 1990, algumas estações de country baniram suas músicas; uma delas a acusou de defender uma "ideologia extremista anticarne". Em 1992, ela se assumiu lésbica, o que não teve nenhum efeito em sua carreira de *hitmaker* no country — até porque, naquela altura, ela já não estava mais fazendo country mesmo. Numa entrevista para o *The Boston Globe* em 1995, lang descreveu seu afastamento do universo de Nashville como uma escolha consciente. "Eu não queria ser uma Reba McEntire ou um Randy Travis, porque isso significaria que estava fazendo algo acessível demais", disse. "Eu queria conservar minha rebeldia."

A música country está cheia desses autodenominados rebeldes que, ao mesmo tempo, costumam alegar que são fiéis à essência do gênero. Lyle Lovett não queria ser George Strait, e k.d. lang não queria ser Reba McEntire. Por outro lado, Strait e McEntire também começaram a carreira nadando contra o mainstream de Nashville, ou sua interpretação dele. Às vezes, quando os artistas de country falam sobre Nashville, parecem políticos norte-americanos que discursam contra a corrupção e a incompetência de Washington, ao mesmo tempo que se esforçam intensamente para chegar lá e por lá permanecer. Mas há, também, uma maneira um pouco menos cínica de pensar a respeito desse fenômeno. Praticamente todos os principais astros do country encontraram um jeito de revolucionar o status quo de Nashville. Com frequência, a melhor forma de entrar para a elite de Nashville é batendo de frente com ela. Em geral, artistas de country não deveriam, em tese, cantar slow jams melosas dos anos 1970 antes do surgimento de Charlie Rich e Ronnie Milsap, bem como o "puro country" de Strait era considerado cafona em Nashville — até o momento em que ele o tornou cool.

Sabemos agora que a maioria dos rebeldes do country dos anos 1980 como Lovett e lang não estava querendo conquistar Nashville, de modo que fica mais fácil entender o que eles estavam fazendo de verdade: criando uma alternativa, transformando aquele sentimento anti-Nashville num modelo de negócios viável. Nos anos 1980 e 1990, críticos e executivos — e, numa proporção muito menor, músicos — começaram a usar termos como "country alternativo" (foi assim que o *New York Times* descrevera *Wrecking Ball*, de Harris) ou "alt-country" e "Americana". Esses rótulos eram insatisfatórios, mas ainda assim serviam a um propósito: descrever artistas vagamente ligados ao country que se inseriam na história do gênero ao mesmo tempo que buscavam, algumas vezes, inspiração no espírito do punk; muitos atraíam fãs de fora do núcleo duro dos fãs de country. Esses rótulos foram aplicados a uma ampla gama de artistas, de Iris DeMent, uma assombrosa cantora e compositora que Ralph Peer teria adorado, até o Uncle Tupelo, uma banda pós-punk com ecos do country pré-moderno. Esses artistas nunca dominaram as rádios de country, mas, em alguns casos, prosperaram mesmo sem elas. Jeff Tweedy, do Uncle Tupelo, fundou o Wilco, uma das bandas mais populares do rock alternativo dos anos 2000. E, em 2000, o alt-country chegou a produzir um álbum multiplatinado: a trilha sonora de *E aí, meu irmão, cadê você?*, um filme dos irmãos Coen. Misturando gravações antigas com novos trabalhos de artistas de mentalidade tradicionalista e cantores de bluegrass, como Krauss e Gillian Welch, o disco vendeu mais de 8 milhões de cópias — tornando-se, por ampla vantagem, o álbum mais vendido nos Estados Unidos, sem contar com praticamente nenhuma ajuda das rádios de country. No *New York Times*, Neil Strauss se perguntou se o sucesso da trilha sonora incentivaria as rádios de country a "começar a tocar música country tradicional". O texto cita Paul Allen, que, representando essas emissoras, declarou: "As rádios de country se dedicam exclusivamente às músicas que possuem um apelo de massa, e elas têm alguns limites bem definidos". Esses "limites bem definidos" estavam diretamente relacionados a uma plateia bem definida, que, evidentemente, não estava muito a fim de ouvir Gillian Welch ao lado de, digamos, George Strait. Mas o sucesso dessa trilha sonora foi um bom lembrete de que existem muitos tipos diferentes de popularidade musical — e muita gente que gosta de country, porém não tem o menor interesse nas rádios do estilo.

Mas o mais engraçado a respeito do movimento do country alternativo é o fato de que essa corrente resistiu e se expandiu de maneira muito similar ao mainstream, conquistando novos adeptos quando se atualizou e muitas vezes deixando sua identidade um pouco de lado. Nos anos 2000, o movimento que havia surgido como um contraponto a Nashville agora andava cada vez mais com as próprias pernas, como uma versão moderna da música folk, produzindo canções com letras elaboradas para uma plateia em geral bastante adulta e sofisticada. Fãs de Dylan e Prine perceberam um espírito similar em Lucinda Williams, que lançou *Car Wheels on a Gravel Road*, um marco do alt-country que na verdade nem era tão country; poderia ser facilmente classificado como alt-blues — ou alt-rock, se o termo já não tivesse sido reivindicado por outro movimento. Em 2002, foi criado o Americana Honors and Awards, que prestou reverência a artistas do alt-country, como Gillian Welch, e a pioneiros do country, como Willie Nelson, além de heróis do classic-rock como Van Morrison. E, da mesma maneira que os astros do mainstream do country dos anos 2010 estavam cada vez mais determinados em mostrar o quanto eram versados no hip-hop, algumas figuras de destaque da cena alt-country começaram a priorizar parcerias com artistas negros, num gênero que normalmente era visto como branco. Em 2017, a MacArthur Foundation concedeu uma "bolsa de gênio" a Rhiannon Giddens, um ex-integrante da banda Carolina Chocolate Drops, pelo seu papel no "resgate das contribuições dos afro-americanos aos gêneros do folk e do country".

Não é preciso dizer que artistas que não faziam parte do alt-country não recebiam bolsas da MacArthur: na música country contemporânea, assim como em qualquer outro gênero, a relação entre o mainstream e o que era considerado alternativo podia ser incrivelmente polarizada, com grandes plateias e muito dinheiro de um lado, e elogios da crítica e prestígio social do outro. Mesmo assim, esses dois mundos convivem muito mais próximos hoje em dia do que nos anos 1990, quando era altamente provável que boa parte dos *hitmakers* do country jamais tivessem sequer ouvido falar de Uncle Tupelo. Miranda Lambert foi uma estrela do mainstream surgida em 2004, depois de conquistar o terceiro lugar no reality show *Nashville Star*, que se tornou um dos nomes mais influentes do gênero, famosa por suas canções animadas e muitas vezes cáusticas, que lembravam tanto Dolly Parton quanto os fora da lei dos anos 1970; na esteira do seu sucesso, uma nova geração de artistas encontrou sua própria maneira de contrabandear um espírito de rebeldia para dentro das rádios de country. Dave Cobb, um produtor visionário que chegou a Nashville em 2011, auxiliou bastante nesse processo, precisamente porque não estava comprometido com nenhuma corrente da música country em particular: ele declarou, certa vez, que desejava fazer música que soasse como se fosse "do espaço sideral", e sua lista de clientes ia de John Prine, que gravou seu último álbum de estúdio com Cobb, a Jason Isbell, um dos nomes mais aclamados do movimento contemporâneo de Americana, passando pelo Oak Ridge Boys, o grupo vocal que Yoakam insultara nos anos 1980, chamando-o de "merda de cavalo". Em 2015, Cobb se comprometeu a ajudar um cantor e compositor chamado Chris Stapleton a se transformar num astro do mainstream. Era uma figura austera, com voz rouca e uma barba bíblica, uma agradável anomalia em meio aos galãs perfeitinhos que dominavam as rádios do gênero.

No final dos anos 2010, mais uma artista capaz de furar a bolha do country surgiu: Kacey Musgraves, que atraiu fãs de country e de pop valendo-se do imaginário do universo dos caubóis de forma leve e irônica. (Ela veio a sair em turnê com a popstar Katy Perry, mas a conheci nos bastidores de uma arena em Las Vegas, onde ela abriria um show de George Strait. "Cheguei a passar um tempinho com ele", ela me contou. "Ele praticamente só fala sobre cavalos.") Em 2018, Musgraves lançou *Golden Hour*, que era um pouco menos kitsch que seus trabalhos anteriores, e muito mais tocante — foi um dos melhores álbuns de country da década, apesar de Musgraves incorporar a identidade do estilo de forma sutil, utilizando batidas da disco music e efeitos eletrônicos com a mesma naturalidade que usava banjos e steel guitars. As rádios de country praticamente ignoraram o disco, mas ela se orgulhava de ser capaz de lotar grandes casas de show sem nenhuma ajuda radiofônica e estava satisfeita com sua base de fãs, que não eram necessariamente ouvintes de country. É claro que quanto mais ela se afastava da sonoridade e da indústria da música country, menos era vista como uma artista que havia se rebelado contra Nashville, e mais como uma cantora e compositora excepcional, pura e simplesmente. Uma artista como Musgraves é a maior homenagem possível ao profundo e vasto legado musical da música country. Ao mesmo tempo, não é uma crítica nem a Musgraves nem à música country a afirmação de que, na época em que *Golden Hour* foi lançado, ela parecia habitar um universo musical só seu.

Gosto bastante de várias dessas músicas anti-Nashville, mas, até aí, também gosto bastante das músicas que tocam nas rádios de country. Na verdade, acho que as cenas de alt-country e Americana foram preciosistas demais em seus esforços para não se dobrar à influência tóxica da indústria do country e em suas tentativas de evocar um mundo mais simples com o uso de gírias arcaicas e chapéus extravagantes. Talvez essa opinião seja apenas uma espécie de esnobismo reverso, um modo de eu me sentir superior ao tipo de pessoa que se sente superior ao tipo de pessoa que adora música country "comercial". (O esnobismo, pelo que aprendi, é algo difícil de definir e mais difícil ainda de evitar: não existe praticamente nenhuma maneira de opinar a respeito de música popular sem fazer algum tipo de julgamento sobre as pessoas que a escutam.) Essa opinião sem dúvida reflete também uma espécie de alergia que sinto em relação a qualquer corrente musical "retrô", muito embora reconheça que existe uma vibração nostálgica presente em toda cultura popular. (Às vezes parece que a música popular anda mais nostálgica do que já foi, o que talvez signifique que o fato de eu não gostar de nostalgia seja, por sua vez, uma espécie de nostalgia por um passado pré-nostálgico.) Por outro lado, discordo em grande parte da visão dos dissidentes sobre o mainstream da música country, embora goste muito de algumas de suas músicas. Acho que as rádios de country hoje em dia, mesmo com todas as suas regras inflexíveis e manias bobas, são uma instituição maravilhosa, um desfile de músicas excepcionais, feitas para cantar junto, que gravitam em torno de uma cultura difícil de definir, embora muito fácil de reconhecer assim que você escuta. É o tipo de coisa que os historiadores vão estudar no futuro — e, se tiverem um mínimo de bom senso, também cantarão ao som dessas músicas.

Subúrbios e mamadeiras

Na reportagem que escreveu para o *New York Times* em 1985 sobre o estado supostamente moribundo da música country, Robert Palmer mencionou algumas razões para ser otimista em relação a uma possível retomada de Nashville. Os fãs de música country estavam "minguando", escreveu, mas havia esperança: "Uma nova safra de jovens grupos de rock anima a cena de Nashville". Ele citava Jason and the Scorchers, Walk the West e algumas outras bandas, nenhuma das quais se tornaria popular o suficiente para transformar a identidade musical da cidade, nem seu mercado característico. Quando um novo artista finalmente apareceu para redefinir e revitalizar o gênero, não foi uma banda ousada de rock 'n' roll, e sim um pacato neotradicionalista de Oklahoma, munido de um single chamado "Much Too Young (to Feel This Damn Old)". A letra contava a história de um velho, cansado e solitário caubói de rodeio. Mas a voz do cantor era surpreendentemente delicada e instável, enfatizando não a força do personagem, e sim suas fraquezas.

Esse foi o single de estreia de Garth Brooks, um astro do country extraordinariamente ambicioso que acabaria se tornando tão bem-sucedido — de acordo com alguns critérios, ele é o cantor que mais vendeu em toda a história norte-americana — que precisou criar novas ambições, com as quais obteve resultados variados. No começo Brooks parecia satisfeito em pertencer ao movimento dos neotradicionalistas. Contudo, ele logo criaria sua própria maneira de destoar do consenso de Nashville. Embora fosse crítico de uma música country pop demais, também depreciava as canções muito antiquadas. "O que interessa ao ouvinte de música country hoje não é a mesma coisa que interessava nos anos 60 e 70", afirmou. "Essas músicas tipo 'Perdi Minha Esposa prum Caminhoneiro e Meu Cachorro Foi Atropelado Hoje'." (Uma velha piada diz que os músicos de country estão eternamente de luto por seus cães que morreram, embora existam relativamente pouquíssimas canções populares sobre cachorros no gênero; "Dirty Old Egg-Sucking Dog", de Johnny Cash, é uma exceção, embora não seja, nem de longe, uma elegia.) "A música country de hoje", continuou Brooks, "vive os seus dias de glória, porque ela está de volta ao country tradicional, que fala sobre a vida real." Na verdade, Brooks não era, na vida real, um velho caubói de rodeio; ele era cantor, com um diploma de publicidade e propaganda da Universidade Estadual do Oklahoma. Nos anos que se seguiram ao lançamento do seu single de estreia, porém, Brooks deixou de lado a mitologia do caubói para se vender como um bardo da "vida real". Um de seus primeiros grandes sucessos, "The Dance", falava de um homem pensando na mulher que ele tinha perdido e encontrando motivos para se sentir grato por isso. Em outra, "Unanswered Prayers", o tema era um homem vendo uma mulher que ele havia amado no passado e se dando conta do quanto era sortudo por ela não ter retribuído o sentimento:

Conforme ela foi se afastando, olhei para a minha esposa
E bem ali, naquele instante
Agradeci ao bom Deus pelos presentes que a vida me deu

Os relatos sobre a ascensão de Brooks ao estrelato ressaltam muitas vezes seu talento espetacular em cima dos palcos: à medida que foi subindo de nível, apresentando-se primeiro em arenas e mais tarde em estádios, aprendeu a incendiar suas performances com pirotecnias e solos de guitarra estridentes. Usando um microfone sem fio, ele invadia o palco como um desses pastores modernos da TV — muito embora também seja possível que um desses pastores da TV tenha aprendido suas técnicas com Brooks. Em seus discos, por outro lado, Brooks preferia criar atmosferas mais intimistas, cantando não sobre legendários fora da lei, mas sim sobre pessoas comuns, com problemas comuns. Seu segundo álbum, *No Fences*, traz uma canção que é meio um blues chamada "The Thunder Rolls", sobre uma mulher cujo homem chega em casa de madrugada, cheirando a "um perfume novo e estranho". Entretanto, no videoclipe da música, de 1991, Brooks expande essa narrativa: o homem, interpretado por ele próprio, agride a mulher; na última vez em que o refrão é cantado, ela lhe aponta uma arma e puxa o gatilho. O clipe foi banido da programação das duas principais emissoras de música country do país, a TNN e a CMT, e a controvérsia ajudou Brooks a se consolidar como o novo rei do country, sobretudo porque a mensagem contida no videoclipe não era exatamente controversa. Aquela era uma história de crime e castigo, transplantada do Velho Oeste diretamente para uma casa num subúrbio contemporâneo.

Em *Dreaming Out Loud*, um livro muito perspicaz sobre Brooks e a evolução da música country, Bruce Feiler explica como o estilo finalmente deixou para trás sua identidade rústica nos anos 1990. Brooks, escreveu ele, "criou um novo ícone para o imaginário norte-americano: o caubói suburbano". Como observou Feiler, Brooks não foi nem de longe o primeiro artista de country a se dirigir aos subúrbios. Parte do conceito por trás da música *countrypolitan*, afinal de contas, era um reconhecimento de que o público do gênero não precisava mais de uma música que evocasse a zona rural do país — e nem queria isso. E o surgimento dos videoclipes, nos anos 1980, ajudou a fazer com que os astros do country começassem a situar suas histórias no mundo moderno. (O videoclipe de "Whoever's in New England", de Reba McEntire, foi impactante, em parte, porque evitava o visual tradicional do country — com uma única e sutil exceção para a cena do aeroporto em que McEntire parece estar vestindo uma calça jeans da Wrangler e botas de caubói.) Mas Brooks se tornou tão popular que mesmo quem não era fã de country passou a prestar atenção nele. Com isso, ele ajudou toda uma geração de ouvintes a perceber que suas opiniões sobre o gênero estavam ultrapassadas.

Parte do segredo de Brooks foi o excelente timing. Em 1991, quando ele estava começando a estourar, a *Billboard* atualizou sua principal parada de álbuns, a *Billboard* 200: em vez de se basear nos "rankings dos discos mais vendidos obtidos com as lojas de discos, através de telefone ou por serviços de mensagem", a revista deu início a uma parceria com uma empresa chamada SoundScan, que monitorava códigos de barra para contabilizar as vendas em todo o país. Descobriu-se que o método antigo havia superestimado a popularidade de um tipo específico de artista de rock que os executivos da indústria gostavam e subestimado a popularidade de gêneros vistos como marginais, especialmente o hip-hop e a música country. Poucos meses após esse sistema ter sido implementado, o terceiro disco de Brooks, *Ropin' the Wind*, se tornou o primeiro álbum de country a fazer sua estreia na primeira posição da parada de álbuns. Brooks também pode ter sido beneficiado pela mudança na sonoridade da música norte-americana. Bud Wendell, um executivo do Grand Ole Opry, disse ao repórter do *New York Times* Peter Applebome que os outros gêneros haviam se tornado muito extremos. "O heavy metal afastou tanta gente quanto atraiu", afirmou. "O rap afastou muita gente. Mas alguma coisa você tem que ouvir. Então, aqui estamos nós!" Uma matéria de capa da *Time* trazia uma frase de Jimmy Bowen, um dos mais bem-sucedidos produtores de country das últimas décadas: "Agradeço a Deus pelo rap", disse. "Todo santo dia, quando eles tocam essa coisa, vem gente correndo na nossa direção." Durante a maior parte de sua história, a música country se definiu pela sua distância em relação ao mainstream da música norte-americana. No entanto, na era de Garth Brooks, em alguns momentos parecia que a música country *era* o mainstream. Tim DuBois, um executivo de Nashville, disse a Applebome que o gênero estava fazendo sucesso porque, em sua encarnação suburbana dos anos 1990, ele lembrava aos *baby boomers* uma música que eles já adoravam antes: ela se parecia "mais com o rock 'n' roll, com o qual eles se sentiam à vontade, do que com qualquer outra coisa".

No fim das contas, Brooks não ficou satisfeito em permanecer apenas como a nova voz do mainstream norte-americano. No auge da popularidade, brigou com sua gravadora, tentou se estabelecer como uma das principais vozes na luta por mudanças sociais e — infelizmente — gravou um álbum interpretando um personagem, um sorumbático cantor e compositor de cabelos negros de nome Chris Gaines. Na década de 2000, ele não era mais uma presença predominante nas paradas do country, embora nunca tenha deixado de arrastar enormes multidões aos seus shows. A ideia da música country como música suburbana, porém, jamais desapareceu e, de algumas maneiras, até se intensificou. No começo dos anos 2000, a popularidade de canções de country que exaltavam as delícias da vida suburbana tinha se tornado, para alguns fãs, lugar-comum. Em 2003, o grupo Lonestar, famoso por suas canções sobre Cadillacs e tequila, chegou ao primeiro lugar das paradas com "My Front Porch Looking In", sobre um pai de família que adora seu lar: "A visão que mais amo no mundo é a da varanda da minha casa". Um verso descreve um "garotinho ruivo que mal consegue andar segurando uma mamadeira", e alguns críticos chegaram a usar isso como prova da existência de um novo subgênero, que chamaram de "*sippy-cup* country" [country mamadeira]. O termo, pejorativo, era uma forma de evidenciar o quanto o gênero havia se afastado do seu passado durão para chegar naquele presente bunda-mole.

Lógico que não há nada de errado com músicas que cantam as delícias da vida suburbana. E uma das características que mais se destacaram na música country dos anos 2000 foi o fato de que, ao contrário dos outros gêneros, ela não obrigava seus astros a fingir serem mais radicais ou inconsequentes do que eram na vida real. Nenhum outro artista foi mais esperto ao explorar esse ambiente do que Brad Paisley, que emplacou uma sequência de hits no primeiro lugar da parada falando, alternadamente, de sentimentalismo e malícia. (A música que o alçou ao estrelato foi "He Didn't Have to Be", na qual um garoto faz um elogio sincero ao novo marido de sua mãe, ao mesmo tempo que lhe dá uma alfinetada disfarçada de prestatividade: "Gostaria de dar uma olhada se você não tem nenhum carrapato".) "Eu cuido para não pesar muito a mão cantando sobre a vida nos subúrbios, ou algo assim", ele me disse. Apesar disso, algumas de suas melhores canções lembram comédias românticas. "Waitin' on a Woman", por exemplo, começa com típicas piadas sobre como as mulheres sempre se atrasam; mas, no fim das contas, fala sobre um marido que promete ser fiel à esposa mesmo depois que tiver morrido. Paisley é o coautor da maioria de seus hits e já declarou sentir orgulho de ter a capacidade de descrever a espécie de cena cotidiana que outros tipos de artista costumam ignorar. "Foi aí que a música country conseguiu encontrar seu lugar na sociedade moderna, nessas histórias", disse. "Você não vai contar uma história dessas numa canção pop."

Boa sorte em sua nova empreitada

Nos anos 1990, Brooks, com suas apresentações bombásticas e letras de homem sensível, revolucionou a música country para sempre. Mas isso só foi possível porque ele era devoto do gênero — e um devoto tão fervoroso que, quando quis experimentar um estilo musical levemente distinto, sentiu a necessidade de adotar um novo visual e um novo nome. Alguns de seus contemporâneos de maior sucesso, sobretudo as mulheres, tiveram uma relação mais ambígua com o gênero. Brooks, assim como Paisley, usava chapéu de caubói, um acessório que funcionava como um símbolo do seu comprometimento com a música e seus fãs: se você usa chapéu, se transforma automaticamente num astro do country, não importa quão futurista seja sua visão do que é country. Mas, na música country moderna, as mulheres em geral não usam chapéu de caubói. E, com muita frequência, parece que elas, seja por escolha, seja por necessidade, têm uma relação mais complicada com a música country do que os homens.

Uma das raras equivalentes a Garth Brooks na estratosfera do country dos anos 1990 foi Shania Twain, cujas gravações avançadíssimas faziam até o próprio Brooks parecer deveras ultrapassado. Seu álbum que estourou, *The Woman in Me*, de 1995, parecia uma transmissão vinda diretamente de um futuro imaginário do gênero. Muita coisa no disco remetia ao country: a steel guitar tristonha, o bandolim vibrante, o violino animado. Mas suas músicas eram polidas e simplificadas, cantadas com uma precisão sobre-humana por Twain, cuja voz não continha traços nem de um sotaque canadense genuíno, nem de um sotaque sulista forçado. *Come on Over*, de 1997, foi ainda maior e mais ousado, uma mistura futurista de pop country com rock bubblegum que parecia existir num subgênero só seu. O produtor de Twain era Robert "Mutt" Lange, que também era seu marido e ajudara a criar o som do rock dos anos 1980 produzindo o AC/DC e o Def Leppard. O álbum trazia "Man! I Feel Like a Woman!", uma declaração engraçadinha com um riff de abertura que parecia emanar, simultaneamente, de uma guitarra e um sintetizador. *Come on Over* se tornou o álbum de country mais vendido de todos os tempos, um título que ostenta até hoje, a menos que se considere que o Eagles é country — e, em 1976, quando o grupo lançou seus dois arrasa-quarteirões, sua primeira coletânea de sucessos e *Hotel California*, eles não eram vistos dessa forma. O próximo trabalho de Twain, *Up!*, fez menos sucesso, mas era ainda mais pós-moderno, tendo sido lançado em três versões diferentes ao mesmo tempo: um álbum de country, um de pop e um de world music inspirado em Bollywood. Talvez a estratégia fosse demonstrar que Twain dominava todos aqueles estilos musicais, ou talvez fosse uma maneira de dramatizar as exigências contraditórias que lhe faziam. De qualquer modo, o álbum marcou o fim de um período de dominância extraordinária: depois de *Up!*, ela rompeu com Lange, tanto na vida pessoal quanto na profissional, e levou quinze anos para lançar um novo disco.

Na música country, sucessos que furam a bolha podem ser perigosos, porque os fãs do gênero, e talvez também seus executivos, esperam dedicação e gratidão dos artistas que eles transformam em astros. O perigo é ainda mais pronunciado para as mulheres, das quais se costuma exigir que sejam glamorosas — mas também não demais, para não passar a impressão de que trocaram Nashville por Hollywood. Faith Hill foi uma das estrelas mais brilhantes na constelação do country nos anos 1990; em 1998, "This Kiss", uma intensa canção de amor, furou a bolha da parada do country (número 1) em direção à parada do pop (número 7), apesar da presença dominante de uma steel guitar. Mas, em 2002, Hill lançou *Cry*, que foi percebido como um álbum de pop — ele começa com uma barulhenta batida dançante — e se mostrou um relativo fracasso comercial. A cantora reagiu a isso voltando de forma decisiva e permanente à música country. Em *Fireflies*, seu álbum de 2005, o primeiro som que se ouvia era o de um banjo, e o primeiro single do disco foi "Mississippi Girl", uma homenagem ao estado em que Hill nasceu e um sinal de que ela não o havia esquecido. "Pode ser que me conheçam por todo o mundo", cantava Hill. "Mas, gente, eu ainda sou uma garota do Mississippi." Ela estava ao mesmo tempo se exaltando e se humilhando, mas deu certo: a canção chegou ao topo da parada de country.

Não está muito claro quanto as regras do pop country mudaram desde então. A artista que mais as desafiou foi Taylor Swift, que começou sua carreira, aos dezesseis anos, com um hit meta-country: "Tim McGraw", sobre se apaixonar ao som de Tim McGraw, que, na época, era um dos maiores nomes do country, além de marido de Faith Hill. Durante algum tempo, a extraordinária popularidade de Swift fez dela o orgulho de Nashville — ela era a maior estrela da música country desde Garth Brooks e, talvez, antes dele também. Seu apelo universal e suas letras brilhantemente coloquiais faziam o country parecer um estilo moderno, tão franco e irônico quanto o emo ou o hip-hop. Ela conseguiu capturar não apenas a exuberância de uma paixão adolescente como também sua ausência de significado:

Estou no meu quarto numa noite de terça-feira qualquer
Estou ouvindo o tipo de música que ela não gosta
E ela nunca conhecerá sua história como eu

Assim como Dolly Parton antes dela, Swift revolucionou a imagem da música country, e os executivos das gravadoras admitem que ela teve um papel importante convertendo toda uma geração de jovens ouvintes para o gênero. Mas a persona de Swift, ao contrário da de Parton, não era particularmente country: ela era de Reading, na Pensilvânia, e tinha se interessado pelo gênero graças aos seus representantes mais pop, como Twain; ao contrário de Parton, ela nunca poderia dizer que nasceu no meio do country. Por conta disso, o sucesso brutal de Swift não lhe deu o direito de migrar para o pop sem sofrer as consequências. Em 2014, ela lançou uma faixa animada e dançante chamada "Shake It Off", que parecia inspirada em canções pop como "Hey Ya!", do OutKast, e "Hollaback Girl", de Gwen Stefani. Os fãs de Swift adoraram a música e ela seguiu, merecidamente, seu caminho em direção ao topo das paradas de pop. Os executivos do country, por sua vez, não ficaram muito impressionados. A Country Music Academy (CMA) publicou um tuíte que foi amplamente interpretado como uma mensagem de despedida: "Boa sorte em sua nova empreitada @taylorwswift13! ADORAMOS acompanhar você crescendo!". (A CMA deletou o tuíte algumas horas depois e divulgou um comunicado parafraseando um dos hits de Swift no country: "Nós nunca, jamais, diremos adeus a @taylorswift13".) E, no *USA Today*, um programador de uma rádio de country insinuou que a cantora não deveria esperar ouvir suas novas canções em nenhuma estação do estilo. "Espero que ela volte a fazer música country em breve", disse ele, "e a receberemos de braços abertos quando isso acontecer." Esses vereditos podem parecer meio duros, mas acabaram se mostrando corretos: nos próximos cinco anos, Swift permaneceu sendo uma das artistas mais populares do mundo, mas nenhum de seus singles foi muito tocado nas rádios de country.

Nenhuma outra carreira no mainstream do country acabou de forma tão repentina ou traumatizante quanto a do Dixie Chicks, que, durante alguns anos, deu a impressão de que desbancaria Brooks e Twain da posição de artistas mais populares do gênero. O trio surgiu no Texas, no começo dos anos 1990, promovendo um revival do folk e fazendo o tipo de música que os críticos tendiam a elogiar e os programadores das rádios de country tendiam a ignorar. Mas evoluiu na direção de um som menos exótico e mais potente, sobretudo depois de substituir sua vocalista original por Natalie Maines, uma texana dotada de uma voz que possuía precisamente o teor de amargura necessário para criar uma identificação musical, ainda que distante, com o rock alternativo. Os primeiros dois álbuns do grupo com Maines, *Wide Open Spaces* e *Fly*, foram extraordinariamente bem-sucedidos: traziam onze canções que chegariam ao Top 10 do country, rejuvenescendo as estações de rádio do estilo com o uso de instrumentos antigos — Martie Maguire, uma das cofundadoras do grupo, tocava violino — e um senso de humor um tanto quanto malicioso. Uma de suas canções mais populares foi "Goodbye Earl", que contava basicamente a mesma história do videoclipe melodramático de Brooks para "The Thunder Rolls", embora fosse uma comédia escrachada. (Maines pergunta: "Não está escuro/ Enrolado aí nessa lona, Earl?".) O grupo lançou a canção como um single, que trazia também um cover de um clássico do country: "Stand by Your Man", a ode de Tammy Wynette à perseverança romântica. No CMA Awards de 2000, "Goodbye Earl" foi indicado na categoria de Videoclipe do Ano, e o Dixie Chicks, na de Artista do Ano.

A derrocada do Dixie Chicks começou num show em Londres no dia 10 de março de 2003. "Só pra vocês saberem, nós estamos do lado do bem, com todos vocês", disse Maines à plateia. "Nós não queremos essa guerra, essa violência, e sentimos vergonha pelo presidente dos Estados Unidos ser do Texas." Essa foi a maneira que Maines encontrou de expressar sua oposição ao presidente George W. Bush e à iminente invasão que o país faria ao Iraque, a se iniciar dez dias depois. Seus comentários provocaram uma reação contrária que, em pouco tempo, se transformaria numa campanha nacional de proporções surreais: as estações de country tiraram o Dixie Chicks de sua programação e algumas chegaram a organizar eventos em que os fãs podiam jogar fora seus CDs da banda ou esmagá-los com um trator de esteira; uma apresentação do grupo, via satélite, foi vaiada durante o Academy of Country Music Awards, um concorrente de menor prestígio (embora não exatamente pequeno) do CMA Awards.

No começo, parecia provável que aquela reação negativa logo se dissiparia. O Dixie Chicks era o grupo de maior sucesso comercial da história recente do country; é claro que os fãs logo o abraçariam novamente. Mas as desculpas tímidas de Maine não acalmaram os ânimos. Toby Keith, um dos cantores mais populares da época, se tornou o principal antagonista do trio: em seus shows, ele exibia uma montagem que mostrava Maines abraçada com Saddam Hussein, o ditador do Iraque. Chet Flippo, ex-jornalista da *Rolling Stone* que escreveu o texto do encarte da coletânea *Wanted! The Outlaws*, era agora o diretor editorial da Country Music Television (CMT); ele escreveu uma coluna criticando a reação do grupo à controvérsia e mandando Maines "calar a boca e cantar". (Essa frase, "*shut up and sing*", acabaria se tornando o título de um documentário sobre o grupo.) E as integrantes da banda — de forma muito compreensível — passaram a criticar o gênero que outrora havia sido seu lar. Numa reportagem de capa da revista *Time*, alguns anos mais tarde, Maguire afirmou que o grupo estava feliz por ter se livrado de alguns de seus fãs do country. Uma artista que fora responsável pela criação de algumas das músicas mais populares de todos os tempos no country agora se parecia mais com k.d. lang. "Prefiro ter um público bem menor, mas formado por gente legal, que realmente nos entenda", disse, "que vá crescer junto conosco e vá ser nosso fã para sempre, a gente que vá nos escutar no seu carrossel de CDs com Reba McEntire e Toby Keith. Nós não queremos esse tipo de fã. Eles limitam o que você pode fazer."

Em 2006, o grupo retornou com o álbum *Taking the Long Way*, que foi um sucesso, mas não serviu como uma reconciliação. Seu primeiro single era uma canção combativa chamada "Not Ready to Make Nice", que chegou ao quarto lugar da parada Hot 100 e ganhou três prêmios, entre os quais o de Gravação do Ano, no Grammy. Ao mesmo tempo, a música chegou apenas ao 36º lugar na parada de country. O Dixie Chicks tinha rompido com a música country e era difícil culpá-lo por isso. O trio havia sido banido do rádio — na prática, censurado — por verbalizar uma opinião política que era tremendamente mainstream (embora controversa). Sem ele, as rádios de country ficaram menos interessantes. Apesar disso, no fim das contas, a partir do momento em que não precisou mais se preocupar em agradar aos fãs de country, o Dixie Chicks também se tornou um pouco menos interessante. Lembro-me de pensar que esse episódio todo havia sido meio deprimente, porque facilitou que os extremistas dos dois lados se sentissem justificados. Alguns fãs do country acharam que suas suspeitas haviam se confirmado: as integrantes do Dixie Chicks, pelo jeito, se achavam boas demais para o gênero, muito interessantes para ser ouvidas ao lado de artistas como McEntire e Keith. E alguns fãs do trio também acharam que suas suspeitas haviam se confirmado: Nashville era corporativista demais, e parcial demais, para aceitar um grupo com mente tão aberta quanto o Dixie Chicks. A música country moderna, em sua conclusão, não tolerava protestos políticos.

Cadê sua coragem?

Durante uma semana, na primavera de 1966, a música country mais popular dos Estados Unidos foi "Waiting in Your Welfare Line", de Buck Owens. Apesar do título, não era uma música de protesto e nem sequer versava sobre as angústias da pobreza. Era uma canção bem-humorada e também uma espécie de piada. Owens cantava a frase que dá título a ela como se fosse uma sacada muito engraçada — e, na verdade, era mesmo:

Serei o cara mais rico do mundo no dia em que você for minha
Estou sedento pelo seu amor, esperando na fila da sua previdência social

Naquela mesma semana, a música que ocupava o segundo lugar na parada de country dos Estados Unidos era bem mais politizada: "The Ballad of the Green Berets", uma ode aos militares que se tornou uma febre momentânea. Quem cantava a música era o sargento Barry Sadler, que havia servido como médico nas Forças Especiais, unidade também conhecida como Boinas-Verdes, e feito essa homenagem à bravura do Exército norte-americano. "Esses homens são os melhores do país", cantava ele, acompanhado por pouco mais do que um tambor militar. Não era uma canção pró-guerra — pelo menos, não explicitamente. Mas era pró-Exército, e ajudou a criar a impressão de que a música country tinha de ser explicitamente patriótica e, talvez, implicitamente antiantiguerra.

Nos anos 1960, a identidade política da música country estava relacionada à sua identidade demográfica. A mentalidade do gênero era branca, sulista e de meia-idade — ou mais-que-meia-idade. O mundo do country mainstream era um ambiente conservador, tanto no temperamento quanto na filosofia; esperava-se dos astros do gênero que eles evitassem provocações políticas. Em 1966, Loretta Lynn emplacou o hit "Dear Uncle Sam", uma balada comovente, embora apolítica, sobre a noiva de um militar que se sentia só: "Ele veste com orgulho o velho vermelho, branco e azul/ Enquanto eu sinto uma dor no coração desde que ele me trocou por você". Em 1971, um cantor chamado Terry Nelson lançou um single de country que serviu como uma espécie de continuação provocativa para a "balada dos boinas-verdes" de Sadler. Intitulada "Battle Hymn of Lt. Calley", a música era um monólogo ilibatório na voz de William Calley, o líder do pelotão que havia sido condenado naquele ano por ter participado do massacre de My Lai. "Eu segui minhas ordens e fiz o melhor que pude", diz ele. O single foi uma grande sensação, tendo vendido, segundo consta, mais de 1 milhão de cópias, além de ter uma participação memorável no livro *Medo e delírio em Las Vegas*, de Hunter S. Thompson, emanando do rádio de seu carro. (O comentário de Thompson: "Meu Deus! Que música horrível é essa? [...]

Não! Eu *não acredito* que estou ouvindo isso! Só podem ser as drogas".) Entretanto, apesar de sua popularidade nas lojas de discos, o single de Nelson não fez sucesso nas rádios de country. Ele não passou da 49ª posição na parada, e a *Billboard* revelou que os executivos tinham um pé atrás com ele. A Capitol Records chegou a considerar convocar o ator e cantor de country Tex Ritter para gravar uma versão, mas acabou descartando esse plano. Em 1971, assim como em 2003, o gênero parecia muito disposto a evitar controvérsias políticas.

Contudo, nem todo artista de country estava inclinado a seguir essa regra tácita. Em 1969 e 1970, Merle Haggard lançou dois singles destinados a começar uma briga. O primeiro foi "Okie from Muskogee", uma crítica afrontosa aos hippies, cantada na voz de um morador quadradão de uma cidadezinha do interior: "Não queimamos nossos certificados de alistamento na rua principal/ Porque a gente gosta de viver pelo certo e de ser livre". O outro, mais mal-humorado, foi "The Fighting Side of Me", uma canção endereçada a todos que "criticavam as guerras que lutamos", cujo refrão tinha o formato de uma ameaça: "Se você não ama este país, dê o fora daqui/ Que esta canção que canto seja um aviso". Anos depois, Haggard declararia, em algumas ocasiões, que nunca quis que essas músicas fossem interpretadas como declarações antiantiguerra. Ele diria ou que eram estudos de personagens de cidadezinhas do interior norte-americano, ou que ele estava apenas brincando. Mas as duas canções ajudaram a conferir ao country uma reputação fortemente política, até mesmo tribal — o country era o gênero de todas as pessoas que estavam de saco cheio dos hippies. Essa reputação perdurou por bastante tempo, embora o próprio Haggard tenha se revelado não tão antiantiguerra quanto seus fãs imaginavam que fosse. (Em 2005, muito tempo depois de as rádios de country terem parado de tocar suas músicas, Haggard lançou um single ousado, embora um pouco morno, chamado "America First", no qual um verso fazia um apelo aos Estados Unidos para "darem o fora do Iraque".) Também vale a pena ressaltar que Haggard, autor desses clássicos anti-hippie, era vagamente associado ao que viria a ser conhecido como movimento fora da lei, que era um movimento de contracultura, embora não tivesse uma ideologia definida. Michael Streissguth, um especialista na história do country, descreveu o movimento fora da lei como "politicamente vazio", muito embora isso não fosse bem uma fraqueza: Willie Nelson conseguia reunir "vaqueiros e maconheiros" justamente porque não pedia que eles se engajassem em nenhuma causa política específica. Mais tarde, Nelson se revelaria liberal na política, embora tivesse a tendência de gravitar ao redor de certas causas — como o apoio aos agricultores norte-americanos e a legalização da maconha — que poderiam unir liberais e conservadores.

Johnny Cash, o rei dos fora da lei, era mais autêntico e também mais complexo. Em 1964, ele lançou *Bitter Tears*, um álbum repleto de canções sobre as maneiras como os nativos americanos eram maltratados. Quando as estações de rádio começaram a fazer corpo mole para tocar seu principal single, "The Ballad of Ira Hayes", sobre um fuzileiro naval do povo Akimel O'odham, Cash pagou um anúncio de página inteira na *Billboard* em que perguntava aos "DJs, gerentes e donos de estações de rádio etc.: Cadê sua coragem?". (A música acabou chegando ao terceiro lugar da parada.) Mas Cash, que era apoiador do presidente Richard Nixon, se recusou abertamente a aderir ao movimento contra a Guerra do Vietnã. Após o famoso discurso de Nixon sobre a "maioria silenciosa", em 1969, Cash disse em seu programa de TV: "Minha família, que está aqui, e eu estamos ao lado do presidente dos Estados Unidos em sua luta por uma paz justa e duradoura". Cash foi convidado a ir à Casa Branca a fim de se apresentar para Nixon em 1970, e este fez alguns pedidos, entre eles "Okie from Muskogee", de Haggard, e "Welfare Cadillac", de Guy Drake, canção que foi uma febre no country (chegando à sexta posição da parada) sobre um homem que se regozija com os benefícios governamentais dos quais goza. Cash se recusou a cantar as duas músicas, e sua apresentação na Casa Branca incluiu, em vez disso, "What Is Truth", uma dissertação apaixonada, embora um tanto vaga, sobre agitação social. Ele gostava da ideia de ser uma pessoa que falava verdades, mas nem sempre gostava de ter de escolher um lado. Em "Man in Black", canção de 1971 que funcionou como uma declaração de propósitos, Cash reconheceu solenemente que "as coisas precisam estar sempre mudando, onde quer que você vá". Ele cantou isso menos como um protesto e mais como um lamento, talvez até como uma verdade imutável.

O presidente Nixon, republicano, conquistou um apoio expressivo entre os artistas do country. Em 1974, quando o Grand Ole Opry se mudou para um novo teatro, Nixon fez uma aparição na semana de abertura. "Ele é um guerreiro de verdade, além de ser um de nossos melhores presidentes", declarou Roy Acuff, um pioneiro do country que era um dos apresentadores. Naquela época, porém, o gênero não tinha uma identidade partidária definida. George Wallace, que governou o Alabama por um longo período, era democrata, além de abertamente segregacionista; em 1972, George Jones e Tammy Wynette, que na época eram o rei e a rainha da música country, fizeram um evento para arrecadar dinheiro para sua campanha. (Wallace, na prática, fazia parte da comunidade da música country: ele convidava os artistas para se apresentarem em seus comícios, e sua segunda e sua terceira esposas, além de seu filho, foram todos, em momentos distintos, aspirantes a estrelas do country.) Jimmy Carter, um democrata moderado que havia governado a Geórgia, também era fã de country, e alguns artistas o enxergavam como um semelhante. Loretta Lynn cantou no show de sua posse da presidência, em 1977. "Quem sabe agora as pessoas param de rir do jeito que eu falo, já que o presidente dos Estados Unidos fala do mesmo jeito", disse ela. Àquela altura, a ideia de um candidato a um cargo político buscar o apoio de artistas de country tinha se tornado quase um clichê; *Nashville*, a sátira de Robert Altman de 1975, fala do planejamento de um evento na cidade para levantar recursos para um político, o que acaba se revelando uma péssima ideia.

Só nos Estados Unidos

À medida que as divisões políticas nos Estados Unidos foram se tornando cada vez mais previsíveis, o mesmo aconteceu no mainstream da música country. A tradição de patriotismo e reverência aos militares dentro do gênero o tornou particularmente compatível com o Partido Republicano, assim como com a região Sul do país e os subúrbios e exúrbios que proliferavam, onde o partido ganhava cada vez mais força. O presidente George H. W. Bush apareceu no CMA de 1991 fazendo uma homenagem ao gênero. "Um dos motivos pelos quais sou fã de música country há tantos anos é seu apoio inabalável ao nosso país, à nossa bandeira e aos ideais em cima dos quais esse país foi fundado", disse ele ao introduzir uma sequência de imagens de performances patrióticas no CMA nos anos anteriores. (Quando Bush morreu, em 2018, Reba McEntire cantou em seu funeral.) Garth Brooks foi um astro que parecia estar sempre batendo de frente com o consenso político do gênero. Numa entrevista a Barbara Walters, em 1993, ele mencionou que sua irmã era gay e disse: "Sinto muito, mas eu simplesmente não consigo condenar uma pessoa por ser feliz e amar outra pessoa". Mas, de modo geral, os posicionamentos políticos do estilo eram implícitos, não explícitos. Se Haggard tinha feito a música country parecer proselitista, definida em oposição à contracultura hippie, a música country dos anos 1980 e 1990 se posicionava, pura e simplesmente, de acordo com o senso comum, representando um grupo de patriotas que gostavam de pensar em si mesmos como se não pertencessem a grupo nenhum. Em junho de 2001, Brooks & Dunn, uma dupla que desenvolveu sua empolgante versão própria de country rock, lançou um single contagiante chamado "Only in America", com guitarras que faziam tanto barulho quanto sua mensagem ufanista: "Só nos Estados Unidos! Onde sonhamos o mais alto que quisermos!". Entretanto, quando a música chegou ao topo das paradas de country, no final de outubro, o contexto havia mudado e talvez, também, a própria mensagem.

Nenhum gênero respondeu de forma mais incisiva aos ataques terroristas do Onze de Setembro quanto o country, que já tinha um arsenal de material patriótico pronto para usar, uma queda por canções sobre temas atuais e uma tendência preexistente a apoiar republicanos, como o presidente George W. Bush. Após os ataques, "God Bless the USA", um sucesso do country dos anos 1980, de autoria de Lee Greenwood, não apenas voltou a tocar no rádio como furou a bolha em direção às paradas do pop. Alan Jackson lançou "Where Were You (When the World Stopped Turning)", um lamento que ficou famoso por ser tremendamente contido, como se Jackson não pudesse fazer muita coisa além de suspirar e rezar. "Have You Forgotten?", de Darryl Worley, chegou ao primeiro lugar da parada em 2003, numa época em que o luto dera lugar ao debate político; a canção insinuava que qualquer pessoa sensata que se lembrasse do Onze de Setembro não tinha como se opor à política externa do presidente Bush. (A canção foi lançada no momento em que Bush preparava os Estados Unidos para a invasão do Iraque.) Mas acima de todos esses estava Toby Keith, que em 2002 lançou uma das canções mais controversas da história da música country. Chamava-se "Courtesy of the Red, White and Blue (the Angry American)", e a letra era tão pesada quanto o título: "Você vai se arrepender de ter mexido com os EUA/ Porque a gente vai chutar seu rabo à maneira americana". Assisti a um show de Keith no verão de 2005, três anos depois do lançamento da música, e ela ainda era o ponto alto da apresentação: não foi a melhor canção que ele tocou aquela noite, mas foi, de longe, a que mais incendiou a plateia, fazendo todos cantarem numa só voz. Aquele foi um momento de união — e, como muitos outros momentos de união, também foi um momento de divisão. O show acontecia na suburbana Nova Jersey, muito perto do local onde ocorreram os ataques do Onze de Setembro, mas, ao mesmo tempo, bem no meio de um estado que tinha acabado de votar contra a reeleição do presidente Bush, por 53% a 46%. A canção de Keith era poderosa, em parte, porque era contundente. Era uma defesa acalorada dos soldados e das guerras que eles lutavam, e ao mesmo tempo uma crítica igualmente acalorada àqueles que pensavam diferente. Era um momento tribal.

No fim das contas, Keith, assim como Haggard antes dele, acabou se revelando uma figura muito mais complexa do que parecia à primeira vista. Assim como Haggard, ele era uma espécie de fora da lei: tinha gravado sobretudo por selos independentes de sua cidade natal em Oklahoma e se recusado a se mudar para Nashville. Mesmo quando "Courtesy of the Red, White and Blue" estava se tornando um clássico do country, Keith tentava explicar que era um democrata de longa data e que tinha opiniões conflitantes sobre as guerras norte-americanas. ("Fui totalmente a favor do Afeganistão", disse ele ao *Los Angeles Times* no outono de 2003. "Mas sobre essa outra guerra aqui, no Iraque, não estou totalmente convencido.") A canção lhe rendeu muitas críticas, o que, por outro lado, lhe rendeu ainda mais fãs. Uma delas veio de Natalie Maines, do Dixie Chicks. "Isso faz a música country parecer ignorante", disse ela numa entrevista para o *Los Angeles Daily News*. "Qualquer um pode escrever 'Vamos chutar seu rabo'." Essa foi a origem da briga entre Maines e Keith, que foi uma briga pela identidade da música country. Keith a venceu não porque sua música era melhor, mas porque, naquele momento, o que ela dizia estava mais próximo do que as pessoas que se consideravam fãs de country queriam escutar. "Eu me envergonho da maneira como me deixei ser engolido por tudo aquilo", diria Keith no ano seguinte, não muito tempo após a controvérsia. O efeito em sua carreira, porém, foi permanente: mesmo com seus novos singles tocando cada vez menos nas rádios de country, na década de 2010 ele ainda era um artista muito popular. Seu catálogo de hits inclui "Beer for My Horses", um assombroso dueto com Willie Nelson que endossa o linchamento. ("Pegue toda a corda que há no Texas, procure um carvalho/ Amarre esses bandidos e enforque-os bem no meio da rua", canta Nelson.) Mas muitas das canções mais amadas de Keith são divertidas e sacanas, como "As Good as I Once Was", na qual ele alerta mulheres que gostam dele e homens que não gostam de que ele não é tão velho quanto parece. No fim das contas, Keith permaneceu sendo um artista meio bronco e carismático, bem como um emblema da música country em sua versão mais obstinada.

Enquanto Keith seguia em frente e o Dixie Chicks caía fora, seu confronto reverberou, ensinando a toda uma geração de cantores que provocações políticas podiam, dependendo do tipo, ser tremendamente lucrativas ou altamente custosas. (Em 2019, Taylor Swift afirmou ter pensado no que aconteceu com o Dixie Chicks quando decidiu não apoiar Hillary Clinton durante a campanha presidencial de 2016. Ela disse: "A primeira coisa que eles enfiam na sua cabeça quando você é artista de country, e você pode perguntar isso pra qualquer artista de country, é: 'Não seja como o Dixie Chicks!'".) Um cantor que resolveu testar sua sorte foi Brad Paisley, que lançou um single chamado "Welcome to the Future" em 2009. A música começa divertida, tecendo elogios aos jogos de celular, mas no terceiro verso a banda sai de cena para que Paisley, acompanhado por um violão, possa se dedicar a questões mais pesadas. Ele canta sobre um garoto supostamente negro cuja casa é alvo de uma queima de cruz. Em seguida, acrescenta um pouco de história e dá um toque de esperança: "Pensei nele hoje e em todas as pessoas que viram o que ele viu/ Desde uma mulher dentro de um ônibus até um homem que tinha um sonho".

No videoclipe da música, Paisley canta esses versos na frente do Lincoln Memorial e, para muitos ouvintes, a clara referência à Ku Klux Klan provavelmente foi menos inesperada do que o aceno cifrado a um democrata liberal, o presidente Barack Obama — a música era, implicitamente, uma celebração do fato de que ele havia se tornado o primeiro presidente negro dos Estados Unidos. Paisley me disse que, para melhorar a posição da canção na parada de country, ele telefonou para rádios do estilo em todo o país. Ele sabia que muitos fãs de country haviam votado contra Obama e queria garantir aos radialistas que não havia nenhuma mensagem partidária em sua canção. (Uma pesquisa feita em 2009 com ouvintes de rádios de country revelou que apenas 17% se descreviam como "um pouco" ou "muito" liberais, enquanto 37% se descreviam como "um pouco" ou "muito" conservadores; 46% se consideravam "moderados".) Paisley explicou aos radialistas que teria composto a mesma canção se Colin Powell, o secretário de Estado de George W. Bush, que era negro, tivesse sido eleito em vez de Obama. "Foi o trabalho mais puxado que já fiz na minha vida", contou. Mas deu certo — mais ou menos. "Welcome to the Future" galgou posições na parada e chegou ao número 2, quebrando uma sequência de dez singles que Paisley levara ao primeiro lugar. Ele tinha conseguido provar que era possível colocar uma canção com uma mensagem liberal nas rádios de country, mas também que isso não era uma tarefa nada fácil.

A experiência branca

Alguns anos depois de "Welcome to the Future", Paisley tentou de novo testar os limites da música country — e, dessa vez, fracassou. Ele contou ao *The Tennessean* que havia se inspirado numa camiseta que usara uma época, estampada com uma imagem da longeva banda de country Alabama; a ilustração incluía uma bandeira dos Confederados, à qual algumas pessoas se opunham, o que, por sua vez, fez com que Paisley se perguntasse por que aquela bandeira estava em seu peito, para começo de conversa. O resultado dessa ruminação foi "Accidental Racist", uma parceria esquisita, porém sincera, com o rapper LL Cool J lançada em 2013, muito zoada na internet e com praticamente nenhuma execução no rádio. "Sou um filho rebelde orgulhoso com um bocado de problemas/ Parece que tenho muita coisa pra aprender", canta Paisley, embora na verdade ele fosse filho da Virgínia Ocidental, o estado formado por condados da Virgínia que não quiseram participar da rebelião dos Confederados. Na canção, Paisley canta sobre estar "dividido entre o orgulho e a culpa sulista", embora, nesse caso, como é comum na música country, "orgulho sulista" pareça estar se referindo ao orgulho *branco* sulista. A branquitude do gênero foi o ponto central de sua identidade durante décadas, e também o que manteve seu apelo tribal: de modo geral, era uma música feita por filhos e filhas "rebeldes orgulhosos", que celebrava e ajudou a definir a branquitude nos Estados Unidos. Nos anos 1950, quando a música country e o R&B se aproximaram por um breve período, a *Billboard* explicou que o que separava os gêneros eram pequenos, porém significativos, detalhes musicais. "De modo geral", observou a revista, "a diferença entre um country e um R&B é apenas o uso de um naipe de cordas no lugar de sopros." Outra diferença, é claro, era o fato de os artistas de R&B serem em geral negros, e os de country, em geral não — e, realmente, esse foi um dos motivos pelos quais Presley, que "soava como se fosse negro", como disse Waylon Jennings, confundiu tanto executivos quanto alguns ouvintes quando surgiu. Com a ascensão do som de Nashville, o country manteve sua reputação como um gênero indiscutivelmente branco, apesar de existirem algumas exceções. Em 1962, Ray Charles, um titã da música negra, lançou *Modern Sounds in Country and Western Music*, volumes um e dois, uma dupla de álbuns híbridos (usando tanto cordas quanto sopros) que fez sucesso de absolutamente todas as maneiras, exceto por uma: as rádios de country a ignoraram. Em 1966, Charley Pride, um cantor negro do Mississippi, deu início a uma série de hits simples e diretos de country que duraria uma década, tornando-se, de longe, o artista negro mais bem-sucedido na história do gênero. Mas praticamente todos os outros *hitmakers* do estilo foram brancos.

Isso não era exclusividade da música country. No final dos anos 1960, o rock 'n' roll também estava cada vez mais dominado por artistas brancos, enquanto os artistas negros tradicionais do rock eram frequentemente reclassificados como R&B. Mas os astros mais antigos do gênero, como os Rolling Stones, eram autoconscientes sobre sua brancura, porque era justamente isso que os separava dos músicos negros pioneiros, que representavam a autenticidade do estilo. Na música country, por contraste, era a *brancura* que estava ligada à autenticidade — a "dura vida no campo", nas palavras de Paul Hemphill. Muitas vezes essa brancura era implícita, apesar de Haggard tê-la tornado explícita de forma memorável numa canção chamada "I'm a White Boy", na qual ele ridicularizava a ideia de "receber as coisas de mão beijada" e declarava: "Sou um rapaz branco procurando um lugar para fazer as minhas coisas". O caipira, o caubói, o fora da lei: todos os personagens típicos do gênero eram vistos como brancos. Também havia outro personagem: o bom garoto, que geralmente se referia a um cara branco do Sul que defendia valores tradicionais da região, muitas vezes contra as autoridades legais. Na música de abertura de *Os Gatões*, Jennings fez uma homenagem à dupla de arquétipos que estrelava o seriado: "Dois bons garotos/ Que não desejam o mal a ninguém". *Os Gatões* era um programa sobre perseguições de carro, mas também um exercício de nostalgia confederada. O personagem principal não era nenhum dos dois protagonistas, e sim o Dodge Charger pilotado por eles, que tinha uma bandeira confederada pintada no teto e o apelido de General Lee, em homenagem ao comandante do Exército dos Estados Confederados. A série era bem animada, de modo geral, mas cada episódio servia como uma lembrança da relação existente entre a mitologia dos fora da lei e a história sulista. No mundo da música country, a palavra "rebelde" tende a trazer consigo um monte de história.

Algumas das manifestações mais ostensivas da identidade sulista não vieram dos artistas de country, mas sim de seus primos musicais, nas bandas de southern rock. (A maioria dessas bandas era formada por pessoas brancas, embora houvesse algumas exceções, como o baterista negro conhecido como Jaimoe, da Allman Brothers Band.) O Lynyrd Skynyrd usava a bandeira dos Confederados em suas imagens — na verdade, em "Accidental Racist", Paisley fala sobre uma camiseta do Lynyrd Skynyrd, não do Alabama. E "Sweet Home Alabama", música de 1974 que é a marca registrada da banda, foi inspirada em Neil Young, que havia lançado duas canções, "Southern Man" e "Alabama", criticando o racismo sulista. A banda respondeu em tom de provocação: "Espero que Neil Young se lembre/ Que um sulista não quer ele por perto, de qualquer maneira". E a letra incluía uma mensagem explicitamente política: uma declaração de apoio a George Wallace. "Lar, doce lar, Alabama", diz o refrão. "Onde os céus são azuis/ E o governador é verdadeiro."

Um artista do country que se esforçou para trazer o southern rock para dentro do estilo foi Hank Williams Jr., filho do grande herói do gênero, que cultivava a reputação tanto de encrenqueiro quanto de tradicionalista — em outras palavras, era um bom garoto. "Estou cansado de ser Johnny B. Goode, eu vou ser é o Johnny Reb", cantou Williams, fazendo um contraste entre dois personagens diferentes; um deles, um ícone do rock 'n' roll negro, e o outro, a personificação dos Confederados. A abordagem de Williams talvez tenha sido um pouco insensível, mas no final dos anos 1970 ele se firmaria como uma das vozes na defesa da ideia da música country como identidade, não apenas como gênero musical. "A Country Boy Can Survive", uma das canções pelas quais é conhecido, celebra os prazeres e as virtudes da vida rural, "os bons e velhos tomates e o vinho caseiro". Mas, assim como muitas das canções de Williams, ela é terrivelmente provocativa: ele está menos interessado em exaltar a natureza do que em traçar diferenças entre o povo autossuficiente do interior e o povo desonesto da cidade grande, onde "você pode ser assaltado se for até o centro". Williams, também conhecido como Bocephus, é, entre outras coisas, um guerreiro cultural, e sua identificação com o interior do país estava baseada numa convicção de que, no restante dos Estados Unidos, as coisas tinham dado errado. Em 1988, Williams chegou à oitava posição com "If the South Woulda Won", um devaneio contrafactual que imaginava uma Confederação moderna, com os condenados por homicídio sendo enforcados e o rosto de seu próprio pai imortalizado em notas de cem dólares.

O espírito de Bocephus segue vivo em grupos como o Confederate Railroad, uma banda de country rock que emplacou meia dúzia de hits nos anos 1990 e que usava a bandeira dos Confederados em seu logotipo e em alguns de seus produtos. (Em 2019, após o cancelamento de algumas apresentações do grupo por causa do seu nome e logotipo, Danny Shirley, o vocalista, contou à *Rolling Stone* que tinha sido criado com a bandeira por toda parte, em Chattanooga, no Tennessee. "Nos ensinaram que aquela bandeira significava que você gosta da parte do país de onde você veio", disse.) Algumas bandas de rock trataram a bandeira dos Confederados como um símbolo de rebeldia: Tom Petty, de Gainesville, na Flórida, a usou durante a turnê de *Southern Accents*, em 1985, embora mais tarde tenha parado de fazê-lo; a banda de metal Pantera, do Texas, a exibiu durante uma turnê em 2001. Entretanto, na música country, imagens relacionadas ao universo confederado nem sempre eram exibidas a título de provocação. Uma nostalgia por uma época anterior à Guerra Civil está estampada no nome "Lady Antebellum", escolhido por um trio de vocalistas que conquistou o topo das paradas de country no final dos anos 2000, com canções de amor agridoces e deliciosas harmonias vocais. Até o Dixie Chicks, que hoje em dia é famoso por criticar o paroquialismo da música country, recebeu esse nome em homenagem a "Dixie Chicken", uma canção funkeada de southern rock da banda Little Feat, que evocava as noites em "Dixieland" — expressão usada para se referir aos velhos tempos do Sul norte-americano. Em 2020, em meio a protestos por justiça racial pelo país inteiro, o Lady Antebellum abreviou seu nome para Lady A, afrontando, dessa maneira, uma cantora negra de blues que já usava esse nome. E o Dixie Chicks se tornou Chicks. Não há como separar o orgulho sulista da política e da história que ajudaram a tornar a identidade sulista tão poderosa. (As pessoas, de modo geral, não cantam — nem discutem — sobre a Nova Inglaterra ou o Meio-Oeste, em grande parte porque nenhuma dessas regiões travou uma guerra separatista sangrenta contra o governo dos Estados Unidos.) Mas há outras maneiras de cantar sobre o Sul. "Southern Voice", canção de Tim McGraw de 2009, chegou ao primeiro lugar da parada com uma versão profundamente incisiva do orgulho sulista, celebrando uma tradição que incluía Dolly Parton e Rosa Parks, Hank Williams e Hank Aaron. Essa era outra forma de encarar a música country: como uma expressão de uma identidade sulista multirracial.

Desde as gravações de Ralph Peer na década de 1920, contudo, a música country foi se tornando cada vez menos rural e menos sulista; seus artistas e ouvintes contemporâneos normalmente não compartilham nem de uma cultura agrária nem de uma identidade regional. O que eles ainda têm em comum, em geral, é o fato de serem brancos. Pesquisas indicam que o público do gênero permanece desproporcionalmente branco, e as paradas mostram que seus artistas mais populares são, também, quase sempre brancos. (*Hitmakers* afro-americanos seguem tão raros na música country que podem ser enumerados, o que costuma acontecer com alguma frequência: Darius Rucker, do grupo de rock Hootie & the Blowfish, fez uma transição muito bem-sucedida para a música country no final dos anos 2000; Kane Brown, filho de mãe negra e pai cheroqui, que descreve a si próprio como birracial, despontou como astro do country no final da década de 2010.) Essa não é uma situação necessariamente incomum: em Nova York, nos anos 2000, percebi que os shows de country tendiam a ter pessoas brancas tanto em cima do palco quanto na plateia, mas a mesma coisa podia ser dita da maioria dos shows de indie rock, de heavy metal e até das casas noturnas que tocavam techno. A música country, entretanto, foi o único desses gêneros a jamais se envergonhar de sua identidade branca. Ralph Emery, que passou décadas sendo a personalidade mais importante no mundo das rádios de country, disse à revista *Time* em 1992 que a música country proporcionava uma espécie de equilíbrio racial no cenário da música. "O rap só fala de questões negras", disse ele, "o que afasta um monte de gente branca." Em seu livro sobre Garth Brooks e a evolução do country, Bruce Feiler conversou com Ed Morris, que havia trabalhado como editor de country na *Billboard*. "O country se baseia, fundamentalmente, na experiência branca", afirmou Morris. "Fala do lugar onde os brancos vivem, do que eles leem, do que eles veem."

Nas primeiras décadas de sua existência, parecia evidente que a música country não representava todos os brancos, e sim um tipo específico de branco — aqueles aos quais se refere, ocasionalmente, com termos pejorativos como "caipira" ou "jeca". Foi isso que conferiu ao estilo a sua identidade cultural, permitindo que Hank Williams Jr. criasse para si próprio uma mitologia de um "rapaz do campo" obstinado, lutando para sobreviver num mundo que não era como o interior do país. Mas, depois do surgimento de Garth Brooks, principalmente, muitos astros do country passaram a fazer um esforço para se apresentar como pessoas normais: como cidadãos americanos comuns, quase sempre — mas não necessariamente — brancos; o tipo de gente que os políticos gostam de falar que representam. A ideia de um gênero predominantemente branco pode parecer ofensiva; historicamente, lugares reservados apenas para pessoas brancas nos Estados Unidos sempre foram lugares restritivos e segregacionistas. No entanto, nenhum gênero agrada de fato a *todo mundo*. Talvez a música country seja simplesmente mais sincera do que o rock 'n' roll no que se refere à identidade de seu público. A brancura da música country nunca foi um obstáculo para mim. Sou metade branco, o que significa que não sou branco, de acordo com as regras que aprendi logo que cheguei aos Estados Unidos, aos cinco anos. Tornei-me cidadão norte-americano em 1995, porém minha preocupação com os diversos tipos de identidade americana que existem provavelmente me caracteriza como imigrante. E, assim, até hoje não consigo não escutar a música country como música étnica: é o som dos brancos dos Estados Unidos, ou, de qualquer maneira, é *um* dos sons dos brancos dos Estados Unidos. Como todas as músicas de que gosto, o country me dá a oportunidade de conhecer estilos de vida diferentes do meu — em alguns aspectos, porém não todos. O country oferece um vislumbre do que é ser "normal" nos Estados Unidos, às vezes de forma tão estilizada que chega a passar do ponto.

O que te torna country?

Em 1970, um cantor e compositor desconhecido lançou um álbum chamado *Down to Earth*, que foi amplamente ignorado. Ele queria ser uma estrela do country, mas as rádios do estilo demonstraram pouco interesse em suas canções de inspiração folk. Quando por fim alcançou o sucesso, no final dos anos 1970, ele já não era mais exatamente um artista de country: seu nome era Jimmy Buffett, e ele construiu um império no mainstream da música com canções agradáveis sobre dias longos — e noites mais ainda — em lugares quentes. Nos anos 2000, diversos artistas de country redescobriram o atrativo de Buffett e de sua abordagem escapista, e o gênero ficou mais leve — falando, talvez, de um pouco menos de trabalho e de um pouco mais de lazer. O próprio Buffett colaborou com Alan Jackson em "It's Five O'Clock Somewhere", o que lhe garantiu seu primeiro hit a conquistar o topo da parada de country, aos 56 anos. (Buffett chegaria ao primeiro lugar uma segunda vez, oito anos mais tarde, com um dueto ao lado de outro artista de country, Zac Brown.) E um cantor chamado Kenny Chesney, que se inspirava em Buffett, se destacou como um dos maiores e mais fiéis astros do country, com um talento para soar de forma melancólica mesmo quando estava falando sobre "cerveja no México", que é, aliás, o título ("Beer in Mexico") de um de seus incontáveis hits.

A festa se estendeu até a década de 2010, com o surgimento de um estilo conhecido como bro-country, dominado por homens bonitões e bem-humorados que cantavam sobre flertar e beber — tópicos que, em tese, teriam um apelo universal. A ironia foi que todas essas músicas supostamente universais não eram, como se descobriu, irresistíveis para todos os norte-americanos. Críticos musicais e pessoas que não estavam envolvidas com o estilo em geral desprezavam o bro-country, que, para eles, soava tremendamente cafona e desagradavelmente ultrapassado. Luke Bryan se tornou um astro com uma série de álbuns, como *Tailgates & Tanlines*, de 2011. (O título refletia o clima descontraído e inclusivo do estilo, muito embora tanto as festas em *tailgates* [caçambas de veículos] quanto as *tan lines* [marcas de bronzeado] costumem ser associadas a pessoas brancas, por motivos culturais e fenotípicos, respectivamente.) Mas Luke Bryan não foi particularmente bem-sucedido na tentativa de furar sua bolha, precisamente porque sua normalidade inveterada — sua tendência a exaltar o prazer trivial de, digamos, "um beijo de boa-noite" — fazia com que sua música parecesse, no contexto de drogas e depravação da música popular, algo totalmente deslocado. "Sinta orgulho daquilo que te torna country", cantou Bryan certa feita, listando suas próprias credenciais rurais, ao mesmo tempo que tranquilizava seus ouvintes, dizendo que as suas "identidades country" eram igualmente válidas, não importava quais fossem. "Nós somos um pouquinho diferentes, mas somos todos iguais/ Cada um fazendo as suas coisas", cantou ele, evitando sabiamente definir aquele "nós": a palavra foi usada justamente para incluir todas as pessoas que estivessem inclinadas a ouvir aquela canção.

Nos últimos anos, boa parte das críticas à música country se concentrou no bro-country — que, para alguns críticos, parecia ser um plano sinistro posto em prática pelos executivos das rádios para homogeneizar o gênero. A discussão esquentou em 2015, quando o consultor de rádios country Keith Hill deu uma entrevista para a *Country Aircheck*, uma revista do estilo, na qual disse que os programadores deveriam evitar tocar muitas artistas mulheres. "Se você quiser ter bons números numa rádio de country, deixe as mulheres de fora", afirmou. (Ao analisar algumas playlists, ele observou, satisfeito, que nenhuma delas tinha mais do que 19% de mulheres). Hill explicou, de forma meio misteriosa, que os homens eram "a alface da nossa salada" e as mulheres, os tomates. A reação a essas declarações deu origem a uma controvérsia que viria a ser conhecida como Tomato-gate — os comentários de Hill repercutiram intensamente, em grande parte porque havia muitos ouvintes e artistas incomodados com a relativa escassez de mulheres nas rádios de country. Os veteranos do gênero sabiam que a declaração de Hill não era nada escandalosa, ele estava apenas repetindo um consenso de décadas. Em sua autobiografia, publicada em 1994, Reba McEntire sugeriu que era mais difícil para uma mulher do que para um homem fazer sucesso no country, e ofereceu uma possível explicação. "Em geral são as mulheres quem compram os ingressos", escreveu, "e elas, naturalmente, querem ver homens — como culpá-las?" De modo similar, Hill alegou que as mulheres que ouviam country prefeririam escutar homens cantando e, muito embora diversos executivos não tenham perdido tempo em condenar seus comentários, nenhuma das principais estações de rádio do estilo encontrou uma maneira, nos anos que se seguiram ao Tomato-gate, de aumentar de forma significativa o número de vozes femininas na programação.

As rádios de country, que vêm até agora resistindo à expansão dos serviços de streaming, são relevantes pelo mesmo motivo que são irritantes: elas representam um esforço escancarado para dar aos seus ouvintes nada além daquilo que eles demonstram querer ouvir. Claro que se trata de um esforço imperfeito, que acaba sempre influenciado por considerações financeiras, embora nem sempre da maneira que se imagina. (Historicamente, por exemplo, as rádios de country prestam muita atenção em suas ouvintes mulheres, que são consideradas o público-base do formato.) Apesar da predominância das rádios de country e, de certas maneiras, por causa dela, a música country sofreu, no novo século, mutações que nem seus fãs nem seus detratores jamais teriam previsto, bebendo de diversos outros gêneros e estilos.

Uma pessoa que talvez tenha tido um vislumbre disso foi Hank Williams Jr., ao perceber, muito tempo atrás, a proximidade entre a música country e o southern rock. No começo dos anos 2000, bandas como o

Lynyrd Snynyrd foram incluídas de forma retroativa ao cânone do country; lado a lado com canções de praia, uma espécie de southern rock com uma pegada retrô começava a se popularizar. O gênero produziu os seus próprios astros: Brooks & Dunn e Montgomery Gentry, duas duplas animadas; Keith Urban, um herói da guitarra do rock de arena; Carrie Underwood, uma tremenda baladista que emplacou alguns de seus maiores sucessos com canções de rock com influências do blues; Eric Church, que fazia com que seu rock barulhento soasse como a mais pura expressão da identidade country. (Church teve até um hit chamado "Springsteen", uma linda canção sobre ouvir as músicas de Bruce.) De certa maneira, essa era uma nova versão do som de Nashville: o hip-hop dominava o Top 40, de modo que a música country voltou algumas décadas no passado, procurando maneiras de atrair ouvintes que sentiam saudades da barulheira animada do hard rock dos anos 1980. Percebendo isso, os integrantes do Bon Jovi, um dos principais representantes do hard rock da era da MTV, gravaram uma canção com Jennifer Nettles, do Sugarland, um grupo de rock com pegada country. A música chegou à primeira posição da parada de country e não soava nada deslocada numa rádio do estilo.

Outra coisa que Williams talvez pudesse ter previsto foi o sucesso de um dos mais improváveis astros do country nos tempos modernos: Kid Rock, um rapper branco dos subúrbios de Detroit com fama de pervertido que foi criando uma obsessão cada vez maior pela cultura do country. Ele começou a apresentar em seus shows uma versão de "A Country Boy Can Survive", o que levou a uma amizade com Williams, além de uma relação profissional que acabou sendo vantajosa para ambos. Eles gravaram juntos um show para a *CMT Crossroads*, série que reunia artistas de country com artistas de outros estilos. (Williams o chamava de "Meu filho rebelde, o sr. Rock".) Em 2002, Kid Rock lançou uma balada sensível, que não fazia muito seu estilo, chamada "Picture", com Sheryl Crow, que tocou nas rádios de country o suficiente para chegar ao 21º lugar da parada. Alguns anos mais tarde, ele chegaria à quarta posição com "All Summer Long", um grande sucesso inspirado tanto em "Werewolves of London", o hit rock 'n' roll de Warren Zevon, quanto em "Sweet Home Alabama", do Lynyrd Skynyrd, que merece até uma citação no refrão: "Cantando 'Sweet Home Alabama' o verão inteiro". Conversei com Kid Rock sobre sua evolução, e ele me disse que jamais teria sido aceito em Nashville se não fosse pelo aval de Williams. "Aquilo me deu muita credibilidade", afirmou.

Graças, em parte, a Kid Rock, a música country foi se abrindo cada vez mais para o hip-hop, talvez porque o gênero fosse, naquele momento, antigo o suficiente para ser visto como parte da herança cultural norte-americana. Em 2004, a dupla Big & Rich emplacou o hit "Save a Horse (Ride a Cowboy)", uma música de festa, leve, contagiante e com influências do hip-hop, que tinha toda a pinta de que seria uma febre momentânea — como de fato foi. Mas a febre do country misturado ao hip-hop nunca arrefeceu. Big & Rich tiveram um protegido chamado Cowboy Troy, um rapper afro-americano que chegou a emplacar, ele próprio, um modesto sucesso no country. Tim McGraw colaborou com o astro do hip-hop Nelly em "Over and Over", que se tornou um tremendo sucesso — muito embora não nas rádios de country, que, notavelmente, se recusaram a tocá-la. Ao mesmo tempo, uma corrente conhecida como country rap começava a surgir, formada, em sua maioria, por rappers brancos que abraçavam o estilo e a mentalidade "country". Um deles era Colt Ford, que tinha uma música intitulada "Dirt Road Anthem"; em 2010, o cantor de country Jason Aldean lançou sua própria versão, cantando o refrão e rimando na batida, e a música chegou ao primeiro lugar da parada, provando que os ouvintes das rádios do estilo não se incomodavam mais em ouvir um pouquinho de rap.

O que está certo nesse formato

A música mais popular de 2019, em qualquer gênero, foi uma canção de country. Exceto pelo fato de que talvez não fosse. "Old Town Road" passou dezenove semanas na primeira posição da parada Hot 100 da *Billboard*, estabelecendo um novo recorde. Uma versão da música trazia Billy Ray Cyrus, um veterano do country, e sua letra falava sobre montar a cavalo. Mas, por outro lado, sua batida e sua identidade eram hip-hop: ela era o trabalho de Lil Nas X, um cantor e rapper negro até então desconhecido. "Old Town Road" não foi muito dominante nas paradas de country por um motivo muito simples: após sua estreia na 19ª posição, a *Billboard* simplesmente a tirou da lista. Para justificar sua decisão, a revista publicou uma nota que instantaneamente se tornaria uma das declarações mais polêmicas da história da revista. "Embora 'Old Town Road' incorpore referências ao country e ao imaginário do universo dos caubóis", explicaram os editores, "ela não apresenta elementos suficientes do que é considerado música country atual para ser incluída na versão corrente da parada." Era uma declaração confusa, e de um pensamento circular: a ideia parecia ser que "Old Town Road" não conseguia refletir a "música country atual" porque não continha "elementos suficientes do que é considerado música country atual". Como temos certeza disso?

A *Billboard* teria sido mais precisa — e sem dúvida menos polêmica — se tivesse feito uma declaração mais simples. Talvez "Old Town Road" não devesse estar na parada de country porque seus ouvintes, de modo geral, não eram ouvintes de country. A música nunca chegou a ser muito tocada nas rádios do estilo. E os algoritmos dos serviços de streaming, como o Spotify, pareciam sugerir que as pessoas que estavam escutando "Old Town Road" também ouviam hip-hop e pop, não música country. O debate sobre como classificar a canção foi, em parte, sobre a maneira como a tecnologia estava transformando o consumo de música. Em 2019, as rádios de country ainda eram uma força muito poderosa, porém um número cada vez maior de ouvintes, especialmente os mais jovens, passava cada vez mais tempo nos serviços de streaming, como Spotify e Apple Music, onde escutavam as músicas que queriam ou playlists feitas por outras pessoas. Em 2012, a *Billboard* havia modernizado sua fórmula para montar a parada de canções de country, contabilizando downloads e execuções em serviços de streaming, além de execuções radiofônicas em todas as emissoras, não mais apenas nas de country. Enquanto os programadores das estações de country costumam promover um revezamento nas primeiras posições das músicas mais tocadas, os serviços de streaming às vezes mostram canções estacionadas no primeiro lugar por semanas ou até meses, talvez porque novos ouvintes as estejam descobrindo constantemente ou porque os fãs mais inveterados demoram para começar a ouvir outras coisas. "Meant to Be", uma parceria da dupla de country Florida Georgia Line com a pop star Bebe Rexha, chegou ao topo da parada de country em dezembro de 2017, ficando lá até novembro do ano seguinte: uma façanha incrível, mas também um sinal de que ou a parada estava errada em sua essência ou, no mínimo, que não media mais o que costumava medir. Quem estivesse curioso para saber o que as rádios de country estavam tocando naquele momento precisaria consultar, em vez disso, a parada de execuções das rádios de country (Country Airplay) da *Billboard*, onde "Meant to Be" ocupou o número 1 por apenas uma semana, em abril. A chegada dos serviços de streaming trouxe uma mudança sutil, embora decisiva, na maneira como as pessoas pensam sobre os gêneros musicais. A antiga parada, focada no rádio, media quais músicas eram mais populares entre as pessoas que ouviam as emissoras de country. A nova parada, focada nos serviços de streaming, media quais canções de country eram mais populares entre os ouvintes em geral — o que significava que, agora, quem compilava as paradas, e não quem programava as rádios, era quem decidia o que "country" significava. Na era do Spotify, a regra proposta por Barbara Mandrell estava em xeque: talvez tenha ficado mais difícil saber do que o público de country gosta porque talvez tenha ficado mais difícil saber quem é esse público.

Quando as preferências do público de country foram ficando menos evidentes, é possível que mais gente tenha se voltado para o bro-country, que, de fato, fez muito pela expansão da paleta musical do gênero. Vários dos principais astros do movimento usaram o hip-hop para criar a atmosfera descontraída que levava suas canções a ser tão bem-sucedidas — ao mesmo tempo que faziam questão de, muitas vezes, exibir suas próprias credenciais no mundo do country. Uma das primeiras músicas a serem descritas como "bro-country", em 2013, foi "Boys 'Round Here", de Blake Shelton, que começa com uma declaração de lealdade ao country:

Bom, os rapazes daqui não ouvem os Beatles
Eles tocam o velho Bocephus num jukebox
Na bodega,
Batendo suas botas
A noite inteira

Seria uma canção até bem ortodoxa, não fosse pelo fato de que Shelton estava fazendo um rap, e não cantando, acompanhando — mais ou menos — uma batida de hip-hop até a entrada das guitarras no refrão. Florida Georgia Line, uma dupla de bro-country extremamente sociável, introduziu Nelly no estilo com "Cruise", um single viciante que chegou ao topo da parada de execuções radiofônicas de country da *Billboard*. E Sam Hunt, um bonitão que tinha sido *quarterback* na faculdade, lançou seu álbum de estreia em 2014, repleto de acenos ao hip-hop e ao R&B, especialmente na maneira ágil e sincopada como cantava. (Às vezes, em seus shows, ele tocava, com muito êxito, trechos de "Marvin's Room", o melancólico sucesso de hip-hop de Drake.) Conversei com Jonh Dickey, um executivo do conglomerado de rádios de country Cumulus Media, sobre o sucesso de Hunt — o álbum colocou cinco músicas entre a primeira e a segunda posição da parada de execuções radiofônicas de country da *Billboard*. Dickey disse que Hunt era um exemplo de como a música country estava evoluindo. "Um artista como Sam Hunt, que teria sido uma manobra comercial muito arriscada cinco, seis, sete anos atrás, hoje é o garoto-propaganda de tudo que está certo nesse formato", afirmou. Na esteira do sucesso de Hunt, as paradas se encheram de artistas de country usando as ferramentas do hip-hop: batidas eletrônicas com bateristas reais, autotune para fazer os vocais soarem levemente robóticos e letras cheias de gírias e malandragens.

Como sempre, a versão mais recente de Nashville para a música country incomodou alguns de seus ouvintes e artistas. Em 2017, Steve Earle, que muito tempo atrás havia vestido uma camiseta de dissidente do gênero, insinuou que a música country moderna era, basicamente, "hip-hop para pessoas que tinham medo de negros". Mas me parece um tanto injusto sugerir que o entusiasmo dos ouvintes com a mistura de country e hip-hop fosse apenas um indicativo de que eles tinham "medo de negros". (Se eles *rejeitassem* essas misturas, isso seria o indicativo de quê?) Agora, da mesma maneira que durante o "*countrypolitan*" dos anos 1970, a sonoridade do country se tornou mais "pop" quando absorveu elementos de gêneros da música negra — ao mesmo tempo que insistia que sua identidade cultural estava mais perto do que nunca das raízes do gênero. Morgan Wallen, que substituiu Sam Hunt no posto de principal galã do estilo, gostava de brincar com a estrutura das letras do hip-hop e até com suas batidas, enquanto se mantinha, ao mesmo tempo, afastado de sua cultura. "Beber cerveja na cidade não é tão gostoso", canta ele. "Cerveja não combina com hip-hop, primo/ Mas, com certeza, combina pra cacete com o Nitty Gritty." Ele estava errado sobre a cerveja, mas tinha razão sobre o fato de que muitos de seus fãs gostavam de pensar nele como "um dos seus" — uma pessoa leal a uma comunidade country, que ainda nutria sentimentos conflitantes em relação à dominância cultural do hip-hop. No começo de 2021, não muito tempo depois que o álbum foi lançado, Wallen foi flagrado usando a palavra *nigga* num vídeo, enquanto se despedia, embriagado, de um amigo. (Ele parecia estar usando a palavra da mesma maneira que uma pessoa negra a usaria.) A reação foi imediata: Wallen se tornou o primeiro artista de country desde o Dixie Chicks a ser banido das estações de country em todo o país, e sua gravadora declarou que "suspenderia" seu contrato. O próprio Wallen divulgou um breve pedido de desculpas, seguido de outro, mais robusto, e anunciou que se afastaria da música por algum tempo. Mas seus fãs pelo visto não se importaram muito: continuaram ouvindo seu novo álbum, que passou as primeiras dez semanas desde o lançamento no topo da parada de álbuns da *Billboard*. (Isso havia acontecido apenas outras duas vezes: com Stevie Wonder, em 1976, e com Whitney Houston, em 1987.) Talvez seu futuro fora da bolha fosse duvidoso, mas seu status como estrela do country nunca foi abalado.

Essa é a coisa mais estranha e extraordinária sobre a música country: o fato de que, mesmo depois de todas essas décadas e apesar de todas essas mudanças, ela segue funcionando como um gênero, uma comunidade com suas próprias preferências e tolerâncias, tanto para o bem quanto para o mal. Ainda tem fãs que querem reivindicá-la e críticos que querem brigar por ela; estações de rádio que a tocam e gravadoras que a vendem. Ninguém sabe direito quais são suas regras, mas todos sabem que elas existem: assim como todos os gêneros, a música country é definida, em grande parte, por aquilo que exclui. E, talvez mais do que os outros gêneros, a música country atrai seus detratores — ela permanece, desde os anos 1960, como um dos formatos musicais mais detestados dos Estados Unidos, desprezada tanto por ser country demais quanto por não ser country o suficiente. E, mesmo assim, a música country foi capaz de fazer as duas coisas mais difíceis que um gênero musical pode fazer: mudar e perdurar.

4.
Punk

Convertido

Se eu gostava de música? Claro que sim — tem alguém que não goste? Na segunda ou terceira série eu gravava as músicas pop que tocavam no rádio. Uns anos depois disso, já sabia de cor tudo que estava numa meia dúzia de fitas de hip-hop. Uns anos depois *disso*, adquiri e comecei a estudar uma série de coletâneas dos maiores sucessos dos Beatles, Bob Marley e Rolling Stones. Mas só comecei a ser obcecado por música aos catorze anos, em 1990, quando meu melhor amigo, Matt, me deu uma fita que havia gravado para mim.

Matt fora testemunha do meu progresso ao longo do ano anterior e tinha percebido algumas coisas a meu respeito. Eu andava ouvindo *Mother's Milk*, o álbum de 1989 do Red Hot Chili Peppers, uma banda de punk rock festivo que estava invadindo, aos trancos, o mundo do rock 'n' roll mainstream. Também andava ouvindo um álbum do rapper Ice-T, que tinha uma introdução estranhíssima, falada, na qual um boletim aterrorizante anunciava a proclamação de uma "lei marcial" nos Estados Unidos. Nem sequer pensei na procedência daquele discurso, declamado num tom apocalíptico, por um homem de voz anasalada, mas Matt sabia de onde era aquilo: o trecho havia sido tirado de um álbum de *spoken-word* de Jello Biafra, que tinha sido vocalista de uma banda punk de esquerda extremamente cáustica, chamada Dead Kennedys. Com base nesses dois dados, Matt deduziu que eu vinha recebendo minha educação musical pela MTV e que talvez estivesse pronto para alguns ensinamentos mais exóticos. Foi por isso que ele me deu uma fita de punk rock, com faixas cuidadosamente selecionadas de sua própria coleção do estilo, que se tornava cada vez maior. Queria me converter, e foi bem-sucedido em sua tarefa: dentro de algumas semanas eu já estava profundamente interessado por tudo que era punk e profundamente desinteressado por praticamente tudo que não era. Lembro-me de empurrar uma velha caixa de sapatos cheia de fitas cassete para o lado, pensando: "Eu nunca mais vou ouvir Rolling Stones".

Eu estava errado, é claro. Mas, durante alguns anos de formação, estava gloriosa e furiosamente correto. Eu era punk — fosse lá o que isso significasse. Provavelmente ainda sou.

Incoerente e inescapável

Houve uma época em que "punk" era uma pessoa, e geralmente de má reputação. A palavra trazia consigo uma conotação de insolência ou de decadência; ser punk era como ser um novato desrespeitoso, um ladrão de galinhas, um michê. Nos anos 1970, "punk" foi usado a princípio para descrever uma versão mais suja do rock 'n' roll e, depois, para denotar, de forma mais específica, um movimento musical. "Punk rock" foi um daqueles nomes de gênero que se tornaram rapidamente um slogan, adotado tanto por músicos quanto por fãs que queriam deixar bem claro para o mainstream que não queriam fazer parte dele. Uma das bandas naquela fita era o Sex Pistols, que popularizaria as bases do estilo em 1977, com o lançamento de *Never Mind the Bollocks: Here's the Sex Pistols*, seu primeiro álbum, além de ser o único decente. Ele foi considerado um fracasso comercial nos Estados Unidos, mas no seu Reino Unido natal conquistou as primeiras páginas dos jornais. Participante de um programa de entrevistas na televisão britânica em 1976, o grupo foi anunciado pelo apresentador, Bill Grundy, que disse aos seus espectadores: "Eles são *punk rockers* — a nova mania, pelo que me contaram". Grundy fez o melhor que pôde para não se mostrar completamente decepcionado com o espetáculo promovido pelos quatro integrantes da banda, acompanhados por outros quatro amigos punks, que ficaram apenas resmungando e fazendo caretas. "Estou morrendo de medo", disse ele em tom sarcástico, incitando-os a dizer "algo escandaloso". Steve Jones, o guitarrista, demonstrou ter o maior prazer em aceitar a provocação, chamando Grundy de "patife filho da puta" e de "palhaço de merda". O espectador médio de hoje em dia ficaria menos escandalizado com os palavrões do que pelo fato de um daqueles rapazes estar usando algo que, na época, era um acessório punk comum: uma faixa com uma suástica amarrada no braço. De qualquer modo, essa aparição consolidou a reputação do Sex Pistols como o exemplo máximo do que era ser punk, tanto no velho quanto no novo sentido da palavra. (Também ajudou a arruinar a carreira de Grundy, que foi suspenso por duas semanas por "desleixo jornalístico" e a seguir viu sua carreira entrar em declínio; ele morreu, vítima de um infarto, em 1993, e foi descrito num obituário publicado no *The Guardian* como "uma companhia muito agradável, exceto quando sucumbia à sua baixa tolerância ao uísque".) Quando minha mãe se deu conta de que o Sex Pistols era uma das bandas pelas quais eu estava repentinamente obcecado, ela se lembrou vagamente do grupo como aqueles rapazes desagradáveis que tinham causado todo aquele fuzuê nos anos 1970.

Os punks desprezavam a indústria musical, bem como as bandas de rock famosas que dominavam o circuito de shows e as paradas de sucesso. Integrantes do Sex Pistols foram fotografados usando uma camiseta do Pink Floyd que havia sido modificada para que a frase "I HATE" [Eu odeio] aparecesse no lugar do nome da banda. Mas eles se separaram em 1978 — doze anos antes de eu descobrir aquela fita, enfiados no meio de vários de seus descendentes musicais. Na época em que ouvi a fita, o punk já era algo ancestral e o Sex Pistols, uma espécie de relíquia do passado, os padrinhos ausentes de um movimento que evoluiu e prosperou muito além de qualquer fronteira que os arruaceiros no programa de Bill Grundy poderiam ter imaginado. Em 1981, uma banda escocesa absurda chamada The Exploited lançou seu álbum de estreia, *Punks Not Dead*, e seu título meio autodepreciativo marcou uma mudança de atitude. Dali em diante, o punk nunca mais poderia ser considerado uma "nova febre", mas sim uma cruzada, antiga e teimosa, que por algum motivo tinha durado mais do que seu momento. O Exploited estava representado na fita de Matt por "Sex & Violence", uma canção que não tinha nenhuma outra palavra além das três que aparecem no título, repetidas incessantemente, como um protesto proverbial contra o idealismo dos anos 1960. Se os hippies queriam paz e amor, os punks exigiam o contrário.

Não me pareceu nada estranho que o Sex Pistols, aquela antiga banda britânica, conquistasse minha imaginação em 1990. Mesmo numa fita cassete de segunda geração, a música do grupo era intensamente vívida; os riffs calorosos da guitarra de Steve Jones e os urros venenosos do vocalista e antagonista, Johnny Rotten, eram igualmente contagiantes, e por motivos opostos. "Anarchy in the U. K." é o single que define a banda, construindo uma defesa implacável da total falta de propósito: "Eu quero ser anarquista/ Ficar puto/ Destruir". Tentei me aprofundar lendo *Lipstick Traces: A Secret*

History of the Twentieth Century, o primeiro livro sobre crítica musical com que me deparei. Ele foi publicado em 1989 e eu o li, ou tentei lê-lo, dois anos depois, enquanto viajava num trem de Connecticut a Boston. Seu autor era Greil Marcus, um visionário crítico de rock cuja carreira havia começado bem antes do punk, mas que estava fascinado pela incandescência do Sex Pistols. Na opinião de Marcus, Rotten era o herdeiro improvável (e talvez involuntário) de diversas tradições intelectuais radicais europeias. Ele observou, de maneira deliberada, embora misteriosa, que o nome de batismo de Rotten, John Lydon, o ligava a John of Leiden, profeta e insurrecionista holandês do século XVI. Parei de ler o livro em algum ponto da segunda metade, que era mais obscura, mas fiquei empolgado com a determinação do autor em conectar o punk com o mundo externo e com sua descrição da música do Sex Pistols como "uma fissura no ambiente da cultura pop" — um fenômeno desagradável e impossível que fez, de repente, com que diversos tipos de outros fenômenos parecessem possíveis.

Como o punk sobreviveu por tanto tempo? Uma resposta seria que na verdade ele não sobreviveu. A encarnação do punk que escutei naquela fita, e que me converteu, tinha se desviado do caminho aberto pelo Sex Pistols. Em 1990, "punk" havia se tornado um termo genérico para se referir a uma ampla gama de bandas, que tocavam uma música que era ou raivosa, ou barulhenta, ou engraçada, ou estranha, ou simplesmente muito alta. A fita que me abriu os portões para o estilo trazia uma música do Hüsker Dü, uma banda de punk hardcore de Saint Paul, em Minnesota, que tinha abandonado o hardcore para aperfeiçoar um estilo de música romântica que era, ao mesmo tempo, histriônica e melodiosa. O Hüsker Dü era frequentemente classificado como "pós-punk", porque seus integrantes faziam parte de um universo que havia se expandido para além da explosão do punk; ou "college rock", porque tocavam um estilo musical que os DJs das rádios universitárias amavam; ou "alternativos", palavra que começaria a ser usada, na década seguinte, para rotular qualquer banda melancólica que usasse guitarras distorcidas. Ainda houve espaço no meu conceito de "punk" para o Red Hot Chili Peppers, pelo menos até 1992, quando "Under the Bridge", uma baladinha descarada, transformou o grupo no tipo de astros de rock mainstream que eu tinha passado a detestar. Se me lembro bem, aquela nova postura tinha me incomodado quase tanto quanto seu repentino sucesso. Minha dieta musical na época estava cheia de bandas engraçadinhas e, algumas vezes, ofensivas, como o Dead Milkmen, da

Filadélfia, cuja obra incluía uma música animada chamada "Takin' Retards to the Zoo". A promessa do punk era abrir espaço para praticamente qualquer coisa — em seu sentido mais amplo, amar o punk era o mesmo que se opor ao mainstream, uma identidade sedutora e imprecisa que com frequência era mais interessante do que a própria música.

A música, na verdade, às vezes parecia até irrelevante para a evolução do punk. Em 1977, um fanzine punk artesanal britânico chamado *Sideburns* publicou uma ilustração maravilhosamente tosca mostrando como tocar três acordes simples (lá, mi e sol maior) no violão. O texto era curto, porém inspirador:

ESTE É UM ACORDE
ESTE É OUTRO
ESTE É UM TERCEIRO
AGORA MONTE UMA BANDA

A conclusão era que não havia nada de especial em fazer música — qualquer um conseguiria, e todos deveriam fazê-lo, quanto mais simples, melhor. Muitos punks defendiam com unhas e dentes a ideia de desmistificar e democratizar a música popular, porém esse espírito democrático não os impedia de desdenhar das pessoas comuns, que tinham interesses comuns. A retórica punk tendia a ser simultaneamente populista e elitista: você lutava pelo "povo" ao mesmo tempo que criticava as porcarias medíocres e mainstream que o povo escutava. Em *Lipstick Traces*, Marcus cita Paul Westerberg, da despretensiosa banda de pós-punk norte-americana The Replacements, que adorava o movimento punk porque se identificava com ele. "O Sex Pistols te fazia sentir como se você conhecesse aqueles caras, como se eles não estivessem acima de você", disse Westerberg. Todavia, o Sex Pistols e todos os outros punks não se pareciam com ninguém que *eu* conhecia. Eles eram estranhos e assustadores, e sua música soava como se tivesse precisado atravessar um tipo inimaginável de golfo cultural, para não falar num oceano — e uma década — para chegar até meu quartinho em Connecticut.

Nasci na Inglaterra, em 1976, alguns meses antes de o Sex Pistols aterrorizar Bill Grundy, e minha família morou em Gana e na Escócia antes de se mudar para os Estados Unidos, perto do meu quinto aniversário. Consigo entender por que alguns fãs desejam ouvir sua identidade refletida na música, mas também suspeito que o desejo de se sentir diferente pode ser algo tão poderoso quanto. Meus pais nasceram e cresceram na África: meu pai, negro, na Gâmbia; minha mãe, branca, na África do Sul. Ambos lecionaram em Harvard e depois em Yale, e ambos amavam música clássica, assim como *Graceland*, o revolucionário álbum de afropop lançado em 1986 por Paul Simon. Quando era adolescente, eu me interessei pelo punk pelo mesmo motivo pelo qual não me interessei por, digamos, Youssou N'Dour, o magnífico cantor senegalês, ou pelos grandes compositores cujas obras eu tocava em minha prática semanal de violino. Eu me apaixonei pelo punk porque *não* enxergava minha família representada nele, nem a mim mesmo, pelo menos não em nenhuma das principais categorias identitárias que minha biografia supostamente sugeriria: negro, de pele clara, birracial, africano. Era uma sensação incrível poder reivindicar aquelas bandas estranhas e aquele movimento estranho como se eu fizesse parte daquilo. O punk era como uma província exclusiva, minha e de Matt, e de praticamente mais ninguém que a gente conhecia.

O espírito punk do faça-você-mesmo me incentivou a procurar formas de participar do movimento. Nos anos seguintes à minha conversão, Matt e eu tocamos nossas músicas favoritas para uma audiência total de zero pessoas nas ondas de dez watts de potência da estação de rádio da nossa escola. Montamos bandas que mal e porcamente existiram, gravando fitas cassete e até um disco que jamais foram distribuídos. Publicamos algumas edições de uma revista caseira de punk rock — um fanzine, ou zine — chamada *Tttttttttt*, nome que escolhemos apenas por ser impronunciável. Também passei a me vestir de acordo com o papel que desempenhava — pelo menos um pouco. Mudei meu penteado, transformando um *flattop* do hip-hop meio sem graça em algo um pouco mais extravagante: mantive as laterais da cabeça raspadas e transformei o topo do cabelo numa coleção desgrenhada de tranças, talvez dreads, que foram decoradas, ao longo dos anos, com algumas presilhas de plástico, um ou outro fio de lã, um toque de alvejante.

Mesmo assim, quando dizia que era punk, eu sabia que não era punk da mesma maneira que os integrantes do Sex Pistol ou do Exploited eram punks. Eles vinham de círculos sociais rebeldes e decadentes, enquanto eu era comportado e consciente. Minha dedicação ao estilo de vida punk não ia muito além de um penteado levemente estranho, com meia dúzia de camisetas e um volume um pouco maior de álbuns e cassetes. (Matt e eu decidimos ampliar nossa coleção musical jamais comprando duas vezes o mesmo item; se um de nós comprava um álbum, o outro ganhava uma cópia gratuita, gravada numa fita.) Na região de New Haven, onde morávamos, shows de punk eram raros, e a maioria das casas noturnas barrava os menores de 21 anos. Finalmente descobri uma brecha num dos últimos dias de 1990, quando fiquei sabendo que a casa de shows local, Toad's Place, permitia a entrada de menores de idade, desde que acompanhados por um responsável legal. Matt não conseguiu persuadir seus pais sobre a relevância daquela descoberta, mas tive mais sorte com os meus, e foi assim que pude ir a meu primeiro show de punk: levei minha mãe para ver os Ramones, a banda pioneira do punk de Nova York. E enquanto ela assistia (ou provavelmente não) ao show da segurança da área do bar, passei uma hora de euforia em meio a um grupo suado de velhos punks e jovens *posers*, todos se empurrando e gritando junto com a música.

Quando me imagino, aos catorze anos, no meio daquela multidão, saudando os Ramones com um triunfante par de dedos médios simplesmente porque me parecia uma coisa "punk" a fazer, fico pensando na insignificância da revolução daquele movimento. Ao deixar de lado os Rolling Stones para adotar os Ramones, eu apenas havia trocado uma velha banda de rock por outra um pouco menos velha. O apelo do punk não estava muito na música, que amo até hoje, mas que não me soa melhor nem mais ousada atualmente do que "Poison", o clássico do R&B de Bell Biv DeVoe com suas batidas metálicas, ou "Vogue", a estilizada música de pista de Madonna, dois dos hits mais dominantes na MTV na época da minha conversão ao punk. E o apelo também não estava muito na comunidade ou no espírito do faça-você-mesmo. Para mim, a graça do punk residia em sua identidade negativa. O punk exigia devoção total, que deveria ser expressa por meio de uma rejeição total ao mainstream. Era uma doutrina quase religiosa, que transformava divergências estéticas em questões de significância moral severa. O punk era bom e os outros estilos musicais eram ruins — não apenas inferiores, mas errados. Enquanto o rock 'n' roll por vezes via a si próprio como um espírito eterno, que se fazia presente sempre que havia um grupo de fiéis, a ideologia punk tinha mais em comum com a dura mensagem deixada por Jesus no Evangelho de Lucas: "Se alguém vem a mim e não odeia seu próprio pai e mãe, mulher, filhos, irmãos, irmãs e até a própria vida, não pode ser meu discípulo".

O punk me ensinou que ter opiniões fortes sobre música era possível e, talvez, até inevitável; ele me ensinou a amar música ao me ensinar, também, a odiar música. Ao longo dos anos, os objetos do meu desprezo na música foram mudando e se reduzindo — como aprendi, aos catorze anos, a apreciar o charme decadente do punk, acabei percebendo todo o universo da música popular como uma charmosa decadência (ou, no mínimo, dotado desse potencial). Nesse sentido, foi o espírito do punk que também acabou me levando, por fim, ao hip-hop, e à música pop, e à música country, e a praticamente todos os outros estilos. A filosofia punk era tão incoerente quanto inescapável. Pelo menos para mim.

Não há nada de estranho nisso. Muitos adolescentes têm a sorte de desenvolver uma paixão muito específica, algo que, misteriosamente, conquista primeiro sua atenção e depois sua personalidade, e nunca mais vai embora. Mas a minha obsessão pelo punk, no fim das contas, era compartilhada por muita gente. Quando eu estava começando a alimentar meu desdém punk pela cultura de massa, o gênero estava, por incrível que pareça, se tornando mainstream. Em 1991, catorze anos após o lançamento de *Never Mind the Bollocks*, uma banda chamada Nirvana, liderada por um fã do Sex Pistols chamado Kurt Cobain, gravou *Nevermind*, um sucesso estrondoso que transformaria a música inspirada no punk rock em febre nacional. Eu estava no ensino médio quando o disco foi lançado, e não quis nem saber dele — para meus ouvidos, o Nirvana era apenas uma banda de rock, não de punk, o que era confirmado pela repentina onipresença de "Smells Like Teen Spirit", o single que estourou na MTV e na minha escola. Ainda assim, não havia como ignorar o fato de que as botas pretas da Doc Martens que eu gostava de usar, como um marcador da identidade punk, estavam se tornando cada vez mais comuns. (Em 1992, um influente varejista do centro de Nova York disse ao *New York Times*, em tom de desprezo: "Agora qualquer loja de shopping vende Doc Martens".) O Nirvana saiu em turnê pela Europa com o Sonic Youth, uma ruidosa porém sofisticada banda de pós-punk que, de uma hora para outra, começou a se apresentar para plateias enormes. Os integrantes do Sonic Youth foram personagens de um documentário sobre a turnê chamado *1991: The Year Punk Broke*. O título do filme foi tirado de uma cena que mostra Thurston Moore, um dos fundadores da banda, sentado num restaurante, fazendo uma análise irônica do estado em que a música se encontrava. "Noventa e um é o ano em que o punk finalmente estoura. A bolha. Em direção à conscientização em massa da sociedade global", diz ele, impassível. "É o punk moderno, como visto na revista *Elle*."

O mais estranho é que o punk *seguiu* estourando. Cobain se suicidou em 1994, bem na época em que uma banda punk da região da baía de San Francisco chamada Green Day estava encontrando seu lugar — que viria a ser permanente — na constelação das estrelas do rock. Depois do Green Day veio o blink-182, uma banda punk com uma mentalidade pop, e a seguir veio Avril Lavigne, uma pop star com mentalidade punk; no começo dos anos 2000, a MTV promovia a música punk como a sucessora natural do pop adolescente. (Em 2003, um executivo da emissora estava muito entusiasmado com a safra atual de bandas punk, como Good Charlotte e The Used. "Todo mundo vai atrás delas", disse, "porque elas fazem canções pop muito boas.") Mesmo quando o punk se tornou pop, as cenas underground inspiradas pelo gênero continuaram tremendamente férteis, gerando tanto bandas com uma sonoridade retrô, como os Strokes, quanto uma enorme variedade de artistas disruptivos: Ezra Koenig, da talentosa banda indie Vampire Weekend, cresceu ouvindo punk rock, bem como a polímata cantora e produtora canadense conhecida como Grimes. E mesmo com as novas gerações de adolescentes tendo acesso a uma variedade de escolhas musicais bem maior do que a minha, muitos ainda gravitam, ano após ano, ao redor de diversos formatos de música punk. Eles se amontoavam em shows em porões ou, sem a companhia das mães, em lugares que permitiam a entrada de menores, gritando e às vezes se empurrando ao som de bandas que tocavam uma música inspirada, ainda que de forma indireta, pelo Sex Pistols. Heróis do punk e do pós-punk, como Iggy Pop, Patti Smith e David Byrne eram reverenciados como gurus, geralmente pelos fãs jovens ávidos por se conectar com um mundo punk mais antigo, do qual eram novos demais para participar.

O punk ajudou a consagrar a ideia de que a cultura popular está dividida entre um mainstream vazio e um underground (ou "mundo alternativo") admirável. Seu espírito e sua lógica estão na base da criação do alt-country, do alt-rap e das versões alternativas de qualquer gênero que tenha se tornado um pouco mainstream demais, embora nenhum desses outros "alts", que tendem a ser particularmente esnobes e antiquados, tenha me impressionado ou inspirado tanto quanto o punk em si. De início o punk foi menosprezado, visto como uma febre desmiolada e passageira — um gênero "extremamente unidimensional" que "já se esgotou", como decretou um crítico da *Newsweek* em 1978. E, mesmo assim, ele resistiu, século XXI adentro, não como uma piada de mau gosto, e sim como um ideal artístico que alude à rebeldia e à integridade. Desde 2005 o Afropunk Festival celebra, todos os anos, a "cultura negra alternativa", uma expressão estrategicamente ambígua que, por conta disso, é também inclusiva: praticamente qualquer artista negro, aparentemente, pode ser considerado "afropunk" se for cool ou original o suficiente. Em diversos momentos na minha vida, a imprecisão e a versatilidade do termo "punk" me soaram estranhas, ou hilárias, ou constrangedoras, mas não é difícil perceber por que o termo se mostrou tão útil. O punk representa o desejo humano universal de ser um pouco menos universal — de separar o que você gosta do que as outras pessoas gostam, seja lá o que for. Greil Marcus resumiu muito bem. "O punk definiu limites", escreveu. "Ele separou os jovens dos velhos, os ricos dos pobres, depois os jovens dos jovens, os velhos dos velhos, os ricos dos ricos, os pobres dos pobres, o rock 'n' roll do rock 'n' roll." Essa determinação em dizer e mostrar ao mundo o quanto você é diferente talvez seja um tanto quanto imatura. Por outro lado, o mesmo pode ser dito sobre a música popular em si e sobre as paixões que levam muitos de nós a gostar tanto dela.

Rock 'n' roll em seu estado mais puro

Quando descobri o punk, ainda faltavam três anos para me formar no ensino médio, e dediquei todo esse tempo a uma espécie de caça ao tesouro que já havia começado: se "punk", em seu sentido mais amplo, queria dizer "esquisito", resolvi ir atrás das músicas mais esquisitas que pudesse encontrar. Virei uma pessoa monomaníaca e, sem sombra de dúvida, insuportável. Lembro-me de ter escolhido como citação para meu livro do ano ao me formar no colégio um trecho imbecil tirado de um álbum intitulado *Soul Discharge*, de uma delirante banda japonesa de noise rock chamada Boredoms, que ouvi até entender sua lógica destrambelhada — ou achar que entendi. (Até hoje *Soul Discharge* me impressiona, uma mistura de choque com uma agradável nostalgia que emana das músicas que amávamos quando estávamos no colégio.) Quando entrei para a Universidade Harvard, no outono de 1993, saí em busca de compatriotas do punk, e os encontrei em menos de uma semana, dentro da rádio da faculdade, no porão empoeirado do Memorial Hall, um dos prédios mais majestosos do campus. Como a maioria das estações de rádio universitárias, a WHRB estava repleta de obsessivos que adoravam discutir música. Diferentemente da maioria das estações de rádio universitárias, a WHRB era regida pelo rigor acadêmico. Os alunos que quisessem entrar para o departamento de punk rock, que comandava a programação da madrugada, tinham primeiro de cursar uma disciplina sobre a história do gênero, com duração de um semestre. As inscrições só podiam ser feitas por quem passasse numa prova escrita, que incluía tanto longas perguntas dissertativas quando uma bateria de respostas rápidas, na qual os candidatos ouviam trechos de músicas sem identificação e eram orientados a anotar suas reações a elas. Lembro-me de ouvir meia dúzia de notas tocadas numa guitarra rasgada e ter de imediato a certeza de duas coisas: que aquela era "Cunt Tease", uma provocativa canção de uma banda nova-iorquina totalmente consciente de sua própria grosseria chamada Pussy Galore; e que eu jamais estaria tão preparado para uma prova quanto estava naquele dia.

Muitos anos após aquele teste de admissão, fui chamado para uma entrevista de emprego na revista de arte e cultura *Bidoun* com meu amigo Jace Clayton, que, assim como eu, é um jornalista obcecado por música e, muito diferentemente de mim, é um músico aclamado. Jace e eu fomos colegas na faculdade — nos conhecemos na rádio, fazendo aquela prova sobre punk, que o afastou com a mesma intensidade com que me atraiu. "No final da prova eu já estava dando respostas cada vez mais sarcásticas e mal-humoradas para aquelas perguntas ridículas, sabendo que eu jamais passaria", lembrou. Ele disse que a WHRB era "a pior emissora de rádio da história" e, na verdade, teve sua vingança ao levar seu talento duas estações de metrô adiante, para a rádio do Instituto de Tecnologia de Massachusetts, onde deu início ao seu estilo maravilhosamente independente, tocando todos os estilos musicais de que gostava.

Para mim, por outro lado, a devoção à ortodoxia do punk da WHRB foi uma revelação. Eu partia do princípio de que o espírito do punk era, nas palavras de Johnny Rotten, "anarquista" e antirregras. Mas é evidente que cada cultura, cada movimento, possui suas regras, até ou principalmente aqueles que se dizem transgressores. No papel de aspirantes a radialista, foi-nos ensinado que o punk não era uma essência mística inclusiva, que poderia ser descoberta livremente por qualquer um, nem um ideal universal de negação, mas sim um gênero específico, com uma história específica. Ao longo daquele outono, assistimos, toda semana, a uma palestra de um radialista veterano sobre algum aspecto da história do punk, e recebemos uma lista de uns dez álbuns essenciais do estilo; antes da próxima palestra, tínhamos de escutá-los e anotar nossas impressões. Tínhamos a liberdade de dizer que não gostamos de alguma música — ninguém ali gostou de todas, e algumas pessoas odiaram a maioria. Quando nos tornássemos radialistas, teríamos o direito de nos manifestar escrevendo minirresenhas em adesivos brancos que eram colados nas capas dos discos, na proteção plástica que os cobria. Mas antes disso precisávamos estudar.

Quando era um punk de colégio, louco para me diferenciar do mainstream, eu não me interessava por nenhum disco de punk que soasse muito parecido com rock 'n' roll. A relação entre o punk e o rock 'n' roll, entretanto, sempre foi bastante íntima; muitos dos pioneiros do punk não queriam destruir o rock 'n' roll, mas sim purificá-lo e aperfeiçoá-lo. Quando os críticos começaram a usar o termo "punk rock" no começo dos anos 1970, eles o aplicaram a uma ampla gama de astros do rock; o *New York Times* descreveu a música do teatral Alice Cooper como "punk rock" em 1972, e descreveu Bruce Springsteen da mesma forma no ano seguinte. Mas "punk rock" também era um termo um tanto quanto saudosista, usado para identificar um espírito selvagem e sujo do qual alguns fãs sentiam falta em grande parte do rock dos anos 1970. Em 1972, um visionário guitarrista de Nova York chamado Lenny Kaye lançou, num álbum duplo, a coletânea *Nuggets*, que reunia 27 músicas esquisitas ou ofensivas do final da década de 1960, as quais ocupavam uma posição importante no conteúdo programático da WHRB. A lista de faixas incluía "Dirty Water", a turbulenta canção do Standells que se tornaria uma espécie de hino não oficial de Boston, e uma versão de "Baby Please Don't Go", do Amboy Dukes, banda comandada pelo herói da guitarra Ted Nugent. No texto do encarte, Kaye imortalizou um período que nem estava tão distante assim como uma "era rudimentar", quando o rock 'n' roll ainda era selvagem e primitivo. Ele descreveu os grupos presentes na coletânea como "definitivamente amadores", o que, no contexto, era um tremendo elogio. "O termo cunhado de forma não oficial para essas bandas — 'punk rock' — parece especialmente apropriado nesse caso", escreveu, "pois elas foram exemplos claros do prazer maníaco oriundo do ato de portar-se de maneira ofensiva em cima de um palco, e da determinação e do desejo incontrolável de mandar tudo à merda que só o rock 'n' roll, no seu melhor, é capaz de proporcionar."

Apesar de Kaye ter flexionado os verbos num passado melancólico, algumas dessas bandas veteranas tinham poucos anos de existência. (Os tais *"nuggets"* haviam sido lançados num período de quatro anos, entre 1965 e 1968.) Mas, enquanto Kaye organizava sua coletânea, meia dúzia de bandas norte-americanas buscavam sustentar — ou reviver — aquele espírito. Em Nova York, durante a era dos *Nuggets*, surgiu uma banda chamada The Velvet Underground, apadrinhada pelo artista Andy Warhol, e que talvez seja a primeira banda "underground" da história do rock 'n' roll, com guitarras explosivas e letras às vezes sórdidas que evocavam um mundo de vício e decadência. E, em Michigan, apareceram duas bandas igualmente "maníacas": o MC5, famoso por seus shows furiosos e violentos; e o Stooges, ainda mais furioso e, melhor ainda, liderado por um agitador sinuoso e incendiário que se chamava Iggy Pop. Em 1970, o crítico Lester Bangs descreveu o Stooges como um antídoto para o "monumento pomposo" erguido pela "indústria absolutamente ridícula do rock 'n' roll". Não que o grupo não fosse ridículo à sua própria maneira: sua marca registrada era a sublime "I Wanna Be Your Dog", uma indecente declaração sexual sustentada por uma progressão descendente de três acordes mais indecente ainda. Bangs adorava essa música e a maneira como Iggy Pop se mexia, tanto em cima dos palcos como fora deles, como uma espécie de palhaço ameaçador. "Nenhum deles tocava seus instrumentos havia mais de dois ou três anos", escreveu ele sobre os integrantes. "Mas isso é ótimo — eles não precisam desaprender todas aquelas coisas que arruínam tantos jovens músicos promissores: solos de blues, dedilhado de folk, jazz no estilo Wes Montgomery etc." Graças a bandas como o Stooges, o rock 'n' roll poderia abandonar seus maus hábitos e renascer mais uma vez.

Na opinião de Bangs, a ingenuidade era uma das coisas que separavam bandas como o Stooges de seus pares igualmente barulhentos, como o Led Zeppelin, que, na época, estava ajudando a criar o heavy metal. Bangs odiava o Led Zeppelin: para ele, sua música soava bombástica e pretensiosa, e ele se referiu aos integrantes da banda em ocasiões diferentes como "nulidades sem talento", "moleirões imprestáveis", "preguiçosos fracassados" e "bebezões". Olhando com algum distanciamento, os movimentos incipientes do punk e do heavy metal tinham muito em comum, a começar por sua devoção a um estilo barulhento de rock 'n' roll. Contudo, se os pioneiros do heavy metal, como Ozzy Osbourne, do Black Sabbath, se apresentavam às vezes como sumos sacerdotes, conduzindo poderosos rituais musicais, os primeiros punks optaram por uma abordagem mais casual, tratando os palcos das casas noturnas como extensões das ruas lá fora. No começo dos anos 1970, o New York Dolls construiu um pequeno séquito e uma enorme reputação, munido de pouca coisa além de um rock 'n' roll rudimentar, roupas femininas espalhafatosas e muita atitude — algumas plateias, no fim das contas, adoravam ser afrontadas. O próprio Kaye tocou com Patti Smith, poeta e cantora que começou sua carreira declarando, nos primeiros versos de seu álbum de estreia, em 1975: "Jesus morreu pelos pecados de outra pessoa/ Não os meus". Em 1976, quando o primeiro álbum dos Ramones foi lançado, estava cada vez mais evidente que o espírito do Stooges tinha incentivado o surgimento de uma incipiente subcultura crescendo ao redor do CBGB, uma casa noturna toda detonada no centro da cidade, que era uma espécie de quartel-general não oficial do movimento. Os Ramones se vestiam como prostitutas de rua, com calça jeans apertada e jaqueta de couro preta, e reduziram o rock 'n' roll a canções altas, rápidas e sem sentido, ou que pareciam sem sentido. Eles expandiram a fórmula do título de "I Wanna Be Your Dog" para uma série de *"wanna bes"*: "I Wanna Be Your Boyfriend", "Now I Wanna Sniff Some Glue", "I Don't Wanna Walk Around with You", "Now I Wanna Be a Good Boy", "I Wanna Be Well" e, acima de tudo, "I Wanna Be Sedated", uma canção insanamente animada sobre o tédio que se converteu num hino do punk-rock, explorando perfeitamente as duas obsessões do gênero: a diversão e o desespero.

Adorei "I Wanna Be Sedated" na primeira vez em que a ouvi, na primeira fase da minha catequização no punk, porque ela me soou como o início de uma nova tradição, que se afastava de todas as coisas que uma banda convencional de rock 'n' roll poderia fazer e mirava em praticamente todas as outras direções. Mas as palestras semanais na WHRB me ensinaram a ouvir aquelas músicas um pouco mais da maneira como Bangs as ouvia: como a culminação de um processo de anos de fermentação de um rock 'n' roll dissimulado e como uma reafirmação dos valores que ele deveria defender desde sempre. Na verdade, Bangs não ficou muito entusiasmado com a explosão do punk no final dos anos 1970 — ele temia que o desespero estivesse tirando toda a diversão, bem como o sentido do estilo. No seu auge, argumentou ele em 1977, o punk rock "incorporou o espírito do quem-se-importa-vamos-quebrar-essa-porra-toda presente nos melhores momentos do rock". Em seu pior momento, porém, o punk era apenas niilista. Bangs escreveu: "Grande parte do que é considerado punk se resume a dizer eu sou um merda, você é um merda, o mundo é uma merda, e quem se importa? — o que é, hã, ah, *insuficiente*, por algum motivo". A maneira como Bangs via o punk era literalmente conservadora, porque ele o via como uma força reacionária e reparadora, que tinha vindo para acabar com as inovações equivocadas que estavam arruinando o rock 'n' roll. A abordagem da WHRB era conservadora também, promovendo uma doutrinação antiquada para um gênero que era, de muitas maneiras importantes, obstinadamente retrô. Qualquer pessoa que quisesse pintar o punk como um movimento intrinsecamente progressista, liberacionista e de mente aberta precisava, antes de mais nada, brigar com a própria história dele.

Explosão do punk

Existe outra versão sobre como o punk surgiu, ligada a outro lugar. Em Nova York, o punk foi um fenômeno acidental, o produto de um grande número de bandas e uma meia dúzia de espectadores. A *Punk*, uma revista musical com sede em Nova York, publicou sua primeira edição em 1976, ajudando a popularizar um termo que já era amplamente utilizado — ainda que de forma imprecisa. Em Londres, o punk não foi nada acidental. Configurou-se mais como um projeto, talvez até uma conspiração. Malcolm McLaren era um malandro inglês muito esperto e malicioso que tinha passado algum tempo em Nova York, onde atuou, durante um breve período, como empresário do New York Dolls, cujas vidas eram tão degeneradas quanto suas letras. (Em dado momento, ele vestiu a banda com roupas de couro vermelho para uma apresentação em frente a uma bandeira com uma foice e um martelo, produzindo a improvável combinação de obscenidade real com falso comunismo.) Quando o New York Dolls se dissolveu, em 1975, McLaren voltou para Londres, onde era proprietário, com a estilista Vivienne Westwood, de uma excêntrica loja de roupas chamada SEX. McLaren chegou à conclusão de que a cidade poderia ter seus próprios Dolls e logo toparia com seus novos clientes: um grupo de jovens que frequentava a loja e também se reunia para tocar música. O Sex Pistols era, na verdade, o SEX Pistols, assim batizado em homenagem à loja, da mesma forma que equipes esportivas são batizadas em homenagem às suas cidades de origem.

Never Mind the Bollocks tem apenas uma música chata: "New York", que deu ao Sex Pistols uma chance de reconhecer sua evidente dívida para com as bandas de Nova York, espinafrando-as. (Quando Rotten canta *"You're just a pile of shit, you're coming to this/ You poor little faggot, you're sealed with a kiss"* [Você não passa de um monte de merda, é isso que você é/ Seu viadinho triste, tá aqui o seu beijinho], aparentemente está se referindo ao New York Dolls, fazendo alusões negativas tanto às roupas femininas usadas por seus integrantes quanto a uma de suas músicas mais famosas, "Looking for a Kiss".) O restante do álbum era tão grosseiro quanto essa canção, porém muito mais empolgante. Ao contrário da maioria das bandas de Nova York, que vicejavam no seu próprio mundinho, o grupo parecia querer chamar a atenção do público, da mídia e da indústria musical — o disco termina de forma apoteótica com "EMI", sobre a gravadora britânica que o contratou e depois o dispensou. O Sex Pistols foi tanto um golpe de marketing quanto uma banda — e de sucesso — que reinventou o punk como um movimento semirrevolucionário britânico, identificado pelo seu figurino aberrante e por suas posições políticas contestadoras. O acessório que veio a ser a marca registrada do punk britânico foi o alfinete, usado ou como brinco ou espetado na bochecha. Legs McNeil, um dos fundadores da revista *Punk*, ficou chocado com a onipresença do punk britânico. No livro *Mate-me por favor*, sua história oral do movimento, McNeil se lembra de ter pensado: "Ei, pera aí! Isso não é punk — esse cabelo todo espetado e esses alfinetes? Que porra é essa?". Uma matéria sobre o punk exibida em 1978 pelo *Today Show* afirmou ao público norte-americano, como se fosse ponto pacífico, que "o punk surgiu na Inglaterra".

De certa maneira, todavia, o punk realmente surgiu (de novo) na Inglaterra. "God Save the Queen", o tributo sarcástico do Sex Pistols, foi um ardiloso ato de provocação — a música chegou ao segundo lugar da parada de pop britânica, mesmo tendo sido efetivamente banida das rádios inglesas. (Ela começava com "Deus salve a rainha/ E seu regime fascista".) Mas essa nem de longe era a música mais venenosa do álbum. "Bodies" era uma canção sobre aborto, que não trazia nenhuma mensagem coerente além de frustração, desprezo e desgosto: "Foda-se isso e foda-se aquilo/ Foda-se tudo, e foda-se essa criança fodida". E, em "Problems", Rotten se recusa a calar a boca quando a música termina, rosnando "*problem*" sem parar e ignorando o resto da banda. Isso, no fim das contas, era uma representação bastante fiel da situação das relações dentro do grupo: Steve Jones, o guitarrista, queria criar um grande álbum de rock 'n' roll, enquanto Rotten estava mais interessado em criar confusão. O desdém profundo de Rotten combinou muito bem com o senso teatral de McLaren para passar uma impressão bastante disseminada e duradoura de que o Sex Pistols era mais do que uma banda de rock 'n' roll. Depois do episódio com Bill Grundy, o *Daily Mirror* estampou o grupo em sua primeira página, acompanhado de uma manchete que fez propaganda da banda de uma maneira muito superior a qualquer coisa que McLaren pudesse ter escrito: "SUJEIRA E FÚRIA!". Em algum momento durante meus anos de colégio comprei uma camiseta preta do Sex Pistols que exibia uma colagem de fotos e manchetes de tabloides, incluindo justamente essa.

É fácil rir do cinismo dos editores dos jornais britânicos, fingindo estar chocados para inflamar seus leitores. Entretanto, havia algo de realmente chocante no Sex Pistols, e esse choque foi parte do motivo pelo qual jovens fãs montaram suas próprias bandas sujas e furiosas de punk por toda a Grã-Bretanha e por todo o mundo. Ao contrário do seu equivalente norte-americano, o punk britânico foi, no começo, menos uma remediação e mais uma rejeição. O niilismo que Bangs detectou e detestou foi, em grande parte, importado da Inglaterra, diretamente do Sex Pistols. Bangs achava que "foda-se isso e aquilo" não era uma filosofia capaz de inspirar um florescimento musical constante, porém esse sentimento acabaria se consolidando como a mais importante contribuição feita pela banda à música popular, precisamente por ser tão vaga: era uma negação universal, que não estava ligada a nenhum programa positivo em particular. O fim do grupo aconteceu depois de uma caótica turnê norte-americana que se encerrou em San Francisco, em 1978, com uma versão taciturna de "No Fun", do Stooges. Quando a música finalmente acabou, Johnny Rotten providenciou um epílogo desconsolado: "Ah, ha! Vocês já tiveram a sensação de ter sido enganados? Boa noite". Menos de um ano depois, Sid Vicious, o baixista da banda, seria acusado de homicídio quando sua namorada foi encontrada morta e esfaqueada no quarto de hotel deles, em Nova York; ele morreria por uma overdose de heroína em 1979, antes de ser levado a julgamento.

Alguns dos fãs do Sex Pistols prestaram tributo à banda tentando seguir seu exemplo, ou uma versão caricata dele. Nos anos que se sucederam ao fim do grupo, surgiu uma espécie de uniforme punk: você podia afirmar publicamente sua filiação ao punk usando uma jaqueta preta de couro, adornada por tachas e slogans, e raspando as laterais da cabeça e espetando o cabelo restante num moicano, um visual que simplesmente não existia entre os primeiros punks. Bandas como Exploited e várias outras se esforçaram para ser mais punks que o Sex Pistols — ou mais rápidas, ou mais bêbadas, ou mais furiosas, ou mais contra o establishment. Sempre pareceu muito fácil tirar sarro desses punks obstinados, e talvez isso seja parte do motivo pelo qual sempre os achei tão encantadores. Pouco tempo depois de chegar na WHRB, ouvi pela primeira vez um excelente grupo inglês chamado

Discharge, conhecido pelas capas em preto e branco de seus álbuns e por suas músicas aceleradíssimas, com letras mal-humoradas sobre bombas atômicas e outros horrores do mundo moderno. O Discharge ajudou a inspirar o estilo conhecido como crust punk, associado a posições políticas radicais e a um estilo de vida nômade e alcoolizado. Pode-se medir sua influência enumerando as bandas similares que surgiram, algumas das quais adotaram nomes parecidos: Disfear, da Suécia; Disclose, do Japão; Distraught, de Nova York. Os fãs mais antigos e ardorosos de música adoravam exaltar a poesia que havia na criatividade e na expressão individual. Nesse contexto, o que seria mais punk ou mais radical do que um exército de clones musicais empilhando músicas abafadas em preto e branco sobre aniquilação nuclear enquanto perseguiam seu equivalente alcoólico?

E, mesmo assim, no fim das contas havia várias outras maneiras de ser punk. Quando o Sex Pistols apareceu no programa de Bill Grundy, uma das pessoas que apoiaram a banda foi Siouxsie Sioux, que, na época, era uma das frequentadoras mais estilosas das casas noturnas de Londres e que em pouco tempo se revelaria ela mesma uma artista altamente influente e criativa. Como líder do Siouxsie and the Banshees, ela lançou uma série de canções dançantes e dissonantes que ajudariam a introduzir a próxima onda musical. No começo dos anos 1980, a Inglaterra estava cheia de ex-punks fazendo experimentações com sintetizadores e usando roupas de cores berrantes; essas bandas, muitas rotuladas de "pós-punk", "new wave" ou "new pop", não eram nada alérgicas ao sucesso comercial, e algumas, inclusive, o abraçaram com orgulho. O grupo de Siouxsie durou muito mais tempo do que o Sex Pistols: em 1991, o Siouxsie and the Banshees chegou à 23ª posição da parada de pop da *Billboard* com "Kiss Them for Me", uma ode apaixonante a Jayne Mansfield, estrela do cinema dos anos 1950, a que me lembro de assistir na programação da MTV. (Na época, eu não sabia que o tema da música era Mansfield. Também não sabia que Siouxsie era a madrinha do punk britânico, nem que a canção se baseava num sample muito inteligente de uma faixa do rapper pioneiro Schooly D.) Johnny Rotten também estava na MTV nessa época, uma presença constante em *120 Minutes*, o espaço da emissora para a música alternativa, que tinha estreado em 1986. Após resgatar seu nome de nascimento, John Lydon, ele passou a década de 1980 e o começo da de 1990 à frente do Public Image Ltd, uma banda que combinava sua cantoria despudoradamente amarga com batidas dançantes que transitavam entre o sombrio e o animado. *120 Minutes* era apresentado por um imigrante londrino chamado Dave Kendall, e não tenho certeza se já consegui parar de me perguntar por que, naqueles anos anteriores ao Nirvana, o rock alternativo nos Estados Unidos exibia com tanta frequência um sotaque britânico.

Um dos discos mais reverenciados no cânone da WHRB era *Wanna Buy a Bridge?*, uma novidade para mim e, até onde me lembro, também para todos os outros aspirantes a disc jockey — escutá-lo era como ouvir um segredo. Era um artefato surrado dos anos 1980, lançado pelo selo independente britânico Rough Trade. E reunia catorze faixas de catorze bandas que estavam fazendo uma música meio tosca, porém muito boa, no rescaldo imediato do movimento punk. Havia uma ode estranhona à paixão, conduzida por violinos, de autoria de uma banda chamada The Raincoats; "Mind Your Own Business", canção divertida e animada do Delta 5; e "Man Next Door", do Slits, que buscava inspiração na sonoridade fantasmagórica e atordoante do dub jamaicano. O disco era empolgante porque capturava o momento em que a energia da explosão do punk estava começando a se dispersar, perdendo-se em gritarias caóticas e tímidas canções de amor, além de uma dezena de outras coisas. A maior parte dessas músicas não soa como punk rock, mas, ainda assim, elas estavam intimamente ligadas ao gênero, e essa relação se reflete numa canção delicada e um tanto quanto amadora de um grupo chamado Television Personalities. Dan Treacy, o vocalista, puxa o que soa como uma cantiga de roda que tira um sarro de jovens que praticam suas atitudes "punk" em casa — "Mas só quando a mamãe não está em casa". Os versos eram severamente críticos, porém, quando chegava ao refrão, Treacy mais parecia um garotinho embasbacado assistindo a uma parada:

Lá vem eles
La-la la-la la, la
La-la la-la la, la
Os punks de meio expediente

Havia bons motivos, sem sombras de dúvida, para que uma canção como essa repercutisse entre um bando de estudantes de Harvard para quem a doutrinação do punk era apenas mais uma de suas atividades extracurriculares. O éthos da WHRB tinha um quê de ridículo — mas, ao mesmo tempo, também sempre teve um quê de ridículo o próprio punk, que cultivava uma imagem de caos e insubordinação que nenhum ser humano seria capaz de sustentar, pelo menos não por muito tempo. (O que significaria, de fato, ser punk em *tempo integral*?) Depois de ser aprovado no meu exame de punk, completei meu processo seletivo com duração de um semestre e me tornei oficialmente membro da equipe da WHRB, depois palestrante sobre a história do punk e, por fim, e de forma inevitável, diretor do departamento, responsável por garantir que a programação da madrugada da emissora continuasse sendo reconhecidamente punk.

Provavelmente fui melhor palestrante do que disc jockey, e sem dúvida melhor disc jockey do que diretor. Mas durante algum tempo gostei do desafio de ser um guardião da ortodoxia, responsável por criar e aplicar as regras contra as quais outros disc jockeys, de forma inevitável e muito apropriada, se rebelariam um dia. Teria a Comissão Federal de Comunicações nos deixado em paz se os disc jockeys se referissem a uma antiga e adorável banda punk como "The Snivelling 'S'-Hits" em vez de "The Snivelling Shits"? Até quanto um selo poderia crescer antes de ser considerado "*major*" e ter seus lançamentos banidos de nossas ondas sonoras? Até que ponto os disc jockeys eram livres para explorar outros gêneros que não pertenciam ao mainstream, como o techno, o heavy metal ou o hip-hop? (A WHRB também transmitia um influente programa de hip-hop, mas apenas uma vez por semana, nas noites de sábado, uma ideia que várias pessoas acharam bem estranha, ou ainda pior que estranha.) Se bandas meio punk e meio cult dos anos 1960 como The Monks — que usavam tonsura na cabeça, como monges, e gravaram um álbum frenético guiado por banjos enquanto serviam o Exército na Alemanha — eram bem-vindas em nossa estação, qual seria nossa política em relação a bandas meio punk e meio mainstream daquela época, como os Rolling Stones? (Nessa época eu já havia renunciado à minha renúncia aos Stones — reconquistado, talvez, pela sua versão selvagem de 1965 para "She Said Yeah", do pioneiro do rock 'n' roll Larry Williams.) Não me lembro exatamente de quais respostas dei para todas essas perguntas. Mas me lembro de pensar muito sobre a relação complicada e codependente na música entre a existência de regras e a necessidade de quebrá-las. Ouvintes e, nesse ponto, também disc jockeys que se esbaldam misturando e combinando gêneros dependem, necessariamente, da existência de regras claras e de identidades musicais reconhecíveis. E identidades musicais sempre são exclusivas, mesmo quando dizem não ser. Qualquer movimento musical que se diz inclusivo provavelmente está mentindo, tanto para o mundo externo quando para si próprio.

Política punk

Todo movimento precisa de um símbolo, embora nem todo movimento escolha seu símbolo com sabedoria. Em seus primórdios, o símbolo não oficial do movimento punk era a suástica, que apareceu no braço de um dos punks que foram ao programa de Bill Grundy e em muitos outros lugares. No livro *Mate-me por favor*, a história oral do punk, Ron Asheton, cujos riffs de guitarra falsamente simples impulsionaram o Stooges, fala sobre como era obcecado pela Alemanha nazista desde a infância. "Eu usava broches da SS na escola, desenhava suásticas nos meus livros, bigodes de Hitler nas fotos de todo mundo e pequenos SS em forma de raio nos braços", diz. Asheton claramente não havia abandonado essa obsessão quando cofundou o Stooges e às vezes se apresentava de uniforme nazista completo, incluindo uma braçadeira com uma suástica; Vivienne Westwood, a estilista que ajudou a criar o visual do punk britânico, vendia uma camiseta ambígua que tinha a palavra "DESTROY" em cima de uma suástica, um Jesus de ponta-cabeça e a efígie da rainha da Inglaterra num selo postal. Os Ramones evocaram o Exército alemão em "Blitzkrieg Bop", usando uma linguagem sinistra para descrever o frenesi inocente de um bando de garotos num show de rock. E uma das músicas que o Sex Pistols tocou no seu último show foi "Belsen Was a Gas", uma canção provocativa sobre um campo de concentração nazista: "Belsen era de matar, me disseram outro dia/ Um monte de judeu deitado em cova aberta".

Muitos punks insistiam que não existia nenhum significado oculto por trás daquilo: sua adoção da iconografia nazista, diziam, era apenas uma provocação, uma tentativa de chocar a sociedade mainstream exibindo símbolos de maldade, símbolos do inimigo que a geração de seus pais havia derrotado não fazia muito tempo. (Nos anos 1970, quando o punk surgiu, a era do nazismo estava no passado havia apenas trinta anos — mais ou menos a mesma distância a que estamos hoje da era do grunge.) Em *Mate-me por favor*, Legs McNeil descreveu o *nazi chic* como uma reação à obsessão por rostos sorridentes e pela felicidade dos anos 1970; os punks só queriam ser desagradáveis, em oposição a isso. Bangs não tinha tanta certeza. Em 1979, o *Village Voice* publicou "The White Noise Supremacists", um ensaio seu sobre o racismo na cena punk. Bangs havia notado uma proliferação de suásticas nos shows de punk em Nova York e entendido que o símbolo era "uma coisa que os jovens usavam para incomodar seus pais e, talvez, a imprensa". Ele se preocupava, contudo, que "depois de algum tempo, aquele uso casual, e até irônico, dos emblemas da intolerância pudesse evoluir na direção do verdadeiro veneno". Bangs escreveu que, quando tocou uma música do cantor de soul Otis Redding numa festa cheia de artistas do punk e jornalistas da *Punk*, perguntaram a ele: "Por que você está tocando essa merda dessa disco music de crioulo, Lester?". O ensaio era a maneira de Bangs de se desculpar por ter sido um dia, como ele próprio entendia, parte do problema — ele também já tinha usado a palavra "crioulo" de forma supostamente irônica. "Levei muito tempo para descobrir", escreveu, "mas palavras como essas são letais, cara, e você não deveria ficar jogando elas por aí só para provocar uma reação."

Essa história sobre Otis Redding é reveladora, porque nos dá um vislumbre da conexão entre a identidade retórica do punk e sua identidade musical. O rock 'n' roll mainstream do final dos anos 1970 era, de modo geral, influenciado pelo blues ou pelo funk, e o pop mainstream, via de regra, tinha uma batida de disco music. Escolher as músicas velozes e nada funky dos Ramones em vez disso era escolher uma banda branca ostensivamente desinteressada pela música negra contemporânea — uma banda branca que fazia o rock 'n' roll parecer música branca, de maneira muito similar ao que o heavy metal havia feito anteriormente, apenas com um espírito mais belicoso. Nos Estados Unidos, essa foi a maneira confusa através da qual o punk rock prestou tributo ao sucesso e à onipresença da música negra: ao classificá-la como mainstream, ao se afastar dela, ao insistir que um formato novo e sujo de rock 'n' roll era, por algum motivo, mais autêntico do que a sonoridade multirracial que se ouvia no rádio. Em *Mate-me por favor*, John Holmstrom, um dos outros fundadores da revista *Punk*, discorda do diagnóstico de racismo dentro da cena de punk nova-iorquina feito por Bangs. "Quer dizer, nós não éramos racistas", diz Holmstrom. "Mas estávamos dizendo, sem pudor: 'Somos brancos com orgulho'. Da mesma forma como eles são pretos com orgulho."

Com o surgimento do Sex Pistols, o punk adotou um novo slogan, "Anarchy in the UK", além de um símbolo novo e menos polarizador: um "A" num círculo. A banda não defendia nenhuma ideologia política específica:

"anarquia" significava "caos", e o "A" no círculo era um identificador tribal, ou um logotipo *open source*, desenhado, entalhado e pichado em paredes pelo mundo afora. Alguns punks, entretanto, tentaram levar esse slogan mais a sério que o Sex Pistols, celebrando não apenas a anarquia como também o *anarquismo*, a filosofia política; eles militavam por uma sociedade que seria radicalmente igualitária e radicalmente livre. Fundada em 1977, uma banda chamada Crass ajudou a popularizar um estilo que alguns denominaram anarcopunk. Seu quartel-general era uma comunidade voluntária no interior da Inglaterra, onde gravou uma série de discos prolixos embora revigorantes de punk, com guitarrinhas minúsculas e linhas de baixo inesperadamente empolgantes. O grupo clamava por "anarquia e paz", criticando o consumismo e a Guerra das Malvinas com o mesmo vigor e especificidade. Uma das suas primeiras músicas, "Punk Is Dead", argumentava que o gênero não havia conseguido estar à altura de sua própria retórica. Steve Ignorant, o vocalista, ridicularizava Patti Smith e o Sex Pistols, acusando-os de serem meras marionetes corporativas, e não rebeldes: "Eu fico olhando e percebo que não significa coisa alguma/ O escorpião pode até atacar, mas o sistema roubou seu ferrão". Quando o Exploited lançou "Punks Not Dead", três anos depois, aquilo foi, em parte, uma resposta ao Crass, que o vocalista e líder do Exploited, conhecido como Wattie, chamava de "um bando de imbecis". Wattie também era anarquista, porém sem qualquer interesse na filosofia política. Ele cantava: "Não tenho vergonha de ficar bêbado/ E não me importa o que você diz/ Pois acredito na anarquia".

Num show do Sex Pistols em julho de 1976, o show de abertura foi feito por uma banda novíssima chamada The Clash. Seus integrantes eram fãs do Sex Pistols e logo se tornariam seus rivais: o autointitulado álbum de estreia do grupo foi lançado no começo do ano seguinte, seis meses depois de *Never Mind the Bollocks*. Os membros do Clash não eram exatamente anarcopunks e lançaram seu disco por uma *major*, a CBS Records, como Steve Ignorant, do Crass, teve o prazer de ressaltar. (Ele ironizou: "A CBS promove o Clash/ Não tem nada a ver com revolução, é tudo pelo dinheiro".) Porém o Clash oferecia uma alternativa idealista à fúria incandescente do Sex Pistols. Talvez seus membros soubessem que Malcolm McLaren via o punk como um acintoso golpe de marketing, mas isso não quer dizer que eles não poderiam levá-lo mais a sério. O primeiro single do Clash foi "White Riot", inspirado nos negros que se revoltaram e enfrentaram a polícia no Carnaval de Notting Hill de 1976. A canção era um hino turbulento para cantar junto, com uma letra que expressava uma mistura complexa de solidariedade, inveja e culpa: "Revolta branca, eu quero me revoltar/ Revolta branca, uma revolta pra chamar de minha".

Desde o começo, a música do Clash sofreu influências do reggae, que havia sido adotado como trilha sonora dos jovens negros e rebeldes na Inglaterra. Num show em Nova York em 1981, a banda escolheu para a abertura o grupo pioneiro do hip-hop Grandmaster Flash and the Furious Five. (Essa polinização cruzada do punk com o hip-hop obviamente não impressionou muito os fãs norte-americanos do Clash, que vaiaram Grandmaster Flash até que ele saísse do palco.) Os integrantes da banda eram ambiciosos e às vezes imprevisíveis: a discografia do Clash inclui um álbum triplo que é uma verdadeira colcha de retalhos chamado *Sandinista!*, em homenagem ao partido socialista da Nicarágua; o álbum traz também "Rock the Casbah", uma faixa palatável e influenciada pela disco music que se tornaria um hit pop, chegando ao Top 10 nos Estados Unidos e se tornando presença fácil na MTV. Talvez esses híbridos musicais e baladas *agitprop* tenham soado estranhos, mas eles também mostraram até que ponto o idealismo punk era capaz de se estender e qual era o limite de sua popularidade. Quando Lester Bangs foi à Inglaterra para visitar o Clash, no final dos anos 1970, ele não sabia muito bem o que esperar, mas voltou bastante convicto de que sua música era bem legal, e os membros da banda também. "Ao redor do Clash existe uma atmosfera, chame lá como você quiser, que é positiva de uma maneira que nunca senti em praticamente nenhuma outra banda", escreveu. "É uma coisa despretensiosamente moral e uma coisa que é ao mesmo tempo autoafirmativa e também uma afirmação da vida." Para ele, isso parecia provar que o punk rock poderia ser uma força em favor da decência.

O Clash fez mais do que qualquer outra banda para combater a percepção de que o punk era intrinsecamente niilista, talvez até fascista. O surgimento do punk na Inglaterra praticamente coincidiu com a formação, em 1976, de um movimento ativista abertamente antifascista chamado Rock Against Racism (RAR), criado em reação às declarações de alguns astros do rock. Um deles era David Bowie, o camaleão do rock 'n' roll que tinha, recentemente, se reinventado como Thin White Duke, um personagem sinistro e decadente, e que dissera, numa entrevista para a *Playboy*, em 1976: "Eu acredito fortemente no fascismo". O outro astro do rock era Eric Clapton, que naquele mesmo ano, segundo relatos, interrompera um show em Birmingham para vociferar, embriagado, contra os imigrantes: "Mande todos de volta", teria dito. "Os indianos e os macacos." Estarrecidos com o que parecia uma tendência, os organizadores do RAR saíram recrutando bandas de reggae e de punk para contra-atacar. Esse movimento invertia, em parte, a lógica da explosão inicial do punk: agora, os punks estavam sendo evocados como defensores da tolerância liberal, denunciando as opiniões chocantes dos roqueiros do mainstream. (Bowie se retratou em 1977, dizendo: "Eu *não sou* fascista"; Clapton, mais circunspecto, escreveu em sua autobiografia, lançada em 2007: "Desde então aprendi a guardar minhas opiniões apenas para mim".) O Clash foi uma das principais atrações de um show organizado em 1978 pelo RAR que reuniu algo como 100 mil espectadores no Victoria Park, em Londres. No palco, o vocalista e guitarrista da banda, Joe Strummer, usava uma camiseta estampada com um símbolo chocante diferente: não era um A num círculo e, definitivamente, não era uma suástica, mas sim uma estrela vermelha com uma submetralhadora, o logotipo da Fração do Exército Vermelho, também conhecida como Grupo Baader-Meinhof, uma organização alemã de guerrilheiros esquerdistas.

Eu não ouvia o Clash quando estava no ensino médio. Talvez tenha sido repelido por todo o apoio que a MTV deu a "Rock the Casbah". Ou talvez o rock 'n' roll apaixonado, porém de ritmo moderado, não soasse "punk" o suficiente para mim. E, mesmo assim, absorvi, por tabela, a convicção do Clash de que o punk não deveria estar ligado a políticas progressistas. Encomendei um monte de buttons do catálogo de um hippie — antirracismo, antiguerra, a favor do aborto — e os pendurei na frente da minha jaqueta de náilon, que tinha o forro laranja, mas era preta, de acordo com a tradição do punk rock. Eu era um dos membros fundadores do grupo pelos direitos dos gays no meu colégio, e comecei a ler a revista *High Times* não porque tivesse qualquer experiência com a maconha, ou mesmo interesse nela, mas simplesmente por acreditar na legalização das drogas. Acabei me envolvendo em outras causas secundárias. Nas viagens que fazia a Nova York para comprar discos, pegava exemplares dos jornais *Revolutionary Worker*, maoísta, e *The Shadow*, anarquista. Pendurada na parede do meu quarto, impressa nas folhas de um formulário contínuo, estava a letra de "Stars and Stripes of Corruption", uma canção tremendamente polêmica do Dead Kennedys, na qual Jello Biafra bradava contra os malefícios do império norte-americano e a passividade dos cidadãos que não percebiam que estavam sendo "criados como minhocas" ou não se importavam com isso. Para mim, o punk significava rejeitar a música do mainstream, assim como sua política.

Havia uma tensão entre esses dois tipos de rejeição, embora isso não me incomodasse na época. Parte do apelo do punk tinha a ver com o fato de que a maioria das pessoas não gostava do estilo; os punks adoravam antagonizar os não punks. (O Dead Kennedys também tinha uma música chamada "MTV — Get Off the Air", que admoestava a emissora por tentar agradar "ao mínimo denominador comum".) Entretanto, se todo o sentido do punk era ser diferente, qual seria o sentido da política punk? Nós realmente esperávamos conquistar e exercer poder político? Redefinir a sociedade? Jamais esperei que os Estados Unidos fossem aceitar, tardiamente, as ideias do Dead Kennedys. Então, por que deveria esperar que os Estados Unidos compartilhassem, algum dia, minhas diversas convicções políticas? Não há nada de errado em apoiar causas impopulares, é claro: algumas dessas causas se disseminam e triunfam, e outras, que nunca chegam a receber muita atenção, não deixam de estar corretas mesmo assim. Mas há algo de especialmente contraditório no ato de aderir a uma causa impopular, em parte porque ela é impopular, e depois fingir surpresa com sua impopularidade. Esse paradoxo muito provavelmente está arraigado no punk de forma profunda, que nunca conseguiu decidir se quer tomar o lugar do mainstream ou simplesmente gozar de uma existência autônoma à sua margem. E talvez ele também esteja arraigado na essência das políticas "radicais", que tendem a atrair determinado grupo de pessoas que adoram estar em desacordo com o resto da população e quer permanecer desse jeito.

Não existe nenhum motivo, é lógico, para que a política punk seja de esquerda ou liberal. Um dos diversos álbuns de punk britânico lançados em 1977 foi *All Skrewed Up*, do Skrewdriver, uma banda mais conhecida pela violência de seus fãs do que pelas próprias músicas, o que lhe dificultava bastante a tarefa de marcar shows. O Skrewdriver era diretamente ligado ao movimento skinhead, famoso pela brutalidade e, via de regra, formado por membros da classe trabalhadora, embora não fosse necessariamente político. A grande maioria das suas primeiras músicas não falava sobre coisa nenhuma em específico: "Os garotos lá da rua só bebem e brigam/ Os garotos lá da rua, é isso aí mesmo". Após alguns anos, entretanto, o Skrewdriver simplesmente desapareceu; seu vocalista, Ian Stuart, reapareceria nos anos 1980 com uma nova banda e um novo senso de propósito. Um dos singles de sua volta se chamava "White Power", música que se tornaria um hino da banda e de todo um movimento global punk neonazista. Essa nova missão exigia um novo som, de modo que o punk sujo e desleixado da banda deu lugar a um hard rock puro e simples, com os vocais um tanto quanto trêmulos de Stuart extremamente altos na mixagem, para garantir que todo mundo pudesse ouvir o que ele estava dizendo. Às vezes me pergunto o quanto a cena punk dos anos 1980 teria sido diferente — e mais tenebrosa — se o Skrewdriver tivesse exibido maior qualidade musical.

O movimento de Stuart nunca dominou o universo do punk, onde os neonazis permanecem sendo uma minoria desprezada. Mas ele também não desapareceu. Um pequeno, embora assustador, grupo de bandas que pensavam da mesma forma foi pipocando por todo o mundo, transformando Stuart numa espécie de grande líder neonazista. (Ele morreu num acidente de carro em 1993 e se tornou um verdadeiro mártir da causa supremacista branca.) Em 1987, a Liga Antidifamação publicou um importante relatório alertando para a presença de centenas de "ativistas skinhead" nos Estados Unidos, que "pregavam" — e por vezes praticavam — "violência contra negros, judeus e outras minorias". Esse relatório ajudou a levar o tema dos skinheads para a grande imprensa: no ano seguinte, Oprah Winfrey entrevistou uma dupla de skinheads supremacistas brancos em seu programa. A ameaça que os neonazistas representavam naquele momento inspirou alguns punks e alguns skinheads a combatê-los, às vezes por meio de grupos como a Anti-Racist Action (ARA), que, no fim das contas, assim como vários outros fenômenos no mundo do punk, acabou se mostrando muito mais duradouro e influente do que se imaginava. Organizações como a ARA foram a inspiração para o movimento antifa moderno, que tomou de assalto as manchetes durante a presidência de Donald Trump pelo fato de seus integrantes se mostrarem dispostos e, na verdade, ansiosos para lutar contra uma nova geração de inimigos à direita, como os Proud Boys, um grupo de "chauvinistas ocidentais" que tem como uniforme informal as mesmas camisetas da marca Fred Petty que skinheads britânicos gostavam de usar. A ascensão tanto do movimento antifa quanto dos Proud Boys representa, entre outras coisas, uma nova manifestação da política punk, ainda que relativamente poucas pessoas tenham percebido isso.

Mais pesado que o punk

No despontar dos anos 1980, um punk encrenqueiro chamado John Joseph deixava para trás sua Nova York natal. Ele havia se alistado na Marinha e se mudado para Norfolk, na Virgínia, onde certa noite pegou o carro e saiu dirigindo de sua base para assistir à apresentação de uma banda punk, ou ao que ele pensava ser uma banda punk. O que ele encontrou, entretanto, foi outra coisa: um grupo de músicos negros de Washington, DC, com uma base no jazz e um interesse crescente pelo rastafarianismo, tocando tão rápido e com uma intensidade tão medonha que eles pareciam estar vibrando. Em sua autobiografia, Joseph se lembra de ter pensado que havia acabado de presenciar "a maior banda do mundo". O single de estreia do Bad Brains, "Pay to Cum", foi lançado em 1980, mais ou menos na mesma época em que Joseph o descobriu, fazendo com que o punk rock soasse, em comparação, com o que quer que o punk rock deveria ter substituído. (A música zunia por noventa segundos a cerca de trezentas batidas por minuto, praticamente o dobro da velocidade média de uma música dos Ramones.) A música do Bad Brains, e de toda uma geração de bandas norte-americanas igualmente agressivas, viria a ser conhecida como punk hardcore, abreviada, em geral, para apenas "hardcore". No começo dos anos 1980, o hardcore fincou suas raízes em diversas cidades pelo país, quase sempre adotado por homens jovens — ou "garotos", como eles mesmos se chamavam — como John Joseph, que estava atrás de algo ainda mais pesado que o punk.

O hardcore era, ao mesmo tempo, uma intensificação do punk e uma rejeição ao estilo: um gênero que era uma dupla negativa, rebelando-se contra a rebelião dos punks de dentro dela. Em vez de cultivar penteados lustrosos com o cabelo espetado, alguns desses garotos raspavam a cabeça, às vezes para se parecerem com os skinheads britânicos. Se os punks tradicionais gostavam de ficar pulando nos shows (eles chamavam isso de "*pogar*"), os garotos do hardcore se atiravam dos palcos e se chocavam uns contra os outros na pista de dança, criando violentas "rodas" que se assemelhavam a brigas de rua e, com alguma frequência, davam origem a elas. Em *American Hardcore*, a vívida história oral do movimento escrita por Steven Blush, Joseph se recorda de que, quando voltou para sua cidade natal, sua cena punk lhe pareceu, de repente, meio caída e esquisita. "Porra, a gente pegava o carro, dirigia até Nova York e tocava o terror", disse. "As pessoas nem sabiam como se atirar do palco por lá."

Nova York, que ajudara a impulsionar a explosão do punk norte-americano, demorou para adotar o hardcore, que tinha chegado, antes e com força, em todo o resto do país. Assim que deixou a Marinha — às escondidas e de maneira ilícita —, Joseph fez uma primeira parada em Washington, DC, que havia gestado um punhado de outras bandas de hardcore além do Bad Brains. Ele conhecia alguns dos garotos de lá, entre os quais Ian MacKaye, líder do Minor Threat, que foi durante alguns anos o ideal platônico de uma banda de hardcore, produzindo pequenos e perfeitos amontoados de adrenalina musical — músicas frenéticas, embora melódicas. (No ensino médio, eu escutava obsessivamente um CD do grupo chamado *Complete Discography*, com 26 faixas que mal ocupavam um dos lados de uma fita cassete de noventa minutos.) As letras de MacKaye eram provocativas, embora não explicitamente políticas, e, numa entrevista alguns anos mais tarde, ele lembraria que evitava cantar sobre o presidente Ronald Reagan, a quem desprezava, porque queria que sua música sobrevivesse à presidência. Pode ser. Mas também pode ser que ele simplesmente não se interessasse muito pelo assunto. O hardcore era um gênero insular, menos preocupado com os grandes debates políticos do que com suas pequenas disputas intertribais. O primeiro disco do Minor Threat trazia uma música de 46 segundos chamada "Straight Edge", na qual MacKaye encontrou uma maneira agressiva de passar uma mensagem ponderada:

> *Eu sou uma pessoa, assim como você*
> *Mas tenho coisas melhores a fazer*
> *Do que ficar de bobeira, fodendo a cabeça*
> *Perdendo tempo com um bando de zumbis*

O que ele estava dizendo, na verdade, era que não consumia drogas ou álcool, ao contrário de alguns dos punks que conhecia. Mesmo assim, essa declaração acabaria se tornando a base de uma subcultura bastante improvável: desde o começo da década de 1980 existem bandas e seguidores do movimento "straight-edge" por todo o mundo, usando retórica militante em defesa da sobriedade. Por muitos anos, também fui straight-edge, embora de maneira um tanto irônica, e meio que por inércia, já que nenhum dos meus amigos tinha o menor interesse em se chapar ou ficar bêbado. (Nos anos 1990, a militância e a superioridade moral do movimento straight-edge havia se transformado em uma espécie de piada, mesmo entre aqueles de nós que eram, de fato, straight-edge.) Se o punk rock era antissocial, o hardcore era, muitas vezes, antiantissocial, combinando truculência generalizada com uma devoção fanática à mentalidade de comunidade. "Não vá sozinho, leve um amigo/ Talvez você vá precisar dele no fim das contas", cantava MacKaye. Ele estava exaltando a alegria presente na camaradagem e também a necessidade de autodefesa. Ou talvez fosse o contrário disso.

O melhor amigo de MacKaye era Henry Rollins, que trabalhava numa sorveteria em Washington, DC, e liderava uma banda de hardcore mal-acabada chamada S.O.A., sigla de State of Alert, quando concordou em se mudar para o outro lado do país para integrar o Black Flag, um dos primeiros, maiores e melhores grupos do universo do hardcore. Desde o final dos anos 1970, Hollywood vinha mantendo uma cena muito estilosa e criativa de punk rock, mas o Black Flag era diferente: uma fraternidade de selvagens que vestiam roupas casuais, diretamente da cafona Hermosa Beach, cidade do sul da Califórnia. Policiais costumavam invadir seus shows, e esse conflito inspirou uma furiosa canção de protesto centrada na cena, intitulada "Police Story": "Essa porra de cidade é governada por porcos/ Eles tiram todos os direitos dos garotos!". O líder da banda era Greg Ginn, guitarrista cujo estilo escabroso e violento de tocar fez com que o som do Black Flag fosse ao mesmo tempo raivoso e levemente psicodélico. Rollins era um *front man* incrivelmente teatral, que berrava sobre depressão e insanidade enquanto ia se tornando cada vez mais musculoso e cabeludão — no intervalo de alguns anos, ele deixou de se parecer com um skinhead para ficar igual a um homem das cavernas. Depois que o grupo se dissolveu, em 1986, Rollins se transformou numa espécie de ícone de contracultura com mil e uma utilidades, saindo em turnês pelo mundo com sua própria banda e também no papel de poeta e palestrante, além de trabalhar como ator, modelo e DJ de rádio. Em 1994, ele publicou os diários que mantivera nos tempos de Black Flag, proporcionando um registro edificante da atmosfera dos shows da banda. Num dos textos, escrito após um show em Londres em 1983, ele documenta as diferenças culturais entre o punk inglês e o hardcore norte-americano. "Um cara de moicano começou a encher o saco do Greg e eu dei uma surra nele", escreveu Rollins. "Agarrei o moicano pra bater com a cabeça dele no chão. Os seguranças ficaram com medo de apartar a briga. Ficaram ali em volta me pedindo, por favor, pra largar o cara. Punkzinho de merda."

Cenas de hardcore surgiram por todo o país, refletindo o clima de cada cidade. Havia bandas de hardcore obcecadas por hóquei em Boston e bandas de hardcore esquisitonas e politizadas em Austin, no Texas. A região da baía de San Francisco teve não apenas o Dead Kennedys, mas também o Flipper, que tirou um sarro da reputação de genérico do hardcore lançando o debochado álbum de estreia *ALBUM — GENERIC FLIPPER* ou *GENERIC FLIPPER ALBUM*, que não era nem hardcore nem genérico. Inevitavelmente, o hardcore também invadiu Nova York, na forma de uma maçaroca esquisita e urbana. O Bad Brains tinha se radicado lá e foi reforçando cada vez mais suas canções com passagens inesperadamente desaceleradas conhecidas como "partes do mosh". (A palavra provavelmente deriva da expressão jamaicana "*mash up*", que significa "destruir" — mais ou menos no sentido de "matar" no jargão do mundo do show business.) Uma banda chamada Agnostic Front utilizou o imaginário skinhead para construir uma reputação tenebrosa, denunciando a "hipocrisia nazista" ao mesmo tempo que depreciava as "minorias" com seus "cordões de ouro" que abusavam da previdência social. (O vocalista, Roger Miret, era um imigrante cubano e, desse modo, por diversas definições, também pertencia a uma minoria.) John Joseph voltou para sua cidade de origem e se tornou o vocalista do Cro-Mags, que em 1986 lançou um disco pesado e pretensioso, *The Age of Quarrel*. (O título era derivado de uma expressão em sânscrito e refletia a ligação de Joseph com o movimento Hare Krishna.) Uma banda malcriada de hardcore chamada Beastie Boys alcançou um sucesso estrondoso, mas somente quando se transformou numa banda malcriada de hip-hop. E a cena ainda se transformou, na segunda metade da década, com a chegada de Ray Cappo, direto de Connecticut, cuja banda, Youth of Today, promoveu um revival do movimento straight-edge apresentando-se em matinês voltadas para jovens no CBGB, a mesma casa de shows que havia gestado a cena decadente de punk de Nova York na década anterior. Cappo era um cara atlético e todo arrumadinho — o que me pareceu muito suspeito quando descobri a cena punk e hardcore, alguns anos mais tarde. Eu tinha aderido à cena punk em busca de estranheza, e grande parte do hardcore do começo dos anos 1990 me parecia desagradavelmente banal e pouco máscula. Cappo bradava: "Fisicamente forte/ Moralmente correta/ Juventude positiva/ Somos a Juventude de Hoje!". Para mim, isso soava como o contrário do punk. Com o tempo, entretanto, aprendi a gostar das misturas esquisitas e das inovações do hardcore de Nova York. (O gênero se transformou novamente nos anos 1990, à medida que as bandas foram adotando os ritmos e as rimas do hip-hop, criando uma versão primitiva de rap-rock.) Eu também adorava a maneira como as bandas de hardcore estavam sempre inventando formas de redefinir o punk, ou de confrontá-lo.

O primeiro show de hardcore a que assisti aconteceu em Boston, em 1991 — na mesma viagem em que topei pela primeira vez com os escritos de Greil Marcus. A principal atração daquela noite era o Fugazi, uma banda de Washington, DC, da qual fazia parte Ian MacKaye, que na época estava se esforçando para ampliar as possibilidades do estilo. O Fugazi era uma de minhas bandas favoritas: criativa e incansável, com linhas de baixo inspiradas no reggae e letras impressionistas, muitas delas murmuradas ou gemidas, em vez de gritadas. Acho que eu estava esperando por uma plateia repleta de fãs tão devotos quanto eu. Mas o Fugazi atraía muitos garotos do hardcore inveterados, de modo que a atmosfera dentro da casa de shows estava tensa. (Era Dia de São Patrício em Boston, o que já costuma ser uma data turbulenta, mesmo quando não há um show de hardcore acontecendo.) Ali vi skinheads pela primeira vez na minha vida e tentei entender o quanto deveria ficar assustado com isso. MacKaye olhava para a plateia com uma reprovação paciente, procurando alguma maneira de fazer com que as pessoas parassem de se empurrar, de se bater e se atirar do palco. Em dado momento, quando a música foi se acalmando, mas o público não, ele disse: "Eu queria ver, tipo, uma correlação entre o movimento — *aqui* — e a música — *aí*". E então ele cantou uma música chamada "Suggestion", sobre violência sexual, fazendo uma pausa perto do final para dedicá-la a uma mulher que havia sido recentemente "molestada", como ele disse, num show do Fugazi.

Devia haver umas 2 mil pessoas ali naquela noite, e uma delas era Mark Greif, um acadêmico e crítico cultural, que citou o show num ensaio muito perspicaz sobre sua própria experiência formativa, embora complexa, com o punk e o hardcore. Ele adorava o Fugazi e se recordava de ter ficado "hipnotizado" na ocasião pela "energia sem sentido" dos garotos na pista, mas também de ter se decepcionado pelo mesmo motivo. "Lamento muito por toda a indignidade demonstrada pela banda, pela música, pelo inominável para o qual isso aponta", escreveu. Essas palavras me abalaram, porque eu me lembrava de ter tido uma reação praticamente oposta. A tensão e as ameaças de violência me deixaram empolgado, porque me fizeram ter a impressão de que não estava simplesmente assistindo a um show, e sim testemunhando uma situação dramática que ninguém poderia garantir que terminaria bem. E eu achava que a música sofisticada do Fugazi ficava ainda mais rica, e não mais pobre, ao atrair tantos fãs que pelo visto não compreendiam por completo as pessoas que estavam em cima daquele palco nem eram compreendidos por elas. Passei a escutar sua música de maneira diferente depois disso — agora, ela era indissociável do barulho e da sensação de perigo daquele show. A plateia descontrolada parecia ser uma prova de que o Fugazi não era apenas uma banda, mas sim uma banda de *hardcore*, e as pessoas que estavam naquele show pareciam concordar com o fato de que essa distinção significava alguma coisa, ainda que talvez não concordassem sobre o que seria essa coisa.

Um encantamento

Um ano após esse show, no verão de 1992, o Fugazi se apresentou na frente do Capitólio, como parte do que foi anunciado como um protesto contra "a guinada radical à direita da Suprema Corte". Clarence Thomas havia sido indicado para a corte no ano anterior, apesar de ter sido acusado de assédio sexual, e o tribunal havia recentemente aprovado uma legislação que facilitava a restrição do aborto pelos estados. Os integrantes do Fugazi tocaram na frente de um cartaz onde se lia "DESLIGUE SUA TV!", e uma das primeiras músicas do show foi "Reclamation", que começa com o que parece ser uma declaração de princípios em favor do direito de escolha da mulher: "Estas são nossas exigências/ Queremos controlar nosso corpo/ As decisões, agora, serão nossas". O grupo era menos insular do que o Minor Threat havia sido e estava mais disposto a se conectar com o mundo externo. Perto da metade da apresentação, o outro vocalista da banda, Guy Picciotto, fez uma breve referência à Suprema Corte. "Se as leis deles não refletem nossa realidade, não precisamos cumprir essas merdas", disse, como se estivesse liderando uma rebelião — e, de certa maneira, estava.

Dentro da subcultura do punk hardcore, entretanto, o Fugazi não representava a rebeldia, mas sim o establishment: eles eram uma das bandas mais influentes e populares do underground do país, capaz de vender centenas de milhares de cópias de seus álbuns lançados por selo próprio, o Dischord Records, cofundado por MacKaye em 1980. Na época do show de protesto de 1992, MacKaye já integrava a realeza do hardcore fazia mais de uma década e, como muitas das figuras de maior destaque nos reinos do punk e do hardcore, ele e seus companheiros de banda eram todos homens brancos. Pode-se argumentar que os verdadeiros rebeldes nesse evento de 1992 foram os integrantes do Bikini Kill, a primeira banda a se apresentar: três mulheres e um homem, destilando um punk rock urgente e descaradamente primitivo, por vezes trocando de instrumentos entre as músicas. O centro das atenções em geral recaía sobre Kathleen Hanna, sempre encontrando novas formas de afrontar — de ser *punk*. Nos granulados registros em vídeo do show, ela pode ser vista pulando, sacudindo e balançando a cabeça, e de repente ficando na ponta dos pés e declarando: "Eu posso vender meu corpo se eu quiser/ Mas Deus sabe que você já vendeu sua mente".

O Bikini Kill tinha sido criado menos de dois anos antes, e sua base de fãs não era nem de longe numerosa como a do Fugazi. Mas, mesmo assim, já havia se tornado uma das bandas mais controversas — e, era cada vez mais evidente, importantes — do país: fez a trilha sonora do movimento emergente riot grrrl, dedicado à ideia de que o punk rock e o feminismo precisavam desesperadamente um do outro. Em 2010, a especialista em cultura Sara Marcus publicou *Girls to the Front*, um registro indispensável que documenta a maneira como o movimento riot grrrl se estabeleceu, simultaneamente, em Olympia, no estado de Washington, onde algumas de suas principais figuras, entre as quais Hanna, frequentavam o Evergreen State College, e Washington, DC, onde a cena de hardcore serviu como fonte tanto de inspiração quanto de frustrações. MacKaye foi um dos apoiadores pioneiros da cena e produziu o primeiro registro fonográfico da banda, um minialbum de seis músicas chamado *Bikini Kill*, lançado no final de 1992. Mas Marcus descobriu que MacKaye não queria dividir o palco com o Bikini Kill naquele protesto em frente ao Capitólio. "Ele achava que o fato de o evento ter duas bandas faria com que deixasse de ser comício e se transformasse em show", escreveu ela. "Além disso, segundo ele, duas bandas significava duas vezes mais tempo para que os policiais viessem desligar a energia." A mensagem no fundo do palco também foi um ponto de tensão: Marcus relata que MacKaye queria uma faixa com os dizeres "30 ANOS", em referência à ideia de que a próxima eleição presidencial definira os rumos da corte para uma geração inteira, enquanto uma representante do movimento riot grrrl preferia algo mais específico, como "ABORTE A CORTE". (Aparentemente, nenhum dos dois lados amava ou odiava o suficiente a frase "DESLIGUE SUA TV!", e deve ter sido por isso que ela foi escolhida.) Os integrantes do Fugazi queriam bater de frente com a hierarquia política, mas os do Bikini Kill queriam bater de frente com a hierarquia do hardcore também.

O riot grrrl talvez tenha sido um movimento mais literário do que musical: seu maior sucesso não foi uma música ou um disco, mas sim um fanzine, *riot grrrl*, que surgiu em 1991, obra de um grupo de mulheres com ideias parecidas, entre as quais a própria Hanna. Não está muito claro quem estava à frente do projeto — e, na verdade, isso fazia parte do próprio conceito, conforme explicado numa edição da publicação: "Não existem editores, e não existe nenhuma visão ou expectativa concreta, ou não deveria existir". Os anos 1990 foram a era de ouro dos fanzines, graças a um interlúdio tecnológico: havia lojas de xerox por toda parte, cobrando preços acessíveis, e elas ainda não haviam se tornado obsoletas devido ao advento da internet. (Alguns anos mais tarde, tive um amigo que trabalhava na Kinko, uma rede de franquias de xerox, e roubava cartões no valor de cem dólares, que vendia depois em shows de hardcore por dez dólares cada, para garotos que tinham fanzines ou panfletos para imprimir.) A primeira edição de *riot grrrl* descrevia uma revolução que já estava em pleno curso:

> Nos últimos meses houve uma proliferação de zines de garotas raivosas, graças, sobretudo, a uma sensação de enjoo que nós, garotas, experimentamos quando refletimos sobre a ausência de poder feminino, de modo geral, em nossa sociedade como um todo, e na cena underground de punk rock, mais especificamente. No longo e escaldante verão que vivemos neste momento, algumas de nós decidiram que estava na hora de juntar nossas mentes raivosas para produzir um fanzine e distribuí-lo com a maior frequência possível.

Um dos objetivos do movimento era reescrever a história do punk, para mostrar que as mulheres haviam desempenhado um papel importante nela. As riot grrrls exaltavam precursoras como as Go-Go's, que tinham surgido na cena punk de Los Angeles e se tornado ídolos do pop nos anos 1980; Poly Styrene, o furacão em forma de vocalista do X-Ray Spex, banda da primeira onda punk britânica; e Joan Jett, estrela do rock que levou a atitude punk para as rádios mainstream nos anos 1980. (Um grupo chamado Bratmobile prestou um tributo gravando uma versão endiabrada de "Cherry Bomb", o single de 1976 do Runaways, a primeira banda de Jett.) Outro de seus objetivos era ampliar o escopo do que o punk podia ser e fazer.

Os integrantes do Bikini Kill publicavam um fanzine que era distribuído em seus shows, repleto de provocações e conselhos: como começar uma banda; como entender o "privilégio branco"; como responder a xingamentos homofóbicos; como lidar com o assédio; como lutar contra tudo isso. E, mais importante, faziam a coisa toda parecer muito divertida e irreverente, como se você tivesse entrado para uma sociedade secreta. "Essa revolução é como ir ao playground com suas melhores amigas", declarava um manifesto. "Você está pendurada de ponta-cabeça num trepa-trepa e o sangue está descendo todo para a sua cabeça. A sensação é de euforia, os meninos estão vendo nossa calcinha, mas a gente não está nem aí." A música mais amada do Bikini Kill era "Rebel Girl", que começa com um brilhante despiste, quando Hanna grita: "Aquela garota acha que é a rainha do bairro!". Isso soava como uma acusação, mas a canção na verdade era uma celebração e uma apologia: no fim das contas, a garota que se achava a melhor estava absolutamente correta.

Não é difícil entender por que as riot grrrls se sentiam alienadas da "cena underground do punk rock", onde bandas formadas apenas por homens eram quase sempre a regra, e onde bandas formadas apenas por homens que faziam questão de falar sobre violência sexual durante seus shows, como o Fugazi, eram quase sempre uma exceção. O mundo do punk era um lugar violento, tanto no sentido figurado como no literal; muitos punks consideravam a música pop mainstream desagradavelmente suave e feminina, enquanto celebrar suas próprias bandas era algo gratificantemente forte e masculino. (Essa mentalidade era uma herança do mundo do rock 'n' roll, onde "soft rock" era interpretado como insulto. Da mesma forma, poucas bandas punk se orgulhavam de tocar punk *softcore*.) O mais intrigante a respeito do movimento riot grrrl era por que aquelas mulheres, muitas delas versadas em teoria feminista e simpáticas a um grande número de pautas de esquerda, estavam se dedicando a algo tão regressivo — e conservador, boa parte do tempo — como o punk rock. Em *Girls to the Front*, livro de Sara Marcus, Michelle Noel, disc jockey de Tacoma, em Washington, explica que sua identidade como punk tinha sido formada antes de sua identidade como riot grrrl. "Existia a possibilidade de eu mudar o punk, porque eu fazia parte daquilo", disse ela. "Mas não parecia possível mudar o resto do mundo — porque eu não me sentia *parte* do resto do mundo." E Marcus descreve uma festa riot grrrl em 1993, quando a energia do movimento estava começando a se esvair, na qual alguém ficou tocando repetidamente "Closer to Fine", da dupla de folk Indigo Girls. Era uma música espetacular, uma ode fervorosa à incerteza que havia encontrado seu lugar na MTV, e o duo muitas vezes usava a própria celebridade a serviço do ativismo. (Alguns meses antes dessa festa, as Indigo Girls tinham sido as convidadas surpresa da Marcha pelos Direitos e pela Liberação de Lésbicas, Gays e Bissexuais, realizada em Washington, DC.) Mesmo assim, uma das riot grrrls presentes não ficou nada impressionada. "Se eu ouvir essa música do '*I went to the fountain*' mais uma vez", disse ela, "eu mato um." Afinal de contas, as Indigo Girls talvez até fossem feministas, mas não eram nada punks.

Isso deveria fazer alguma diferença? Era fácil aceitar a alegação de que o punk rock precisava do feminismo. Mas e quanto ao contrário? O feminismo precisava do punk rock? No começo dos anos 1990, o que não faltava eram músicas feitas por mulheres. Por que uma ouvinte de mentalidade liberal e feminista não se aproximaria da música folk, ou do gospel, ou do R&B, ou do afropop, ou de qualquer outro dos muitos gêneros que *não* estavam associados primariamente a homens brancos? Muitas riot grrrls também se fizeram essa pergunta. *The Riot Grrrl Collection*, livro de 2013 que reúne vários fanzines e outros artefatos, reproduz uma série de perguntas que Hanna anotou num caderninho em 1991. A primeira delas mira diretamente no coração daquele novo movimento que ela estava ajudando a liderar: "O que fazer para que nossa cena seja menos branca tanto em números quanto em ideologia? Como podemos educar/apoiar e nos inspirar em feministas que não sejam punks? Será que devemos fazer isso?". Alguns anos mais tarde, a autora de fanzines Ramdasha Bikceem descreveria seus próprios sentimentos conflitantes em relação a uma recente convenção riot grrrl. "Acho que eu era uma das únicas três garotas negras ali", escreveu. "Eu sei que o Riot Grrrl reivindica mudanças, mas me pergunto quem o movimento está incluindo." Em teoria, o riot grrrl estava aberto a toda mulher e garota que quisesse lutar contra o machismo. Na prática, parte do que conferia ao movimento sua identidade e sua energia era a devoção a uma variante específica do rock 'n' roll. Um *flyer* de 1994 de uma banda chamada Heavens of Betsy oferecia um sincero pedido de desculpas: "Focamos demais no machismo branco de classe média e nas garotas brancas de classe média, excluindo de nossas discussões, portanto, as questões das mulheres de cor e das trabalhadoras brancas". Um movimento mais inclusivo talvez tivesse atraído uma fatia mais representativa das mulheres norte-americanas — mas aí provavelmente não teria tido nada a ver com o punk, talvez nem sequer com música.

O riot grrrl foi um movimento muito teórico. Influenciado pela teoria feminista, ajudou a levar conceitos acadêmicos sobre opressão de gênero para o universo da cultura popular. Mas também foi teórico em outro sentido. "O riot grrrl sempre existiu, em primeiro lugar, e antes de mais nada, como um encantamento", escreveu Sara Marcus. Havia relativamente poucas riot grrrls, e apenas meia dúzia de grupos musicais proeminentes no movimento, e mesmo o Bikini Kill, de longe o mais popular deles, passou grande parte do seu auge se apresentando como banda de abertura nas turnês de outras bandas, ou tocando em pequenas casas noturnas, até se dissolver em 1997. Nos relatos feitos pelo mainstream, o riot grrrl costumava ser retratado como uma mistura de modismos do mundo punk ("camisas com gola redonda e vestidos acinturados" e "pesadas botas de cano alto pretas", de acordo com o *New York Times*), slogans combativos ("Elas escrevem VADIA com caneta hidrográfica na barriga", explicou a *Rolling Stone*) e barulho. O termo acabou sendo aplicado a praticamente qualquer mulher que estivesse por perto de uma guitarra elétrica, sobretudo se ela pudesse ser descrita como "raivosa" de alguma maneira. Em 1995, um repórter da *Rolling Stone* perguntou a Alanis Morissette, então uma estrela em ascensão, se ela já havia sido chamada de "*poser* ou de substituta pré-fabricada de riot grrrl"; entre risos, ela respondeu que não. Para várias pessoas que não estavam prestando muita atenção, Courtney Love, que liderava a banda Hole, parecia representar a quintessência das riot grrrls. Ela era uma figura turbulenta por seus próprios méritos, mas também bastante hostil ao movimento. Segundo consta, Love chegou a agredir Hanna em certa ocasião, nos bastidores de um festival. E *Live Through This*, o vulcânico álbum do Hole, de 1994, termina com Love zombando das revolucionárias anônimas de Olympia: "Todo mundo é igual/ E vocês também são!".

Embora as riot grrrls tenham sofrido muitas agressões, boa parte delas de dentro da própria cena punk, o movimento teve grande apelo e exerceu uma influência duradoura. Parece provável que ele tenha feito tanto ouvintes quanto executivos de gravadoras prestarem mais atenção nas artistas mulheres de todas as vertentes do rock 'n' roll, da cantora e compositora indie Liz Phair, que surgiu em 1993, até Meredith Brooks, que emplacou um tremendo hit em 1997 com a música "Bitch" ("Sou puta, sou amante/

Sou criança, sou mãe", rosnava ela, ainda que a mensagem central fosse muito mais conciliatória: na canção, uma mulher demonstra gratidão e até compaixão pelo homem que a ama). Talvez seja possível afirmar que, sem o riot grrrl, o grupo de pop inglês Spice Girls, devotado ao conceito de "*girl power*", jamais existiria. Uma das figuras mais longevas do movimento acabaria sendo Carrie Brownstein, que tocava numa banda chamada Excuse 17 antes de cofundar o aclamado e duradouro grupo indie Sleater-Kinney e satirizar a cultura do Noroeste Pacífico no programa de TV *Portlandia*. E não existe melhor exemplo do riot grrrl como encantamento do que o Pussy Riot, a banda russa de ativistas punk da qual muita gente ouviu falar, embora poucos tenham realmente escutado seu som. A coisa mais incrível sobre os velhos fanzines e discos do movimento riot grrrl é o quanto sua linguagem soa atual. "Privilégio branco", "espaço seguro" e a revolta contra o "*slut-shaming*": de muitas maneiras, as reivindicações do riot grrrl são as mesmas do feminismo moderno, da política moderna e da cultura moderna. Sua música permanece quase como um segredo, mas seu encantamento está aí, por toda parte.

Alimentando-se das migalhas

É possível construir uma história completa da música popular falando sobre as dinâmicas da escassez. Nos anos 1970 e 1980, relativamente poucos discos eram distribuídos em todo o país, e apenas uma pequena parte deles era fácil de ser encontrada. Os ouvintes ficavam à mercê do gosto dos disc jockeys de suas rádios locais e dos vendedores de suas lojas de discos. Algumas revistas faziam recomendações audaciosas, mas a maior parte destas também era obscura. E, o mais importante: só se podia escutar as músicas pelas quais se podia pagar, e essa restrição financeira estimulava certo grau de conservadorismo estético: arriscar-se com uma nova banda ou um novo estilo poderia acabar saindo caro. Nos anos 2000, é claro, a internet transformou o ato de descobrir e pesquisar música em algo muito mais simples e virtualmente gratuito e, na década de 2010, muitos ouvintes começaram a migrar para os serviços de streaming, que ofereciam músicas ilimitadas de graça, ou mediante o pagamento de uma pequena taxa. Olhando em retrospecto, os anos 1980 e 1990 foram períodos de transição e de abundância restrita, à medida que uma indústria de fundo de quintal se consolidava paralelamente ao mainstream da música.

Álbuns obscuros começaram a aparecer cada vez mais nas lojas de discos, alguns importados da Inglaterra e do exterior em geral, e outros caseiros, talvez até literalmente. Depois que descobri o punk, não havia nenhuma outra atividade da qual gostasse mais do que comprar discos. Matt e eu íamos até o centro de New Haven para vasculhar as lojas locais: Strawberries, estabelecimento de quatro andares que pertencia a uma cadeia regional; Cutler's, um adorável comércio familiar; e a melhor de todas, Rhymes, uma loja punk meio escura que ficava em cima de um cinema. Minha mãe me dava cinco dólares para eu comprar meu almoço no Subway. Entretanto, como em casa eu tinha toda a comida que quisesse, e nem todos os discos que queria, adquiri o costume de pular o almoço e investir o dinheiro na minha educação musical.

Na Inglaterra, a explosão do punk foi sucedida por uma erupção colorida de new wave e música pop, produzindo alguns artistas de rock mainstream, como The Police, que conquistou as arenas com uma mistura extraordinariamente desenvolta de rock e reggae, e Billy Idol, ex-punk londrino que se tornou um caricato astro do rock nos Estados Unidos, para a surpresa de muitos britânicos, que pareciam felizes por terem se livrado dele. A explosão do punk também abriu espaço para o surgimento de bandas melancólicas e semipopulares, como The Cure e Smiths, que ocupavam um nicho pequeno, porém seguro, no establishment musical. Como eu havia acabado de me tornar punk, não tinha o menor interesse em comprar discos como esses — eles pareciam ao mesmo tempo exageradamente serenos e teatrais. (Lembro-me de separar, de forma definitiva, ainda que arbitrária, os punks, como eu, dos góticos, que usavam roupas pretas e se levavam muito a sério, e cujos gostos musicais iam do synth-pop ao heavy metal, passando pela dance music.) Com o tempo, acabei sendo conquistado por essas bandas inglesas que encontraram maneiras de reduzir a temperatura da raiva incandescente do punk, transformando-a numa coisa mais suave e inteligente, e enfatizando com frequência a composição musical em vez do barulho. Os punks eram devotos da insolência, mas não tenho certeza se algum dia existiu uma banda punk tão insolente quanto o Smiths, comandado por um vocalista conhecido apenas como Morrissey, que fazia questão de não se desculpar por sua voz esquisita, meio de crooner, nem pelas suas letras um tanto quanto irônicas sobre desejo e desespero. Ele desafiava os ouvintes a levarem a sério sua autocomiseração:

Agora eu sei como Joana d'Arc se sentiu
Quando as labaredas chegaram
Ao seu nariz aquilino
E seu Walkman começou a derreter

Nos Estados Unidos, o Talking Heads, liderado por David Byrne, executou uma manobra similar, emergindo da cena de punk dos anos 1970 para criar uma série de discos de pós-punk irônicos e agridoces. E, provavelmente, nenhum artista americano de pós-punk foi mais importante do que o R.E.M., uma banda de Athens, na Geórgia, conhecida por suas músicas dedilhadas e canções crípticas que, por algum motivo, soavam muito sinceras. Nada no grupo sugeria grandiosidade, mas no final dos anos 1980 ele havia se tornado um dos mais populares dos Estados Unidos — tão popular que nunca tinha me ocorrido ouvir um álbum seu, muito menos comprar, até bem mais tarde.

Muitos dos discos que eu e Matt comprávamos eram, por outro lado, produtos de selos orgulhosamente independentes que haviam surgido na esteira da explosão do punk. Aquilo não era exatamente uma novidade: selos pequenos tinham ajudado na popularização do R&B e do rock 'n' roll e de praticamente todos os outros gêneros musicais, e muitas das *majors* já haviam sido independentes um dia, entre elas a Atlantic Records, fundada em 1947, que só foi se tornar parte de um conglomerado corporativo vinte anos mais tarde, quando foi comprada pela Warner Bros. Entretanto, de modo geral os selos pequenos estavam tão sedentos por vendas e por emplacar sucessos quanto os grandes — às vezes até mais. Em contraste, os selos indies com influência punk — Alternative Tentacles, Dischord, Epitaph, Homestead, Lookout! Records, SST, Touch and Go e incontáveis outros — tinham uma missão paradoxal. Eles queriam se envolver no comércio, mas sem se tornarem comerciais. Um selo indie de sucesso, como qualquer outro pequeno negócio, precisava construir uma base de clientes cultivando uma reputação de qualidade e confiança. E a escassez da música era o que tornava esses selos tão influentes: um grande, porém limitado, número de álbuns independentes acabava nas prateleiras de lojas espalhadas por todo o país, de modo que era praticamente certo que aqueles que conseguiam chegar até elas tinham vendas minimamente decentes. (Eu gastava meu dinheiro do almoço em fitas de alguma banda desconhecida apenas por confiar no selo que a havia lançado.) Mas os selos também precisavam encontrar maneiras de assegurar aos seus consumidores que não estavam naquele negócio só pelo dinheiro. O Dischord, por exemplo, fazia questão de manter seus preços excepcionalmente baixos, o que contribuía para uma percepção geral de que as *majors*, em especial, eram mercenárias. Os selos independentes ofereciam um bom custo-benefício com uma mensagem implícita: a vida à margem pode ser melhor e mais barata.

Como muitos donos de pequenos negócios, os músicos e proprietários que criaram esse mundo eram em geral engenhosos e parcimoniosos. No livro *Our Band Could Be Your Life*, de 2001, sobre a cena de selos independentes dos Estados Unidos nos anos 1980, o crítico Michael Azerrad observa o quanto todo mundo parecia estar trabalhando arduamente. A escandalosa cena punk dos anos 1970 estava definhando, sendo substituída por uma mentalidade mais pragmática, da qual ele gostava. "Aquilo era libertador em muitos sentidos, especialmente do que muitos percebiam como o egoísmo, a ganância e a arrogância dos Estados Unidos de Ronald Reagan", escreveu. "O underground independente tornou um estilo de vida mais modesto não apenas atraente como também fez dele um imperativo moral irretocável." O livro de Azerrad não enfatiza a atmosfera caótica dos shows do Black Flag, mas sim "a ética de trabalho altruísta" dos membros da banda — Greg Ginn, o guitarrista, fundou e comandou o SST, um dos selos mais influentes da cena. Steve Albini, do Big Black, uma cáustica banda de Chicago, fazia questão de fechar seus acordos comerciais com apertos de mão, sem envolver nenhuma papelada. E mesmo quando Albini se transformou num dos produtores mais celebrados do rock 'n' roll, com clientes que incluíam nomes como Nirvana, ele rejeitava o título de "produtor", que considerava pretensioso, e insistia para que aparecesse, em seu crédito, um mais modesto "gravado por". O Sonic Youth ganhou fama nos Estados Unidos ocupando um meio-termo entre banda punk e projeto artístico, e também por suas linhas de guitarra cuidadosamente intricadas e dissonantes. Mas um de seus membros, Lee Ranaldo, contou a Azerrad que, durante suas turnês pela Europa, percebeu que as bandas locais não compartilhavam da mesma "ética de trabalho" das bandas indies norte-americanas. Ele parecia orgulhoso disso, talvez até um pouco patriótico.

Não fui visionário o bastante para imaginar que esse mundo de pequenas bandas, pequenos selos e pequenas lojas de discos talvez não durasse para sempre. Na faculdade, às vezes recebia a tarefa de pegar os discos e CDs indesejados das grandes gravadoras e levá-los até as lojas de discos, na tentativa de trocá-los por um número menor de coisas obscuras que a rádio talvez pudesse tocar. Eu gostava tanto de lojas de discos que cheguei a trabalhar em algumas delas, começando pela Discount Records, uma verdadeira instituição da Harvard Square que evoluiu para se transformar numa loja de CDs corporativa e sem charme — "Sem descontos e sem discos", como meus amigos punks gostavam de ressaltar. (O ponto alto, de longe, foi o dia em que vendi uma cópia de *Live Through This*, do Hole, para a intensa cantora e compositora inglesa PJ Harvey. Ela mal falou comigo, e eu nem tinha certeza de que era mesmo ela até que me apresentou seu cartão de crédito.) No fim das contas, acabei tirando uma licença remunerada de Harvard, de modo que pude passar ainda mais tempo às voltas com os discos. Durante um ano, trabalhei de segunda a sexta-feira no depósito da Newbury Comics, uma rede local de lojas de disco, onde minha principal atribuição era colar etiquetas de preço nos CDs. Ao mesmo tempo, trabalhava como vendedor e comprador de uma pequena loja na Harvard Square, onde tive a oportunidade de tentar não ser um daqueles caras desagradáveis do outro lado do balcão. Para falar a verdade, não sei se os vendedores de lojas de discos realmente merecem a reputação de "esnobes" e "elitistas completos", como a eles se refere um cliente no filme *Alta fidelidade*, de 2000. Mesmo quando uma loja de discos está prosperando, o cargo de vendedor costuma ser uma função muito mal remunerada do setor de serviços. E, exatamente como a maioria dos profissionais de vendas, nós, vendedores de lojas de discos, muitas vezes temos que nos esforçar para atender às demandas específicas e contraditórias das pessoas que atendemos. Notei que muitas delas ou queriam ou esperavam que eu compartilhasse do seu entusiasmo em relação ao que quer que estivessem comprando: "Esse disco é *sensacional*, né?". Essa era sempre uma pergunta estressante, porque me obrigava a pensar numa resposta que fosse ao mesmo tempo sincera e amigável, além de rápida. Num diálogo como esse, até uma pequena pausa poderia ser interpretada como crítica.

Do outro lado do balcão, também pude entender melhor como funcionava a economia de uma loja de discos. Em seu livro, Azerrad não conseguiu disfarçar certo tom de desaprovação ao explicar que muitas das bandas indies mais populares, como o Sonic Youth, acabaram assinando contratos com grandes gravadoras. "Uma vez tendo assinado com uma *major*, uma conexão importante delas com a comunidade underground invariavelmente se perdia", escreveu ele sobre os grandes nomes dos anos 1980.

E, mesmo assim, a profusão de lojas de discos na década seguinte foi, em grande parte, um tributo ao sucesso e ao poder das grandes gravadoras. Para uma loja como aquela em que trabalhei, lançamentos de selos novos e independentes eram, essencialmente, uma ferramenta para atrair clientes porta adentro; a margem de lucro de dois ou três dólares não era grande coisa, sobretudo quando você descontava o custo dos discos que comprava e não conseguia vender. Discos e CDs usados, geralmente do mainstream, eram mais lucrativos, em especial quando você conseguia comprá-los por um preço baixo: de pessoas que estavam, digamos, esvaziando a garagem ou de outra loja que estava encerrando suas atividades. (Lembro-me de ter uma estranha sensação de déjà-vu certa noite enquanto examinava os discos usados de outra loja. Conversei com os donos e descobri que eles os haviam comprado do estoque da Rhymes, de New Haven, que fechara as portas alguns anos antes — eu estava olhando para os mesmos discos que tinha criteriosamente decidido *não* comprar quando estava no ensino médio.) Para uma loja de pequeno porte, as cópias promocionais, conhecidas como "*cutouts*", eram ainda melhores. Os discos tinham esse nome em referência aos buracos feitos nas capas indicando que não deveriam ser vendidos. Lojas pequenas não se importavam com isso, e adorávamos a enorme margem de lucro envolvida, de modo que a genial mulher que era a proprietária estava sempre em contato com sujeitos misteriosos que, de alguma forma, tinham acesso a caixas cheias de cópias promocionais de qualquer CD que estivesse em alta demanda. Mesmo numa lojinha bizarra de Cambridge como a nossa, a maioria das pessoas que entravam pela porta queria comprar música *popular*. Havia toda uma indústria dedicada a dar a essas pessoas o que elas queriam — uma indústria tão grande e tão lucrativa, sobretudo nos anos 1990, que todo tipo de negócio maluco e pequeno conseguia sobreviver a seu redor, alimentando-se das migalhas.

Teimosos puristas

No outono de 1994, um ano após minha chegada a Harvard, Boston foi palco de um dos maiores e mais famosos shows de punk rock daquele ano. O Green Day aceitou o convite para fazer uma apresentação gratuita em parceria com a rádio alternativa local, a WFNX, no Hatch Shell, um espaço a céu aberto às margens do rio Charles. Existem muitas teorias sobre o que deu errado. Olhando em retrospecto, sem dúvida foi má ideia permitir que a Snapple, uma das patrocinadoras, distribuísse garrafas de suco para a plateia — elas acabaram se mostrando muito mais aerodinâmicas do que se poderia imaginar. Mas o maior problema foi o fato de que o Green Day era simplesmente popular demais. *Dookie*, o álbum que o catapultou ao estrelato, havia sido lançado no começo do ano e estava a caminho de se tornar um sucesso estrondoso, que o transformaria na banda punk mais popular de todos os tempos — provavelmente. Segundo consta, cerca de 70 mil pessoas compareceram ao Hatch Shell, derrubando as barreiras de segurança e avançando em direção à própria banda, que conseguiu tocar meia dúzia de músicas antes de sair do palco debaixo de uma chuva de garrafas. Dezenas de prisões foram efetuadas, e as emissoras de TV locais precisaram explicar ao seu público quem exatamente tinha sido o motivo de tamanha confusão. "Eles já foram descritos como 'o filho hiperativo e problemático do punk rock'", disse uma comentarista, provocando, quem sabe, uma agradável sensação de nostalgia em alguns dos espectadores mais velhos. Quase duas décadas depois do encontro do Sex Pistols com Bill Grundy, o punk rock estava causando problemas mais uma vez.

O revival do punk nos anos 1990 começou, acidentalmente, em 1986, com o surgimento de mais um selo independente norte-americano. Seu nome era Sub Pop e ele ficava em Seattle, onde, assim como vários dos melhores selos independentes, tinha desenvolvido um estilo próprio. As bandas do Sub Pop se destacavam no universo do pós-punk por sua fascinação pelo hard rock, e elas sempre davam um jeito de reabilitar aquele tipo de riff carnudo de blues que a maioria das bandas punk fazia questão de renegar. Em 1989, quando o Sub Pop estava se tornando uma marca forte na cena do rock independente, um dos músicos contratados do selo disse a um repórter que o som local era "música pesada tocada num andamento lento". Esse repórter era o inglês Everett True, que estava na cidade para fazer uma matéria sobre a cena underground local. E o músico era Kurt Cobain, que adorava punk rock, embora não tivesse exatamente a intenção de tocá-lo. No universo dos selos independentes que gestou o Nirvana, o termo "punk" era usado tanto em seu sentido mais amplo, da mesma maneira que Matt usou quando fez a seleção das músicas na fita que gravou para mim, quanto num sentido mais estrito, da mesma forma que o Exploited usou quando gritou *"Punk's not dead!"*. Numa entrevista de 1991 para o canal por assinatura canadense MuchMusic, quando perguntaram a Cobain se sua banda era punk, ele deu uma resposta adequadamente contraditória. "Eu acho que a gente nunca foi rotulado como 'punk rock' pra começo de conversa, nós só nos apresentávamos no circuito underground", disse, de maneira um tanto quanto antipática. Na sequência, encolheu os ombros, ensaiou um sorrisinho e mudou de direção. "Gostamos de punk rock mais do que qualquer outro gênero musical, então, sim, nós somos uma banda punk."

Na época em que concedeu essa entrevista, Cobain e seus colegas de bandas tinham trocado a Sub Pop por uma *major*, além de terem se transformado numa espécie de representante oficial do som de Seattle, que era chamado de "grunge", termo que praticamente ninguém envolvido na cena gostava ou sequer usava. Entretanto, às vezes ficava uma impressão de que quanto mais Cobain se afastava da cena punk, mais ele se sentia parte dela. O sucesso mundial repentino do Nirvana o transformou num porta-voz de todas as coisas associadas à banda, entre elas o punk rock. Em 1992, Cobain apareceu na capa da *Rolling Stone* vestindo uma camiseta com uma mensagem escrita à mão: "REVISTAS CORPORATIVAS AINDA SÃO UMA MERDA". (Isso, como os fãs mais antigos do Nirvana provavelmente sabiam, e os mais novos provavelmente não, era uma referência ao selo punk SST, que vendia camisetas e adesivos que diziam: "O ROCK CORPORATIVO AINDA É UMA MERDA".) E Cobain sempre fez questão de compartilhar os holofotes voltados para o Nirvana com bandas menos conhecidas do underground do punk e do pós-punk. Nos textos do encarte de *Incesticide*, uma coletânea do Nirvana lançada em 1992, ele relata uma história comovente sobre seus esforços bem-sucedidos para localizar um membro do Raincoats, a estranhíssima e havia muito finada banda britânica de pós-punk que eu havia descoberto no ano anterior, na WHRB. Não conheci o Raincoats mais cedo porque não li as notas do encarte desse disco, porque não escutava o Nirvana, porque havia decidido, categoricamente, que o Nirvana não era punk o suficiente. É bem difícil defender esse tipo de purismo hipócrita que existe no punk. Mas, mesmo assim, eu gostaria de tentar.

A cena de Seattle que apoiava o Nirvana era relativamente amistosa, e algumas das pessoas que faziam parte dela responderam ao sucesso da banda, e ao subsequente frenesi de atenção por parte dos veículos de imprensa e das gravadoras, com um misto de resignação e sarcasmo. (Em 1992, um informante da cena de Seattle forneceu ao *New York Times* um "glossário do grunge", que foi publicado sem a devida checagem. No fim das contas, o jornal havia caído numa pegadinha excelente: infelizmente, os jovens descolados de Seattle não se referiam ao ato de "passar um tempo juntos" com a expressão *"swingin' on the flippity-flop"*.) Mas o Green Day era da região da baía de San Francisco, e a cena punk de lá era radicalmente anti-mainstream. MAXIMUM ROCKNROLL, ou MRR, foi um fanzine tosco em preto e branco sediado em San Francisco que servia como veículo oficial da cena punk norte-americana — e, às vezes, também como seu árbitro moral. Do outro lado da baía, em Berkeley, algumas das pessoas que faziam o fanzine também comandavam a 924 Gilman Street, uma casa noturna punk definida pelos seguintes preceitos: livre para todas as idades, movida a trabalho voluntário, álcool e drogas proibidas, sem sistemas hierárquicos, anticorporações. E, no final dos anos 1980, nenhum outro selo documentou melhor a cena de punk da região do que o Lookout! Records. Um dos principais nomes do selo era o Operation Ivy, uma banda que misturava a sonoridade frenética do punk com a sonoridade levemente menos frenética do ska, o acelerado gênero jamaicano. Outro era o Green Day, que, a partir de 1989, lançou uma série de discos recheados de um estilo de punk muito fofinho. Enquanto o Operation Ivy era famoso por suas músicas que falavam apaixonadamente sobre a violência na sociedade e nos shows de punk, os tópicos favoritos do Green Day eram a paixão e a dor de cotovelo. Billie Joe Armstrong, o vocalista, cantava com um leve sotaque britânico, como se estivesse prestando um tributo aos velhos punks dos anos 1970, ao mesmo tempo que despejava letras que teriam feito alguns deles vomitar: "Tô te vendo do outro lado da sala/ Você já está indo embora?/ Eu só queria mais um tempinho".

A música do Green Day era óbvia e descaradamente acessível. E, depois da explosão do Nirvana, em 1991, executivos de todas as gravadoras estavam de repente à caça de suas próprias bandas com influências do punk rock. De modo que não deveria ter sido nenhuma surpresa o Green Day sair da Lookout! para assinar com a Reprise Records, uma *major*. Mas, mesmo assim, foi. O grupo foi banido da 924 Gilman Street, que vinha sendo, até então, uma espécie de quartel-general não oficial. Até aquele momento, o MRR tinha sido moderadamente simpático à banda, elogiando seus "refrões grudentos e ganchos irresistíveis". Mas agora o Green Day fora banido da seção de resenhas do zine e era espinafrado em suas páginas. Tim Yohannan, seu fundador e editor, escreveu que bandas que pertenciam a *majors*, como o Green Day, faziam parte de um "ataque" corporativo à "cena punk/indie/underground", e as comparou aos skinheads neonazistas que haviam tentado firmar sua presença no punk nos anos 1980. ("Não há nenhuma diferença, exceto pelo fato de que agora esses bandidos são mais espertos e têm mais dinheiro", afirmou.) Um colaborador do fanzine comparou o Green Day a Billy Idol, o que se destinava a ser lido como uma crítica brutal. O sucesso de *Dookie* era uma espécie de resposta a tudo aquilo, mas Armstrong não encarou a coisa desse modo. Em *Smash!*, um livro sobre a explosão do pop-punk dos anos 1990, o vocalista recordou que, para ele, o sucesso foi mais como um exílio da cena da baía de San Francisco. "Eu me sentia como se tivesse sido expulso da cidade", disse. "Era tipo: 'Ah, olha aí esse merda desse *astro do rock*'. Uma coisa muito excludente. Eu só queria ser um punk normal, como todos os outros." Com *Dookie*, o Green Day conquistou o sucesso no mainstream sendo um pouco menos ensolarado que de costume: os singles do álbum que estouraram eram sobre ansiedade ("Basket Case"), masturbação ("Longview") e caos, de modo geral. Alguns anos mais tarde, a banda gravaria uma canção estranhamente insultuosa, "Platypus (I Hate You)", que parecia falar de Yohannan. A letra descreve um "filho da puta imbecil" que está morrendo de câncer — como, de fato, aconteceu com o editor do *MRR*, falecido em 1998.

Talvez você ache que os punks da baía de San Francisco deviam ter aberto uma exceção para uma banda tão excepcional quanto o Green Day. Mas o éthos igualitário da cena exigia que as regras fossem aplicadas a todos, fossem eles "amigos ou estranhos", como Yohannan havia definido. O *MRR* tinha ambições ao mesmo tempo inclusivas e exclusivas: sua meta era criar um fórum aberto a todas as bandas punk do mundo — e fechado a todas que não fossem. O caso do Green Day surgiu em meio a um longo debate que se arrastava por anos nas páginas do zine sobre o significado da palavra "punk". A rejeição às *majors* era amplamente aceita, mas algumas pessoas questionavam o grau de rigidez que a medida deveria ter. Numa edição do zine, Yohannan criticou o Bikini Kill por aceitar fazer um show com as Go-Go's, porque ele era patrocinado pela Budweiser. Outros questionavam os limites musicais: se o *MRR* era um fanzine punk, isso significava que ele só poderia falar de bandas que soassem, mais ou menos, como os Ramones? Em outubro de 1992, Yohannan anunciou que o fanzine não resenharia mais nada que soasse "mais pro lado do metal, mais pro lado do hard rock ou mais pro lado do folk", mesmo se viessem de selos independentes consagrados. Um de seus colunistas, Kent McClard, era contrário à disposição do fanzine em traçar limites, insinuando que "visões políticas e honestidade" deveriam ser mais importantes do que categorização musical. McClard deixou a publicação pouco tempo depois para fundar outro fanzine, o *HeartattaCk*, dedicado à ideia de que "o hardcore é um estado mental, não um estilo musical", e que, portanto, se dispunha a escrever sobre "todos os discos e CDs que forem enviados para serem resenhados, seja qual for seu estilo musical", desde que não possuíssem código de barras. ("O código de barras é um negócio gigantesco", explicou.) E, ainda assim, McClard não era, é claro, um agnóstico no que dizia respeito ao seu gosto musical. Além do fanzine, ele também comandava um selo, o Ebullition, dedicado a um hardcore furioso, à base de gritos. Na verdade, a impressão que fica é que ele provavelmente jamais teria se dado o trabalho de levantar uma bandeira contra o código de barras se o argumento não estivesse diretamente ligado a um gênero que ele amava — da mesma forma como, talvez, os membros do Green Day talvez jamais tivessem montado uma banda e dedicado a vida a ela se não tivessem descoberto uma cena onde "punk" significava mais do que a música. Música e idealismo podem se reforçar, mutuamente, cada um tornando o outro mais atraente.

A polêmica do Green Day inspirou algumas das melhores edições do *MRR* já publicadas, além de ter marcado o fim da era de ouro do fanzine. Para muitos, foi como se a culpa tivesse sido da liderança dogmática de Yohannan. Entretanto, por qualquer ângulo que se olhe, o *MRR* sempre foi dogmático. A diferença é que, nos anos 1980, havia um consenso maior sobre o que era punk e o que não era. As regras e limites do fanzine só foram se tornar mais aparentes quando esse consenso começou a ruir: à medida que as grandes corporações foram lançando cada vez mais discos punks de qualidade, os selos punks foram explorando cada vez mais gêneros diferentes do punk, e os fãs casuais foram se aproximando cada vez mais do gênero, atraídos pela popularidade do Nirvana, do Green Day e de vários outros artistas. (Dois meses após o lançamento de *Dookie*, uma banda do sul da Califórnia chamada The Offspring lançou *Smash*, que, de maneira semelhante, vendeu milhões de cópias e conquistou o mainstream, fazendo com que a *Rolling Stone* perguntasse: "Será que o mundo inteiro virou punk?".) O underground do punk não desapareceu: menos influente, o *MRR* seguiu em frente, bem como a 924 Gilman Street, que até voltou a abrir as portas para o Green Day, em 2015, para um show beneficente secreto. Mas a corrida do ouro do punk dos anos 1990 modificou inevitavelmente o significado do termo, dissolvendo a relação tensa, ainda que frutífera, entre teimosos puristas como Yohannan, que sonhava com uma cena unificada e igualitária, e artistas obstinados como Armstrong, um punk aparentemente "normal" que não conseguia fugir de sua própria excepcionalidade.

    Existe uma razão muito simples para que eu não tenha comparecido ao caótico show do Green Day no Hatch Shell: eu não tinha a menor ideia de que ele aconteceria. Na separação entre o mainstream e o underground do punk, eu estava totalmente do lado do underground e julgava não ter nada em comum com a multidão de fãs que tocou o horror naquela noite em Boston. Naquele mesmo outono, eu participaria das atividades para criar um coletivo de punk hardcore em Boston, reunindo um bando de garotos idealistas de vários cantos da cidade. O evento inaugural foi um jantar vegetariano comunitário em que cada um levou um prato na casa de alguém, e talvez ele compartilhasse de um espírito semelhante ao dos primeiros encontros do movimento riot grrrl. Falamos sobre bandas e selos, projetos de arte e causas políticas. (Lembro-me de ficar um pouco confuso num encontro que aconteceu pouco tempo depois, quando alguns dos participantes estavam conversando com entusiasmo sobre uma visita ao circo. Por sorte descobri, antes de falar alguma bobagem, que eles estavam falando sobre ir *protestar* contra o tratamento que o circo dava aos seus animais.) O coletivo transformou minha experiência dentro do punk rock, fazendo com que me sentisse parte de uma rede de amigos e aliados espalhados por toda a cidade. O coletivo em si, porém, foi um fracasso, e os encontros logo pararam de acontecer, porque depois de alguns meses ficou claro que só havia um objetivo com o qual as pessoas realmente se preocupavam: organizar shows de punk. E foi isso que fizemos, trabalhamos juntos e separadamente para produzir shows baratos, amistosos e livres para todas as idades em lugares bizarros, como o porão de um supermercado de alimentos saudáveis ou o salão de uma igreja simpática ao movimento. Eu mesmo toquei em alguns desses shows, com algumas das bandas que montei, sem jamais impressionar absolutamente ninguém. (O MRR descreveu certa feita uma banda na qual eu tocava como "uma sequência interminável de barulheira hardcore estridente", o que foi o mais próximo que já cheguei de um elogio com minhas músicas.) Testemunhei a maneira como um bando de punks que pensava de forma parecida foi capaz de criar seu próprio mundo, totalmente à margem dos incentivos da indústria musical mainstream. Mas também aprendi uma coisa sobre a natureza do idealismo punk. Montamos um coletivo porque acreditávamos que o punk hardcore não era apenas música. Mas, para muitos de nós, claramente era.

O oposto do punk

O sucesso do Green Day pavimentou o caminho para que muitas bandas de punk melódico chegassem a fãs de outros estilos, e nenhuma delas foi mais bem-sucedida nisso do que o blink-182, um debochado trio de San Diego. O blink-182 abraçava o conceito de pop-punk de forma ainda mais intensa que o Green Day — o conceito de tocar canções de rock grudentas e escrachadas que não tinham o objetivo de afrontar os ouvintes, mas sim deleitá-los. Se os integrantes do Green Day eram músicos sérios e ambiciosos à sua própria e despretensiosa maneira, os membros do blink-182 passavam a impressão de ser um bando de idiotas. (Os comentários que eles fazem entre as músicas em seus álbuns ao vivo podem ser resumidos em duas palavras: "sêmen de cachorro".) No videoclipe de "All the Small Things", de 1999, eles se vestem como os membros de uma boy band precária, mas, à medida que a canção foi galgando posições na parada de pop, chegando ao sexto lugar, a paródia começou a soar cada vez mais como uma profecia. O sucesso do grupo marcou o começo de uma nova e mais íntima relação entre o punk e o pop. Ao contrário dos membros do Green Day, os integrantes do blink-182 não estavam interessados em ter credibilidade no mundo do punk, e a credibilidade no mundo do punk também não tinha o menor interesse neles.

De modo que deve ter soado como um mau sinal o blink-182 gravar, em 2003, um álbum autointitulado um tanto quanto sombrio — bandas divertidas e engraçadas não costumam melhorar quando ficam sérias. Mas o álbum gerou uma das canções mais longevas da banda, "I Miss You", lançada no momento em que uma nova onda de punk rock estava surgindo, produto de outro movimento punk com raízes em Washington, DC. O nome do movimento foi popularizado por uma matéria publicada numa edição de 1986 da revista de skate *Thrasher*, que falava aos seus leitores sobre uma série de bandas que faziam uma música carregada de emoção. "As plateias costumam sair aos prantos, tamanha a intensidade", relatou a reportagem, explicando que esse novo subgênero se chamava emo-core ou emotional core. O nome, frequentemente abreviado para "emo", colou, para horror de muitos dos envolvidos. Um deles era Ian MacKaye, que, entre o Minor Threat e o Fugazi, foi o vocalista do Embrace, uma das bandas citadas pela *Thrasher*. Num show não muito tempo depois, MacKaye ridicularizou o artigo e o termo. "Emo-core deve ser a coisa mais idiota que já ouvi em toda a minha vida", disse. "Como se o hardcore não fosse emocional, pra começo de conversa."

Talvez esse nome fosse redundante, mas o nome de muitos outros gêneros também é. (Sim, o hardcore era "emocional", pra começo de conversa, mas você também poderia argumentar que o punk rock era "hardcore", pra começo de conversa.) Ao enfatizar o valor "emocional" de suas letras e melodias, o emo ensinou a gerações de bandas que uma das maneiras de ser punk era enfatizar, e até exagerar, as emoções em sua música — que, algumas vezes, era a alegria, mas, com maior frequência, eram a angústia e a melancolia. O primeiro álbum emo e até hoje um dos maiores do estilo foi a estreia autointitulada, em 1985, do Rites of Spring, um grupo de Washington, DC, comandado por Guy Picciotto, que, alguns anos mais tarde, se juntaria a MacKaye no Fugazi. Era um álbum volátil, com Picciotto berrando letras que outro vocalista talvez tivesse preferido sussurrar: "Acordei hoje de manhã com um pedaço do passado entalado na garganta/ E então engasguei". Nos anos seguintes, outras bandas emo inventaram suas próprias formas de ser intensas: compondo canções aceleradas e envolventes; promovendo gritarias clamorosas e ininteligíveis; compondo canções de amor ainda mais sentimentais que as do Green Day. E, nos anos 2000, quando o blink-182 lançou "I Miss You", o emo estava em ascensão. Bandas agoniadas e dramáticas como Fall Out Boy, My Chemical Romance, Panic! at the Disco e Paramore vicejavam na MTV, fazendo uma música desavergonhadamente comercial e descaradamente adolescente. (O refrão mais famoso do Fall Out Boy era um insulto rancoroso a uma ex: "Eu sou apenas uma marquinha na cabeceira da sua cama/ Mas você é apenas um verso na minha canção".) Chris Carrabba, cantor e compositor tatuado que lançava suas canções sob o nome Dashboard Confessional, despontou como galã da cena emo. Assim como Conor Oberst, um trovador todo desgrenhado que montou uma banda de um homem só chamada Bright Eyes, cantando músicas com uma emoção tão vívida que elas recalibraram de forma permanente minha percepção musical. A ascensão do emo marcou o aparecimento de um novo abismo geracional: agora, os fãs grisalhos do Green Day podiam desdenhar dessa música, sentindo um pouco da mesma repulsa e superioridade que, sem dúvida, muitos dos punks dos anos 1980 tinham experimentado nos anos 1990, quando o grupo explodiu.

Nenhuma das bandas emo daquela década ficou tão grande quanto o Nirvana ou o Green Day. No final dos anos 2000, o rock estava encolhendo e a MTV estava morrendo, de modo que o emo não se parecia mais com a nova febre do momento. Mas, embora "emo" possa realmente ser uma palavra idiota, ela aponta para uma tendência tão ampla que talvez jamais desapareça. Diversas dessas bandas, por exemplo, não desapareceram. O Fall Out Boy perseverou na década de 2010 como uma espécie de máquina de hits de rock 'n' roll de todos os estilos, e Brendon Urie, do Panic! at the Disco, deu início a uma atuação paralela na Broadway, enquanto mantinha viva sua carreira na música. Se quiser, você pode ouvir o espírito do emo nas canções lamuriosas e às vezes acusatórias da estrela do country pop Taylor Swift, que, assim como muitos músicos de sua idade (ela nasceu em 1989), cresceu escutando emo e que, em 2019, gravou um dueto de sucesso com Urie. Você também pode ouvi-lo na música caótica e melancólica de Post Malone, que me disse ter levado o espírito do Bright Eyes aos seus hits de hip-hop. Na verdade, alguns dos artistas mais populares da década de 2010 foram três cantores de hip-hop — Lil Peep, XXXTentacion e Juice WRLD — que expressavam, em sua música, o espírito melancólico e por vezes ressentido do emo. Seus nomes provavelmente estarão ligados para sempre, não apenas por conta de suas semelhanças musicais, mas também porque os três morreram jovens. XXXTentacion foi baleado durante um assalto e faleceu, em 2018. E tanto Lil Peep quanto Juice WRLD morreram de overdose acidental de opioides em 2017 e 2019, respectivamente. Esta é uma das muitas ironias do emo: o fato de uma vertente originalmente associada à cena straight-edge de Washington, DC, ter se associado, décadas mais tarde, à epidemia de opioides nos Estados Unidos.

Existe há muito tempo um quê de constrangedor em relação ao emo, tanto o nome quanto a música em si, que tende a ser sincero e expressivo de uma maneira que pode se tremendamente cafona. Essa sensação de excesso é parte do que eu amo no estilo, embora entenda que isso causa estranheza em algumas pessoas, sobretudo as mais velhas; em shows de emo nos anos 2000, eu às vezes me sentia (e sem dúvida parecia) mais como um acompanhante do que como um dos fãs, um dos supostos "garotos". Num ensaio contundente e influente chamado "Emo: Where the Girls Aren't" [Emo: Onde as garotas não estão], de 2003, a crítica Jessica Hopper escreveu sobre como o emo às vezes parecia consistir apenas em músicas sobre pé na bunda, com garotos cantando para garotas, entre as quais as que predominavam nas plateias, porém sem falar realmente *sobre* elas:

> As garotas que aparecem nas canções emo de hoje em dia não têm nome. Nós não somos identificadas a não ser pela nossa ausência, delineadas apenas pela dor que provocamos. Nossa vida e cotidiano inexistem, nós não somos caracterizadas. Nossas ações são descritas unicamente através do detalhamento da confusão neurótica do garoto que canta — nossa região de poder pessoal é simplesmente nosso impacto em sua vida romântica.

O ensaio de Hopper expôs o solipsismo que sempre fez parte do emo e a crueldade que, às vezes, era adicionada a ele. Ela reconhecia que os problemas do estilo eram, de muitas maneiras, os mesmos do rock 'n' roll, igualmente detectáveis na música dos Rolling Stones. Mas ela não via motivos para que a comunidade do punk rock não devesse se esforçar para mudar isso. Entretanto, enquanto Hopper escrevia, o emo ia se desconectando cada vez mais dessa comunidade. E quando Juice WRLD despontou como o ídolo emo da próxima geração, suas canções sobre pé na bunda eram ainda mais rancorosas do que aquelas sobre as quais Hopper havia escrito, uma década e meia antes. Em seu maior sucesso, "Lucid Dreams", Juice WRLD geme: "Você era feita de plástico, falsa/ Eu me envolvi com o seu drama/ Quem imaginaria que as garotas mais malvadas eram as mais bonitas?". XXXTentacion era muito mais perturbador. Sua impressionante extensão musical ia de canções acústicas a raps demoníacos. E suas letras angustiadas eram reflexo de uma vida violenta, que incluía passagens pela cadeia sob acusações de prática de cárcere privado, intimidação de testemunhas e o espancamento de sua ex-namorada, que estava grávida na ocasião. A saga macabra de XXXTentacion se encerrou para ele quando foi assassinado, mas não para seus fãs nem para suas vítimas. Apesar de tudo isso, seu talento para a criação de músicas populares — e, na minha opinião, fascinantes — era um lembrete grotesco de que, às vezes, letras que expressam turbilhões emocionais são reflexos de problemas, abusos e traumas reais.

Comparado a astros como Juice WRLD e XXXTentacion, cujas faixas foram reproduzidas bilhões de vezes em plataformas de streaming como o Spotify, a maioria das bandas de inspiração punk dos anos 2010 gozou de uma existência mais humilde e modesta, apresentando-se em porões e casas noturnas minúsculas, e seguindo por conceitos ultrapassados da filosofia punk. Em sites como o AbsolutePunk, que registrou toda a explosão do emo na década de 2000, tanto autores quanto comentaristas foram ficando cada vez mais preocupados com o comportamento abusivo dentro da cena, além de cada vez mais conscientes da história do punk rock como a história de um gênero repleto de homens brancos e héteros. Podiam-se perceber traços dessa nova mentalidade no surgimento, no final dos anos 2010, de iniciativas como a Safer Scenes, que tinha o objetivo de combater o assédio e o abuso sexual dentro dos shows de punk e no resto do mundo. Também dava para perceber esses traços nas iniciativas para responsabilizar as bandas por eventuais más condutas. O Brand New, um dos mais idolatrados grupos surgidos na explosão dos anos 2000, foi efetivamente aniquilado após a revelação de que o vocalista havia pedido fotos explícitas a uma fã menor de idade, e diversas outras bandas menos proeminentes também foram criticadas ou boicotadas, muitas vezes por violações bem menos graves. Quando ia a esses shows, eu sempre ficava impressionado, às vezes comovido, eventualmente consternado, mas na maioria das vezes encantado com todas aquelas mensagens de positividade. Vi bandas da enésima geração do emo como Hotelier e Modern Baseball tocando canções profundas (e memoráveis) para plateias bem-comportadas — para elas, não havia nada de particularmente "punk" em se comportar mal. A ideia de que a música punk se diferenciava do mainstream sobretudo por conta do seu bom comportamento teria revoltado muitos dos pioneiros dos anos 1970, que se orgulhavam de sua indecência. Assim como também os revoltaria o conceito de que um show de punk deveria ser "mais seguro" do que o resto do mundo, e não mais perigoso; de certa forma, essa nova cena punk era o oposto da antiga. Sempre existiu e sempre existirá um monte de bandas dispostas a recriar a atmosfera ameaçadora e barulhenta dos velhos tempos. Mas parte do que era massa no punk do século XXI era que ele não parecia intimidado por todas aquelas décadas de história. Algumas vertentes desbravavam novas maneiras de destilar diversão, renovando as esperanças do estilo. Outras ecoavam o idealismo do Clash, sem, contudo, reconhecerem qualquer dívida com a banda em si. Esses garotos pareciam convencidos de que "punk" podia ser qualquer coisa que eles quisessem que fosse.

Hipsters por toda parte

Quando Michael Azerrad escreveu seu livro sobre os selos independentes norte-americanos na década de 1980, ele o concluiu num tom desanimado. Não que eles estivessem desaparecendo: apesar de um bom número de bandas de grande vulto terem sido roubadas pelas grandes gravadoras, várias outras permaneceram com as pequenas, e a popularidade repentina do assim chamado "rock alternativo" amplificou muito a plateia, pelo menos em potencial, para qualquer banda que estivesse querendo construir uma carreira à margem do mainstream. Azerrad, entretanto, temia que aquele mundo efervescente que ele havia descrito estivesse se tornando cada vez mais chato. Outrora, bandas como o Butthole Surfers tinham aterrorizado casas noturnas de todo o país, sujeitando seus frequentadores a uivos distorcidos e letras latidas sobre só Deus sabe o quê, com eventuais exibições pirotécnicas e genitais. (Quando estava no ensino médio, eu dedicava uma das paredes do meu quarto a um enorme e desagradável pôster do Butthole Surfers que exibia quatro imagens granuladas de um sujeito esquelético com uma barriga horrivelmente distendida.) "O indie rock", escreveu Azerrad, "vem se tornando, cada vez mais, um ato de manutenção do estrato mais privilegiado da juventude americana, que prefere artistas cerebrais e irônicos como Liz Phair, Pavement e Palace Brothers." De certa maneira, o mercado de música underground tinha se tornado *bom demais* em dar aos seus ouvintes o que eles queriam. E foi assim que a cena "independente", um modelo de trabalho inspirado nos ideais do punk, se cristalizou na forma de "indie rock", um gênero palatável com uma sonoridade reconhecível. Uma forma de rastrear essa mudança é observar o desaparecimento gradual do termo "pós-punk", que já havia sido muito útil no passado, mas estava cada vez mais dispensável à medida que as bandas iam ficando cada vez mais "pós" e cada vez menos "punk".

Nos anos 2000, a normalidade inofensiva do indie rock se transformou numa das qualidades definidoras do estilo, além de, às vezes, também uma espécie de piada. Numa cena famosa do filme *Hora de voltar*, de 1994, a personagem de Natalie Portman olha entusiasmada para o personagem de Zach Braff enquanto diz a ele: "Você precisa ouvir essa música, eu juro que ela vai mudar sua vida". Em seguida ela lhe entrega um fone de ouvido enorme e fica olhando e à espera, ansiosa, enquanto ele escuta pela primeira vez "New Slang", uma canção delicada e levemente desengonçada do grupo The Shins, que a lançou pelo Sub Pop, o velho selo do Nirvana, e cuja popularidade a canção ajudaria a ressuscitar. De maneira geral, o indie rock dos anos 1990 não era nem cáustico nem irônico. Você comprava um CD do Death Cab for Cutie, ou da Feist, ou do Wilco não para marcar uma posição nem para ostentar seu bom gosto — até porque ninguém ficaria impressionado —, mas sim porque você gostava de ouvir aquilo. (Esse "indie" rock nem sequer precisava vir de uma gravadora independente: o Wilco era contratado da Reprise Records e, depois de uma briga terrível, deixou o selo e assinou um novo contrato com a Nonesuch Records, outra subsidiária da mesma companhia, a Warner Music.) As letras costumavam ser o foco desse estilo musical, o que é um dos motivos que o tornaram tremendamente conservador. Em vez de competir para saber quem era o mais rebelde, ou o mais ousado, esses artistas e bandas competiam para saber quem compunha as canções mais comoventes e memoráveis, de maneira parecida com o que os letristas de country tinham feito em Nashville. A era da caça ao tesouro nas lojas de disco tinha chegado ao fim, já que a música estava migrando toda para a internet, tornando obsoleta a escassez. Gravações de indie rock agora eram fáceis de ser encontradas e, via de regra, também eram fáceis de ser ouvidas.

Para quem essa música era feita? O punk e suas vertentes tinham sido tribais. O punk pareceu uma tribo para mim quando me converti ao movimento no verão de 1990, virando as costas para o resto do mundo da música. E, sem dúvida, ele pareceu uma tribo para Billie Joe Armstrong alguns anos depois, quando foi expulso dela, ou, ao menos, se sentiu dessa forma. Mas nos anos 2000, o indie rock havia se tornado uma coisa muito grande e muito indistinta, e ninguém mais estava submetido aos seus testes de pureza. O estilo havia sido perfeitamente moldado para agradar aos membros de um grupo amorfo que, de repente, parecia estar por toda parte: os hipsters. Essa palavra é uma gíria datada da era do jazz, mas, naquela década, foi ressuscitada para atender a uma demanda específica. As cidades estavam ficando repletas de jovens descolados que reconhecidamente não se identificavam com o mainstream, mas não estavam ligados a nenhuma subcultura em particular. Então, eles começaram a ser chamados de hipsters, de maneira quase sempre pejorativa — ao contrário de "punk rock", o termo "hipster" era uma bandeira que ninguém queria levantar. As únicas publicações abertamente hipsters eram paródias, como o livro *The Hipster Handbook*, uma sátira meio fraquinha de 2008, e o Hipster Runoff, um blog escabroso e por vezes até cruel, escrito na voz de um machista tarado obcecado pela credibilidade no mundo indie e com a sinergia empresarial. (Um post que resume a ideia perguntava: "Será que se eu comprar um banjo minha marca pessoal ganharia autenticidade?".) "Hipster" era um bom insulto porque não havia como se defender dele, e tentar só pioraria as coisas: Quem, além de um hipster, ficaria ofendido de ser chamado de hipster?

É fácil rir do que aconteceu com a cultura sobre a qual Azerrad escreveu. Uma cena underground efervescente e orgulhosamente autônoma tinha evoluído, no intervalo de algumas décadas, para uma aliança internacional de hipsters semidescolados, que não declaravam lealdade a nenhum gênero musical em particular. Mas entendo como isso aconteceu, em parte porque isso aconteceu comigo. Quando era adolescente, achei o espírito de rebeldia do punk irresistível, mas também desestabilizante. Primeiro fui atraído para o punk e depois para músicas que soavam ainda mais estranhas, mais furiosas, mais extremas. Mas o que isso significava? No ensino médio, me apaixonei por um negócio chamado "noise music", composições experimentais que pareciam pura estática. (Grande parte dessa música era produzida no Japão e estava disponível em CDs importados caríssimos, e acho que parte do motivo de eu gostar daquilo era a perversidade profunda que era pagar 25 dólares por uma hora de música que soava mais ou menos como o triturador de lixo que meus pais tinham na cozinha.) Na WHRB aprendi a ouvir o punk como uma mutação do rock 'n' roll, bem como a apreciar seu espírito turbulento e despretensioso; no fim das contas, muitas bandas de punk e hardcore faziam noise music também, embora nem sempre de maneira intencional. De forma inevitável, todavia, desenvolvi uma curiosidade por outros gêneros musicais. Descobri um formato caótico de dance music conhecido como jungle, um gênero britânico com batidas tão aceleradas e imprevisíveis que era preciso ignorá-las e dançar ao som das linhas de baixo. Ouvi um álbum bizarro de hip-hop gravado por um personagem chamado Dr. Octagon, que me puxou de volta para o mundo do rap, que eu tinha adorado quando mais novo. Certa noite fui a um show em Boston do astro do dancehall Bounty Killer, que foi mais frenético do que qualquer show de punk que eu vira em toda a minha vida. Eu havia comprado meu ingresso antecipadamente, o que me permitiu ser retirado do meio de uma multidão frustrada e ser conduzido para dentro do lugar por um dos seguranças bem a tempo de ver Bounty Killer entrar, andando pelo palco todo empinado, metralhar vinte músicas de fazer a cabeça balançar em quinze minutos, e depois sair correndo direto para o banco traseiro de uma caminhonete, que saiu em disparada pelo estacionamento antes que alguém pudesse entender o que estava acontecendo. Pelo menos é assim que me lembro desse show, que segue, até hoje, sendo um dos mais empolgantes e desconcertantes a que já assisti, e que me ensinou que alguns outros gêneros podem ser ainda mais "punks" do que o próprio punk.

Afinal de contas, como é que você vai se manter fiel a um gênero baseado em rebeldia? E por que faria isso? O punk rock é fundamentalmente incoerente, uma tradição antitradicional que promete "anarquia", ou um gostinho dela, enquanto alimenta seus devotos com algo bem quadradinho e reconhecível o suficiente para ser considerado um gênero musical. Quando voltei para a faculdade, após meu ano sabático trabalhando em lojas de discos, eu passava cada vez mais tempo ouvindo hip-hop, R&B e dance music, e tinha mudado meu visual para não parecer muito ligado a nenhum gênero específico: cortei meus dreads mirrados e comecei a usar camisas de colarinho em vez de camisetas de bandas punk. (Às vezes, no metrô, eu me pegava olhando para um garoto usando camiseta punk e então parava, ao me dar conta de que eu não me parecia mais com um camarada punk — e sim com um inimigo.) Anos mais tarde eu me apaixonaria pela música country, que representa uma ruptura ainda mais radical com os valores radicais do punk rock e, portanto, de forma extremamente perversa, os incorpora de maneira muito mais profunda. Passei a escutar todo tipo de música, sempre atrás de triunfos improváveis e evoluções inesperadas. Em outras palavras, tornei-me hipster, e quando penso nisso agora não vejo nenhum bom motivo para rejeitar o termo. Afinal de contas, muitas identidades que acabaram sendo ostentadas com orgulho começaram como insultos. Deve ter sido muito mais estranho, meio século atrás, meia dúzia de artistas de rock começar a se identificar voluntariamente como punks.

A diferença, é claro, é que os hipsters não constituem uma comunidade, de modo que a identidade hipster confere pouquíssimo senso de pertencimento. Acredito que parte do motivo que leva as pessoas a reagir ao termo de forma tão negativa é o fato de ele refletir um medo amplamente difundido de que as comunidades musicais do passado — as velhas tribos — não funcionam mais como funcionaram um dia, tendo sido substituídas por uma megatribo difusa de especialistas que, no fundo, não gostam muito de nada em particular. Mas é claro que os hipsters também podem desenvolver um gosto sincero e obsessivo por música. (Eu que o diga.) E é estranho que nossas antigas fronteiras musicais pareçam estar se dissolvendo precisamente num momento em que as pessoas estão preocupadas com um *crescimento* do tribalismo, sobretudo do tribalismo político. Talvez isso não seja coincidência. Às vezes me pergunto se as convicções políticas estariam tomando o lugar das convicções musicais como principal marcador de identidade subcultural. Talvez algumas daquelas pessoas que gostavam de conversar sobre bandas obscuras agora prefiram discutir causas estranhas e obscuras. E talvez debater e se organizar politicamente proporcionem a mesma sensação de pertencimento que a coesão das cenas de punk já proporcionaram um dia. Isso não seria necessariamente uma evolução negativa — apesar de agora, como no passado, existir um monte de *posers* misturados no meio dos autênticos. Mas o impulso adolescente que alimentou o punk não desapareceu, nem tampouco a primazia da música popular. E, historicamente, os momentos em que parece que todo mundo está ouvindo as mesmas músicas são aqueles em que as pessoas resolvem ser corajosas e imaturas o suficiente para dizer foda-se isso e foda-se aquilo e começar alguma coisa nova, ou quase nova. Isso, provavelmente, sempre vai me soar como uma boa ideia.

5.
Hip-hop

O rap não precisa ensinar coisa nenhuma

Na metade do lado A de *A Wolf in Sheep's Clothing*, o clássico álbum de estreia da dupla de hip-hop Black Sheep, de 1991, algumas vozes de protesto interrompem a música.

"*Yo*, mano", diz um cara. "Por que você não tá mandando umas rimas sobre, sabe qual é, o empoderamento dos negros?"

Outra voz pergunta por que o Black Sheep está em silêncio sobre "a matança dos golfinhos".

Alguém menciona "o buraco na camada de o-zona", transformando a deterioração do meio ambiente numa piada de baixo calão — talvez até sem perceber.

Em resposta a todas essas perguntas, os membros do Black Sheep apenas riem. Existe algo no hip-hop que faz com que seus ouvintes queiram sempre ouvir mais e melhores palavras. Só que o Black Sheep fez um álbum brilhante. O que mais alguém poderia querer?

As pessoas discutem sobre o hip-hop desde que ele nasceu, no Bronx, nos anos 1970. Rapidamente ele se tornou o gênero mais polêmico do país, uma distinção que, de algum modo, jamais foi apagada nem pelo tempo nem por sua popularidade. Em sua trajetória rumo ao sucesso, depois ao mainstream e, finalmente, à dominância cultural, o gênero jamais foi percebido como aceitável. O hip-hop nasceu nas regiões pobres e negras do Bronx e, ao longo das décadas, manteve uma conexão singular com regiões pobres e negras de todo o país — e também com regiões pobres, mas não necessariamente negras, de todo o planeta. Essa conexão é a responsável por algumas das expectativas criadas sobre a música: muitos de seus ouvintes esperam que o gênero seja politicamente consciente, ou explicitamente revolucionário, e ficam decepcionados quando descobrem que as prioridades dos rappers costumam ser inconsistentes e, às vezes, inescrutáveis. É comum que aqueles que examinam o hip-hop tanto de dentro quanto de fora do movimento acabem se alinhando numa mesma convicção de que há algo de muito errado com o gênero, mesmo que nem sempre concordem sobre o quê, exatamente. E os rappers têm uma mania persistente de dizer coisas que os deixam em maus lençóis: ainda que o hip-hop seja obcecado por respeito, o gênero prosperou e se manteve desprezando qualquer parâmetro de respeitabilidade. Os maiores nomes do estilo, com grande frequência, são considerados ao mesmo tempo irresistíveis e indefensáveis, muitas vezes pelas mesmas pessoas — algumas vezes até pelos próprios rappers.

Como muitos heróis do hip-hop, os membros do Black Sheep eram um bando de malandros virtuoses: uma dupla de nova-iorquinos que se criou em parte na Carolina do Norte e que amava demais o hip-hop para levá-lo totalmente a sério. Mista Lawnge, o produtor residente da dupla, criava batidas efervescentes a partir de trechos pinçados em velhos discos de rock e R&B. E Dres, o rapper principal, misturava piadas maliciosas com inesperados arroubos de erudição. Ele era capaz de resumir uma cena ambígua dentro de uma casa noturna numa excelente e imprevisível sequência de rimas, declamadas num tom ironicamente formal:

Quando você vê uma princesa sob a luz da estrobo
Negão, você precisa enxergar bem
Porque essa princesa que você está vendo,
como no monólogo de Shakespeare, pode
ser ou não ser
isso tudo.

Apesar de certa arrogância recreativa, os membros do Black Sheep também estavam perfeitamente cientes do seu papel dentro da hierarquia movediça do mundo do hip-hop. Isso não era uma coisa incomum. Fazer rap geralmente torna as pessoas autoconscientes. Cantores podem esconder suas palavras — não importa quão padronizadas, espúrias ou inescrutáveis elas sejam — debaixo de uma canção. (Pierre Beaumarchais, um dramaturgo francês do século XVIII, transformou essa observação num aforismo: "Tudo que não vale a pena ser dito pode ser cantado".) Mas os rappers ficam muito mais expostos que os cantores porque o formato de sua expressão artística é mais similar à fala. E, assim, os rappers passam muito tempo explicando quem são, o que estão fazendo e por que merecem sua atenção. Os primeiros rappers eram essencialmente mestres de cerimônias (MCs), contratados para ser os anfitriões de festas, e eles nunca abandonaram o costume de se apresentar. Os primeiros versos da estrofe inicial do primeiro hit de hip-hop lançado — "Rapper's Delight", do Sugarhill Gang, de 1979 — continham a seguinte apresentação: "Eu sou Wonder Mike, e gostaria de dizer olá/ Para os negros, os brancos, os vermelhos e marrons, os roxos e os amarelos". Uma dúzia de anos mais tarde, o álbum do Black Sheep trazia uma versão mais atualizada dessa mesma ideia: "Dres, D-R-E-S, sim, acho que posso começar/ Se estiver tudo bem com você, vou botar esse lugar abaixo". Dizer o próprio nome pode ser uma maneira de se exibir, mas também pode ser um gesto de cortesia, uma forma de se dirigir aos ouvintes e fazê-los se sentir à vontade, como faria um bom anfitrião.

Por motivos similares, rappers são famosos por bater de frente com seus detratores — muito mais do que os cantores, eles se preocupam com seu status social, porque é esse status que lhes dá o direito, e a credibilidade, de ter sua voz ouvida e serem levados a sério. "Rapper's Delight" provocou uma resposta furiosa, tanto em forma de música quanto de entrevistas, da parte de um pioneiro do estilo chamado Grandmaster Caz, que não havia sido creditado por versos que escrevera e que apareceram na canção. E dois dos rappers mais queridos de todos os tempos, Tupac Shakur e Notorious B.I.G., se envolveram numa rixa violenta nos anos 1990. Mas havia maneiras mais inteligentes de responder às críticas. Os membros do Black Sheep sabiam que seu álbum, que tinha uma faixa intitulada "Hoes We Knows", talvez pudesse ser acusado de machismo, então incluíram no disco um interlúdio no qual encaravam exatamente essa acusação; em defesa do grupo, as jornalistas feministas que apareciam nesse interlúdio pareciam mais condescendentes que os próprios rappers. Em 1991, quando o álbum foi lançado, o gênero e o país estavam hipnotizados pela ascensão do gangsta rap e, por isso, a dupla abriu o disco com uma paródia, tirando sarro do conceito de credibilidade nas ruas antes mesmo de ser acusado de não tê-la. Na paródia gangsta, Dres é um assassino de sangue-frio tomando seu café da manhã enquanto se prepara para ir para o colégio: "Faminto pra caralho, fiz as minhas orações/ Papai não parava de gritar, então atirei na sua cara!". A faixa acaba quando Dres acorda, e suas ilusões caem por terra. "Sonhei que eu era *casca-grossa*", diz.

Os falsos manifestantes que interrompem o álbum do Black Sheep reclamando do "buraco de ozônio" são o reflexo de outra mentalidade que era, então, incipiente no hip-hop. No final dos anos 1980, o Public Enemy começou a lapidar uma vertente do hip-hop que era militante e fervorosamente íntegra — os discos do grupo faziam com que o rap parecesse coisa séria. Desde seu surgimento existem ouvintes que enxergam o Public Enemy não apenas como uma grande banda de hip-hop, mas também como o ideal que todo o gênero deveria perseguir. Assim como Bob Dylan ajudou a popularizar a ideia de que cantores deveriam ser mensageiros da verdade, o Public Enemy ajudou a popularizar a noção de que rappers deveriam ser revolucionários. O Black Sheep não era totalmente avesso à conscientização: *A Wolf in Sheep's Clothing* incluía, em meio às piadinhas, algumas rimas sobre o legado do racismo e a importância da perseverança em face das baixas expectativas. Contudo, em 1992, numa entrevista para a *The Source*, que foi durante anos a revista mais importante do gênero, Mista Lawnge reclamou do fato de que muitos grupos de rap estavam forçando a barra para atender às demandas por músicas com "mensagem". "Ninguém estereotipou nenhum outro estilo musical dizendo que ele precisa te ensinar alguma coisa", disse. "O rap não precisa ensinar coisa nenhuma." Hip-hop é entretenimento, mas, mais do que qualquer outro gênero — mais do que o country, o R&B ou mesmo o rock 'n' roll —, sempre se exigiu que ele entregasse algo além de simples entretenimento.

Tenho quase certeza de que ouvi o maior sucesso do Black Sheep, "The Choice Is Yours", quando estava no ensino médio — acho que me lembro de um DJ tocando essa música numa festa da escola. Mas só fui ouvir o restante do álbum vários anos mais tarde, quando redescobri o hip-hop. Quando criança, ouvi e memorizei diversas fitas do Run-DMC, de Kurtis Blow e do Beastie Boys. Não era o tipo de música que costumava tocar no Top 40 da estação de rádio local, mas tampouco parecia uma coisa obscura, sobretudo porque todos os outros garotos no colégio também estavam escutando aquilo. Praticamente todos esses garotos eram brancos, porém não me lembro de ficar surpreso por eles estarem obcecados por música negra. E, ainda que um garoto negro da minha série exalasse a essência do movimento hip-hop, ninguém diria que *eu* fazia o mesmo, apesar da minha tentativa de deixar o cabelo igual ao de um rapper: um penteado *flattop*, nem tão preciso nem tão perfeito quanto os que apareciam nas capas dos discos.

O hip-hop era, sem dúvida, música afro-americana. Porém para mim, na época, ele parecia ser apenas norte-americano: não pertencia ao mundo dos meus pais africanos, mas sim ao mundo dos meus amigos. Isso, é lógico, era parte do seu atrativo: os rappers não se pareciam comigo, nem sequer visualmente, embora fôssemos parte da mesma categoria racial. Eles eram muito mais cool do que isso.

O hip-hop ganhou um veículo de divulgação de massa em 1988, quando a MTV lançou o programa *Yo! MTV Raps*. Lembro-me de ter assistido a alguns trechos na casa de algum amigo e passado a prestar mais atenção no ano seguinte, quando meus pais começaram a assinar a TV a cabo. Na época, o hip-hop estava encontrando seu lugar nas paradas de sucesso: MC Hammer tinha lançado "U Can't Touch This", uma febre onipresente, em janeiro de 1990, e "Ice Baby", de Vanilla Ice, saiu em agosto, quando eu era um punk recém-convertido — um novato, porém já inteiramente devotado a uma ideologia contrária ao mainstream. O hip-hop era música de festa, música da MTV, música pop; o hip-hop era o que os garotos populares do meu colégio ouviam quando não estavam ouvindo rock clássico. A identidade norte-americana e mainstream do hip-hop que havia me seduzido na infância agora parecia ser justamente o motivo pelo qual eu o rejeitava. A música até podia ser interessante, mas não para mim, ou não mais. Achei que tinha crescido e deixado o gênero para trás.

O álbum que me trouxe de volta ao hip-hop não foi nem um grande sucesso nem furou a bolha na direção do pop, e por isso me atraiu tanto. Eu estava na faculdade — na verdade, fora dela, durante meu ano sabático no depósito de uma loja de discos. O controle do aparelho de som do lugar era determinado por um sistema rotativo muito rígido e complexo e, um dia, na primavera de 1996, um dos meus colegas de trabalho botou para tocar o novo álbum de um camarada que se identificava como Dr. Octagon. Essa, eu ficaria sabendo depois, era a nova identidade musical de um veterano do hip-hop conhecido como Kool Keith, que tinha ganhado certa fama com um grupo cultuado nos anos 1980 chamado Ultramagnetic MCs. No papel de Dr. Octagon, Kool Keith criou sua própria versão nonsense de uma apresentação de hip-hop: "Dr. Octagon, o feto paramédico do Oriente/ Com padres, eu sou da Igreja da Sala de Operações". O álbum era estonteante, repleto de jargão técnico e bravatas malucas, e me ajudou a perceber, com um tanto de atraso, que o hip-hop podia ser audacioso e estranho — na verdade ele sempre havia sido, eu é que nunca tinha notado.

Rappers e seus fãs costumam defender o hip-hop alegando que o gênero é uma representação autêntica da vida em alguns dos bairros mais violentos dos Estados Unidos, além de ser uma crônica indispensável da experiência afro-americana. "O rap é o canal de TV dos negros norte-americanos", declarou Chuck D, do Public Enemy, à revista *Spin*, em 1988. "A única coisa que mostra como um jovem negro se sente de verdade é um rap." Esse argumento pode até funcionar como defesa do hip-hop, mas como análise de sua música não é particularmente perspicaz, até porque passa uma ideia de que o hip-hop não é um estilo muito divertido. Na verdade, o hip-hop *nem sempre* diz a verdade; era bastante comum que a prática do rap soasse muito mais como um monte de baboseira do que como um relato sério. A chave para a evolução constante do estilo tem sido sua insistência em ser, década após década, escandalosamente divertido. Não é difícil entender por que muitos ouvintes e artistas conscientes — entre os quais Chuck D — queriam reformular o hip-hop, na esperança de transformá-lo numa força mais inequívoca, com o objetivo de espalhar o bem pelo mundo. O hip-hop permaneceu orgulhosamente à margem das reformas e continuou seduzindo novos ouvintes. Talvez seja o formato quintessencial de arte moderna norte-americana, a maior contribuição cultural do país para o mundo. E, mesmo assim, durante a maior parte de sua história, ele sempre foi visto como o tipo de música de que você gosta apesar de seus supostos defeitos — um prazer com culpa. Em certo sentido, esse é o maior elogio possível: um atestado da quantidade de prazer que o hip-hop é capaz de proporcionar.

O (novo) som dos jovens norte-americanos

Os inventores do hip-hop não se viam como pessoas que estavam criando um novo gênero musical porque estavam muito ocupados fazendo suas festas. Um dos nomes de maior importância entre esses inventores foi o DJ Kool Herc, um imigrante jamaicano que vivia no Bronx e que ficou famoso, no começo dos anos 1970, tocando músicas que não se escutava em nenhum outro lugar. Era o surgimento da era da disco music; cerca de quinze quilômetros ao sul, no centro de Manhattan, os DJs pioneiros da disco estavam inventando seu próprio formato de dance music. Mas a florescente cena de disco era artística e cosmopolita: gays e héteros, brancos, negros e latinos, todos eram bem-vindos nas cabines de DJ e nas pistas de dança. (Mas não igualmente bem-vindos o tempo todo.) A cena nas festas de Kool Herc, algumas das quais realizadas na área comum do prédio onde ele morava, era mais negra, mais hétero e mais pesada. No livro *Yes Yes Y'all*, uma importante história oral dos primórdios do gênero, outro DJ pioneiro de hip-hop, Disco Wiz, lembra de ser um adolescente "meio delinquente", sempre à procura de um lugar tranquilo para curtir uma festa. "Nós não éramos aceitos nas discotecas; na verdade, éramos praticamente segregados", declarou ele, que é latino. (Talvez seu nome artístico seja um símbolo do quanto o movimento da disco music permanecia relevante apesar de tudo.) "Quando Kool Herc finalmente apareceu na cena, a gente começou a sentir que alguma coisa havia mudado."

Se os DJs de disco tinham aprendido a estender suas músicas favoritas de R&B, fazendo com que elas parecessem durar para sempre, o estilo de Herc era muito menos sutil. Suas músicas prediletas incluíam "It's Just Begun", uma faixa de funk comandada por um saxofone, de autoria de Jimmy Castor Bunch, e "Apache", um instrumental elástico de uma banda obscura chamada Michael Viner's Incredible Bongo Band. O que Herc realmente gostava era do "break": a parte da música em que a maioria dos integrantes da banda parava de tocar, deixando apenas uma batida forte e sincopada de fundo. Usando dois toca-discos, ele desenvolveu uma técnica para que o "break" tocasse repetidamente, para deleite dos dançarinos na plateia — que acabariam sendo conhecidos como "break-dancers". Um dos muitos fãs de Herc era um jovem e talentoso novato que havia adotado a alcunha de Grandmaster Flash e que tinha percebido ser capaz de mobilizar uma verdadeira multidão quando se apresentava. Grandmaster Flash aprendeu sozinho a alternar de um toca-discos para o outro ainda mais rápido, fazendo um dos discos girar ao contrário enquanto o outro tocava, de modo a incendiar os dançarinos repetindo os trechos favoritos de suas músicas diversas vezes, sem parar.

Quando me mudei para Nova York pela primeira vez, em 1999, era um repórter e editor em busca de um escritório, então aluguei uma mesa em Chelsea de um cara chamado Bill Adler, especialista e fã de música de longa data, cujas múltiplas carreiras incluíam um período nos anos 1980 à frente do departamento de relações públicas da Def Jam Records, o famoso selo de hip-hop. O círculo de amigos de Bill era quase tão impressionante quanto seu arsenal de histórias de guerra e, durante alguns anos, dividimos o escritório com uma terceira pessoa, o veterano do hip-hop Kool DJ AJ, que fazia parte da cena do Bronx nos anos 1970 e que havia descoberto que ter notoriedade nesse gênero de música não era necessariamente uma coisa lucrativa. (Na época, um dos principais empreendimentos comerciais de AJ era a revenda de ingressos — ou "cambismo", para usar um termo pejorativo.) AJ, que faleceria devido a um câncer de estômago em 2015, se orgulhava, com justiça, do seu status de pioneiro do hip-hop; a capa de *Yes Yes Y'all* trazia uma foto sua, concentrado em seus toca-discos. Mas ele sempre foi muito honesto em relação aos próprios talentos: ao contrário de Grandmaster Flash, ele não era um virtuose, nem obcecado por discos. Era muito conhecido e tinha bons contatos, o tipo de pessoa que podia ajudar a garantir que uma noite acabaria de forma bastante previsível, com os pagamentos sendo feitos e sem nenhum equipamento roubado. Para ele, o hip-hop era um fenômeno mais social do que musical. "Eu não ia a uma festa para ficar prestando atenção no Herc", diz AJ no livro. "Eu ia a uma festa para curtir."

Os DJs pioneiros perceberam que uma maneira de manter a plateia animada era falando com ela, e logo passaram a levar com eles os mestres de cerimônia — ou "MCs" — que comandavam o microfone como as personalidades eletrizantes do rádio, enfileirando frases de efeito: "*Yes, yes, y'all*"; "*To the beat, y'all*"; "*Keep on to the break o' dawn*"; "*Hip, hop, it don't stop*". (Antes de ser o nome de um gênero, "*hip, hop*" era um comando.) Em 1978, os DJs mais populares já se apresentavam com equipes de MCs, que executavam rotinas, rebatendo as rimas de um lado para o outro. Grandmaster Flash tinha um grupo altamente conceituado que passou a ser conhecido como The Furious Five, e seus membros costumavam contar vantagem sobre si mesmos e sobre seu chefe: "Flash é o cara que não pode ser vencido/ Porque ele não conhece a palavra 'derrota'". E Grandmaster Caz, conhecido por suas rimas que contavam histórias, se apresentou com alguns outros grupos até entrar para o Cold Crush Brothers. Esses artistas eram muito bem pagos para lotar casas noturnas no Bronx e no Harlem, e não estavam exatamente ansiosos para entrar num estúdio e gravar suas músicas, sobretudo porque nem sequer estava claro se aquela arte poderia ser gravada. Seu trabalho era tocar os discos de outras pessoas e passar algumas horas falando com as pessoas na pista de dança. Como você faria uma música a partir disso?

Para um gênero tão obcecado pela autenticidade, parece bastante apropriado que várias das primeiras gravações de hip-hop não fossem genuínas. Em 1979, um grupo de R&B com uma levada funk chamado Fatback

Band resolveu prestar uma homenagem à nova febre dançante que se espalhava pelo Bronx, lançando "King Tim III (Personality Jock)", que trazia um rap muito bem executado cantado por um conhecido de um de seus integrantes. Na opinião de algumas pessoas, essa é a primeira gravação de hip-hop da história, apesar de ela não ter se originado na cena do Bronx. Nem "Rapper's Delight", do Sugarhill Gang, lançado alguns meses depois, tornando-se a febre do momento. Os três membros da banda, reunidos pela produtora Sylvia Robinson, não eram conhecidos como rappers: um deles, Big Bank Hank, havia passado um período atuando como empresário de Grandmaster Caz; quando alguém lhe perguntou se queria gravar uma música, ele pegou alguns versos de Caz e os levou para o estúdio. (Quando Big Bank Hank disse *"I'm the C-A-S-N, the O-V-A and the rest is F-L-Y"*, estava soletrando o antigo nome artístico de Caz, Cas[a]nova Fly.) "Rapper's Delight" realmente não era autêntica, porém foi perfeita: uma canção animada e grudenta que apresentava ao mundo um novo gênero, que ainda por cima era convenientemente citado no refrão: *"I said a hip, hop, the hippie, the hippie/ To the hip, hip hop, you don't stop"*.

Em seus primórdios, o hip-hop certamente soou mais estranho do que radical para muitos de seus ouvintes: uma poesia empolada, declamada ao som de disco music. E os primeiros sucessos do estilo pareciam confirmar essa impressão. Kurtis Blow foi o primeiro rapper a assinar com uma *major*; seu single de estreia, lançado alguns meses depois de "Rapper's Delight", era uma canção natalina, "Christmas Rappin'". O Blondie, banda pop meio punk, chegou ao número 1 da parada em 1981 com "Rapture", um rap meio bobinho, feito pela vocalista, Debbie Harry, a partir da livre associação de palavras. Fazer rap parecia uma coisa fácil e divertida: muitos comediantes faziam, entre eles Mel Brooks, que fez raps caracterizado como Luís XVI e como Hitler; até Stevie Wonder cantou um pouco de rap no seu single "Do I Do", de 1982. Poucos grupos fizeram mais pela popularização do estilo em sua primeira encarnação do que o Fat Boys, três artistas que atuavam como embaixadores do hip-hop e usavam sua gordura como piada recorrente. (Piada que perdeu um pouco da graça quando Darren Robinson, mais conhecido como The Human Beat Box, que tinha definido toda a identidade musical do grupo, morreu vítima de um ataque cardíaco, em 1995, aos 28 anos.) O Fat Boys emplacou um punhado de canções na parada de R&B, entre as quais "Jailhouse Rap", uma faixa cômica sobre ser preso roubando comida; colaborou com o Beach

Boys em "Wipeout", um sucesso que furou sua bolha; e também se lançou numa improvável carreira cinematográfica, que culminou com sua participação em *Disorderlies*, uma comédia-pastelão.

O sucesso de "Rapture" ajudou a ensinar ao país o que era o rap, mas não levou o gênero para o mainstream da música. Na verdade, em 1984 a *Billboard* relatou que algumas estações de rádio que costumavam ser bastante receptivas ao rap em Nova York, a terra natal do estilo, tinham passado a tocá-lo apenas "esporadicamente", talvez porque achassem que a moda era passageira. Mas, por algum motivo, o gênero encontrou um verdadeiro lar na minha escola primária em Cambridge, em Massachusetts — e, até onde sei, em escolas primárias por todo o país. Comprei uma fita de *Ego Trip*, um álbum de Kurtis Blow, porque ela continha "Basketball", uma ode de censura livre aos jogadores mais famosos do esporte. (O álbum também trazia "AJ Scratch", na qual Blow presta uma homenagem ao seu DJ, o mesmo AJ que acabaria sendo meu colega de escritório. O hip-hop era uma forma de estabelecer conexões através do tempo e do espaço.) Meu grupo favorito era o Run-DMC, que tinha um estilo atrevido, usando batidas simples às vezes combinadas com guitarras estridentes. Aquele era um estilo híbrido novo e também uma forma muito engenhosa de atrair fãs de rock, apesar de, na época, eu não fazer ideia de que as guitarras não eram comuns no hip-hop. Acho que o que eu mais gostava era a maneira como os rappers vociferavam suas letras enfáticas, as quais eram fáceis e divertidas de memorizar. Numa estrofe de "King of Rock", a faixa-título do seu álbum de 1985, Run começa cada verso de uma maneira que DMC possa finalizá-lo de modo decisivo:

Agora, nós atravessamos paredes/ Cruzamos pisos
Arrebentamos telhados/ E derrubamos portas
E quando gravamos/ Nós somos incríveis
Você pode nos ouvir/ A quarteirões de distância

Se você, como eu, fosse um garoto de onze anos não exatamente maduro em 1987, também ficaria com a impressão de que o hip-hop era um gênero que tinha sido inventado para lhe agradar. Meus amigos e eu tínhamos todos uma cópia de *Licensed to Ill*, o álbum de estreia do Beastie Boys, de 1986, três rappers brancos que já haviam se apresentado como uma banda de punk hardcore e cuja branquitude me intrigava menos do que o fato de eles parecerem os irmãos menores arruaceiros do Run-DMC. (Fiquei levemente escandalizado pelos versos mais famosos do álbum, que descreviam ou um encontro amoroso ou uma agressão: "O xerife quer me pegar pelo que eu fiz com a sua filha/ Eu fiz assim e fiz assado/ Usando o meu taco de beisebol".) E me lembro de preencher a capa de um fichário com as letras do primeiro álbum do DJ Jazzy Jeff & the Fresh Prince, famoso por suas rimas que contavam histórias longas e caricatas. Eu não teria ficado surpreso se me dissessem que o Fresh Prince, agora conhecido como Will Smith, se transformaria num astro de uma sitcom alguns anos mais tarde, mas confesso que teria dificuldade em imaginar sua fase seguinte, como protagonista de filmes de ação.

Uma das coisas mais assombrosas sobre os primeiros sucessos do hip-hop é o fato de vários deles estarem ligados a uma mesma pessoa: Russell Simmons, o nome mais influente do estilo nos anos 1980. Ele foi empresário de Kurtis Blow, que se tornou o primeiro grande astro do gênero, embora nunca tenha sido considerado um rapper particularmente talentoso. Seu irmão era Joseph Simmons, conhecido como Run, do Run-DMC, de quem Russell também era empresário; da mesma forma, era empresário do DJ Jazzy Jeff & the Fresh Prince. O Beastie Boys gravou pela Def Jam, o selo de hip-hop que Simmons havia fundado com seu sócio, Rick Rubin, assim como o Public Enemy e LL Cool J, um rapper e ator que teve uma das carreiras de maior sucesso na história do hip-hop. Simmons nunca foi empresário do Fat Boys, mas o empresário de Madonna achava que sim, e ligou para ele querendo contratar o trio; Simmons lhe falou então sobre o Beastie Boys e conseguiu emplacar sua banda para fazer os shows de abertura na primeira turnê da cantora. Mais tarde, tanto o Beastie Boys quanto Madonna diriam que tinham gostado da parceria, ao contrário, pelo visto, dos fãs da cantora, que costumavam vaiá-los e jogar coisas no palco.

Uma das muitas vantagens de dividir um escritório com Bill Adler, o ex-assessor de imprensa da Def Jam, foi ter acesso aos seus arquivos, abarrotados de fotos e reportagens dos primórdios do hip-hop — coisas que mais ninguém tinha sido esperto o suficiente para guardar. Sua coleção agora está em Cornell e é chamada de Adler Hip Hop Archive. Uma de suas preciosidades é o rascunho de uma carta que Adler enviou em 1989 a Bryant Gumbel, na época o âncora do *Today Show*, na NBC, que havia acabado de entrevistar o DJ Jazzy Jeff & the Fresh Prince. "Nós representamos todos os maiores rappers do mercado", escreveu Adler, em nome de Simmons, exagerando apenas um pouquinho. Ele sugeria que esses rappers seriam o equivalente moderno de Rolling Stones, Elvis Presley, James Brown e Bob Dylan, e fez uma comparação estratégica. "Nós nos sentimos na posição de fazer a mesma alegação sobre nossos artistas nos anos 80 que Berry Gordy fez sobre os artistas da Motown nos anos 60: eles são 'o som dos jovens norte-americanos'", escreveu. Alguns anos antes, talvez essa alegação soasse exagerada. Alguns anos depois, seria senso comum.

Música em cada frase

As pessoas às vezes falam sobre "rap e hip-hop" como se os termos se referissem a dois gêneros distintos, mas, de modo geral, eles são intercambiáveis. A diferença, se é que existe alguma: "rapping" também pode significar, mais ou menos, o mesmo que "falar". Ou seja, a história do rap precederia a história do hip-hop — anos, décadas ou até séculos, dependendo da sua definição. (Qualquer recitação de poesia vernácula, de qualquer cultura ou era, pode ser descrita, de maneira plausível, como um "rap".) Antes de existir o hip-hop havia disc jockeys de R&B de voz macia nas rádios, como Frankie Crocker, que já perguntava, nos anos 1960: "Você não fica feliz de morar numa cidade/ Onde pode ouvir o som do Frankie Crocker/ Quando o sol se põe?". Alguns anos mais tarde, na Jamaica natal de Kool Herc, artistas como U-Roy começaram a despejar rimas soltas e semi-improvisadas por cima de faixas instrumentais: "Sou o mais durão de todos, e não estou blefando/ Talvez seja porque eu tenho a música em mim". (Essa prática era conhecida como "*deejaying*", provavelmente em homenagem aos disc jockeys de rádio norte-americanos que ajudaram a inspirá-la.) Se quiser, você pode rastrear as origens dessa tradição até as gravações de "blues falado" dos anos 1920 ou ao estilo de cantar um jazz carregado de gírias de Cab Calloway, nos anos 1930 e 1940: "Você está no balanço? A batida está te botando pra mexer?/ Você se joga para trás e cai de costas por que você sabe que essa é quente?". Incontáveis pastores e humoristas podem ser considerados proto-rappers, bem como o pugilista Muhammad Ali, que percebeu que seus insultos e provocações ficavam mais memoráveis quando rimavam. Um dos precursores mais influentes do estilo foi o comediante Pigmeat Markham, que emplacou um hit de R&B em 1968 com "Here Come the Judge", um monólogo cômico e rimado, cantado numa voz possante, em cima de uma batida igualmente possante, que praticamente todos os pioneiros do rap conheciam.

Os rappers também foram precedidos por uma geração de poetas negros com mentalidade urbana e revolucionária, cujos discos começaram a ser lançados em 1969: The Watts Prophets, The Last Poets, Gil Scott-Heron. (Mesmo pessoas que nunca ouviram um disco de Scott-Heron, nem sua belíssima voz falando ou cantando, provavelmente estão familiarizadas com sua máxima impactante: "A revolução não será televisionada!".) Esses poetas se especializaram em versos cáusticos — que frequentemente não rimavam, como se fosse para enfatizar a seriedade das palavras. O Last Poets bradava: "Os crioulos têm medo da revolução" e "Os brancos têm complexo de Deus", como se seus membros estivessem torcendo para que algum transeunte se atrevesse a discordar deles. A ousadia descarada desse tipo de música antecipou a ousadia descarada dos rappers que viriam em seguida; desde o surgimento do hip-hop, a maioria dos outros formatos musicais, quando comparados com ele, ficou parecendo tremendamente tímida.

Mas o mais surpreendente em todos os proto-rappers é quão "proto" eles realmente eram: o que aconteceu no Bronx foi muito diferente do que havia acontecido até então. Existe uma gravação sensacional do Grandmaster Flash and the Furious Five, de 1978, na qual se pode ouvir exatamente quando essa mudança ocorreu. Melle Mel, um dos principais membros do Furious Five, era um dos mais criativos pioneiros do rap, e ele dá as boas-vindas aos dançarinos soando mais ou menos como um disc jockey de rádio:

Estou lhes dando as boas-vindas ao lugar onde a elite se encontra
Onde os orgulhosos desfilam
Onde todo mundo vem, de todos os cantos da cidade, pra botar pra quebrar

A métrica é solta e imperfeita, como se Melle Mel estivesse fazendo um brinde. (Na Jamaica, aliás, *deejays* que falam muito, como U-Roy, também são chamados de "*toasters*".) Em seguida ele começa a prestar mais atenção na batida e, de repente, entra em sincronia com ela. Se no começo parecia um apresentador fazendo um anúncio acompanhado por uma linha de percussão, agora Melle Mel parecia parte da própria percussão, carregando a pronúncia das sílabas tônicas para transformá-las em batidas, fazendo com que certas palavras soassem como tambores. Ao longo de uns poucos versos, ele havia transformado um cara com um microfone num *rapper*:

> *Eu sou Melle* Mel, *e mando bem* demais
> *Do topo do World* Trade *Center às profundezas* infernais

Essa foi uma mudança crucial, porque ajudou os ouvintes a perceber os rappers como músicos, não apenas como pessoas que falavam em cima da música. Você não precisava prestar atenção nas letras, ou mesmo entendê-las, para balançar a cabeça ao ritmo das rimas. (Muito pouca gente escuta pela segunda vez um discurso ou um livro gravado numa fita, mas o hip-hop parece ter tanto potencial de repetição quanto qualquer outro gênero musical.) Esse roteiro básico se converteria no padrão do hip-hop: diga seu nome, faça uma afirmação, enfatize o som da batida.

No começo, os rappers se apresentavam com um sorriso no rosto. Afinal de contas, eles eram os anfitriões das festas e às vezes vestiam ternos ou deslumbrantes conjuntos de couro; diziam coisas como "Todo mundo, batam palmas!". (Essa era a primeira frase do segundo single de Kurtis Blow, "The Breaks".) Suas vozes eram sedutoras, e às vezes eles preenchiam as pausas dizendo "Hã-hã-hã-*hã*", como se quisessem fazer tudo que pudessem para evitar o silêncio — os disc jockeys chamavam isso de *dead air*, ou "ar morto". Mas o Run-DMC veio com uma atitude diferente. "Quando o Run-DMC entrou no jogo, foi o fim da nossa era", lembra Grandmaster Caz, na história oral do estilo. Os integrantes do Run-DMC vinham de Hollis, no Queens, bem longe da cena de casas noturnas que gestou o hip-hop, e desfilavam uma falta de glamour altamente provocativa: usavam calça jeans, tênis da Adidas e chapéu fedora preto; eles não sorriam e não eram sofisticados. Se os velhos grooves da disco music eram calorosos e sedutores, a abordagem do Run-DMC era radicalmente seca, com espaços entre as batidas e entre os versos das músicas. Em 1984, o mesmo ano em que o Run-DMC lançou seu álbum de estreia, o especialista em música David Toop publicou *The Rap Attack*, um dos primeiros grandes livros sobre o hip-hop. Toop definiu como "bate-estaca" a batida que dominava os primeiros singles do Run-DMC e declarou que o grupo representava "o austero e cada vez mais esquisito final de um gênero". De modo geral, suas músicas não são consideradas "esquisitas" atualmente, não porque Toop estivesse errado, mas porque essas mesmas gravações mudaram a maneira como o hip-hop era feito, levando o gênero para bem longe da disco music. Depois disso, os rappers passaram a aparecer sempre de cara fechada.

Dentro de alguns anos, também o Run-DMC soaria antiquado, porque, na metade dos anos 1980, o gênero ingressaria no que viria a ser conhecido como sua "era de ouro". Uma nova geração de artistas de hip-hop estava surgindo, e um dos primeiros foi a dupla Eric B. & Rakim, que lançou seu single de estreia, "Eric B. Is President", em 1986. O estilo de Rakim era austero, mas terrivelmente agradável e repleto de floreios poéticos. Ele adorava promover mudanças inesperadas no ritmo e na estrutura das rimas, e ajudou a popularizar a prática de esticar uma ideia ou expressão para além do final de um verso, recurso que os poetas chamam de "enjambement":

He's kickin' it, 'cause it ain't no half-steppin'
The party is live, the rhyme can't be kept in-
side of me's erupting, just lika a volcano
It ain't the everyday style, or the same ol'
rhyme […]

A era de ouro do hip-hop se viabilizou não graças a execuções radiofônicas em massa, e sim ao surgimento de um público tão grande e fanático que os rappers conseguiam vender seus discos sem precisar tocar no rádio. (O primeiro álbum de Eric B. & Rakim, *Paid in Full*, foi lançado em 1987 e, embora tenha vendido algo como 1 milhão de cópias e seja amplamente reconhecido como um clássico, tocou muito pouco no rádio e nunca passou da 58ª posição na parada da *Billboard*.) O Salt-N-Pepa, uma exuberante dupla feminina, foi exceção: o grupo foi responsável por um dos singles mais memoráveis da época, uma insinuante canção dançante chamada "Push It", que acabaria se tornando apenas o primeiro de uma série de hits que emplacaria ao longo de uma década. Outros rappers fizeram carreira — embora não necessariamente fortuna — bem longe do mainstream, desenvolvendo, algumas vezes, variações excêntricas do gênero. Slick Rick era um contador de histórias muito perspicaz com visual extravagante e um sotaque meio britânico que ele havia conquistado de forma legítima: ele e seus pais, que eram jamaicanos, tinham imigrado da Inglaterra para o Bronx quando ele tinha onze anos. MC Lyte, de East Flatbush, no Brooklyn, indicou uma nova direção para o gênero com "Paper Thin", seu single de 1988.

Era uma canção particularmente cândida e despretensiosa, uma crítica implícita aos diversos gabolas gritalhões do gênero, e não começava com uma proclamação, mas com uma confissão. "Quando você diz que me ama, não importa nada/ Sai do outro lado do ouvido como conversa fiada", diz ela, convicta, como se estivesse expressando de que forma realmente estava se sentindo, em tempo real. E KRS-One, de uma turma do Bronx chamada Boogie Down Productions, era uma figura majestosa e grandiloquente, que se referia a si mesmo como "professor" do hip-hop; posição que ele justificava dessa maneira: "Perceba que reis perdem suas coroas, mas professores continuam inteligentes/ Eles podem falar grandes palavras no microfone, mas seguem *irrelevantes*".

Aqui, também, Russell Simmons desempenhou um papel central. Seu cliente, Kurtis Blow, encerrou seu álbum de estreia com uma versão ridiculamente equivocada de "Takin' Care of Business", um rock dos anos 1970. Mas na Def Jam, Simmons e Rubin tinham o objetivo de lançar o que este último chamaria mais tarde de "hip-hop explícito e cru", jovem e rebelde. O que eu não tinha percebido quando moleque era que Simmons e seu parceiro, Rubin, um cara branco, criado à base de punk rock, tiveram sucesso não porque ensinaram rappers a imitar pop stars, mas porque lhes ensinaram a *não* imitá-los. LL Cool J, o primeiro astro do selo — e o primeiro galã legítimo do hip-hop —, foi conquistando sua fama andando sempre bem pertinho da música pop. Seu ousado single de estreia era uma espécie de música contra o rádio feita para tocar no rádio: "I Can't Live without My Radio", uma ode ao *micro system*. (Apesar de sua popularidade e de seu evidente carisma, LL Cool J não emplacou nenhum hit no Top 10 até 1991, com "Around the Way Girl", uma faixa efervescente do seu quarto álbum.) E, muito embora o Beastie Boys tenha sido originalmente confundido com uma febre passageira, seus membros acabariam se revelando aplicados e apaixonados alunos do hip-hop — na verdade, o grupo se manteve fiel aos ideais e sonoridades do hip-hop dos anos 1980 por muito tempo depois que a maioria de seus pares já havia desaparecido e o gênero, evoluído.

Uma das conquistas mais importantes da Def Jam foi ajudar a transformar o Public Enemy numa improvável história de sucesso — bem-sucedida o bastante para mudar a percepção do público sobre o que o hip-hop deveria ser e como deveria soar. O grupo, oriundo de Long Island, era comandando por Chuck D, dono de uma voz impositiva e com mentalidade de militante. Ele era relativamente velho, aos 26 anos, quando o grupo fez sua estreia, e no tempestuoso mundo do hip-hop a seriedade de Chuck D fez dele um ponto fora da curva. Um dos refrões que viraram marca registrada do Beastie Boys era *"You gotta fight for your right to party!"*. O Public Enemy respondeu com "Party for Your Right to Fight", um empolgante grito de guerra que enquadrava o grupo na mesma linhagem do Partido dos Panteras Negras:

> *Poder e igualdade, vou aí buscar*
> *Sei que nem a todos isso pode interessar*
> *Em 66 começou esse partido*
> *Pró-negro e radical era o seu alarido*

Os versos eram rimados por duas vozes ao mesmo tempo: a de Chuck D, sóbria e autoritária, e a de Flavor Flav, excitante e agressiva. Flavor Flav, conhecido pelo relógio exageradamente grande que usava pendurado no pescoço e por seus movimentos alucinados de dança, produzia um contraste divertido, e sua presença fazia com que Chuck D parecesse ainda mais sério. "Fight the Power", a faixa definitiva do grupo, aparece no filme *Faça a coisa certa*, de Spike Lee, que também dirigiu o videoclipe da música, no qual o grupo lidera uma manifestação política que atravessa o Brooklyn em abril de 1989, repetindo um slogan de resistência multiuso: "Temos que lutar contra os poderes que existem". Para gerações de ouvintes, o Public Enemy era uma visão ideal de um grupo de hip-hop: furioso e engajado politicamente, marchando pelas ruas para exigir mudanças. Mas, na verdade, ele era uma anomalia. Comentários políticos explícitos têm um papel consistente, porém relativamente pequeno, na evolução do gênero. Mas se, ainda assim, gerações de fãs e curiosos vivem, desde o final dos anos 1980, na expectativa de que o hip-hop redescubra sua essência política, esse é o resultado do legado persistente do Public Enemy, e também o resultado de certo grau de autoilusão. E essa é uma autoilusão auditiva: o rap até pode soar um pouco como um discurso, especialmente se a sua voz for possante como a de Chuck D. De modo geral, porém, o hip-hop sempre foi mais uma música de festa do que de manifestação. E o sucesso duradouro do gênero se baseia na capacidade dos rappers de fazer com que seus ouvintes parem de pensar nas palavras por um minuto para ouvir a música em cada frase, não importando quão militante ela seja.

Fazendo discos usando discos

Na primeira encarnação do hip-hop, quem mandava eram os DJs, porque eles forneciam as músicas que abasteciam as festas. Mas quando ele saiu das casas noturnas para os estúdios de gravação, os rappers tomaram conta do pedaço e os DJs assumiram um papel mais marginal. Por convenção, estes últimos continuavam em evidência, como se ainda fossem as verdadeiras estrelas, e os rappers, meros coadjuvantes: Grandmaster Flash primeiro, Furious Five depois; Eric B. primeiro, Rakim depois. Nas gravações, entretanto, os DJs marcavam uma presença discreta, quase oculta. Ouvintes curiosos para entender o que tornava Flash tão grande podem sempre recorrer a um single de 1981 chamado "The Adventures of Grandmaster Flash on the Wheels of Steel", um registro dele em ação, recombinando e transformando algumas de suas músicas favoritas. No ano seguinte, Grandmaster Flash and the Furious Five lançariam "The Message", um hit internacional, além de um momento definitivo da primeira fase do hip-hop: combinava o som de palmas e sintetizadores estridentes com rimas sobre a vida no gueto. ("Deus sorri, mas também fecha a cara pra você/ Porque só Deus sabe o que vai lhe acontecer.") E foi uma espécie de vitória muito estranha para o próprio Grandmaster Flash, porque ele não teve nenhum papel escrevendo as rimas, produzindo ou executando a música. De acordo com as novas convenções do hip-hop de estúdio, os rappers agora estavam no primeiro plano, declamando suas letras, e os produtores estavam nos bastidores, compondo a parte musical. Os DJs, muitas vezes, pareciam não pertencer mais àquilo.

Houve um período dos anos 1980 em que a sonoridade do hip-hop ficou mais malemolente e martelada, quando se misturou a um gênero emergente de dance music chamado electro. Afrika Bambaataa, um dos pioneiros do Bronx, lançou "Planet Rock", uma música que estourou nas pistas de dança de todo o mundo em 1982, que misturava os raps de festa da velha escola com uma batida avançadíssima, feita a partir de uma faixa do Kraftwerk, grupo vanguardista alemão de música eletrônica. Mas quando a era de ouro começou, os produtores foram atrás de novas maneiras de fazer discos usando discos. Marley Marl, do Queens, misturou vinis antigos com tecnologia de ponta para evocar o barulho poderoso de uma festa inflamada e, anos depois, postaria uma série de vídeos explicando como fez isso. Em "The Bridge", de 1986, para um rapper chamado MC Shan, Marley Marl usou um "sampler" digital para gravar os elementos de uma batida seca de uma gravação obscura dos anos 1970 feita pela banda de funk The Honey Drippers, e depois usou um dos primeiros modelos de bateria eletrônica para disparar — ou "tocar" — esses sons no padrão e andamento que ele queria. Para acrescentar um efeito à música, buscou uma frase de sopro de uma velha faixa de disco music e a tocou ao contrário, produzindo um ruído desconcertante que aumentava de volume até ser cortado, repentinamente. A era do sample transformaria o hip-hop num gênero onde aqueles que reinavam eram os colecionadores de discos: você criava sua identidade musical a partir da sua biblioteca musical. O Public Enemy era conhecido por suas colagens caóticas produzidas por um grupo interno de produtores, conhecidos como The Bomb Squad. "Fight the Power", a canção que é a marca registrada do grupo, começa com Chuck D declarando: "*1989, the number, another summer/ Sound of the funky drummer.*" Ele estava fazendo referência ao ano, mas também estava fazendo referência à fonte daquela batida: "Funky Drummer", um single de James Brown de 1970 que incluía, perto do final, uma exibição sublime em oito compassos do seu baterista, Clyde Stubblefield. "Funky Drummer" tinha feito sucesso modesto (número 20 na parada R&B, 51 na de pop), mas acabaria se tornando uma das músicas mais sampleadas de todos os tempos.

Ao abraçar a arte do sample, o hip-hop revisitou toda a história da música, produzindo um cânone que deu nova vida a grandes nomes do passado como James Brown, elevou o status de artistas obscuros como o Honey Drippers, e pôs em xeque velhas ideias sobre o que era cool. Em *Making Beats*, um livro sobre o uso do sample no hip-hop, o etnomusicólogo Joseph G. Schloss destrincha "Say No Go", uma faixa descontraída, ainda que um tanto quanto exasperada, sobre a dependência de drogas, presente no álbum de estreia do De La Soul, *3 Feet High and Rising*, de 1989. A música é construída ao redor de meia dúzia de samples, sendo o mais destacado deles um trecho de "I Can't Go for That (No Can Do)", um hit pop diáfano do Hall & Oates de 1981. Schloss cita uma análise acadêmica da canção do De La Soul, que a classifica como exemplo perfeito da "arte do sample irônico", porque transformou "a canção pop mais cafona possível" em algo "descolado". Mas quando Schloss levou essa análise ao conhecimento de Prince Paul, que tinha ajudado a produzir a faixa, este discordou totalmente, dizendo que não havia nada de "irônico" em sua admiração pelo Hall & Oates. "É uma coisa bem profunda", disse ele a Schloss. "Mas acho que o ponto principal é o seguinte: essa era uma tremenda canção!"

Talvez a abordagem do De La Soul em seus samples não tenha sido irônica, mas certamente foi mordaz. O lançamento de *3 Feet High and Rising* marca o despontar de uma nova era de autocrítica no hip-hop. O álbum era divertido e esquisito, cheio de non sequiturs e piadas internas. (Um dos integrantes era conhecido como Trugoy the Dove, uma brincadeira com seu nome, Dave, e com o fato de que ele gostava de iogurte — escrito ao contrário.) Até então, a maioria dos rappers tinha como objetivo mostrar e dizer ao mundo que eles eram melhores do que seus pares, mas o De La Soul parecia mais interessado em ser diferente. Uma faixa do álbum consistia apenas em frases de rappers prometendo "balançar" a plateia — assim, o grupo convidava seus ouvintes a testar seus conhecimentos sobre a história do hip-hop, ao mesmo tempo que talvez estivesse demonstrando o quanto o gênero podia ser padronizado. Outra faixa satirizava a moda no hip-hop, dos tênis Adidas aos *bombojacos*. Em vez de prometer deleitar suas plateias, os membros do De La Soul não prometiam nem mais e nem menos do que se expressar com integridade: "O certo está errado quando publicam rumores sobre o Soul — o De La, quero dizer/ Nosso estilo é coisa nossa, não os disfarces falsos do show biz". O grupo às vezes defendia a criação de uma "D.A.I.S.Y. Age"; as letras significavam *"da inner sound, y'all"* [o som que vem de dentro, pessoal], uma expressão que sugeria que o hip-hop, afinal de contas, não precisava ser música de festa.

O De La Soul teve aliados em seus esforços para repensar o hip-hop: ele fazia parte do Native Tongues, um coletivo que, de modo geral, era percebido como uma alternativa ao mainstream do gênero. Os membros do Jungle Brothers, outro grupo do coletivo, usavam roupas afrocêntricas e encontraram maneiras inesperadas de ligar o hip-hop à diáspora africana. *Done by the Forces of Nature*, o segundo álbum do grupo, inclui um sample de vozes dizendo "uga-tchaca, uga-uga-uga-tchaca". Alguns ouvintes devem ter imaginado tratar-se de uma gravação feita na África selvagem, mas na verdade era uma cantoria nonsense tirada de um cover sueco de uma versão inglesa de uma canção pop norte-americana, "Hooked on a Feeling". (Era world music, no fim das contas — só que não o tipo de world music que seus ouvintes esperavam ouvir.) O primeiro álbum de Queen Latifah, *All Hail the Queen*, também foi lançado em 1989, e era formal, mas dançante. "Mulheres primeiro, sem tempo para ensaios/ Eu sou divina e minha mente se expande através do universo", rimou ela e, décadas depois, construiu uma carreira de tanto sucesso como atriz e cantora que alguns de seus fãs atuais provavelmente não fazem a menor ideia de que ela já foi rapper. O Black Sheep também era artista do Native Tongues, embora Dres e Mista Lawnge gostassem de pensar em si mesmos como uma dupla de desajustados dentro de um grupo de desajustados — o nome do seu grupo era um reflexo de seu status como os "marginais" malandros da família. E havia ainda o A Tribe Called Quest, que em 1989 lançou *People's Instinctive Travels and the Paths of Rhythm*, álbum com um título complicado e abordagem simples — usava batidas e riffs de gravações de jazz e R&B dos anos 1970 para criar uma atmosfera sofisticada e adulta. Em cima de um sample do pianista Les McCann, Q-Tip transforma uma noite corriqueira em Nova York numa bucólica cena literária:

Um jipe passa pelas ruas com a música estourada
Loops de funk e uma batida pesada?
A lua matinal no céu vai brincando
Enquanto aqui embaixo os minutos vão passando

Algumas vezes, o sample era uma maneira de juntar fragmentos obscuros para criar uma nova composição que soava vagamente familiar, ainda que não pudesse ser reconhecida. Outras vezes, o espírito do sample se aproximava de uma venerável tradição do rock 'n' roll: o cover. Depois que Kurtis Blow gravou "Taking Care of Business", os rappers passaram a evitar covers explícitos, provavelmente porque seus ouvintes, de modo geral, esperavam que as letras do hip-hop fossem originais, cada verso uma expressão singular da pessoa que o declamava. (Durante décadas, a estrutura de uma faixa de hip-hop permaneceu extraordinariamente inalterada: um refrão de oito compassos, duas estrofes de dezesseis compassos, e uma terceira estrofe opcional de oito ou dezesseis compassos; essa fórmula se tornou tão difundida que "dezesseis" passou a ser uma gíria para se referir a uma estrofe de hip-hop.) Em 1986, os membros do Run-DMC estavam pensando em compor uma faixa baseada em "Walk This Way", um antigo hit de hard rock do Aerosmith que tinha uma batida vigorosa perfeita para cantar um rap em cima. Mas em vez de usar apenas um trecho da música, eles foram convencidos por Rick Rubin, que os ajudou na produção, a refazer a música inteira, em parceria com Steven Tyler e Joe Perry, do próprio Aerosmith. O sample virou um cover, que virou uma colaboração, que se transformou num sucesso estrondoso, revitalizando a carreira do Aerosmith e colocando o Run-DMC em altíssima rotação na MTV.

Certamente não é nenhuma coincidência que vários dos primeiros sucessos estrondosos do hip-hop tenham sido, assim como "Walk This Way", baseados em músicas antigas. Em 1989, o rapper Tone Lōc usou o riff de outra canção de hard rock — "Jamie's Cryin'", uma favorita de 1978, do Van Halen — como base para seu single "Wild Thing", que estourou. Para reforçar a ligação com o rock 'n' roll, ele gravou um videoclipe parodiando "Addicted to Love", o sucesso das paradas de 1986 do famoso guitarrista britânico Robert Palmer. Em meio a um grupo de modelos fingindo tocar guitarras elétricas, Tone Lōc encara a câmera enquanto declama com voz rouca rimas sobre sexo casual: "Levei ela no motel. Ela disse: 'Você é meu rei'./ Eu disse: 'Seja minha rainha, se é que você me entende, e vamos fazer essa selvageria'". No ano seguinte, um diligente rapper de Oakland chamado MC Hammer aperfeiçoaria esse estilo de reciclagem musical com "U Can't Touch This", misturando rimas rudimentares com um refrão de quatro palavras, alguns passos frenéticos de dança e um groove clássico. Eu tinha treze anos quando "U Can't Touch This" de repente tomou de assalto a MTV e o rádio e, no começo, não tinha a menor ideia de que ela se baseava no hit de funk "Super Freak", gravado em 1981 por Rick James. Mas para os ouvintes mais velhos ou mais antenados, o atrativo de "U Can't Touch This" era moderadamente nostálgico — ela revisitava uma música que estava no meio do caminho entre o recente e o antigo, em termos de música pop. (A gravadora de MC Hammer adiou o lançamento do álbum no formato de fita cassete para obrigar os fãs a comprarem o disco; como consequência disso, a canção só chegou ao oitavo lugar da parada, mas o disco se tornou o primeiro álbum de hip-hop da história a ser certificado com um disco de diamante, vendendo mais de 10 milhões de cópias nos Estados Unidos.) Alguns meses depois de MC Hammer, Vanilla Ice fez exatamente a mesma coisa: "Ice Ice Baby", seu single que virou febre, usava a linha de baixo de outro hit de 1981, "Under Pressure", uma parceria do Queen com David Bowie.

Esses dois hits, "U Can't Touch This" e "Ice Ice Baby", foram bastante ridicularizados e detestados, respectivamente — MC Hammer era um malandro sedutor usando calças bufantes, enquanto Vanilla Ice era um mauricinho numa postura eternamente defensiva. Os rappers passaram anos lutando contra a percepção de que samplear era uma maneira preguiçosa e nada criativa de fazer música. (Em 1998, depois que o músico de jazz e R&B James Mtume criticou a prática do sample, um grupo chamado Stetsasonic lançou a faixa "Talkin' All That Jazz", rimando: "Um sample é só uma tática,/ Uma parte do meu método, uma ferramenta, e, de fato,/ Só ganha importância quando eu o priorizo".) A onipresença de "U Can't Touch This" e "Ice Ice Baby" apenas reforçou essa percepção. Uma resenha bastante significativa sobre a turnê subsequente de MC Hammer insinua que ele se apoiava nos samples porque ele próprio não tinha nenhuma boa ideia. "Toda vez que pega emprestada alguma coisa de qualidade", reclama o crítico, "ele raramente sabe o que fazer com aquilo, recombinando fragmentos para montar canções aborrecidas e repetitivas."

Para os fãs do hip-hop, o debate a respeito do sample sempre foi guiado pelo fato de que os rappers, e não produtores, eram geralmente considerados os autores das faixas, o que significa que os questionamentos sobre originalidade se concentravam nas letras e na cadência. Era considerado motivo de vergonha roubar rimas de outra pessoa, como Big Bank Hank havia feito, ou imitar a musicalidade da voz alheia. E os fãs mais sérios do estilo tendiam a torcer o nariz para os grandes sucessos pop. (Em sua resenha do álbum de MC Hammer, a *The Source* declarou: "Não conhecemos nenhum fã de rap que tenha comprado ou sequer ouvido esse disco".) Mas dentro do hip-hop, todos concordavam que não havia nada de vergonhoso em rimar sobre uma batida criada por outra pessoa — quando feito do jeito certo, poderia até ser visto como um ato de autoafirmação. Em 1990, o rapper Ice Cube, ex-membro do grupo N.W.A., lançou uma faixa intitulada "Jackin' for Beats", na qual ele rimava sobre a base de outro rapper. A música acabava, de forma provocativa, com um trecho da primeira música que o N.W.A. havia gravado sem ele. Ele rosnava: "O Ice Cube busca uma batida funky pra recriar/ Encontro um break foda e *boto pra quebrar*".

No fim das contas, o debate estético sobre o ato de samplear gerou menos consequências do que o debate legal. Nos primórdios do hip-hop, questões envolvendo direitos autorais eram resolvidas caso a caso. A base de "Rapper's Delight", o sucesso avassalador do Sugarhill Gang, veio de uma banda de estúdio recriando o break de "Good Times", o hit de disco do Chic; para espantar a ameaça de um processo, a gravadora do Sugarhill Gang concordou em dar os créditos de autor exclusivamente para Nile Rodgers e Bernard Edwards, do Chic. Mas ninguém sabia exatamente como resolver os casos relacionados ao uso de samples, especialmente porque algumas faixas sampleavam mais do que uma música. (E se você tivesse sampleado três músicos e os três exigissem ser creditados como o único autor?) Jimmy Castor, músico de funk que havia ajudado a inspirar o hip-hop, ganhou um processo movido contra o Beastie Boys por este ter sampleado uma batida e um trecho vocal — "*Yo, Leroy!*" — de uma de suas velhas gravações. O Turtles, uma banda de rock dos anos 1960, firmou um acordo na casa dos sete dígitos depois que o De La Soul usou uma de suas músicas como base para um interlúdio em *3 Feet High and Rising*. Parecia evidente que o uso do sample feito pelo De La Soul só aumentaria a popularidade do Turtles; não existe nenhum cenário plausível no qual um consumidor que estivesse procurando por uma coletânea dos maiores sucessos do Turtles pudesse trocá-lo pelo novo álbum do De La Soul. Um dos advogados da gravadora do De La Soul disse ao *Los Angeles Times*: "Não estou dizendo que não há um sample do Turtles, mas outras coisas também estão envolvidas na faixa, que não têm nada a ver com eles". Ao mesmo tempo, estava ficando cada vez mais claro que os rappers não tinham muita margem de negociação com os artistas que eles sampleavam, especialmente depois do fato já consumado. Isso ficou comprovado em 1991, quando o cantor e compositor Gilbert O'Sullivan venceu nos tribunais o gaiato Biz Markie, um rapper que havia sampleado uma de suas canções. O juiz ordenou que o álbum de Biz Markie fosse recolhido das lojas e recomendou que a promotoria o indiciasse pelo crime de roubo; um acordo extrajudicial acabou encerrando o processo no último minuto, mas o episódio mostrou à indústria do hip-hop que o ato de samplear era basicamente indefensável do ponto de vista legal. Para vender qualquer álbum de hip-hop sem preocupações, uma gravadora precisaria fechar acordos com cada artista que fosse sampleado.

Esse precedente fez com que o sample, que era um ato de apropriação, se transformasse num ato de colaboração, o produto de uma negociação conduzida por advogados dos dois lados. Nos anos 1980, muitos rappers perceberam que poderiam samplear de forma segura, especialmente se usassem apenas pequenos trechos de gravações obscuras. Após o caso de Biz Markie, os produtores entenderam que essa abordagem poderia dificultar ou até inviabilizar o trabalho dos advogados, que teriam de se lançar numa sequência de caças ao tesouro. Mas se um sample provavelmente sairia caro de qualquer maneira, por que não pagar para usar um refrão famoso e conhecido, em vez de um fragmento aleatório? Sean "Puffy" Combs, rapper e produtor também conhecido como Puff Daddy, desenvolveu essa técnica no final dos anos 1990. Ele se tornou uma presença constante no rádio requentando hits do passado e acrescentando-lhes meia dúzia de versos de hip-hop. Ajudou a transformar "I'm Coming Out", de Diana Ross, em "Mo Money, Mo Problems", de Notorious B.I.G.; depois que este foi assassinado, ajudou a transformar "Every Breath You Take", do Police, em "I'll Be Missing You", uma homenagem póstuma. Em "Feel So Good", um hit de hip-hop de 1997 que mistura um riff muito conhecido do Kool & the Gang ("Hollywood Swinging", 1974) com um refrão muito conhecido de Gloria Estefan ("Bad Boy", 1985), Ma$e, pupilo de Combs, alardeia a eficiente estratégia: "Pegando hits dos anos 80/ E deixando o som muito louco". Combs era uma presença exuberante, famoso por suas roupas brilhantes e motivo de zombaria por parte de muitos connaisseurs de hip-hop, principalmente porque não estava muito claro o que ele fazia. Ele era produtor, mas suas produções em geral eram obras coletivas; era rapper, mas dependia do trabalho de ghost-writers. De certa maneira, porém, ele representava uma volta aos primórdios do gênero, quando o rap ainda não era o mais importante. Naquela época, eram os DJs que mandavam, e sua habilidade mais importante era um talento para escolher algumas músicas antigas e usá-las para criar uma festa memorável.

Rimas das ruas

A capa do álbum não diz nada sobre a música, mas tudo sobre a filosofia. É a imagem de uma mão negra cheia de anéis reluzentes nos dedos segurando um maço de notas de cem dólares. O rosto não aparece, apenas parte do peito: um terno irado com um button redundante na lapela, mostrando a imagem de um punho negro segurando um maço de notas. "HUSTLERS CONVENTION" era a inscrição no button, e, se você olhasse bem de perto, veria que havia um nome escrito num bracelete lustroso: Lightnin' Rod. O disco foi lançado em 1973, e muitos de seus compradores provavelmente não sabiam que Lightnin' Rod era o alter ego de um poeta oral chamado Jalal Mansur Nuriddin, membro do Last Poets, o grupo de *spoken-word* radicalmente consciente. Acompanhado por uma banda de músicos consagrados de R&B, Nuriddin conta uma longa história em versos — uma série de sextilhas, com uma métrica meio solta, mas uma estrutura bastante rígida de rimas A-A-B-C-C-B. Nuriddin descreve um universo de cafetões, apostadores, gângsters e traficantes; a história termina, naturalmente, em polícia e prisão, mas o clima ao longo de todo o disco é jocoso. É um monte de conversa fiada, e de um tipo que não tem como não glorificar o submundo que documenta: um lugar onde "Tem muito dinheiro pra ganhar/ Putas pra pegar/ E tudo que você puder injetar, cheirar, beber ou fumar".

Hustlers Convention é um álbum que bebe numa longa tradição afro-americana de rimas de rua — anedotas obscenas contadas e recontadas ao longo de décadas. A mais famosa dessas anedotas é a história do *signifying monkey* [macaco que aponta], que, segundo consta, tem suas origens na mitologia iorubá, trazida para os Estados Unidos pelos africanos escravizados. Em 1964, o folclorista Roger D. Abrahams reuniu diversas dessas anedotas de rua num livro indispensável chamado *Deep Down in the Jungle: Negro Narrative Folklore from the Streets of Philadelphia*, baseado numa pesquisa que ele conduziu quando estudante da Universidade da Pensilvânia. As histórias que Abrahams compilou eram muito vívidas e muitas vezes indecentes: "Meu sangue ferveu, meu cu eu cocei/ Parti pra cima dela e a puta eu matei". Esse linguajar não tinha a intenção de ofender ouvintes desavisados, porque não tinha a intenção de sequer chegar até eles. Eram histórias particulares e ficaram marginalmente menos privadas após terem sido incluídas num livro acadêmico sobre folclore urbano.

Com o surgimento do hip-hop, entretanto, essa tradição privada se tornou pública e, algum tempo depois, até lucrativa. Enquanto em sua grande parte os primeiros sucessos de hip-hop eram intencionalmente inofensivos, outra linhagem do estilo estava se formando sem alarde. Um rapper da Filadélfia chamado Schoolly D lançou, em 1985, o single "P.S.K. (What Does It Mean?)". O significado de "P.S.K." era "Parkside Killers", uma gangue local, e as letras de Schoolly D soavam como variações das histórias que Abrahams havia coletado na mesma cidade, duas décadas antes: "Encosto minha arma na cabeça do crioulo/ E digo 'Filho da puta, devia estourar o seu miolo'". (Alguns anos mais tarde, Schoolly D chegaria a gravar sua própria versão da anedota folclórica do macaco, batizada de "Signifying Rapper" [ou algo como "O rapper que aponta"].) Pouco tempo após a música ser lançada, Schoolly D disse a documentaristas holandeses que, ao contrário dos rappers mais populares, ele oferecia um relato sem censura sobre a vida nas ruas. "O nosso estilo é bruto — bem bruto", disse. "Se os carinhas lá do Run-DMC fumam crack, eles nunca vão dizer, em primeiro lugar porque as gravadoras não vão nem deixar eles dizerem isso. 'Vocês não podem estar associados às drogas.' Mas, sabe como é, se isso acontecer com nóis, *nóis* vai dizer." Na *Spin*, o perspicaz crítico cultural John Leland elogiou Schoolly D, usando um termo que poucas pessoas conheciam: ele escreveu que "P.S.K." era "um exemplo perfeito de um gangster rap" — musicalmente "cool", mas moralmente "mau". Em Nova York, em 1986, Just-Ice, um rapper igualmente intransigente, havia se autoproclamado "o Gangster do Hip-Hop". Em Oakland, um rapper chamado Too $hort buscava inspiração em traficantes e em profissionais do sexo locais; começando em 1985, ele lançaria uma série de álbuns repletos de histórias sobre a vida nas ruas. O mais influente de todos foi Ice-T, que se mudou de Nova Jersey para Los Angeles ainda criança e já tinha vivido uma vida completa (como soldado, ladrão, traficante falido e cafetão de meio expediente) quando lançou, em 1986, "6 in the Mornin'", contendo dez estrofes de rimas sobre crime e, numa quantidade muito menor, castigo. Aquilo era um produto comercial, não uma anedota de esquina, e mesmo assim as letras de Ice-T soavam como histórias particulares, o que dava a elas um apelo voyeurístico. "Os tocos circulando, a pedra eu venderei/ A vida não tem sentido, e o dinheiro é o seu rei", rimava ele, e seus ouvintes podiam se orgulhar se soubessem que "tocos" eram os instrumentos que o Departamento de Polícia de Los Angeles usava para derrubar portas e que "pedra" significava crack. Se um rapper como Rakim buscava credibilidade no mundo do hip-hop por meio de sua técnica apurada, Ice-T buscava outro tipo de credibilidade: assim como Schoolly D, ele se apresentava como uma voz autêntica que relatava a vida nas ruas.

    O lançamento, em 1987, de um single independente chamado "The Boyz-n-the-Hood" pareceu, a princípio, apenas mais um exemplo dessa tradição de rimas de rua adaptada para a era do hip-hop. A voz era aguda e a letra era animada, porém brutal: na segunda estrofe, o narrador atira num antigo amigo; na terceira, ele dá um tapa numa "puta idiota" por ser impertinente. Mas os consumidores que leram o encarte com atenção devem ter notado uma coisa estranha: o rapper que cantava se chamava Eazy-E, mas o crédito de compositor era de outro rapper, Ice Cube. Isso poderia ter prejudicado a credibilidade de Eazy-E se ele fosse o tipo de rapper que ficava se vangloriando do próprio talento com as palavras, mas ele não era — não se apresentava como um virtuose, mas sim como um marginal do bairro, que andava com um bando. Esse bando chamava a si mesmo de N.W.A., ou Niggaz with Attitudes [Crioulos com Atitude], e o álbum de estreia do grupo, *Straight Outta Compton*, de 1988, é um dos mais influentes da história do hip-hop.

    O que tornou esse álbum tão importante foi, em parte, o fato de ele ter sido muito bem-feito. O grupo contava com meia dúzia de produtores, entre os quais Dr. Dre, então desconhecido; eles usaram samples quentes e baterias eletrônicas geladas para construir faixas tão robustas que pareciam estar vestindo armaduras. Eazy-E, o líder do grupo, e Ice Cube, seu melhor rapper, levavam o álbum para lados diferentes. Eazy-E falava sobre festas e tiroteios, dentro da tradição das rimas de rua. Ice Cube era mais raivoso e consciente. "*Fuck tha police*", rosnava ele na incendiária faixa de mesmo nome, embora seu verso fosse uma queixa muito lúcida contra o abuso de autoridade policial: "Revistando meu carro, atrás do produto/ Achando que todo crioulo vende narcóticos". A faixa gerou uma reação furiosa. O FBI enviou uma carta de reclamação à gravadora do N.W.A. e, num show em Detroit, em 1989, agentes da polícia impediram fisicamente que o grupo se apresentasse. O sucesso do N.W.A. ajudou a convencer o grande público de que o hip-hop não era apenas uma modinha passageira, mas sim um avanço cultural muito sério, além de potencialmente perigoso. A *Newsweek* estampou o hip-hop em sua capa em 1990, com uma manchete que rimava, mas não muito bem: "A FÚRIA DO RAP: YO! AS RIMAS DE RUA ENTRARAM NA SUA, MAS ESTE SOM É MESMO DO BOM?". No mesmo ano, a revista negra de lifestyle *Ebony* estava preocupada com o "problema de imagem" do rap, observando que muitos rappers tinham "comportamentos de marginais de rua" e rimavam letras "que seriam totalmente incompreensíveis se não fosse pelas pesadas doses de palavrões acrescentadas pelo efeito".

    Graças quase que somente a *Straight Outta Compton*, que foi tanto um best-seller quanto uma obsessão nacional, "gangster rap", expressão que parecia bastante exótica quando John Leland a usou nas páginas da *Spin*, transformou-se num termo que todos reconheciam, mesmo pessoas que não concordavam exatamente com seu significado. A palavra "gangster" — ou, cada vez mais, "gangsta" — sugeria uma ligação entre o hip-hop e a subcultura específica das gangues do sul da Califórnia, apesar de os membros do N.W.A. não rimarem explicitamente nem sobre os Bloods nem sobre os Crips. Algumas vezes, "gangsta rap" se referia a um subgênero: um formato de hip-hop com letras pesadas e um baixo carregado que prosperava no sul da Califórnia, produzido por rappers (DJ Quik, MC Eiht) que nunca conseguiram furar a bolha e atingir a parada de pop. Com maior frequência, o termo era usado para se referir a qualquer rapper cujas rimas contivessem "pesadas doses de palavrões", como definiu a *Ebony*. O gangsta rap foi o que aconteceu quando as anedotas negras de esquina chegaram ao mainstream, e o mainstream se encolheu de pavor. Em 1990, Rick Rubin estava comandando um novo selo, o Def American, quando se deparou com um problema: a *major* que era sua parceira, a Geffen Records, se recusou a distribuir um álbum de um grupo de Houston chamado Geto Boys porque ele continha algumas letras tenebrosas sobre assassinato e estupro. (Uma subsidiária da Warner Bros. acabou concordando em distribuir o álbum, e o Geto Boys é atualmente visto como pioneiro do hip-hop; em 2019, o melhor rapper do grupo, Scarface, concorreu a um assento na Assembleia Municipal de Houston, recebendo mais de um terço dos votos.) As pessoas gostam de falar sobre o gangsta rap como se fosse uma invasão alienígena, que tomou de assalto um gênero altamente respeitado e o arrastou para o buraco. Em 1997, um artigo na *Ebony* perguntava: "O gangsta rap afundou o hip-hop?".

O hip-hop não afundou, mas tampouco voltou a ser como era antes de *Straight Outta Compton*. Os artistas mais antigos suaram a camisa para se adaptar. Em plena explosão do gangsta rap, o Run-DMC se apresentou no programa de TV *The Arsenio Hall Show*, e um de seus integrantes, Run, tentou tranquilizar os fãs, dizendo que o novo álbum do grupo não seria nada inofensivo. "Tem alguns palavrões no meio", disse, de forma um tanto quanto patética. "O Run-DMC *sempre* foi barra-pesada." Até os artistas de hip-hop que, como o Black Sheep, satirizavam os excessos do gangsta rap, usavam uma linguagem que pareceria deslocada no, digamos, primeiro álbum do Run-DMC. E os fundadores do gangsta rap gozaram de um sucesso extraordinariamente duradouro. Lembro-me de assistir a um videoclipe de Ice-T na MTV quando eu tinha treze anos, em algum momento no final de 1989: ele estava em cima de um palco, no que aparentava ser um show de rock, dublando a canção ao lado de alguns instrumentistas que pareciam estar tocando outras músicas completamente diferentes, e a cena toda era tão caótica e confusa que me convenceu a ir direto ao centro comprar o novo álbum. (O álbum se chamava *The Iceberg: Freedom of Speech... Just Watch What You Say!* — esse é o disco que tem uma introdução gravada por Jello Biafra, do Dead Kennedys, uma das bandas que influenciariam minha conversão à doutrina do punk rock.) Anos mais tarde, Ice-T se tornaria uma presença bem conhecida na televisão, na série *Law & Order: Unidade de Vítimas Especiais*. Essa foi uma transformação bastante improvável. Em 1992, à frente do Body Count, seu projeto paralelo com influências do metal, Ice-T provocou uma polêmica nacional com a música "Cop Killer" [Assassino de tira]. No seriado, ele interpreta há duas décadas um detetive meio rude, porém heroico, do Departamento de Polícia de Nova York.

Talvez por ser sediado no sul da Califórnia, o movimento gangsta rap floresceu nas telonas: filmes como *Os donos da rua*, em 1991, e *Perigo para a sociedade*, em 1993, ajudaram a dramatizar o mundo sobre o qual o N.W.A. rimava. E Ice Cube, o mais respeitado dos "gangsta" rappers originais, deixou o grupo para se tornar não apenas um artista solo de enorme sucesso como também um astro do cinema altamente requisitado. Sua saída deu origem a uma rixa que se arrastou por anos e desestabilizou o N.W.A. O sucessor de *Straight Outta Compton* foi lançado em 1991, trazendo um título escrito ao contrário, *Efil4zaggin*. O disco era menos idealista e, sob alguns aspectos, mais provocativo — mais fiel à tradição das rimas de rua — do que seu antecessor. A primeira metade falava principalmente de violência, e a segunda, principalmente de sexo, embora às vezes os dois temas se misturassem, como num breve e perturbador interlúdio chamado "To Kill a Hooker". Ele se tornaria o álbum mais vendido do país, apesar de não ter gerado nenhum hit single e de o grupo se separar pouco tempo após seu lançamento. (Eazy-E seguiu em carreira solo até sua morte, por complicações provocadas pela aids, em 1995.) Em retrospecto, *Efil4zaggin* é menos lembrado por suas rimas do que pela clareza e pelo brilhantismo de suas bases, na grande maioria obra de Dr. Dre, que acabaria se revelando um novo tipo de virtuose. Dr. Dre tinha uma queda por misturar samples com sons eletrônicos e instrumentos para criar um estilo futurista e descomplicado que evocava o funk dos anos 1970, e seu álbum solo *The Chronic*, de 1992, mostrou que o assim chamado gangsta rap era capaz de vender como música pop sem ter de *soar* como música pop. Embora sua voz seja rica e possante, Dr. Dre sempre foi em primeiro lugar produtor, não rapper — ele costumava terceirizar a redação de suas rimas aos rappers que eram seus pupilos. O gangsta rap era duramente criticado por suas letras, mas a maior estrela do movimento acabou sendo um cara que estava mais interessado na música do que nas palavras. Dr. Dre lançou a carreira de Snoop Dogg; produziu o maior sucesso de Tupac Shakur, "California Love"; ajudou Eminem e 50 Cent a se tornarem dois dos rappers mais populares da atualidade; e, por fim, fundou a Beats Electronics, empresa especializada em equipamentos de som que foi comprada pela Apple em 2014. O negócio consagrou o status de imortal do hip-hop para Dr. Dre, rendendo-lhe centenas de milhões de dólares e permitindo que ele fizesse uma coisa que muitos outros rappers prometeram, mas pouquíssimos de fato conseguiram fazer: deixar o hip-hop para trás.

Não sou rapper

Houve uma época em que os rappers tinham orgulho de ser rappers. Eles rimavam basicamente sobre o rap: primeiro se apresentavam e, em seguida, diziam o que estavam fazendo. "O que você está ouvindo não é um teste, eu estou rimando sobre a batida", explica Wonder Mike em "Rapper's Delight", como se mal pudesse acreditar que estivesse fazendo aquilo. O Run-DMC tinha uma postura diferente, embora sua abordagem autorreferente fosse muito similar; como DMC exemplificou certa vez, "Com as palavras que falo, eu jogo a festa pra cima/ E ninguém como Run sabe dizer essa rima". Rakim, do Eric B. & Rakim, era famoso por sua cadência inovadora e suas imagens místicas, mas também acabava, com frequência, rimando sobre como mandava bem na rima: "Tá pegando fogo, tá subindo/ fumaça, e eu encerro quando a batida acaba, meu/ parça". Outros rappers da era de ouro rimavam sobre o que estavam fazendo, mas em termos levemente diferentes. Ao se apresentar como professor, KRS-One estava dando a si próprio uma identidade alternativa ao mesmo tempo que reconhecia sua vocação; cada letra podia ser uma lição, cada ouvinte, um aluno. Chuck D gostava de lembrar aos seus ouvintes que ele era tanto rapper quanto agitador quando gritava "O povo tem poder, é só exigir/ Faz um milagre, canta uma letra, Chuck D!" — na prática, uma rima pedindo por protestos pedindo por mais rimas. E em faixas como "Can I Kick It?" e "Check the Rhime", o grupo A Tribe Called Quest retrata o ato de rimar como um estilo de recreação social, um jogo quase competitivo para ser jogado entre amigos.

Um dos motivos que levaram o gangsta rap a tomar conta do estilo foi o fato de ter dado aos rappers mais um assunto sobre o qual rimar. Em vez de ficar rimando eternamente (ainda que de forma criativa) sobre seu talento para criar rimas, os rappers podiam desaparecer em seus próprios versos: cada álbum podia ser uma série de histórias, sempre tendo um ousado protagonista como sua estrela. Você consegue ouvir essa transição em *Straight Outta Compton*, que confunde com maestria as fronteiras entre o que é literal e o que é figurado. Quando Ice Cube rimava *"Here's a murder rap to keep y'all dancin'/ With a crime record like Charles Manson"* [Esse rap é homicida, pra dançar é uma delícia/ Mais sujo que a ficha do Charles Manson na polícia], ele estava brincando com os significados ambíguos de "rap" e *"record"*, permitindo que os ouvintes decidissem por si mesmos se ele era de fato criminoso ou simplesmente um rapper obcecado pelo jargão do crime. Nos anos seguintes, muitos gangsta rappers fizeram questão de abrir mão dessa ambiguidade, assumindo-se como gângsters por natureza, e rappers apenas por necessidade ou por acaso. (Em 1993, centenas de milhares de pessoas compraram *Bangin on Wax*, o álbum de estreia de um grupo chamado Bloods & Crips; eles foram vendidos como se fossem membros reais de gangues, não rappers profissionais.) Em *The Chronic*, Dr. Dre e Snoop Dogg, seu jovem protegido que tinha uma voz sonolenta e vivência de rua, facilitaram ainda mais para seus ouvintes a tarefa de esquecer que eles eram rappers. Enquanto enalteciam seus aliados e ameaçavam seus inimigos, entre os quais Eazy-E, antigo parceiro musical de Dr. Dre, eles insistiam na ideia de que eram gângsters de verdade — *"real Gs"*, como dizia Dr. Dre. Nesse formato, e no hip-hop de modo geral, a palavra *"real"* era tremendamente importante.

    Por décadas, a frase *"keep it real"* [seja real] vinha sendo usada como um grito de guerra meio vago e com pinta de gíria. (*"You gotta keep it steady, baby/ Got to keep it real"*, cantava Daryl Hall numa canção do Hall & Oates de 1974). Mas, em algum ponto de 1995, a expressão simplesmente explodiu, despontando como um imperativo central para o mundo do hip-hop. Ela apareceu em diversas faixas de hip-hop naquele ano, como uma do grupo Cypress Hill e outra de Tupac Shakur, o novo astro da Califórnia, que se gabava da própria integridade: *"Tryin' to maintain in this dirty game/ Keep it real, and I will, even if it kills me"* [Tentando sobreviver nesse jogo sujo/ Ser real, e eu vou ser, mesmo que isso me faça morrer]. A expressão passou a ser associada a uma corrente do gangsta preocupada com verossimilhança — de certa forma, era uma versão atualizada do éthos "fora da lei" do country dos anos 1970. Mas nem todo mundo gostava dela. Em 1995, um empresário se queixou na *Billboard* de que esse éthos estava prejudicando a popularidade do rap. "O estilo está envenenando a si mesmo porque não tem diversidade o suficiente em suas mensagens — é só esse papo de '*keep it real, keep it hard*'", disse ele. Mas *"keep it real"* acabaria se revelando uma instrução bastante versátil, pois, dependendo do contexto, ela poderia significar "continue sendo gangsta" ou, talvez de forma contrária, "seja você mesmo". Numa entrevista mais ou menos nessa mesma época, pediram que Notorious B.I.G., o rapper do Brooklyn que se tornaria rival de Tupac, desse um conselho aos jovens que queriam se tornar astros do hip-hop. "Basicamente, seja real, tá ligado? Seja real consigo mesmo", disse.

Tupac Shakur surgiu no começo dos anos 1990 como uma figura um tanto quanto não conformista: um rapper galã, que também era poeta e ator, filho de ativistas do Partido dos Panteras Negras e cujo nome homenageava um revolucionário peruano do século XVIII. No mundo do rap ele assinava como 2pac e construiu uma reputação com rimas insolentes, embora honestas, sobre as injustiças da vida para um negro nos Estados Unidos: "Para os meus manos da quebrada, tombando pra gambezada/ Eu ainda tô aqui por nóis, mantendo o som no underground por nóis". Mas em 1995, quando lançou o influente álbum *Me Against the World*, ele estava envolvido numa série de escândalos. Havia sobrevivido a uma briga com policiais de folga, sido condenado por abuso sexual, e baleado e roubado dentro de um estúdio de gravação. Encontrava-se na prisão quando o álbum foi lançado e, ao reconquistar a liberdade, estava louco para se vingar de Notorious B.I.G., que, acreditava, tinha armado aquela emboscada para ele. Parte do atrativo de *Me Against the World* era o fato de que incentivava seus ouvintes a traçar paralelos entre o que eles ouviam nas letras — às vezes afrontadoras, ressentidas e fatalistas — e o que ficavam sabendo sobre a vida de Shakur.

O rival de Shakur, B.I.G., nasceu no Brooklyn, filho de imigrantes jamaicanos, e, embora não tivesse pinta de galã de cinema (ele se referia a si mesmo como "gordinho" e "feioso" em suas letras), talvez tenha sido o melhor compositor da história do hip-hop. B.I.G. abusava das sílabas tônicas para fazer suas rimas vibrarem, com um humor e uma malandragem que as faziam grudar na memória, com bravatas do tipo *"We're smokin', drinkin', got the hooker thinkin',/ If money smell bad, then this nigga Biggie stinkin'!"* [Tamo fumando, bebendo, a puta já pensou/ Se dinheiro tá fedendo, nego Biggie se peidou!]. Mais importante que isso, ele sabia de que forma se retratar como um personagem memorável. Em *Ready to Die*, sua estreia de 1994, ele faz um relato de sua vida, do nascimento até a morte, por suicídio, sugerindo que o crime o tirara da pobreza e que o hip-hop o tirara do crime — ou de parte do crime, ao menos. ("Eu sou preciso como uma balança", cantarola, mencionando a balança ou para indicar que foi, literalmente, traficante de drogas, ou que sua música, metaforicamente, era viciante como uma droga.) B.I.G. era um personagem tremendamente cativante, o que talvez explique por que Tupac entendeu que a música "Who Shot Ya?", lançada pouco depois de ter sido baleado, fosse uma provocação a ele — apesar de a letra ter sido escrita muito antes desse episódio. Tupac respondeu com suas próprias músicas provocativas e, em pouco tempo, a rixa já envolvia outras pessoas; como B.I.G. era do Brooklyn e Shakur estava sediado na Califórnia, muitos interpretaram a coisa como uma espécie de guerra civil do hip-hop, Costa Leste versus Costa Oeste. Aquilo foi chocante e até um pouco doentio: duas das maiores estrelas do gênero, dois chefões, envolvidos numa briga monumental, inseridos numa atmosfera de violência real. Shakur foi assassinado em setembro de 1996 e B.I.G., seis meses depois; nenhum dos casos foi resolvido, o que significa que ninguém pode dizer se as mortes foram resultado da briga. Mas o episódio ilustrou o quanto uma rixa de hip-hop poderia ser perigosa e também interessante. Uma rixa dentro do hip-hop evocava os primórdios do gênero, ao mesmo tempo que aprofundava ainda mais o processo de transformação dos rappers em personagens. Escutar B.I.G. cantando "Who Shot Ya?" é uma experiência forte em parte porque, até hoje, é possível entender por que Tupac a ouviu do jeito que ouviu, como se fosse algo mais específico — mais *real* talvez — do que uma bravata qualquer, solta no ar.

As mortes de Tupac e B.I.G. atraíram mais atenção para o hip-hop, ajudando a tornar o gênero mais popular do que nunca. Tupac seguiu vivo em camisetas e grafites em muros espalhados pelo mundo, como um santo do hip-hop, e centenas de rappers copiaram seu visual, incluindo a maneira como às vezes ele amarrava uma bandana na testa e sua mania de esticar as sílabas de modo a enfatizá-las. B.I.G. também permaneceu vivo: um sentimento profundo de luto ajudou a transformar seu produtor executivo, Sean "Puffy" Combs, num pop star do mainstream, além de elevar diversos de seus protegidos e contemporâneos a outro patamar. Entre eles estava Lil' Kim, que recriou o hip-hop à sua própria imagem, de ousadia e glamour. Ela foi tratada, algumas vezes, como uma moda passageira: promovida como a primeira — ou seja, a única — dama da turma de B.I.G., chamada Junior M.A.F.I.A., celebrada, e às vezes criticada, por rimas que a faziam parecer tão sedenta de sangue e obcecada por sexo quanto seus colegas homens. Ela rimava: "Ninguém faz melhor não/ Te deixo molhado como um tornado, um furacão/ Os otários me chupando enquanto assisto televisão". Assim como seu mentor, Lil' Kim também tinha sua rival, Foxy Brown, uma rapper igualmente empoderada; juntas (na verdade, bem separadas), elas ajudaram a inventar um novo e duradouro arquétipo para o gangsta rap.

Outro rapper que cresceu na esteira de B.I.G. foi Jay-Z, que desenvolveu, de forma muito inteligente, um estilo mais discreto: ele rimava como se fosse um desses chefões da máfia que, de tão poderosos, não precisam nem elevar a voz. (Em vez de ameaçar atirar em alguém, simplesmente dizia, como se não fosse nada de mais: "Acredita em mim, meu parça/ Detesto fazer isso tanto quanto você vai odiar que eu faça".) Jay-Z ajudou a popularizar outra revolução nas narrativas de hip-hop: ele não apenas ressaltava suas credenciais de um passado criminal nas ruas como às vezes também minimizava seu considerável talento com as rimas, pedindo a seus ouvintes que fingissem que ele nem sequer era rapper. Ele rimou certa vez: "Não tô olhando pra vocês, tô olhando lá na frente/ Achei que tinha dito: eu não sou rapper, minha gente". Essa era uma ameaça sutil — uma maneira de alertar seus inimigos para que eles não pensassem que ele estava brincando. E também uma maneira de indicar que a hierarquia havia mudado.

Nos anos 1980, ser rapper era uma coisa glamorosa. Mas, no final dos anos 1990, os maiores nomes do estilo pareciam querer ser vistos ou como mafiosos ou, talvez, como magnatas. Esperava-se de um rapper que tivesse sua própria linha de roupas ou sua gravadora, entre outros empreendimentos comerciais; enquanto os astros do rock temiam ser chamados de vendidos, os astros do hip-hop adoravam ficar falando sobre seus negócios para os fãs. "*I'm not a businessman/ I'm a business, man*" [Não sou o cara da empresa/ Eu sou a empresa, cara], como disse Jay-Z certa feita. Conforme mais rappers iam atingindo o sucesso sem abrir mão do éthos "gangsta", o sucesso e suas armadilhas passaram a ser os temas centrais do estilo. Você podia ficar rico se gabando de ser rico, e acessórios como carros e diamantes (ou "*ice*") eram as provas de que você estava à altura do seu discurso. O período do final dos anos 1990 e começo dos 2000 é às vezes conhecido no hip-hop como a era do "bling-bling"; o termo foi popularizado em 1999, num sucesso de B.G., um rapper de New Orleans, que perguntava: "Que tipo de crioulo tem diamantes que fazem *bling* e te cegam?". E, à medida que crescia a fascinação com o estilo de vida dos traficantes, uma dupla de revistas emergentes de hip-hop, *F.E.D.S.* (*Finally Every Dimension of the Streets* [Finalmente Todas as Dimensões da Rua]) e *Don Diva*, construíram uma base fanática de leitores publicando perfis de famosos chefões do crime, que compartilhavam suas histórias de guerra e fotos antigas, frequentemente tiradas atrás das grades. Para que perder seu tempo com gangsta rappers quando você podia ter acesso à coisa real?

Foi nesse clima que os rappers passaram a odiar a si mesmos, evitando falar muito a respeito de sua arte em entrevistas, e até nos próprios discos. Em 2001, quando pedi a Jay-Z que falasse sobre os velhos tempos, quando ele estava começando a se firmar no mundo do rap, ele me corrigiu educadamente: "Não era muito uma questão de me firmar no *rap*, em si, era mais uma questão de me firmar na vida", disse, como se suas meticulosas rimas sobre alegria e tristeza fossem meros subprodutos de toda uma soma de outros fatores. "Sabe as coisas que acontecem em *Reasonable Doubt*? Aquilo tudo *aconteceu*." *Reasonable Doubt* foi o álbum de estreia de Jay-Z, lançado em 1996, e ele traz uma faixa chamada "D'Evils", uma espécie de meta-alegoria sobre a arte de fazer rap. Na segunda estrofe, um traficante sequestra uma jovem mãe porque está atrás do namorado dela, que o traiu. O traficante paga para ela abrir o bico, e há uma insinuação de violência — "Minha mão em seu pescoço" — enquanto ele vai enchendo-a de grana: "Eu não fiquei convencido sobre o seu paradeiro/ Pra ela dizer a verdade tive que encher de dinheiro". Era desse jeito que a indústria do hip-hop agia, enchendo seus artistas de dinheiro e poder em troca de uma história convincente. É lógico que um criminoso de verdade, um gângster *real*, jamais cantaria um "rap" — esse era o maior paradoxo do "gangsta rap".

Nos anos 2000, esse paradoxo ajudaria a transformar a sonoridade do hip-hop, obrigando os rappers a descobrirem novas maneiras de explorar — e justificar — o que faziam. Eminem, um rapper branco que apareceu no final dos anos 1990 como o mais novo protegido de Dr. Dre, simplesmente passou por cima do gangsta rap. Suas rimas, que às vezes eram declamadas por um alter ego chamado Slim Shady, extrapolaram *tanto* os limites de sexo e violência que as bravatas do gangsta ficaram parecendo ridículas. Em vez de torcer para que todos se esquecessem que ele era rapper, Eminem usava suas sílabas em cascata para relembrar aos ouvintes que exagerar e provocar era seu trabalho:

E vão me ouvir quantos retardados
que depois vão entrar na escola, armados,
putos com a professora, metendo bala nos outros coitados,
Nela? Nele? É você? Ou são eles?
"Não fui eu! Faz tudo de novo, é o que diz o Slim Shady!"

As letras densas e cuidadosamente pronunciadas de Eminem fizeram dele uma estrela, mas também uma exceção. No começo dos anos 2000, o hip-hop estava partindo em outra direção, influenciado por nomes como 50 Cent, um endiabrado *hitmaker* aliado tanto de Eminem quanto de Dr. Dre. Fiel à tradição do gangsta rap, 50 Cent usava sua biografia para abrilhantar suas rimas: todos os seus fãs sabiam que ele gostava de puxar briga com outros rappers e que havia sobrevivido a uma emboscada em que levou nove tiros. (Ele tirou sarro dos matadores que fracassaram: "Aí neguinho covarde que pôs dinheiro na minha cabeça/ Pega de volta que eu tô vivo, por incrível que pareça".) Os tiros o deixaram com uma leve sequela na fala, mas sua voz arrastada acabou se transformando numa vantagem importante. Em termos de aura, aquilo era equivalente à atitude blasé de Jay-Z, passando uma ideia de que 50 Cent talvez fosse cool demais para seu trabalho. Ele estourou com "In da Club", um dos maiores sucessos da história do hip-hop; lembro-me de estar escutando rádio na noite em que a música foi lançada e de o DJ tocá-la repetidamente, pelo que deve ter sido uma meia hora. Ela tinha uma batida contagiante e gostosa, coproduzida por Dr. Dre, mas a atração principal era a cadência melódica e blasé de 50 Cent: os rappers falam, às vezes, sobre "cuspir" suas rimas, mas no caso de 50 Cent aquilo se parecia mais com murmurá-las. Talvez até cantá-las. 50 Cent foi um dos poucos astros do hip-hop a perceber que seus ouvintes gostavam de ouvir os rappers cantando uma melodia, ou, pelo menos, tentando. Se gabar-se de ser rapper não era mais visto como algo cool, talvez também não fosse mais tão cool soar como rapper. Essa mudança de percepção deu origem a uma sequência de hits muito cativantes e criativos, mas também levantou uma questão complicada. Se fazer rap — rimar, falar de forma ritmada — agora era opcional, o que exatamente era o hip-hop?

A verdadeira face do rap

O que é hip-hop? Sempre existiram duas respostas — que costumam se sobrepor — para essa pergunta. O hip-hop é o ato de fazer rap. E o hip-hop é música negra — mais especificamente, música criada e desenvolvida por negros inovadores que, via de regra, viviam e trabalhavam em bairros negros das grandes metrópoles. Assim como a música country, ele é tanto uma tradição artística quanto uma identidade cultural. Qualquer um pode fazer rap e, ao longo da história do hip-hop, muitos zés-ninguém fizeram suas rimas. No entanto, graças à história particular do ato de fazer rap, forasteiros têm o costume de enfatizar suas próprias conexões culturais com o mundo do hip-hop, ou sua afinidade com ele. Quando o Blondie gravou "Rapture", Debbie Harry começou seu rap citando Fab 5 Freddy, uma figura importante da cena, e o vídeo mostra uma parede grafitada e uma breve aparição de Jean-Michel Basquiat, o artista visual inspirado pelo grafite. Alguma versão desse impulso quase sempre se manifesta quando pessoas que não são negras e não pertencem ao mundo do hip-hop fazem rap, seja cantando junto e acompanhando alguma de suas músicas favoritas, seja se arriscando com rimas engraçadinhas de sua própria lavra. É comum que, de forma muitas vezes subconsciente, eles façam gestos bizarros com as mãos e mexam o corpo de maneiras específicas que associam aos negros.

Nos primórdios do movimento, parecia razoável se perguntar se o hip-hop seria cooptado por astros do pop como o Blondie e seguiria o mesmo caminho trilhado pelo rock 'n' roll, que, nos anos 1970, já era amplamente percebido como um gênero branco, embora com raízes negras. Mas isso não aconteceu. É verdade que rappers brancos receberam uma atenção desproporcional e também tiveram um sucesso desproporcional. Quatro dos álbuns de rap mais vendidos de todos os tempos são de rappers brancos: dois de Eminem, *Licensed to Ill*, do Beastie Boys, e *Devil without a Cause*, de Kid Rock, um rapper que costuma ser classificado como astro do rock — o que pesa ainda mais nessa constatação. (Rappers brancos tiveram mais sucesso furando sua bolha na direção de qualquer outro estilo do que seus colegas negros.) Mas os principais artistas do gênero sempre foram negros, com relativamente poucas exceções.

E quanto aos ouvintes? Em 1991, a *New Republic* estampou em sua capa uma fotografia de um cara branco vestido como universitário ao lado da manchete "A VERDADEIRA FACE DO RAP". A insinuação era que a identidade negra do gênero era, de certa maneira, uma fraude, comprovada pela sua popularidade entre ouvintes brancos. O autor da reportagem, David Samuels, escreveu que, "embora o rap ainda esteja proporcionalmente mais popular entre os negros, seu público principal é branco e suburbano", e sugeriu que os rappers eram cada vez mais "apresentados como negros criminosos e violentos" para deleite desses mesmos ouvintes brancos. Mas, como informações demográficas de qualidade a respeito dos hábitos de escuta de música popular são difíceis de encontrar, o único dado específico usado no artigo veio de um executivo da MTV, que afirmou que a audiência do *Yo! MTV Raps* era "em sua maioria branca, suburbana, do sexo masculino e com idade entre dezesseis e 24 anos". Parecia muito claro que o hip-hop já era popular entre o público branco havia bastante tempo — mais popular, em várias épocas e lugares, do que o outro principal gênero de música negra, o R&B. Certamente existem diversas explicações possíveis para esse fenômeno, mas não devemos subestimar a mais simples de todas: que os brancos adoram o hip-hop porque o hip-hop é sensacional. Por que *qualquer pessoa* não o adoraria?

O hip-hop também foi moldado pelo fato de que muitas de suas vozes mais dominantes eram masculinas — e, em diversos casos, faziam questão de deixar isso bem claro para seus ouvintes. Rappers que não são homens negros costumam precisar descobrir onde exatamente se encaixam, como deve ser seu som e até quais palavras devem usar. A *"n-word"*, um lugar-comum para os rappers negros, é totalmente proibida para rappers brancos, apesar de ser usada com bastante frequência por rappers de ascendência porto-riquenha, sobretudo em Nova York. A palavra tem, ainda, uma conotação de gênero: rappers negras muitas vezes se perguntavam se ela se referia a elas também ou apenas a outros homens. Astros do rock, de maneira geral, almejavam certa universalidade, como se cantassem em nome do mundo inteiro; fossem eles nomes de peso ou obscuras bandas punk, roqueiros gostavam de acreditar que podiam falar com — e, quem sabe, por — todos à sua frente, de uma mesma vez. Astros do hip-hop, por outro lado, tendiam a ser implacavelmente únicos. Quando comecei a frequentar shows de hip-hop, fiquei impressionado pela maneira como os rappers faziam questão de se dirigir aos homens e às mulheres da plateia como se fossem dois públicos distintos, que precisavam ser entretidos simultaneamente; uma técnica conhecida, e bastante eficiente, de incendiar uma plateia era jogando as mulheres contra os caras. Numa de suas músicas mais amadas, Lil' Kim dizia isso de forma menos delicada: "Piranhas, apertem seus peitos/ Crioulos, segurem seus paus".

À medida que os raps explícitos foram se aproximando do mainstream, sua masculinidade se tornou cada vez palpável. No fim dos anos 1990, o único grupo de hip-hop mais polêmico que o N.W.A. era o 2 Live Crew, de Miami, conhecido por suas faixas dançantes e absurdamente vulgares — até obscenas, na opinião de Jose Gonzalez, um juiz distrital federal que considerou que seu álbum *As Nasty As They Wanna Be*, de 1989, tinha sido feito para inspirar "pensamentos sujos e impuros" e era "profundamente desprovido de qualquer valor positivo ou social". O dono de uma loja de discos que insistiu em vendê-lo foi preso em junho de 1990, e pouco tempo depois três integrantes do grupo também foram presos, por cantarem músicas que estavam no disco. Todos acabaram sendo absolvidos de suas acusações, mas o caso tornou o 2 Live Crew uma das bandas de hip-hop mais famosas dos Estados Unidos e deu origem a um debate sobre raça e sexo que na verdade nunca chegou ao fim.

Um dos especialistas que testemunharam em defesa do 2 Live Crew foi Henry Louis Gates Jr., um estudioso de literatura afro-americana. Numa coluna de opinião para o *New York Times*, Gates posicionou o 2 Live Crew dentro da tradição de rimas de rua da cultura afro-americana, explicando que os rappers praticavam uma modalidade de competição oral na qual o vencedor era "aquele que criava as imagens mais extravagantes, as maiores 'lorotas'". Ele reconhecia o que chamou de machismo "flagrante" nas letras, mas também afirmou detectar uma mensagem social subversiva naquelas rimas indecentes — "uma caricatura exagerada de estereótipos antiquíssimos de mulheres e homens negros e hipersexualizados". E argumentava que a tentativa do Estado de censurar o grupo era uma espécie de linchamento artístico. (Conheci Gates na faculdade, quando trabalhava no *Transition*, um jornal acadêmico que ele coeditava.) Alguns críticos ficaram incomodados com a maneira como o 2 Live Crew falava sobre mulheres e duvidaram muito da ideia de que eles eram mártires da liberdade de expressão. Num ensaio publicado na *Boston Review*, a especialista jurídica Kimberlé Crenshaw se manifestou de uma maneira que Gates não poderia ter feito, pelo menos não nas páginas do *Times*: citando, sem censura, algumas letras, que incluíam "Vou te encher de pau até te arrebentar/ Destruir sua coluna e sua buceta arregaçar". Crenshaw escreveu sobre como era acompanhar aquele debate sendo "mulher negra vivendo na intersecção da subordinação racial e sexual" — ela havia cunhado o termo "interseccionalidade" para descrever precisamente esse tipo de opressão multifacetada. Crenshaw argumentou que nem o sistema legal, ao processar o 2 Live Crew, nem os advogados que defenderam o grupo deram qualquer atenção às mulheres negras que, em sua visão, estavam sendo humilhadas e violentadas nas letras do grupo.

No fim das contas, o 2 Live Crew venceu não apenas a batalha legal como também a cultural. Hoje em dia, *As Nasty As They Wanna Be* pode até soar extremamente monotemático, mas não extremamente explícito — falar sobre sexo de forma crua, muitas vezes até brutal, se tornou clichê no mainstream do hip-hop há muito tempo. E muito embora a teoria de Crenshaw sobre interseccionalidade esteja mais atual do que nunca, sua interpretação para as letras do 2 Live Crew não é a única possível. Imagino que muitos ouvintes, tanto homens quanto mulheres, tenham escutado exuberância, e não ameaça, naquelas letras. (Ao contrário do heavy metal, que, de maneira geral, atraía plateias predominantemente masculinas, artistas populares de hip-hop, não importava o quanto falassem palavrão, atraíam muitas ouvintes do sexo feminino, embora também houvesse uma relativa escassez de artistas mulheres populares dentro do gênero.) Crenshaw entendeu, por exemplo, que "Vou te encher de pau até te arrebentar" fosse uma ameaça ou uma provocação, e não uma proposta sexual bagaceira. Na verdade, pode-se escutar até hoje ecos do 2 Live Crew em faixas picantes e divertidas como "WAP", ou "Wet Ass Pussy" [Bucetinha molhada], um hip-hop igualmente obsceno, cantando por duas mulheres, Cardi B e Megan Thee Stallion, que se tornaria uma das músicas mais populares de 2020: "Nunca perdi uma briga, mas estou a fim de levar uma surra", declara Megan. Ao se concentrarem nas letras do 2 Live Crew, tanto Crenshaw quanto Gates concordaram com o juiz Gonzalez, que afirmou que "uma das principais características da música 'rap' é sua ênfase na mensagem *verbal*". É possível, entretanto, que o membro mais importante do 2 Live Crew não tenha sido seu intenso *frontman*, Luther Campbell, e sim seu produtor, Mr. Mixx, que usou samples inusitados para criar músicas dançantes, criativas e turbulentas, e inspirou gerações de produtores e DJs de hip-hop, dance music e diversos outros estilos.

Machismo exacerbado

Talvez por conta da minha experiência formativa no punk, tenho a tendência de simpatizar com artistas como o 2 Live Crew, cuja música é de um tipo que definitivamente não passa despercebida, seja por entidades governamentais, seja por executivos de corporações ou ativistas comunitários. Tenho uma atração por música que provoca confusão, que ofende as pessoas. Escutar música é uma experiência social e, ainda assim, as músicas mais influentes costumam ser consideradas antissociais, pelo menos no começo. Mas simpatizo, também, com os críticos do 2 Live Crew. Foi estranho mesmo, em 1990, quando as estações de rádio foram efetivamente proibidas pelo governo de veicular linguagem obscena, e as salas de cinema impedidas, graças a um acordo da indústria, de vender ingressos de determinados filmes para menores de dezessete anos, enquanto os refrões anatomicamente precisos do 2 Live Crew não estavam sujeitos a nenhuma regulamentação — apesar da prevalência dos adesivos de Aviso aos Pais. E, se muitos observadores atentos, entre os quais Crenshaw, consideraram o álbum profundamente ofensivo... bem, talvez eles não estivessem errados. Tradicionalmente, as rimas de rua prosperaram à margem da sociedade educada; elas eram assumidamente sujas e, nesse sentido, indefensáveis. Não acho que os membros do 2 Live Crew quisessem satirizar a sociedade, usando linguajar chulo para denunciar a sujeira do mundo ao seu redor. (A tradição das rimas de rua não é uma tradição consciente por natureza, embora grupos como o N.W.A. tenham combinado a linguagem provocativa das anedotas de macaco com o jargão mais sério dos discursos de protesto.) Eles só estavam querendo ser engraçados e se divertir. E pode-se entender se alguém não acha graça no 2 Live Crew, ou fica furioso ou horrorizado com suas letras. Como Rick Rubin disse uma vez sobre o Geto Boys: "Não acho nenhum absurdo alguém não gostar disso".

Mas a coisa também não é assim tão simples. Como o hip-hop é música negra, muitos ouvintes negros, em particular, sentem-se na obrigação de simplesmente *não* desgostar dele. Eles sentem uma pressão para se envolver com o hip-hop, e não rejeitá-lo, como se tal atitude fosse equivalente a rejeitar a própria cultura afro-americana em si. Em 1994, Tricia Rose publicou *Black Noise*, um dos primeiros estudos acadêmicos sobre o hip-hop, e ele não era uma celebração do estilo, ou, pelo menos, não apenas isso. Rose se identifica, logo no começo, como "ativista pró-negros, birracial, ex-proletária, feminista e crítica cultural de esquerda baseada em Nova York" e observa, de forma muito precisa, que, para alguém com seus predicados políticos e culturais, o hip-hop era um aliado no qual ela não poderia confiar. Ela elogia faixas que expressam uma resistência política negra, como "Who Protects Us from You?", uma crítica sem papas na língua à violência policial de autoria do Boogie Down Productions. Mas Rose tinha suas questões em relação ao que ela chamou de "elementos não progressistas" da música, entre os quais a celebração e a ostentação do consumismo, que às vezes soavam para ela como um endosso do próprio capitalismo. Rose também escutava e repudiava o "machismo exacerbado" na música e sugeria que as mulheres rappers desempenhavam um papel muito complicado: quando depreciavam os homens, "fazendo insinuações sobre sua possível homossexualidade", por exemplo, elas também reafirmavam "padrões opressivos da masculinidade heterossexual".

Rose estava à frente de seu tempo: o livro era baseado na tese que ela havia escrito para seu doutorado, título que recebeu da Universidade Brown em 1993; essa é, comprovadamente, a primeira tese de doutorado sobre o hip-hop, que se tornaria um tema popular de investigação acadêmica nas décadas seguintes. Algumas das controvérsias que incomodavam o gênero haviam se acalmado, como as discussões sobre o uso da *n-word*, uma prática que se tornou mais comum e menos polarizante conforme as regras foram mudando. (Uma matéria da rede CBS sobre o N.W.A., de 1991, começava com um correspondente dizendo: "O próprio nome do grupo já é polêmico: Niggers with Atitude". Hoje em dia, o nome causaria muito menos polêmica do que o som de uma pessoa branca pronunciando todas as letras, especialmente o que é chamado de "r carregado".) Letras sobre violência e associações a gangues foram se tornando, também, cada vez menos controversas, apesar das reclamações esporádicas de políticos e intelectuais. Snoop Dogg sempre foi discreto em relação à sua afiliação aos Crips, mas em 2006 lançou o álbum *Tha Blue Carpet Treatment*, assim nomeado em homenagem à cor símbolo da gangue, que incluía uma faixa empolgante e hostil chamada "10 Lil' Crips". Nos anos seguintes, Snoop acabaria se tornando uma idolatrada celebridade do mainstream e, entre suas diversas empreitadas, está *Martha & Snoop's Potluck Party Challenge*, um divertido programa de variedades apresentado por ele e pela empreendedora e guru de estilo de vida Martha Stewart.

Por outro lado, enquanto algumas dessas batalhas foram arrefecendo, as questões de gênero no hip-hop ficaram cada vez mais explosivas, e as palavras e atitudes que outrora tinham estado associadas ao gangsta rap ou ao 2 Livre Crew acabaram se tornando um elemento permanente do gênero como um todo. Joan Morgan era uma crítica musical e ouvinte de hip-hop de longa data que lamentou muito essa evolução. Em 1999, ela publicou *When Chickenheads Come Home to Roost*, detalhando sua relação incômoda com o gênero. Morgan deixa muito claro que sua relação com o hip-hop ajudou a definir sua vida, embora aponte, ao mesmo tempo, que foi uma relação abusiva. "Nem todo o amor do mundo seria capaz de apagar o impacto doloroso gerado a cada nova ofensa e imagem brutal — são cicatrizes terríveis marcadas numa face que teve seu outro lado oferecido vezes demais", escreveu. Essa analogia é memorável e desconcertante, principalmente quando se leva em conta que a violência sexual contida nas letras de hip-hop se refletiram, algumas vezes, em atos de violência real cometida contra mulheres. (Em 1991, Dr. Dre agrediu a jornalista Dee Barnes, por considerar que ela havia desrespeitado o N.W.A.; ele não contestou as acusações de lesão corporal e foi sentenciado a prestação de serviços comunitários e ao pagamento de uma pequena multa, além de ter cumprido um período de liberdade condicional. Também foi acusado de agressão por várias outras mulheres, entre as quais Nicole Young, que casou com ele em 1996 e entrou na justiça com pedido de divórcio em 2020.) Em seu livro, Morgan decidiu tratar o hip-hop menos como um parceiro abusivo, que alguém talvez pudesse tê-la aconselhado a abandonar, e mais como um irmão problemático, que ela resolveu tentar ajudar. "Minha decisão de me expor ao machismo de Dr. Dre, Ice Cube, Snoop Dogg ou Notorious B.I.G. é, na verdade, um pedido para que meus irmãos me digam quem são", escreveu. "Eu preciso entender por que eles têm tanto ódio de mim. Por que me desrespeitar é uma das poucas coisas que os fazem se sentir homens?"

Vale a pena ressaltar que, por diversos motivos, o N.W.A. era diferente: rappers campeões de venda das décadas de 1990 e 2000 não tinham por costume compor longas e elaboradas histórias sobre assassinar as mulheres com quem haviam feito sexo, como o N.W.A. fez em "One Less Bitch". (Por incrível que pareça, essa faixa evocava uma antecessora do rock 'n' roll, "Used to Love Her", do Guns N' Roses, de 1988, que trazia a mesma frase: "Eu tive de matá-la".) No fim dos anos 2000, o hip-hop vivia nas rádios e nos canais de TV por assinatura como MTV e BET, que exibiam videoclipes extravagantes mostrando rappers cercados por mulheres vestidas para sair à noite, ou com menos roupa ainda. O uso de termos depreciativos para se referir às mulheres era onipresente, lado a lado com a *n-word*, em hits animados de rappers agradáveis como Ludacris, uma ex-celebridade do rádio de Atlanta que emendou uma sequência de álbuns que venderam milhões de cópias. Em "Area Codes", Ludacris se vangloria de todos os lugares em que tem suas "vadias", proclamando-se "o Abominável Homem das Vadias"; "Move B***h", uma faixa tremendamente dançante, não era exatamente sobre uma *bitch* [puta] — na verdade, a canção usa o termo como uma expressão de entusiasmo e impaciência com mil e uma utilidades. Se fosse desse jeito, tudo bem?

Depois do 2 Live Crew, a discussão não se referia mais à definição legal de obscenidade, mas sim ao tipo de música que deveria ser admitido no lucrativo universo da cultura mainstream. Como fã de hip-hop, suspeito que as acusações quanto aos efeitos sociais negativos do estilo eram infundadas e que a visão cínica e muitas vezes desrespeitosa das relações entre homens e mulheres era o reflexo de tendências sociais mais amplas, e não seu ponto de partida. Mas eu não podia ignorar a possibilidade de que o uso desenfreado de palavras como "puta", "vadia" e "cafetão" na música popular contribuíam para a opressão feminina, especialmente dentro das comunidades afro-americanas. Talvez essa linguagem fosse *ainda mais* nociva quando utilizada em hits radiofônicos mais palatáveis. Uma fagulha inicial de resistência a isso aconteceu no Spelman College, a histórica faculdade destinada a mulheres negras em Atlanta, em 2004, quando um grupo de alunas protestou contra a presença no campus de Nelly, um rapper de St. Louis recordista de vendas, em parte porque ele havia aparecido num videoclipe passando, jocosamente, um cartão de crédito na bunda de uma mulher que usava uma tanga fio dental — era uma espécie de piada visual, fazendo referência à imagem clichê do frequentador de clube de strip-tease enfiando dinheiro no biquíni das dançarinas. (Anos mais tarde, na primeira estrofe de "WAP", Cardi B faria uso de um imaginário similar, rimando "Coloca essa buceta bem na tua cara/ Passa o nariz nela como um cartão de crédito".) Nelly foi desconvidado, e o protesto ajudou a inspirar a *Essence*, uma revista de estilo de vida voltada para mulheres negras, a lançar a campanha Take Back the Music, um esforço de um ano inteiro que tinha como objetivo combater as representações "degradantes" de mulheres negras no hip-hop. Diane Weathers, a editora-chefe, argumentou que a música popular contemporânea era "um pântano cultural" e publicou um ensaio de uma jovem que descrevia seu "hábito de assistir a videoclipes" como um vício que ela só conseguia combater desligando a televisão. O problema, na verdade, não era a existência do hip-hop, mas sim o fato de ele ter se tornado onipresente sem ter jamais se tornado respeitável, ou bem-comportado — era como se o death metal tivesse, de alguma maneira, dominado as paradas de pop. Será que essa música, insanamente popular, mas às vezes boca-suja e ofensiva, merecia realmente ser bem recebida num campus de uma faculdade, ou celebrada nas páginas de uma revista refinada para mulheres negras? Talvez não. Alguns de seus ouvintes gostariam muito que o hip-hop fosse mais positivo, e menos insultante, pelo bem de toda a comunidade (num sentido mais amplo). Meus próprios desejos eram mais egoístas: eu queria que o gênero continuasse produzindo música excelente, mesmo que isso lhe custasse a entrada no mainstream.

Muitos observadores acreditaram que, cedo ou tarde, os Estados Unidos tomariam juízo e rejeitariam com firmeza o linguajar e as atitudes do gangsta rap. Todavia, quando o movimento #MeToo surgiu, atraindo a atenção pública para o comportamento abusivo masculino, nenhum outro músico levou um tombo tão grande quanto R. Kelly, o cantor de R&B cuja carreira foi efetivamente enterrada pelos corajosos depoimentos de mulheres que revelaram décadas de abusos sexuais. No hip-hop, o caso de maior vulto não envolveu nenhum gangsta rapper, mas sim Russell Simmons, o poderoso chefão da indústria. Em 2017, quatro mulheres contaram ao *New York Times* que ele as tinha ou estuprado ou agredido e, três anos depois, o documentário *On the Record* trouxe acusações de agressões e assédio de outras quatro mulheres. A repercussão foi fraca, talvez porque Simmons havia praticamente se afastado da música — se ele ainda fosse um dos principais figurões do hip-hop, quem sabe as acusações tivessem lhe rendido uma resposta mais negativa.

No que diz respeito às letras do rap, algumas coisas começaram a ser sublinhadas com tinta vermelha: qualquer insinuação de apoio ou perdão ao estupro, por exemplo, passou a ser considerada tabu. O rapper Rick Ross foi obrigado a se desculpar em 2013 por ter relativizado um estupro, após rimar sobre drogar uma mulher para depois abusar dela: "Botei MD no seu champanhe, e ela nem sabe de nada/ Levei pra casa e me diverti, e ela nem sabe de nada". ("Eu nunca usaria a palavra 'estupro' nas minhas músicas", disse ele mais tarde. "O hip-hop não perdoa uma coisa dessas, as ruas não perdoam uma coisa dessas, ninguém perdoa uma coisa dessas." Ele disse que foi tudo "um mal-entendido, um erro de interpretação de uma letra".) Mas um número elevado de rappers fazia questão de não se corrigir, especialmente quando eles eram comparados com os artistas masculinos de outros gêneros musicais. Eminem, que já foi criticado pelo uso semissarcástico de epítetos homofóbicos, simplesmente parou de usá-los, sem jamais se desculpar por isso. Kendrick Lamar, o rapper mais aclamado — e com justiça — dos anos 2010, emplacou um hit estrondoso em 2017 com "HUMBLE", no qual ele rosnava: "Vadia, senta aí, baixa a bola"; não fica claro se ele estava repreendendo uma parceira romântica, insultando um rapper rival ou dando um conselho a si mesmo.

E praticamente ninguém deu um pio quando, num hit de 2019, o rapper DaBaby declarou: "Eu digo pra vadia ficar quietinha/ Já vou te foder e encher de porra todinha". Esses versos não soaram particularmente provocativos — soaram simplesmente como hip-hop.

Autoconsciência

Em 2008, Tricia Rose publicou *The Hip Hop Wars*, uma continuação de *Black Noise* que era, definitivamente, mais pessimista. O hip-hop, escreveu ela, estava "gravemente doente", porque havia investido tempo e energia demais "tentando atingir o menor denominador comum do racismo e do machismo norte-americanos". Ao longo do livro, contudo, ela tomou o cuidado de especificar que estava se referindo apenas ao hip-hop "comercial" — o formato dominante, embora não fosse o único. Ela queria que seus leitores reconhecessem a existência de uma segunda tradição, menos popular, porém mais substancial, que ela chamou de hip-hop com "consciência social" ou "progressista". No underground, escreveu Rose, longe do alcance de "poderosos interesses corporativos" que controlavam a mídia e a indústria musical, haviam brotado vários artistas que figuravam entre os melhores do gênero que, talvez, fossem sua última esperança; eles faziam uma música reflexiva e politizada, deixando para trás o que ela chamou de "trindade do gangsta-cafetão-vadia". Ainda que louvasse o hip-hop com "consciência social", Rose admitiu certa relutância com o termo, porque ele era reducionista e dividia o mundo do hip-hop de um modo que muitos rappers não consideravam benéfico. "Dizer que seu rap tinha 'consciência social' era quase uma sentença de morte comercial" para um rapper, escreveu ela, porque esse rótulo fazia com que os ouvintes esperassem por letras explicitamente politizadas e, possivelmente, sem nenhum senso de humor. "Graças a essa aura de sobriedade que emanava dos rappers conscientes, os gangstas pareciam ser os únicos que estavam se divertindo." Mesmo assim, Rose estava tão preocupada com a situação do hip-hop "mainstream" que considerou imprescindível ajudar a apoiar uma alternativa a ele: ela encerrava um capítulo do seu livro com uma lista de fontes, incluindo um índice, em ordem alfabética, com todos os artistas "progressistas" que ela recomendava, de Afu-Ra a Zion I.

"Consciência social" era um termo antigo, usado havia décadas para descrever o comportamento de pessoas que queriam mudar o mundo ao seu redor ou, no mínimo, pensar nisso. Em 1937, na revista *New Yorker*, James Thurber publicou uma breve sátira sobre um grupo de "críticos literários esquerdistas, ou com consciência social", que tentavam explicar a um "trabalhador comum" o que eles faziam — e fracassavam na tarefa. No hip-hop dos anos 1980, "consciência social" era um termo usado para se referir a músicas que, em tese, continham mensagens, como "The Message", do Grandmaster Flash and the Furious Five. O termo caiu como uma luva para o Public Enemy, que parecia ter inaugurado uma nova era de mais politização e militância no hip-hop. Mas em maio de 1989, um mês após Spike Lee filmar a marcha de "Fight the Power" no Brooklyn para o videoclipe do grupo, Professor Griff, um de seus integrantes, mas que não era rapper, deu uma entrevista ao *The Washington Times* na qual disse que os judeus eram os responsáveis "pela maioria das coisas ruins que acontecem pelo mundo" e declarou que não tinha medo de seus "assassinos de aluguel viadinhos". Essas falas provocaram uma reação furiosa dos grupos de defesa dos direitos dos judeus (entre outros) e, quando o clipe de "Fight the Power" foi lançado, naquele verão, o grupo passava por uma forte crise interna. O Public Enemy parecia estar sempre se desmontando para depois se montar novamente; Griff foi demitido e, depois, recontratado; Chuck D pediu desculpas, mas Griff não. A ideia de repercutir as declarações de um membro secundário de um grupo de hip-hop, como se ele fosse uma importante figura política, era meio surreal — por outro lado, os membros do Public Enemy *eram* importantes figuras políticas, de modo que a promoção de teorias da conspiração antissemitas feita por Griff era, efetivamente, um escândalo político. A polêmica e a reação ambígua de Chuck D a ela fizeram um estrago na imagem de revolucionários lúcidos e destemidos dos membros do grupo. No entanto, talvez tenha pesado mais o fato de os fãs de hip-hop simplesmente estarem interessados em novos artistas, com novas histórias. O Public Enemy lançou diversos outros álbuns e chegou a emplacar vários hits nas paradas de hip-hop, mas seus integrantes nunca mais foram vistos com a mesma reverência e importância daquele dia de primavera no Brooklyn, na linha de frente de sua própria revolução genérica.

Esse era um dos problemas com o hip-hop politizado: um rapper nem sempre dá um bom político. Ice Cube, uma das principais vozes do gangsta rap, foi promovido, pelos protestos e tumultos violentos em Los Angeles em 1992, à categoria de orador — de repente, suas rimas furiosas pareciam estar totalmente em sintonia com o noticiário noturno na TV. Mas seu álbum de 1991, *Death Certificate*, continha uma ameaça aos "orientais filhos da puta contadores de centavos" atrás dos balcões dos mercadinhos; xingamentos direcionados a um antigo empresário do N.W.A., um "judeu branquelo", a quem ele culpava pela separação do grupo; e um alerta a todo tipo de "demônio", especialmente os "viadinhos de merda", que estivesse pensando em se aproveitar dele. Era praticamente impossível defender versos como esses alegando que eram acaloradas manifestações políticas. A melhor defesa para a música de Ice Cube era essencialmente estética, não política: ele era um rapper bastante carismático, que facilitava muito para seus ouvintes a tarefa de entender por que ele se sentia como se sentia e, talvez, como os outros se sentiam também. Um dos exemplos mais distintos do hip-hop ativista da época era muito menos agressivo: "Self-Destruction", de 1989, um single colaborativo creditado ao Stop the Violence Movement, uma coalizão liderada por KRS-One que reunia o Public Enemy, MC Lyte e diversos outros rappers de ponta. (O objetivo era arrecadar dinheiro para a Liga Urbana Nacional e chamar a atenção para as causas e os custos do "crime de negros contra negros"; ou seja, aquilo era, ao mesmo tempo, uma campanha de doações, um movimento de protesto e um discurso motivacional.) Num vídeo de longa duração, KRS-One expressa sua esperança de que o projeto não apenas ajude a combater a violência como também a transformar o próprio hip-hop. "Eu acredito que movimentos como o Boogie Down Productions, o 'Stop the Violence' e o Public Enemy salvaram, literalmente, a música rap", afirmou. "Se o rap tivesse seguido naquela levada egocêntrica e machista, a essa altura já estaria morto."

O desejo do hip-hop ativista pela salvação do gênero soava como um pensamento circular, mas a verdade é que a salvação do estilo realmente era uma preocupação cada vez mais presente. O sucesso do gangsta rap tinha apresentado novas ideias ao gênero quanto ao que poderia ser sucesso. (Um até então obscuro rapper da Califórnia chamado Coolio ganhou fama em 1994 usando a sonoridade e o estilo do gangsta rap para criar dois dos maiores hits da época, "Fantastic Voyage" e "Gangsta's Paradise".) E a fusão do gangsta rap com a música pop representava um problema para muitos rappers que não eram nem uma coisa nem outra e que se sentiam deslocados e indesejados no novo circuito de rádios de hip-hop, que voltavam a ser dominantes. Em 1996, o De La Soul, grupo até então conhecido por suas rimas mirabolantes sobre a "D.A.I.S.Y. Age", lançou *Stakes Is High*, um disco bastante sério com uma capa em preto e branco. Na faixa-título, o rapper conhecido como Dave (ele não era mais chamado de Trugoy the Dove) argumentava que, na sua maior parte, o rap contemporâneo era ao mesmo tempo enfadonho e nocivo:

Não aguento essas vadias do R&B cantando mal
Sobre cocaína e crack, que leva os pretos pro hospital
Não aguento esses rappers que julgam ter poder mental
Puxadores de gatilho, levam o mundo pro final

Cada vez mais, o hip-hop que se considerava possuidor de consciência social — ou rap "consciente", para abreviar — era definido pela sua oposição ao mainstream. Assim como o movimento do country fora da lei dos anos 1970, o movimento do hip-hop consciente dos anos 1990 era, ao mesmo tempo, conservador e progressista, misturando um espírito descolado de contracultura com uma convicção teimosa de que simplesmente não se fazia mais hip-hop como antigamente. "I Used to Love H.E.R.", uma faixa de 1994 de autoria de Common, um rapper de Chicago, ajudou a fazer essa nova tendência ganhar tração. Common comparava o hip-hop a uma mulher que havia se desvirtuado pelo caminho e ido parar em Hollywood — "Pra cê ver o hardcore e o real que ela era/ Antes de entrar pro show biz essa mina era fera" — e se comprometia a "trazê-la de volta". (Em seus esforços para criticar o uso de sexo e violência nas letras, esses reformistas às vezes soavam tão antimachistas quanto antifeministas.) Uma dupla de rap reconhecidamente revolucionária chamada dead prez chegou às paradas de sucesso em 1999 com "Hip-Hop", uma inflamada crítica musical. Assim como o De La Soul, o dead prez sugeria que o R&B, um estilo musical popular, inofensivo e talvez até afeminado, representava o hip-hop no que ele tinha de mais impuro: "Não aguento essa ceninha de R&B e rap de bandido falso tocando o dia inteiro no rádio". Assim como os gangstas, esses reformistas com frequência garantiam "ser reais", muito embora suas rimas revelassem o quanto esse comando podia ser ambíguo. Black Thought, do grupo The Roots, da Filadélfia, proferiu um veredito implacável: "Os verdadeiros princípios do hip-hop foram abandonados/ Agora tudo se resume a fazer dinheiro e assinar contratos".

Esses rappers queriam que o hip-hop fosse levado a sério e também que o próprio hip-hop se levasse a sério. Alguns se orgulhavam da densidade de suas rimas e do conteúdo intelectualizado de suas letras. Black Thought era um — entre muitos — que preferia ser chamado de MC em vez de rapper, porque isso o fazia parecer mais um praticante e estudante aplicado de uma modalidade artística do que um marginal sem-vergonha. "Para mim, rapper é uma pessoa que está envolvida na parte do negócio da coisa, mas não tem conhecimento sobre a história da cultura", disse ele à revista *Vibe* em 1996. O The Roots se destacava por ser uma banda, que tocava instrumentos, coliderada por um baterista virtuoso conhecido como Questlove, e adorava ficar relembrando seus ouvintes de que o hip-hop fazia parte de uma profunda tradição de música negra. (Dois álbuns trazem colaborações elegantes com a cantora de jazz Cassandra Wilson.) Havia um atrito entre essa devoção ao "hip-hop de verdade" e essa urgência para deixar o hip-hop para trás — na verdade, a ambivalência em relação ao estilo era algo que os rappers "conscientes" compartilhavam com seus equivalentes gangstas. Em Nova York, Lauryn Hill, de um grupo chamado Fugees, queria defender o hip-hop dos charlatões que rimavam "pelos motivos errados", ao mesmo tempo que deixava bem claro ser capaz de fazer muito mais do que apenas rimar. A primeira canção de Hill a estourar foi uma versão bastante fiel de "Killing Me Softly with His Song", hit de Roberta Flack de 1973; a faixa tinha uma batida pesada de hip-hop e alguns incentivos balbuciados pelos seus colegas de banda, mas nenhum rap. Hill fez sua estreia solo em 1998 com *The Miseducation of Lauryn Hill*, o ponto mais alto do movimento do hip-hop consciente. Com sua voz levemente rouca oscilando entre o cantar e o rimar, ela se revezou entre rimas agressivas e baladas para um álbum de hip-hop com a mesma alma e a mesma doçura de um bom disco de soul dos anos 1970.

Talvez eu deva confessar que, apesar de gostar e até amar muitas dessas músicas, não me considero a favor do lado "consciente" ou "progressista" do hip-hop. O movimento para reformular o hip-hop, assim como movimentos similares para reformular o country e o R&B, surgiram baseados na premissa de que algo tinha dado errado com o gênero. Mas, para mim, nunca foi evidente que havia algo de particularmente errado com o hip-hop — e, sem dúvida, nada que pudesse ser resolvido por uma overdose de pensamentos elevados. Eu não acreditava que referências literárias ou rimas polissilábicas fossem necessariamente algo a ser comemorado, nem que rimar sobre política ou sobre racismo fosse garantia de que o resultado final seria memorável, ou menos convencional, do que rimas sobre assassinatos e trepadas. Alguns artistas e fãs de hip-hop pareciam ter uma pontinha de inveja do status elevado do jazz, um formato com um passado desonroso que, da segunda metade do século XX em diante, passou a ser celebrado como a música clássica norte-americana, e preservado por diversas das mesmas organizações sem fins lucrativos que fazem o papel de guardiãs do legado artístico dos Estados Unidos. Mas eu não achava que o status do jazz devesse ser motivo de inveja. Ficava até muito satisfeito com o fato de o hip-hop ter sido protegido da institucionalização por sua própria insistência na vulgaridade, e pelos seus sucessivos fracassos em se tornar um gênero respeitável. De modo que não conseguia conter o nervosismo sempre que pensava ter detectado um mínimo sinal de respeitabilidade no ar: quando Lin-Manuel Miranda encantou a Broadway e o país inteiro com *Hamilton*, sua aula de história em forma de rap; ou quando Common foi convidado para se apresentar na Casa Branca; ou quando Kendrick Lamar teve seu talento reconhecido não apenas por causa de uma prateleira lotada de Grammys como também por um Pulitzer de música, o primeiro concedido a alguém que não pertence aos mundos da música clássica e do jazz.

O que foi o hip-hop consciente? Nos anos 2000, grupos como o The Roots, respeitados e semipopulares, eram frequentemente citados como exemplos de integridade artística. (Jay-Z acabou fazendo, sem querer, um elogio ao grupo ao sugerir que ele se preocupava demais em vender discos para seguir seu exemplo: "Cheio de conta pra pagar/ Como The Roots não posso rimar".) Mas talvez a contribuição mais importante do grupo tenha sido o Soulaquarians, um projeto paralelo coletivo ultralivre liderado por Questlove; trabalhando ao lado de um criativo produtor chamado J Dilla, ele ajudou a criar uma série de álbuns para rappers como Mos Def, Talib Kweli e Common, e artistas de neo-soul como D'Angelo e Erykah Badu, entre outros. Questlove também se firmou como DJ e especialista em história da música e, em 2009, assinou um contrato com Jimmy Fallon para que o The Roots fosse a banda do seu talk-show; no final dos anos 2010, Questlove era uma das personalidades mais conhecidas do hip-hop, mais famoso no mainstream do que muitos *hitmakers* do estilo. Assim como os pioneiros do gangsta rap do final dos anos 1980 tiveram carreiras mais relevantes e duradouras do que a maioria poderia imaginar, o mesmo aconteceu com os principais nomes do movimento do hip-hop consciente da década seguinte, muito embora a história de sucesso mais espetacular do estilo não tenha seguido nenhuma regra além de suas próprias.

Kanye West já era um dos produtores mais celebrados do hip-hop quando começou a se revelar um rapper meio esquisito, meio fascinante. Quando produzia suas bases para Jay-Z e outros rappers, ele era conhecido por pegar trechos de antigos discos de soul e acelerá-los, criando faixas que soavam familiares, ainda que um pouco estranhas. No papel de rapper, ele era simpático ao hip-hop consciente, mas também estava totalmente ciente de suas próprias contradições e hipocrisias. Em seu primeiro álbum, de 2004, West usou um trecho de uma música de Lauryn Hill para rimar sobre ter "autoconsciência" em vez de "consciência social". Ele rimou — ou talvez tenha bravateado — sobre gastar um de seus primeiros pagamentos todo em joias, criticando a ostentação do consumo ao mesmo tempo que admitia participar daquilo: "Eu tenho um problema de gastar o que ainda nem recebi/ *Todos* somos autoconscientes, sou só o primeiro a admitir". As ironias que permeavam a música de West foram ficando cada vez mais requintadas, acompanhando sua evolução. Ao criar faixas eletrônicas futuristas e promover colaborações inusitadas, ele fez uma transição de doidão "autoconsciente" para, possivelmente, a figura mais influente na cena do hip-hop. Ao embarcar numa carreira paralela de sucesso na moda, transformou sua obsessão consumista numa marca lucrativa e influente. Ao se casar com Kim Kardashian, passou de simples artista reverenciado a uma das pessoas mais observadas do planeta. Ao criticar o presidente Bush, ser criticado pelo presidente Obama e aplaudir o presidente Trump, além de, de certa forma, concorrer à presidência em 2020, procurando, esse tempo todo, definir sua própria filosofia política, ele construiu, destruiu e reconstruiu a própria reputação. E ao lançar, em 2019, *Jesus Is King*, um potente embora irregular álbum de gospel, prestou tributo a uma das mais nobres tradições da história da música americana.

O conceito de hip-hop consciente, em si, é um tanto melancólico, em parte porque "consciente" costuma se referir a uma grande maçaroca de influências culturais e ideológicas: ótimos álbuns de soul dos anos 1970, observações irrepreensíveis sobre dores negras e *black power*. Por causa disso, muitas vezes penso nos meus rappers favoritos como se eles fizessem um hip-hop "inconsciente": inconsequente em vez de responsável; delirante em vez de lógico; sugestivo em vez de conclusivo. Mas, se faz sentido falar em hip-hop "consciente", com certeza a obra irrequieta, imprevisível e hipersensível de West se encaixa nessa definição. Às vezes ele parece querer conciliar todas as tendências incompatíveis do hip-hop em si próprio, lutando contra seus muitos críticos conforme vai trocando de papel, de anfitrião de festas a agitador das massas, passando pelo anti-herói. Acredita cegamente na própria genialidade e, mesmo assim, às vezes se mostra incrivelmente vulnerável a críticas. Lutando contra uma doença mental, exige atenção mesmo quando parece precisar de privacidade. Ele relacionou repetidas vezes sua identidade como homem negro norte-americano à sua convicção de que o país precisa de uma mudança radical, talvez até revolucionária, mesmo que não seja capaz de expressar exatamente o que isso significa. Como disse recentemente, "Meu estado mental pode nos levar além da estratosfera/ Usando a mesma atitude que nos trouxe até aqui". O que poderia expressar maior consciência social do que isso?

Ambição e desejo

No hip-hop, talvez mais do que em outros gêneros, cada facção tende a ver a si própria como a guardiã legítima do estilo. Depois que o álbum bizarro de Dr. Octagon reorganizou minhas prioridades em 1996, passei meses mergulhando de volta no hip-hop, tentando descobrir o que havia perdido e quais versões do catequismo do gênero mais me convenciam ou divertiam. Quando estava obcecado pelo punk, procurava os artistas de nicho e os marginais, com base na teoria de que os melhores artistas em geral eram alérgicos às grandes gravadoras e aos grandes orçamentos de marketing. E existia, no final dos anos 1990, uma cena efervescente de hip-hop underground: não apenas os não conformistas do movimento "consciente" como também um grupo de artistas ainda mais anticomerciais, como o Company Flow, grupo de Nova York que misturava brancos e negros, conhecido por suas faixas espirituosas, impertinentes e tremendamente palavrosas, com estrofes intermináveis e refrões inexistentes. Acho que vi certa vez os membros do Company Flow se apresentando na Fat Beats, uma loja de discos que ficava no segundo andar de um prédio no Greenwich Village e também servia como ponto de encontro para a cena de hip-hop underground; houve um problema com o microfone, então os rappers tiveram de gritar seus versos num fone de ouvido. El-P, do Company Flow, passou anos construindo sua reputação como rapper e produtor e atingiu o tão almejado sucesso nos anos 2010, como uma das metades da inflamada e eloquente dupla Run the Jewels.

De modo geral, entretanto, fiquei surpreso e, depois de algum tempo, feliz ao constatar que as regras do punk não se aplicavam ao hip-hop: o que havia de mais empolgante no hip-hop flertava com o mainstream — eram sucessos comerciais, embora nem sempre campeões de venda. Comprei e quase sem querer decorei todo o álbum de estreia de Notorious B.I.G., que só conhecia até então pelo aveludado hit radiofônico "Big Poppa". Escutei pela primeira vez *Illmatic*, o álbum impressionantemente enxuto de 1994 de Nas, do Queens, que representava uma espécie de ideal platônico da excelência no hip-hop: com vivência de rua, mas não exatamente gangsta; reflexivo, mas não exatamente "consciente". (Nas estouraria dois anos mais tarde com "If I Ruled the World", uma versão repaginada de uma antiga música de Kurtis Blow; a original tinha coautoria do meu colega de escritório, DJ AJ, que, quando conheci, ainda recebia cheques pelos royalties do hit de Nas.) Mas, mais do que qualquer outro artista, fui impactado pelo Wu-Tang Clan, um coletivo de Staten Island, em Nova York, que lançou um álbum de estreia estonteante em 1993, seguido por uma sequência de trabalhos solo repletos de carisma e mistério.

Sou velho o bastante para me lembrar da primeira vez que usei a internet: eu estava num cubículo na biblioteca da faculdade, navegando avidamente pelas páginas do Original Hip-Hop Lyrics Archive, um site não licenciado que tinha as letras dos principais álbuns de hip-hop, incluindo tudo que o Wu-Tang Clan havia lançado. (Álbuns de hip-hop quase nunca traziam as letras em seus encartes; a única maneira de aprendê-las era ouvindo.) Os membros do grupo tinham nomes incompreensíveis, como Raekwon the Chef, e suas rimas eram extraídas de gírias locais, de filmes de kung fu e da ideologia dos Five Percenters, uma dissidência do Nação do Islã com sede em Nova York. Seu produtor, conhecido como RZA, gostava de costurar trechos retirados de trilhas sonoras de filmes e discos de soul antigos e empoeirados, fazendo seus ouvintes se sentirem como se tivessem descoberto um covil secreto. Era possível decifrar alguns códigos: quando Raekwon rimou "*Yo, bombin'/ We usually take all niggas' garments/ Save your breath before I vomit*" [Aí, se liga/ A gente rouba todas as roupas dos crioulos/ Nem começa a falar que eu vou vomitar], ele estava sorrateiramente soletrando a primeira parte do nome do seu grupo no segundo verso. Mas às vezes não havia nada a fazer além de apreciar a sonoridade das sílabas. Durante o boom do gangsta rap, era fácil achar o hip-hop bastante compreensível, talvez por conta de um grande defeito do gênero: os artistas que apareciam na MTV fazendo cara feia aparentemente não estavam insinuando nem mais nem menos do que diziam. Um grupo como o Wu-Tang Clan, que intimidava, mas também era enigmático, deixava bem claro que o hip-hop não precisava ter uma mentalidade tão literal — e também que, provavelmente, jamais teve.

Obcecado pelo hip-hop, desembarquei em Nova York no verão de 1997, após conseguir um estágio na *The Source*, uma newsletter de hip-hop que crescera com o gênero que cobria, transformando-se em revista. Um de seus cofundadores era um fã de hip-hop branco chamado David Mays, que, assim como eu, havia estudado em Harvard e atuado como DJ na estação de rádio da faculdade. Acho que nunca cheguei a conversar com Mays além, talvez, de um protocolar olá. Do que me lembro da revista era sua redação barulhenta e agitada, cheia de editores, em sua maioria jovens e negros, todos profundamente envolvidos com a música e a cultura do hip-hop. A *The Source* era menos glamorosa que a *Vibe*, sua concorrente mais luxuosa (e autoconsciente), que havia sido fundada por Quincy Jones e cobria tanto hip-hop quanto R&B. Mas se orgulhava — e com razão — do seu alcance e do quanto seus leitores eram diversificados e bem informados. (Ela circulava amplamente dentro do sistema prisional e, entre seus assinantes, havia pessoas que não assinavam nenhuma outra publicação além dela — apenas a *The Source* tinha acesso a eles.) Sua principal virtude era a credibilidade: o mundo do hip-hop prestava atenção quando um álbum recebia "cinco microfones", a nota mais alta da revista, e todos os rappers queriam aparecer na coluna "Hip-Hop Quotable", onde, todo mês, os editores publicavam um verso que os havia impressionado.

Eu me esforcei ao máximo para ser útil quando trabalhei na *The Source*, mas tenho certeza de que aprendi muito mais do que contribuí. A redação não era um lugar frequentado por celebridades, como talvez se imagine; se qualquer rapper de renome apareceu por lá algum dia para dar um oi, eu não vi. Mesmo assim, algumas vezes me senti como se estivesse no centro de um universo cultural, porque em 1997 o hip-hop nova-iorquino estava virando, de repente, uma obsessão nacional. Notorious B.I.G. havia sido assassinado poucos meses antes e Sean Combs estava em ascensão; seus hits tinham feito a trilha sonora para o verão daquele ano, e Combs, com sua imagem de magnata chique, estava ajudando a vender a ideia do hip-hop como marca de luxo. (No verão seguinte ele se instalou nos Hamptons, a região de praias exclusivas em Long Island, e organizou uma sequência de festas tão memoráveis que elas garantiram um espaço permanente para a elite do hip-hop na alta sociedade nova-iorquina.) Em junho, o Wu-Tang Clan lançou *Wu-Tang Forever*, que estreou no topo da parada de álbuns, vendendo mais de meio milhão de cópias em uma semana, ainda que não tivesse nada que lembrasse, mesmo que vagamente, um hit single. E Jay-Z, que lançaria seu segundo álbum mais tarde naquele mesmo ano, já estava se posicionando para herdar o título — Rei de Nova York — que B.I.G. deixara para trás; outro postulante ao título era Nas, que recentemente havia se revelado um *hitmaker* e estava tentando montar um supergrupo com Dr. Dre. Um dos hits de Combs daquele ano foi "It's All about the Benjamins", assim intitulado em homenagem ao sujeito que estampa a nota de cem dólares; ela trazia uma base radicalmente minimalista, que usava apenas uma nota, e cinco estrofes cantadas por cinco rappers diferentes, entre os quais Lil' Kim. "Não sou herói de ninguém, mas quero ser escutado/ Na Hot 9,7 todo dia, eu prometo, meu chegado", declara Combs, como se uma estação de rádio de Nova York especializada em hip-hop fosse o destino mais glamoroso do planeta. E, naquele verão, parecia mesmo. No final de 1997, a *The Source* vendia mais exemplares nas bancas de revista do que qualquer outra publicação de música no país, incluindo a *Rolling Stone*.

A ambição flagrante dos meus rappers favoritos me ajudou a olhar de modo diferente para a música que é realmente popular. Para um grupo como o Wu-Tang Clan, o mainstream comercial não era um esgoto pestilento que devia ser evitado, e sim um território a ser conquistado. Para seus fãs, era impossível não vibrar com a improvável expansão do império do grupo, que incluía uma marca de roupas, videogames e meia dúzia de contratos com grandes gravadoras, firmados separadamente por cada um de seus membros. Como o hip-hop em sua origem era uma música de festa, ele era em sua origem uma música social, e os rappers, de maneira muito similar aos comediantes, avaliavam seu sucesso de acordo com a reação de suas plateias. Rakim rimou certa vez: "*To me, 'MC' means 'move the crowd'*" [Para mim, "MC" significa "agitar a plateia"], e a história do hip-hop pode ser contada como a de rappers em busca de novas maneiras de agitar plateias cada vez maiores. Ambição e desejo estavam no coração da identidade do gênero, de modo que me parecia absurdo — e provavelmente injusto — tirar desses rappers sua obsessão por "Benjamins". Ao contrário: o apetite por dinheiro nas letras do hip-hop geralmente era um reflexo da sensação amarga e desnorteante de crescer em meio à pobreza num país rico e, de repente, ficar rico, ou quase rico. (O Wu-Tang Clan era famoso pela música "C.R.E.A.M.", que significa *cash rules everything around me* [o dinheiro manda em tudo ao meu redor]; a expressão soa diferente depois que você ouve a música inteira, que conta histórias sombrias envolvendo drogas e prisão.) Depois que aprendi a curtir esse espírito escancaradamente ambicioso e americano dentro do hip-hop, foi mais fácil apreciar esse mesmo traço em todos os outros estilos musicais. Graças ao hip-hop, passei a amar a sedução discreta do R&B contemporâneo, as misturas espalhafatosas do pop mainstream e até as baladas assumidamente cafonas da música country moderna — todos ao mesmo tempo sinceros e sem constrangimentos em seus esforços desesperados para "agitar a plateia". O hip-hop me ajudou a entender que todo gênero era, em alguma medida, uma atividade comercial, uma tentativa de vender aos seus ouvintes coisas que eles queriam e coisas que eles não sabiam que queriam.

Ao longo das décadas, a visão do hip-hop como atividade comercial atrapalhou diversas iniciativas para consolidar ou conservar a pureza do gênero. Essa visão também complicou a missão da *The Source*, que pretendia celebrar e promover o estilo além de, muito eventualmente, tecer críticas a ele. Assim como a *Rolling Stone* em seus primórdios, a revista apostava na ideia de que, ao contrário das publicações do mainstream, ela poderia acompanhar a cultura hip-hop de dentro desta. (Uma edição de 1993 garantia aos leitores que as pessoas que resenhavam os álbuns eram participantes ativos do hip-hop: "Setenta por cento deles ou fazem rimas ou produzem bases".) A revista adotou uma postura relativamente cética em relação ao gangsta rap. Em 1996, uma resenha sobre o Mobb Deep, dupla casca-grossa do Queens, resmungava que "a preocupação do hip-hop com a estética gangsta é problemática". E, após a morte de Eazy-E, a revista publicou uma carta do editor tremendamente ambígua, na qual condenava a promoção do "crime de negros contra negros, do capitalismo imoral e da perpetuação da objetificação das mulheres" por parte do rapper, ao mesmo tempo que elogiava "a energia rebelde, agressiva e revolucionária" de sua música. E, ainda assim, as críticas do periódico eram brandas; se as publicações de rock às vezes se esbaldavam dizendo que bandas muito populares eram terríveis e seus fãs eram idiotas, a *The Source* geralmente adotava uma abordagem mais conciliatória. Houve vários críticos de hip-hop muito importantes, mas nunca apareceu um equivalente a Robert Christgau, que estava mais ou menos brincando quando se autoproclamou Decano dos

Críticos de Rock Norte-Americanos e que acreditava que a melhor maneira de demonstrar respeito pela música que amava era ser brutalmente honesto quando a analisava. (Christgau e eu em certa ocasião fomos jurados de um concurso de bandas cover formadas por funcionários de duas revistas de música, *Spin* e *Blender*; se me lembro bem, a coisa acabou em lágrimas.) A *The Source* às vezes tirava sarro dos rappers com uma caricatura mensal feita pelo ilustrador André LeRoy Davis. Mas era impossível imaginá-la começando uma resenha de um novo álbum de algum artista reverenciado com qualquer coisa remotamente parecida com a frase que a *Rolling Stone* usou certa vez para abrir uma resenha sobre Bob Dylan: "Que merda é essa?".

A cobertura que a *The Source* fazia do hip-hop também acabou se complicando graças à sua relação com um rapper em particular. Enquanto estudava em Harvard, David Mays conheceu um grupo local chamado Almighty RSO, comandado pelo rapper Benzino; durante um tempo ele foi empresário do grupo. Que o editor de uma revista musical tivesse relações próximas e potencialmente comprometedoras com músicos não era uma coisa exatamente inédita; Jann Wenner, cofundador da *Rolling Stone*, era amigo de vários astros do rock, entre os quais Mick Jagger. Infelizmente, Benzino não pode ser descrito como "o Mick Jagger do hip-hop". Em 1994, depois que os editores da *The Source* se recusaram a fazer um perfil do grupo, Mays passou por cima da autoridade deles, inserindo de forma sub-reptícia uma reportagem elogiosa na edição de novembro, em páginas que estavam reservadas para publicidade. Vários editores se demitiram em protesto, e Mays conseguiu recrutar substitutos — quando cheguei à revista, eu sabia muito pouco sobre essa polêmica. Por motivos que ninguém conseguia explicar de maneira razoável, o papel de Benzino na revista apenas crescia; anos mais tarde, ele começou a constar no expediente, no cargo de "cofundador e gerente executivo de marca" ou de "cofundador e visionário". O rapper, que jamais construiu uma base de fãs, acabou se envolvendo numa rixa inexplicável com Eminem e 50 Cent, duas das maiores estrelas do gênero, e a publicação rapidamente tomou seu lado. A edição de fevereiro de 2003 foi especialmente bizarra: trazia uma elogiosa matéria de capa sobre o rapper Ja Rule, também envolvido numa briga com 50 Cent; um ensaio bastante crítico sobre Eminem; um respeitável perfil de cinco páginas de Benzino, no qual ele revelava aos leitores seus "planos para salvar o hip-hop"; e um pôster central com uma ilustração dele segurando a cabeça decepada de Eminem.

A cruzada anti-Eminem fez um enorme estrago à reputação da *The Source* e também às suas finanças, já que diversas gravadoras reagiram a ela cancelando seus anúncios. Mais estragos viriam em 2005, quando Kim Osorio, a editora-chefe durante a fase pró-Benzino, processou a publicação, Mays e Benzino por assédio sexual e outros abusos; ela ganhou a causa, no valor de 15,5 milhões de dólares, que acabaram reduzidos a 8 milhões após um recurso da defesa. Em 2007, a *The Source* declarou falência — na época, tanto o mercado editorial quanto a indústria musical lutavam para se adaptar ao avanço da internet. Mays se aventurou em algumas outras empreitadas na mídia e Benzino acabou encontrando seu lugar na televisão, como parte do elenco de *Love & Hip-Hop Atlanta*, um reality show com toques de novela. Olhando em retrospecto, é possível perceber que o boom do hip-hop no final dos anos 1990 foi uma faca de dois gumes para uma revista como a *The Source*, que prosperou por algum tempo no papel de especialista, mas perdeu cada vez mais autoridade, à medida que o público do gênero foi se tornando cada vez mais abrangente e o mercado de revistas especializadas, cada vez mais congestionado. (Além da *Vibe*, havia também a *XXL*, fundada por exilados da *The Source*, e *Blaze*, uma dissidência da *Vibe* focada no hip-hop. E fora de Nova York havia ainda a *Rap Pages*, de Los Angeles; a *Ozone*, primeiro em Orlando e depois em Atlanta; e a *Murder Dog*, uma publicação tresloucada da região da baía de San Francisco tão sem filtro quanto os rappers que cobria.) Ler as edições antigas da *The Source* hoje em dia é topar com artigos e propagandas que se somam para criar a sensação de um universo à parte, com suas próprias gírias e moda, e seu próprio panteão de gênios e celebridades. Graças, em parte, à própria *The Source*, esse universo pareceria um pouco menos autônomo a cada nova edição.

A fuga de Nova York

Provavelmente nenhuma das edições publicadas pela *The Source* tenha sido tão impactante quanto a da noite de 3 de agosto de 1995, quando ela organizou a segunda edição de sua premiação anual, o Source Awards. A cerimônia aconteceu no anfiteatro que fica sob o Madison Square Garden, em Nova York, e homenageou um herói local, Notorious B.I.G., que levou quatro prêmios. Mas grande parte da noite pertenceu à Costa Oeste. Houve um show multiestrelado de Dr. Dre e Snoop Dogg, ambos então ligados à belicosa gravadora Death Row Records, de Los Angeles. O dono da gravadora, Suge Knight, subiu ao palco usando uma camisa vermelho--sangue e mandou um abraço para Tupac Shakur, que na época estava na prisão e recentemente também havia se aliado à Death Row. Knight zombou de um "produtor executivo" sedento por fama sem citar seu nome, mas todos sabiam que ele estava falando de um dos locais, Sean Combs; o insulto ajudou a consolidar a percepção de que os rappers da Costa Leste e da Costa Oeste estavam em guerra. Quando o nome de Dr. Dre foi anunciado como produtor do ano, algumas pessoas na plateia o vaiaram, e Snoop Dogg ficou ofendido. "A Costa Leste não gosta do Dr. Dre e do Snoop Dogg?", perguntou, furioso e incrédulo. Não foi uma noite particularmente comemorativa; Questlove, do The Roots, estava entre os espectadores e, numa entrevista concedida ao site musical Pitchfork, contou que se lembrava de ter presenciado "brigas na plateia" e tido a sensação de que "uma bomba estava prestes a explodir". John Singleton, diretor de *Os donos da rua*, tentou acalmar os ânimos. "A gente tem que acabar com essas contendas entre Costa Leste, Costa Oeste, Sul e Meio--Oeste", disse ao público.

Quem olhava de fora às vezes via essas "contendas" como mera arrogância descontrolada, porém na verdade era um sinal de que o hip-hop estava começando a se fragmentar. Os verdadeiros heróis daquela noite acabaram sendo os dois integrantes do OutKast, de Atlanta, que também foram vaiados ao receber o prêmio de artista revelação. Um deles, André 3000, respondeu com uma poderosa e provocativa afirmação de orgulho regional. "O Sul também tem algo a dizer", declarou. O OutKast tinha lançado seu álbum de estreia em 1994, inventando uma variação sulista do gangsta rap repleta de soul, e depois virando tudo de ponta-cabeça, usando instrumentos tocados ao vivo e ruídos eletrônicos alienígenas para criar uma espécie de hip-hop psicodélico. Big Boi era o tagarela virtuoso, sempre atrás de novas maneiras de atualizar o discurso de soberba do rap: "Sou mais gelado que as unhas de um urso-polar/ Ah, merda/ Olha aí o cara falando essas merdas de novo". E André 3000 era um contador de histórias sem igual, usando estruturas de rimas quebradas e versos com tamanhos diferentes, deixando suas estrofes incrivelmente vívidas e imprevisíveis. Numa faixa ele descreve a cena em sua Atlanta natal, dos carros (Chevrolets antigos modernizados com tinta perolizada) aos criminosos:

> *Live, from home of the Brave,*
> *with dirty dollars and beauty parlors and baby ballers and*
> *bowling-ball Impalas and street scholars*
> *majoring in culinary arts — you know,*
> *how to work bread, cheese, and dough*
> *from scratch.*
> *But see, the catch*
> *is, you can get caught —*
> *know what you're selling, what you bought.**

Não deve ter sido nada difícil para um fã de hip-hop de Nova York se apaixonar pelos membros do OutKast: eles eram estudiosos da história do gênero que haviam criado uma variação incrivelmente sulista para o estilo prolixo do rap nova-iorquino; André 3000, mais especificamente, era uma espécie de herdeiro sulista da mentalidade do Native Tongues. Seu discurso provocativo no Source Awards se tornou um grito de guerra e foi usado como uma conclusão agridoce para o fantástico *Aquemini*, álbum do OutKast que justificava por completo sua bravata, ao mesmo tempo que apontava, antecipadamente, que o futuro do hip-hop não estava nem em Nova York nem na Califórnia.

Outros rappers sulistas foram menos excêntricos, porém mais radicais de certa forma, porque bateram de frente com algumas das regras tácitas do gênero. Em 1998, o mesmo ano em que o OutKast lançou *Aquemini*, um rapper de New Orleans chamado Juvenile lançou o álbum *400 Degreez*, que mostrava como o hip-hop estava evoluindo, bem longe dos formadores de opinião de Nova York. O single de maior sucesso do disco, "Ha", mal lembrava uma faixa de hip-hop. Uma batida eletrônica emitia todos os sons mais ou menos na mesma intensidade, em vez de enfatizar os contratempos, da maneira que tradicionalmente se fazia no hip-hop. E os versos de Juvenile nem sequer eram versos — ele estava apenas listando coisas, quase falando, acrescentando uma espécie de resmungo no final de cada frase:

---

* Em tradução livre: "Ao vivo, da terra dos Bravos,/ com seu dinheiro sujo, salões de beleza e moleques jogando bola e/ Impalas perolizados e estudantes de rua/ se formando em culinária — sabe como é,/ como fazer pão, queijo e grana,/ do nada./ Mas tem uma pegadinha,/ você pode se dar mal —/ saiba o que você vende e o que você compra". [N. T.]

That's you with that bad-ass Benz, ha
That's you that can't keep a old lady, 'cause you keep fuckin' her friends, ha
You gotta go to court, ha
You got served a subpoena for child support, ha*

A música tinha toda a cara de que seria uma febre passageira e nem sequer soava como uma música finalizada — em outras palavras, soava, para muitos fãs de hip-hop, como o hip-hop soava para todas as outras pessoas. Enquanto o resto do país não estava prestando atenção, New Orleans havia desenvolvido sua própria variante dançante de hip-hop, conhecida como bounce music, que, por sua vez, influenciaria a sonoridade conduzida por teclados de muitos discos de rap gravados em New Orleans, entre os quais *400 Degreez*. O álbum era repleto de palavras desconhecidas, como "*whoadie*", um termo usado para referir-se amistosamente a um homem, que teria derivado da palavra "*ward*", como são denominadas as regiões administrativas que dividem a cidade de New Orleans. A voz de Juvenile era arrastada e pastosa, e ele não parecia muito preocupado em se fazer entender; como muitos dos melhores rappers, ele dava a impressão de estar rimando exclusivamente para os moradores do seu bairro. Era contratado de uma gravadora chamada Cash Money e também se apresentava com o grupo Hot Boys, que tinha entre seus membros B.G., o rapper que popularizou a palavra "*bling*" em sua música. O hit que acabaria virando a marca registrada de Juvenile foi "Back That Azz Up", uma sensacional faixa dançante que se tornaria eterna, popular tanto em clubes de strip-tease quanto em casamentos, onde a versão censurada, "Back That Thang Up", costuma prevalecer. Como consequência disso, *400 Degreez* se tornou um improvável sucesso de vendas, batendo a marca de 4 milhões de cópias em dois anos nos Estados Unidos. Essa talvez seja a coisa mais radical a respeito do disco: que tanta gente tenha gostado.

Nos anos 1990, várias cidades tinham suas próprias cenas locais, viabilizadas pelas distribuidoras regionais de CDs, que ajudaram os rappers a estabelecer suas redes de lojas parceiras. Esses rappers costumavam atingir um sucesso considerável mesmo sem o apoio dos donos do poder, entre os quais os críticos de música; muitos jornalistas que cobriam hip-hop

---

* Em tradução livre: "Aí está você com esse Benz nervoso, há/ Você não consegue ter uma namorada porque come todas as amigas dela, há/ Você tem que ir lá no fórum, há/ Você recebeu uma intimação pelo atraso na pensão, há". [N.T.]

achavam essas figuras locais bem toscas. Por conta disso, depois daquele verão de 1997 na *The Source*, comecei a escrever eventualmente sobre esse tipo de música. Entrevistei Juvenile e os demais membros da Cash Money para uma matéria pequena para o *The Boston Phoenix*, um semanário alternativo. (Pedi que eles soletrassem "*whoadie*", e cada um deu uma versão diferente.) Depois que me mudei para Nova York, em 1999, escrevi para o *Village Voice* sobre Trick Daddy e Trina, que estavam inventando o novo som de Miami, e sobre o Three 6 Mafia, um grupo meio estranho e meio chapado cuja música se tornaria o principal produto de exportação de Memphis. Quando fui contratado para o cargo de crítico de música pop no *New York Times*, em 2002, a ideia de uma disputa entre Costa Leste e Costa Oeste desaparecera havia muito tempo, mas o elemento geográfico era mais importante do que nunca. O país estava cheio de rappers que pretendiam construir uma reputação local para então ganhar o país e o mundo, com a intenção de fazer em suas cidades o mesmo que Juvenile fizera em New Orleans, Nelly em St. Louis e Ludacris em Atlanta.

Todo esse regionalismo fez dos anos 2000 uma época muito heterogênea no hip-hop. A era dos álbuns recordistas de venda parecia estar chegando ao fim, e um novo formato estava surgindo. Os fãs de hip-hop havia muito tempo colecionavam *mixtapes*, que consistiam em compilações de novas faixas e remixes gravadas em fitas cassete. Naquela década, porém, os rappers se juntavam com DJs para gravar *mixtapes* em CD que eram, na verdade, álbuns não autorizados — e, em certo sentido, ilegais. (Rappers faziam isso para criar expectativa em relação ao lançamento de seus álbuns "oficiais", mas parecia evidente que alguns deles também haviam passado a comercializar essas gravações, pirateando a si mesmos e deixando suas gravadoras fora do processo.) No *Times*, meu trabalho era cobrir uma fatia bem ampla da música pop, que me ensinou a ser tanto humilde como confiante. Aprendi que não importava o quanto escutasse ou lesse, eu nunca saberia tanto de qualquer gênero musical quanto os verdadeiros especialistas, fossem eles profissionais ou fãs. Mas também aprendi que, se fizesse minha pesquisa, poderia me informar o suficiente sobre qualquer tipo de música para gostar dela e formar uma opinião a seu respeito. Mesmo assim, eu tinha um prazer especial em celebrar o mundo caótico do hip-hop nas páginas do *Times*. Desde os anos 1980 existe um público cativo para jornalistas que se dispõem a argumentar que o hip-hop é equivocado ou nocivo; mesmo entre especialistas em hip-hop, um desdém automático em relação ao suposto hip-hop mainstream se consolidou como senso comum. (Um artigo que exemplifica bem essa tendência foi publicado na *Rolling Stone* em 2000, dizendo, de passagem, como se fosse algo evidente, que o gênero precisava "desesperadamente ressuscitar".) Na minha opinião, o hip-hop era o gênero musical mais empolgante do mundo — rótulos como "mainstream" ou "gangsta" apenas mascaravam a variedade insana de um estilo que soava diferente praticamente em cada cidade.

Em Houston, uma geração de rappers levava adiante o legado deixado pelo DJ Screw, que remixava músicas diminuindo sua velocidade; essa sonoridade tinha relação com a droga preferida de Screw, o xarope para tosse à base de codeína, que levaria à sua morte por overdose em 2000. O Three 6 Mafia, de Memphis, descobriu que existe uma coisa mais valiosa que um hit: "It's Hard Out Here for a Pimp", a contribuição meio protocolar do grupo para a trilha sonora de *Ritmo de um sonho*, foi indicado para o Oscar de Melhor Canção Original em 2006, rendendo aos membros uma espécie de reputação instantânea no mainstream que eles certamente não esperavam e com a qual não sabiam muito bem o que fazer. Mais ou menos na mesma época, um rapper chamado Yo Gotti começava a despontar como o novo rei de Memphis. Ele tinha uma voz maravilhosamente encharcada, quase como se estivesse rimando enquanto chupava uma bala. Suas letras eram inteligentes, embora meio concisas, descrevendo um mundo no qual ninguém tinha tempo para fazer nada além de correr atrás de dinheiro e ludibriar a morte: "Se liga que o Yo Gotti tem poder e tem dinheiro/ Você às vezes é dedo-duro e é covarde o tempo inteiro". (Uma vez fui a Memphis e me deparei com uma entrevista de Yo Gotti no semanário local, o *Memphis Flyer*. O repórter mencionava que tanto seu álbum quanto sua *mixtape* mais recente tinham sido resenhados pelo *New York Times*. A resposta de Yo Gotti foi perfeita. "Fiquei sabendo", disse, "mas isso não significa nada pra mim.") Com Nova York perdendo sua dominância, a cena imperial de hip-hop da cidade começou a se parecer com apenas mais uma pitoresca cena local. Cam'ron, do Harlem, ficou famoso por sua versão extravagante do gangsta chic, usando casaco de pele cor-de-rosa com faixa na cabeça combinando, e por suas rimas igualmente extravagantes. No Apollo Theater, em 2004, eu estava louco para vê-lo celebrar o lançamento do seu álbum *Purple Haze*, no qual ele havia criado algo que poderia ser chamado de gangsta dadaísta: "O chapéu é da OshKosh B'Gosh/ Nossa, eu sou uma fossa: 'Olha só pra essa galocha!'/ É Gucci, disco de ouro e platina colada".

Mas a cidade mais importante de todas foi Atlanta, lar do OutKast, que se converteu, nos anos 2000, de uma força regional do hip-hop para a nova casa do gênero — a Nashville do hip-hop. Foi estranho morar e trabalhar em Nova York naquela época e sentir, cada vez mais, que o espírito do hip-hop estava de alguma forma abandonando a cidade; até as estações de rádio locais pareciam estar demorando muito para aderir aos novos hits de Atlanta, que vinham revolucionando o gênero. As músicas exuberantes do OutKast estavam chegando ao mainstream e um novo som estava surgindo por lá, mais lento e mais cru, um movimento encabeçado pelo rapper T.I., que declarou, em 2001, que rimava "pros crioulos e pros noia do fluxo". Os "noia" eram os dependentes de drogas e o *"trap"* [fluxo] eram as casas destruídas que serviam de quartel-general para os traficantes de Atlanta. (*"Trap"* logo se tornaria verbo: *trapping* era o que os *trappers* faziam no *trap*.) Algumas pessoas começaram a chamar de trap music um estilo surgido em Atlanta caracterizado por teclados suntuosos e bizarros e letras monotemáticas que falavam exclusivamente sobre o tráfico de drogas. Esse estilo gerou novos astros, como Young Jeezy, que chamava a si mesmo, em tom de brincadeira, de Snowman, e Gucci Mane, cuja discografia inclui uma dúzia de *mixtapes* temáticas de "trap" e que se tornou uma espécie de personagem folclórico do hip-hop. O que fez Atlanta ser extraordinária, entretanto, foi a tremenda variedade de artistas de sucesso saídos de lá gravitando ao redor da cena do hip-hop, do *hitmaker* gritalhão Lil Jon até o criativo especialista em slow jams The-Dream; do trio barra-pesada Migos até a genuína cantora de R&B Summer Walker. Alguns desses artistas levaram adiante o legado do OutKast, que conquistou sucesso de massa no momento em que seus dois membros começaram a tomar caminhos diferentes. CeeLo Green, de um grupo afiliado ao OutKast chamado Goodie Mob, construiu uma carreira inusitada no pop nos anos 2000, tanto sozinho como fazendo parte da dupla de rock alternativo Gnarls Barkley. Future, um rapper que frequentava o estúdio do OutKast, se tornou uma das figuras mais importantes do hip-hop na década de 2010. Killer Mike, que outrora havia sido um protegido do OutKast, se lançou, ao lado do rapper El-P, como a outra metade da dupla Run the Jewels, além de despontar como uma das figuras mais politizadas na cena do hip-hop. Durante os protestos contra a violência policial em 2020, Killer Mike ficou do lado da prefeita da cidade, Keisha Lance Bottoms. "Atlanta não é perfeita", disse ele. "Mas estamos muito melhor do que já estivemos. E estamos muito melhor do que algumas outras cidades."

Ao contrário de Nashville, Atlanta teve problemas para descobrir como transformar toda essa herança musical em atração turística: um visitante que chegasse à cidade ansioso para conhecer a casa do hip-hop não saberia nem por onde começar, nem o que ver. (De fato, foi assim que me senti algumas vezes quando lá estive, onde diversos dos marcos mais importantes da cena acabaram se revelando prédios totalmente ordinários em bairros perfeitamente comuns; certa ocasião, durante uma pesquisa que fazia com um amigo para um livro de fotos, passei uma noite estranha e agradável numa festa adolescente dentro de uma sala escura e sem mobília num prédio comercial no subúrbio.) Uma grande diferença, é claro, é o fato de o hip-hop ser música negra, oriunda tipicamente de bairros mais pobres e, portanto, sem os recursos necessários para construir e manter uma infraestrutura mais sólida. Coach K é uma das figuras mais importantes do estilo em Atlanta, um empresário que já teve entre seus clientes nomes como Young Jeezy, Gucci Mane, Migos e muitos outros. Ele me disse que, para o hip-hop de Atlanta, "as ruas" não eram simplesmente uma fonte de inspiração, mas também uma fonte de renda. "As gravadoras não estavam aqui, nem a imprensa, nem os bancos", contou. "O dinheiro pra construir essa porra toda vinha do mercado negro — vinha das ruas." Para ele, isso explicava por que o hip-hop local conseguira prosperar e também por que ele conseguira não ser engolido pela indústria musical de Nova York e Los Angeles. Na sua opinião, o gangsta do gangsta rap, além de não ter arruinado o hip-hop, foi o que tinha ajudado o gênero a se manter próximo da comunidade que o criou e permanecer relativamente independente. Os críticos que não gostavam do hip-hop dos anos 2000 costumavam apontar as influências nefastas do dinheiro das corporações — a suposição, que sempre me pareceu muito conveniente, de que, se não fosse por esses irritantes executivos de gravadoras, a música considerada "boa" seria mais popular. Mas o que eu observava, de modo geral, era praticamente o contrário disso: cenas locais muito fortes espalhadas por todo o país e executivos de gravadoras desesperados, correndo atrás para tentar acompanhá-las.

Rap sério

Uma das únicas desvantagens na vida de crítico musical é a obrigação de ficar até o final de cada show, não importa como esteja o tempo. Em 2003, a Hot 97 fez seu show anual, o Summer Jam, no Giants Stadium, em Nova Jersey, no qual as principais atrações foram 50 Cent, Eminem e muita chuva. Como muitos dos shows de hip-hop na região de Nova York, este atraiu uma plateia muito entusiasmada e integrada. E como muitos dos shows de hip-hop de modo geral, o som não estava muito bom. Apesar de ter começado como um fenômeno exclusivamente ao vivo, o gênero tinha, havia muito tempo, uma relação complicada com as apresentações em cima de um palco. Rimas que são verdadeiras pérolas de execução e textura numa gravação tendem a se tornar uma série de gritos desleixados ao vivo. (Não é coincidência o fato de o hip-hop nunca ter criado uma tradição significativa de álbuns ao vivo; fora seus primórdios, há pouquíssimos exemplos de gravações de shows clássicos.) De modo geral, um show de hip-hop é menos empolgante pela sua música do que pela inegável emoção de estar presente no mesmo lugar que aquele personagem super-heroico que aparece nos discos.

O Summer Jam, em particular, era famoso por sua temperatura elevada: de maneira semelhante ao Source Awards, o show reunia rappers que às vezes viam outros rappers como adversários ou até inimigos, e os resultados eram sempre imprevisíveis. Na edição de 2001, Jay-Z apresentou uma nova música, "Takeover", na qual insultava Prodigy, do grupo Mobb Deep, e provocava Nas, dando origem a uma rixa que duraria anos. Em 2003, o penúltimo a se apresentar foi 50 Cent, que fez um show vigoroso e cheio de hits, embora um pouco displicente. A seguir foi a vez de Eminem, o outro *headliner*. Só que havia chovido por horas, e notei que muitos fãs estavam fazendo algo que eu também gostaria de poder fazer: indo embora. Um número surpreendente dos que deixaram o local depois da apresentação de 50 Cent era de negros, e um número surpreendente dos que ficaram para ver Eminem era de brancos. Aquela era, de certa maneira, uma divisão previsível, que sugeria que, pelo menos naquele estádio, o público negro gostava mais do artista negro e o público branco gostava mais do branco, apesar de 50 Cent e Eminem serem aliados e amigos. Um dos dois, 50 Cent, estava mais interessado em fazer hits que pudessem estourar no rádio e furar sua bolha. Já Eminem estava mais focado em fazer rap *sério*, obcecado por bases e rimas. Qual dos dois era mais hip-hop?

As reações diferentes a 50 Cent e Eminem eram sinal de que, em pleno século XXI, uma velha questão persistia: O que significava ser rapper? O maior hit da carreira do De La Soul foi "Feel Good Inc.", uma colaboração de 2005 com a banda britânica Gorillaz. Mas nos Estados Unidos a canção se revelou um sucesso estrondoso nas rádios de rock e uma nulidade nas de hip-hop, apesar das credenciais impecáveis do De La Soul dentro do estilo. De forma similar, hits do final da carreira do Beastie Boys, como "Intergalactic", de 1998, e "Ch-Check It Out", de 2004, foram adotados por estações de rádio de rock alternativo, embora as duas músicas consistissem em uma mistura de rap com samples, sem praticamente nenhum trecho cantado ou com o uso de guitarras. Em 1998, um executivo da Capitol Records, a gravadora do grupo, disse à *Billboard* que o passado do Beastie Boys fazia com que ele se encaixasse melhor nas estações de rock, independentemente de como sua música soasse. "Eles foram punks no começo", afirmou o executivo, "e não estão tentando fingir que são algo que não são, tipo um bando de garotos pobres e sem privilégios." Essa foi uma maneira um tanto desajeitada, embora bastante reveladora, de explicar uma grande verdade: nem todo rapper de sucesso tinha espaço no hip-hop contemporâneo.

O boom do rap-rock do final dos anos 1990 tinha sido capitaneado por homens brancos que queriam poder dizer que pertenciam ao mundo do hip-hop. Em 1999, Fred Durst, do Limp Bizkit, contou à *Rolling Stone* que, quando menino, zombavam dele por gostar de hip-hop. ("Até o Beastie Boys surgir, eu era chamado de 'amante de crioulo'", disse.) Ele queria ter credibilidade no hip-hop, muito embora soubesse que era pouco provável que se tornasse um sucesso de vendas na cena. "Eu não quero que o mundo do hip-hop *compre o meu disco*", afirmou. "Eu só quero que eles digam: 'Ei, cara, pelo menos a gente sabe que esse maluco é real.'" Nos anos 2000, o boom do rap-rock saiu de cena para a entrada do boom do hip-pop, capitaneado por mulheres brancas que bebiam mais de leve na fonte do estilo. Fergie desempenhava o papel de cantora no Black Eyed Peas, um grupo de hip-hop que foi crescendo até se transformar num rolo compressor do pop, graças, em parte, a ela; em sua carreira solo, Fergie cantava e eventualmente fazia rap, nunca se levando muito a sério. Gwen Stefani, da banda de rock com influências de ska No Doubt, também fez sucesso em sua carreira solo, trabalhando com o Neptunes para criar "Hollaback Girl", um animado hit de hip-hop. Em 2009, Jon Caramanica escreveu um ensaio incisivo no *New York Times* sobre a presença crescente de mulheres brancas no rap, inspiradas por Ke$ha, que rimava os versos e cantava os refrões em "Tik Tok", seu hit arrasador. No afã de insistir que Ke$ha não queria fazer hip-hop, Barry Weiss, o presidente de sua gravadora, a RCA, cunhou um eufemismo primoroso. "Nunca me pareceu que ela estivesse fazendo rap", disse ele a Caramanica. "Para mim, ela usa um fraseado vocal que é característico dela em algumas de suas canções."

Enquanto o hip-pop prosperava, seu exato oposto fazia o mesmo, de maneira mais discreta: um universo levemente antiquado, onde a excelência verbal era o que realmente importava. Alguns anos após entrar para a equipe da *New Yorker*, escrevi o perfil do Odd Future, um coletivo jovem e emergente de hip-hop sediado na Califórnia, embora seus membros parecessem viver na internet: ele foi um dos primeiros grandes grupos de hip-hop a construir uma base de fãs exclusivamente on-line, quase sem nenhuma ajuda de grandes gravadoras. O cabeça do grupo, Tyler, the Creator, era um tempestuoso polímata, mas o rapper mais talentoso era um adolescente misterioso conhecido como Earl Sweatshirt — misterioso porque no momento em que o grupo começou a ficar conhecido, em 2010, ele desapareceu. No fim, sua mãe o havia enviado para um colégio interno em Samoa, em parte por temer que o fato de o filho se tornar uma celebridade do hip-hop pudesse prejudicar seu desenvolvimento intelectual. Earl Sweatshirt tinha dezesseis anos quando sumiu, famoso por suas letras engraçadas, cheias de palavrões e rimas inusitadas: "Eu sou meio privilegiado, penso que nem branco e tenho lábios de crioulo/ Eu sou meio diferente: esperto pra caralho, mas me comporto como se fosse burro". (Sua mãe é Cheryl I. Harris, uma respeitada jurista, e seu pai é Keorapetse Kgositsile, um poeta de espírito libertário da África do Sul a dois graus de distância do hip-hop: um de seus poemas serviu de inspiração para o nome do grupo The Last Poets). Ele ainda estava incomunicável quando escrevi meu perfil, mas concordou em quebrar o silêncio e responder a algumas perguntas enviadas por carta, na esperança de convencer seus fãs a pararem de criticar sua mãe, que eles culpavam por sua ausência. Na resposta que me enviou, escrita de próprio punho, ele garantia aos fãs que não estava sendo mantido no internato contra a vontade e falou sobre suas músicas preferidas. Citou Eminem como uma de suas influências, embora tenha dito que achou *Recovery*, o álbum mais recente do rapper, imperdoavelmente sério. (Ele reclamava que o novo éthos de Eminem parecia ser "Vamos nos dar as mãos e chorar pra valer".) E expressou sua admiração por MF Doom, uma lenda viva de Nova York que vinha lançando álbuns desde 1991, desenvolvendo um estilo ao mesmo tempo inseguro e cativante, cheio de non sequiturs murmurados. Earl Sweatshirt reapareceu no ano seguinte, mas, em vez de reivindicar a celebridade que lhe era devida, desapareceu novamente em suas rimas, lançando uma série de álbuns excelentes que eram, ao mesmo tempo, um pouco mal-humorados — meio parecidos com os de MF Doom.

Esse não era um tipo de hip-hop para ouvintes casuais. Ao contrário: parecia ter sido criado justamente para afastá-los.

Essa distinção entre ouvintes "sérios" e "casuais", entretanto, pode ser enganosa, porque um senso de seriedade é exatamente o que diversos ouvintes casuais estão buscando. Nenhuma outra coisa fez mais para transformar Eminem de provocador polarizante em símbolo idolatrado da integridade do hip-hop do que o lançamento, em 2002, de *8 Mile — Rua das ilusões*, filme no qual ele interpreta uma versão mais agradável de si mesmo — um garoto branco da classe operária que mora nos subúrbios negros de Detroit, obcecado pela ideia de exibir seus talentos em batalhas locais de rap. O filme inspirou dois colunistas do *New York Times*, ambos *baby boomers*, a falar sobre Eminem: Frank Rich, um ex-crítico da Broadway, escreveu que Eminem estava finalmente "entrando para o mainstream norte-americano", ao mesmo tempo que sugeria que a obra era um "exemplo sólido" do "hip-hop como agente de mudanças sociais positivas"; Maureen Dowd, conhecida pelos seus textos sobre política, conduziu uma breve pesquisa etnográfica, relatando que "várias de minhas amigas ficaram sub-repticiamente apaixonadas por Eminem". No filme, o personagem dele é fissurado pela arte das batalhas de rap, nas quais os participantes competem trocando insultos em forma de rimas; ele vence a batalha final declarando: "Foda-se todo mundo, fodam-se *todos vocês*, se duvidam de mim/ Eu sou um caipira branco de merda, e digo isso com orgulho". *8 Mile* ajudou a popularizar as batalhas de rap, e, nos anos seguintes, as ligas da modalidade chegaram ao mainstream, com seus próprios campeonatos, transmitidos por pay-per-view, e seus próprios astros, que em geral permaneciam desconhecidos fora da subcultura das batalhas. Era o hip-hop reduzido às suas frases de efeito — tão reduzido que na verdade os competidores rimavam à capela, isto é, sem música acompanhando.

A trilha sonora de *8 Mile* fez Eminem conquistar o topo das paradas pela primeira vez, com "Lose Yourself", um hino motivacional intenso e, de modo geral, bastante inofensivo. Seguiram-se outros hits que furaram a bolha, como "Love the Way You Lie", um dueto com a cantora pop Rihanna. Mas Eminem não quis seguir carreira no cinema e voltou a fazer o que já fazia: rimar de maneira rápida e furiosa, em geral usando uma voz comprimida e em tom ofendido, que soava cada vez mais distante do som casual e repleto de gírias do hip-hop mainstream. Ele reconhecia que o fato de ser branco havia ajudado a atingir sua tremenda popularidade e falava sobre seus colegas e antepassados negros com muita humildade. (Poucos meses antes do lançamento de *8 Mile*, Eminem declarou ser, no que diz respeito à rima, o *nono* melhor rapper de todos os tempos, e citou os oito, todos negros, que estariam à sua frente; a lista incluía Jay-Z, Tupac Shakur, Notorious B.I.G., André 3000 e Nas, bem como alguns outros nomes menos conhecidos.) Tudo isso o ajudou a conquistar o respeito do mundo do hip-hop, embora, como eu descobriria naquela noite chuvosa num estádio de futebol americano, não fosse exatamente popular entre os ouvintes negros, que tradicionalmente sempre foram essenciais para o estilo. Em 2019, DJ Vlad, que mantém um canal popular no YouTube, entrevistou Conway the Machine, um rapper negro de Buffalo, em Nova York, que Eminem havia contratado para sua gravadora. Como esperado, Conway falou com entusiasmo sobre Eminem, elogiando tanto seu talento para o hip-hop quanto sua devoção ao gênero. Mas ele também reconheceu que, para alguns ouvintes em potencial, aquelas credenciais não significavam muita coisa. "Eu sou da quebrada e estou sempre na quebrada", disse. "E não tem *ninguém* andando de carro pela quebrada ouvindo um álbum do Eminem."

Sua voz muito desmaiada

Desde o começo da minha obsessão pelo hip-hop, eu ficava pasmo com quão era sortudo: que bênção estar vivo na mesma época em que rimas faladas exuberantes e engenhosas, nascidas nos bairros afro-americanos, constituíam uma das mais importantes tradições artísticas do mundo. Não havia nenhum motivo para imaginar que esse formato musical específico iria manter indefinidamente tanto sua conexão profunda com a juventude afro-americana como sua tremenda popularidade. E, no final dos anos 2000, com os números de vendas de álbuns despencando, e os de vendas dos álbuns de hip-hop despencando mais ainda, parecia que a longa jornada de sucessos do gênero estava chegando ao fim. Claramente a infraestrutura regional do hip-hop daquela década, que revitalizou o gênero desencadeando uma profusão de cenas e sonoridades locais, estava derretendo, graças, em parte, à digitalização da distribuição, que ajudava músicos e fãs a ficarem sabendo o que acontecia longe de suas cidades. Lil Wayne surgiu primeiro como membro da mesma Cash Money, de New Orleans, da qual Juvenile fazia parte. (É Lil Wayne quem rima no refrão do hit "Bling Bling", de 1999, lançado quando ele tinha apenas dezesseis anos.) Numa série de *mixtapes* e álbuns lançados nos anos 2000, ele despontou como um dos maiores astros do gênero: tinha uma voz rouca maravilhosamente enriquecida pelo seu sotaque de New Orleans e rimava de maneira muito eloquente sobre sua cidade natal. Mas quando a década chegou ao fim, Wayne se reinventou novamente: ele vinha passando um tempo em Miami, onde havia se transformado numa espécie de astro do rock bon-vivant que dividia seu tempo entre andar de skate, ficar doidão e aprender a tocar guitarra. Essa nova transformação não melhorou sua música — muito pelo contrário. Mas amplificou muito sua influência, transformando-o numa espécie de exemplo a ser seguido pelos rappers mais jovens, que viam sua música empapuçada e seu estilo de vida decadente como uma emancipação da ortodoxia do hip-hop. Essa versão de Lil Wayne gostava de lembrar aos seus ouvintes que ele era "marciano", e seu sucesso inabalável era prova de que o hip-hop estava ficando cada vez menos paroquial, além de também menos obcecado pela cultura das ruas.

Quando deixei de ser crítico musical num jornal diário, parei de ir a tantos shows, mas continuei ouvindo muita música — principalmente música nova. Menos, sem dúvida, do que um crítico profissional ouviria, mas, na média, muito mais, ouso afirmar, do que um pai de família de meia-idade padrão. Nos anos 2010 eu tinha praticamente abandonado tanto o CD quanto o vinil, porque dou mais valor à eficiência do que à colecionabilidade ou à fidelidade: como ouvinte, meu objetivo não era montar uma biblioteca fantástica, e sim descobrir que tipo de música estava sendo feita então, e se eu poderia curtir. Usando primeiro o iTunes e depois o Spotify, estabeleci algumas regras para maximizar minha exposição às novidades musicais, além de eliminar a obrigação paralisante de ter de escolher, várias vezes ao longo do dia, o que gostaria de ouvir naquele momento. Eu jogava as músicas mais interessantes do último ano mais ou menos em playlists, e depois ouvia essas playlists no aleatório, sem pular nenhuma música — qualquer uma que eu não gostasse de ouvir era sumariamente deletada da lista. Toda semana, no dia em que acontecia a maioria dos lançamentos (tradicionalmente na terça-feira nos Estados Unidos; em 2015, passaram a ser feitos na sexta-feira, hoje o dia mundial de lançamento de músicas), eu acrescentava novos álbuns e novos singles às playlists, e as faixas que tinham mais de um ano eram deletadas, isso quando duravam tanto tempo ali. Batizei minhas duas principais playlists de "músicas cantadas" e "músicas rimadas", e as usava como trilha sonora para meus jantares em família e meus deslocamentos no transporte público, respectivamente. Todavia, lá pelas tantas, comecei a perceber que essa separação aparentemente simples — indie rock, música country, pop mainstream, R&B e música eletrônica em uma lista; hip-hop na outra — estava ficando cada vez mais complicada. O processo passou a consumir mais tempo, à medida que mais artistas passaram a lançar álbuns que tornavam necessária certa ponderação: eu tinha de escutar trechos de todas as músicas de um álbum para decidir, em poucos segundos, quais delas pertenciam à lista de "músicas cantadas" e quais à de "músicas rimadas". Essa divisão aparentemente evidente já não era mais tão óbvia assim.

Talvez jamais tenha sido. Nos anos 1990 e 2000, a história do hip-hop era, na verdade, apenas metade da história. No rádio e nas casas noturnas, o gênero existia lado a lado com o R&B, numa espécie de acordo de compartilhamento de espaço orientado por gênero: hip-hop para os manos, R&B para as minas. Uma estação de hip-hop como a Hot 97 era, na verdade, uma estação híbrida, que tocava "o melhor do hip-hop e do R&B", como prometia havia tempos seu slogan. Para quem está se perguntando como os ouvintes não se cansaram da persistente masculinidade tóxica do hip-hop ou por que seu público não ficava mais incomodado com o fato de que a maioria dos rappers era homem, ofereço uma resposta: porque o hip-hop evoluiu em simbiose com o R&B. Às vezes os gêneros trabalhavam juntos, como quando rappers e cantores se juntavam para competir na categoria de Melhor Colaboração de Rap e Tema Cantado, nos prêmios Grammy. Às vezes eles se afastavam, como quando os rappers renegavam o R&B, ou quando um cantor de R&B da envergadura de Usher se comprometia, em oposição aos seus equivalentes no hip-hop, a "fazer tudo com calma e numa boa". E, frequentemente, ambos bebiam na fonte um do outro, como quando R. Kelly e Mary J. Blige levaram a atitude do hip-hop para o R&B, ou quando produtores de hip-hop transformaram fragmentos de R&Bs em bases para os rappers cantarem em cima. Alguns artistas se recusaram a escolher um lado, como Missy Elliott, uma visionária da Virgínia que quase sempre rimava, exceto quando estava a fim de cantar. Ela e o produtor Timbaland, seu colaborador frequente, criaram seu próprio formato mutante de hip-hop. Os maiores sucessos de Elliott foram faixas dançantes: "Get Ur Freak On", de 2001, baseada num brilhante sample minimalista tirado de uma faixa de bhangra, e "Work It", de 2002, famoso pelo refrão, no qual parte da letra é reproduzida ao contrário. Mas um dos meus momentos favoritos de Missy Elliott está em outra faixa, menos conhecida, de 1997, "I'm Talking", em que ela declara: "No meu estilo de fazer rap/ Eu sou mu-mu-muito boa rimando". Só que ela não estava fazendo rap — ela estava cantando, afrontosa e lindamente.

    Rappers vêm usando melodias para dar um brilho em suas rimas há muito tempo — na década de 1990, o Bone Thugs-n-Harmony, de Cleveland, foi pioneiro num estilo de cantar e rimar que era simultaneamente melódico e rítmico, e com letras muito densas. Quando Nelly surgiu, em 2000, veio trazendo um formato mais palatável de cantar e rimar, fazendo uma música que transcendia o hip-hop, ainda que nunca tenha deixado de ser considerado rapper. (Mais tarde, ele faria parcerias com artistas do country, entre os quais Tim McGraw e Florida Georgia Line, tornando-se um *hitmaker* em múltiplos gêneros musicais.) Kanye West emplacou seu primeiro grande sucesso, "Slow Jamz", em 2003, uma colaboração na qual ele cantava apenas a primeira estrofe, usando pouquíssimas notas, porém de maneira muito efetiva. E, nesse mesmo ano, André 3000, do OutKast, fez uma transição espetacular em "Hey Ya!", uma espécie de pastiche de funk com new wave que chegou ao topo das paradas, tornando-se um dos maiores hits da década — e não era, nem de longe, um hip-hop, exceto pelo seu pedigree. Em um momento anterior, seu sucesso talvez pudesse ter sido fonte de nervosismo: ele era um dos maiores rappers da história, mas tinha se tornado pop. Nos anos 2000, porém, essa antiga fórmula havia se invertido — era o pop que estava, cada vez mais, se tornando hip-hop. Artistas do mainstream estavam trabalhando com produtores de hip-hop e cantando em cima de bases de hip-hop. Timbaland, o criativo produtor da Virgínia que trabalhava com Missy Elliott e criou clássicos do hip-hop como "Big Pimpin'", de Jay-Z, também produziu "Cry Me a River", a música que ajudou a estabelecer Justin Timberlake, ex-integrante da boy band *NSYNC, como artista solo. O Neptunes, também da Virgínia, teve uma trajetória semelhante, impulsionada pelo fato de que a dupla contava com Pharrell Williams, que também era cantor e, às vezes, rapper, e que se tornaria uma estrela por seus próprios méritos, dotado de credibilidade tanto no pop quanto no hip-hop.

    Nenhum outro artista fez mais para ampliar a tradição de cantar e rimar, ou para frustrar minhas playlists ridículas de "músicas cantadas" e "músicas rimadas", do que Drake, um astro do hip-hop cujo sucesso estrondoso nos anos 2010 revelou o quanto o gênero havia mudado. Ele vinha de Toronto, filho de um negro de Memphis com uma judia branca do Canadá, e começou sua carreira não em cima dos palcos, e sim na frente das câmeras, interpretando um garoto numa cadeira de rodas chamado Jimmy em *Degrassi: The*

Next Generation, um seriado adolescente da TV canadense. Mas ele tinha um ouvido impressionante para batidas e melodias, e vendia uma imagem muito audaciosa de si próprio: em vez de tentar parecer durão, como a maioria dos rappers antes dele, Drake era provocativamente suave, um galã romântico, conhecido por sua impressionante coleção de blusões. ("Acho que sou obcecado por blusões", disse certa vez.) Seu primeiro grande hit foi "Best I Ever Had", de 2009, na qual ele praticamente cantava o refrão e praticamente rimava os outros versos, pegando a melodia emprestada de uma música de Lil Wayne, que era, de certa maneira, seu patrão — Drake era contratado da sua gravadora, Young Money. Se considerarmos que o refrão é a alma de uma canção, "Best I Ever Had" é um R&B, criando uma atmosfera relaxante que é abrilhantada, e não arruinada, pelas rimas quase faladas em seus versos. Mas se prestarmos atenção, em vez disso, na influência de Lil Wayne e na malandragem arrogante nos versos de Drake, "Best I Ever Had" pertenceria à playlist de "músicas rimadas", e não à de "músicas cantadas". Para Drake, alternar entre os gêneros era também uma maneira de ressaltar partes distintas de sua persona — o rapper e o cantor —, demonstrando, a seu modo, orgulho de cada uma delas. Na segunda estrofe, ele tenta insinuar que é ao mesmo tempo adorado por homens e por mulheres: "Quando meu álbum sair, as vadias vão comprar porque eu tô na capa/ Os crioulos vão comprar também, dizendo que é pra irmã deles, meu chapa". Nicki Minaj, estrela do hip-hop igualmente contratada da Young Money, mudava de gênero e de persona de forma ainda mais abrupta que Drake. Ela era uma rapper de língua ferina que também sabia cantar músicas pop, indo do sussurro ao rugido e utilizando múltiplas vozes: ela podia evocar Nova York, onde havia crescido; ou Trinidad, onde havia nascido; e ainda uma espécie de paródia de um mundo feminino que refletia sua fascinação pelo imaginário da boneca Barbie. (Seus fãs são chamados de "Barbz".) Mesmo quando faziam seus hits de pop, Drake e Nicki Minaj permaneceram fiéis ao hip-hop, exercendo grande influência dentro do gênero — juntos, eles ensinaram a uma geração de mulheres empoderadas e homens sensíveis que também havia lugar para eles no hip-hop.

Em 2009, Jay-Z previu o futuro do hip-hop, de forma incrivelmente correta e também incrivelmente errada. Ele lançou uma faixa chamada "D.O.A. (Death of Autotune)", esculhambando a onipresença do software de correção de voz, que conseguia acrescentar melodia a qualquer linha vocal, transformando um rapper desafinado num afinadíssimo cyborg. A tecnologia se popularizou em 1998, quando Cher a usou para sintetizar sua voz em "Believe", um single de dance pop que chegou ao topo das paradas; em 2009, tantos cantores e rappers haviam lançado mão do autotune que era tentador acreditar, como Jay-Z havia profetizado, que a mania estava chegando ao fim. Ele insinuava que o autotune estava deixando o hip-hop suave e pop demais, e pedia o retorno de uma sonoridade mais pesada e ostensivamente masculina, zombando: "Crioulo, sua calça tá muito apertada/ Sua imagem muito desbotada/ Sua voz muito desmaiada". Ele estava certo em relação ao fato de o autotune ser uma mania, mas errado em acreditar que ela estava no fim. Na década de 2010, o hip-hop era mais popular e dominante do que nunca, graças, em parte, às possibilidades oferecidas pelo autotune. Parecia, às vezes, que o hip-hop *era* música popular e que todo o resto era ou um subgênero ou variante dele, ou uma alternativa absurda a ele. Nos serviços de streaming, em especial, você podia consultar as estatísticas e ver que praticamente todas as músicas mais populares nos Estados Unidos ou eram faixas de hip-hop ou influenciadas por ele.

Esse foi um momento triunfante para o gênero, embora nem sempre isso se refletisse na música: o hip-hop, a melhor música que existe para se tocar numa festa, tinha ficado ainda mais popular explorando sua vertente mais depressiva. O rapper Future ensinou aos seus pares que o autotune poderia ser utilizado não apenas para criar refrões pop, mas também para produzir atmosferas sombrias e vertiginosas — ele usou a tecnologia não para manter sua voz no tom, mas para fazê-la soar distorcida, como se rimasse de um universo alternativo. Future estava mais preocupado com a textura e o clima de suas músicas do que com as letras, e algumas delas consistiam em pouca coisa além de referências a drogas atiradas de qualquer jeito: "Só Deus pode nos julgar/ Eu amo uma balinha". A música de Future era um reflexo — e também representava a popularização — do uso recreativo de remédios controlados dentro do hip-hop e, na verdade, no país inteiro: ele rimava sobre engolir comprimidos — ou "balinhas" — do ansiolítico Xanax e sobre beber xarope para tosse à base de codeína, o mesmo medicamento usado por DJ Screw, o arquiteto do hip-hop moderno de Houston, e que acabaria por matá-lo.

Desde os anos 1980, o uso de drogas vinha sendo, de modo geral, desprezado dentro do hip-hop, com a exceção evidente da maconha. Mas a popularidade do xarope para tosse controlado, chamado de "*lean*", dissolveu esse tabu, dissolvendo junto a própria sonoridade até então sólida do estilo. À medida que Lil Wayne foi se associando cada vez mais à substância, sua música se tornou mais etérea e irregular. ("Eu peguei um copão de *lean* que tava na geladeira/ Fui bebericando e quando vi tinha bebido aquela porra inteira", resmungava.) Pode-se ouvir a influência de Future e, talvez, também a do *lean* numa geração de jovens rappers que às vezes são descritos, de forma pejorativa, como "*mumble rappers*" [rappers que resmungam], responsáveis por um hip-hop nebuloso e impressionista: Young Thug, de Atlanta, era maravilhoso resmungando, latindo e uivando; Travis Scott, de Houston, criou faixas imersivas tratando sua voz como se ela fosse apenas mais um instrumento; os rappers emo melancólicos Lil Peep, XXXTentacion e Juice WRLD construíram pontes entre o hip-hop e o punk. Talvez o astro mais inteligente a ter surgido nesse universo tenha sido Post Malone, aparentemente um resmungão (a primeira música de seu primeiro álbum começa com "Acabo de beber codeína num copo de uísque quebrado") que acabaria se revelando um cantor e compositor pop de raro talento. Certa feita, durante uma entrevista na cozinha de seu refúgio nas montanhas de Utah, perguntei-lhe sobre sua evolução, e ele me contou que tinha começado imitando seus rappers favoritos e gradualmente fora chegando a uma sonoridade mais inclassificável, que abrangia uma grande variedade de gêneros. "Eu devo *tudo* ao hip-hop", disse ele, mas logo em seguida revisou sua afirmação. "Eu devo tudo ao rock. Eu devo tudo à porra da *música*." De fato, um de seus muitos hits é uma parceria com Travis Scott e o pioneiro do heavy metal Ozzy Osbourne, e seria muito surpreendente se ele não acabasse, algum dia, encontrando uma maneira de estourar também na parada de sucessos de country. Post Malone é branco e, de certo modo, é apenas mais um artista branco que se utiliza do hip-hop para, depois, chegar muito mais longe do que praticamente todos os seus colegas negros. Mas ele também é um bom exemplo da crescente imprecisão no hip-hop, termo que cada vez menos descreve uma comunidade ou uma maneira de fazer música, mas, assim como o rock 'n' roll, está relacionado a um espírito, ou uma essência — que talvez possa ser detectada até na música de um cara branco cantando uma música ao lado de Ozzy Osborune. O hip-hop tem duas definições tradicionais: hip-hop é fazer rap e hip-hop é cultura negra jovem. O que acontece quando nenhuma dessas duas definições pode ser aplicada?

Híbridos misturados

Assim como o rock 'n' roll, e, talvez, até mais do que ele, o hip-hop criou raízes por todo o mundo, inspirando cenas locais que às vezes seguem o exemplo norte-americano de maneira tremendamente fiel, enquanto outras assumem formas de gêneros fantasticamente distintos. Pode-se ouvir o espírito do hip-hop no funk carioca, um estilo frenético surgido no Brasil no final dos anos 1980, reverenciando e ampliando o legado do 2 Live Crew; no kwaito, um estilo galopante derivado, em parte, da house music, que ajudou a definir o som da África do Sul no pós-apartheid; e em incontáveis outros híbridos e derivados. Na Jamaica, que ajudou a gestar o hip-hop em seus primórdios, uma variante insolente e prolixa do reggae conhecida como dancehall evoluiu por décadas ao mesmo tempo que o hip-hop norte-americano, gerando uma tradição vocal riquíssima que não era exatamente cantar nem fazer rap. (Na imprensa jamaicana, os astros do dancehall eram chamados de *"deejays"*, como os precursores dos anos 1970, ou como *"artistes"*, uma palavra com significado convenientemente vago.) Astros do dancehall eventualmente chegavam às paradas norte-americanas, como Sean Paul, e com frequência serviam de inspiração para rappers dos Estados Unidos; isso era verdadeiro em especial em Nova York, onde muitos artistas tinham conexões com o Caribe, como Notorious B.I.G., que era filho de imigrantes jamaicanos. Toda essa enorme gama de gêneros evidentemente era hip-hop, no sentido mais amplo da palavra: estilos musicais exuberantes e provocativos, com letras mais ou menos faladas que rimavam, associadas a bairros pobres e populações marginalizadas. E, ao mesmo tempo, de forma igualmente evidente, *nenhum* deles era hip-hop, no sentido mais específico da palavra: muito distantes, em idioma e gênero, das faixas que tocavam nas rádios norte-americanas. Na verdade, todos esses países, invariavelmente, também tinham cenas ortodoxas de hip-hop, que sobreviveram e, em alguns casos, prosperavam lado a lado com esses híbridos misturados.

Na Inglaterra, nos anos 2000, surgiu um gênero barulhento chamado grime, inspirado pelo dancehall e pelos ritmos espasmódicos da música eletrônica local. O estilo desencadeou um pânico moral no Reino Unido, além de uma espécie de revolução cultural, elevando e empoderando toda uma geração de vozes negras britânicas. A música, porém, quase não causou impacto no mundo do hip-hop norte-americano, no qual o sotaque e as batidas britânicas soavam inaceitavelmente exóticas. O hip-hop se tornou mais transatlântico nos anos 2010, quando uma variação do gangsta rap nascida em Chicago, conhecida como drill, inspirou uma resposta brutal por parte dos britânicos, tanto do ponto de vista das bases quanto das letras, conhecida como UK drill. Esse estilo, por sua vez, causou impacto nos Estados Unidos, ao inspirar um punhado de rappers do Brooklyn a criar sua própria versão, o Brooklyn drill, contando com diversas colaborações com produtores britânicos. O Brooklyn drill era irredutivelmente global e intensamente local: fora criado, como seu antecessor britânico, com base em linhas de baixo sujas e interjeições onomatopaicas que imitavam o barulho de tiros, mas suas letras tendiam a focar os bairros e suas gangues, como se elas estivessem sugerindo que, mesmo na era das redes sociais, nem sempre era fácil escapar do que quer que estivesse do outro lado de sua porta. Pop Smoke, o primeiro grande astro a surgir na cena do Brooklyn drill, foi assassinado em fevereiro de 2020, poucos meses após o lançamento do seu álbum de estreia, que chegou ao topo da parada de álbuns da *Billboard*.

A variação mais significativa do hip-hop norte-americano veio de gêneros musicais latinos, alguns dos quais ajudaram a impulsioná-lo em seus primórdios e se desenvolveram paralelamente a ele. Músicos porto-riquenhos vêm desempenhando um papel particularmente importante no hip-hop desde sua criação e, mesmo assim, em Nova York, bem como no resto do país, os mundos da música latina e do hip-hop se mantiveram basicamente separados. Isso ainda era verdadeiro nos anos 2000, quando um gênero nascido em Porto Rico chamado reggaeton explodiu em popularidade; estações de rádio em todo o país passaram a tocar exclusivamente o estilo, atraindo jovens ouvintes de uma ampla gama de origens latinas. Essa febre produziu estrelas como Daddy Yankee, que observou, em 2006, que o reggaeton havia "unificado os povos latinos", e Don Omar, a atração principal de um show ao qual assisti em 2007, no Shea Stadium — um evento monumental, embora a maioria dos nova-iorquinos que não eram latinos provavelmente não fizesse a menor ideia de que ele estava acontecendo. Daddy Yankee só foi conquistar o topo da parada de pop em 2017, com "Despacito", uma parceria de reggaeton e pop com o cantor porto-riquenho Luis Fonsi e o galã canadense Justin Bieber, que fez um remix da canção alguns meses depois do lançamento da original. "Despacito" se tornou uma sensação global, um dos maiores hits da década, em todos os países e línguas. A música também mostrou como a indústria musical globalizada havia mudado: houve um momento em que se pedia aos astros da música latina que cantassem e falassem em inglês para atingir um sucesso "fora da bolha", mas agora era Bieber quem queria furar sua bolha, fazendo uma breve introdução em inglês e mudando para o espanhol no refrão. Na maioria das estimativas, existem no mundo mais falantes nativos de espanhol do que de inglês. E nos serviços de streaming como o Spotify, onde todos os plays contam da mesma forma, faz cada vez menos sentido a ideia de "furar a bolha" — após certo grau de popularidade, qualquer hit terá furado qualquer bolha.

Na época em que "Despacito" conquistou o mundo, um novo gênero híbrido estava começando a despontar: alguns o chamavam de latin trap, e ele misturava o estilo de cantar rimando do reggaeton com as atmosferas vertiginosas e batidas sintéticas do hip-hop moderno. A música latina virou uma espécie de música universal de festa, versátil e sedutora. Madonna lançou um álbum influenciado por ela em 2019, e o Black Eyed Peas gravou um álbum totalmente latino em 2020. Depois de décadas falando sobre a música latina tentando furar sua bolha, foi muito divertido ver estrelas anglófonas norte-americanas se esforçando para que seu carisma se equiparasse ao de alguém como Bad Bunny, um porto-riquenho indomável cujo latin trap repleto de ecos e, às vezes, melancolia fez dele uma celebridade global — ou o artista mais importante do hip-hop em sua época, ou um sinal de que a supremacia internacional do gênero estava começando a enfraquecer, dependendo de como se define "hip-hop". A indústria anglófona de hip-hop não ignorou essas evoluções, é lógico. A primeira canção de latin trap a chegar ao topo da parada de pop da *Billboard*, em 2019, foi "I Like It", da rapper Cardi B, uma ex-estrela de reality show nativa do Bronx, cujo sotaque aludia às regiões de Nova York em que se fala espanhol. Ela mesma tem ancestralidade latina. (Sua mãe é de Trinidad e Tobago e seu pai, da República Dominicana.) "I Like It" era baseada em "I Like It Like That", hit de boogaloo dos anos 1960, e trazia Bad Bunny e J Balvin, da Colômbia, um nome de peso do reggaeton — em outras palavras, foi um estrondoso hit pop planejado de maneira cuidadosa que funcionou exatamente como seus criadores desejavam.

Ainda não tenho certeza se a imprecisão crescente no hip-hop é um sinal de que o gênero continua versátil demais para desaparecer, ou se é um sinal de que sua identidade já começou a se decompor. Alguns artistas lutam contra essa imprecisão, é claro. Kendrick Lamar é um rapper brilhante, famoso por seus versos intrincados que revelam opiniões surpreendentemente lúcidas sobre vida e morte. ("The Blacker the Berry", de 2015, é uma exploração furiosa do preconceito racial e do ódio a si mesmo, com cada novo verso antecipando a pergunta que encerra a letra: "Por que eu chorei quando Trayvon Martin estava no chão/ Se a guerra de gangues me fez matar um crioulo mais preto que eu?".) Mas tanto sua atenção meticulosa às rimas e métricas quanto sua atenção igualmente meticulosa à identidade negra e às comunidades negras tornam Lamar uma anomalia no hip-hop, de forma muito similar ao Public Enemy no final dos anos 1980: um atestado do que o gênero é capaz de fazer em sua manifestação mais extrema, mas não algo representativo do que ele costuma ser *em média*. Isso não é uma crítica — e, além disso, em geral julgamos uma tradição artística a partir do melhor que ela produz, não da sua média. Mas não consigo deixar de torcer o nariz quando as pessoas falam sobre o hip-hop como se ele fosse o gênero elevado e repleto de prêmios Pulitzer que elas queriam que fosse, e não o gênero grotesco e bagunçado que sempre foi. E torço o nariz, em parte, porque não sei se uma versão tão elevada e pura do hip-hop teria sobrevivido por tanto tempo, chegado tão longe ou inspirado tanta gente. As rimas de Kendrick Lamar são estudadas na escola — e com muita justiça. Mas com certeza o hip-hop se beneficia mais da existência persistente de rappers cuja música não parece, nem de longe, lição de casa.

Nesta era de redes sociais, existem sinais de que o hip-hop não vai ser para sempre a cultura jovem dominante no mundo. Existem hoje em dia muito mais maneiras do que antigamente de uma figura carismática arrebanhar uma multidão, mesmo se não tiver dinheiro nem conexões. Expressões e memes tipicamente afro-americanos, o tipo de coisa que outrora só se disseminava através do hip-hop, hoje se espalham pelo TikTok ou pelo Instagram, sem nenhuma música associada a eles. Às vezes rappers viralizam, mas às vezes também parecem clara e perigosamente ultrapassados, suando para acompanhar uma cultura on-line que talvez evolua com mais rapidez do que o próprio hip-hop. Fazer rap é importante; quando bem-feito, ele é sublime. Mas, se hip-hop fosse apenas fazer rap, se não tivesse uma conexão íntima com a cultura negra jovem, ou a habilidade de se adaptar a novas tendências, ele deixaria de ser reconhecido como hip-hop — seria simplesmente poesia, ou mais um formato de música de raiz norte-americana. A tendência a evoluir de maneiras imprevisíveis explica por que o gênero segue atraindo público e crítica, e por que pessoas que realmente o amam tendem, às vezes, a se decepcionar com ele. Tricia Rose ficou desanimada ao ver o hip-hop sendo tomado pelo "comercialismo", representado por rappers como Jay-Z. E Jay-Z, por sua vez, ficou consternado ao ver o hip-hop sendo recriado por um exército de clones autotunados. Não tenho motivos para afirmar com certeza que não vou me decepcionar com o hip-hop algum dia. Mas isso ainda não aconteceu.

6.
Dance music

Para que mais serve a música?

Nile Rodgers transitou por meia dúzia de subculturas norte-americanas até finalmente descobrir uma que o fizesse se sentir em casa. Ele cresceu em Nova York, no Greenwich Village, filho de pais aos quais, mais tarde, se referiria como "beatniks": sua mãe e seu parceiro compartilhavam um amor pelo jazz e pelas drogas, dois gostos que acabariam se revelando hereditários. Quando criança, Rodgers descobriu o rock 'n' roll, aprendeu a cheirar cola, entrou para os Panteras Negras e, por fim, conquistou um espaço como guitarrista na banda residente do Apollo Theater, no Harlem, fingindo ter um conhecimento enciclopédico sobre o R&B até não precisar mais fingir. Durante algum tempo, Rodgers acreditou que fundaria a grande banda norte-americana de "vanguarda que mistura jazz clássico com rock 'n' roll". Mas, na metade da década de 1970, ele descobriria uma coisa ainda melhor — uma coisa que ele descreveu, em seu livro de memórias, como "uma nova maneira de viver" e "um incipiente estilo de vida de contracultura", que era "ainda mais expressivo, politizado e coletivo" do que o movimento hippie dos anos 1960.

Essa "nova maneira de viver" era denominada disco. E se a descrição de Rodgers parece um pouco exagerada, esse era exatamente o ponto. Ele foi um dos criadores da disco: o cofundador, ao lado do seu amigo Bernard Edwards, de uma banda chamada Chic e autor de algumas das mais criativas faixas dançantes já produzidas. Como a maioria das histórias sobre a dance music, a de Nile Rodgers envolve conversão: a história de um cara que encontrou a salvação numa casa noturna e, depois disso, passou a enxergar o mundo de forma diferente. Com a ajuda de uma namorada intrépida e visionária, Rodgers explorou a cena efervescente de casas noturnas de Nova York, onde se entregou a um movimento libertário não verbal.

"Nossas reuniões e manifestações aconteciam na pista de dança", recorda, acrescentando que o ato de dançar havia se transformado, de alguma forma, numa "poderosa ferramenta de comunicação". (Sair para dançar, descobriu ele, podia ser "tão motivador" quanto um discurso de Angela Davis, a impetuosa Pantera Negra.) Rodgers se lembra dessa época com carinho, mas também adota uma postura defensiva; como muitos dos revolucionários das pistas, ele sempre cultivou a suspeita de que quem não estivesse lá não teria como entender de verdade. Parte dessa postura defensiva tinha a ver com a história peculiar da disco music, que, em menos de uma década, saiu do underground para o mainstream e depois voltou para lá. Rodgers se esforçava para exaltar a disco porque sabia que, mesmo tendo se passado décadas, muita gente ainda preferiria vê-la enterrada. Ele sabia que, de modo geral, a história da música pop costuma gravitar em volta dos grandes álbuns, e não das grandes festas. Isso quer dizer que, de modo geral, a dance music acaba ficando de fora dessa história.

A primeira música do Chic foi "Everybody Dance", um milagre da engenharia de som, baseada num groove tão etéreo que mal se percebe sua batida constante. Quando foi gravada, em 1977, a faixa sequer tinha letra, exceto por um refrão que parecia tentadoramente inacabado ("Todo mundo dança/ Du-du-du/ Bata palmas, bata palmas") e, portanto, era infinitamente repetível. Nem o próprio Rodgers entendia bem o que ele e Edwards haviam criado, mas o engenheiro de som gostou o suficiente daquilo para levar um acetato — basicamente, uma demo em formato de disco — para uma boate de *after* chamada Night Owl, onde ele era DJ. O engenheiro o convidou para ir até lá, e Rodgers descobriu que sua demo tinha se tornado um tremendo sucesso em ao menos uma casa noturna em Nova York; o DJ tocava a música sem parar, às vezes por algo como uma hora e, por algum motivo, a empolgação dos dançarinos não se esgotava. "Eu nunca tinha visto nada parecido", declarou Rodgers. "Ali percebi o poder de um groove e o poder de um DJ conversando com sua plateia através de um disco cheio de groove." Algum tempo depois, o Chic assinou contrato com uma gravadora e a música ganhou algumas estrofes, que eram perfeitamente encantadoras e perfeitamente desnecessárias. "Everybody Dance" mal entrou no Top 40 — sua melhor posição foi a de número 38 —, mas chegou ao topo da parada de dance da *Billboard*, e o primeiro álbum do Chic, intitulado *Chic*, vendeu mais de 500 mil cópias. No fim de 1977, Rodgers despontava como um novo tipo de celebridade que não existia uma década antes: ele era um astro da disco.

Se aquela era uma nova posição dentro da música, Rodgers era um candidato um tanto quanto antiquado para ocupá-la. Ao contrário de muitas das figuras mais importantes na revolução da disco, ele era um virtuose, no sentido tradicional da palavra: um grande guitarrista, mestre de um estilo funkeado, de dedilhados rápidos, que ele chamava de "chucking"; seu parceiro, Edwards, falecido em 1996, era um baixista extraordinariamente rápido e funky. Outros grandes músicos também ajudaram a criar a disco, entre os quais Earl Young, o baterista da banda de estúdio da Philadelphia International, a gravadora de R&B. Young tocava de maneira inovadora e incrivelmente precisa — ele era uma bateria eletrônica humana, num momento em que os DJs das casas noturnas estavam precisando de cadências perfeitamente consistentes para permitir uma transição quase imperceptível entre as músicas. Young popularizou a batida que se tornaria a espinha dorsal da disco music: quatro por quatro, com o bumbo batendo de maneira uniforme nos quatro compassos e um chipô sibilando nos contratempos. No livro *A House on Fire*, uma história do Philly soul, John A. Jackson explica como, numa faixa de 1975 chamada "Bad Luck", do Harold Melvin & the Blue Notes, o chipô de Young foi gravado muito alto por engano e não pôde ter seu volume reduzido na mixagem final; esse erro pode ter sido o responsável por tornar o som alto dos chipôs uma das marcas registradas do som da disco music.

No imaginário coletivo, entretanto, a disco music era vista como uma música feita por máquinas e, de certa forma, ela era isso mesmo. "Disco" é uma abreviação de *"discothèque"*, a palavra francesa para "discoteca". Algumas das mais antigas *discothèques* surgiram, ao que tudo indica, na Europa, nas décadas de 1940 e 1950: na Inglaterra, Jimmy Savile tocava seus discos em salões de festas e hotéis; em Paris, disc jockeys mantinham uma boate muito influente chamada Whisky à Go Go, que serviria de inspiração para boates semelhantes — e igualmente influentes — nos Estados Unidos. Na época, a ideia de uma *discothèque* talvez tenha soado como um gigantesco passo para trás. Era mais ou menos como ouvir rádio, porém sem a milagrosa tecnologia da transmissão radiofônica, que permitia que o som viajasse na velocidade da luz. Comparado a isso, uma *discothèque* era um conceito claramente primitivo: um monte de pessoas amontoadas no mesmo espaço onde estava o DJ, vendo uma pessoa tocar, ao vivo, músicas pré-gravadas. Mesmo assim, a inovação se alastrou rapidamente. Em 1965, a *Billboard* publicou uma reportagem especial sobre a indústria da *discothèque*, definindo-a para seus leitores como "o artigo importado da França mais propagandeado desde o biquíni". Nessas *discothèques* dos anos 1960, a estrela em geral era um jukebox, não um DJ — parte do atrativo, para os donos dos bares, era que elas produziam um entretenimento incrivelmente barato. (No Reino Unido, o sucesso das *discothèques* levou o sindicato dos músicos, preocupado com a desvalorização de seus membros, a se queixar na justiça.) Acima de tudo, elas fizeram sucesso porque ressaltavam a natureza social do ato de ouvir música: sem uma banda para ficar olhando, as pessoas tinham que olhar umas para as outras. Na *Billboard*, um executivo da Seeburg, uma empresa que fabricava jukeboxes, explicou a importância da engenharia social. "Você precisa de uma mistura feliz de rapazotes e mocinhas para fazer uma *discothèque* vibrar", disse, e tinha razão, de modo geral, sobre a importância de uma "mistura feliz" — embora nas décadas seguintes diversas discotecas mostrassem que ele estava muito errado sobre as proporções dessa mistura.

Em 1965, o mesmo ano em que a *Billboard* declarou que a "*discothèque*" era o novo "biquíni", um colecionador de discos muito empolgado chamado David Mancuso alugou um loft no centro de Manhattan, na esquina da Bleecker Street com a Broadway. Tim Lawrence, um historiador especialista em disco music, conta como Mancuso usava seu loft para dar festas que giravam em torno do LSD, tocando o que ele chamava de "*journey tapes*" [fitas de jornada] para ajudar seus convidados a desfrutarem de suas experiências. "Elas tinham de tudo, desde música clássica até The Moody Blues", escreveu. "Às vezes, alguém se levantava e começava a dançar pelo lugar em algum momento, embora não fosse exatamente esse o propósito das reuniões." De 1970 em diante, entretanto, Mancuso se tornou objetivo: seu loft passou a ser chamado de Loft, e ali ele começou a organizar com regularidade uma festa, tocando músicas apenas para seus conhecidos, embora tivesse contato com muita gente. (Chegou a criar cartões de filiação, cuja exibição era obrigatória para a entrada.) A festa se chamava Love Saves the Day e era majoritariamente, apesar de não exclusivamente, gay; Mancuso se orgulhava de atrair um público tão misturado do ponto de vista sexual e racial, do qual era cobrado um ingresso no valor de dois dólares. Não se servia álcool, e o anfitrião determinou com firmeza que tampouco se devia vender drogas na pista de dança — embora a especificidade desse decreto também revelasse o clima de permissividade que imperava por lá. Mancuso estava sempre de olho na polícia, que não tinha poucos motivos (ou desculpas) para fazer uma incursão no seu loft e que, vez ou outra, mirava justamente nas boates gays. Apenas um ano antes, ela havia invadido o Stonewall Inn, dando origem a uma enorme revolta, mas Mancuso descobriu que, para muitos dos jovens que frequentavam as pistas de dança mais badaladas da cidade, o episódio violento em Stonewall não fora necessariamente um divisor de águas — a vida noturna gay seguiu em frente, bem como a pressão policial. O Loft foi invadido pela polícia pela primeira vez em 1972, mas não foram encontradas evidências de que seu proprietário estivesse vendendo álcool, de modo que a festa pôde continuar; alguns anos mais tarde a casa fez uma pequena mudança, para um loft no SoHo, onde Mancuso e seus amigos continuaram dançando até meados dos anos 1980. Lawrence conta essas e muitas outras histórias num inestimável livro cujo título é uma homenagem à instituição criada por Mancuso. Em *Love Saves the Day*, ele recria o mundo das casas noturnas de Nova York nos anos 1970, mostrando como música e dança se uniram para inventar o som que hoje é conhecido como disco e ajudar a inventar a dance music moderna. Durante grande parte da história da humanidade, a expressão "dance music" teria soado redundante. Para que mais serve a música? Mas a disco music reorganizou as prioridades do pop, ensinando a uma geração que um belo groove poderia ser mais importante — e mais útil — do que uma canção lindamente escrita.

A ascensão da disco foi incrivelmente rápida. Em 1973, três anos após Mancuso começar a dar as festas em seu loft, a *Rolling Stone* publicou uma reportagem sobre um novo "som da disco" escrita por Vince Aletti, que se tornaria o principal cronista do gênero, explicando que o mundo da disco music gravitava ao redor dos DJs, que eram as "estrelas do underground" — infelizmente para a Seeburg, as discotecas acabaram tomando o lugar dos jukeboxes. Três anos depois, em 1976, a *Billboard* sugeria que a disco estava "se transformando rapidamente na música pop universal". Foi nesse grau que a disco music ficou popular — e também insaciável. Parecia que ela tinha surgido do nada e tomado conta de tudo. Beethoven foi parar na disco (Walter Murphy and the Big Apple Band, "A Fifth of Beethoven"), *Guerra nas Estrelas* foi parar na disco (Meco, "Star Wars Theme/Cantina Band"), roqueiros como os Rolling Stones ("Miss You"), Rod Stewart ("Da Ya Think I'm Sexy") e o Queen ("Another One Bites the Dust") foram parar na disco; e todos foram parar no topo das paradas de pop. Mas, ao mesmo tempo, crescia um forte ressentimento, que se tornou mais difícil de ignorar em

1979, quando alguns locutores de uma rádio de rock fizeram um evento chamado Disco Demoliton Night, durante uma rodada dupla disputada pelo time de beisebol Chicago White Sox. Os torcedores podiam comprar seus ingressos com desconto se levassem consigo um álbum de disco, e no intervalo entre os jogos esses álbuns seriam explodidos no meio do campo como forma de protesto musical. O evento agitou tanto os fãs que eles acabaram invadindo o campo, e o segundo jogo teve de ser cancelado. Nessa época, seis das músicas mais populares nos Estados Unidos eram disco; "Bad Girls", de Donna Summer, a maior de todas as estrelas da disco, estava dando início a uma série de cinco semanas no primeiro lugar da parada. Entretanto, a resposta furiosa dos fãs de rock era um sinal de que a disco tinha deixado de ser cool e, dentro de pouco tempo, deixaria de ser popular também. Doze meses depois, no aniversário de um ano do tumulto antidisco, apenas um hit do estilo permanecia no Top 10, e a canção favorita dos norte-americanos era "It's Still Rock and Roll to Me", de Billy Joel.

Nile Rodgers lembra que o movimento "Disco Sucks" o traumatizou tanto que ele decidiu riscar a palavra "dance" do seu vocabulário musical, porque não queria ser marginalizado e visto como mero produtor de disco music. Contudo, a morte da disco não significou a morte do ato de dançar — e sim o renascimento da dance music, com DJs e produtores no mundo todo descobrindo novas maneiras de criar grooves inesquecíveis, às vezes emplacando algum hit arrasador e às vezes se enterrando ainda mais nas profundezas do underground. "Dance music" vem sendo usado, de maneira geral, como um termo guarda-chuva onde cabe de tudo, ou melhor, quase de tudo, pois ele se refere não a *todo* tipo de música dançante e popular, mas apenas àqueles que descendem, ainda que indiretamente, da disco music. De modo geral, as pessoas usam o termo "dance music" para se referir a faixas que são fortemente rítmicas e desavergonhadamente repetitivas. Não é uma música que costuma ser criada por uma banda à moda antiga, tocando ao vivo dentro de um estúdio, e sim por um produtor manipulando fragmentos sonoros — em outras palavras, é o que se convencionou chamar de música "eletrônica", muito embora esse termo tenha ficado um pouco desatualizado. (Hoje em dia existe muito pouca música, de qualquer gênero, que não seja em alguma medida música eletrônica.) Dance music significa house, techno e rave; significa a maior parte do que era chamado, durante um curto período nos anos 1990, de "electronic"; significa EDM, que quer dizer "electronic dance music", um termo descritivo muito abrangente que se tornou, no século XXI, um gênero à parte, e que chegou a ser tão popular e tão odiado quanto a própria disco music no seu auge. Quem ama esse tipo de música tende, como Rodgers, a falar a língua descomedida dos convertidos — e a compartilhar sua suspeita de que o mundo exterior não a compreende inteiramente, nem a revolução que seus grooves inspiraram. Como o hip-hop, a dance music surgiu como uma música de festa. Contudo, mais do que o hip-hop, ela assim permaneceu. E festas são efêmeras. Ao longo da história da dance music, nem sempre esteve muito claro se a música conseguiria sobreviver à festa — nem se deveria fazê-lo.

Uma grande mistura

A disco music se originou em muitos lugares, e um deles foi Duala, uma cidade na África Ocidental na região onde atualmente fica a República de Camarões. Duala é o local de nascimento de Manu Dibango, um saxofonista e *bandleader* que se mudou para Paris, assinou um contrato com uma gravadora e, em 1972, gravou uma canção contagiante, porém inclassificável, chamada "Soul Makossa", assim nomeada em homenagem a um gênero local. ("*Makossa*" é uma palavra duala que significa, é claro, "dança".) Talvez esse disco permanecesse obscuro até hoje nos Estados Unidos se David Mancuso não o tivesse encontrado numa loja de discos caribenhos no Brooklyn e acrescentado à sua playlist no Loft. "Soul Makossa" não soa muito com o que costumamos imaginar quando pensamos em "disco music"; ela não tem a batida característica de bumbo-e-chipô que Earl Young ajudou a estabelecer como a espinha dorsal rítmica do estilo. Mas é uma faixa cativante e imprevisível, uma colagem meio estranha de fragmentos, com um riff estridente de sopro e vocais que parecem uma conversa de fundo. "*Mama-ko, mama-ssa, mako-mako-ssa*", balbucia Dibango, como se estivesse testando seu microfone. O que a música tem, mais do que qualquer outra coisa, é uma pulsação, pesada e constante, sugestiva do tipo de movimento perpétuo que Mancuso e seus colegas DJs queriam estimular. A música se espalhou por outras pistas de dança e chegou até Frankie Crocker, o estrelado locutor da WBLS, a estação de rádio mais amigável à disco music na cidade. Em seu influente artigo sobre a disco escrito para a *Rolling Stone* em 1973, Vince Aletti afirmou que "Soul Makossa" era "um perfeito exemplar do gênero", e o disco estrangeiro de Dibango foi relançado nos Estados Unidos, onde teve uma presença inusitada nas paradas de pop. Até então, DJs como Mancuso preenchiam seus sets com uma mistura de hits populares (ele adorava "Love Train", o megassucesso de R&B do O'Jays) com bandas obscuras (ele também adorava um grupo espanhol chamado Barrabás, que tocava um rock funkeado). "Soul Makossa" foi a primeira música obscura a se tornar um hit popular sobretudo graças ao entusiasmo dos DJs de disco.

O entusiasmo, na verdade, era a maior qualidade de Mancuso. Numa cidade e num mundinho que podiam ser implacáveis, ele era conhecido por ser um cara muito legal, pela maneira como enchia seu loft de balões para fomentar um clima festivo e pela forma absolutamente sincera com que reverenciava suas músicas favoritas. Como prova dessa última qualidade, ele fazia questão de tocar cada música até o final, com uma pequena pausa antes da próxima, para ter certeza de que uma não tocaria por cima da outra. Seus diversos colegas demonstravam muito menos reverência. O livro de Lawrence disseca as alianças e rivalidades que definiram a cena. Havia Francis Grasso, que era uma aberração: um DJ hétero que se apresentava numa boate gay, o Sanctuary, e gostava de tocar o interlúdio orgástico de "Whole Lotta Love", do Led Zeppelin, por cima do solo de bateria de "I'm a Man", do Chicago. (Grasso disse que adorava tocar para gays porque esse público permitia que ele fizesse "coisas que os héteros não tolerariam".) Numa casa noturna semelhante ao Loft chamada Gallery, Nicky Siano se orgulhava de ser imprevisível, usando toca-discos com regulagem de velocidade para mixar discos e, às vezes, retorcendo os equalizadores e até desligando as caixas de som para criar momentos de alta dramaticidade. E havia também Larry Levan, pupilo de Siano (e, por um breve período, seu amante), que aprendeu a discotecar no Continental Baths, uma casa de banho no Upper West Side, e que por fim virou residente em outro lugar inspirado no Loft localizado no centro da cidade, o Paradise Garage. Levan é às vezes exaltado como o maior DJ da história, por motivos que têm mais a ver com sua sensibilidade do que com sua técnica. Ele percebeu que música dançante não precisava ser enérgica — ela podia ser profunda, onírica ou entorpecida, como eram as *"journey tapes"* de Mancuso dos anos 1960. Uma música que Levan amava era "Heartbeat", de Taana Gardner, à qual as pistas de dança haviam resistido de início, por ser terrivelmente lenta: menos de cem batidas por minuto, quando uma faixa-padrão de disco batia em 120. Mas Levan continuou tocando a música e, no final, a pista acabou se convertendo; como todo grande DJ, ele tinha a habilidade de mudar, quase sempre de forma permanente, a maneira como as pessoas ouviam os discos que tocava.

No começo, os DJs eram como exploradores, à procura de tesouros escondidos na enxurrada caótica de material produzido pela indústria musical, que, de modo geral, não era capaz de reconhecer um groove até que um DJ apontasse para ele e, às vezes, nem assim. Mas quando os executivos perceberam que as discotecas poderiam aumentar suas vendas, a relação entre os DJs e as gravadoras ganhou mais simbiose. Mancuso ajudou a organizar o New York Record Pool, uma organização que auxiliava as gravadoras a distribuir gratuitamente material para os DJs de disco music, em troca de feedback e, se o material acabasse entrando nas playlists de disco, promoção para o DJ. Um ex-modelo chamado Tom Moulton achou que poderia ajudar ainda mais nesse processo: ele vinha gravando sets de música ininterrupta em fitas de rolo para o Sandpiper, uma casa noturna em Fire Island, perto de Nova York. Moulton era contratado pelas gravadoras para deixar seus lançamentos mais com cara de disco music, e fez seu trabalho de forma precisa e inteligente, estendendo canções ao recortar e repetir os trechos percussivos que a pista de dança amava. Ele ajudou a codificar um formato musical que mudaria a face do pop: o remix. As gravadoras começaram a lançar esses singles em discos de doze polegadas, em vez das tradicionais sete polegadas dos convencionais, porque eram músicas muito longas e porque o espaço a mais entre os sulcos permitia que as gravações fossem mais altas, uma característica valorizada pelos DJs. Os músicos, por outro lado, nem sempre aprovavam essas inovações. A primeira canção com que Moulton trabalhou foi "Do It ('Til You're Satisfied)", de um grupo novo, chamado B.T. Express; seus membros não gostaram da forma como o produtor reduziu os vocais, mas a pista de dança sim, bem como um grande número de ouvintes do grande público, o que levou a canção até o segundo lugar da parada de pop em 1974. Moulton optou por uma abordagem ainda mais radical quando recebeu as faixas de *Never Can Say Goodbye*, o álbum de estreia de Gloria Gaynor, de 1975. Ele criou versões estendidas para três faixas do lado A e as botou para tocar uma em seguida a outra, praticamente sem pausas, criando um mix dançante contínuo. Em *Love Saves the Day*, Moulton lembra que Gaynor não ficou feliz de perder seu protagonismo para as batidas em seu próprio álbum. "Eu não canto muito", disse ela quando ouviu sua versão. "O que devo fazer quando for apresentar essa música?" Moulton aconselhou que ela aprendesse a dançar.

O álbum fez de Gaynor um dos maiores nomes da disco music, e o sucesso dos singles do gênero ajudou a espalhar a cultura das casas noturnas de Nova York por todo o país, transformando dezenas de milhares de bares e boates locais em discotecas instantâneas. Tudo que era preciso era um DJ e algumas luzes — e as luzes eram opcionais. Essa tendência musical se tornou, em 1977, um fenômeno da cultura pop, com a inauguração do Studio 54, uma casa noturna nova-iorquina voltada para celebridades, criada com a intenção de gerar manchetes em tabloides, alimentando a percepção de que a disco music era para pessoas que ou eram ou queriam ser glamorosas. (E, de fato, o Studio 54 nunca foi famoso pela qualidade de sua música, principalmente porque a maioria dos presentes não estava ali para dançar, e sim para socializar, ver e ser visto.) Até hoje, poucos rostos estão mais ligados ao gênero do que o de John Travolta, astro do *blockbuster* sobre a disco *Os embalos de sábado à noite*, de 1977, e os dos três integrantes do Bee Gees, que assinavam a maior parte da trilha sonora, um dos álbuns que mais venderam naquela década. O Bee Gees começara como uma banda australiana de rock, mas se reinventou nos anos 1970 com uma sequência de hits internacionais de disco: "Jive Talkin'", "You Should Be Dancing", "Night Fever" e, sobretudo, "Stayin' Alive", música que, de tão popular, acabaria se tornando símbolo do gênero.

Mas o que era esse gênero, exatamente? Em sua maior parte, a disco era o R&B, apenas mais suave, mais acelerado e mais estranho. Diana Ross, trabalhando com Nile Rodgers, lançou o melhor álbum de sua carreira, *diana*, no final da era da disco. O gênero também casou perfeitamente com o estilo de Donna Summer, que tinha cantado numa banda de rock e participado de uma montagem itinerante do musical *Hair*, antes de descobrir a disco music. Se a voz de um artista puramente R&B podia ser às vezes chorosa e lamentosa para evocar a história do estilo, a voz de Summer era leve e aveludada, evocando a fantasia de uma pista de dança onde todas as velhas categorias e gêneros podiam derreter e se misturar. Como o rock 'n' roll antes dela, a disco prometia dissolver as fronteiras de gênero e raça — a música era impulsionada por esse sonho de integração. A mentalidade da disco music era inevitavelmente aberta: uma das gravadoras mais bem-sucedidas do estilo foi a Salsoul Records, que ajudou a levar os ritmos latinos para o mainstream do pop norte-americano. O gênero abrigou alguns artistas negros que eram estranhos demais para construir suas carreiras no R&B, nenhum tão estranho quanto Grace Jones, uma modelo nascida na Jamaica que inventou seu próprio formato teatral de dance music. Surpreendentemente, o gênero manteve parte de sua identidade gay mesmo quando chegou ao mainstream. O Village People chegou ao segundo lugar da parada de pop com "Y.M.C.A.", que era basicamente uma piada interna, com uma letra altamente sugestiva falando de um lugar maravilhoso onde "você pode passar um tempo com os caras". (E havia mais uma piada interna escondida dentro da piada interna: Victor Willis, o líder da banda, na verdade era hétero.) Um cantor chamado Carl Bean emplacou um hit de disco com "I Was Born This Way", um hino explicitamente pró-gay lançado pela Motown, selo que não era famoso pelos seus posicionamentos políticos. E houve ainda Sylvester, a glamorosa e autoproclamada Rainha da Disco, que lançou uma sequência de hits dançantes e se destacou como um dos primeiros astros do pop a assumir a identidade gay. Em 1978, ele fez uma aparição memorável em *American Bandstand*, um programa de TV divertido e quadradinho, na qual Dick Clark se refere a ele, com admiração, como "escandalosamente cavalheiro".

É claro que essa abertura também tinha seus limites. Como a disco era uma música de festa, ela dependia, assim como o Loft, de Mancuso, de uma complexa dinâmica de inclusão e exclusão. Todo gênero tem os guardiões de seus portais, mas na disco music isso era algo literal: na porta de cada casa noturna havia alguém que determinava quem podia e quem não podia entrar. Mancuso queria manter um ambiente caloroso e agradável — o que, paradoxalmente, significava que ele precisava ficar sempre de olho em suas listas de membros, para garantir que seu loft não fosse tomado por pessoas que não eram tão agradáveis assim. O Studio 54 era famoso por sua política rígida de porta; um dos maiores hits do Chic, "Le Freak", foi composto originalmente como uma canção de protesto, depois de Rodgers e Edwards serem barrados tentando entrar lá. Mas na ocasião do primeiro aniversário da boate, Truman Capote disse ao *New York Times* que o estabelecimento era "muito democrático", mencionando a diversidade cuidadosamente selecionada de sua clientela: "Garotos com garotos, garotas com garotas, garotas com garotos, pretos e brancos, capitalistas e marxistas, chineses e tudo o mais — tudo uma grande mistura!". Fora do mundo das boates, entretanto, era mais difícil controlar o acesso. Como o espírito da disco era essencialmente inclusivo, o debate sobre disco "verdadeira" ou "falsa" era escasso e, portanto, houve pouca resistência quando um bando de forasteiros reivindicou o movimento para ele. Em 1976, um radialista do Tennessee chamado Rick Dees lançou "Disco Duck (Part 1)", um sucesso de momento repleto de sons cartunescos de patos que chegou ao topo das paradas, tornando-se um exemplo muito conveniente para qualquer um que quisesse sustentar a tese de que a disco music era, objetivamente, ruim.

Uma dessas pessoas era Steve Dahl, uma personalidade cômica do rádio que havia sido um dos organizadores da Disco Demolition Night em Chicago. Dahl disse a Tim Lawrence que via a si próprio como defensor do rock 'n' roll, que, a seu ver, parecia uma "espécie ameaçada de extinção". (A estação em que ele trabalhava havia mudado recentemente de formato, de rádio rock para rádio de disco.) O que ele menos gostava na disco, disse, era sua "superficialidade". Essa era uma crítica comum: alguns dias antes do evento de Dahl, o *New York Times* publicara um texto de opinião afirmando que o mundo da disco era definido por "purpurina e brilho, sem substância nem sutileza, e com uma sexualidade muito superficial". Mesmo assim, Dahl e o White Sox evidentemente não contavam com o entusiasmo dos participantes, que transformaram uma ação publicitária numa espécie de levante cultural. Diversos críticos viram algo de profundamente perturbador nas imagens de todos aqueles fãs de rock, em sua maioria brancos, querendo destruir o gênero da disco music, que era sobretudo negro e gay. Lawrence comparou o evento à repressão do jazz — "*Negermusik*" — na Alemanha nazista e argumentou que a onda de ódio à disco music era intrinsecamente "homofóbica". Detratores que diziam que a música era "superficial" ou "artificial", declarou, estavam apenas usando "eufemismos depreciativos para se referir a 'gay'".

Não há dúvida de que a natureza inclusiva da disco music teve algo a ver com a reação negativa em relação a ela, mas também vale a pena lembrar o quanto o gênero se tornou mainstream. Em 1979, a disco music estava associada à vida noturna gay e negra, mas também a celebridades do mainstream, como Rod Stewart e John Travolta. (Dahl gravou uma paródia de "Da Ya Think I'm Sexy", de Stewart, com o título "Do You Think I'm Disco", sobre um *poser* infeliz cuja vida social é salva pelo Led Zeppelin; a letra tece críticas a *Os embalos de sábado à noite* e a "Disco Duck".) Seu atrativo sempre foi, em alguma parte, tribal — *Os embalos* era baseado num artigo semificcional publicado na revista *New York* sobre ítalo-americanos moradores do Brooklyn que gostavam de dançar em discotecas, intitulado "Tribal Rites of the New Saturday Night" [Rituais tribais das novas noites de sábado]. Faz sentido, portanto, que a reação contrária à disco também tenha sido tribal, alimentada por pessoas que não se viam como parte desse clube virtual, felizes em rejeitar o Studio 54 muito antes que ele os rejeitasse. Três anos antes desse tumulto, a *Billboard* havia manifestado a esperança (ou talvez o medo) de que a disco estivesse se tornando de fato uma música "universal", quando na verdade ela estava se tornando — como a maioria dos gêneros que cresce de maneira vertiginosa — tremendamente polarizante. Do mesmo modo que o gênero foi, de várias formas e em vários momentos, considerado inclusivo e exclusivo, a reação contrária a ele pode ser vista como uma retaliação raivosa ou uma consequência merecida — dependendo do ângulo por onde se olha. Muitos participantes da cena de Nova York, por exemplo, detestavam os hits da disco tanto quanto os fãs de rock — se não mais. Frankie Knuckles era um ex-DJ de disco de Nova York, um apadrinhado de Larry Levan que se mudara para Chicago, onde tocava seus discos para um público mais sério numa casa noturna chamada Warehouse. Ele assistiu ao tumulto pela televisão, mas isso não o incomodou muito. "Aquilo não afetou em nada a Warehouse, porque ela não era uma discoteca mainstream", disse a Tim Lawrence. Robert Williams, dono da Warehouse, chegou a dizer: "Nós achávamos o Steve Dahl *engraçadíssimo*".

Uma das pessoas que estavam trabalhando como funcionários do estádio do White Sox naquele dia era um aspirante a produtor musical chamado Vince Lawrence, que não tem nenhuma relação com o historiador. Ele viu aquele tumulto de outra maneira. "Todos os discos empilhados ali no portão não eram necessariamente de disco music — eram, em sua maioria, discos de artistas negros", relembra, num documentário recente. "A mensagem era: olha, se você é preto ou gay, você não é um de nós." Alguns artistas negros perceberam que a revolta contra a disco music dificultou, para a música negra, a tarefa de furar sua bolha para tocar nas rádios de pop. No mês seguinte, "Good Times", do Chic, foi desbancada do topo das paradas por "My Sharona", uma música bastante econômica e meio punk de uma nova banda, chamada The Knack. "A mídia e a indústria nos puseram contra o Knack", lembraria Rodgers mais tarde. "Os reis da disco, uns pretos vestidos que nem mauricinho contra um bando de branquinhos desarrumados. Só que a gente nunca encarou a coisa dessa maneira." Como a maioria dos astros da disco, Rodgers não se via necessariamente como um astro da disco e, mesmo assim, descobriria que não era nada fácil se livrar dessa identidade. Ele continuou fazendo música e também fazendo hits: produziu "Let's Dance", de David Bowie, em 1983, e "The Reflex" para a banda britânica de new wave Duran Duran, em 1984 — as duas músicas chegaram ao número 1 da parada. Mas, mesmo todos esses anos após aquela fogueira que ardeu em Chicago, o Chic nunca mais voltou ao Top 40.

Vivíssima

Quando a disco music surgiu, sua sonoridade era luxuosa e orquestral, seguindo a cartilha tradicional do soul dos anos 1970. Mas nem todo baterista era capaz de segurar uma batida com tamanha precisão quanto Earl Young, e alguns produtores começaram a achar que aquele novo gênero precisava de alguns novos instrumentos também. Ao longo daquela década, um punhado de artistas fez suas experiências com baterias eletrônicas. "Family Affair", uma faixa viajante do Sly and the Family Stone, foi se arrastando até o topo das paradas de pop em 1971; três anos depois, em 1974, George McCrae usou uma batida eletrônica bem simples em "Rock Your Baby", um tremendo hit que era irresistível justamente porque soava como uma demo fantasmagórica, e não com uma música finalizada. E mesmo assim, quando Donna Summer lançou "I Feel Love", em 1977, parecia que aquilo tinha vindo de outra galáxia, muito mais avançada. A canção foi produzida por Giorgio Moroder, um produtor italiano baseado em Munique que gostava de fazer experiências e usou um sintetizador Moog para criar uma pulsante faixa de música eletrônica que emulava a sensação de estar dentro de um foguete, acelerando incessantemente para cima. Na época, muita gente provavelmente deve ter pensado que aquilo seria uma moda passageira. Mas, em vez disso, a música foi um divisor de águas. Antes de "I Feel Love", música eletrônica era uma música de sofá, terreno de compositores destemidos como Wendy Carlos, criador da trilha sonora do filme *Laranja mecânica*, e bandas de vanguarda como o Tangerine Dream, da Alemanha, que gravitou às margens do movimento de rock progressivo. "I Feel Love" popularizou a ideia de que a música eletrônica podia ser dançante — e, com o tempo, a ideia ainda mais radical de que a música para dançar deveria ser eletrônica. De fato, nos anos 1990, os termos "dance music" e "música eletrônica" chegaram a ser usados de forma mais ou menos intercambiável, graças ao movimento inspirado por "I Feel Love".

Às vezes as pessoas usam o termo "Eurodisco" para se referir a uma enxurrada de faixas de dance music, quase todas conduzidas por sintetizadores, que chegou aos Estados Unidos no final dos anos 1970. Nelson George, historiador especialista em R&B, detestava a "batida de metrônomo" que era a base dessas músicas e escreveu que elas eram "perfeitas para quem não tem senso de ritmo". (O subtexto era que músicos afro-americanos estavam perdendo espaço para produtores brancos estrangeiros.) Entretanto, a invasão da Eurodisco, que ajudou a afastar a disco music de suas raízes no R&B, também ajudou o gênero a estabelecer uma identidade musical independente. Poucos meses após o lançamento de "I Feel Love", o produtor francês Cerrone lançou "Supernature", uma viagem eletrônica de dez minutos de duração que fez com que canções pop de três minutos parecessem obsoletas. Em San Francisco, Patrick Cowley, um tecladista e produtor que havia trabalhado com Sylvester, ajudou a criar uma variante mais acelerada e fortemente eletrônica da disco conhecida como Hi-NRG, que ficou intimamente associada à cena de boates gays nos anos 1980. A faixa mais popular de Cowley é uma canção obscena e futurística chamada "Menergy", que chegou ao topo das paradas de dance music no final de 1981. Àquela altura, é claro, a disco music era universalmente considerada morta; na verdade, ela seguia vivíssima, porém no underground.

Um lugar em que ela permaneceu viva foi Chicago, cidade adotada por Frankie Knuckles, famoso por suas maratonas musicais nas noites de sábado na Warehouse: ele começava a tocar por volta da meia-noite e seguia até alguma coisa perto do meio-dia. A morte da disco music mainstream não arrefeceu sua paixão pelo estilo, porém significava que agora ele teria que procurar com mais afinco por boas músicas, porque as grandes gravadoras tinham perdido o interesse no estilo. No começo dos anos 1980, as playlists de Knuckles incluíam algumas das faixas mais populares dos últimos dias da disco ao lado de algumas loucurinhas pop eletrônicas de novas bandas europeias como Yello e Modern Romance. Sua seleção era tão peculiar que uma loja de discos da região criou uma seção só com o tipo de música que ele gostava, à qual deu o nome de "Warehouse music", em homenagem à casa noturna. Algumas das faixas tocadas por Knuckles, entretanto, eram impossíveis de encontrar, porque ele às vezes usava um gravador de fita para criar seus remixes personalizados.

Em 1982, Knuckles deixou a Warehouse para abrir sua própria casa noturna, a Power Plant, e ganhou um rival, Ron Hardy, que tocava uma variante ainda mais frenética de disco music numa nova versão da Warehouse, hoje conhecida como Music Box. Knuckles e Hardy compartilhavam o mesmo problema: ambos precisavam de mais música para dançar do que as lojas de discos eram capazes de fornecer — e ela tinha de ser mais pesada também. E logo alguns produtores locais começaram a produzir suas próprias músicas dançantes, geralmente usando teclados eletrônicos, que estavam ficando mais baratos e mais fáceis de programar. Em 1984, o DJ Jesse Saunders prensou um single de doze polegadas em vinil com o título "On and On", que era basicamente uma versão pirata de um remix de uma faixa de disco da qual ele gostava. (A música era de coautoria de outro produtor local, Vince Lawrence, o funcionário do White Sox que estava no estádio naquele dia fatídico.) No ano seguinte, um produtor chamado Chip E. lançou "Time to Jack", uma faixa baseada num ritmo robótico que praticamente não tinha letra além do título, entoado repetidas vezes, quase como uma incitação aos dançarinos. E, em 1986, Marshall Jefferson lançaria "Move Your Body", produção relativamente luxuosa, com uma batida marcante e uma imponente introdução ao piano, que Jefferson gravou num andamento três vezes mais lento e depois acelerou, para soar como se ele fosse um virtuose. Àquela altura, essas músicas já haviam adotado o nome da seção da loja de discos onde podiam ser encontradas: Warehouse music, geralmente abreviada para "house music". A música de Jefferson, com seu refrão triunfante, funcionou como uma declaração de amor àquele novo gênero, ou, quem sabe, como o anúncio de seu nascimento:

Queremos ouvir house!
Music!
A noite inteira!

Nenhuma dessas faixas chegou nem perto das paradas de pop da *Billboard*, mas em Chicago isso era a música pop, ou, pelo menos, música popular: uma faixa de house de sucesso vendia dezenas de milhares de cópias nas lojas de discos da região, e as rádios locais transmitiam programas com mixagens feitas por DJs de house. Enquanto isso, em Detroit, alguns curiosos que tinham ouvido falar sobre a cena de Chicago resolveram trabalhar em suas próprias faixas eletrônicas. Esses produtores, assim como todos os pioneiros em Chicago, eram negros, e foram tão influenciados pelos grooves caseiros do Parliament-Funkadelic quanto pelos sons eletrônicos estrangeiros de grupos como o Kraftwerk, da Alemanha, para quem a tecnologia avançada era tanto uma ferramenta musical quanto um tema para suas criações. Um desses curiosos de Detroit era Juan Atkins, que adotou o nome

Model 500 (porque era "não étnico", revelaria ele mais tarde) e lançou, em 1985, uma faixa pesada e convulsiva chamada "No UFO's", que se tornaria uma das favoritas das pistas a quatro horas dali, no sentido oeste, em Chicago. Outra música de Detroit que se saiu bem em Chicago foi "Strings of Life", uma faixa de 1987 de Derrick May que promoveu agitação e assombro na pista de Frankie Knuckle. A música não tinha palavras nem linha de baixo, apenas uma colagem desorientadora de cordas sintetizadas e acordes de piano, presos dentro de uma batida vigorosa que se transformava, desaparecia por alguns instantes e depois voltava a todo vapor.

No fim das contas, os DJs de Chicago não eram os únicos devotos da disco que estavam atrás de novas músicas para dançar. The Haçienda, uma ousada casa noturna pós-punk de Manchester, na Inglaterra, começou a tocar alguns desses discos de house e, em julho de 1986, a descolada revista britânica de moda *i-D* escalou um repórter para investigar a cena de Chicago, que vinha sendo, como explicava a matéria, "a dica mais quente entre os DJs e o pessoal das gravadoras responsável pelas relações com o artista dos últimos três ou quatro meses". Quando o artigo foi publicado, em setembro, "Love Can't Turn Around", de Farley "Jackmaster" Funk, um produtor de house de Chicago, estava subindo em direção ao número 10 da parada britânica de pop; no ano seguinte, outro produtor de Chicago, Steve "Silk" Hurley, chegaria ao topo da parada com "Jack Your Body". Inspirada por esses sucessos, a Virgin Records decidiu apresentar aos ouvintes britânicos outro grupo de produtores do Meio-Oeste norte-americano e, em 1988, lançou a compilação *Techno! The New Dance Sound of Detroit*. Essa empreitada se provaria surpreendentemente bem-sucedida — a coletânea emplacou um hit no Top 10 britânico, "Big Fun", do Inner City, grupo comandado por Kevin Saunderson, um daqueles curiosos originais de Detroit. A coletânea também ajudou a nomear o gênero: seu título veio de Atkins, que contribuíra com uma faixa chamada "Techno Music", e "techno" acabou se tornando o termo-padrão para aquele estilo nascido em Detroit, propenso a ser mais discreto e misterioso do que a house music produzida em Chicago.

O sucesso do house e do techno na Inglaterra foi bastante inesperado, principalmente levando em conta a falta de interesse geral nos Estados Unidos. Mas o que aconteceu a seguir foi ainda mais bizarro. Alguns DJs britânicos voltaram para Londres depois de passar férias em Ibiza, no litoral da Espanha, onde haviam ficado longas noites e manhãs ouvindo dance music de todos os tipos, entre os quais house music, e onde tinham se apaixonado pelo MDMA, uma pílula até então desconhecida, chamada popularmente de ecstasy, que induzia um tipo de euforia amigável: ela fazia a música soar melhor e as pessoas parecerem mais legais. Esses DJs organizaram festas em Londres dedicadas a reproduzir a mesma atmosfera de excessos, dança e folia. Se muitas casas noturnas de Londres eram caras e estilosas, essas festas eram intencionalmente despretensiosas, cheias de gente usando roupas folgadas e camisetas com estampas de carinhas sorridentes, como se todos estivessem de férias. Nessa cena, a música mais influente não era nenhum dos hits britânicos, mas sim uma curiosidade obscura: uma música intitulada "Acid Trax", lançada em 1987 por um grupo de Chicago chamado Phuture. O house de Chicago já costumava ser bem cru, mas "Acid Trax" era incrivelmente minimalista: apenas uma batida repetitiva e uma linha melódica irregular tocada num teclado, que havia sido criada girando os controles de um Roland TB-303, um pequeno sintetizador produzido com a intenção de criar linhas de baixo eletrônicas. Ron Hardy, o turbulento rival de Frankie Knuckles, adorava "Acid Trax", assim como os frequentadores da cena em Londres, onde ela se tornaria a pedra fundamental de um novo subgênero conhecido como acid house, que também foi o nome dado à sua incipiente cena de festas. Era um nome ilusório, já que a principal droga dessa cena não era o ácido lisérgico dietilamida, ou LSD, e sim o ecstasy, geralmente chamado de "E". Mesmo assim, o termo colou. Em fevereiro de 1988, o semanário musical britânico *Record Mirror* informou aos seus leitores que o "acid house" era "o estilo mais maluco e malcriado de dance music do momento", observando em tom elogioso o fato de que, nessa música, as melodias eram "inexistentes". (Num documentário recentemente produzido para a emissora britânica Channel 4, DJ Pierre, do Phuture, lembra o quanto ficou surpreso ao descobrir a cena de acid house na Inglaterra. Ele disse: "Mas *brancos* gostam de house music?".) O artigo menciona a "atmosfera regada a drogas" nas pistas britânicas e pergunta: "Quanto tempo vai demorar até que nossos 'guardiões morais' comecem a reclamar que a promoção dessa música ajuda a divulgar o uso de drogas entre os jovens?".

A resposta para essa pergunta foi: seis meses, mais ou menos. No verão de 1988, o acid house estava se tornando uma obsessão nacional, com milhares de jovens se acotovelando em casas noturnas e festas ao ar livre. Jornais britânicos soaram o alarme, publicando matérias que praticamente imploravam aos jovens que fossem conferir de perto aquilo tudo.

Uma manchete do *The Observer* em agosto: "A AMEAÇA DAS DROGAS CONFORME O CULTO AO 'ACID HOUSE' REVIVE O ESPECTRO DOS ANOS 60?". O repórter descreve "jovens de olhar vazio" em uma casa noturna e sugere que o "acid house" talvez seja "a maior febre entre os jovens desde o punk". Dois meses depois, em outubro, o jornal estampou uma manchete ainda mais radical, "O ÁCIDO QUE COME O CÉREBRO", em uma matéria sobre os perigos do ecstasy, que afirmava que a droga era "particularmente tóxica", citando uma pesquisa sobre danos cerebrais conduzida por um neurologista da Universidade Johns Hopkins. Uma enxurrada de músicas falando sobre "ácido" foi lançada naquele ano, e algumas chegaram a ser banidas da programação das rádios por incentivar o consumo de drogas, como "We Call It Acieeed", de D-Mob, e "It's a Trip", do Children of the Night. (Alguns anos depois, o grupo The Shamen se infiltrou nas paradas com "Ebeneezer Goode", uma faixa dançante bem bobinha; os censores demoraram algum tempo para perceber que parte do refrão soava como "*E's are good*" [ecstasy é bom]). Um obscuro subgênero americano tinha gerado um debate nacional na Inglaterra, e policiais estavam sendo chamados cada vez mais para impedir que jovens ocupassem armazéns ou terrenos no campo para dar suas festas. Em novembro, uma capa da revista *New Musical Express*, que cobria com entusiasmo a cena de acid house, mostrava um policial fardado rasgando ao meio uma carinha sorridente. "BATIDAS ÁCIDAS", dizia a manchete.

Para os dançarinos britânicos, o verão de 1988 — o verão do amor, como foi chamado — seria o ano zero, o nascimento de uma nova cultura, e a era à qual todas as outras eras seriam comparadas eternamente e quase sempre de modo desfavorável. Durante a febre do acid house, às vezes se dizia que os frequentadores estavam "*raving*" [delirantes] e, nos anos seguintes, eles começaram a usar a palavra "*rave*", como substantivo, para se referir a um tipo de festa feita ao ar livre; essas festas, quase sempre ilegais, se tornaram o espaço mais importante para a dance music britânica. Em 1990, a febre do "acid house" tinha dado lugar, na Inglaterra, à então chamada cultura das raves, que era menos mediterrânea em seu espírito e menos norte-americana em seu som — totalmente mais local. A cena das raves era rebelde: desprezava a mídia, que havia transformado o acid house num circo, e não gostava da polícia, que parecia estar sempre disposta a arruinar uma boa festa. Os organizadores tentavam driblar as autoridades, recusando-se a divulgar a localização de uma festa antecipadamente; apenas algumas pessoas escolhidas tinham um número para o qual ligar, ou um ponto de encontro para estar, onde teriam acesso a informações mais precisas. Para muitos dos frequentadores, essa caça ao tesouro no alto da madrugada era parte da diversão.

Os pioneiros do house e do techno, assim como seus antecessores da disco, também tinham tentado emplacar hits, porque queriam botar o maior número possível de pessoas para dançar. Mas a cultura das raves britânica tinha o punk rock entre seus antepassados culturais, de modo que seus membros exibiam certo grau de antipatia em relação às pessoas comuns e sua música comum. A socióloga Sarah Thornton disseca a dance music britânica num livro muito inteligente, *Club Cultures*, publicado em 1995. Ela observa que muitas das pessoas que ela encontrou em casas noturnas e raves compartilhavam um desdém similar em relação aos não iniciados. Mulheres que gostavam de música pop mainstream eram chamadas, de forma irônica, de "Sharon e Tracy"; rapazes ignorantes que só tinham ouvido falar de dance music pelos tabloides eram chamados de "Acid Teds". Thornton percebe, também, que aquela hierarquia tinha alguma relação com gênero: nessa cena, assim como nas cenas de punk e do metal, tudo que era considerado mainstream ou superficial podia ser descrito como feminino. Ela nota, ainda, que esses rituais de depreciação "contribuem para a sensação de uma identidade compartilhada que muitas pessoas relatam ser o principal atrativo da cultura de casas noturnas e raves". Como a cultura das raves via a si própria como fora da lei, intrinsecamente contrária a qualquer coisa que estivesse tocando no rádio, ela lutou com muito mais ferocidade para manter o controle sobre sua identidade. O Prodigy foi um grupo bastante selvagem que apareceu em meio à cena das raves em 1991 com um single chamado "Charly", guiado por uma batida sincopada e uma colagem de samples, incluindo um fragmento retirado de um antigo vídeo educacional. A canção foi um hit inesperado, alcançando o terceiro lugar na parada britânica de pop e, no ano seguinte, a revista *Mixmag*, dedicada à dance music, estampou na capa Liam Howlett, o produtor do grupo, apontando uma arma para a cabeça. A manchete dizia: "THE PRODIGY: 'CHARLY' MATOU AS RAVES?". O artigo, escrito por Dom Phillips, argumentava que "Charly" era um "pesadelo" e uma "febre passageira" — basicamente, a mais nova versão de "Disco Duck". Phillips escreveu que o Prodigy era "o grupo que melhor representava essa cena cafona e adolescente de raves" e que a própria cena de rave havia, de modo geral, se tornado "muito grande, muito popular e muito caída". Howlett parecia constrangido com o sucesso. "É muito difícil manter o respeito no underground quando uma de suas músicas está nas paradas", disse.

Os editores da *Mixmag* não estavam, é lógico, sugerindo que seus leitores abandonassem por completo a música eletrônica. Para quem não era da cena, a parte mais surpreendente da matéria de capa talvez tenha sido o reconhecimento, lá pela metade do texto, de que a dance music eletrônica, na verdade, estava indo muito bem. "Esse vem sendo um bom ano para a house music mais pesada", escreveu Phillips, que, mais tarde, viria a ser o editor da revista. Ele elogiava "Digeridoo", uma nova música de Aphex Twin, considerando-a "um techno muito pesado, embora inteligente". Percebia a crescente popularidade do "house melódico". E estava vislumbrando a mistura cada vez iminente do estilo com o "hardcore" e o "ragga". Em outras palavras, a *Mixmag* estava usando "rave" para se referir a um formato de música eletrônica específico entre muitos; o argumento de Phillips era que a cena estava se fragmentando e que alguns desses fragmentos eram mais afiados que outros. Ele também estava jogando uma luz sobre a maneira como a dance music estava criando sua própria taxonomia. "Intelligent techno" era um pseudogênero ligado ao Warp, o selo de Aphex Twin, conhecido por lançar "música eletrônica para a mente" — isto é, "para o quarto, não para a pista de dança". Em comparação, muitas músicas de rave eram consideradas, assim como alguns dos hits da disco, puramente funcionais e, portanto, pouco inteligentes, não importando o quanto fossem eficientes cumprindo sua função. Em *Energy Flash*, uma história indispensável da dance music, publicada em 1998, Simon Reynolds, crítico e devoto do estilo, defende o que chama de "anonimato radical" da dance music utilitária. O livro é conduzido pelo que o autor chama de "contrapreconceito": um ar de esnobismo e uma paixão de profunda intensidade. As músicas de rave favoritas de Reynolds "endureceram e intensificaram" a sonoridade do house e do techno, produzindo faixas ruidosas para agradar às pistas que eram descaradamente "unidimensionais"; elas eram rock 'n' roll no espírito, embora não na sonoridade.

A fragmentação da dance music e os debates em torno dessa fragmentação eram, em alguma medida, um tributo ao seu inescapável precursor, a disco music, um estilo tão contraditório e controverso que praticamente ninguém parecia capaz de amá-lo por inteiro. Muitos ouvintes tardios tentaram defender o gênero, separando-o em "disco verdadeira" e "disco falsa", mas, de modo geral, eles não conseguiram chegar a um consenso sobre essa divisão. O crítico de R&B Nelson George adorava o som repleto de soul da banda de Earl Young, mas não ficou muito impressionado com os produtores europeus e seus sintetizadores. Frankie Knuckles gostava de uma ampla gama de sonoridades e estilos da disco music, porém era estritamente "underground" — não estava muito interessado nos hits. Fãs do "intelligent techno" talvez tenham curtido as experimentações eletrônicas nas quais os produtores da disco foram pioneiros, mas rejeitavam sua paixão por uma estética brega e bobinha. E Simon Reynolds, celebrando as faixas hardcore que ajudaram a construir a cena de rave, não conseguia esconder a decepção com alguns produtores de dance music e seus esforços para serem considerados músicos "de verdade". Uma das verdades universais da dance music é que mesmo suas obras mais relevantes tendem a ser subvalorizadas, e muitos de seus melhores artistas não conseguem se livrar da sensação de que deveriam, e poderiam, estar fazendo músicas com mais sustância. Donna Summer, no auge da fama e da popularidade, declarou à *Newsweek* que "gostaria de ser tão valorizada" quanto Barbra Streisand e Aretha Franklin. Sete anos depois, um excepcional cantor da cena de casas noturnas de Chicago chamado Darryl Pandy disse que também pretendia seguir os passos de Streisand. A verdade agridoce é que, muitas décadas depois, Pandy é um herói cultuado da dance music, famoso por nada mais, nada menos que um par de excelentes faixas de house de Chicago.

Party Monster

Perto do final daquela matéria da *i-D*, de 1986, sobre a cena de house de Chicago, o repórter, Simon Witter, faz uma confissão: ele havia comprado 35 singles durante sua viagem e mais tarde descobriria que muitos deles eram "tão terríveis que nem dá para ouvir". Witter achou que esse tipo de decepção talvez fosse inerente ao gênero da dance music. "Na luz fria da sua sala de estar, não faz muito sentido ouvir essas coisas", concluiu. Essa é uma crítica comum, embora nem todo mundo concorde que seja realmente uma crítica. Muitas dessas músicas foram criadas para serem tocadas por um excelente DJ, num poderoso sistema de som. Não seria esperado que elas soassem decepcionantes — ou mesmo "terríveis" — quando você as levasse para casa? Nos anos 1990, quando teve início minha obsessão pela música eletrônica, eu passava muito tempo em lojas especializadas no estilo, ouvindo singles de doze polegadas em seus toca-discos. Depois de mais ou menos uma hora, sempre comprava uns dois ou três — parecia o justo a fazer. E daí levava os discos para casa, sem ter nenhuma ideia específica do que fazer com eles. Eles haviam sido feitos para DJs, e eu não era DJ. Mas acho que nunca tive a experiência de escutar uma música que pareceu maravilhosa quando tocada por um DJ e depois achá-la horrível quando a ouvi no meu aparelho de som. Um DJ talentoso pode ajudá-lo a ouvir com mais atenção, fazendo-o perceber coisas que talvez você não tenha percebido antes. E, na minha experiência, essa nova percepção tende a ser duradoura, em parte porque a música está agora ligada a uma boa festa e em parte porque um insight promovido por um DJ, assim como qualquer outro insight, tende a perdurar. Depois que escuto uma coisa que gosto numa música, geralmente continuo escutando.

Mas existe ainda outra maneira, talvez mais profunda, de uma noite de dança conseguir transformar a forma como você escuta uma música. A cena britânica de acid house estava tão intimamente ligada ao ecstasy que as pílulas, às vezes, pareciam mais importantes do que as músicas. Uma das casas noturnas mais influentes da cena se chamava Shoom, palavra usada para descrever os efeitos do ecstasy — ou, como disse malandramente a *i-D*, "o estado de êxtase que os dançarinos almejam alcançar". Jenny Rampling, um dos administradores da Shoom, disse à revista que os frequentadores da casa podiam "relaxar por inteiro e enlouquecer o quanto quisessem, sem se preocupar com ninguém os censurando e julgando", o que era um convite implícito para se entregar ao prazer. A socióloga Sarah Thornton chegou à conclusão de que só havia uma maneira de entender esse mundo. "Pessoalmente, não sou fã de drogas — eu me preocupo com meus neurônios", escreveu, ao relatar uma experiência no banheiro feminino de uma casa noturna não identificada. "Mas elas estão presentes nessa cultura jovem, de modo que me submeti a uma experiência em nome de uma pesquisa mais completa." Reynolds foi menos reticente. "O ecstasy", escreveu, "produz uma sensação física específica que é difícil de descrever: uma ânsia pegajosa, uma felicidade aflitiva, uma efervescência trêmula que faz você se sentir como se seu sangue fosse feito de champanhe." Ele abordou de maneira muito direta uma pergunta que está sempre associada a qualquer subcultura musical regada a drogas: Será que as pessoas só gostam desse som porque estão chapadas? Como resposta possível, observou que ouvia dance music quando estava sóbrio — e adorava. Mas acrescentou um porém. "Se eu seria capaz de *senti-la*, de entendê-la visceralmente, caso meu sistema nervoso não tivesse sido reprogramado pelo MDMA, é outra questão." Essa parece ser uma conclusão razoável, embora eu não consiga deixar de me perguntar se Reynolds não estava subestimando suas próprias capacidades imaginativas. Talvez eu tenha meus próprios preconceitos sobre o assunto, graças à minha própria inexperiência com ele: durante todo o tempo em que dancei ao som de DJs, nunca estive aditivado por nada mais forte que álcool e cafeína, eventualmente numa horrenda combinação. (A mistura de Red Bull com vodca, se algum dia eu tiver algum motivo para consumir novamente, com certeza me lembrará da ocasião em que fiquei sentado num gramado em Miami, ouvindo mal e porcamente o som de alguns DJs tocando e algumas dezenas de milhares de ravers.) Mas o mundo dos frequentadores de casas noturnas nunca me pareceu mais estranho do que o dos fãs de country ou dos metaleiros. Da mesma maneira que você não precisa estar num encontro para se comover com uma balada romântica, talvez não precise estar sob o efeito de ecstasy para se sentir extasiado — muito embora Reynolds tenha um ótimo argumento a favor da teoria de que isso talvez ajude.

Na era da disco, as drogas desempenhavam um papel muito importante na economia da vida noturna. A paixão de David Mancuso pelo LSD estava ligada à atmosfera comunitária que ele queria promover. Mas havia benefícios práticos também: Mancuso não tinha licença para vender álcool, de modo que talvez fosse uma boa ideia ter convidados que não estavam particularmente interessados em comprá-lo. Em boates gay, como o Continental Baths, que facilitava os encontros sexuais, em geral era fácil encontrar nitrito de amila, que era utilizado para aumentar o prazer sexual. Muitos DJs eram especialistas em drogas e alguns eram também dependentes delas, como Larry Levan, um usuário de heroína de longa data que morreu de ataque cardíaco aos 38 anos. Na maior parte do tempo, porém, o que mais se consumia era cocaína — que, assim como a disco music, era considerada muito glamorosa nos anos 1970. O Studio 54 era conhecido não apenas por tolerar seu uso como também por promovê-lo através do elemento mais famoso de sua decoração: um enorme rosto em forma de lua crescente pintado numa parede, com uma colher brilhante aproximando-se do nariz. Para Nile Rodgers, a cocaína fazia parte da vida noturna que ele adorava, e ele diz que só parou de consumi-la em 1994, depois de passar por um episódio psicótico.

Em seu livro, Reynolds fez outras coisas além de falar sobre o uso de drogas na cena: ele produziu uma espécie de história material da dance music, usando as drogas para explicar como a cena britânica havia se transformado ao longo das décadas. Aparentemente, no fim das contas, o ecstasy não "comia o cérebro" de ninguém: a pesquisa que inspirou a manchete alarmista do *Observer* acabou sendo retificada mais tarde, quando se descobriu que, por engano, os participantes haviam consumido metanfetamina "em vez da droga pretendida, o MDMA". Evidentemente, era pouco provável que o ecstasy produzisse dependentes ou zumbis comedores de cérebro. Um dos maiores riscos que ele apresentava era a desidratação: fazia as pessoas quererem dançar e as deixava com sede; durante longas noites em raves lotadas, essa combinação às vezes causava problemas. Reynolds também considerou que a substância tinha um efeito dessexualizante, criando na Inglaterra algo raramente observado na história da humanidade: uma cultura jovem na qual o desejo sexual desempenhava um papel mínimo. Um dos maiores problemas com o ecstasy parecia ser o fato de que ele ia perdendo a eficácia ao longo do tempo e, da mesma forma, Reynolds argumentou que a maioria das cenas de rave tinha "um período de lua de mel de dois anos, no máximo", depois do qual os frequentadores se voltavam para novas drogas, o que, por sua vez, modificava a cultura e também a música. Na metade dos anos 1990, alguns frequentadores da cena começaram a consumir metanfetamina e formas mais aceleradas de techno, como o gabber, no qual a batida é tão rápida e assustadora que praticamente não sobra espaço para mais nada. Outros se voltaram para a maconha e para um derivado mais sinistro chamado jungle, que misturava batidas aceleradas com linhas de baixo lentas. "Conforme a maconha foi substituindo o E", escreveu Reynolds, "a cena de dance music foi se tornando menos maníaca, delirante e descontrolada."

A teoria de Reynolds também se encaixa razoavelmente bem nos Estados Unidos, onde cenas localizadas de rave brotaram e evoluíram nos anos seguintes ao verão do amor britânico. Na região da baía de San Francisco no começo dos anos 1990, alguns expatriados britânicos ajudaram a cultura das raves a se misturar com os remanescentes do movimento hippie e com uma versão incipiente da indústria de tecnologia. Em 1991, a revista *Mondo 200*, dedicada à "cibercultura", disse aos seus leitores que a house music era "o melhor vírus cultural tecnoxamânico surgido até então". Durante alguns anos, antes de a cidade desmoronar e os pioneiros irem embora, San

Francisco ficou famosa por suas raves "psicodélicas" e suas festas neo-hippies na praia. Nova York foi a sede de uma festa selvagem e itinerante conhecida como Storm Rave, que desapareceu após alguns anos, sendo substituída pela NASA, uma *after-party* realizada numa casa noturna em Tribeca chamada Shelter. (O especialista em dance music Michaelangelo Matos credita — ou culpa — a NASA por ajudar na popularização das calças extremamente largas que acabariam associadas à cultura das raves nos Estados Unidos.) Além disso, em Nova York havia a Limelight, casa do promotor Michael Alig e de seus famosíssimos Club Kids, para quem um comportamento extravagante e figurinos criativos eram mais importantes que a dança e a música. Alig ajudou a tornar a Limelight a casa noturna mais conhecida da cidade desde o Studio 54 e se transformou numa espécie de celebridade do underground, embora estivesse cada vez mais dependente da heroína e cada vez mais descontrolado. Em 1996, Alig assassinou seu traficante e jogou seu corpo no rio Hudson. Ele passou dezessete anos na prisão, período durante o qual foi interpretado por Macaulay Culkin no filme *Party Monster*; ganhou a liberdade condicional em 2014 e morreu seis anos mais tarde, vítima de uma overdose de heroína.

Apesar desse e de outros pequenos soluços da cultura das raves nos Estados Unidos, a dance music eletrônica nunca se consolidou no país da mesma forma que na Inglaterra e por toda a Europa. O que Reynolds chamava de "anonimato radical" da cena britânica parecia, do outro lado do oceano, uma coisa puramente ilógica, um ataque de aventureiros de estúdio sem rosto. Quantos ouvintes norte-americanos se dariam o trabalho de saber a diferença entre The Orb, um grupo conhecido pela sua divertida música de *chill-out*, William Orbit, um cara conhecido por suas composições artísticas e atmosféricas, e o Orbital, uma dupla famosa por suas faixas dançantes e viajandonas? De tempos em tempos soava um novo falso alarme. Em 1992, a revista *Time* prometeu aos seus leitores norte-americanos que o techno estava "em franca expansão". No ano seguinte, a revista disse ao seu público que uma cultura *"cyberpunk"* vinha surgindo, trazendo consigo uma trilha sonora calcada no acid house. O nome de maior vulto a surgir na cena nova-iorquina foi Moby, que em 1991 chegou ao número 10 da parada britânica com uma faixa dançante inspirada nas raves chamada "Go". (Essa era uma tripla furada de bolha: um sucesso britânico feito por um produtor norte-americano inspirado numa cena britânica construída a partir de um gênero norte-americano.) Em 1993, a *Rolling Stone* escreveu que, graças a Moby, "o house e o techno agora estão prontos para estourar no país". E, em 2000, a *The Face* publicou um artigo ao mesmo tempo triunfante e um pouco inseguro com este título: "A DANCE MUSIC CONQUISTA OS ESTADOS UNIDOS! SIM, AGORA É PRA VALER".

Existe uma longa tradição de músicos norte-americanos — mais especificamente, de músicos afro-americanos — que são muito mais aclamados no exterior do que em seu próprio país. Os pioneiros do house e do techno às vezes se percebiam dessa forma, como os equivalentes contemporâneos dos lendários músicos de jazz e blues que faziam excursões por toda a Europa, onde frequentemente eram aclamados como lendas vivas e depois voltavam para uma relativa obscuridade nos Estados Unidos. A situação era ainda mais esquisita, porque muitos ouvintes norte-americanos não tinham a menor ideia de que o house e o techno tinham raízes no seu país; a explosão da cultura das raves fez com que a dance music parecesse um fenômeno europeu. Os Estados Unidos continuaram produzindo e exportando DJs e produtores que eram celebrados no exterior, e somente lá. Nos anos 1990, a cena de casas noturnas de Nova York gestou diversos nomes importantes do estilo, entre os quais a dupla de descendentes de porto-riquenhos conhecida como Masters at Work, cujas produções e remixes traziam de volta o espírito poliglota da disco em sua melhor forma. Em Chicago, uma nova onda de DJs como Derrick Carter ganhou destaque no circuito europeu, celebrado por evocar o espírito do lugar onde a dance music contemporânea havia nascido. E na Alemanha, especialmente, "Detroit techno" se tornou o nome de um estilo, que vinha com promessas de integridade e autenticidade. Parte do que o Detroit techno oferecia aos seus fãs europeus era uma autenticidade racial: a sensação de que aquela música eletrônica não era uma criação feita por brancos dentro de um estúdio, mas sim a trilha sonora de uma cidade negra — ainda que a maioria das pessoas ali não soubesse praticamente nada sobre isso.

Mundos diferentes

Um motivo pelo qual norte-americanos resistiram aos encantos do house, do techno e da revolução das raves tem a ver com ritmo. O que conferia à disco music sua maciez, aquela sensação de movimento perpétuo, era a regularidade de suas batidas: Earl Young, ou alguma imitação dele, batendo num bumbo, ou numa imitação de um bumbo — *tum, tum, tum, tum* —, quatro vezes por compasso, mais ou menos duas vezes por segundo, indefinidamente. Algumas das faixas primordiais do hip-hop utilizaram uma variação desse ritmo: "Rapper's Delight", com sua levada inspirada no Chic, é o exemplo mais antigo e famoso. Em 1982, todavia, quando o Grandmaster Flash and the Furious Five lançou *The Message*, a batida do hip-hop tinha ficado mais lenta e mais pesada. Essa faixa atinge, mais ou menos, a casa das cem batidas por minuto, com uma forte ênfase — "palmas" eletrônicas — na segunda e na quarta batidas. Na esteira da disco, as pistas de dança norte-americanas foram sendo gradualmente dominadas por essas batidas secas que, em geral, eram incrementadas com palmas ou caixas eletrônicas, inspirando novas maneiras de dançar. No começo dos anos 1980, um gênero acelerado e espasmódico chamado electro ganhou popularidade nas boates de Nova York e se tornou a trilha sonora favorita para o break dance, que era atlético e preciso. O electro foi o estilo no qual Herbie Hancock se inspirou em "Rockit", seu single de 1983, que se revelou um sucesso inesperado. No mesmo ano, a cantora Shannon emplacou o hit "Let the Music Play", introduzindo muitos ouvintes a um gênero conhecido como freestyle: letras pop casadas com batidas inspiradas pelo electro.

Em resposta à rejeição à disco music, batidas pesadas e secas eram uma maneira de os artistas de pop e R&B mostrarem aos fãs que haviam entendido a mensagem e que estavam deixando os anos 1970 para trás. No rádio ouvia-se muita dance music eletrônica, mas pouquíssimas faixas usavam a batida característica da disco. O maior hit de Donna Summer depois da disco foi "She Works Hard for the Money", de 1983, uma canção de synth-pop acelerada e impertinente, com uma sonoridade bem oitentista. A partir da metade dos anos 1980, a pioneira Gloria Estefan, uma cantora de ascendência cubana, emplacou uma sequência de hits vibrantes nas paradas de sucesso, dando aos ouvintes anglófonos um gostinho da dance music latina que eles praticamente ignoravam. Mas, acima de tudo, a década foi a era de Michael Jackson, quando um formato híbrido de pop inspirado no R&B estava em ascensão. Na mesma época em que a cena das raves decolava na Inglaterra, os rappers estavam dando início ao seu longo reinado nos Estados Unidos. O hip-hop tinha sido propulsivo, rebelde, e havia feito um excelente trabalho alarmando os colunistas da imprensa. Para que os jovens norte-americanos precisariam do acid house quando já tinham o N.W.A.?

Para muitos norte-americanos fãs de música nos anos 1980, existiu uma porta de entrada para o mundo da dance music: Madonna. Ela apareceu num mundo construído pela disco: sua identidade musical foi forjada nas casas noturnas de Nova York, como a Danceteria, que misturava os remanescentes das cenas do punk e da disco, e a Fun House, uma verdadeira espelunca de fim de noite cujos frequentadores gostavam de electro e de anfetaminas. O principal DJ residente da Fun House era Jellybean Benitez, que se tornaria o mais importante parceiro musical de Madonna no começo da carreira dela e, durante algum tempo, foi também seu namorado. Ele ajudou a produzir o álbum autointitulado de estreia da cantora, de 1983, que usava as batidas eletrônicas pesadas da cena nova-iorquina como base para oito de suas divertidas canções pop. Desde o começo, Madonna sempre teve uma noção bem clara de como sua voz e sua carreira poderiam se beneficiar da sonoridade e da cultura da dance music. Seu segundo álbum, *Like a Virgin*, foi produzido por Nile Rodgers e, em 1987, ela lançou um álbum num formato com o qual muitos de seus fãs provavelmente nunca tinham se deparado até então: um álbum de remixes, *You Can Dance*, cheio de versões muito bem estendidas de seus singles. Em 1990, com a house music em ascensão na Inglaterra, Madonna lançou "Vogue", uma homenagem à cultura de festas drag que ajudou a definir a vida noturna gay em Nova York, além de um exemplar surpreendentemente inflexível de dance music eletrônica. Não é fácil mensurar essas coisas, mas pode-se argumentar que "Vogue" foi a faixa mais influente de house music em toda a história — aquela que teve as maiores chances de atingir e converter ouvintes que nunca haviam sequer passado perto de uma boate ou de uma rave.

A outra maneira de os ouvintes norte-americanos terem contato com a dance music foi através de uma série de hits desprovidos de qualquer contexto cultural que tomaram de assalto as paradas do pop e, em seguida, desapareceram quase tão rápido quanto surgiram. De modo geral, essas músicas eram percebidas como modinhas passageiras ou artigos importados exóticos. E, muitas vezes, tinham alguma história secreta por trás delas. Em 1989, uma banda belga até então desconhecida chamada Technotronic se materializou com "Pump Up the Jam", uma vigorosa faixa de house misturada com hip-hop, que subiu rapidamente até o número 2 da parada. A maioria dos ouvintes norte-americanos provavelmente a classificou como música de boate europeia — a maior parte não teria sequer como saber que um dos riffs de sintetizador apresenta uma curiosa semelhança com "Move Your Body Now", a revolucionária faixa de Marshall Jefferson. "The Power" (1990, número 2), do grupo alemão Snap!, pegou sua batida emprestada do Mantronix, um influente artista de electro. "Gonna Make You Sweat" (1990, número 1) foi creditada ao C + C Music Factory, dupla composta por David Cole e Robert Clivillés, pioneiro da cena de house music de Nova York. E "3 a. m. Eternal" (1991, número 5) era obra do KLF, um endiabrado grupo britânico, famoso — na Inglaterra, embora nem um pouco nos Estados Unidos — tanto por fazer parte da cultura das raves quanto por zombar dela. Esses e outros hits contribuíram para uma percepção geral nos Estados Unidos de que a dance music era popular, mas apenas em determinados contextos: na cultura queer, em boates de vanguarda e na Europa. Durante a era das raves na Inglaterra, a dance music ganhou uma reputação populista; Simon Reynolds se referia a todos aqueles jovens tomando ecstasy e dançando no meio do mato como "proletariado psicodélico". Nos Estados Unidos, a dance music era considerada bem menos proletária. Ela não era vista como uma música para pessoas normais, apesar dos eventuais sucessos nas paradas.

    Nos anos 1990, os norte-americanos interessados em dance music se depararam com uma nova barreira para superar: a intimidante profusão de gêneros e subgêneros. A house music era relativamente fácil de ser identificada, porque havia conservado o elemento central da disco music: a batida de bumbo-e-chipô de Earl Young. Se a música fazia "tunts, tunts, tunts, tunts", provavelmente era uma faixa de house, sobretudo se trouxesse elementos inspirados na disco, como linhas de baixo melódicas e trechos cantados. O techno, por contraste, tendia a soar ostensivamente sintético, como uma música feita por máquinas: talvez "dum-tsica, dum-tsica, dum-tsica, dum-tsica". O techno costuma usar a repetição para revelar ritmos ocultos dentro de pequenos blocos sonoros, com base no princípio de que praticamente qualquer conjunto de sons, quando repetido, soa como uma batida. Havia, ainda, uma terceira via: muitos produtores na cena das raves construíam suas faixas em torno do que se convencionou chamar de "breakbeats", batidas muitas vezes tiradas de antigas gravações de funk ou novas gravações de hip-hop. (O "break" é o trecho numa música de funk ou R&B no qual todos param de tocar, exceto o baterista.) Comparada ao house e ao techno, a música de rave era ludicamente profana. Muitas faixas soavam como faixas de hip-hop aceleradas, com a parte do rap removida e algumas linhas de baixo pulsantes de acid house acrescentadas, com efeitos sonoros e trechos de diálogos. À medida que ela foi se tornando mais rápida e pesada, alguns produtores começaram a usar vocais de dancehall, um gênero musical identificado com as ruas que parecia combinar com a energia ameaçadora daquelas batidas. (Essa era a combinação de "hardcore" com o "ragga" que a *Mixmag* descreveu em 1992.) Esse híbrido ficou conhecido como jungle e representa uma grande virada na cena. Diferentemente da música de rave, o jungle era música negra e tinha consciência disso. O gênero era às vezes descrito como a resposta inglesa para o hip-hop norte-americano, apesar de nunca ter sido muito voltado para as letras. O jungle é voltado, em vez disso, para linhas de baixo monstruosamente profundas, que se movem em câmera lenta por cima de batidas explosivas. Produtores do estilo gostam de acelerar e reestruturar os breakbeats, criando ritmos complexos que soam como uma sequência de solos de bateria impossíveis. Por cerca de dois anos, o jungle foi talvez a música mais empolgante do mundo, mas depois foi rebatizado como drum 'n' bass e deu origem a toda uma nova constelação de gêneros, cada um servindo para confundir um pouco mais a cabeça dos ouvintes casuais.

Para os não iniciados, é provável que essa variedade de gêneros de dance music pareça desnecessariamente complicada, obra de vendedores de lojas de discos malandros e críticos musicais rancorosos que não tinham nada melhor para fazer com seu conhecimento inútil. Produtores e DJs também se sentem desse jeito às vezes. Pouco antes do começo de um set eletrizante de duas horas, transmitido por uma estação de rádio de Londres em 1994, um DJ chamado Fabio disse aos ouvintes o que eles deveriam esperar. "Mais tarde, vamos tocar um pouco de house music", anunciou, e então se corrigiu: "Vamos tocar todo tipo de música — não vai rolar só jungle esta noite", disse, e então reconsiderou novamente: "Bom, na verdade a gente nem considera essa música como jungle, especificamente. No fundo é tudo música mesmo, né?". Mas a categorização da dance music serve a um propósito e tem a ver com a natureza curiosamente social de sua cena. Numa comunidade construída em torno de festas, é bastante útil ter uma maneira de descrever sua trilha sonora. Os DJs precisam saber que músicas combinam: se você pretende fazer as pessoas dançarem a noite inteira, ajuda bastante se não fizer transições muito abruptas entre as faixas, para que as pessoas se sintam como se estivessem ouvindo a uma única música, muito longa, porém repleta de surpresas para mantê-las entretidas. Uma excelente faixa de dance music não pode ser chata, mas também não pode ser muito afetada, ou muito irritante, para entrar num set. Ela tem uma função a cumprir.

Na dance music, inevitavelmente, diferenças estilísticas que parecem mínimas acabam se conectando a diferenças culturais enormes — o posicionamento de um bumbo pode ajudar a determinar quem frequentará suas festas. O historiador especialista em techno Dan Sicko escreveu sobre uma festa em Rotterdam, em 1992, na qual um grupo de DJs canadenses ficou em choque ao ver que suas faixas de techno brutalmente agressivo fizeram o público responder entoando um cântico desconcertante: "*Joden! Joden!*" — "Judeus! Judeus!". Mais tarde eles descobririam que esse era um grito de torcida de futebol com uma história complexa (era uma maneira de zombar da cidade rival, Amsterdam, cujo time de futebol estava ligado à comunidade lojista judaica), mas, ainda assim, o episódio os fizera considerar a possibilidade de que o techno acelerado e pesado poderia ser perigoso. Na outra ponta do espectro estavam estilos como o "downtempo", basicamente uma versão mais lânguida do hip-hop, sem o rap, que era usada com frequência por empreendimentos comerciais que pretendiam criar uma atmosfera refinada e ao mesmo tempo descolada. Nos anos 1990, alguns fãs e artistas começaram a usar o termo "progressive house" para descrever uma house music que conservava os padrões rítmicos do estilo, mas abria mão das ambições de soar pop, concentrando-se nas texturas e nos climas: introduções longas e diáfanas; teclados grandiosos e oceânicos; melodias contemplativas. Esse estilo foi originalmente promovido como uma alternativa aos formatos mais adocicados e espalhafatosos de dance music — o progressive house era para pessoas mais comprometidas com a dança. No começo dos anos 2000, porém, o progressive house havia se transformado no gênero mais popular dentro do espectro da dance music, além de ter adquirido uma reputação tremendamente negativa entre a maioria dos especialistas do gênero, alguns dos quais prefeririam estilos tão despojados que as batidas e as linhas de baixo estavam reduzidas a cliques e sussurros. Essas diferenças parecem sutis, mas na prática a diferença entre o progressive house e o minimal techno era como entre uma enorme casa noturna lotada de gente vestindo *business casual* e pagando caro por seus drinks e um pequeno bar lotado de fanáticos de camiseta, de olhos fechados, prestando muita atenção na música. Ambas podem ser bem divertidas, mas são experiências radicalmente diferentes. Mesmo no conforto do seu quarto, essas distinções parecem se manter: com a dance music, assim como com a maioria dos gêneros, sons diferentes fazem você imaginar mundos diferentes.

A espiral ascendente

A dance music eletrônica finalmente conquistou os Estados Unidos, mas não da maneira que se esperava. Não foi um movimento repentino — nada parecido com o verão do amor britânico, ou seu pânico nacional com o ecstasy. Em vez disso, seu progresso foi lento e, visto em retrospecto, constante também. Moby, um ex-punk que aparecia na mídia como uma espécie de porta-voz das raves, não ajudou muito o house e o techno a estourarem em 1994, como a *Rolling Stone* havia prometido. Entretanto, naquele ano os Estados Unidos se apaixonaram por outro tipo de álbum repleto de música eletrônica: *The Downward Spiral*, do Nine Inch Nails. O único membro permanente do grupo era Trent Reznor, que cresceu no oeste da Pensilvânia e deu início à sua carreira musical, nos anos 1980, em Cleveland, sob a influência de um gênero conhecido como música industrial, que combinava os ritmos agressivos e pré-programados do electro com o barulho e o mau humor do punk. Reznor usava diversas das mesmas máquinas que os produtores de dance music, mas para criar canções, não faixas. Para os ouvintes norte-americanos, ele apareceu não como um misterioso mago do estúdio, mas como um fascinante *front man* de uma banda furiosa que, por acaso, usava um monte de instrumentos eletrônicos.

Isso acabou se tornando o novo senso comum: nos Estados Unidos, a dance music foi rebatizada de "electronica", e os grupos geralmente eram vendidos não como emissários do universo das raves, mas como pioneiros de uma nova fronteira do rock alternativo. Em 1997, o Prodigy — após sobreviver a "Charly" e até ter feito as pazes com a *Mixmag* — lançou o álbum *The Fat of the Land*, que emplacou dois videoclipes em alta rotação na MTV. Os telespectadores ficaram embasbacados não com os breakbeats nem com Liam Howlett, o produtor e tecladista do grupo, mas sim com um sujeito que usava um moicano duplo, fazia um monte de caretas e rosnava meia dúzia de palavras. Tratava-se de Keith Flint, cuja principal função havia sido, no passado, agitar a plateia durante os shows. Agora, ele estava sendo apresentado, essencialmente, como o *front man* furioso de uma nova banda chamada The Prodigy — nova ao menos para os Estados Unidos, onde pouquíssimas pessoas tinham ideia do que era "Charly" e de que *The Fat of the Land* tinha vendido mais de 2 milhões de cópias. The Chemical Brothers eram dois produtores britânicos empenhados em não ser classificados apenas com o rótulo de dance music. Suas faixas eram barulhentas e agressivas, num espírito similar ao do Beastie Boys, e "Setting Sun", um de seus singles mais amados, tinha Noel Gallagher, do Oasis, nos vocais. A *Rolling Stone* os descreveu como uma dupla que agradaria "àqueles que gostam de *bongs*, cerveja e camisetas do Bob Seger", e os votantes do Grammy pelo jeito concordavam com isso, porque em 1998 eles ganharam um prêmio numa categoria surpreendente: Melhor Performance de Rock Instrumental.

Moby, no fim das contas, conseguiu estourar nos Estados Unidos, mas não com o techno, e sim com um melancólico álbum de 1999 chamado *Play*, que usou samples de música gospel e outras gravações antigas para construir faixas incrivelmente cativantes, e ao mesmo tempo incrivelmente discretas. O álbum vendeu milhões de cópias e se tornou onipresente — todas as suas faixas foram licenciadas para ser usadas num filme, num programa de TV ou num comercial. Esse era o desfecho lógico de uma tendência que vinha evoluindo havia anos nos Estados Unidos: a popularidade da música eletrônica na publicidade e nas playlists de lojas e hotéis, onde era usada, invariavelmente, para criar uma atmosfera de energia jovem e sofisticação tecnológica. Esse fenômeno pode ter levado alguns americanos a pensar na música eletrônica como intrinsecamente corporativa, e Reynolds argumentou que isso sugeria uma espécie duvidosa de progresso. "Nos Estados Unidos", escreveu, "a electronica pulou o estágio de hegemonia no rádio e foi direto para a onipresença." Como resultado, nos anos 2000 um monte de gente que nunca havia passado muito tempo ouvindo música eletrônica tinha, ainda assim, a sensação de que a conhecia — e, geralmente, de que não gostava dela. Tenho um amigo que entende muito de música e tem a mesma reação toda vez que percebe que estou ouvindo house ou techno, não importa qual subgênero. Ele inclina a cabeça, dá um sorrisinho e diz: "Estou me sentindo como se estivesse comprando um jeans".

Mas os ouvintes norte-americanos continuaram descobrindo a música eletrônica nos anos 2000 — talvez porque, como jamais chegou ao mainstream, o gênero ainda tivesse uma aura de mistério, e talvez até ainda fosse cool. Madonna lançou alguns álbuns de sucesso inspirados pelas evoluções mais recentes na cena de dance music europeia: *Ray of Light*, em 1998, e *Music*, em 2000. Björk, a ousada cantora e produtora islandesa apaixonada por sonoridades eletrônicas, ajudou uma geração de ouvintes a descobrir que eles gostavam de música eletrônica tanto quanto de rock alternativo, talvez até mais, tornando-se uma das cantoras mais aclamadas da atualidade — e, por sinal, uma das compositoras eletrônicas mais aclamadas também. O Radiohead, banda britânica de rock alternativo influenciada pelo rock progressivo, lançou um disco quase todo eletrônico em 2000 chamado *Kid A*, que foi a porta de entrada para toda uma geração de fãs de rock que, de repente, se viram interessados por músicas feitas por máquinas.

O Daft Punk, uma dupla francesa, vinha sendo celebrado desde os anos 1990 por suas faixas de house luminosas e às vezes cômicas. Mas nos anos 2000 os ouvintes do mainstream norte-americano finalmente se interessaram pelo seu som. Em 2006, o duo tocou um set no Coachella, festival da Califórnia que sempre abriu suas portas para a dance music e conquistou a plateia com uma versão atualizada de um recurso que alguns dos DJs pioneiros da disco haviam utilizado: um show de luzes, que, nesse caso, assumiu a forma de uma enorme pirâmide feita de neon, com os dois membros da dupla empoleirados perto do topo, usando capacetes de robô que piscavam e reluziam. Naquele ano, o rapper Busta Rhymes lançou uma música de sucesso, "Touch It", baseada num sample do Daft Punk; no ano seguinte, Kanye West lançou uma música que fez ainda mais sucesso, "Stronger", baseada em outro sample do Daft Punk. Quando a dupla lançou seu trabalho seguinte, *Random Access Memories*, em 2013, seus integrantes pareciam pop stars nos Estados Unidos, embora nunca tivessem emplacado um hit sequer no Top 40. O álbum era uma homenagem estranhamente agradável à música norte-americana na era da disco e além, e produziu um hit pop mundial, "Get Lucky". No Grammy Awards de 2014, o Daft Punk venceu em quatro categorias, entre elas a de Álbum do Ano; seus membros se apresentaram ao lado de Nile Rodgers, que colaborou no álbum e os acompanhou até o palco para ajudá-los em seus discursos. (Eles estavam usando seus capacetes de robô, e robôs não falam.) "Essa foi a maior loucura que já fiz", disse Rodgers, entre risos — ele parecia sincero, muito embora, considerando sua vida e sua carreira, seja difícil imaginar que estivesse falando sério.

Sem dúvida o Daft Punk ganhou esses prêmios, em parte, porque a indústria fonográfica queria reconhecer o fato de que a dance music eletrônica havia finalmente conquistado os Estados Unidos e que ninguém sabia muito bem o que fazer a respeito. No fim das contas, a droga decisiva que concorreu para isso não foi o ecstasy, e sim a globalização: à medida que os CDs foram sendo substituídos, primeiro pelos downloads de MP3 e depois pelos streamings digitais, e a MTV foi sendo substituída pelo YouTube, os mercados internacionais de música começaram a se fundir. Em 2007, Rihanna, pop star conhecida por transitar com naturalidade por diversos gêneros, lançou uma explosiva faixa dançante chamada "Don't Stop the Music", baseada numa batida clássica de house music. (A cantora também faz uma citação ao interlúdio balbuciante de "Wanna Be Startin' Somethin'", de Michael Jackson, que era, por sua vez, uma citação a "Soul Makossa", uma das primeiras faixas de disco music.) A música de Rihanna foi sucesso no mundo inteiro, incluindo os Estados Unidos, e ajudou a abrir caminho para uma série de novos hits dançantes. O Black Eyed Peas, outrora um grupo de hip-hop, colaborou com David Guetta, veterano DJ e produtor francês, em "I Gotta Feeling", que se tornou um dos maiores hits de 2009. Não demorou muito para que outros pop stars manifestassem o desejo de ter seus próprios hits dançantes. Guetta produziu hits para Akon, Flo Rida, Usher, Sia e Nicki Minaj; Calvin Harris, um produtor escocês, emplacou um hit com Rihanna e outro em que atuou como vocalista; o rapper Pitbull colaborou com o produtor holandês Afrojack. No fim das contas, os Estados Unidos tiveram até uma música com a atmosfera drogada de Ibiza para chamar de sua: "I Took a Pill in Ibiza", um hit inesperado, de autoria do cantor de pop norte-americano Mike Posner, lançado em 2015, 27 anos depois do verão do amor britânico.

Os hits dançantes estavam subindo nas paradas do mainstream paralelamente ao esperadíssimo crescimento explosivo da cena de raves nos Estados Unidos. Só que a cena não estava mais sendo chamada de rave. Alguns de seus novos frequentadores gostavam de dubstep, um gênero britânico vagamente associado ao jungle, construído em torno de mudanças dramáticas no andamento das faixas: a velocidade, de repente, era reduzida pela metade, e uma linha de baixo ressonante e sincopada atropelava a música. Um jovem produtor chamado Skrillex se tornou o rosto norte-americano do dubstep, inspirando furiosas rodas punk em suas performances. (Alguns astros do pop estavam prestando atenção: há um convulsivo break de dubstep em "Hold It against Me", um single de Britney Spears de 2011, e outro, um pouco mais sutil, em "I Knew You Were Trouble", de Taylor Swift, lançado no ano seguinte.) Enquanto isso, faixas eletrônicas que se aproximavam mais do house em estrutura eram chamadas de "electronic dance music", ou EDM, sigla que logo passaria a definir toda uma cena. Nos Estados Unidos, o mundo da EDM girava em torno de uma rede de festivais ao ar livre — Electric Daisy Carnival, Ultra Music Festival, Electric Zoo —, bem como um punhado de casas noturnas, principalmente em Las Vegas, que podiam pagar os cachês dos maiores astros do estilo. Os números eram impressionantes: os maiores festivais atraíam multidões na casa das centenas de milhares de pessoas, e os DJs mais populares podiam cobrar valores de até seis dígitos por uma única apresentação. Em 2013, a SFX, uma empresa famosa por organizar eventos de EDM, abriu seu capital na Bolsa de Valores, atingindo uma *valuation* de mais 1 bilhão de dólares.

Essas raves atualizadas não tinham o mesmo espírito contracultural de seus antecessores britânicos. Eram realizadas em lugares autorizados, e na medida do possível, muito bem organizadas; o público era bem-humorado e animado. Como sugeria o título da música de Posner, aparentemente havia um componente farmacológico envolvido no aumento do interesse pela dance music. Enfim a cultura americana havia caído na onda da felicidade aflitiva: o MDMA estava por toda parte, em geral comercializado em forma de pó em vez de pílula e comumente chamado de Molly, que, dizia-se, era abreviação de "molécula" ou "molecular". Em 2012, no Ultra Music, em Miami, Madonna fez uma breve aparição, perguntando, de forma sugestiva: "Alguém de vocês na plateia viu a Molly por aí?".

A resposta foi eletrizante, porém mais tarde, no Twitter, Deadmau5, um popular produtor de EDM famoso por não ter papas na língua, se mostrou incomodado. "Você tem uma voz muito poderosa", disse ele a Madonna. "A EDM poderia se beneficiar mais de sua influência positiva, e não desse papo de 'Molly'."

Madonna se defendeu, dizendo que tinha se referido a "Molly", uma faixa de autoria do produtor francês Cedric Gervais, na qual uma voz robotizada diz: "Por favor, me ajude a encontrar Molly". (Como diversas faixas de dance music, essa faz o uso de drogas parecer algo glamoroso e ao mesmo tempo meio sinistro, uma combinação que se reforça mutuamente.)

Mais tarde, naquele ano, Deadmau5 apareceria na capa da *Rolling Stone* e usaria a ocasião para desenvolver melhor sua crítica. "É a mesma coisa que falar sobre escravidão na porra de um show de blues", disse. "Não é apropriado." Sua analogia foi malvista, mas o raciocínio era familiar: como muitos astros da dance music antes dele, Deadmau5 sabia que o gênero que havia escolhido era percebido como algo bobo ou perigoso, e ele se preocupava com isso. "A disco music durou mais tempo do que a EDM", declarou à revista dois anos mais tarde. "E ela morreu rápido pra caralho."

Perder-se na música

De volta aos anos 2000, quando trabalhava no *New York Times,* tive um editor muito inteligente e afetuoso que suspirava sempre que eu lhe dizia que queria resenhar dance music. Ele não tinha nenhuma objeção moral ao estilo, nem sequer uma aversão musical, na verdade. Só achava tudo aquilo meio enfadonho. E, de certa forma, era mesmo. Um DJ ou produtor obscuro ficava parado, de pé, atrás de uma mesa cheia de toca-discos ou computadores, por algumas horas, no meio da noite, fazendo "tunts, tunts, tunts, tunts" (ou "dum-tsica, dum-tsica, dum-tsica, dum-tsica"), e daí eu tinha de me esforçar ao máximo para explicar por que o que estava acontecendo ali era, na verdade, uma coisa muito interessante. Eu escrevia sobre esse tipo de música porque adorava: adorava a maneira como ela soava no fone de ouvido ou dentro do meu apartamento, com faixas longas que iam lentamente se transformando e evoluindo; e adorava a maneira como um bom DJ podia usar um sistema de som potente para ir muito além da monotonia, ajudando as pessoas na pista a mergulhar tão completamente na batida que até pequenas mudanças no timbre e no ritmo proporcionavam momentos de alta dramaticidade. Eu escrevia sobre isso porque, mesmo na época, naqueles anos anteriores à explosão da EDM nos Estados Unidos, dance music de vários tipos arrastava verdadeiras multidões por todo o planeta — uma espécie de circuito internacional de vida noturna havia se formado, alimentado por uma música que costumava ser instrumental e, portanto, não enfrentava barreiras de linguagem. E eu também escrevia sobre isso porque gostava do desafio de descrever um tipo de música que, às vezes, parecia avessa às palavras.

Por motivos óbvios, jornalistas musicais são atraídos por tudo aquilo que dá uma boa história: grandes personalidades, letras que vão direto ao ponto, conceitos grandiosos, brigas mesquinhas. (Pense, por exemplo, em Kanye West, que proporcionou tudo isso e muito mais.) Às vezes, isso pode significar que os gêneros que utilizam menos palavras tendem a ser ignorados ou até desprezados, porque os prazeres que eles proporcionam não admitem muita margem de análise ou discussão. Nesse sentido, os produtores de dance music tinham algo em comum com as bandas de improviso. O Grateful Dead, o decano destas, era famoso por fazer as pessoas "dançarem até o dia clarear", como David Crosby, um rock star contemporâneo, disse certa feita. Assim como a dance music, a música do Dead era difícil de ser traduzida em palavras: seus ouvintes tendiam a descrever uma apresentação particularmente boa com ladainhas abstratas sobre "energia" e "vibrações". Assim como a dance music, a música do Dead soava meio monótona para quem não a apreciava e não conseguia registrar as variações e inovações sutis que tanto comoviam seus fãs. Assim como a dance music, a música do Grateful Dead não se traduzia muito bem em álbuns; seus fãs mais ferrenhos argumentavam que nenhuma gravação de estúdio jamais substituiria uma apresentação ao vivo com horas de duração. E, assim como a dance music, a música do Dead, dizia-se, melhorava muito com o uso de substâncias estupefacientes — e quem olhava de fora achava que ela seria intolerável sem esse recurso. Discípulos de gêneros musicais execrados costumam reagir de duas maneiras. Alguns internalizam as críticas e procuram maneiras de melhorar a música supostamente ruim que eles adoram. (Diversos álbuns formidáveis de dance music foram lançados ao longo dos anos: *Richard D. James Album*, uma colcha de retalhos extraordinariamente complexa e lúdica de Aphex Twin; *Sessions*, um mix inebriante de faixas e remixes de Carl Craig, um prodígio do techno; *Midtown 120 Blues*, um tratado ácido e nostálgico sobre a house music, do DJ Sprinkles.) Outros rejeitam as críticas por completo: quem precisa de grandes álbuns ou mesmo de produtores brilhantes, quando você pode se perder na música, estando sóbrio ou não? Durante meus anos de frequentador profissional de shows, eu às vezes me sentia como se estivesse fazendo uma coisa um tanto quanto absurda: estava quase sempre sozinho, profundamente concentrado na música, fazendo anotações o tempo todo, enquanto as pessoas ao meu redor se divertiam e criavam vínculos com seus parceiros e amigos. E, para muitos deles, o show era simplesmente uma desculpa para curtir uma festa. Na prática, pode-se dizer que toda música popular é, efetivamente, música de festa.

A explosão da EDM no começo dos anos 2010 foi conduzida por uma percepção de que nada supera uma boa festa. Os promotores pagavam por shows de luzes suntuosos, figurinos para os dançarinos, brinquedos de parques de diversões. A música parecia às vezes algo meramente secundário: na internet, os fãs mais antenados trocavam palpites sobre qual DJ de renome estaria tocando, secretamente, sets pré-gravados, girando os controles do mixer desligado para dar a impressão de que estava fazendo alguma coisa. E, mesmo assim, o conceito de gênio musical acabaria se mostrando difícil de descartar, uma vez que toda a pompa dos grandes eventos de EDM servia somente para inflar ainda mais os principais nomes do gênero. Figurões como Tiësto e Avicii atuavam menos como DJs e mais como astros do pop, tocando sets curtos abarrotados de hits monumentais. (Isso era, essencialmente, o oposto do "anonimato radical" outrora exaltado por Reynolds.) O sucesso meteórico da EDM, assim como o que aconteceu com a disco, provocou uma polarização no público ouvinte, reunindo uma enorme coalizão de fãs empolgados que, ainda assim, acabou sendo engolida por um número muito maior de detratores. A EDM era desprezada por muita gente pelos mesmos motivos que a disco havia sido um dia: era formulaica demais, não demonstrava respeito pelos antigos valores musicais e era muito transparente em suas intenções de proporcionar prazer a multidões de pessoas drogadas vestindo roupas ridículas. Só que agora alguns de seus críticos mais ferrenhos eram produtores de outras variantes de dance music — eles também pertenciam àquele mundo que a disco havia ajudado a criar. Dave Clarke é um DJ e produtor britânico que vem lançando techno de excelente qualidade desde 1990, pouco tempo depois que o estilo surgiu. Uma data fixa em sua agenda era um ato de reprogramação musical — ele se apresentava todos os anos no Tomorrowland, na Bélgica, um dos maiores festivais de EDM do mundo. Numa entrevista para a *Mixmag* em 2015, Clarke fez uma distinção que soa bastante familiar. "A EDM é um engodo", disse. "Agora, o techno? Isso sim é uma arte oculta." Em outro trecho ele associa a popularidade da EDM com a onipresença dos celulares e das selfies. "A EDM prejudica sua atenção", afirmou, soando como um psicólogo musical. "Ela não é hipnótica."

Na época em que Clarke deu essa entrevista, sinais de uma recessão na EDM começavam a se manifestar. Não houve nenhum equivalente ao tumulto "Disco Sucks" de 1979. Mas mesmo antes da pandemia de

2020, que, de uma hora para outra, esvaziou todas as pistas de dança do mundo, a empolgação com os festivais estava começando a diminuir e as faixas dançantes vigorosas tinham deixado de aparecer com tanta frequência nas paradas do pop. Em 2016, a SFX anunciou que decretaria falência. No mesmo mês em que a empresa fez esse anúncio, um dos artistas mais populares de EDM do mundo era um produtor norueguês chamado Kygo, famoso por um estilo de músicas lânguidas, baseadas em canções, que muita gente chamava de "tropical house". Os especialistas odiavam, é claro. Uma DJ de house e techno de Nova York conhecida como Blessed Madonna fez uma declaração deliciosamente insolente ao *New York Times*: "House music pode ser muita coisa, mas música de relaxamento com uma batida de EDM por cima? Aí não é house, aí é trilha sonora de retiro de ioga". Porém os fãs de Kygo não pareciam muito preocupados com a nobre linhagem do house e do techno — até porque sua música não era feita para dançar, mas sim para balançar a cabeça de leve ou apenas ficar de bobeira. (Ele conquistou popularidade, em parte, graças à sua onipresença em playlists criadas para pessoas que queriam "relaxar".) É fácil achar ridículas essas dicotomias de verdadeiro versus falso que costumam aparecer com tanta frequência no mundo da dance music, na esperança de controlar quem pode ou não entrar na festa. Especialistas que criticam a música pop por sua falta de seriedade geralmente acabam fazendo papel de bobos a longo prazo — e, muitas vezes, bem antes disso. Mas Clarke estava certo em relação a uma coisa sobre a EDM: ela não era hipnótica e, nesse sentido, realmente funcionava mais como a música pop tradicional.

O que sempre manteve a dance music distante do mainstream não foi sua sonoridade, que tende a ser sedutora e agradável, mas sim sua filosofia. Ao insistir na ideia de que faixas são mais importantes que canções, a disco music e seus descendentes erradicam continuamente os diletantes do estilo, conservando apenas aqueles que se interessam em dançar por horas e se perder na música. Esse é um processo permanente, porque a maioria das pessoas adora canções, cantores e letras — nós ouvimos música, sobretudo música popular, para nos sentirmos conectados às pessoas que a fazem. Mas esse é precisamente o motivo pelo qual as cenas de dance music tendem a venerar produtores misteriosos e faixas percussivas sem identidade (e, muitas vezes, intercambiáveis), ao mesmo tempo que esnobam os hit singles: porque os hit singles são meras distrações. Eles tiram nossa atenção dos grooves infinitos, querendo nos empurrar na direção das composições de três minutos. O objetivo da dance music, historicamente, sempre apontou na direção contrária; fazer as pessoas prestarem menos atenção em quem fez a música e mais em quem está dançando ao som dela. Não há nada de radical num bumbo fazendo *tum, tum, tum, tum*. Mas há algo de radical — algo de estranho e desnorteador, mesmo para quem estiver sóbrio, ou mais ou menos — no ato de dançar a noite inteira, imaginando que talvez vá dançar para sempre.

7.
Pop

A revolução do pop

Em 1984, os Estados Unidos descobriram que suas estações de rádio haviam sido tomadas por uma espécie invasora. Os intrusos estavam por toda parte, mas quem mais se destacava era Boy George, o glamoroso vocalista de um grupo chamado Culture Club. Ele usava dreadlocks coloridos e maquiagem carregada e, de uma hora para outra, estava em todos os lugares. A revista *People* o estampou em sua capa, acompanhado por uma manchete que ao mesmo tempo o exaltava e o ridicularizava: "É UM GAROTO, É UMA GAROTA — É BOY GEORGE!". Na reportagem, a revista informava aos leitores que Boy George era na verdade homem, que comandava "a mais recente invasão de roqueiros britânicos" e que era o cantor que havia tido a estreia musical de maior sucesso desde os Beatles. No mesmo ano, a *Newsweek* o descreveu como um "Liberace da new wave" e argumentou que ele era um produto do "mercado musical extremamente aberto" da Inglaterra. Essa também foi uma matéria de capa, anunciada por uma imagem de Boy George ao lado de outro novo produto importado: Annie Lennox, vocalista da dupla britânica Eurythmics, que se dedicava a uma leitura particular e glamorosa da androginia. A manchete dizia: "A INGLATERRA BALANÇA OS ESTADOS UNIDOS — MAIS UMA VEZ: DOS BEATLES A BOY GEORGE E ALÉM".

Na Inglaterra, ao contrário, a ascensão de Boy George e seus colegas não foi uma invasão de roqueiros, e sim um fenômeno pop local. E, na verdade, o fato de esse movimento musical ter sido conscientemente "pop", e não rock 'n' roll, foi parte do que o tornou tão fenomenal. Em 1985, um jornalista inglês especializado em música chamado Dave Rimmer publicou *Like Punk Never Happened: Culture Club and the New Pop*, escrito num espírito de provocação sacana. Rimmer devia imaginar que alguns fãs adolescentes desavisados de Boy George acabariam comprando o livro na esperança de encontrar fofocas inéditas, apenas para descobrir que, embora realmente trouxesse alguns mexericos, ele era muito mais um afiado tratado sobre estética musical. O autor evidentemente adorava as músicas de Boy George, mas também queria explicar por que o sucesso do Culture Club representava "uma dissolução total da relação tradicional dos britânicos com a música, com a moda e com as subculturas". Rimmer via isso como uma coisa positiva ou, na pior das hipóteses, interessante — prova de que o cantor não era apenas uma febre passageira, e sim o expoente de algo genuinamente novo. Ele queria incomodar aquele tipo de fã "autêntico" de música que possivelmente nem achava que Boy George deveria ser levado tão a sério assim — o tipo de pessoa que sem dúvida revirou os olhos quando revistas norte-americanas compararam o Culture Club aos Beatles. Até o título do livro de Rimmer era uma provocação, sugerindo uma espécie de troca da guarda: a revolução do punk, ocorrida menos de uma década antes, estava morta e enterrada. Ela tinha sido substituída por uma coisa chamada "pop": a palavra que outrora fora um termo guarda-chuva para todo tipo de música popular, agora, nos anos 1980, havia virado um gênero por si só.

O argumento central de Rimmer era o fato de que, na Inglaterra, um tipo muito complexo de revolução musical havia ocorrido e, como resultado disso, "a música pop, de repente, se tornou uma coisa legal". Dependendo do seu gosto e perspectiva, essa declaração pode tanto soar óbvia demais para ser interessante, ou exagerada demais para ser verossímil. De certa maneira, a música pop contemporânea é legal por definição: pop é o que está na moda; é isso que torna algo pop. Em outro sentido, entretanto, ser popular e ser legal são duas forças em constante tensão, porque você não tem como se destacar numa multidão ouvindo as mesmas músicas que o restante dela. Os *hitmakers* que surgiram na Inglaterra no começo dos anos 1980 — Culture Club, Eurythmics e também Duran Duran, The Human League, Depeche Mode, ABC e dezenas de outros — se especializaram, convenientemente, em fazer músicas ao mesmo tempo óbvias e exageradas. Muitos deles buscaram inspiração visual em David Bowie, cujos figurinos espalhafatosos dos anos 1970 ajudaram a mostrar para uma geração de fãs de rock 'n' roll o quanto poderia ser divertido se montar em cima de um palco. Mas esses novos manequins não queriam ser astros do rock rebeldes, adorados por meia dúzia de esquisitões em cada cidade. Eles queriam ser astros do pop mainstream, adorados por todo mundo.

O levante pop britânico foi uma dupla revolução, uma insurgência que se definiu como sendo o contrário da insurgência que tinha vindo antes dela. A maioria desses novos pop stars já participava da cena punk que tomou conta do país no fim dos anos 1970. "No final de 1976", relembra Boy George em seu livro de memórias, "todo mundo que era alguém era punk." Mas o punk, na sua opinião, se tornou rapidamente uma "piada"; em seu fervor em "rejeitar o conformismo", o movimento reforçava uma conformidade própria, que ele considerava indescritivelmente chata, um monte de guitarras estridentes e jaquetas de couro. Boy George cresceu obcecado por Shirley Bassey, a admirável diva inglesa famosa por seus temas musicais para os filmes de James Bond, e ele não se interessava pela marginalidade por si só. De modo que se rebelou contra o punk redescobrindo seu amor pelos excessos das divas, adotando uma atmosfera mais colorida e divertida — mais "pop" num certo sentido. "O punk era a zona de conforto", escreveu. "Nós estávamos nos aventurando, rodopiando para a frente num turbilhão de delineadores e babados."

Isso era o que havia de realmente novo em Boy George e nos seus contemporâneos desse "new pop": eles eram autoconscientes. Astros do pop de décadas anteriores costumavam ser "pop" num sentido amplo e, muitas vezes, vago. O termo sugeria uma coisa acessível e divertida; populismo e também popularidade. A Boston Pops, orquestra formada no final do século XIX, ganhou esse nome por se dedicar à execução do que era chamado de música "ligeira". No século XX, "música pop" virou um modo conveniente de separar as músicas que são tocadas no rádio das que são tocadas nos auditórios. (E é por esse motivo que as gravações da Boston Pops recebem, hoje em dia, o rótulo de música "clássica" — e não "pop".) O contrário de pop era a música séria, ou música artística; o jazz já foi pop, até se tornar suficientemente impopular para ser considerado sério. Nos anos 1960, "pop" era usado de maneira inclusiva, acenando para qualquer coisa que fosse popular entre os jovens. "Pop" sugeria juventude e exuberância, e o termo trazia uma comparação automática com a pop art, o movimento lúdico nas artes visuais.

Nos anos 1970, entretanto, o consenso em torno do que era pop começou a fraquejar. Cada vez mais, a palavra foi se tornando negativa, em dois sentidos diferentes. De maneira geral, "pop" era usado para descrever a *ausência* de uma característica musical marcante: dizer que um artista do R&B ou do country tinha "se tornado pop" era uma maneira de dizer que seu som tinha parado de soar como country ou R&B. Tornar-se pop era abrir mão de sua identidade e, muitas vezes, de alguns dos seus fãs mais antigos, na esperança de substituí-los por um número maior de novos fãs. Graças a isso, o conceito de traição foi implantado dentro da ideia de se tornar pop: muitas vezes essa identidade também podia ser uma coisa negativa, no sentido de ser impopular ou de não ter uma boa reputação. Ser "pop" geralmente não era motivo de orgulho. A palavra era usada para descrever os artistas que não se encaixavam em nenhuma comunidade musical específica e que, portanto, eram vistos com desconfiança por muitas pessoas que se consideravam ouvintes sérios.

Boy George e seus glamorosos colegas foram alguns dos primeiros artistas a tratarem o "pop" como uma identidade a ser reivindicada, uma bandeira a ser levantada. Eles desafiaram a ortodoxia antiortodoxa do punk rock adotando todos os adereços do show business: figurinos extravagantes, refrões grudentos, ambição assumida. "O new pop não é rebelde", escreveu Rimmer. "Ele abraça a cultura do estrelato. Ele funde arte, negócios e entretenimento numa coisa só. Ele se preocupa mais com vendas, direitos autorais e com o poder do dinheiro do que com qualquer outra coisa e, para deixar tudo ainda pior, não sente um pingo de remorso por isso." Isso é o mesmo que dizer que o "new pop" *era*, de fato, rebelde — ele havia se rebelado contra a ideia de que a música legal deveria ser rebelde. Esse tipo de pop era negativo, ainda, num terceiro sentido: estava disposto a renegar ideias ultrapassadas sobre autenticidade musical.

Alguns desses artistas faziam questão de expor suas aspirações comerciais, com graus variados de ironia. O ABC, por exemplo, era um grupo sardônico liderado por Martin Fry, vocalista que adotou a persona de um talentoso executivo de uma empresa. O primeiro single do ABC, "Tears Are Not Enough", foi lançado em 1981, com o plano de negócios da banda impresso no encarte, escrito num tom afetado e pomposo em terceira pessoa:

> A obsessão pessoal de Fry com o Pop o tirou de seu quarto, mas não o fez chegar a nenhum lugar importante. Com a ambição de conquistar um nicho importante no mundo do pop internacional, munido de uma coleção de arranjos e uma caixinha cheia de surpresas, ele tinha uma visão e um nome, ABC. [...] O que ele precisava, mais do que qualquer outra coisa, era um grupo para acompanhá-lo. [...] Seis meses depois, a música do ABC se traduziu numa coleção de canções criadas para agitar o coração de muitos magnatas da indústria musical.

Lógico que tudo isso era um exagero cômico. "Nós não éramos pop stars", relembra Fry, numa entrevista concedida alguns anos depois. "Na época, éramos cinco pessoas recebendo seguro-desemprego que moravam em Sheffield." Mas suas ambições eram verdadeiras: Fry declarou certa feita que seu grupo era contrário a "essa aversão à popularidade típica dos hippies". E a música de seu grupo chegou a ser pop. "Tears Are Not Enough" chegou ao 19º lugar na parada britânica; "The Look of Love", lançado no ano seguinte, chegou ao quarto lugar na Inglaterra e ao 18º nos Estados Unidos, onde esse "new pop" era conhecido como "new wave". No videoclipe, Fry e os demais integrantes da banda estão vestidos como artistas de music hall, todos de terno listrado e chapéu de palha. Heaven 17, outro grupo pop da época, adotou uma imagem corporativa parecida; na *Smash Hits*, uma das revistas que acompanharam o movimento do new pop britânico, um de seus membros o descreveu como "uma tentativa cem por cento séria de se tornar incrivelmente popular".

A curta duração dessa revolução talvez fosse algo inevitável. Afinal de contas, um dos atributos que definem a música pop é o fato de ela ser supostamente descartável. O Heaven 17 e o ABC, por exemplo, conseguiram, cada um, emplacar meia dúzia de hits na Inglaterra, mas permaneceram na categoria de artistas cult, não *hitmakers* conhecidos em todo o planeta, como almejavam. E embora Boy George tenha gozado de grande sucesso durante um tempo, seu reinado durou apenas alguns anos; nos Estados Unidos, sobretudo, ele costuma ser lembrado mais como uma curiosidade dos anos 1980 do que como o líder de um movimento musical. Quando Rimmer publicou seu livro, a carreira de *hitmaker* do Culture Club tinha praticamente chegado ao fim. De modo que o título provocativo — *Like Punk Never Happened* [Como se o punk jamais tivesse acontecido] — acabou se tornando ambíguo. Foi o punk que sobreviveu; mesmo as pessoas que não gostam de sua música, que são a maioria, ainda assim costumam ser fascinadas pela indignação sincera do movimento, suas palavras de ordem desafiadoras, sua celebração do underground e de tudo que é radical. Para muitos dos ouvintes de hoje em dia, é mais como se o new pop jamais tivesse acontecido.

Em outro sentido, porém, Rimmer estava absolutamente correto. Ao reivindicar o termo "pop" para si mesmos, Boy George e seus colegas ampliaram a visibilidade de um debate antigo que havia ajudado a moldar a música popular dos últimos cinquenta anos. Sua releitura do pop dos anos

1980 se definia não apenas como oposição ao punk rock, mas, de forma mais ampla, ao rock 'n' roll como um todo, que muitos dos grupos consideravam algo tremendamente cafona. Em 1981, outro crítico musical inglês, Paul Morley, detectou uma guinada na música, que estava se "afastando da independência cinzenta, da submissão e da austeridade do rock"; alguns dos mais importantes novos grupos, escreveu, estavam mais interessados em "pop, disco, cores, luzes, ação". De certa maneira, essa era uma atitude muito punk. Johnny Rotten, o agressivo vocalista do Sex Pistols, resgatou seu nome de nascimento, John Lydon, depois que a banda se dissolveu, e deu início a um ambicioso novo projeto, o Public Image Ltd, que ajudou a declarar guerra ao rock 'n' roll. "O Pistols acabou com o rock 'n' roll", declarou Lydon, numa entrevista para o *Record Mirror*, em 1980. "O rock 'n' roll é uma merda e tem de ser eliminado. É uma coisa abjeta, que está se arrastando há 25 anos, uma tristeza. É música de velho, e eu não tenho o menor interesse nela." Muitos jovens astros comportadinhos do pop britânico emitiram opiniões igualmente truculentas, debochando da suposta cafonice do rock 'n' roll. Adam Ant, líder do Adam and the Ants, era um dos artistas mais preocupados com sua imagem; ele se apresentava como uma espécie de guerreiro rebelde na luta contra o rock 'n' roll. "Tenho a sensação de que o rock 'n' roll perdeu toda a sua cor, todo o seu fogo", declarou, em 1981. Gary Kemp, do Spandau Ballet: "Nunca gostei muito de rock". Adrian Wright, do Human League: "Eu odeio rock". No primeiro show do Culture Club em Nova York, em 1982, Boy George ficou decepcionado ao ver que a plateia estava cheia do que ele chamou de "roqueiros" — em outras palavras, de quadrados.

Esses eram insultos pesados na época, e eles sobreviveram mais tempo do que a própria música. Ao questionar a supremacia do rock 'n' roll, esse movimento sugeriu uma maneira diferente de pensar sobre os gêneros. Desde os anos 1960, o rock 'n' roll vinha sendo o formato mais prestigioso de música popular, amado tanto pelos "críticos de rock" (o próprio termo já sugere parcialidade) quanto pelos fãs comuns, muitos dos quais estavam dispostos a aceitar a ideia de que a música pop do mainstream, não importava o quanto eles gostassem dela, era relativamente inócua. A revolução do new pop fez com que ouvintes de todos os tipos questionassem essa hierarquia: que considerassem a hipótese de que o rock 'n' roll era chato e que a suposta música pop era o futuro. Fazer isso talvez signifique exaltar Boy George, que foi o que Dave Rimmer fez, provavelmente de forma excessiva.

Mas também significa repensar velhos conceitos relativos ao gosto musical. Pode-se elevar o status da música pop argumentando que canções aparentemente bobas merecem ser levadas a sério. Ou pode-se elevar o status da música pop argumentando, em vez disso, que o desejo de levar a música popular "a sério" foi parte do problema. (Se um hit era simples e gloriosamente bobo, isso já não seria o bastante?) A revolução do new pop ajudou a transformar a "música pop" de termo genérico em gênero de verdade — e, por fim, numa maneira de enxergar o mundo.

O monstro de oito letras

A ideologia da música pop não tinha nome, pelo menos não no começo. Mas qualquer um que estivesse prestando atenção na imprensa musical britânica no começo dos anos 1980 deve ter percebido uma palavra esquisita que aparecia de vez em quando — quase como se fosse um código. Ela foi popularizada pelo músico Pete Wylie, o estrategicamente provocativo líder de uma banda deveras obscura chamada Wah!, ou The Mighty Wah!, ou Wah! Heat. (Essa era uma das provocações de Wylie: uma banda cujo nome estava em constante evolução.) O grupo foi o tema da matéria de capa da edição de 17 de janeiro de 1981 do *New Musical Express*, um cáustico semanário musical. E a manchete garantia aos leitores que Wylie estava conduzindo "A RACE AGAINST ROCKISM" [uma corrida contra o rockismo].

Isso não era exatamente verdade, mas também não era exatamente mentira. O slogan invertia o nome do Rock Against Racism, o movimento punk de esquerda. O Wah! era, pela maioria das definições, uma banda de rock, mas Wylie estava disposto a acompanhar as mudanças nas preferências musicais, de modo que se posicionou como o líder de uma guerra contra uma ideologia nociva que ele chamava de "rockismo". Esse "ismo", além da própria manchete da *New Musical Express*, sugeria que essa ideologia estaria de alguma forma ligada ao racismo, embora a matéria de capa da revista não trouxesse definições muito precisas. Ser rockista, aparentemente, era fazer as coisas do jeito que as bandas de rock tradicionalmente faziam — em dado momento, Wylie sugeria que a simples ideia de gravar álbuns era algo tremendamente "rockista". Levando em conta o fato de que ele na verdade jamais abandonou o rock 'n' roll, Wylie também tentou limpar sua própria barra, verbalizando uma esperança de que o rock talvez ainda tivesse "o potencial de ser uma coisa empolgante e inspiradora". Mais tarde, em 1981, em outra publicação, a *Melody Maker*, Wylie se referiu, entre risos, ao rockismo como "o monstro de oito letras", dizendo que o termo era uma piada que sem querer havia se tornado uma filosofia, graças à ingenuidade da imprensa musical. "Todo mundo disse: 'Uau! Que massa essa palavra nova'", afirmou. "A DESGRAÇA da minha vida — em letras maiúsculas."

Que o rockismo fugiu rapidamente ao controle de Wylie é um fato. Em março de 1981, dois meses após a matéria de capa da *New Musical Express* sobre o Wah!, a crítica de rock Beverley Glick citou Marc Almond, do grupo pop Soft Cell, fazendo a advertência de praxe: "Nós somos mais uma banda de cabaré do que uma banda de rock; na verdade, não temos nada a ver com o rock", disse ele. Glick resumiu essa mentalidade em um slogan de sete palavras: "Morte aos rockistas, vida longa aos divertidistas!". Como era de esperar, o termo "divertidistas" nunca colou, mas estava ficando cada vez mais fácil identificar os "rockistas", à medida que a palavra começava a gerar reações adversas. Mais tarde, na primavera daquele ano, Jake Burns, da melódica banda punk Stiff Little Fingers, se mostrou contrário à ideia de que o rockismo fosse algo de que as pessoas deveriam se envergonhar. "O que essa palavra significa, afinal de contas?", perguntou ele. "Só porque o Spandau Ballet e outras bandas parecidas vestem umas roupas estranhas, tocam sintetizadores e usam batidas da disco music não quer dizer que Elvis Presley seja irrelevante." Na verdade, Burns havia fornecido, sem querer, uma excelente ilustração do que era rockismo, ao fazer uma distinção entre os artistas pop bobinhos, com seus instrumentos eletrônicos e sua postura teatral, e os astros do rock sérios, eternamente mais relevantes do que as últimas tendências.

Músicos costumam desdenhar dos debates que envolvem terminologias musicais, e isso faz sentido: eles odeiam ser categorizados e, além do mais, categorizar música não é seu trabalho. Contudo, embora a palavra "rockismo" logo tenha desaparecido das entrevistas, ela permaneceu influenciando os críticos, que a consideravam um termo bastante útil para abrigar um monte de teses furadas. O termo chegou às publicações acadêmicas e, numa delas, o musicólogo Richard Middleton propôs uma definição acadêmica: o rockismo, escreveu, tinha "a tendência de instalar as normas do rock como um novo centro discursivo". E, ocasionalmente, o termo acabou chegando à grande mídia norte-americana — sendo visto, da mesma forma que Boy George, como um produto importado da Inglaterra. Em 1990, no *Village Voice*, Robert Christgau entrou no que ele chamou de "debate sobre 'rockismo' que dominou a imprensa musical britânica no começo dos anos 80". Ele argumentou que esse debate refletia "um crescente nacionalismo e um antiamericanismo no gosto dos britânicos". Não considerava coincidência o fato de que os antirrockistas tinham o costume de enaltecer os artistas do pop britânico, nem o fato de que o rock que eles queriam derrotar era, via de regra, norte-americano. Na teoria de Christgau, a luta contra o rockismo era também uma retaliação aos Estados Unidos:

> Ironia, distanciamento e pose vêm sendo as armas do rock britânico desde os Beatles e os Stones, em parte porque esse é o estilo europeu e em parte porque o rock não era originalmente uma música britânica — como absorveram seus costumes de segunda mão, os britânicos que exaltam demais a autenticidade do estilo acabam sempre com cara de idiotas [...]. Não se engane: mesmo hoje, o rock americano é, objetivamente, muito mais sincero. Ou, para ser um pouco mais preciso, os roqueiros americanos *agem* com mais sinceridade — eles ficam tão desconfortáveis com o papel de artista que se esforçam ao máximo para minimizá-lo.

Havia um quê de verdade nessa acusação de paroquialismo, especialmente na *New Musical Express* e em outras publicações britânicas, nas quais já se esperava que os jornalistas inflassem o que estava acontecendo na cena musical local a proporções internacionais e históricas. Mas isso não tornou o debate sobre o rockismo irrelevante nos Estados Unidos, sobretudo com a primazia do que Christgau chamava de "rock americano" cada vez mais ameaçada.

Na virada do século, as boy bands triunfavam, os rappers prosperavam e os astros do country e do R&B persistiam. E, mesmo assim, frequentemente a linguagem utilizada pelos críticos de pop era a mesma linguagem dos críticos de *rock*, e o rock 'n' roll ocupava um lugar no topo da hierarquia. Artistas que não pertenciam ao rock eram às vezes homenageados no Rock & Roll Hall of Fame e apareciam com regularidade na capa da *Rolling Stone*, que foi, por décadas, a principal publicação de música dos Estados Unidos. Entretanto, nas revistas e jornais do mainstream, o rock recebia uma atenção desproporcional da parte dos críticos, levando em conta sua popularidade em declínio. E, com frequência, o rock 'n' roll era pintado como um gênero que tinha, intrinsecamente, mais credibilidade do que outros formatos musicais, sobretudo o pop. Em 2001, quando a boy band *NSYNC quis ser levada mais a sério, seus integrantes posaram para uma capa da *Rolling Stone* vestindo jeans e couro, ao lado de uma manchete que os proclamava "A MAIOR BANDA DO MUNDO". ("Banda", quando aparece sozinha, invariavelmente se refere a "banda de rock", não a "boy band"; a manchete convidava seus leitores a comparar o *NSYNC com artistas reverenciados do rock, como Red Hot Chili Peppers, Metallica e Green Day.) Na reportagem, explicava-se que Justin Timberlake, o principal galã do grupo, estava tendo um efeito salutar na pop star Britney Spears, com quem ele namorava. A revista observou, em tom de aprovação, que Timberlake estava ajudando a cantora "a se afastar das melodias mais grudentas em direção a sonoridades mais roqueiras". Poucos meses depois, Spears lançou um álbum que trazia um cover de "I Love Rock 'n' Roll", a canção extremamente "roqueira" popularizada por Joan Jett duas décadas antes. Mas por que uma releitura de Joan Jett seria supostamente melhor do que as "melodias grudentas" perfeitas que tinham dado fama a Spears — e, nesse sentido, também ao *NSYNC —, para começo de conversa?

Quando Spears lançou como single sua versão de "I Love Rock 'n' Roll", em 2002 — que, no fim das contas, não estourou —, eu trabalhava como crítico de música pop para o *New York Times* e estava começando a achar que o debate vigente sobre o rockismo era uma espécie de piada interna: uma coisa pela qual meia dúzia de críticos estava obcecada, mas que era ignorada por praticamente todas as outras pessoas. Assim, em 2004 publiquei no jornal um ensaio sobre o rockismo. Seu título era "The Rap against Rockism" e começava discutindo um fiasco recente no mundo do pop: o caso de Ashlee Simpson, que havia sido flagrada pouco tempo antes dublando suas músicas durante uma apresentação no programa *Saturday Night Live*. O texto que escrevi pretendia ser uma leve defesa de Simpson e uma forte defesa dos cantores, dubladores e outros artistas do pop que não passaram nos testes de pureza do rock 'n' roll. Eu pretendia questionar a ideia de que videoclipes eram, necessariamente, mais superficiais do que shows ao vivo, ou de que o espírito da disco music era, de alguma forma, menos autêntico do que o espírito do punk.

Denunciar os clichês da crítica musical rockista era mais fácil, é lógico, do que explicar o que exatamente deveria substituí-los. No meu ensaio, citei diversos artistas que eram ignorados ou desprezados por críticos apaixonados pelo ideal do rock 'n' roll. Escrevi sobre a maneira como o hip-hop mainstream, com todo o seu brilho e ambições comerciais, ofendia alguns críticos de rock, que esperavam por algo mais sujo e mais sério. Enalteci a cantora de R&B Tweet, que, lamentavelmente, jamais repetiu o sucesso do seu sinuoso e espantoso single de estreia, "Oops (Oh My)". Citei Alan Jackson, o astro do country e campeão das paradas que, pelo visto, havia escapado do radar dos críticos precisamente porque suas canções eram incrivelmente fáceis de ouvir, em vez de provocativas. E detectei um paradoxo que não havia se alterado desde os tempos de Boy George: que uma verdadeira revolta antirrockista não tinha cara de revolta. "É literalmente impossível lutar contra o rockismo", escrevi, "porque a linguagem das lutas justas é a linguagem do próprio rockismo." Se você elogia a pop star Christina Aguilera pelo seu estilo pesado, com suas letras honestamente feministas, ainda está elogiando antigas virtudes rockistas (peso, honestidade), mesmo que as esteja atribuindo a uma nova artista. Nesse sentido, o rockismo tem algo em comum com aquela energia do punk que me seduziu na adolescência: era uma visão de mundo que podia ser reconhecida, mas nunca derrotada.

Fiquei feliz e levemente surpreso quando algumas cartas que criticavam meu texto chegaram à redação do *Times*. Jim DeRogatis, do *Chicago Sun-Times*, foi um dos críticos que eu havia criticado; ele me escreveu para negar, de forma veemente, embora bem-humorada, que fosse "um membro desse tenebroso clube de rockistas". (Muito pelo contrário, afirmou. "Eu sou um crítico da nostalgia e da miopia dos *baby boomers*.") Um leitor argumentou que nenhum ouvinte mais atento deveria ignorar a diferença entre um "animador", como Ashlee Simpson, e um verdadeiro "artista", especialmente um que compõe e produz suas próprias canções — como Simpson, ele ressalta, não fazia. Outro descreveu meu ensaio como "desonesto" e "enganoso", insistindo que ninguém precisa ser "homem branco hétero chauvinista" para gostar de "integridade, paixão e guitarras barulhentas". O ensaio e o fato de ele ter sido publicado no *Times* aparentemente ajudaram a reacender uma discussão de décadas sobre o rockismo, que acabaria se renovando por meses e, depois, por anos.

Alguns dos participantes de um dos lados da discussão chegaram até a criar uma palavra cativante para nomear a tendência positiva que apoiavam em oposição ao rockismo. Eles a chamaram de poptimismo, um neologismo que acenava na direção da cena de "new pop", de onde a ideia de *"race against rockism"* havia brotado. O poptimismo sugeria uma predileção por música pop, embora o termo também sugerisse um posicionamento bem mais complexo em relação à prática da crítica musical. Se o "poptimismo" era um parente próximo do "otimismo", é claro que aqueles que aderiam a ele estavam dispostos a exaltar a música pop. Nessa hierarquia invertida, *qualquer* crítica à música pop talvez pudesse ser interpretada como um sinal de rockismo latente. Com o tempo, o debate sobre rockismo e poptimismo evoluiu até virar uma discussão mais abrangente sobre excelência e popularidade, bem como sobre a opinião da crítica versus a opinião do público. Em 2006, o crítico Jody Rosen anunciou, na *Slate*, que a guerra do rockismo acabara e que os antirrockistas haviam vencido. "A maioria dos críticos de pop hoje em dia acharia tão ruim ser acusada de pedofilia quanto de rockismo", escreveu.

O triunfo do poptimismo

O triunfo — ou o triunfo parcial — do poptimismo parece inevitável quando visto em retrospecto. No final dos anos 2000, novas tecnologias proporcionavam um novo deleite com o mainstream do pop. O YouTube, por exemplo, ajudou a causa poptimista de forma imensurável, por dois caminhos distintos. Seu sistema de distribuição internacional sem grandes obstáculos tornou as grandes canções maiores ainda. E sua estrutura democrática, com cada vídeo igualmente gratuito e acessível, acabou com o conceito de exclusividade que alimentava as comunidades de música anticomercial. (Não existe underground no YouTube, apenas sucesso ou fracasso viral a serem conquistados, medidos pela própria contagem de visualizações de cada vídeo.) Se uma obsessão por álbuns era, como Pete Wylie alegara um dia, uma característica rockista, talvez a crescente importância de outros formatos — *mixtapes* informais, vídeos compartilhados, playlists on-line — tenha ajudado a fazer a causa poptimista avançar ainda mais. No começo da década de 2010, um gênio do R&B conhecido como Beyoncé era, aparentemente, a artista mais admirada do país, sendo aclamada pelo público e pela crítica sem demonstrar muito interesse no rock 'n' roll. Aliás, bem ao contrário: as bandas de rock é que se ajoelhavam a seus pés.

Com o sucesso, o poptimismo também começou a atrair o mesmo tipo de condenação crítica que, anteriormente, havia se voltado contra o rockismo. Em 2014, dez anos após eu ter escrito sobre o rockismo, o *Times* publicou um artigo de Saul Austerlitz chamado "The Pernicious Rise of Poptimism" [A perniciosa ascensão do poptimismo], que argumentava que a luta contra o rockismo tinha ido longe demais. O autor insinuava que os críticos musicais tinham ficado com medo de criticar *hitmakers* do pop, como Katy Perry, para que não fossem acusados de ser rockistas fanáticos. (Na verdade, a recepção da crítica a *Prism*, álbum de Perry de 2013 foi bem morna; a *Rolling Stone* deu três estrelas de cinco ao álbum, elogiando sua "efervescência solar" ao mesmo tempo que ria da ideia de que, por conta de seu sucesso, agora ela iria se sentir na obrigação de se apresentar como "artista multifacetada".) Austerlitz defendia a "música que talvez precise de algum esforço para ser apreciada", perguntando: "Será que adultos cujo trabalho, muito bem remunerado, é escutar música e fazer análises realmente concordam com tanta frequência com o gosto de adolescentes de treze anos?". No mundo pós-rockista, os críticos musicais estavam cada vez mais preocupados em não parecer esnobes e, para Austerlitz, isso soava como abandono de função. Esse é um argumento que faz sentido, muito embora sua pergunta — sobre a frequência com que críticos profissionais deveriam concordar com fãs adolescentes — pareça um tanto quanto abstrata. A resposta, sem dúvida, depende de qual música exatamente esses adolescentes estão ouvindo.

Talvez a verdadeira queixa de Austerlitz tivesse menos a ver com a ascensão do pop do que com a derrocada da crítica musical. Em 2014, havia aparentemente muito poucos "adultos muito bem remunerados" trabalhando como críticos musicais em período integral: as revistas estavam falindo, e muitas das que resistiam dependiam do trabalho de freelancers; na internet, as principais avaliações (que se tornavam virais) de novas músicas geralmente vinham de fãs, não de jornalistas profissionais. Numa cultura cada vez mais centrada nos fãs, uma nova visão sobre a crítica foi se consolidando aos poucos. Essa nova visão ditava que os consumidores eram os verdadeiros especialistas e que, portanto, eles estavam corretos, por definição; não se esperava que os críticos fossem muito severos. Em seu ensaio, Austerlitz tinha insinuado que seria ridículo para um crítico de cinema que ele ignorasse a existência de filmes independentes para "analisar a excelência de *Thor: O mundo sombrio*". Cinco anos depois, entretanto, o diretor Martin Scorcese foi amplamente criticado por dizer que filmes de super-heróis estavam mais próximos de "atrações de parques de diversões" do que de "cinema". (Por algum motivo, as pessoas ficaram chocadas ao descobrir que Scorcese tinha opiniões fortes e inflexíveis sobre o assunto.)

Austerlitz perguntou também: "E se os críticos de gastronomia de Nova York decidissem exaltar as virtudes do cheeseburger Spicy Chipotle Jr. do Wendy's?". Sua profecia se confirmou, de certa forma, em 2019, quando um sanduíche de frango frito do Popeyes virou o assunto central — e, de modo geral, causou um impacto positivo — entre jornalistas especializados em comida por todo o país. No seu melhor, o poptimismo ampliou os horizontes tanto dos críticos quanto dos fãs, relembrando a todos que nada é necessariamente bobo demais, nem tosco demais, nem ordinário demais para não merecer atenção.

Havia, entretanto, outra corrente dentro do movimento antirrockismo, que se tornou mais do que mera expressão de um populismo sem limites. No meu ensaio de 2004, falei que os críticos rockistas exaltavam "homens brancos heterossexuais" e sugeri que eles deveriam prestar mais atenção nos gêneros, como a disco music e o R&B, que eram mais associados a negros, mulheres e gays. Havia um espírito ativista presente, embora de forma discreta, nas discussões sobre rockismo dos anos 1980. A onda de new-pop britânica foi, em parte, uma revolta contra determinado tipo de masculinidade no rock 'n' roll. Muitos de seus astros eram queer, todos eram glamorosos; e havia um consenso de que o antigo ideal de estrela do rock que parecia um operário suado era tremendamente desinteressante, além de potencialmente opressivo. Uma das figuras mais idealistas da cena era Green Gartside, líder do Scritti Politti, que adorava música pop na prática e — mais ainda — na teoria. "Nenhuma cultura visual ou literária pode se equiparar à força política inata a um single pop", disse ele à *Smash Hits* em 1982. "É um discurso revolucionário."

Em pelo menos um sentido a observação de Gartside era inquestionável: um disco realmente executa uma revolução quando você o põe para tocar. Contudo, nos Estados Unidos em particular, a ascensão do poptimismo coincidiu com um interesse renovado pelo poder político da identidade. Austerlitz e outros se preocupavam com o fato de que o movimento poptimista estava transformando os críticos em meros "animadores de torcida de pop stars" e que esse tipo de pessoa já existia aos montes. Ao mesmo tempo, entretanto, a crítica musical dos anos 2010 era bastante severa, e nada animadora. Pop stars eram sujeitos a um tipo de escrutínio e desconfiança que costumava ser reservado a políticos: seu passado e entrevistas eram vasculhados atrás de transgressões, e eles eram incentivados a emitir opiniões sobre qualquer polêmica ou crise que estivesse dominando a opinião nas redes. Músicos que transgrediam eram em geral rebaixados ou descartados — não necessariamente "cancelados", embora expulsos do grupo dos respeitáveis. De maneira similar, músicos admiráveis subiam de categoria. Numa resenha mais ou menos positiva (nota 6,5 de 10) de um álbum brutalmente influente da cantora de pop e R&B Lizzo, de 2019, um jornalista do site Pitchfork examinou tanto a música quanto sua mensagem. "Talvez o som seja meio decepcionante, mas algumas pessoas vão passar por transformações pessoais graças às suas canções", conclui a análise. "E isso também é importante."

De certa maneira, o poptimismo norte-americano dos anos 2010 parecia um tanto quanto incompatível com o movimento britânico que indiretamente o inspirou. Para começar, os astros do "new pop" praticavam a apropriação cultural de forma escancarada. O Adam and the Ants emplacou o hit "Ant Rap" no terceiro lugar da parada britânica em 1981, uma homenagem estranha e barulhenta à florescente cena de hip-hop de Nova York; em 1983, o Wham!, a dupla de pop de George Michael, colocou uma divertida exploração de outro gênero musical chamada "Wham Rap! (Enjoy What You Do?)" na oitava posição da parada britânica. Mas algumas décadas depois a revolução poptimista não ajudou em nada pop stars brancas como Miley Cyrus e Iggy Azalea, que eram frequentemente acusadas de se aproveitar do hip-hop sem demonstrar por ele a menor deferência. (Q-Tip, o reverenciado rapper, disse a Azalea, no Twitter: "Você precisa respeitar a HISTÓRIA se quiser crescer debaixo da bandeira do hip-hop". Falando na voz de uma autoridade do estilo, ele a informou de que o hip-hip era "um movimento SOCIOpolítico".) Os novos poptimistas talvez detestassem o rockismo, mas eles não pareciam ter problemas nem com o hip-hopismo, nem com o R&Bismo. Para uma geração mais jovem e mais idealista de ouvintes, destronar o rock 'n' roll tinha como objetivo substituir os velhos deuses por um panteão mais diverso — para, em seguida, adorá-los também.

Isso representava uma mudança em relação à abordagem ateia dos antirrockistas do começo dos anos 1980. Em alguns momentos, Dave Rimmer parecia disposto não apenas a desmascarar a concepção do que seria "música boa", mas todo o conceito de bom e ruim dentro da música, conforme determinado pelos críticos. Ele desprezava "a ideia de que existem músicas que são boas para você" e "outras que não são", por acreditar que os jovens fãs de pop eram inteligentes o suficiente para descobrir sozinhos do que gostavam, e por não acreditar que existia nenhuma autoridade superior a essa. Para ele, a ideia por trás do new pop era incentivar os ouvintes a parar de se preocupar com a "credibilidade" para focar totalmente o prazer. Mas a questão da credibilidade tem a tendência sorrateira de se infiltrar novamente em nossos debates musicais, à medida que os ouvintes vão criando novas defesas para as músicas que amam, tornando *outros* estilos musicais indefesos ou, talvez, indefensáveis. Geralmente, o termo que usamos para esse tipo de música indefensável é "pop", um não gênero que se tornou um gênero sem jamais se livrar de sua reputação controversa.

As músicas mais populares do país?

Adotar uma posição esnobe como fã de rock é algo quase tão antigo quanto o próprio rock 'n' roll. Mas o documento que marca a fundação do esnobismo roqueiro moderno foi publicado na *Rolling Stone* em 1967. Seu autor era Tom Donahue, um produtor e radialista que escreveu um ensaio pungente com um título igualmente pungente: "A Rotting Corpse, Stinking Up the Airwaves" [Um cadáver putrefato que empesteia as ondas radiofônicas]. O alvo de Donahue não era uma canção, uma banda ou uma estação de rádio específica, mas sim um estilo de programação radiofônica: o formato conhecido como Top 40. O formato havia sido inventado nos anos 1950, por dois executivos de rádio que perceberam que o que os ouvintes realmente queriam era uma oportunidade de escutar os mesmos hits várias vezes. (Existe uma história, não necessariamente verdadeira, de que esses executivos tiveram esse insight quando estavam sentados num bar em Nebraska e viram a garçonete apertar repetidamente os mesmos números num jukebox.) A ideia por trás das rádios Top 40 era identificar as músicas mais populares do país, independentemente de gênero, e então tocá-las até não poder mais. Nesse sentido, as rádios Top 40 lembram a célebre definição de democracia de H. L. Mencken: ela se baseia na suposição de que "o cidadão comum sabe o que quer e merece receber isso integralmente".

Entretanto, na opinião de Donahue, esse formato radiofônico, dedicado a reproduzir o gosto popular, de alguma maneira se perdeu pelo caminho. Ele conduziu uma acusação em múltiplas frentes. Argumentou que as listas das músicas mais populares das estações de rádio nunca eram imparciais, por serem baseadas em pesquisas incompletas. (A maioria das estações que operavam no sistema Top 40, escreveu, "ignorava as lojas de R&B".) Argumentou também que as rádios Top 40 estavam lutando para se adaptar ao mundo pós-Beatles, no qual muitos dos ouvintes estavam consumindo álbuns de sucesso em vez de singles de sucesso. Mas, sobretudo, argumentou que as rádios Top 40 eram monótonas. "Raramente elas se arriscam a tocar alguma coisa nova, mesmo se for de um grupo local", escreveu. Donahue notou que a audiência das estações Top 40 estava em declínio e sugeriu que estações de formato livre, como a KMPX, de San Francisco, que misturavam rock 'n' roll com jazz e folk music, eram o futuro.

Em seus primórdios, o rock 'n' roll *havia sido* música pop, parte da divertida mistureba voltada para os jovens que emanava dos jukeboxes e das estações de rádio. Mas, à medida que os anos 1960 foram avançando, um número cada vez maior de pessoas começou a pensar no rock 'n' roll da mesma maneira que Donahue: não como uma parte integral do cenário da música pop, e sim como uma alternativa a ela. A história da música norte-americana costuma apontar o ano de 1967 como o paraíso do rock 'n' roll, talvez o maior ano da história do estilo. (Nesse ano, alguns dos nomes mais veneráveis do gênero lançaram seus álbuns mais adorados: Beach Boys, Beatles, Big Brother & the Holding Company, The Byrds, The Doors, Jimi Hendrix, Jefferson Airplane, Pink Floyd, Rolling Stones, The Velvet Underground, The Who e muitos outros.) E, mesmo assim, de acordo com a parada Hot 100 da *Billboard*, o maior hit single daquele ano foi "To Sir with Love", a homenagem de uma colegial ao seu professor favorito e canção-tema do filme *Ao mestre com carinho*, de autoria da cantora e atriz britânica Lulu, que também estrelava a produção. Em comparação, a canção mais bem colocada dos Beatles nessa lista era "All You Need Is Love", no número 30. Donahue não estava errado ao dizer que as estações Top 40 estavam mal preparadas para competir com os sofisticados e emergentes álbuns conceituais de rock 'n' roll. Mas parece provável, também, que em 1967 as estações Top 40 estivessem fazendo, na maior parte do tempo, o que deveriam fazer: tocar músicas de que muita gente gostava, mesmo se não fossem exatamente cool. E se pensarmos em 1967 apenas como o ano em que o rock 'n' roll teve uma supersafra, nós o descaracterizaremos ao ignorar muitas das canções que as pessoas estavam de fato ouvindo.

Existem diversas maneiras de aferir popularidade na música. (De acordo com uma delas, um lugar vitalício na primeira posição nos Estados Unidos pertenceria a "Parabéns a você" ou, talvez, a "Twinkle, Twinkle, Little Star", a melodia do século XVIII utilizada tanto para soletrar o alfabeto quanto para cantar.) E o objetivo das rádios Top 40 não era apenas satisfazer passivamente as preferências dos ouvintes, mas também interpretá-las. Em 1973, Bill Stewart, um executivo pioneiro das rádios Top 40, disse à *Billboard* que, na sua opinião, o formato deveria ser inteiramente neutro em relação a gêneros. "As rádios Top 40 são, literalmente, as rádios *do povo*", afirmou. "Se as pessoas querem ouvir música chinesa de gongo, então é isso que as rádios Top 40 deveriam tocar." Mas ele também disse que, em sua opinião, o fato de ser um formato voltado para singles, e não para álbuns, era uma vantagem, pois significava que as rádios Top 40 refletiam melhor as preferências de uma fatia demográfica específica. "Não estamos focando nas pessoas que moram na parte rica da cidade e compram seis álbuns com sua mesada toda semana", explicou. "É por isso que acho que um programador consegue visualizar melhor o cenário com as vendas de singles. Porque quem compra singles não tem dinheiro para comprar nada mais caro... e costuma ser muito mais seletivo em suas escolhas."

Em retrospecto, é justo observar que os compradores de singles dos anos 1970 não costumam ser exaltados por seus gostos exclusivistas. Enquanto o country, o R&B e diversas vertentes do rock se aperfeiçoaram e evoluíram, as paradas de pop daquela década eram uma mistureba de estilos e febres passageiras. Um dos estilos que Stewart quis defender naquela entrevista para a *Billboard* era a "música chiclete", um termo que ele usava para se referir a qualquer coisa voltada para crianças, como Família Dó-Ré-Mi e os Osmonds, grupos bem-sucedidos na música e em seus programas de TV. Se as paradas de pop dos anos 1960 refletiam o poder de compra de jovens adultos, as dos anos 1970 às vezes refletiam o poder de compra de crianças, ou de seus pais; em 1970, Ênio, da *Vila Sésamo*, chegou à 16ª posição da parada da *Billboard* com "Rubber Duckie". Também houve diversas febres passageiras, que, por definição, foram eventos disruptivos — parte do atrativo de uma música que vira mania é o fato de isso acontecer de surpresa. Algumas delas, como "Convoy", de 1975, a narrativa musical de C. W. McCall sobre uma rebelião de caminhoneiros, foram estranhas ou memoráveis o bastante para perdurar no papel de clássicos da esquisitice. (A música chegou ao primeiro lugar das paradas e inspirou um filme de mesmo nome [*Comboio*], de 1978, dirigido por Sam Peckinpah.) Outras eram apenas bizarras, como "Once You Understand", uma espécie de radionovela que pretendia dramatizar o abismo geracional do momento e que chegou à 23ª posição em 1972. Todas as paradas de pop têm algumas canções desse tipo, e as paradas daquela década tinham bem mais do que a média; era um momento de fragmentação musical, o que, via de regra, costuma ser um espaço fértil para a miscelânea. Até alguns dos *hitmakers* mais tradicionais estavam com um som meio misturado, nenhum mais do que Captain & Tennille, um casal que emplacou sete canções no Top 10, entre as quais "Muskrat Love", um single surreal que parecia falar exatamente sobre o que o título sugeria: um casal de ratos almiscarados apaixonados — e, em dado momento, fazendo amor.

Kim Simpson, especialista em história do rádio, argumentou que, se o início dos anos 1970 tivesse uma sonoridade característica, ela seria suave. "As rádios voltadas para os hits se tornaram uma espécie de casa de massagens auditiva no começo dos anos 70", escreveu, "um oásis de tranquilidade em meio a um mundo cada vez mais complicado e caótico." Algumas estações encontraram um espaço de intersecção entre o Top 40 e o formato conhecido como MOR, ou *"middle of the road"* [meio do caminho], prometendo aos seus ouvintes não tocar nada além de músicas suaves, para cantarolar junto. Bandas palatáveis de "soft rock" e cantores e compositores contemplativos ajudaram a posicionar a *soft music* como uma alternativa mais adulta e evoluída aos formatos mais barulhentos de rock e R&B. Mas alguns dos *hitmakers* de maior sucesso da década foram cantores cujo estilo evocava uma época anterior ao rock 'n' roll. Helen Reddy, cantora nascida na Austrália com uma passagem pelo teatro de variedades, é conhecida por "I Am Woman", uma celebração sincera que, em 1972, foi uma das canções que definiriam a década; depois dessa música ela teve uma série de sucessos, levando o espírito dos cabarés e da Broadway para as ondas do rádio. Neil Diamond se tornou uma das maiores estrelas da época recusando-se a jurar lealdade a qualquer gênero além do show business, fazendo os ouvintes se apaixonarem por sua voz suave e poderosa, e seu excêntrico fraseado musical. Barry Manilow fez algo similar, atraindo grandes plateias e emplacando grandes sucessos nas paradas de pop, com canções fortemente inspiradas no teatro musical — uma versão mais antiga do pop mainstream norte-americano.

Sorriso Colgate

Em 1971, os editores da *Rolling Stone* fizeram uma sacanagem: enviaram Lester Bangs para resenhar um show dos Carpenters. Bangs era um crítico de rock notoriamente cáustico, sempre disposto a atacar qualquer coisa que percebia como falso ou banal. E os Carpenters eram os maiores *hitmakers* do pop dos anos 1970, uma dupla formada por um casal de irmãos cujas canções grudentas eram frequentemente descritas como "decentes", sobretudo por gente que detestava a decência. Bangs era uma dessas pessoas. Ele reconhece, logo no começo da resenha, que tinha gostado de verdade de "We've Only Just Begun", um dos primeiros hits da dupla (A popularidade desta música no rádio coincidiu, escreveu, com um breve romance vivido por ele.) E, nesse show, em San Diego, Bangs comparou suas canções a sorvete: "agradáveis e levemente revigorantes". Mas considerou a apresentação "desconcertante", em parte porque a presença de palco da banda era muito esquisita e em parte porque a plateia, que ia de "pirralhos" a "vovós", era muito bem-comportada e inexpressiva. Bangs se recorda de ter tentado, sem sucesso, extrair uma frase aproveitável de "uma garota loira bem-vestida e meio fria" da plateia — muito embora, para ser justo, talvez você pudesse se perguntar o que *ela* achava *dele*. No fim das contas, o crítico reconheceu sua derrota. "Tanto a banda quanto o público", escreveu, "me deram calafrios."

Nem todo mundo que escreveu sobre a dupla usou argumentos tão pesados. Mas, desde o princípio, os dois Carpenters — Karen, a tímida vocalista, e Richard, o reservado produtor e *bandleader* — tiveram de lutar contra uma percepção de que a sua tremenda popularidade era uma coisa da qual eles deveriam se envergonhar. Alguns anos após a resenha de Bangs, a *Rolling Stone* os estampou em sua capa e publicou uma matéria na qual Richard Carpenter reclamava da maneira como a mídia o retratava. "Estou de *saco cheio* de sorrir", disse. "Mas todo mundo fica chateado se você não sorri. Então, a gente faz esse favor a eles, e eles retribuem na imprensa. 'Os Carpenters, fofinhos e grudentos, *seguem exibindo seus sorrisos Colgate!*'" Se ambos tivessem surgido uma década antes, seus sorrisos provavelmente não chamariam tanta atenção; na primeira metade do século XX, não era nada incomum que um músico sorrisse para uma câmera. Mas a acensão do rock 'n' roll e a contracultura inspirada pelo gênero mudaram essas expectativas. Os Carpenters fizeram sucesso, em parte, pelo mesmo motivo pelo qual eram ridicularizados: porque não pertenciam à contracultura. No contexto dos anos 1970, suas músicas bem cantadas e suas fotografias supostamente irretocáveis não pareciam neutras, e sim radicais — ou melhor, reacionárias. "É como se fôssemos o Pat Boone, só um pouco mais *limpinhos*", disse Richard Carpenter, sem levar em consideração que não havia nada mais ultrajante do que se comparar com Boone, conhecido e, na época, frequentemente criticado por suas versões *easy listening* de clássicos do rock 'n' roll. "É como se tudo que a gente fizesse o dia inteiro fosse beber leite, comer torta de maçã e tomar banho. E eu nem *gosto* de leite."

De certa maneira, Richard Carpenter não parecia ser um homem com muitos motivos para reclamar. Embora o primeiro álbum da dupla não tenha vendido bem, o segundo, *Close to You*, de 1970, foi um arrasa-quarteirão instantâneo, gerando dois grandes hits — "We've Only Just Begun", aquela que encantou Lester Bangs, e "(They Long to Be) Close to You" — e garantindo aos Carpenters tanto o estrelato quanto um considerável respeito da indústria musical. Nos Grammy Awards de 1971, eles foram indicados a quatro prêmios e ganharam dois, entre os quais o de Melhor Artista Revelação. E mesmo vários de seus detratores conseguiam encontrar qualidades na voz de Karen Carpenter, que era primorosamente controlada e levemente inescrutável, como se ela não estivesse revelando tudo o que se passava por sua mente. Numa resenha de um show de 1971, feita por John S. Wilson, que, exceto por esse trecho, era negativa, o pioneiro crítico de jazz e pop do *New York Times* observou que Karen Carpenter tinha "uma qualidade vocal interessante". E Tom Smucker, no *Village Voice*, escreveu que ela tinha "uma voz que dá continuidade à grande tradição de Judy Collins, Joan Baez e outras mulheres brancas de classe média". (Hoje em dia, Baez não seria necessariamente considerada "branca", porque a família de seu pai era de origem mexicana.) Muitos cantores populares têm origens que podem ser descritas como brancas e de classe média, mas essa identidade colou nos Carpenters de um modo que não havia colado em muitos de seus contemporâneos, talvez porque eles não fingissem estar se rebelando contra ela.

Os Carpenters eram definidos — e criticados — por sua identidade musical negativa: eles não eram uma banda de rock 'n' roll. "Sei que nós não somos roqueiros", declarou Richard Carpenter numa matéria da *Billboard* de 1973 que não era uma entrevista jornalística, e sim uma espécie de propaganda do grupo. "Nós somos pop. Mas não fazemos esse tipo de música pop amena e sem criatividade que costuma ser associada ao termo *easy listening*." (O duo ocasionalmente incorporava elementos do rock 'n' roll em suas canções: seu primeiro single foi um cover de "Ticket to Ride", dos Beatles; "Goodbye to Love", um single de 1972, foi intensificado, embora não necessariamente melhorado, por um par de solos de guitarra.) Algumas vezes, Richard Carpenter tentou se entregar à sua identidade de pop star da música mainstream, liderando a oposição ao rock 'n' roll. "Essa coisa toda do rock tem feito muita gente raciocinar de maneira bastante bizarra", disse à *Billboard*. "Nossa aparência é de pessoas comuns e, como não pintamos o rosto e não nos vestimos especialmente para nossos shows, não somos 'legais'?" Com mais frequência, porém, ele parecia inclinado não a rejeitar os valores do rock 'n' roll, mas sim a se comparar a eles. Numa entrevista, lamentou o fato de que algumas pessoas se sentiam obrigadas a escolher entre o pop e o rock, criticando a ideia de que um ouvinte "não poderia gostar do Led Zeppelin *e* dos Carpenters".

Nos anos 1970, não existia uma palavra para o tipo de preconceito musical enfrentado pelos Carpenters e por outros grupos similares — o rockismo ainda era muito novo e muito lugar-comum para sequer merecer um nome. O Bee Gees se deparara com ceticismo semelhante, mais para o final da década, quando fez sua transformação de uma aclamada banda de rock 'n' roll para um fenômeno mundial de disco-pop. O ceticismo também assolou diversos artistas de outros gêneros — country, R&B, jazz — que cometeram a temeridade de fazer música pop. A diferença em relação ao rock 'n' roll era que o gênero era tão grande e tão popular que às vezes nem sequer parecia um gênero. Os fãs de country, por exemplo, costumavam ver seu estilo como uma comunidade, com suas próprias tradições e valores, localizada em algum ponto à margem da cultura popular norte-americana do mainstream; nem todo mundo participava dela, e isso era parte do seu atrativo. Mas o rock 'n' roll estava em todo lugar e, por conta disso, com frequência servia como o padrão utilizado para julgar os astros do pop. Karen Carpenter provavelmente poderia ter tido uma carreira de sucesso no country, se quisesse; em 1978, os Carpenters lançaram um single anasalado chamado "Sweet, Sweet Smile", que chegou ao número 8 da parada de country. E, apesar disso, Richard Carpenter não ficou resmungando nas entrevistas por não ser country o suficiente para ser levado a sério. Naquela década, muitos astros do pop já tinham entendido que o rock 'n' roll era a categoria-padrão.

Não é nenhuma coincidência o fato de o rock 'n' roll, nos anos 1970, ter se consolidado como o formato normativo da música popular precisamente no momento em que estava começando a parecer vulnerável. Não foi a dominância do rock 'n' roll, mas sim seu medo de um declínio comercial que ajudou a criar o rockismo. Parte do que dava "calafrios" a Bangs em relação aos Carpenters era sua enorme popularidade, que os fazia parecer muito menos como uns esquisitões obstinados nadando contra a corrente do rock e mais como os possíveis arautos de uma nova era pós-rock 'n' roll. Carpenter comparou seu grupo ao Led Zeppelin, uma banda de hard rock que era amada por seus fãs, embora não fosse exatamente onipresente; o Led Zeppelin vendia álbuns e enchia arenas sem, geralmente, emplacar nenhuma canção nas posições mais altas das paradas de pop. E muitas das bandas mais aclamadas de rock da época estavam ainda mais distantes do mainstream. (Quando Robert Christgau percebeu, no final dos anos 1970, que a maior parte de suas músicas favoritas era "semipopular", ele estava se referindo a David Bowie, Bruce Springsteen e a toda uma constelação de roqueiros que ainda não haviam se convertido em grandes astros — e, em alguns casos, jamais iriam.) Em 1969, muitas das canções próximas ao topo da lista anual Hot 100 da *Billboard* eram ou de rock 'n' roll ou influenciadas pelo estilo: "Honky Tonk Women", dos Rolling Stones; "Everyday People", do Sly and the Family Stone. Em 1979, o rock 'n' roll estava praticamente ausente dessa lista, com a notável exceção de "My Sharona", de uma banda chamada The Knack, que era vista — e não de maneira muito correta — como representante de algo que teria sido desnecessário uma década antes: um revival do rock 'n' roll.

Os perigos do (novo) estrelato do pop

No final dos anos 1970, um estilo específico surgiu para destronar o rock 'n' roll e praticamente todos os outros estilos: a disco music, que, em poucos anos, deixou de ser uma subcategoria underground do R&B para se tornar o som que definiria o pop moderno. Para muitos jovens ouvintes incomodados com a onipresença da disco, a alternativa natural era o punk. Um dos incontáveis punks que se sentiram dessa maneira foi um jovem do País de Gales que se referia a si próprio como Steve Strange e que tinha boas lembranças de quando havia se apaixonado pelo Sex Pistols. "Eles pareciam a resposta perfeita para aquela disco music sem graça que tinha tomado conta das paradas, essas coisas tipo Chic e Donna Summer", recordaria mais tarde. "Lembro que 'Car Wash'" — do grupo de R&B norte-americano Rose Royce — "foi um sucesso e até deu título a um filme, mas acho muito sem graça quando comparada à energia explosiva do punk." Mas, como muitos outros punks cheios de si, Steve Strange acabou reconsiderando sua aversão inicial à disco music. Após alguns anos ele ficou de saco cheio do punk e se mudou para Londres, onde se tornou empresário da vida noturna, ajudando a desenvolver o som e o estilo do new pop. Strange, assim como Boy George, se inspirava em David Bowie, que percebeu muito antes de seus pares que o punk e a disco music não precisavam ser inimigos. Ambos eram gêneros afrontosos e ambos iam na contramão da recém-descoberta respeitabilidade do rock 'n' roll. O punk era ressentido e tinha sede de vingança. A disco era mais libertária, abraçando as batidas para promover a euforia nas pistas de dança. No final dos anos 1970, porém, os impulsos do punk e da disco estavam começando a se combinar.

Um dos primeiros exemplos disso foi "Fame", hit de Bowie de 1975, uma faixa de funk exuberante e sarcástica que estourou nas pistas de dança. "Não sou um grande fã de disco music", diria Bowie, alguns anos depois. "Eu detesto. Na verdade fico constrangido quando minhas músicas fazem sucesso nas discotecas." Mas ele parecia fascinado tanto pela cultura quanto pelas possibilidades musicais do gênero. Um de seus singles com a sonoridade mais próxima da disco foi "D.J.", cuja letra pretendia zombar dos disc jockeys ("Eu sou DJ, eu sou o que toco/ Eu tenho seguidores, que acreditam em mim") e cuja batida pretendia seduzi-los. No final dos anos 1970, diversos jovens músicos estavam criando suas próprias misturas, fazendo músicas muito futuristas para serem punk, mas muito alienígenas para serem disco. Em 1979, um ex-punk chamado Gary Numan emplacou dois hits no primeiro lugar da parada britânica, "Are 'Friends' Electric?" e "Cars", que soavam muito parecido com Bowie em seu momento mais cyborg. No mesmo ano, o Public Image Ltd, o novo grupo liderado pelo ex-vocalista do Sex Pistols, que agora era conhecido como John Lydon, lançou um single escabroso e agressivo construído em cima de uma batida discrepantemente dançante; seu título era "Death Disco". Uma das canções mais radicais de disco punk lançadas naquele ano se chamava "We Are All Prostitutes" e era extraordinariamente contraditória. Os músicos ficavam se revezando entre um groove gostosinho ao estilo Chic e uma série de digressões barulhentas enquanto o vocalista entoava palavras de ordem esquerdistas. "O capitalismo é a religião mais desumana que existe!", "Lojas de departamento são as novas catedrais!", "Nossos filhos se voltarão contra nós!". Com toda essa fúria, o nome da banda era impecavelmente sarcástico: The Pop Group.

Esse foi o cenário que deu origem ao movimento do new pop: uma mistura do espírito do punk com a inovação da disco, combinando-se para incrementar uma música eletrônica que, com o passar dos anos, foi soando cada vez mais como o mais perfeito pop. Em 1978, um grupo de amigos de Sheffield, na Inglaterra, lançou o single "Being Boiled", que tinha uma base eletrônica progressiva e uma letra que falava sobre bichos-da-seda e crianças mortas. De forma nada surpreendente, a música não conquistou um lugar na parada pop britânica. Mas o grupo evoluiu, acrescentando um par de novos membros — duas garotas, originalmente contratadas pela aparência e pelo talento para dançar — e se tornando cada vez mais ambicioso do ponto de vista comercial. "Nós sempre quisemos ser tremendamente populares, mas não soávamos bem o bastante para que isso acontecesse", disse Phil Oakey, o mentor do grupo. "Agora temos refrões e tudo o mais, bem como um produtor de verdade, para garantir que isso aconteça." Ele estava certo: Oakey era o líder do Human League, que, em 1981, teve um hit internacional com "Don't You Want Me": a música chegou ao número 1 das paradas tanto na Inglaterra quanto nos Estados Unidos, ajudando a desencadear a revolução do new pop. Na esteira desse sucesso, o Human League relançou "Being Boiled", que finalmente encontrou seu público. Agora que seus membros eram pop stars de verdade, "Being Boiled" era, por definição, uma música pop de verdade e, assim, ela chegou ao sexto lugar da parada britânica.

Em grande medida, "new pop" queria dizer "pop eletrônico", um sucessor mais rápido e mais estiloso para a disco music; o instrumento emblemático do gênero era o sintetizador. No entanto, o éthos do pop ditava que era cafona ser muito CDF ou obcecado por instrumentos — isso era *exatamente* o tipo de coisa que os velhos músicos de rock faziam. Para os novatos do new pop, a ênfase estava no glamour e no sucesso, não nas minúcias musicais. Os integrantes do Culture Club, por exemplo, se inspiraram no reggae para criar um som leve e tranquilo, destacando-se dos grupos mais sorumbáticos do electro-pop. (O nome "Boy George" prestava homenagem a uma tradição do reggae de usar nomes honoríficos, como King Tubby, Prince Jammy e Jah Woosh; o Culture Club chegou a sair em turnê com o Musical Youth, uma banda de reggae.) Mas eles se apresentavam como bon-vivants inconsequentes, e não como músicos genuinamente obstinados. Boy George se lembra de estar mais interessado em adulação do que em inovação. "Parte de mim queria estar promovendo revoluções artísticas", escreveu em seu livro de memórias. "Mas eu era um garoto muito educado e amigável e queria que todo mundo me amasse." No universo do new pop, o estrelato às vezes parecia mais importante do que a música. Steve Strange, o punk que virou promotor de casas noturnas, era conhecido como uma das personalidades mais exuberantes de Londres. Inevitavelmente, acabou liderando uma banda de new pop, a Visage, que chegou ao número 8 da parada britânica com uma pós-disco estilizada e macambúzia chamada "Fade to Grey". Mas as perspectivas do grupo a longo prazo foram demolidas pelo uso de drogas e pela apatia de Strange, duas coisas que talvez estejam relacionadas. "Eu dava mais importância a tudo que acontecia em volta do álbum do que à própria música", relembraria ele mais tarde, ao recordar as tentativas fracassadas da banda de gravar uma sequência para seu bem-sucedido álbum de estreia. "Eu não era um músico de verdade, só queria fazer a minha parte e dar o fora."

"Não existem regras na música pop", declarou Trevor Horn, um produtor britânico que ajudou a criar a sonoridade do electro-pop dos anos 1980, numa entrevista para a *New Musical Express*. Horn produziu hits para o ABC, o Frankie Goes to Hollywood e Grace Jones. E, na verdade, ele respeitava pelo menos uma regra: música pop tinha de ser popular. "Acho que o único objetivo de uma música pop, não importa o quanto eu ou você teorizemos a respeito dela, se ela não vender, se não atrair as pessoas que não te conhecem e não me conhecem, ela é uma perda de tempo", disse. Considerando, contudo, critérios comerciais, a maioria dos artistas de new pop era, provavelmente, menos "pop" do que, digamos, bandas de hard rock como o AC/DC, sem falar em veteranos do rock 'n' roll como os Rolling Stones. "O Human League talvez venda um monte de discos, mas eles nunca vão tocar no Madison Square Garden", afirmou Nick Rhodes, do Duran Duran, em 1982. "E acho que nós vamos." Ele tinha razão sobre o Human League e também sobre seu próprio grupo, que se apresentou no Garden pela primeira vez em 1984. O Duran Duran acabaria sendo uma das bandas mais populares e duradouras da cena de new pop, talvez porque seus membros se apresentassem como *banda*, assinalando uma divisão entre dois mundos — Rimmer os descreveu como "uma mistura da simplicidade e da solidez da cozinha do Chic com a energia crua do Sex Pistols". Se o objetivo era vencer um concurso de popularidade, uma forma muito eficaz de fazê-lo era sendo um pouco *menos* pop e um pouco mais rock 'n' roll.

Até Boy George, que nunca escondeu seu apetite interminável por aplausos, logo percebeu que no mundo da música pop o foco constante na popularidade poderia ser algo opressivo. Em seu livro de memórias, ele conta o quanto ficou empolgando quando "Karma Chameleon", um dos maiores hits do grupo, chegou ao primeiro lugar das paradas. Pelo menos no começo. "A alegria logo virou constrangimento", recorda. "Fiquei enjoado de tanto ouvir a música tocando no rádio e de tanto ter que dublá-la na TV. 'Karma' era o tipo de canção que todo mundo comprava e ninguém gostava." Talvez o que ele realmente quisesse fosse um tipo mais seletivo de popularidade — aquele tipo de "credibilidade" musical para o qual antirrockistas adoravam torcer o nariz. Mas não são apenas os críticos musicais que têm sentimentos conflitantes em relação à maneira como uma música aparentemente boba pode, de repente, se tornar inescapável por completo. "Eu amo a música", declarou Boy George à *Smash Hits* alguns anos mais tarde. "Mas estou cansado de ser celebridade. Estou cansado de ser pop star." Boy George pode ter sido o líder do movimento do new pop, mas nem mesmo ele estava inteiramente comprometido com seus princípios. Muitas pessoas gostariam de ser pop stars. Mas, no fundo, poucas gostariam de ser *apenas* pop stars.

Essa atitude ambivalente era parte do que fazia do movimento new pop algo tão incoerente — e, talvez, também insustentável. Em suas claríssimas ambições de se tornarem pop stars, esses músicos algumas vezes agiam de maneiras radicalmente contrárias a essa ambição, chamando a atenção, de forma ardilosa, para o tipo de intriga da indústria musical que costuma permanecer oculta. Desde os anos 1960, pop stars fazem questão de se apresentar como gênios artísticos que desnudam a alma, e não como meros *hitmakers*, ou homens de negócios calculistas, ou oportunistas que só querem fazer sua parte e dar o fora. E os fãs também fazem questão de compactuar com tudo isso. A bajulação frenética, do tipo que os ídolos adolescentes devem necessariamente inspirar, não deixa muito espaço para o ceticismo estético. Isso ajuda a explicar por que, ao longo dos anos, a guerra contra o rockismo tem sido travada principalmente por críticos musicais, e não por pop stars. Um dos poucos músicos dos anos 1980 que abraçaram abertamente o éthos antirrockista foi Neil Tennant, uma das metades do Pet Shop Boys. "Somos um grupo de pop, não um grupo de rock 'n' roll", declarou certa feita. Ele e seu parceiro musical, Chris Lowe, se especializaram em canções pop eletrônicas estruturadas de forma inteligente e primorosa, e a dupla emplacou mais de vinte músicas no Top 10 britânico. Eles adoravam expor os artifícios do pop, com letras insolentes sobre o sucesso ("Eu sou inteligente, você é bonito/ Vamos ganhar muito dinheiro"), e turnês impulsionadas por bases pré-gravadas em vez de bandas. "Na verdade, gosto de mostrar que *não somos capazes* de tocar ao vivo", declarou Tennant. Ele tinha, porém, uma história incomum. Antes de se juntar à revolução do new pop, ele havia escrito a respeito dela, no papel de crítico musical na *Smash Hits*. "O rock se propõe a ser algo importante, então as pessoas escrevem sobre ele como se ele de fato fosse importante", afirmou certa vez. "O pop se propõe a ser descartável." Tennant disse isso em 2012, quando sua carreira no pop tinha mais de um quarto de século, deixando a impressão de que ele ainda não tinha certeza se deveria lamentar a má reputação da música pop — ou celebrá-la.

Nessa mesma entrevista de 2012, para a *Vanity Fair*, Tennant falou sobre a relativa obscuridade do Pet Shop Boys nos Estados Unidos. "Alguma coisa aconteceu conosco nos Estados Unidos", disse. "A teoria é que foi o clipe de 'Domino Dancing'." O videoclipe, de 1988, mostra dois rapazes brigando por uma mulher; no final, eles estão sem camisa e a mulher parece totalmente desnecessária. "Domino Dancing" chegou ao 18º lugar da parada norte-americana e marcou o final de uma era: o grupo nunca mais teve outra música no Top 40 norte-americano. Aparentemente, alguns ouvintes haviam considerado o clipe gay demais para o mainstream norte-americano, mas Tennant se recusava a acatar essa teoria. "Eu nunca acreditei nisso", disse. "Os Estados Unidos são bem homofóbicos, mas também são muito gays."

Na revolução do new pop, a identidade gay desempenhava um papel muito importante, embora nem sempre fosse explícita. Os ouvintes até podiam ter suas suspeitas, mas Tennant só veio a se identificar publicamente como gay em 1994. George Michael conquistou o sucesso com a dupla de new pop Wham! e fez mais sucesso ainda em sua carreira solo; a entrevista em que ele saiu do armário só aconteceu em 1998. Alguns grupos optaram por uma abordagem mais radical. Em 1983, o Frankie Goes to Hollywood emplacou um hit internacional com "Relax", uma viciante faixa dançante que tinha um videoclipe cheio de homens se contorcendo e uma letra surpreendentemente explícita que parecia descrever — ou melhor, prescrever — a contenção de um orgasmo ("Relaxe! Não faça/ Quando quiser chegar lá"). Os membros do grupo a princípio negaram essa interpretação, mas depois, no encarte do seu álbum de estreia, o baixista admitiu: "Quando ela foi lançada, a gente fingia que era sobre motivação, quando na verdade era sobre transar". Boy George buscava evitar as categorizações (no começo de sua carreira ele disse a um repórter que tinha menos interesse em sexo do que numa xícara de chá), muito embora tenha escrito de forma comovente sobre seu complicado relacionamento amoroso com Jon Moss, o baterista do Culture Club, em seu livro de memórias. Sua timidez nas entrevistas contrastava com sua aparência extravagante, e ele defendeu essa abordagem, algumas vezes, como uma forma de ativismo. "Não estou escondendo nada", disse certa vez. "É isso que está nas entrelinhas. O que estou conseguindo, não importa se digo ou não alguma coisa, é fazer com que as pessoas aceitem homens afeminados."

É impressionante que o movimento do new pop, que tanto desdenhou do machismo do rock 'n' roll, tenha sido, mesmo assim, capitaneado majoritariamente por homens. Algumas — talvez a maioria — das mais deliciosas faixas de pop eletrônico da época foram feitas por mulheres, entre as quais Annie Lennox; Alison Moyet, oriunda do Yazoo; e Kate Bush, cujas composições de outro mundo do começo dos anos 1980 eram, sem dúvida, algo novo, e provavelmente pop, embora não particularmente "new pop". Mesmo assim, as mulheres, de modo geral, não estavam no centro das discussões das revistas de música que ajudaram a transformar essa tendência musical num movimento. Talvez elas fossem menos propensas a renegar o rock 'n' roll porque eram menos propensas a ser levadas a sério por alguns fãs e críticos, que partiam do princípio de que uma mulher atrás de um microfone era necessariamente uma cantora "pop". Ou talvez fosse apenas o fato de que o movimento antirrockismo era, como todo movimento musical, obrigatoriamente parcial: elevando algumas vozes e ignorando outras com a finalidade de contar uma história que fizesse um sentido específico.

Música pop pura

Nos Estados Unidos, onde o punk foi mais uma curiosidade passageira do que uma obsessão nacional, não houve, de fato, um equivalente ao movimento britânico do new pop. As bandas glamorosas que chegavam da Inglaterra eram classificadas como "new wave", um termo que enfatizava o caráter de novidade ao mesmo tempo que sugeria repetição, como se fosse apenas mais uma nova onda a atingir a costa norte-americana.

Entretanto, ao mesmo tempo, um punhado de artistas norte-americanos estava encontrando maneiras de abandonar o punk em direção ao pop. Belinda Carlisle era uma californiana apaixonada por música que teve a vida transformada pelo punk: ela idolatrava Iggy Pop, o padrinho norte-americano do punk, e lia todas as revistas musicais britânicas; utilizando o nome Dottie Danger, tocou bateria numa das primeiras formações do The Germs, uma escabrosa banda punk de Los Angeles. Todavia, quando ela e outras quatro mulheres decidiram formar seu próprio grupo, escolheram um nome que evocava diversão, e não doença: The Go-Go's. Com a banda e depois sozinha, Carlisle virou uma pop star dos anos 1980 — apesar de, talvez, não exatamente de propósito. Em sua autobiografia, ela relembra o dia em que escutou, com as colegas de banda, *Beauty and the Beat*, o álbum de estreia do Go-Go's, que vendeu milhões de cópias em 1981. "No estúdio, a gente achou que estava gravando um belo álbum de punk", escreveu. "Quando ouvimos a versão final, soava muito mais pop do que estávamos esperando."

Debbie Harry, a vocalista do Blondie, foi mais estratégica. Ela fazia parte da cena punk de Nova York, mas não escondia sua intenção de transformar o Blondie em um "grupo pop", em parte porque queria fugir do "estigma" do punk. (Ela chegou a sugerir, uma vez, que o termo "punk" tinha sido "uma invenção da mídia", invertendo astuciosamente os termos da discussão ao insinuar que o pop era mais autêntico.) "Heart of Glass", o primeiro grande sucesso da banda, era escancaradamente uma faixa de disco, calculada de maneira astuciosa tanto para irritar seus antigos amigos punks quanto para agradar ao grande público; em 1979, a música chegou ao topo das paradas tanto nos Estados Unidos quanto na Inglaterra, fazendo com que Harry se tornasse uma verdadeira pop star. Alguns anos mais tarde, outra estrela improvável do pop despontou na cena de rock em Nova York: Cyndi Lauper, que se inspirava no reggae, no punk e na dance music. Seu álbum de estreia, *She's So Unusual*, de 1983, foi um sucesso estrondoso e surpreendente, emplacando quatro músicas no Top 5, com uma sonoridade exuberante que ajudou a definir o pop dos anos 1980. Ela contou que certa vez teve de se defender durante uma conversa com Dick Clark, cujo programa, *American Bandstand*, levava as músicas do Top 40 para a televisão. "Ele me disse que eu estava fazendo música descartável", recordou. "Que a música pop era… descartável. Respondi: 'Não, eu não dei duro a minha vida inteira para fazer música descartável'."

Uma das mais importantes contribuições do antirrockismo foi revelar que muitas das opiniões sobre música são alimentadas por preconceitos que, quando examinados mais de perto, são praticamente indefensáveis. Quando Lauper estava gravando *She's So Unusual*, ela se apaixonou por um som em particular: a caixa com "gate", uma explosão percussiva que soava meio artificial e evocava as batidas aceleradas que dominavam as discotecas. (O "gate" é um filtro que corta um som quando seu volume cai a determinada altura; em vez de ir desaparecendo aos poucos, o som de uma caixa com "gate" reverbera ruidosamente e é interrompido de forma repentina.) Esse som fez com que alguns ouvintes, possivelmente Clark entre eles, escutassem a música de Lauper como se ela fosse mais "pop" e, portanto, mais "descartável" do que se ela tivesse usado uma batida que não tinha passado por filtros. Nos Estados Unidos dos anos 1980, "pop" quase sempre era sinônimo de músicas dançantes com elementos eletrônicos. Mesmo pessoas que nunca haviam parado para pensar sobre a identidade nos gêneros musicais aprenderam a associar determinados sons e instrumentos ao "pop" e, talvez, à superficialidade.

Quando penso no pop daquela década, costumo me lembrar de uma música específica: "Borderline", single de Madonna de 1984, que soa para mim como a quintessência do pop na era pós-disco. Acho que me lembro de ouvir essa música no rádio quando criança e de ter sido atraído pelo teclado suave e sentimental da introdução e pela batida eletrônica que entra em seguida, repentinamente. A canção é construída em cima de uma artimanha básica, porém muito eficiente, do pop: a incongruência. Melodias alegres e dançantes levam o clima para cima; uma letra desesperada sobre uma decepção amorosa ("Parece que vou perder a cabeça") joga tudo de volta para baixo. Ouvintes que cresceram acostumados aos softwares modernos de correção de voz talvez percebam que Madonna canta de maneira surpreendentemente — embora não de forma desagradável — fora do tom, e essa sensação de que ela está se esforçando para atingir as notas certas dá à canção um toque a mais de intimidade. Mas o melhor de tudo é a maneira como a linha de baixo vai empurrando a música para a frente, criando a feliz ilusão de que ela poderia durar para sempre. Mesmo hoje, quando as pessoas falam sobre "pop" como um gênero — algumas chegam a dizer "pop puro" —, elas geralmente estão falando sobre artistas cuja música soa um pouco como "Borderline". Kate Perry apareceu, no final dos anos 2000, para se tornar durante algum tempo a maior pop star "pura" do mundo, atualizando a fórmula de

Madonna para criar suas próprias canções pop eletrônicas. (Durante um de seus shows mais recentes, Madonna desceu do palco para falar com Perry, que estava na plateia; Perry literalmente beijou sua mão.) Lady Gaga era uma pop star que considerava "pop star" apenas mais uma entre suas muitas identidades. Às vezes ela parecia a herdeira genuína do velho movimento do "new pop", abraçando o pop como gênero — um de seus álbuns se chama *Artpop* —, ao mesmo tempo que tratava sua própria fama como mero elemento dentro de uma performance pós-moderna. Também existiram pop stars cult. Robyn, da Suécia, emplacou um par de sucessos nas paradas norte-americanas no final dos anos 1990 e se reinventou, nos anos 2000, como uma espécie de intelectual do pop, lançando músicas deliciosas para um séquito de ouvintes especializados. Nos anos 2010, os artistas classificados como *hyperpop* faziam faixas ridiculamente aceleradas e felizes, exagerando as sonoridades e trejeitos do pop até o ponto em que paravam de soar como pop. E no final da década, os Estados Unidos finalmente alcançaram os demais países e começaram a apreciar as delícias do pop coreano, ou K-pop, que tende a produzir músicas vívidas e animadas e que talvez façam os americanos pensar em todas as músicas que fizeram sucesso internacional sem conquistar muitos fãs localmente. A popularidade extraordinária de grupos de K-pop, como o BTS e o BLACKPINK, nos Estados Unidos pode ser apenas mais uma febre passageira, mas também pode ser um sinal de que as fronteiras nacionais do pop estão ficando mais porosas e que os ouvintes norte-americanos estão cada vez mais receptivos à música pop internacional, especialmente se ela soar, ao mesmo tempo, estranha e familiar.

Os modismos sempre fizeram parte da identidade do pop: paradoxalmente, sua popularidade aumenta e diminui. Os anos 1980 foram uma grande década para o pop nos Estados Unidos, porque artistas de diversos gêneros — R&B, várias vertentes do rock 'n' roll, dance music underground — estavam fazendo experiências com música eletrônica e chegando a resultados convergentes. Um dos muitos que se beneficiaram disso foi Weird Al Yankovic, humorista que se tornou uma celebridade surpresa na época ao reescrever as letras de canções pop, apostando na certeza de que todos já as haviam escutado antes. (Não por coincidência, os anos 1980 foram um período de crise para alguns gêneros musicais: era 1985 quando o *New York Times* declarou, em sua capa, que a música country estava "em declínio", três anos após Nelson George ter publicado *The Death of Rhythm & Blues*.) Nos anos 1990, porém, o consenso em relação ao pop estava começando a ruir. Os gêneros deram início a um processo de reafirmação: o country e, cada vez mais, o hip-hop produziam álbuns de sucesso estrondoso; a popularidade do grunge deixou o rock 'n' roll num clima melancólico, aumentando a distância musical e emocional entre o rock e o pop. Em 1998, a *Spin* publicou um artigo revelador de Greg Milner sobre Casey Kasem, que apresentava o *American Top 40*, um programa de rádio transmitido por várias estações desde 1970. Durante as primeiras duas décadas, o programa usava os dados da parada Hot 100 da *Billboard*, que aferia a popularidade dos singles lançados no país combinando os números de venda com os de execução radiofônica. Nos anos 1990, entretanto, Kasem e seus produtores notaram que um número crescente de faixas de hip-hop estava chegando ao Hot 100, mesmo quando as estações Top 40 (que transmitiam o programa de Kasem) não costumavam tocá-las; essas músicas destoavam do clima tranquilo do programa, incomodando alguns de seus ouvintes *baby boomers*. "Kasem se viu na estranha posição de exaltar canções que as emissoras nas quais ele era ouvido sequer *pensariam* em tocar", escreveu Milner. "Durante treze semanas, em 1992, o notoriamente pudico disc jockey foi obrigado a anunciar 'Baby Got Back', a ode às bundas de Sir Mix-A-Lot. Nesse mesmo ano, cem estações de rádio pararam de transmitir seu programa." Em busca de um Top 40 mais "pop", Kasem começou a usar paradas diferentes, mais voltadas para gêneros adultos, criando uma lista mais coerente do ponto de vista musical, ainda que, para isso, tivesse que ignorar diversas canções populares de rock e hip-hop. "Eu gostaria que o formato Top 40 voltasse, para que tudo pudesse ser incluído", declarou, mas ele não parecia muito otimista. O pop norte-americano parecia grande nos anos 1980, com força gravitacional suficiente para atrair músicos de outros gêneros. (Pense, por exemplo, nos fãs de R&B que tiveram um chilique quando Prince e Michael Jackson os abandonaram, deixando o gênero para trás e entrando para o mainstream da música pop.) No entanto, a música pop norte-americana parecia muito menor nos anos 1990: era um subgrupo das músicas mais apreciadas do país, um gênero antiquado e bem-comportado, disputando uma fatia de mercado com competidores muito mais agressivos.

Você vai sair dessa quando crescer

Talvez Kasem não precisasse se preocupar tanto. Na metade dos anos 1990, o retorno do pop já estava em pleno curso, puxado por um fenômeno antigo que, de alguma maneira, parecia algo novo: os ídolos adolescentes.

O primeiro álbum do Backstreet Boys foi lançado em 1996 e o primeiro do *NSYNC, no ano seguinte; dois meses após o artigo sobre Kasem e o formato Top 40 na *Spin*, Britney Spears lançou seu single de estreia, "... Baby One More Time", que marcou o início de uma nova era de pop adolescente. Muitos desses artistas buscavam inspiração no R&B: o exemplo que as boy bands seguiam era o New Kids on the Block, basicamente uma versão branca da boy band afro-americana de R&B New Edition. (O produtor Maurice Starr descobriu o New Edition em 1981 e criou o New Kids on the Block em 1984.) Mas, como grupos como o Backstreet Boys e o *NSYNC eram brancos, e como eles davam preferência a arranjos acelerados que não eram exatamente influenciados pelo hip-hop, e como seus fãs em geral eram jovens, esses artistas eram classificados como pop, ou pop adolescente, mas nunca R&B. Seu sucesso fez com que o pop se tornasse popular novamente, e chegou até a inspirar a criação de um novo programa ao estilo parada de sucessos: *Total Request Live*, na MTV, que fez sua estreia em 1998, levando adolescentes gritalhões para dentro dos estúdios da emissora, onde eles podiam se esgoelar assistindo a seus videoclipes favoritos — e, se dessem sorte, até seus artistas favoritos. A partir de 2002, o *American Idol* e um punhado de programas de competição similares levaram uma versão mais asséptica da música pop para a televisão aberta, transformando a idolatria do mundo pop numa diversão saudável para toda a família. Esses programas geralmente não davam muita atenção aos gêneros musicais, misturando cantores de todos os estilos. Mas a maioria desses cantores teve de dar muito duro para estabelecer uma carreira na indústria musical tradicional. "Música de competição" basicamente virou um gênero em si.

O rock 'n' roll vem sendo exaltado, há muito tempo — de maneira entusiástica, embora nem sempre precisa —, como a música da juventude. E a Motown alegava, nos anos 1960, que o R&B era "o som dos jovens norte-americanos". Mas a música pop costuma ser criticada justamente por ser jovem demais, como se isso fosse defeito. Bill Stewart, o executivo de rádio entrevistado pela *Billboard* em 1973, reclamou que os programadores das rádios Top 40 recusavam num piscar de olhos artistas que tinham uma base de fãs muito jovem:

> Quando o diretor musical ou o diretor de programação está contabilizando os votos ou os relatórios de vendas que chegam das lojas de discos e vê alguma coisa de Donny Osmond ou da Família Dó-Ré-Mi, ou

de alguém que ele considera muito chiclete, tenho a impressão de que aquela música recebe uma classificação menor do que deveria. Consequentemente, aquele que deveria ser o principal objetivo do nosso produto não é atingido.

Em 1971, outra publicação especializada, a *Cash Box*, publicou um editorial em defesa do novo pop adolescente. "Para muitos fãs mais antigos de rock, artistas como Jackson 5, Família Dó-Ré-Mi e Osmonds representam uma vertente muito simples e pobre do estilo, coberta por uma camada de sentimentalismo, da qual eles jamais admitiriam gostar", escreveu a revista, convidando tanto ouvintes quanto executivos de rádio a deixar o "esnobismo" de lado e apreciar "as qualidades encantadoras de seu espírito jovem e suas melodias assobiáveis". Como grande parte dos elogios que foram feitos ao pop adolescente, esse também era falso. Os críticos que tentaram defender o pop adolescente costumavam fazê-lo observando que os talentos de fato excepcionais transcendiam o rótulo; eles sempre mencionavam os Beatles, que foram originalmente considerados ídolos adolescentes. A crítica Nancy Ehrlich verbalizou a esperança de que os Osmonds e o Jackson 5 pudessem "crescer e amadurecer". (Ela estava menos esperançosa em relação a outro ídolo adolescente, David Cassidy, da Família Dó-Ré-Mi.) Mas observou que ter uma base de fãs jovem poderia ser uma desvantagem do ponto de vista profissional. "Depois de algum tempo, as garotinhas crescem", escreveu, "e o astro que elas idolatravam parece um chinelo velho para suas irmãs mais novas."

Essas "garotinhas", as mesmas que transformam garotos e homens sorridentes em sensações do pop adolescente, costumam ser tratadas com bastante desdém pela imprensa musical. Contudo, em 1984 uma dupla muito sagaz de críticas musicais, Sue Stewart e Sheryl Garratt, publicou *Signed, Sealed and Delivered*, uma história de "mulheres no pop" que falava tanto sobre fãs quanto de artistas. Garratt não concordava com a caracterização das jovens fãs de música pop como "garotinhas burras que gritam". Argumentou que elas deveriam ser vistas como uma força fundamental na música pop, e não como um coadjuvante constrangedor:

Elas compraram milhões de discos e deram uma contribuição gigantesca para o sucesso inicial de Elvis, Beatles, Stones, Marc Bolan, Michael Jackson e muitos outros que, depois, foram aceitos pelos adultos e se converteram em monumentos, em pontos de referência na hierarquia do rock 'n' roll. Portanto, rapazes, na próxima vez que forem zombar dessas garotas, lembrem-se, primeiro, de que geralmente é o dinheiro delas que banca suas pretensões.

Garratt escreveu também, de forma muito empática, sobre sua própria fase como jovem fã de pop, quando era obcecada por uma banda de rock escocesa chamada Bay City Rollers, que emplacou uma sequência de hits nas paradas britânicas nos anos 1970; nos Estados Unidos, o grupo é mais lembrado por "Saturday Night", que chegou ao topo da parada em 1976. Garratt explicou o quanto aquela idolatria ainda era muito viva para ela, apesar de tê-la abandonado tanto tempo antes:

> Olhando para o passado, agora, mal me lembro dos shows em si, das músicas, ou mesmo de como era a aparência dos Rollers. Do que me lembro são as viagens de ônibus [...] de dançar em filas na escola e de sentar na cama umas das outras discutindo nossas fantasias e compilando nossos álbuns de recortes. Nossa obsessão era, na verdade, por nós mesmas; no fim das contas, o homem que estava por trás daqueles pôsteres tinha muito pouco a ver com aquilo tudo. [...] Uma das características mais importantes de praticamente todos os grupos adolescentes é o fato de que quase todo mundo os odeia. Com os Rollers, todo mundo, exceto os fãs, estava sempre zombando da gente, repetindo que a banda era idiota e que não sabia tocar. Eles tinham razão, é claro, mas essa não era a questão. A questão é que éramos nós contra o mundo — e, pelo menos durante um tempo, estávamos vencendo.

Essa talvez seja a melhor descrição da idolatria adolescente já escrita, precisamente porque é algo que vem de dentro. E, mesmo assim, é difícil saber o que fazer com isso, exatamente. Garratt quer que respeitemos a paixão furiosa dessas garotas, mas ela não insiste para que respeitemos, igualmente, as bandas que elas amavam. Esse tipo de respeito circunscrito tem mais chances de soar como condescendência para com os próprios fãs, pelo menos naquele momento. Dizer que um artista de pop adolescente é algo esquecível, mas que a dedicação de seus fãs é válida, é praticamente a mesma coisa que dizer o que os esnobes do rock vêm falando desde sempre: que as "garotinhas que gritam" só gostam desse tipo de música porque a embriaguez da idolatria as ilude. Em outras palavras: você vai sair dessa quando crescer.

Discussões sobre música pop, em especial sobre música pop voltada para adolescentes, costumam ser discussões precisamente sobre o seguinte: se a música resistirá ou não à passagem do tempo. Esse parece ser um critério bastante justo, especialmente no caso do Bay City Rollers, que começou a implodir no final da década, abandonado pela maioria de suas maiores fãs. E, mesmo assim, "Saturday Night", o grande sucesso norte-americano do grupo, pelo visto envelheceu muito bem. A julgar pelos dados do Spotify, a canção continua sendo uma das favoritas do público. Mais popular do que "I Write the Songs", de Barry Manilow, que assumiu o topo da parada da *Billboard* duas semanas depois. E consideravelmente mais popular do que "Let's Do It Again", do aclamadíssimo grupo de gospel e R&B The Staple Singers, que desbancou Manilow na semana seguinte.

Na era dos álbuns, fazia sentido uma distinção entre os clássicos cafonas, que as pessoas talvez gostem de escutar vez ou outra no rádio, e as velhas favoritas, que impulsionavam vendas constantes. O crítico Chuck Klosterman sugeriu certa feita que essa distinção refletia uma divisão por gênero. "Meninas que gostavam do Backstreet Boys (ou de Rick Springfield, ou do Bon Jovi) gostavam deles de uma forma que fazia minha adoração adolescente pelo Mötley Crüe parecer insignificante", escreveu ele em 2001. "No entanto, eis-me aqui — dez anos depois —, e ainda compro todo álbum lançado pelo Mötley Crüe, totalmente ciente do fato de que talvez só vá escutá-lo uma vez. Homens têm um senso de lealdade esquisito para com as bandas das quais gostam; às vezes eles enxergam o ato de comprar discos como uma responsabilidade." Na verdade, não é assim tão evidente que as vendas de discos reflitam uma bifurcação entre a lealdade dos fãs masculinos e a volatilidade das femininas — pelo menos, não em nenhum desses casos. É verdade que Rick Springfield, um cantor e ator bonitão, vendeu milhões de álbuns nos anos 1980 e depois desapareceu das paradas do pop. Mas tanto o Backstreet Boys quanto o Bon Jovi seguiram em frente e continuaram vendendo: o Bon Jovi esteve no topo da parada de álbuns em 2016, e o Backstreet Boys, em 2019. O Mötley Crüe não tem um álbum na primeira posição desde 1989.

De todo modo, na era do streaming, vendas de álbuns são uma medida antiquada, que não interessa muito. (A parada de álbuns da *Billboard* agora leva em consideração não apenas as vendas físicas e on-line, mas também a popularidade de cada música do disco em uma ampla variedade de serviços de streaming de áudio e vídeo.) E agora que os ouvintes podem escutar praticamente qualquer música que quiserem de graça, ou sem pagar a mais por isso, está ficando cada vez mais evidente que a maioria dos hits de pop manteve sua popularidade mais ou menos estável ao longo das décadas. De modo geral, o nível exato de popularidade é o resultado de fatores externos e um tanto quanto aleatórios: se um artista novo usa um sample ou faz o cover de uma canção; se a canção é escolhida para aparecer numa trilha sonora ou num comercial; se o artista vive uma vida encantada ou morre uma morte curiosa. Algumas vezes, as músicas mais persistentes do mundo são hits do pop adolescente, como "… Baby One More Time", que tomou de assalto as ondas radiofônicas em 1998 e, basicamente, jamais saiu de lá. Certas canções pop realmente ecoam através das décadas, e uma função muito útil do poptimismo é identificá-las.

Mas existe outra maneira, ainda mais radical, através da qual o poptimismo pode transformar a maneira como pensamos sobre música: ele pode nos fazer pensar de forma diferente sobre nossa suposição de que a posteridade é o que realmente importa. A maioria das pessoas, quando pensa sobre o valor da música popular, acaba se perguntando: o que vai perdurar? A ideia é que a passagem do tempo terá um efeito esclarecedor, ajudando-nos a separar as boas músicas das ruins. É fato que os nossos parâmetros do que é bom e ruim vão mudando ao longo do tempo, mas, de modo geral, músicas e músicos de alta qualidade, supostamente, serão descobertos pelas próximas gerações, enquanto os de má qualidade serão esquecidos. No caso de músicas mais antigas, é fácil — e, muitas vezes, divertido — zombar da cegueira dos ouvintes de eras passadas que, em determinados momentos, não foram capazes de apreciar algo que hoje em dia é visto como claramente excelente. Podemos nos espantar, por exemplo, com a maneira como os ouvintes dos anos 1970 ignoraram o R&B instigante de Shuggie Otis, ou nos perguntar por que exatamente eles gostavam tanto do Captain & Tenille. Mas tendemos a hesitar mais quando o assunto é música nova. Quando torcemos e esperamos que nossas músicas contemporâneas favoritas passem no teste do tempo, estamos querendo que os ouvintes do futuro validem nossos gostos — queremos que eles provem que tínhamos razão. Se amamos de verdade um novo álbum, podemos dizer que ele é "clássico" ou "atemporal", palavras que ligam excelência a durabilidade. Mas tanto com músicas novas como com antigas, a suposição é a mesma: os julgamentos musicais se tornam mais precisos com a passagem do tempo.

Mas e se isso não for verdade? Uma versão antiposteridade do poptimismo poderia sugerir que, da mesma forma que deveríamos parar de menosprezar as preferências de "garotinhas", também deveríamos parar de desconsiderar a opinião de ouvintes contemporâneos. Não existe nenhum motivo para que a popularidade ampla, porém fugaz, seja necessariamente inferior ao entusiasmo mais restrito e duradouro. "Call Your Girlfriend", de Robyn, é uma favorita eterna que não teve grande impacto comercial quando lançada, em 2011. (A música chegou à 55ª posição na parada britânica e nunca figurou na parada de pop norte-americana.) "Rude", da banda de reggae pop canadense Magic!, foi um dos maiores hits de 2014 — o sétimo maior, de acordo tanto com a *Billboard* quanto com o Spotify. Uma maneira de reverenciar o pop é celebrando os méritos consideráveis de "Call Your Girlfriend", um hino melancólico e dançante do electro-pop que talvez se mantenha como uma das maiores canções de desilusão amorosa de todos os tempos; uma década depois do seu lançamento, a música continua originando covers e vídeos virais. Mas outra maneira, talvez mais contraditória, de fazer isso é celebrando o inesperado (e, de fato, breve) triunfo do Magic!, ou seja: pensar sobre a maneira como uma canção que estoura pode provocar uma espécie de histeria coletiva, suplantando a cultura popular para desaparecer lentamente em seguida, deixando as pessoas que acharam ter gostado daquilo se sentindo atordoadas e, talvez, um pouco constrangidas. Quando concordamos em deixar que as gerações futuras decidam sobre isso, dizemos a nós mesmos que as músicas e os artistas provavelmente terão, ao longo do tempo, toda a glória ou esquecimento que merecem. Mas quando priorizamos uma resposta imediata em vez disso, passamos a olhar para hits desprezados com um pouco da mesma melancolia que sentimos ao ouvir falar de uma língua obscura que foi extinta porque seu último falante fluente por fim morreu. É um processo triste, muito embora provavelmente também seja inevitável no longo curso da história — olhando com certa distância, praticamente qualquer conquista cultural parece frágil. Ao explodir e depois desaparecer rapidamente, talvez a revolução do new pop contada por Dave Rimmer tenha feito exatamente o que o pop faz de melhor. Por que toda música precisa ser feita para durar? Não seria possível que as mais preciosas canções do pop sejam, também, as mais perecíveis?

O fim do gosto

Quando trabalhava como crítico de música pop, eu me esforçava para não focar muito a qualidade — pelo menos não diretamente. Minha crença, na época e agora, era que não existe uma diferença muito proveitosa entre gostar de uma música e considerá-la boa, ou entre não gostar de uma música e considerá-la ruim. (Na hipótese de ser possível para uma música que ela seja boa, mas não inspire afeição dos seus ouvintes, de que adianta ser boa?) Mas eu sabia, como todos os críticos sabem, que uma crítica bem-feita geralmente consiste em se encontrar um equilíbrio entre o gosto pessoal e o senso comum. Se você se afastar demais das opiniões das comunidades musicais mais relevantes — o público, especialistas, outros críticos —, os leitores vão pensar que você é um maluco, totalmente alheio ao mundo em que eles vivem. Se você se aproximar demais dessas mesmas opiniões, os leitores vão pensar que você é um picareta, que só está repetindo as mesmas coisas que todo mundo diz. Optando por qualquer um desses caminhos, você soará tedioso e, no papel de crítico profissional, sua principal obrigação, deixando de lado qualquer tipo de regra musical, é jamais entediar seus leitores.

Como a maioria dos críticos musicais, com frequência me vejo concordando com a multidão e apenas eventualmente discordando dela. Talvez isso soe um tanto imoral ou calculista, mas, para mim, esse sempre foi um processo intuitivo e, até onde consigo julgar, honesto. Nunca fui particularmente bom prevendo o que fará sucesso. (Críticos musicais que têm esse talento provavelmente estão perdendo tempo — sem falar dinheiro — na profissão errada.) Em vez disso, tento descobrir do que as outras pessoas gostam e por quê. As paradas do pop são particularmente instrutivas nesse sentido: acontece muito de músicas e álbuns que eu jamais teria imaginado que fariam sucesso chegarem ao topo; e não é raro que, depois de ouvir diversas vezes, eu também consiga escutar o que todas essas pessoas estavam ouvindo. Se isso é algum tipo de síndrome de Estocolmo — e talvez seja, como a maioria da idolatria no pop de fato é —, ela só se intensifica com a experiência de passar algumas noites por semana indo a shows. Quando você escuta uma música que parece terrível, é fácil acreditar que ninguém gostaria *de verdade* dela. Num show, por outro lado, você está invariavelmente cercado de fãs entusiasmados; não está simplesmente vendo alguém fazendo música, está vendo a música fazendo as pessoas felizes. (Consigo pensar em algumas poucas exceções para essa regra, nenhuma delas mais tenebrosa do que uma apresentação sofrível do The Vines no Irving Plaza, em 2004, durante a qual parte da plateia foi embora, mas a maioria ficou, de forma estoica, enquanto a banda se arrastava e o vocalista urrava, às vezes tapando os ouvidos.) Nos shows em que a música do artista não me conquistava, eu geralmente ficava tentando imaginar por qual experiência precisaria ter passado para ficar tão empolgado quanto os fãs ao meu redor. E se eu tivesse passado um verão trabalhando numa loja de discos ao lado de uma pessoa apaixonada por aquela banda? E se essa canção tivesse sido usada num filme ao qual assisti diversas vezes? E se eu tivesse sido apresentado a essa banda por um amigo fazendo uma excelente imitação dos trejeitos do vocalista, ou que simplesmente não conseguia parar de falar sobre o som de suas guitarras? Quase sempre eu acabava sendo seduzido pelo que via e ouvia. Lembro-me de ficar de queixo caído, primeiro perplexo e depois encantado, quando Bette Midler executou uma performance estranha e divertidíssima numa arena de hóquei em Long Island, com direito a sereias em cadeiras de rodas, o que me fez pensar sob um novo ângulo a respeito do que chamei de "a relação complexa entre a eficiência e a deficiência". (Algumas semanas depois, David Letterman a parabenizou pela resenha que eu havia escrito, ela não aceitou os parabéns e eles tiveram uma conversa breve — e, para mim, extremamente surreal — tentando entender se eu tinha gostado ou não do show.) Nesse mesmo lugar, em 2007, fui surpreendido de forma muito positiva por uma performance eletrizante de Miley Cyrus, no papel de Hannah Montana. Enquanto as garotinhas da plateia se esgoelavam e, mais tarde, à medida que a noite ia avançando, adormeciam, prestei muita atenção no show de Cyrus — uma "bomba de açúcar de duas horas de duração", escrevi, com "uma pitada muito bem-vinda de caos" — e fiquei me perguntando do que mais ela seria capaz.

Deixei o *Times* em 2008, sem absolutamente nenhuma reclamação, e com a sorte de ter passado seis anos fazendo praticamente nenhuma outra coisa além de ouvir música e escrever sobre isso. Por outro lado, os anos 2000 eram uma época esquisita para ter um emprego desses: tanto os jornais quanto a indústria musical estavam num estado de crise financeira existencial, ameaçados pela possibilidade de que seus consumidores, que pagavam, se transformassem em observadores, que não pagavam, e às vezes eu tinha a impressão de estar trabalhando para duas indústrias diferentes que estavam morrendo ao mesmo tempo. Também fiquei surpreso ao constatar que meus interesses haviam mudado sensivelmente; eu seguia apaixonado por música como sempre fora, mas estava cada vez menos disposto a discutir por causa disso. Se o público mais amplo insistia em ignorar um excelente single de pop ("Lose You") da cantora sueca Linda Sundblad, ou desconsiderar uma sequência de álbuns inteligentes e sombrios de um rapper chamado Starlito; se os fãs insistiam em se reunir em grande número para assistir a shows do Black Keys, que, para mim, soava como uma chatíssima banda de rock de garagem — bom, talvez não houvesse motivo algum para que eu me opusesse a isso de forma muito veemente. De vez em quando eu até conseguia expressar alguma reprovação. O último show que resenhei foi o do pomposo cantor e compositor britânico James Blunt, que eu considerava violentamente sem carisma; uma das palavras que usei foi "asqueroso". Entretanto, sobretudo com as vendas de CDs despencando e os subgêneros musicais se multiplicando, parecia contraditório gastar alguns parágrafos dizendo aos leitores do *Times* que não valia a pena escutar determinado músico semipopular do qual, afinal de contas, eles provavelmente nunca tinham ouvido falar. Qual era o sentido disso? Para que criticar qualquer coisa?

A maioria dos críticos se faz essa mesma pergunta de tempos em tempos. E talvez ela tenha especial relevância para os críticos de música popular, que, via de regra, são percebidos como sendo culturalmente distintos do público para o qual essas músicas são feitas — adultos esquisitos e meio nerds, observando com ares de superioridade os "moleques" cuja idolatria faz a indústria musical se mover. Simon Frith, um perspicaz pioneiro da crítica musical britânica, escreveu sobre as complicadas regras tácitas que moldam as opiniões musicais. Em 1987, ele abordou a inescapável ideologia dos críticos de rock:

> A estética do rock gravita, fundamentalmente, em torno da discussão sobre autenticidade. Uma música boa é a expressão autêntica de alguma coisa — uma pessoa, uma ideia, um sentimento, uma experiência compartilhada, um *Zeitgeist*. Uma música ruim é inautêntica — ela não expressa coisa alguma. A palavra da qual mais se abusa na crítica de rock é "amena" — música amena não contém nada em si e é feita apenas visando o sucesso comercial.

A essa altura, é claro, já estava começando a entrar na moda o ato de torcer o nariz para os rockistas fanáticos por autenticidade. E, ainda assim, é difícil ignorar esse sentimento e em qualquer gênero musical. O raciocínio de Frith nos convida a rir dos clichês da crítica de rock. Mas ele também quer nos ajudar a perceber que a "estética do rock", definida dessa maneira, poderia ser muito bem aplicada a esses novos críticos voltados para o pop, que tinham o costume de desprezar músicas "amenas" na mesma medida que seus equivalentes no rock. (Boy George e outros luminares do movimento do new pop eram completamente *obcecados* por não serem amenos.) Uma técnica que os críticos utilizavam para introduzir preconceitos sem sentido de forma sorrateira consistia em usar termos aparentemente descritivos que funcionavam como opiniões disfarçadas. Quando se diz que uma música "tem alma", invariavelmente se trata de um elogio. É possível que uma música tenha alma e seja terrível, ou que ela não tenha alma nenhuma, mas seja excelente? Em caso negativo, dizer que uma música "tem alma" não é uma descrição — é apenas um sinônimo para "bom". De maneira semelhante, Frith tem razão a respeito da palavra "ameno": ela é quase sempre um insulto, e esse insulto traz implícita uma discussão sobre qual deveria ser a função da música. Parece evidente que nem todas as músicas terríveis são amenas. Mas será que todas as músicas amenas são terríveis? O badalado produtor Brian Eno inventou, no final dos anos 1970, um estilo musical despojado e sem batidas, que batizou de "música ambiente". No encarte de *Ambient 1: Music for Airports*, de 1978, Eno estabeleceu alguns dos mandamentos do estilo, entre os quais o decreto que diz que a música ambiente "precisa ser tão ignorável quanto interessante". Será que *Music for Airports* é amena de forma brilhante? Será que é interessante? A música precisa ser interessante para ser boa?

Quem costuma ouvir muita música está plenamente ciente das regras musicais existentes, que costumam vigorar somente até que algum músico criativo ou algum novo gênero radical apareça para quebrá-las. (Quando escreveu aquilo em seu encarte, Eno foi muito inteligente: ele nos mostrou como um novo tipo de música pode redefinir uma palavra aparentemente muito direta, como "interessante".) E, mesmo assim, nossas presunções e nossos preceitos — nossos preconceitos, se preferir — são o que nos permite interpretar a música, antes de mais nada, e talvez sejam o que nos permite desfrutá-la também. Frith argumentou que não são somente os críticos que tentam separar a música boa da ruim. "Ainda que, na qualidade de estudioso da música popular, eu não possa considerar, de forma definitiva, nenhuma música como ruim (minha autoridade seria inquestionavelmente rejeitada), na qualidade de fã faço isso o tempo todo", escreveu. "Esse é um elemento necessário para a idolatria." Muitos ouvintes, hoje em dia, alegam gostar de todos os estilos de música, e alguns podem até estar falando sério. Mas não dá para levar a sério alguém que diz que gosta de *toda* música. Como você teria um gosto musical se não tivesse, literalmente, preferência nenhuma?

Carl Wilson é um criativo crítico canadense que se dedicou a responder a essa pergunta. Na verdade, ele se dedicou a responder a uma pergunta diferente: Por que tantas pessoas gostam de Céline Dion, a baladista canadense cujas canções dominaram os anos 1990? Em 2007, ele publicou um livro que tinha o mesmo nome do álbum de 1997 da cantora, *Let's Talk about Love*. O álbum vendeu mais de 30 milhões de cópias em todo o mundo e trazia "My Heart Will Go On", até hoje uma das músicas mais populares já gravadas. O subtítulo do livro era *A Journey to the End of Taste* [Uma jornada para o fim do gosto]; Wilson era fascinado por Dion precisamente porque não suportava sua música. Ele critica sua "frivolidade" e descreve sua música como "um R&B que teve o sexo e a malícia extraídos cirurgicamente" e "*chanson* francesa desprovida de sua alma e seu humor". (Essa ausência de uma identidade musical válida, é claro, foi parte do que tornou Dion uma *pop* star.) Wilson afirmou que nunca havia conhecido alguém que gostasse de Dion, apesar dos seus milhões de fãs, e temia que, caso ele aprendesse a gostar de sua música, talvez isso lhe trouxesse consequências profissionais e pessoais. "Talvez eu esteja caindo num poço de relativização", escreveu. "Se até Céline Dion pode ser reconsiderada, então não existe bom gosto e mau gosto, nem arte boa e arte ruim."

O projeto foi um sucesso, ou talvez um fracasso. Wilson aprendeu sobre a vida de Dion e conversou com alguns de seus fãs; assistiu a suas apresentações ao vivo e estudou seus álbuns. Mas permaneceu admiravelmente fiel aos seus próprios gostos ou, talvez, tenha se recusado teimosamente a transcendê-los. (O mais perto que ele chegou disso foi quando o melodramático seriado *Gilmore Girls* utilizou "My Heart Will Go On" numa cena muito delicada sobre luto. Wilson se pegou reagindo aos grandiosos enunciados românticos de Dion, pelo menos por alguns minutos.) Ele admitiu que os críticos, assim como qualquer outro ouvinte, são influenciados por um desejo de acumular "capital cultural" — de parecerem descolados, em outras palavras. De modo que ele sabia que sua resistência à maneira como ela incorporava aquela personalidade de um dramatismo teatral, e ao seu vozeirão impressionante, tinha sido moldada pelo seu próprio desejo de parecer sofisticado. O sociólogo francês Pierre Bourdieu escreveu que "talvez os gostos sejam, primeira e fundamentalmente, desgostos, aversões provocadas pelo horror ou por uma intolerância visceral ('nauseabunda') aos gostos dos outros": gostamos do que gostamos porque odiamos o que odiamos, e porque não queremos que nos confundam com os ignorantes que gostam daquilo que odiamos. Mas, no fim das contas, Wilson estava disposto a defender seu gosto musical, não porque representasse a verdade, mas porque era seu. Ele sugeriu que pensamos na música menos como a política, que nos leva a discutir com nossos concidadãos, e mais como o amor romântico, que em geral preferimos saborear reservadamente. "Quando nos apaixonamos por uma pessoa, não queremos que todo mundo sinta o mesmo por ela", escreveu. "Já é ruim o bastante quando uma pessoa faz isso." Essa é uma comparação memorável, embora também seja uma conclusão deprimente, pelo menos para aqueles que apreciam a maneira como a música popular tem transformado, ao longo da história, nossas paixões privadas em públicas. Principalmente depois dos anos 1960, discussões sobre música passaram a ser sobre identidades sociais. É assustador pensar que talvez estejamos, agora, preferindo levar nossos gostos musicais para casa para ficar abraçadinhos com eles em nossos sofás. É assustador pensar que cinquenta anos de discussões podem estar chegando ao fim.

Como é que alguém pode gostar duma coisa dessas?

Em 2001, o romancista e crítico britânico Nick Hornby publicou um ensaio na *New Yorker* no qual fazia uma coisa muito incomum — pelo menos para ele: ouviu os dez álbuns mais populares nos Estados Unidos de acordo com a lista publicada na edição do dia 28 de julho da *Billboard*. Eles não eram nem um pouco desconhecidos, mas assim pareciam para Hornby. Ele era famoso pela sua paixão por música; entre suas obras está *Alta fidelidade*, um romance de 1995 sobre o proprietário de uma loja de discos que foi a base para um filme de mesmo nome, de 2000. Mas Hornby estava, como ele próprio confessa, desconectado das preferências contemporâneas. Ele admitia com pesar que gravitava em torno de um "Top Ten particular" cheio de músicas "hediondamente sentimentais", repletas de "reflexões e ironias";

citou o Pernice Brothers, uma banda indie erudita, e o músico de jazz Olu Dara. Para Hornby, o Top 10 do *público* era um show de horrores, e ele escreveu um artigo muito engraçado sobre o que encontrou por lá. Havia uma banda de pop-punk "alegrinha" cantando sobre masturbação. Um par de artistas de hip-hop difamando animadamente os "valores liberais". ("Não somos muito fãs de armas, de misoginia, nem de ostentar o consumismo", explicou Hornby falando pelos liberais.) Havia hard rock mal-humorado e R&B "cativante e competente". O único álbum que ele pareceu tolerar era de Alicia Keys; o resto da lista o deixou se sentindo meio deslocado. Pensou em sua própria e adorada coleção de discos: como aquelas músicas pareciam boas para ele e o quanto estavam distantes da cultura contemporânea. "Não vou me enganar e dizer que é música pop — pelo menos não mais", escreveu.

Vinte anos depois, o ensaio de Hornby envelheceu bem, mas também envelheceram bem alguns dos artistas que não conseguiram impressioná-lo. (A banda de pop-punk era o blink-182, que mais tarde se tornaria um modelo para toda uma geração. E um dos grupos de R&B por ele citados era o Destiny's Child, que atualmente não é mais acusado de ser apenas competente.) Pessoas que escrevem sobre música hoje em dia costumam não ser muito severas — ou, talvez, muito honestas em relação às suas reações ao que escutam. Os céticos, como Saul Austerlitz, um dia se preocuparam que o suposto poptimismo estivesse levando adultos a enaltecer um tipo de música adorado por adolescentes, transformando os críticos musicais em meros aliciadores de menores para o pop. Mas o que aconteceu, em vez disso, foi que os críticos musicais passaram a elogiar praticamente tudo. O Metacritic é um site que vem acompanhando, desde 2001, as avaliações profissionais de produtos culturais, concedendo a cada resenha valores de 0 a 100 e, depois, tirando a média e publicando os resultados de acordo com um código de cores. Os resultados são fascinantes, revelando não apenas o que os críticos gostam, mas também como eles trabalham. No final dos anos 2010, um padrão estava evidente. Resenhas de filmes, programas de TV e videogames variavam bastante: as notas médias eram uma mistura de verde (61 ou mais), amarelo (entre 40 e 60) e vermelho (39 ou menos), com a maioria dos títulos gerando muita controvérsia. Mas as resenhas musicais eram diferentes: praticamente todo álbum novo, não importava o gênero, tinha uma nota média verde, em geral na casa dos 70 ou 80. O amarelo era raro e o vermelho, praticamente ausente. Esse fenômeno não tinha nada a ver, particularmente, com adolescentes ou com o gênero do pop; ele refletia o fato de que os críticos musicais, outrora famosos por sua belicosidade, tinham simplesmente parado de escrever resenhas negativas.

Existem diversas boas explicações para isso. Numa indústria na qual os jornalistas eram, cada vez mais, freelancers, fazia sentido que um editor desse a tarefa de resenhar um álbum para alguém que já tivesse interesse por aquela música, e não para alguém que talvez precisasse de algumas semanas de imersão numa obra musical que desconhecia. (Nos anos 2010, o crítico musical mais influente dos Estados Unidos provavelmente era Anthony Fantano, o autoproclamado "nerd de música mais ocupado da internet", que não era crítico, e sim palestrante: ele dava suas opiniões, que costumavam ser rigorosas e analíticas, em sua página no YouTube, na forma de milhares de polêmicas em vídeo.) Nas redes sociais, exércitos de fãs eventualmente atacavam jornalistas que criticavam seus artistas favoritos; talvez alguns resenhistas quisessem evitar esse tipo de atenção, nem que fosse de forma subconsciente. E conforme o ambiente cultural foi se tornando mais polarizado do ponto de vista político, os músicos foram se tornando cada vez mais adeptos da ideia de se apresentar em termos políticos ou semipolíticos, como visionários ou figuras inspiradoras. Talvez seja mais difícil dizer que você não gostou de um álbum quando você sabe que o músico por trás dele é amplamente visto como um ícone na luta pela libertação dos negros, ou pela representatividade feminina, ou pela positividade dos corpos, ou pela consciência a respeito da saúde mental. Com certeza é mais fácil focar em escrever sobre o que você gosta.

Essa evolução é compatível com o surgimento de um novo modelo de sucesso para o pop. Nos anos 2010, à medida que as lojas de discos iam se tornando obsoletas, os serviços de streaming passaram a determinar cada vez mais a maneira como as pessoas escutavam música e ajudaram a mudar o som do pop mainstream. Na teoria, a popularidade de empresas como Spotify podia ter levado a uma maior fragmentação, porque elas tornaram fácil para os ouvintes explorar gêneros distantes. Na prática, porém, Spotify e seus concorrentes, como Apple Music e YouTube, estimularam uma nova consolidação do pop. Livres do fardo de ter de decidir quais álbuns gostariam de comprar para acrescentar à sua coleção de discos, milhões de ouvintes gravitavam em torno de sonoridades muito similares. Nessa nova era do streaming, as paradas do pop estavam repletas de canções melancólicas e envolventes que combinavam letras faladas e cheias de gírias com batidas inspiradas no hip-hop. As novas estrelas do pop buscavam suas influências em fontes muito diversas, mas, ainda assim, suas músicas eram altamente compatíveis, mesclando-se de forma quase imperceptível nas playlists da internet, que estavam desbancando os álbuns como principal formato de consumo de música: Justin Bieber, o ídolo adolescente que conquistou as pistas de dança; Drake, o cantor e rapper romântico; Billie Eilish, a adolescente soturna e prodigiosa; Ed Sheeran, o cantor e compositor apaixonado por hip-hop; Lorde, a cantora e compositora de olhar aguçado; Post Malone, o festeiro depressivo. Foi essa evolução que moldou este livro, no qual — como você pode ter percebido — diversos capítulos acabam de maneira similar, falando de artistas tremendamente populares e dispostos a se livrar do peso de sua identidade musical. "Na real não sei cantar, mas tento", Post Malone me disse. "Se a melodia for bacana... *ninguém* consegue dizer não para uma melodia bacana." Alguns críticos se mostraram céticos a princípio, mas, à medida que Post Malone foi se firmando como *hitmaker*, as resenhas deles se tornaram cada vez mais generosas. *Hollywood's Bleeding*, seu terceiro álbum, foi o disco mais ouvido de 2019, de acordo com a Nielsen, que afere diferentes formatos de consumo de música. No Metacritic, ele aparece num verde muito consistente, como praticamente todos os álbuns lançados aquele ano: 79/100.

Não quero falar muito mal dessa tendência, porque eu mesmo fiz parte dela. Em 2008, troquei o *New York Times*, onde escrevia basicamente resenhas curtas de música, pela *New Yorker*, onde fui fazer matérias mais extensas sobre pessoas que achava interessantes. Algumas dessas pessoas eram músicos, mas nenhuma delas era um músico que eu considerava terrível. Como diversos outros críticos, eu estava praticando o que Carl Wilson havia pregado: alimentando as minhas críticas e aversões em privado e demonstrando entusiasmo em público. Mais de uma década se passara desde aquele show de James Blunt, e a partir de então eu ainda não tinha me deparado com nenhuma outra ocasião na qual escrever a palavra "asqueroso". Às vezes me perguntava se, contrariando os temores constantes de um declínio musical, a música pop mainstream não havia simplesmente melhorado ao longo das últimas décadas — ou melhor, se ela havia ficado mais compatível com meus gostos pessoais. Na década de 2000, o rock 'n' roll se retraiu; na de 2010, canções de amor bem-feitinhas praticamente desapareceram; as batidas de hip-hop que tomaram seu lugar se encaixavam com perfeição nas minhas obsessões de longa data. (Lembrei-me da loja de discos em Cambridge, em Massachusetts, onde, no final dos anos 1990, fiquei empolgado quando encontrei um CD pirata de DJ Screw, o pioneiro de Houston que fazia remixes psicodélicos de faixas de hip-hop diminuindo sua velocidade; eu jamais imaginaria que seus experimentos malucos ajudariam a moldar o som da música pop nos anos 2010.) Muita gente reclama da homogeneidade do pop do Spotify — mas muito mais gente, obviamente, adora. Talvez as novas tecnologias tenham deixado a música pop mais eficiente, que é o mesmo que dizer que ela ficou melhor em dar às pessoas aquilo que elas querem. Talvez todo mundo tenha menos motivos para reclamar.

Mas isso parece improvável, por motivos que não surpreenderiam Pierre Bourdieu. Os seres humanos costumam discordar a respeito de música porque os seres humanos costumam discordar. Quando reclamamos de música, no fundo estamos reclamando de outras pessoas. E é por isso que, mesmo que de vez em quando paremos para recuperar o fôlego, nunca vamos parar de reclamar. Como afirmou Simon Frith, "'música ruim' é um conceito necessário para que se alcance o prazer musical", mais ou menos da mesma forma que a existência do mal é o que permite a existência do bem. Desde os anos 1960, a música vem sendo usada como forma de autoidentificação — uma maneira que, particularmente, os jovens têm de mostrar que eles não são como todos os outros, no caminho para chegar à certeza de que não são como *ninguém*. Não há motivos para supor que a música popular continuará a cumprir esse papel indefinidamente. É possível imaginar um futuro no qual ouvir música será apenas um passatempo, como assistir a um filme, e não mais uma maneira de construir uma identidade. (Mesmo os maiores fãs de cinema não costumam mudar seu modo de vestir para demonstrar seu gosto por um diretor específico.) Ou um futuro no qual ouvir música seja uma atividade, como jogar videogame, da qual uma pessoa pode gostar ou não. (Muita gente não dá a mínima para videogames, mas muito pouca gente não gosta de ouvir música.) Também é possível que a era do Spotify dê lugar a uma era de fragmentação ainda maior, com os músicos saindo dos principais serviços de streaming para distribuir suas músicas através de plataformas menores e mais peculiares; talvez a próxima geração de rebeldes sacrifique sua exposição em troca de um pouco mais de controle, ganhando mais dinheiro com menos ouvintes. Mas enquanto as pessoas forem apaixonadas pela música popular, elas certamente estarão imbuídas de uma convicção de que estão corretas e que seus vizinhos — não importa o quanto pareçam legais ou inteligentes — estão profunda e incompreensivelmente errados.

Desde que comecei a escrever sobre música, conheci pessoas que me disseram estar receosas, no começo, em me dizer de que tipo de música gostam, com medo de que eu fosse considerá-las ignorantes ou cafonas. Na verdade, quase sempre estão loucas para falar sobre isso e, após ganharem um pouco de confiança elas o fazem, confessando, sem muita vergonha, uma predileção por algum astro do pop que já foi reconsiderado e hoje é visto como excelente pelos principais críticos, ou uma fascinação de longa data por algum sucesso do passado que, hoje em dia, inspira mais nostalgia do que zombaria. (Quando Carl Wilson publicou seu livro, em 2007, ele se perguntava se Britney Spears seria, um dia, "redimida" pelos críticos que tanto apreciavam seu talento musical; em 2014, ao publicar uma versão expandida do seu livro, isso basicamente aconteceu.) Quando trabalhei numa loja de discos, minha preocupação era que os clientes achassem que eu os julgava; porém, em conversas casuais hoje em dia, volta e meia percebo que as pessoas estão lutando contra a vontade de *me* julgar. O ouvinte comum, no fim das contas, costuma ter opiniões muito mais implacáveis a respeito do que é música boa e ruim do que a maioria das pessoas que escreve sobre isso. Ele se dispõe a desprezar vertentes inteiras — como, digamos, o death metal ou a EDM. Ou demonstra um desdém profundo por algum músico específico: talvez ache Joni Mitchell insuportável, ou o Linkin Park o encha de raiva, ou não entenda como Toby Keith continua tão popular. Não importa o objeto de sua hostilidade, todo fã de música quer sempre saber: O que há de errado com essas pessoas? Como é que alguém pode gostar de uma coisa dessas?

E essas são ótimas perguntas.

Agradecimentos

Várias pessoas, ao longo dos anos, vêm me dizendo que eu deveria escrever um livro. Provavelmente algumas delas estavam falando sério. Entretanto, nenhuma falou mais sério do que Binky Urban, minha agente, que vendeu este livro, e Scott Moyers, meu editor, que o comprou. Este livro não existiria sem a fé e o entusiasmo de ambos, que permaneceu inabalável mesmo quando fraquejei.

Ele também não existiria sem todas as pessoas ao longo de todos esses anos que compartilharam músicas e conhecimento musical comigo, ambas coisas que costumavam ser muito mais difíceis de se conseguir no passado do que hoje em dia. Matt Moses me deu aquela *mixtape* de punk rock que ainda tenho guardada em algum lugar e que mudou tudo; e ele ainda entende muito mais de música do que eu. Acho que nunca aprendi tanta coisa tão rápido quanto no tempo em que passei pela WHRB, com sua biblioteca — e os seus bibliotecários — de punk rock. E os incontáveis frequentadores de lojas de discos que trocaram ideias e dicas comigo, dos dois lados do balcão. Não tenho saudades da escassez na música, mas às vezes sinto falta das antigas comunidades e rituais que essa escassez promovia, bem como da expectativa que você sentia quando pagava dez paus por um álbum e o levava para casa para descobrir se tinha desperdiçado ou não seu dinheiro.

Ao longo dos anos me diverti muito tocando música, mas logo me dei conta de que poderia me divertir ainda mais escrevendo sobre ela. Michael C. Vazquez, da *Transition*, dava valor à erudição, à elegância e à transgressão praticamente na mesma medida; passei a imitar sua filosofia de imediato. Meia dúzia de editores se dispôs, bem no começo da minha carreira, a publicar o que eu escrevia e me pagar por isso (o que parecia um tremendo negócio para mim na época e segue parecendo até hoje), entre os quais Matt Ashare no *The Boston Phoenix*, Tracii McGregor na *The Source* e Chuck Eddy no *Village Voice*. Em Nova York, Bill Adler foi muito generoso em me deixar compartilhar o escritório com ele e com uma pequena parcela de seu volumoso conhecimento musical. Lembro-me até hoje do dia em que Darryl McDaniels — DMC, do Run-DMC — deu uma passada para dar oi, confirmando minhas suspeitas de que eu tinha tirado a sorte grande na escolha do meu colega de escritório. Quando precisei comprar um novo toca-discos, nosso outro colega eventual, Aaron O'Bryant, também conhecido como o pioneiro do hip-hop Kool DJ AJ, me levou até a Rock & Soul, a legendária loja no centro da cidade, onde negociou em meu nome, conduzindo uma discussão tão acalorada com o vendedor que pensei que aquilo fosse acabar numa troca de socos.

Meu objetivo era me tornar crítico musical no *New York Times*, e não demorou muito tempo para que isso acontecesse, embora até hoje eu ainda não entenda exatamente como. Suspeito que tenha alguma coisa a ver com o crítico do *Times* Neil Strauss, que foi quem veio atrás de mim, e com Fletcher Roberts, um editor que tratou minha carreira como se fosse a sua própria, tornando-se um grande amigo e mentor. Jon Pareles, o chefe dos críticos de música pop, foi tanto um colega brilhante (num de nossos primeiros encontros, fomos assistir a um show de Björk no Radio City Music Hall, e fiquei chocado ao vê-lo anotando não apenas palavras como também transcrições musicais perfeitas das notas que estava ouvindo) quanto um chefe incrivelmente generoso, que me dava poucas orientações e muita liberdade. Um monte de gente no *Times* ajudou a deixar meu trabalho tão legal quanto sempre achei que seria: Ben Ratliff, Sam Sifton, Jodi Kantor, Sia Michael e dezenas de outros.

O relacionamento mais longo da minha vida profissional até hoje tem sido com a *New Yorker*, e espero que continue assim enquanto eu tiver — ou achar que tenho — algo a dizer. Mais de vinte anos atrás, Meghan O'Rourke, uma das editoras na época, me perguntou se eu estaria interessado em escrever alguma coisa sobre o hip-hop para a revista. "Interessado" era pouco para definir o que eu sentia e, em 2001, depois de um estresse interminável e diversas versões que foram ficando progressivamente melhores, publiquei um perfil de Jay-Z. Escrevi mais algumas matérias para a revista depois disso e em 2008 deixei definitivamente o *Times* para integrar a redação da *New Yorker*. Não existe luxo maior para um autor do que saber que existe um exército de revisores e checadores brilhantes que vão examinar minuciosamente cada frase que você escrever, procurando maneiras de deixá-las mais aprazíveis ou menos falsas. Algumas citações, ideias e frases tiradas de meus artigos para a *New Yorker* aparecem neste livro, e sou especialmente grato aos editores que moldaram meu estilo, entre os quais Henry Finder, Nick Thompson e Nick Trautwein, todos inestimáveis em seus esforços para me ajudar a descobrir que tipo de escritor eu deveria ser. Acima de tudo, sou grato a David Remnick, o editor da *New Yorker*, por ter me publicado e por ter me dito que a revista poderia ser a minha casa. Graças a ele, é exatamente assim que me sinto.

David também me concedeu o tempo necessário para escrever este livro, que, no fim das contas — ai, ai —, não é o tipo de coisa que dá para fazer em seis meses. Houve momentos em que pensei que este projeto talvez fosse impossível e insensato, e estou em débito com diversas pessoas que me ajudaram a provar para mim mesmo que eu estava errado em pelo menos metade disso. Robert S. Boynton, do Instituto de Jornalismo Arthur L. Carter, na New York University, me nomeou professor visitante, o que me deu acesso tanto às bibliotecas da instituição quanto aos seus alunos, entre eles Felicity Cain, que me ajudou com a pesquisa neste livro. Há um sem-número de pessoas que contribuíram para este trabalho sem nem perceber, mas tenho que agradecer aos que contribuíram percebendo, em especial Mia Council, Henry Finder, Andrew Kuo e Jason Nocito. Sameen Gauhar fez uma pausa em sua vida por este livro, concentrando suas atenções não apenas nos fatos, mas também nas premissas e conclusões, com frequência trabalhando até desmaiar de cansaço [SG: conferido!]. Recusei suas sugestões muito raramente e, talvez, nem sempre de maneira perspicaz.

Quando era um adolescente obcecado por fitas cassete, eu não conseguia imaginar nenhuma outra coisa que me parecesse mais excitante do que a vida de um músico de sucesso — ou até de sucesso mediano. Conforme fui envelhecendo, entretanto, foi se tornando mais fácil perceber o quanto essa vida era dura: mesmo um artista que vive no topo das paradas geralmente se compromete a uma exaustiva e duradoura maratona de shows, e muitos *destes* ainda têm alguma dificuldade em se manter, dependendo de uma série de fontes de renda variadas e um tanto quanto imprevisíveis. Sou grato a todos eles, entre os quais aqueles cujas músicas (ainda) não aprendi a amar. Sou grato, também, aos meus colegas jornalistas musicais que documentaram toda essa música conforme ela ia sendo criada, e depois reconsideraram tudo nos anos e décadas seguintes. Fanzines, jornais, revistas com páginas lustrosas, biografias, histórias: este livro é, em grande parte, uma homenagem a todo esse trabalho e, espero, também uma contribuição a ele.

    Muito antes de fazer qualquer coisa, eu já devia tudo aos meus pais, ambos estudiosos, professores e escritores. Eles se deram ao trabalho de incentivar algumas das minhas obsessões e foram compreensivos tolerando algumas outras. Além disso, me apresentaram a *Graceland*. Minha irmã mais nova, Sia, aceitou feliz todas as minhas sugestões musicais ao longo desses anos, embora na maior parte do tempo eu é que devesse ter solicitado as suas — ela reconheceu a excelência do Boyz II Men (e de muitos outros artistas) muito antes de mim. Para meus dois filhos: se vocês algum dia lerem esta frase, é só me dizer e lhes darei sorvete. E por último, mas não menos importante: obrigado, Sarah, por ter ouvido tantas dessas músicas, algumas vezes até de propósito. Foi você que tornou isto — e todo o resto — possível. Obrigado. Eu te amo. Terminei o livro!

Índice remissivo

2 Live Crew, 331-4, 337, 371
3 Feet High and Rising (De La Soul), 311, 316
"6 in the Mornin'", 319
8 Mile — Rua das ilusões (filme), 363, 364
"10 Lil' Crips", 335
21 Savage, 25
50 Cent, 322, 329, 351, 360
120 Minutes (programa de TV), 45, 250, 251
400 Degreez (Juvenile), 354, 355
924 Gilman Street (casa noturna), 279, 281
1991: The Year Punk Broke (filme), 240

A

Aaliyah, 152, 163
Aaron, Hank, 222
ABC (grupo), 418, 420, 421, 442
"ABC" (canção), 148
aborto, 248, 257, 265
Abrahams, Roger D., 318
Absolute Punk (site), 287
AC/DC, 40, 207, 442
Academy of Country Music Awards, 210
"Accidental Racist", 219, 221
Ace Ventura (filme), 63
acid house, 392, 393, 397, 400
acid rock, 26, 32, 58
"Acid Teds" (apelidos), 394
"Acid Trax", 392
Acuff, Roy, 214
Adam and the Ants, 422, 431
Adele, 154, 167
Adichie, Chimamanda Ngozi, 167
Adler Hip Hop Archive, 303

Adler, Bill, 299, 303
adolescentes, 23, 32, 35, 40, 153, 240, 241, 417, 429, 443, 449-53, 462-3
"Adventures of Grandmaster Flash on the Wheels of Steel, The", 310
Advocate, The (revista), 78
Aerosmith, 37, 43, 47, 313, 314
África: ajuda humanitária na, 77; cultura afro-americana, 332, 334; cultura afrocêntrica, 98, 312; griots, 10; Ocidental, 9, 381; sul da, 89; *ver também* negritude
África do Sul, 238, 362, 371
Afrika Bambaataa, 310
Afrojack, 410
afropop, 89, 238, 269
Afropunk Festival, 242
Afu-Ra, 339
"Age Ain't Nothing but a Number", 152
Age of Quarrel, The (Cro-Mags), 263
Agnostic Front, 263
Aguilera, Christina, 156, 427
"Ain't No Stoppin' Us Now", 126
"AJ Scratch", 302
Akon, 410
Alabama (banda de country), 219, 221
"Alabama", 221
Albini, Steve, 274
ALBUM — GENERIC FLIPPER (Flipper), 263
álbum de rock, formato, 92, 248
álcool, 25, 177, 187, 261, 279, 378, 379, 398; *ver também* drogas
Aldean, Jason, 228
Alemanha, 62, 252, 253, 310, 386, 388, 390, 401

Aletti, Vince, 379, 381
Ali, Muhammad, 304
Alice in Chains, 50
Alig, Michael, 400
All Hail the Queen (Queen Latifah), 312
"All of You", 138
All Skrewed Up (Skrewdriver), 258
"All Summer Long", 227
"All the Small Things", 283
"All You Need Is Love", 433
Allan, Joey, 76
Allen, Paul, 199
Allman Brothers Band, 97, 190, 221
Almighty RSO, 351
Almond, Marc, 424
Alta fidelidade (filme), 275, 461
Altamont Free Concert (Califórnia), 68, 105
"Altar of Sacrifice", 63
alt-country, 198, 199, 200, 201, 241
Alterman, Loraine, 30
Altman, Robert, 215
"Am I Black Enough for You", 126
AM, rádio, 85
Ambient 1: Music for Airports (Eno), 459
"ambiente", música, 459
Amboy Dukes, 244
America Eats Its Young (Funkadelic), 124
"America First", 213
"America Is My Home, Pt. 1", 116
American Bandstand (programa de TV), 385, 446
"American Girl", 104
American Hardcore (Blush), 260
American Idol (programa de TV), 450
"American Pie", 27
American Top 40 (programa de rádio), 449
Americana Honors and Awards, 199
amor, canções de, 20, 47, 92, 94, 109, 117, 120, 133, 149-50, 168, 185, 222, 251, 284, 464; *ver também* romântica, música
Amos, Tori, 91
Amsterdam (Holanda), 406
"Anarchy in the UK", 254
anarquismo, 255
Anderson, Jon, 93
André 3000, 353, 354, 364, 367
androginia, 41, 136, 150, 417

anfetaminas (drogas), 399, 403
"Angel of Death", 62, 77
"Angel Song, The", 47
animação, filmes de, 20, 88
"Animal (F**k Like a Beast)", 62
Anselmo, Phil, 64
"Ant Rap", 431
Ant, Adam, 39, 422
Anthem of the Sun (Grateful Dead), 97
antifa, movimento, 259
Anti-Racist Action (ARA), 259
antissemitismo, 66, 259, 340, 341, 406
"Any Time, Any Place", 151
"Apache", 299
Apalaches, música dos, 176, 195; *ver também* bluegrass music
Aphex Twin, 395, 413
Apollo Theater (Nova York), 357, 375
Appetite for Destruction (Guns N' Roses), 43, 78
Apple Music, 229, 463
Apple Records, 29, 81
Apple, Fiona, 91
Applebome, Peter, 205
Aquemini (OutKast), 354
Araya, Tom, 62
"Are 'Friends' Electric?", 440
"Are You That Somebody?", 163
"Are You That Somebody?", 163
"Area Codes", 336
arena, rock de, 26, 50, 227
Aretha Live at Fillmore West (Franklin), 119
Arie, India, 160, 161
Armstrong, Billie Joe, 279, 280, 282, 289
"Around the Way Girl", 308
Arsenio Hall Show, The (programa de TV), 321
Artpop (Lady Gaga), 448
"As Good as I Once Was", 217
As Nasty As They Wanna Be (2 Live Crew), 331, 332
Ashanti, 164, 166, 171
Asheton, Ron, 253
Associated Press, 81
Astbury, Ian, 21
Atkins, Chet, 183, 185, 186
Atkins, Juan, 390, 391

Atlanta (Geórgia, EUA), 144, 150, 336-7, 352-3, 356, 358-9, 370
Atlanta Journal, The, 173
Atlantic Records, 273
Austerlitz, Saul, 428, 429, 430, 462
Austin (Texas, EUA), 186, 187, 188, 263
Austin Powers (filme), 122
Austin, Dallas (produtor), 163
autenticidade, questões de, 87-8, 110, 116, 143, 162, 170-1, 177, 192, 196, 220, 290, 300, 401, 420, 425, 458-9
autotune (software de correção de voz), 368, 369
Avicii (DJ), 414
Aviso aos Pais (adesivos de censura em discos), 334
AWOLNATION, 56
Ayers, Roy, 162
Azalea, Iggy, 431
Azerrad, Michael, 274, 275, 288, 290

B

B., Jon, 155
B.G. (rapper), 327, 355
B.T. Express, 383
B'Day (Beyoncé), 166, 167
Baader-Meinhof, Grupo (organização alemã de guerrilheiros esquerdistas), 257
"... Baby One More Time", 450, 454
"Baby Please Don't Go", 244
Babyface, 155
Back Stabbers (O'Jays), 122, 125
"Back That Azz Up", 355
backing vocals, 79
Backstreet Boys, 450, 453
"Bad Boy", 317
Bad Brains, 260, 261, 263
Bad Bunny, 373
"Bad Girls", 380
"Bad Luck", 377
Badfinger, 29, 46
Badu, Erykah, 91, 159, 161, 162, 169, 344
Baduizm (Badu), 159
Baez, Joan, 437
Baker, Anita, 138

Baker, Carolyn, 135
baladas, 60, 62, 81, 90-1, 132, 138-9, 143, 155, 160, 179, 185, 190, 256, 343, 350, 398; "power ballads", 46-7, 60, 85, 175
"Ballad of Ira Hayes, The", 214
"Ballad of the Green Berets, The", 212
Balvin, J., 373
BAM (revista), 72
Band, The, 99, 100
Bangin on Wax (Bloods & Crips), 324
Bangs, Lester, 27, 33, 54, 81, 93, 245, 246, 249, 253-4, 256, 435, 436-8
banjo, 175, 178, 187, 195, 201, 208, 252, 290
Baraka, Amiri, 108, 109, 132
Barnes, Dee, 336
Bartholomew, Dave, 113
Basquiat, Jean-Michel, 330
Bassey, Shirley, 419
batalhas de rap, 363
bateria, 24, 46, 175, 243, 311, 377, 382, 405, 446; baterias eletrônicas, 93, 311, 320, 377, 388
"Battle Hymn of Lt. Calley", 212
Bay City Rollers, 452, 453
Beach Boys, 41, 113, 114, 301, 302, 433
Bean, Carl, 385
Beastie Boys, 155, 263, 296, 302-3, 308-9, 316, 330, 361, 408
"Beat It", 135, 136
Beatles, The, 19, 23, 26, 29-30, 44, 81, 92, 99, 102, 104-5, 114, 119, 154, 230, 233, 417-8, 425, 433, 437, 451
Beatles' Second Album, The, 114
Beats Electronics, 322
Beaumarchais, Pierre, 294
Beauty and the Beat (Go-Go's), 446
Beavis and Butt-Head (desenho animado da MTV), 48
Bebe Rexha, 229
Becerra, Jeff, 63
Beck, 52, 91
Bee Gees, 384, 438
"Beer for My Horses", 217
"Beer in Mexico", 225
"Beethoven, Ludwig van, 379
"Being Boiled", 441
Bejar, Daniel, 92

473

"Believe", 369
Bell Biv DeVoe, 142, 239
Benitez, Jellybean, 403
Bennett, Tony, 114
Benson, George, 137
Benton, Glen, 63
Benzino, 351, 352
Berry, Chuck, 79, 103, 114
"Best I Ever Had", 368
Bey, Yasiin (Mos Def), 16, 344
Beyoncé, 13, 110, 164-9, 195, 428
Biafra, Jello, 233, 257, 321
Biden, Joe, 56
Bidoun (revista), 243
Bieber, Justin, 20, 372, 464
Big & Rich, 228
Big Apple Band, 379
Big Bank Hank, 301, 315
Big Black, 274
Big Boi, 353
Big Bopper, The, 183
Big Brother & the Holding Company, 433
"Big Fun", 391
"Big Yellow Taxi", 86
Bikceem, Ramdasha, 269
Bikini Kill, 266, 267, 268, 270, 280
Billboard (revista), 17, 33, 51, 101, 108, 110-2, 115-6, 128, 129, 133-6, 143, 171, 174, 176-7, 180, 182, 194, 204, 213-4, 219, 223, 228-32, 250, 302, 307, 324, 361, 372-3, 376-9, 387, 390, 433, 434, 437-9, 449-50, 453, 455, 461
"Billie Jean", 135, 149
"Bills, Bills, Bills", 165
Birthday Party (banda), 90
"Bitch", 270, 271
Bitter Tears (Cash), 214
Biz Markie, 316
Björk, 90, 409
Black Album, The (Metallica), 60, 62
Black Entertainment Television (BET), 154, 159, 336
Black Eyed Peas, The, 361, 373, 410
Black Flag, 65, 262, 274
Black Keys, The, 458
Black Lives Matter, movimento, 167
black metal, 65, 66, 104

Black Metal (Venom), 62
Black Music (Baraka), 109
Black Noise (Rose), 334, 339
Black Sabbath, 33, 34, 35, 40, 41, 58, 61, 64, 77, 245
Black Sheep, 293, 294, 295, 296, 313, 321
Black Thought, 342
"Blacker the Berry, The", 373
blackface, 87
BLACKPINK (grupo de K-pop), 448
Blackstreet, 142, 150
Blaze (revista), 352
Blender (revista), 351
Blessed Madonna (DJ), 415
Blige, Mary J., 144, 150, 366
blink-182 (trio), 241, 283, 284, 462
Block, Adam, 73
Blondie, 155, 301, 330, 446
Blood on the Tracks (Dylan), 100
Blood Orange, 169
Bloods & Crips, 324
Bloom, Allan, 148
Blow, Kurtis, 296, 301, 302, 303, 308, 347
Blue (Mitchell), 86
Blue Army (fãs do Aerosmith), 37
Blue Carpet Treatment, The (Snoop Dogg), 335
Blue Cheer, 32, 58
"Blue Moon", 86
Blue Öyster Cult, 41
"blue-eyed soul" (cantores brancos), 155, 169
bluegrass music, 195, 199
blues, 19, 64, 71, 72, 88, 102, 138, 185, 190, 195, 227; alt-blues, 199; "blues falado", 304; blues rock, 102; country blues, 35; delta blues, 72; jump blues, 111; *ver também* R&B (rhythm and blues)
Blues People (Baraka), 108, 109
Blunt, James, 458, 464
Blush, Steven, 260
Bocephus, 221, 222, 230
"Bodies", 248
Body Count, 322
Boinas-Verdes (Forças Especiais do Exército norte-americano), 212
Bolan, Marc, 73, 451
Bomb Squad, The, 311
Bon Iver, 169

Bon Jovi, 42, 44, 76, 227, 453
Bone Thugs-n-Harmony, 367
Bonham, John, 46
Bono, 79
Bonoff, Karla, 83
Boogie Down Productions, 308, 334, 341
Boone, Pat, 436, 437
"Borderline", 447
Boredoms, 242
Born in the U.S.A. (Springsteen), 101
"Born to Be Wild", 34
Born to Run (Springsteen), 29
Boston (banda), 95
Boston (Massachusetts, EUA), 37, 101, 244, 263, 264, 282, 290
Boston Globe, The (jornal), 198
Boston Phoenix, The (jornal), 356
Boston Pops, The, 419
Bottoms, Keisha Lance, 358
Boulez, Pierre, 95
bounce music, 355
Bounty Killer, 290, 291
Bourdieu, Pierre, 461, 465
Bowen, Jimmy, 205
Bowie, David, 68, 73-4, 155, 256-7, 314, 387, 418, 439-40
Boy George, 417-22, 424, 427, 440-1, 443, 445, 459
"Boys 'Round Here", 230
Boyz II Men, 143, 151
"Boyz-n-the-Hood, The", 319
Bradley, Owen, 183, 197
Braff, Zach, 289
Brand New, 287
Brandy, 170
branquitude, 180, 219, 302; artistas/cantores brancos, 115-6, 155-6, 176, 220; brancos sulistas, 219; privilégio branco, 268, 271; rappers brancos, 155, 227-8, 302, 328, 330-1; supremacistas brancos, 254, 259
Brasil, 371
Bratmobile, 267
break dance, 402
"breakbeats", 404, 405, 407
Breaking Benjamin, 178
"Breathe", 85

"Bridge, The ", 310
"Bridge over Troubled Water", 89, 119
Briggs, Kevin "She'kspere", 156
Bright Eyes, 284, 285
Brindle, Buzz, 134
Brit-pop (pop britânico), 39, 104, 419, 421, 422, 425
Broadway (Nova York), 29, 36, 119, 194, 285, 344, 363, 378, 435
bro-country, 225, 230
Bronx (Nova York), 23, 70, 293, 298-301, 305, 307-8, 310, 373
Brooklyn drill, 372
Brooks & Dunn, 216, 227
Brooks, Garth, 178, 180, 202, 207, 208, 215, 223-4
Brooks, Mel, 301
Brooks, Meredith, 270
Brown Sugar (D'Angelo), 159
"Brown Sugar", 72
Brown, Bobbie, 75
Brown, Bobby, 141, 151
Brown, Chris, 153
Brown, James, 109, 114-6, 118, 123, 146, 148, 166, 185, 304, 311
Brown, Kane, 223
Brown, Zac, 225
Brownstein, Carrie, 271
Bruford, Bill, 94, 95
Brufort, Bill, 93
Bryan, Luke, 225
BTS (grupo de K-pop), 448
Buckingham, Lindsey, 84
Buffalo Springfield, 84
Buffett, Jimmy, 224, 225
bumbo-e-chipô (batida), 381, 404
Burns, Jake, 424
Burruss, Kandi, 156
Burzum, 65, 67
Bush (banda), 52
Bush, George H. W., 215
Bush, George W., 165, 210, 216-8, 345
Bush, Kate, 90, 445
Busta Rhymes, 409
Butthole Surfers, 288
Byrds, The, 187, 190, 433
Byrne, David, 241, 273

C

C + C Music Factory, 404
"C.R.E.A.M.", 350
Califórnia (EUA), 15, 41, 63, 68, 183, 262, 281, 320, 322, 324, 326, 341, 354, 362, 409
"California Love", 322
"Call Your Girlfriend", 455
Calley, William, 212
"Calling Occupants of Interplanetary Craft", 29, 30
Calloway, Cab, 304
Cam'ron, 357
"cambismo" (revenda de ingressos), 300
Cameo, 130
Campbell, Glen, 185
Campbell, Luther, 333
"Can I Get a Witness", 112, 113
"Can't Get Enough of Your Love, Babe", 123
"Can't Help Falling in Love", 85
"Can't You See", 190
Candlebox, 52
Cannibal Corpse, 63, 66
Capitol Records, 213, 361
Capote, Truman, 385
Cappo, Ray, 263
Captain & Tenille, 454
Captain & Tennille, 435
Car Wheels on a Gravel Road (Williams), 199
Caramanica, Jon, 361
Carcass, 64
Cardi B, 333, 337, 373
Carey, Mariah, 142, 169
Carlisle, Belinda, 446
Carlos, Wendy, 388
Carolina Chocolate Drops, The, 200
"Carolina in My Mind", 81
Carpenter, Karen, 437, 438
Carpenter, Richard, 436, 437, 438
Carpenters, The, 30, 435, 436, 437, 438, 439
Carrabba, Chris, 284
Carrey, Jim, 63
"Cars", 440
Carson, Fiddlin' John, 176
Carter Family (grupo musical), 176
Carter, "Mother" Maybelle, 176, 195
Carter, Derrick, 401
Carter, Jimmy, 215
Casamansa (Senegal), 9
casas noturnas, 14, 16, 129-30, 133, 152, 223, 239, 245, 250, 287-8, 300, 306, 310, 366, 375, 377, 379, 383, 392, 394, 397-8, 401, 403, 411, 442; *ver também* disco music; dance music
Cash Box (revista), 107, 112, 451
Cash Money (selo), 355, 356, 364
Cash, Johnny, 15, 173, 181, 183, 185, 187, 189, 191, 192, 203, 214
Cassidy, David, 451
Castor, Jimmy, 299, 316
caubóis, 21, 176, 177, 188, 192, 196, 201-4, 206-7, 220, 228; *ver também* country music
Cave, Nick, 90
CBGB (casa noturna), 246, 263
CBS (emissora), 157, 185, 335
CBS Records, 255
CeeLo Green, 358
Celebrity (*NSYNC), 154
censura, 77, 211, 302, 318, 332, 355; adesivos de Aviso aos Pais, 334
Cerrone, 389
Cetera, Peter, 96
Chairlift, 169
Chapman, Tracy, 90
Charles, príncipe, 80
Charles, Ray, 116, 184, 220
"Charly", 394, 407, 408
"Chasdhood", 149
Chemical Brothers, The, 408
Cher, 368
"Cherry Bomb", 267
"Cherry Pie", 75, 76
Chesney, Kenny, 225
Chic (grupo de disco music), 131, 315, 376, 385, 387-8, 442
Chic (primeiro álbum do Chic), 376
Chicago (band), 96, 382
Chicago (Illinois, EUA), 52, 114, 121, 274, 342, 371, 386-8, 390-2, 396
Chicago Sun-Times (jornal), 427
"chifres do diabo" (símbolo com os dedos), 61

Child, Desmond, 42
Children of the Night, 393
Chip E. (DJ), 390
chipôs, 377, 381, 404
"Chocolate City", 125
"Choice Is Yours, The", 296
Christgau, Robert, 31, 33, 36, 87, 350-1, 424, 425, 439
"Christmas Rappin'", 301
Chronic, The (Dr. Dre), 322, 324
Chuck D, 298, 308, 309, 311, 323, 340
"chucking" (estilo de tocar guitarra), 377
Church, Eric, 192, 227
cinema, 114, 122, 127, 147, 194, 250, 272, 322, 325, 334, 363, 429, 465
"Cinturão da Ferrugem" (EUA), 37
Clan, The, 117
Clapton, Eric, 32, 102, 257
Clark, Dick, 385, 446
Clark, Guy, 196
Clarke, Dave, 414, 415
Clash, The, 255, 256, 257, 288
clássica, música, 19, 92, 94-6, 105, 238, 344, 378
clássico, rock, 53, 103, 200, 297
Clayton, Jace, 243
Clemons, Clarence, 101
Cline, Patsy, 184, 186, 197
Clinton, George, 71, 124, 134
Clinton, Hillary, 218
Clivillés, Robert, 404
Close to the Edge (Yes), 94
Close to You (Carpenters), 437
"Closer to Fine", 269
Closing of the American Mind, The (Bloom), 148
"Cloud Nine", 118
Club Cultures (Thornton), 394
Club Kids, The, 400
Club MTV (programa de TV), 45
clubes, 114, 127, 144, 355
Clychau Dibon (Finch e Keita), 9
CMA Awards (Academy of Country Music Awards), 210
CMT (Country Music Television), 204, 210
CMT Crossroads (série), 227

Coach K, 359
Coachella (festival da Califórnia), 15, 16, 153, 409
Cobain, Kurt, 49-52, 78, 103, 240, 241, 277, 278
Cobb, Dave, 200
cocaína, 101, 142, 146, 191, 342, 398
"Cock Rock: Men Always Seem to End Up on Top" [Rock de pica: Os homens parecem estar sempre por cima] (Susan Hiwatt, pseudônimo), 69
Coe, David Allan, 190
Cohen, Leonard, 88
Cold Crush Brothers, The, 300
Cold War Kids, 56
Coldplay, 104
Cole, David, 404
Collective Soul, 52
Collen, Phil, 74
Collins, Judy, 437
Collins, Phil, 95
Collision Course (Jay-Z e Linkin Park), 55
Color Me Badd, 151
Colter, Jessi, 188
Columbia Records, 121, 128
Comboio (filme), 434
Combs, Sean "Puffy", 143, 144, 156, 316-7, 326, 348-9, 353
Come On Over (Twain), 207
Comissão Federal de Comunicações (EUA), 157, 252
Commodores, The, 123, 124, 138
Common (rapper), 342, 344
Como eliminar seu chefe (filme), 175
Company Flow, 346
conceituais, álbuns, 92, 93, 122, 188, 433
Confederados, bandeira dos, 219, 220, 221, 222
Confederate Railroad (banda), 222
"Confessions of a Gay Rocker" [Confissões de um roqueiro gay] (Block), 73
consciência social, 339, 340, 342, 345, 346
consumismo, 255, 334, 462
Continental Baths (boate gay), 382, 398
contracultura, 31-3, 77, 80, 100, 187, 196, 213, 216, 262, 342, 375, 436
Control (Janet Jackson), 142, 157

Convenção Nacional do Partido Republicano, 126
"Convoy", 434
Conway the Machine, 364
Coolio, 341
Cooper, Alice, 36, 72, 73, 74, 244
"Cop Killer", 322
corá (instrumento musical africano), 9, 10, 12, 20
Corabi, John, 49
Core (Stone Temple Pilots), 51, 52
Corea, Chick, 96
coreano, pop (K-pop), 448
country music, 11-5, 20, 28, 83, 100, 114, 145, 173-87, 189, 191-232, 240, 291, 296, 329, 343, 350, 366, 434, 448-9; alt-country, 198-201, 241; bro-country, 225, 230; "country alternativo", 198, 199; country blues, 35; country "fora da lei", 188-9, 192, 342; "country progressivo", 188; country rap, 228; country rock, 100, 104, 187, 189-90, 195-6, 216, 222; countrypolitan, 184, 185, 204, 231; Gravações de Country & Western Mais Tocadas por Disc Jockeys de Folk (parada da Billboard), 176; neotradicionalismo, 193; "new country", 181; pop country, 179, 180, 207, 208; "sippy-cup country" [country mamadeira], 205, 206
Country Aircheck (revista), 225, 226
"Country Boy Can Survive, A", 221, 227
Country Music Academy (CMA), 209, 210, 215
Country Music Association, 197
Country Music Television (CMT), 204, 210
"Courtesy of the Red, White and Blue (the Angry American)", 216
Coverdale, David, 42
covers e versões de músicas, 19, 30, 83, 86, 88, 97, 103, 114, 119, 129, 131, 184, 190, 196-7, 207, 210, 241, 312-3, 346, 351, 383, 403, 426, 437, 454-5
Cowboy do asfalto (filme), 177, 192, 194
Cowboy Troy (rapper), 228
Cowley, Patrick, 389
crack (drogas), 318, 319, 342

Craig, Carl, 413
Crass (banda), 255
"Crazy", 186
"Crazy in Love", 166
Cream (banda), 32
Creed (banda cristã), 53, 54, 79
Creem (revista), 31, 42, 54, 93
Crenshaw, Kimberlé, 332, 333, 334
Crips, 320, 335
cristão, 79
cristãos, 12, 40, 49, 53, 54, 66, 79, 80; preconceito contra, 53, 54
crítica musical, 15, 18, 181, 236, 335, 342, 355-6, 359, 365, 422, 426, 428-30, 444, 456, 458, 463
Crocker, Frankie, 130, 137, 304, 381
"Crocodile Rock", 27
Cro-Mags, 263
Cronos, 65
Crosby, David, 413
Crosby, Stills, Nash & Young, 84
Crow, Sheryl, 51, 52, 90, 227
"Crowd Control", 98
Cruise, Tom, 103
crust punk, 250
Cry (Hill), 208
"Cry Me a River", 156, 367
Culkin, Macaulay, 400
Cult, The (banda britânica), 21
"cultura negra alternativa", 242
cultura popular, 157, 201, 241, 270, 438, 455
Culture Club, 417, 418, 421, 422, 441, 445
Cumulus Media, 230
"Cunt Tease", 243
Cure, The, 272
Cutler's (loja de discos), 272
"cutouts" (cópias promocionais), 276
"cyberpunk", cultura, 400
Cypress Hill, 324
Cyrus, Billy Ray, 228
Cyrus, Miley, 431, 457

D

"D.A.I.S.Y. Age", 312, 341
"D.J." (canção), 440

"D.O.A. (Death of Autotune)", 368
D'Angelo, 159, 161, 344
"D'Evils", 328
"Da Ya Think I'm Sexy", 88, 379, 386
DaBaby, 25, 339
Daddy Yankee, 372
Daft Punk, 409, 410
Dahl, Steve, 386, 387
Daily Mirror (jornal), 248
dance music, 13, 19, 45, 129, 272, 291, 298, 310, 375, 379-81, 384, 388-9, 392-6, 399-416, 446, 448; acid house, 392-3, 397, 400; "anonimato radical" da dance music utilitária, 395; deep house, 12; "Detroit techno" (estilo), 401; "downtempo", 406; EDM (electronic dance music), 380, 411-2, 414, 415, 466; Eurodisco (dance music com sintetizadores), 388, 389; freestyle, 402; gabber, 399; house music, 12, 371, 390-2, 395, 399, 401, 403-7, 410, 413; jungle, 290, 399, 405, 410; pistas de dança, 129, 142-3, 151-52, 260, 298, 300, 376, 378-9, 381-4, 395, 415, 440, 464; progressive house, 12, 406; techno, 12, 161, 223, 252, 380, 391, 394-6, 399-401, 404, 406-8, 413-5; "tropical house", 415; *ver também* disco music; eletrônica, música; raves
dancehall (gênero musical), 290, 371, 405
Danceteria (casa noturna de Nova York), 403
Daniels, Lee, 127
Dara, Olu, 462
Dark Side of the Moon, The (Pink Floyd), 95
Dashboard Confessional, 284
Daughtry, The Fray, 79
Dave (Trugoy the Dove), 312
Dave Matthews Band, 97
Davis, André LeRoy, 351
Davis, Angela, 376
Davis, Clive, 139, 140, 162
Davis, Jonathan, 55
Davis, Miles, 96
Davis Jr., Sammy, 114
Day, Doris, 112
De La Soul, 311-2, 316, 341, 342, 360-1

De volta para o futuro (filme), 102, 103
Dead Kennedys, 233, 257, 258, 263, 321
Dead Milkmen, 236
dead prez (dupla de rap), 342
Deadmau5, 411, 412
Dean, Roger, 94
"Dear Uncle Sam", 212
Death (banda de rock), 63
Death Cab for Cutie, 289
Death Certificate (Ice Cube), 341
"Death Disco", 440
death metal, 63, 64, 104, 337, 466
Death of Rhythm & Blues, The (George), 115, 135, 448
Death Row Records, 353
Decline of Western Civilization Part II: The Metal Years, The (documentário), 43
"deejaying" (prática jamaicana), 304
Deep Down in the Jungle: Negro Narrative Folklore from the Streets of Philadelphia (Abrahams), 318
deep house, 12
Deep Purple, 35, 42, 58, 61
Deep Purple in Rock (Deep Purple), 35
Dees, Rick, 385
Def American (selo), 321
Def Jam (selo), 299, 303, 308
Def Jam Records, 299
Def Leppard, 42, 44, 47, 48, 49, 74, 76, 79, 207
Deicide, 63
Delta 5 (banda), 251
delta blues, 72
DeMent, Iris, 199
Depeche Mode, 418
DeRogatis, Jim, 153, 427
Des Barres, Pamela, 24, 25, 26, 68, 105
desenhos animados, 20, 48, 88
"Despacito", 372, 373
Destiny's Child, 156, 164, 165, 166, 167, 462
Destroyer (pseudônimo de Daniel Bejar), 92
Detroit (Michigan, EUA), 31, 107, 110, 116, 118, 124, 127, 133, 227, 320, 363, 390-1; *ver também* Motown
"Detroit techno" (estilo), 401
Devil Without a Cause (Kid Rock), 330

Dial MTV (programa de TV), 45
Diamond, Neil, 84, 435
diana (álbum de 1980 de Diana Ross), 131, 384
Diana Ross Presents the Jackson 5 (primeiro álbum dos Jackson 5), 128
Dibango, Manu, 381
"Dick in a Box", 151, 168
Dickey, John, 230, 231
Dickinson, Bruce, 58, 77
Diddley, Bo, 99
DiFranco, Ani, 91, 165
"Digeridoo", 395
DiMucci, Dion, 23
dinâmicas de poder, 147
Dio, Ronnie James, 61
Dion and the Belmonts, 23
Dion, Céline, 152, 460
Dire Straits, 102
direitos autorais, questões de, 315, 420
Dirt, The (Strauss), 41, 74
"Dirt Road Anthem", 228
"Dirty Diana", 149
Dirty Projectors (banda indie), 169
"Dirty Water", 244
Discharge (banda inglesa), 249, 250
Dischord Records, 265
Disclose (banda japonesa), 250
Disco Action (parada de sucessos), 129
Disco Demolition Night (Chicago), 386
"Disco Duck (Part 1)", 385, 386
disco music, 15, 75, 88, 102, 117, 124, 128-32, 134-7, 142, 175, 177-8, 186, 194, 201, 254, 298-9, 301, 306-7, 311, 376-81, 383-9, 395-6, 398, 401-2, 404, 410, 412, 424, 426, 430, 439-41; "Disco Sucks" (movimento), 380, 414; Eurodisco (dance music com sintetizadores), 388-9; Hi-NRG (variante da disco music), 389; *ver também* dance music
Disco Par-r-r-ty (coletânea), 129
Disco Wiz (DJ), 299
discotecas, 129, 299, 378, 379, 383, 384, 386, 440, 447
Discount Records, 275
Disfear (banda sueca), 250
Disorderlies (filme), 302

Distraught (banda americana), 250
Divided Soul (Ritz), 144
"Dixie Chicken", 222
Dixie Chicks, 180, 209, 210, 211, 217, 218, 222, 231
"Dixieland", 222
DJ Jazzy Jeff & the Fresh Prince, 303
DJs (disc jockeys), 54, 104, 130, 133, 136, 214, 236, 252, 271, 298-300, 304, 306, 310, 317, 333, 356, 377, 379-83, 390-2, 397-8, 401, 405-6, 409, 411, 414, 440
DMC (Darryl McDaniels), 302, 306, 323
D-Mob, 393
"Do I Do", 301
"Do It ('Til You're Satisfied)", 383
"Do You Think I'm Disco", 386
"Domino Dancing", 444
Domino, Fats, 113
Don Diva (revista), 327
Don Juan's Reckless Daughter (Mitchell), 87
"Don't Be Cruel", 182
"Don't Leave Me This Way", 131
"Don't Stop Believin'", 47
"Don't Stop the Music", 410
"Don't You Think This Outlaw Bit's Done Got Out of Hand", 191
"Don't You Want Me", 441
Donahue, Tom, 432, 433
Done by the Forces of Nature (Jungle Brothers), 312
Donos da rua, Os (filme), 322, 353
Dookie (Green Day), 277, 280, 281
doom metal, 64
Doors, The, 25, 54, 433
Dottie Danger, 446; *ver também* Carlisle, Belinda
Dowd, Maureen, 363
Down to Earth (Buffett), 224
DownBeat (revista), 123
downer rock, 33, 40
"downtempo", 406
Downward Spiral, The (Nine Inch Nails), 407
Dozier, Lamont, 112
Dr. Dre, 320, 322, 323, 324, 328, 329, 336, 349, 352, 353

Dr. Octagon, 290, 297, 346; *ver também* Kool Keith
drag queens, 39, 131
Drake (rapper), 230, 367, 368, 464
Drake, Guy, 214
Dreaming Out Loud (Brooks), 204
Dres, 294, 295, 313
Drifting Cowboys, The, 177
drill (variação do gangsta rap), 371, 372
Dripping Springs Reunion (festival), 186
drogas, 25, 33, 42, 78, 95, 118, 120, 149, 177, 186, 213, 225, 257, 261, 279, 311, 319, 325, 350, 358, 369, 375, 378, 392-3, 397-9, 411, 442; anfetaminas, 399, 403; cocaína, 101, 142, 146, 191, 342, 398; crack, 318-9, 342; ecstasy (MDMA), 392-3, 397-9, 404, 407, 410, 411; heroína, 81, 249, 398, 400; LSD, 378, 392, 398; maconha, 35, 190, 214, 257, 369, 399; metanfetamina, 399; nitrito de amila, 398; opioides, 285; *ver também* álcool
DRS (Dirty Rotten Scoundrels), 151
dublagem, 103, 321, 426
DuBois, Tim, 205
dubstep, 410
Duran Duran, 388, 418, 442
Durst, Fred, 55, 361
Dylan, Bob, 39, 85-9, 99-100, 187-9, 196, 199, 296, 304, 351

E

E aí, meu irmão, cadê você? (filme), 199
Eagles, The, 83, 135, 168, 190, 207
Earle, Steve, 197, 231
Early, Gerald, 131
Earth, Wind & Fire, 123, 124
easy listening, 132, 133, 437
Easy Rider — Sem destino (filme), 34
Eat a Peach (Allman Brothers Band), 97
Eazy-E, 319, 320, 322, 324, 350
"Ebeneezer Goode", 393
Ebony (revista), 112, 138, 320, 321
"Ebony and Ivory", 139
Ebullition Records, 281
ecstasy (droga MDMA), 392-3, 397-9, 404, 407, 410-1
Ed Sullivan Show, The (programa de TV), 99
EDM (electronic dance music), 380, 411, 412, 414, 415, 466
Edwards, Bernard, 131, 315
Edwards, Gavin, 54
Efil4zaggin (N.W.A.), 322
Ego Trip (Blow), 302
Ehrlich, Nancy, 451
Eilish, Billie, 464
"Eleanor Rigby", 119
"Electric Feel", 168
electro (gênero musical), 139, 310, 402, 403, 404, 407, 441, 442, 455
electro-pop, 139, 441-2, 455
eletrônica, música, 12, 56, 136, 161, 163, 310, 366, 371, 380, 388, 395, 396, 401, 407-9, 441, 448; *ver também* disco music; dance music; raves
Elizabeth II, rainha da Inglaterra, 80
Elliott, Joe, 48
Elliott, Missy, 91, 158, 366, 367
El-P (rapper), 346, 358
Embalos de sábado à noite, Os (filme), 177, 384, 386
Embrace (banda), 284
Emerson, Keith, 93
Emerson, Lake & Palmer (ELP), 93
Emery, Ralph, 223
"EMI" (canção), 248
Eminem, 10, 155, 322, 328-30, 338, 351-2, 360, 362-4
emo rappers, 370
"Emo: Where the Girls Aren't" [Emo: Onde as garotas não estão] (Hopper), 286
emo-core (emotional core), 284-7
Energy Flash, uma história indispensável da dance music (Reynolds), 395
"enjambement", 307
Eno, Brian, 459
Entertainer of the Year (prêmio), 180
Epic Records, 128
Eric B. & Rakim, 307, 323
"Eric B. Is President", 307
Escócia, 235, 237, 452

Esquire (revista), 177
Estados Unidos: "Cinturão da Ferrugem", 37; Comissão Federal de Comunicações, 157, 252; cultura americana, 148, 411; epidemia de opioides nos, 285; Exército norte-americano, 212; Guerra Civil (1861-5), 222; invasão do Iraque, 216; movimento pelos direitos civis, 120, 121; Partido Democrata, 215, 217, 218; pop norte-americano, 19, 20, 384, 410, 449; Recording Industry Association of America, 135; Senado, 39, 40; Suprema Corte, 265
Estefan, Gloria, 317, 402
Etheridge, Melissa, 102
Eurodisco (dance music com sintetizadores), 388, 389
Europa, 59, 65, 66, 240, 274, 377, 400, 401, 404
Eurythmics, 417, 418
Evanescence (banda cristã), 79
Evergreen State College, 266
"Every Breath You Take", 317
"Every Rose Has Its Thorn", 47
"Everybody Dance", 376
"Everyday People", 439
Excuse 17 (banda), 271
Exército norte-americano, 212
Exile in Guyville (Phair), 90
Exile on Main St. (Rolling Stones), 100
Exploited, The, 235, 238, 249, 255, 277
F.E.D.S. (revista), 327

F

Fab 5 Freddy, 330
Fabio (DJ), 405
Faça a coisa certa (filme), 309
faça-você-mesmo, espírito do, 238, 239
Face, The (revista), 401
"Fade to Black", 60
"Fade to Grey", 442
Fagen, Donald, 84
"Faget", 55
Faith No More, 50
Fall Out Boy, 284, 285
"Fallin'", 162
Fallon, Jimmy, 344
"Fame", 440
FAME (estúdio de gravação), 184
Família Buscapé, A (série de TV), 195
Família Dó-Ré-Mi, 434, 450, 451
"Family Affair", 388
Fantano, Anthony, 463
Far Beyond Driven (Pantera), 64
Fargo Rock City (Klosterman), 42, 44
Farley "Jackmaster" Funk, 391
Farrell, Perry, 52
fascismo, 67, 248, 256, 257
Fat Beats (loja de discos), 346
Fat Boys, 301, 303
Fat of the Land, The (Prodigy), 407, 408
Fatback Band, The, 300, 301
Fats Domino, 113
FBI (Federal Bureau of Investigation), 320
"Feel Good Inc.", 360
"Feel So Good", 317
Feiler, Bruce, 204, 223
Feist, 289
feminismo, 76, 83, 165, 167, 266, 268-71, 295, 334, 427
Fergie, 361
festivais, 16, 96, 195, 411, 414, 415
"Fifth of Beethoven, A", 379
"Fight the Power", 309, 311, 340
"Fighting Side of Me, The", 213
Finch, Catrin, 9
Fire Island (NY), 383
Five Finger Death Punch, 56
Five Percenters, 347
FKA Twigs, 169
Flack, Roberta, 343
Flatt and Scruggs, 195
Flavor Flav, 309
Fleetwood Mac, 72, 84
Flint, Keith, 407
Flipper, 263
Flippo, Chet, 189, 210
Flo Rida, 410
Florida Georgia Line, 229, 230, 367
Fly (Maines), 209
Flying Burrito Brothers, The, 187

folclore, 66, 318
folk, música, 19, 21, 26, 35, 69, 81, 86, 99-100, 111, 119, 176, 178, 194, 196, 199-200, 209, 224, 245, 269, 280, 433; "folk-pop feminino", 90; Gravações de Folk Mais Tocadas em Jukeboxes (parada da Billboard), 176
fones de ouvido com cancelamento de ruído, 9, 12
Fonsi, Luis, 372
For the Roses (Mitchell), 81
Forças Especiais do Exército norte--americano, 212
Ford, Colt, 228
Fox, Michael J., 102
Fração do Exército Vermelho (Grupo Baader-Meinhof, organização alemã de guerrilheiros esquerdistas), 257
Frampton, Peter, 36
Frankie Beverly and Maze, 138
Frankie Goes to Hollywood, 442, 444
Franklin, Aretha, 17, 82, 109, 110, 119, 125, 139, 140, 158, 396
"Freak, Le", 385
"Freak Like Me", 158
"Freak Me", 158
Freed, Alan, 113
"Freek'n You", 158
freestyle, 402
Fresh Prince (Will Smith), 303
Fripp, Robert, 93, 94
Frith, Simon, 458, 459, 465
Fry, Martin, 420, 421
"Fuck tha police", 320
Fuga de Nova York (filme), 41
Fugazi, 264, 265, 266, 267, 268, 284
Fugees, 343
Fun House (boate), 403
funk, 30, 51, 84, 123-5, 130, 134, 138, 142, 161, 254, 299-300, 311, 313-4, 316, 322, 367, 404, 440
funk carioca, 371
Funkadelic, 124, 125, 390
"Funky Drummer", 311
"furar a bolha", 134, 140, 185, 193, 195, 201, 208, 216, 297, 320, 363, 373
Furious Five, 256, 300, 305, 310, 340, 402

Furnier, Vincent, 72; *ver também* Cooper, Alice
Future (rapper), 358, 369, 370

G

G N' R Lies (Guns N' Roses), 78
gabber (variedade de techno), 399
Gabriel, Peter, 95
Gaines, Chris, 205
galãs, 17, 36, 74-6, 200, 231, 284, 308, 325, 368, 372, 426
Gallagher, Noel, 408
Gallery (casa noturna), 382
Gallin, Sandy, 175
Gâmbia, 9, 238
Gamble, Kenneth, 121, 122, 126, 127
"Gangsta Lean", 151
gangsta rap, 151, 295, 320-3, 327-9, 335, 338, 341, 344, 347, 350, 359, 371
Garcia, Jerry, 96, 97
Gardner, Taana, 382
Garratt, Sheryl, 451, 452
Garrett, Lee (Rockin' Mr. G.), 116
Gartside, Green, 430
Gasoline Alley (Stewart), 88
Gates Jr., Henry Louis, 332
Gathering of the Tribes (festival), 21
Gatões, Os (série de TV), 192, 220
Gaye, Marvin, 13, 109, 112-4, 117-20, 122-3, 127, 144-6, 149, 158, 160-2
Gaynor, Gloria, 129, 383
gays, 50, 73-5, 130-1, 215, 257, 298, 335, 378-9, 382, 384-9, 398, 403, 430, 444; *ver também* LGBTQIA+, movimento e questões
Geffen Records, 321
Genesis, 95, 98
Gentry, Montgomery, 227
George, Nelson, 115, 123, 130, 135, 150, 171, 388, 396, 448
Germs, The, 446
Gervais, Cedric, 411
"Get Lucky", 409
Geto Boys, The, 321
Giddens, Rhiannon, 200

Gilmore Girls (série de TV), 460
Ginn, Greg, 262, 274
Girls to the Front (Sara Marcus), 266, 268
Gladys Knight & the Pips, 118
glam rock, 44, 73, 74
Glaser, Tompall, 188
Glen Campbell Goodtime Hour, The (programa de TV), 185
Glick, Beverley, 424
glitter rock, 73, 74
Glitter, Gary, 73
globalização, 410
Gnarls Barkley, 358
"Go", 400
"God Bless the USA", 216
"God Save the Queen", 248
Goffin, Gerry, 82
Go-Go's, The, 267, 280, 446
Goldberg, Whoopie, 137
Golden Hour (Musgraves), 201
"Gone", 154, 155, 156
"Gone Country", 20
"Gonna Make You Sweat", 404
Gonzalez, Jose, 331, 333
Good Charlotte, 241
Good Hearted Woman (Jennings), 186
"Good Times", 315, 387
"Good Vibrations", 113
"Goodbye Earl", 210
Goodie Mob, 358
Gordy, Berry, 107-8, 112, 114, 117-8, 120-1, 125, 127-8, 133, 139, 144, 146-7, 164, 171, 304
Gordy, Hazel, 128
Gore, Al, 40
Goree, Fred, 116
Gorillaz (banda britânica), 360
gospel, música, 19, 89, 109, 119, 139-40, 143, 182, 269, 345, 408, 453
góticos, 21, 272
Graceland (Simon), 89, 238
Grammy Awards, 20, 143, 157, 162, 166-7, 185, 195, 197, 211, 344, 366, 408-9, 437
Grand Funk Railroad, 15, 30-3, 35, 56
Grand Ole Opry, 173-4, 177, 205, 214
Grandmaster Caz, 295, 300, 301, 306
Grandmaster Flash (and the Furious Five), 256, 299, 300, 305, 310, 340, 402

Grasso, Francis, 382
Grateful Dead, 96, 97, 413
Gravações de Country & Western Mais Tocadas por Disc Jockeys de Folk (parada da Billboard), 176
Gravações de Folk Mais Tocadas em Jukeboxes (parada da Billboard), 176
"Great Balls of Fire", 183
Great White, 43, 47, 49
Green Day, 52, 241, 276-7, 279-85, 426
Green, CeeLo, 358
Greenwood, Lee, 216
Greif, Mark, 264
Griff, Professor, 340
Griffin, Gene, 142
Grimes, 169, 241
grindcore, 64
griots, 10
groupies, 75, 99
Grundy, Bill, 234, 235, 237, 248, 250, 253, 277
grunge, 48-50, 52-6, 78-9, 103, 253, 278, 449
GTO (Girls Together Outrageously), 24
Guardian, The (jornal), 68, 235
Gucci Mane, 358, 359
Guerra Civil Americana (1861-5), 222
Guerra nas Estrelas (filme), 379
Guetta, David, 410
guitarras, 32-3, 42, 45, 50, 63, 71, 73, 88, 182, 192, 216, 230, 236, 245, 302, 314, 361, 419, 427, 457; riffs de, 34-5, 46, 53-5, 57, 60, 64, 66, 104, 235, 253, 313, 404; tremolo em, 63
Gumbel, Bryant, 303
Guns N' Roses, 43, 49, 52, 78, 336

H

"Ha", 354
Haçienda, The (casa noturna), 391
Hagan, Joe, 44
Haggard, Merle, 173, 189, 193, 213-5, 217, 220
Hair (musical), 384
hair metal, 20, 25, 42-4, 46-8, 52-4, 57, 59, 74-6, 79, 175, 179
Hall & Oates, 155, 311, 324
Hamilton (musical), 344

Hammer (MC), 134, 297, 314, 315
"Hammer Smashed Face", 63
Hammett, Kirk, 60
Hancock, Herbie, 402
Hanna, Kathleen, 266
Hannah Montana (personagem), 457
Haralambos, Michael, 116
hard rock, 30, 40-1, 43, 47, 52, 55, 60, 72, 77-9, 81, 84-5, 95, 136, 227, 259, 277, 280, 313-4, 439, 442, 462
hardcore punk, 59, 61, 65, 236, 260-7, 281-4, 290, 302, 342, 395-6, 405
Hardy, Ron, 389, 392
Hare Krishna (movimento), 263
Harlem Hit Parade, 111
Harold Melvin & the Blue Notes, 122, 131, 377
harpa, 9, 98, 176
Harris, Calvin, 410
Harris, Cheryl I., 362
Harris, Emmylou, 196
Harris, Richard, 185
Harry, Debbie, 155, 301, 330, 446
Harvard, Universidade, 100, 121, 124, 238, 242, 251, 275-6, 348, 351; Memorial Hall, 242
Harvey, PJ, 275
Hatch Shell, 276, 277, 282
Hathaway, Donny, 159
"Have You Forgotten?", 216
Hawkins, Ronnie, 99
Hawks, The, 99
Hayes, Isaac, 119, 214
Hays, Will S., 176
H-D-H (Holland-Dozier-Holland), 112
"He Didn't Have to Be", 206
Headbangers Ball (programa de TV), 45
"Heart of Glass", 446
HeartattaCk (fanzine), 281
"Heartbeat", 382
"Heartland", 195
Heaven 17 (banda), 421
"Heaven", 46
Heavens of Betsy, 269
heavy metal, 34-5, 38, 40-1, 44-5, 57-8, 60-2, 64, 66, 72, 77-8, 84, 87, 93, 102, 205, 223, 245, 252, 254, 272, 333, 370

Heavy Metal Parking Lot (filme), 57, 77
Hee Haw (programa de TV), 185
Hells Angels, 68
Helm, Levon, 99
Hemphill, Paul, 173-74, 177, 182, 220
Hendrix, Jimi, 25, 433
"Here Come the Judge", 304
"Here You Come Again", 175
Here, My Dear (Gaye), 146
heroína, 81, 249, 398, 400
Hetfield, James, 59
"Hey Ya!", 209, 367
High Times (revista), 257
Highwaymen, 189
Hill, Faith, 85, 208
Hill, Keith, 225
Hill, Lauryn, 160, 343, 345
Hillbilly Central (estúdio), 188
Hi-NRG (variante da disco music), 389
Hip Hop Wars, The (Rose), 339
hip-hop, 10-1, 13, 19, 21, 25, 45, 55, 57, 91, 111, 141-4, 150-2, 155, 158-60, 163, 167, 178, 189, 200, 204, 208, 227-31, 233, 238, 240, 252, 256, 263-4, 285, 290-1, 293-374, 381, 402-6, 410, 426, 431, 449-50, 462, 464-5; batidas de, 182, 230, 402, 464; *Black Noise* (estudo acadêmnico de Tricia Rose), 334; bounce music, 355; Brooklyn drill, 372; com "consciência social" ou "progressista", 189, 339-40, 342-6; cultura hip-hop, 170, 348, 350; drill, 371, 372; funk carioca e, 371; "hip-hop soul", 144; Original Hip-Hop Lyrics Archive, 347; psicodélico, 353; Take Back the Music (campanha), 337; *ver também* rap
"Hip-Hop" (canção do dead prez), 342
hippies, 32-3, 36, 41, 77, 96-7, 187, 190, 213, 216, 235, 257, 301, 375, 399-400, 421
hipsters, 104, 169, 187, 289-92
Hiwatt, Susan (pseudônimo), 69
"Hoes We Knows", 295
Holanda, 406
"Hold It against Me", 411
"Hold Me", 139
Hole (banda), 270, 275
Holiday, Billie, 127, 159

485

"Hollaback Girl", 209, 361
Holland, Brian, 112
Holland, Eddie, 112
Hollister, Dave, 150
Holly, Buddy, 183
Hollywood (Califórnia, EUA), 80, 88, 127, 175, 208, 262, 342
"Hollywood Swinging", 317
Hollywood's Bleeding (Malone), 464
Holmstrom, John, 254
"Home Sweet Home", 47
homofobia, 78, 268, 338, 386, 444
Honey Drippers, 311
Honey Drippers, The, 311
"Honky Tonk Women", 439
"Hooked on a Feeling", 312
"Hooligan's Holiday", 49
Hootie & the Blowfish, 223
Hopper, Jessica, 286
Hora de voltar (filme), 288, 289
Horn, Trevor, 442
Hornby, Nick, 165, 461, 462
Hot 97 (rádio), 359, 366
Hot Boys, The, 355
Hot Buttered Soul (Hayes), 119
"Hot Legs", 88
"Hotel California", 168
Hotelier, The, 287
"Hound Dog", 182
house music, 12, 371, 390-2, 395, 399, 401, 403-7, 410, 413
House on Fire, A (Jackson), 377
Houston (Texas, EUA), 177, 321, 369, 370, 465
Houston, Cissy, 140
Houston, Thelma, 131
Houston, Whitney, 77, 139-42, 151, 156, 162, 174, 232
Howard, Adina, 158
Howe, Steve, 95
Howlett, Liam, 394, 395, 407
Huey Lewis and the News, 103
Huff, Leon, 121, 122
Hughes, Charles L., 184, 185
Human Beat Box, The (Darren Robinson), 301
Human League, The, 418, 422, 441, 442

Humble Pie, 36
"HUMBLE", 338
Hunt, Sam, 230, 231
Hunter, Janis, 146
Hunter, Meredith, 68
Hurley, Steve "Silk", 391
"Hurt", 191
Hüsker Dü, 236
Hustlers Convention (Lightnin' Rod), 318
Hutch, Willie, 133
Hvis Lyset Tar Oss (Burzum), 65
hyperpop, 448
Hysteria (Def Leppard), 44

I

"I Am Woman", 435
"I Can't Go for That (No Can Do)", 311
"I Can't Live without My Radio", 308
"I Don't Want to Miss a Thing", 47
"I Feel Love", 388, 389
"I Feel the Earth Move", 82
"I Gotta Feeling", 410
"I Heard It Through the Grapevine", 118, 123
"I Just Called to Say I Love You", 139
"I Knew You Were Trouble", 411
"I Knew You Were Waiting (for Me)", 139
"I Like It Like That", 373
"I Like It", 373
"I Love Rock 'n' Roll", 426
"I Miss You", 283, 284
"I Took a Pill in Ibiza", 410
"I Used to Love H.E.R.", 342
"I Wanna Be Sedated", 246
"I Wanna Be Your Dog", 245, 246
"I Wanna Sex You Up", 151
I Want My MTV (Tannenbaum e Marks), 39
"I Want You Back", 148
"I Was Born This Way", 385
"I Was Country When Country Wasn't Cool", 177
"I Write the Songs", 453
"I'll Be Missing You", 317
"I'll Make Love to You", 151
"I'm a Man", 382

"I'm a White Boy", 220
"I'm Coming Out", 131, 317
"I'm Talking", 366
I'm with the Band: Confessions of a Groupie (Des Barres), 24
I'm Your Baby Tonight (Whitney Houston), 140
"I'm Yours", 85
Ice Cube, 315, 319, 320, 322, 324, 336, 340, 341
"Ice Ice Baby", 297, 314, 315
Iceberg: Freedom of Speech... Just Watch What You Say!, The (Ice-T), 321
Ice-T, 233, 319, 321, 322
i-D (revista), 391, 396, 397
Idol, Billy, 272, 280
"If the South Woulda Won", 221
Iggy Pop, 21, 241, 245, 446
Iglesias, Julio, 138
"Ignition (Remix)", 153
Ignorant, Steve, 255
Igreja de Jesus Cristo dos Santos dos Últimos Dias, 80
Ike & Tina Turner (dupla), 138
Illmatic (Nas), 347
Imagine Dragons, 56, 80
improviso, bandas de, 97, 413
"In da Club", 329
Incesticide (Nirvana), 50, 278
indie rock, 168, 169, 223, 288, 289, 366
Indigo Girls, 90, 269
indústria musical, 88, 107, 118, 124, 126, 129, 139, 143, 162, 195, 235, 248, 283, 339, 352, 359, 372, 383, 420, 437, 443, 450, 457, 458; mercados internacionais de música, 410
industrial, música (gênero musical), 407
Inglaterra, 33, 41-2, 59, 102, 104, 222, 237, 248-50, 253, 255-6, 272, 307, 371, 377, 391-3, 399-400, 402-4, 417-8, 421, 424, 441, 445-6; Brit-pop (pop britânico), 39, 104, 419, 421-2, 425; e a música negra norte-americana, 72; NWOBHM [new wave of British heavy metal], 58; onda de new-pop britânica, 430; UK drill, 371; *ver também* Londres (Inglaterra); Reino Unido

Ingram, James, 138
Inner City, 391
Instagram, 20, 374
"intelligent techno", 395-6
internet, 14, 219, 267, 271, 289, 347, 352, 362, 414, 429, 463-4
"interseccionalidade" (opressão multifacetada), 332-3
Iommi, Tony, 34-5
iorubá, mitologia, 318
Iraque, Guerra do, 210, 213, 216-7
Irlanda, 50
Iron Maiden, 40, 58, 77
"Irreplaceable", 166-7
"Is This Love", 47
Isbell, Jason, 200
"It Just Comes Natural", 181
"It's a Trip", 393
"It's All about the Benjamins", 349
"It's Five O'Clock Somewhere", 224
"It's Hard Out Here for a Pimp", 357
"It's Still Rock and Roll to Me", 380
"It's Too Late", 82
iTunes, 365

J

J Dilla, 344
Ja Rule, 166, 351
"Jack Your Body", 391
"Jackin' for Beats", 315
Jackson 5, The, 128, 129, 147, 451
Jackson, Alan, 20, 193, 196, 216, 224, 427
Jackson, Janet, 137, 151, 157, 166
Jackson, Jermaine, 128
Jackson, John A., 377
Jackson, Michael, 10, 21, 38, 77, 110, 128, 135-6, 140, 142, 147-9, 152-3, 162, 402, 410, 449, 451
Jackson, Millie, 15, 129, 130
Jagged Little Pill (Morissette), 51
Jagger, Mick, 23-4, 26-8, 68, 70, 73, 74, 100, 105, 115, 351
"Jailhouse Rap", 301
Jaimoe, 221
JAM'N 94,5 (estação de rádio), 163

Jamaica, 89, 304, 305, 371, 384
James, Rick, 38, 134, 137, 155
Jane's Addiction, 50, 52
Jars of Clay (banda cristã), 79
Jason and the Scorchers, 202
Jay-Z, 55, 327-9, 344-5, 349, 360, 364, 367-9, 374
jazz, 19, 83, 87, 92, 95-6, 109, 112, 119, 123, 132-3, 137-8, 157, 186, 195, 245, 260, 289, 304, 313, 315, 343-4, 375, 386, 401, 419, 433, 437-8, 462; smooth, 132, 157
Jazz at Lincoln Center (Nova York), 157
Jefferson Airplane, 433
Jefferson, Margo, 148
Jefferson, Marshall, 390, 404
Jennings, Waylon, 182, 192, 196, 219
Jesus Cristo, 239, 246
Jesus Is King (West), 345
Jet (revista), 112, 121, 164
Jett, Joan, 267, 426
Jewel, 90
Jimmy Castor Bunch, The, 299
"Jive Talkin'", 384
Jodeci, 143, 150, 158
Joel, Billy, 84, 380
John, Elton, 27, 73, 74, 84, 139, 155
"Johnny B. Goode", 103
Johnny Cash Show, The (programa de TV), 185
Johnny Got His Gun (filme), 60
"Jolene", 174
Jones, George, 215
Jones, Grace, 384, 442
Jones, Howard, 39
Jones, Quincy, 136, 348
Jones, Steve, 234, 235, 248
Joplin, Janis, 25, 26, 27, 69, 187
Jordan, Louis, 111
Joseph, John, 260, 263
Journey (banda), 47
"journey tapes" [fitas de jornadas psicodélicas], 378, 382
jovem, cultura, 374, 397, 399; *ver também* adolescentes
Judas Priest, 40, 57, 58, 59
Judd, Naomi, 194
Judd, Wynonna, 194

Judds, The, 194
judeus, 66, 340, 406
Juice WRLD, 285, 286, 287, 370
jukeboxes, 378, 379, 433
jump blues, 111
jungle (gênero de dance music), 290, 399, 405, 410
Jungle Brothers, 312
Junior M.A.F.I.A., 326
Just-Ice, 319
Justified (Timberlake), 156
Juvenile, 354, 355, 356, 364

K

Kansas (banda), 94
Kardashian, Kim, 345
Karlatos, Olga, 137
"Karma Chameleon", 443
Kasem, Casey, 449, 450
Kay, John, 34
Kaye, Lenny, 244, 246
Ke$ha, 361
Keita, Seckou, 9
Keith, Toby, 15, 210, 211, 216, 466
Kelly, R., 151, 153, 161, 338, 366
Kemp, Gary, 422
Kendall, Dave, 251
Kerrang! (revista), 57, 58, 59
Keys, Alicia, 161, 162, 462
Kgositsile, Keorapetse, 362
Khan, Chaka, 71, 138
Kid A (Radiohead), 409
Kid Rock, 54, 227, 228, 330
Kill 'Em All (Metallica), 59
Killer Mike, 358
Killers, The, 80
"Killing Me Softly with His Song", 343
King Crimson, 93, 94
"King of Rock", 302
"King Tim III (Personality Jock)", 301
King, Carole, 81, 82
KISS (banda), 36, 41, 58, 74
"Kiss Them for Me", 250
"Kiss, This", 208
Kitaen, Tawny, 42, 43

Klaatu, 29
KLF (grupo britânico), 404
Klosterman, Chuck, 42, 44, 45, 47, 75, 76, 453
KMPX (estação de rádio), 433
Knack, The, 102, 387, 439
Knight, Gladys, 118, 139
Knight, Suge, 353
Knowles, Mathew, 164
Knuckles, Frankie, 387, 389, 391, 392, 396
Koenig, Ezra, 241
Kool & the Gang, 123, 124
KOOL DJ AJ, 299
Kool Herc (DJ), 298, 299, 304
Kool Keith, 297
Korn, 54, 55
K-pop (pop coreano), 448
Kraftwerk, 310, 390
Krauss, Alison, 195, 199
Kristofferson, Kris, 186, 187, 189, 196
KRS-One, 308, 323, 341
Kruger, Barbara, 49
Ku Klux Klan, 218
Kutulas, Judy, 83
kwaito (estilo musical sul-africano), 371
Kweli, Talib, 344
Kygo (produtor norueguês), 415

L

Ladies of the Canyon (Mitchell), 86
Lady A (cantora de blues), 222
Lady Antebellum/Lady A (banda de country), 222
Lady Gaga, 448
Lady Soul (Franklin), 110
"Lady", 85
Lamar, Kendrick, 338, 344, 373, 374
Lambert, Miranda, 200
Landau, Jon, 26, 27, 101, 110
Lane, Jani, 46, 75
lang, k.d., 197, 198, 211
Lange, Robert "Mutt", 42, 207
Laranja mecânica (filme), 388
Larson, Bob, 62, 63
"Last Nite", 104

Last Poets, The, 305, 317, 362
Latifah, Queen, 91, 312
latina, música, 20, 372, 373, 384
Lauper, Cyndi, 62, 446, 447
Lavigne, Avril, 241
Lawrence, Tim, 378, 386, 387
Lawrence, Vince, 387, 390
"Le Freak", 385
Led Zeppelin, 24, 26-7, 34-5, 46, 52, 54, 72, 85, 103, 105, 245, 382, 386, 438-9
Led Zeppelin II (álbum), 24, 54, 72
Led Zeppelin IV (álbum), 26
Lee, Spike, 309, 340
Lee, Tommy, 41, 42
Leland, John, 319, 320
Lemonade (Beyoncé), 167
Lennon, John, 101
Lennox, Annie, 417, 445
Let It Be (Beatles), 29
"Let the Music Play", 402
"Let's Dance", 387
Let's Get It On (Gaye), 122, 123, 145, 146
"Let's Get It On", 146
"Let's Get Rocked", 48
Let's Talk About Love: A Journey to the End of Taste (Wilson), 460
Letterman, David, 457
Levan, Larry, 382, 387, 398
Levert, Eddie, 156
Levine, Adam, 153
Levy, Steven, 38
Lewis, Huey, 102, 103
Lewis, Jerry Lee, 99, 183
LGBTQIA+, movimento e questões, 168, 269; canções, 385; cultura queer, 404, 430; homofobia, 78, 268, 338, 386, 444; Stonewall, revolta de (Nova York, 1969), 379; *ver também* gays
Licensed to Ill (Beastie Boys), 302, 330
Lifehouse (banda cristã), 79
Liga Antidifamação (EUA), 259
Lightnin' Rod, 317
"Like a Rolling Stone", 100
Like a Virgin (Madonna), 403
Like Punk Never Happened: Culture Club and the New Pop (Rimmer), 417, 418
Like Red on a Rose (Alan Jackson), 195

Lil Jon, 358
Lil Nas X, 181, 228
Lil Peep, 285, 370
Lil Wayne, 153, 364, 365, 368, 369
Lil' Kim, 326, 331, 349
Lilith Fair (festival), 90, 91
Limelight (boate), 400
Limp Bizkit, 54, 55, 361
linchamentos, 217, 332
Lindsey, Melvin, 132
Linkin Park, 54, 55, 466
Lion and the Cobra, The (O'Connor), 90
Lipstick Traces: A Secret History of the Twentieth Century (Greil Marcus), 235, 237
Little Eva, 82
Little Feat, 222
"Little Old Log Cabin in the Lane, The ", 176
"Little Red Corvette", 137
Little Richard, 32, 183
Live (banda), 52
Live at the Apollo (Brown), 118
Live Through This (Hole), 270, 275
Lizzo, 431
LL Cool J, 219, 303, 308
"Loco-Motion, The", 30, 82
Loft, The (casa noturna), 378, 379, 381, 382, 385
lojas de discos, 11, 13-4, 67, 119, 134, 154, 204, 213, 271-2, 274-6, 291, 297, 332, 381, 389-90, 405, 450, 457, 461, 463, 465-6
Lollapalooza (festival), 21, 52
Lombardo, Dave, 60
Londres (Inglaterra), 179, 210, 247, 250, 257, 262, 391, 392, 405, 440, 442; *ver também* Inglaterra
Lonesome, On'ry & Mean (Jennings), 187
Lonestar, 205
"Long Live Rock", 27
"Look of Love, The", 421
Look What the Cat Dragged In (Poison), 45
Lookout! Records, 273, 279
Lorde (cantora), 464
Los Angeles Daily News (jornal), 217
Los Angeles Times (jornal), 21, 32, 134, 140, 217, 316
"Lose You", 458

"Lose Yourself", 363
"Lotta Boot Left to Fill", 192
"Love Bites", 47
"Love Can't Turn Around", 391
"Love Child", 117, 167
Love Saves the Day (festa), 378
Love Saves the Day (Lawrence), 379
"Love the Way You Lie", 363
"Love Train", 125, 382
Love, Courtney, 270
Lovett, Lyle, 197
Lowe, Chris, 443
LSD (droga), 378, 392, 398
Lucas, Evangelho de, 239
"Lucid Dreams", 286
Ludacris, 336, 356
Lulu, 433
Lydon, John (Johnny Rotten), 235-6, 243, 249-50, 422, 440
Lynn, Loretta, 212, 215
Lynyrd Skynyrd, 221, 227
Lyte (MC), 307, 341

M

Ma$e, 317
macaco que aponta [*signifying monkey*, mitologia iorubá], 318
MacArthur Foundation, "bolsas de gênio" da, 200
"MacArthur Park", 185
machismo, 38, 68-9, 71, 75, 78, 269, 290, 295, 332-4, 336, 339, 341, 445
MacKaye, Ian, 261-2, 264-6, 284
Macklemore, 155
maconha, 35, 190, 214, 257, 369, 399
Mad Max (filme), 41
Madison Square Garden (Nova York), 55, 70, 352, 442
Madonna, 57, 156, 239, 303, 373, 403, 409, 411, 447-8
Magic! (banda canadense), 455
Maguire, Martie, 209, 211
Mahavishnu Orchestra, 96
Mahogany (filme), 127, 128
Maines, Natalie, 209, 210, 217

Making Beats (Schloss), 311
Malone, Post, 25, 285, 370, 464
Malvinas, Guerra das, 255
"Man in Black", 214
"Man Next Door", 251
"Man! I Feel Like a Woman!", 207
Mancuso, David, 378-9, 381-3, 385, 398
Mandrell, Barbara, 177, 179, 180, 230
Manilow, Barry, 84, 435, 453
Mansfield, Jayne, 250
Mantronix, 404
Marcus, Greil, 86, 100, 236, 237, 242, 264
Marcus, Sara, 266, 268, 270
Marie, Teena, 155
Markham, Pigmeat, 304
Marl, Marley, 310
Marley, Bob, 90, 233
Maroon 5, 153
Mars, Mick, 41
Marsh, Dave, 31, 84
Marshall Tucker Band, 190
Martha & Snoop's Potluck Party Challenge (programa de TV), 335
Martin, Chris, 104
Martin, Dean, 114
Martin, Trayvon, 373
Marvelettes, The, 108
Massenburg, Kedar, 159, 161
Masters at Work, 401
Matchbox Twenty, 53
Mate-me por favor, a história oral do punk (McCain e McNeil), 253
Matos, Michaelangelo, 400
Mattix, Lori, 68
Maxwell, 160, 161
May, Brian, 36
May, Derrick, 391
Mays, David, 348, 351
MC Eiht, 320
MC Lyte, 307, 341
MC Shan, 310
MC5, 245
MCA Records, 139
McCall, C. W., 434
McCann, Les, 313
McCartney, Paul, 23, 26, 29, 38, 100, 136, 138, 139

McClard, Kent, 280, 281
McCrae, George, 388
McEntire, Reba, 193, 198, 204, 211, 215, 226
McFadden & Whitehead (duo), 126
McFadden, Gene, 126
McGraw, Tim, 208, 222, 228, 367
McLachlan, Sarah, 90
McLaren, Malcolm, 247, 248, 249, 255
McLaughlin, John, 96
McLean, Don, 27
McNeil, Legs, 248, 253
MCs (mestres de cerimônias), 295, 300
MDMA (ecstasy), 392, 393, 397-9, 404, 407, 410-1
Me Against the World (Shakur), 325
"Me and Bobby McGee", 187
"Me and Mrs. Jones", 122, 126
"Meant to Be", 229
Meco, 379
Medo e delírio em Las Vegas (Thompson), 212
Megadeth, 60
Megan Thee Stallion, 333
Melle Mel, 305, 306
Mellencamp, John, 102
Melody Maker (revista), 424
Memorial Hall (Universidade Harvard), 242
Memphis (Tennessee, EUA), 182, 185, 356, 357, 367
Memphis Flyer (jornal), 357
Memphis Jug Band, 176
Men Struggling to Smash Sexism [Homens Lutando para Acabar com o Sexismo, grupo], 67
Mencken, H. L., 432
Mendelssohn, John, 32, 34
Mendes, Shawn, 104
"Menergy", 389
Mengele, Josef, 62, 77
Mensch, Peter, 48
Mercury, Freddie, 36
Meshuggah, 98
Message, The (Grandmaster Flash and the Furious Five), 402
"Message, The", 310, 340
Metacritic (site), 462, 464
metais, naipes de (instrumentos de sopro), 96, 122, 158

"metal extremo", 64, 98
Metallica, 59, 60, 62, 64, 77, 426
metanfetamina (droga), 399
#MeToo (movimento), 153, 338
MF Doom, 362
MGMT (banda), 168
Miami (Flórida, EUA), 331, 356, 365, 398, 411
Michael Viner's Incredible Bongo Band, 299
Michael, George, 17, 139, 142, 431, 444
Middleton, Richard, 424
Midler, Bette, 457
"Midnight Rider", 190
Midnight Star, 122
Midtown 120 Blues (DJ Sprinkles), 413
Migos, 358, 359
Mike + The Mechanics, 95
Milner, Greg, 449
Milsap, Ronnie, 185, 198
Minaj, Nicki, 368, 410
"Mind Your Own Business", 251
Mingus (Mitchell), 87
Mingus, Charles, 87
minimalismo, 116
Minor Threat, 261, 265, 284
Miracles, The, 108, 113, 132
Miranda, Lin-Manuel, 344
Miret, Roger, 263
Miseducation of Lauryn Hill, The (álbum), 343
misoginia, 67, 462; *ver também* machismo
"Miss You", 379
"Mississippi Girl", 208
Mista Lawnge, 294, 296, 313
Mitchell, Joni, 80, 81, 83, 84, 86, 87, 89, 466
Mixmag (revista), 394, 395, 405, 407, 414
mixtapes, 14, 356, 358, 364, 428
Mixx, Mr., 333
"Mo Money, Mo Problems", 317
Mobb Deep, 350, 360
Moby, 400, 401, 407, 408
"Moby Dick", 24
Model 500, 391
Modern Baseball (banda), 287
Modern Rock (parada da Billboard), 51
Modern Romance (banda), 389

Modern Sounds in Country and Western Music (Ray Charles), 220
Moment's Pleasure, A (Millie Jackson), 130
Monáe, Janelle, 168
Mondo 200 (revista), 399
Monica, 158
Monk, Noel E., 40
Monks, The, 252
Montgomery, Wes, 245
Moog (sintetizador), 388
Moore, Thurston, 240
"MOR, formato — "middle of the road" [meio do caminho], 435
Morbid Angel, 63
Morgan, Joan, 335
Morissette, Alanis, 51, 270
Morley, Paul, 422
mórmons (Igreja de Jesus Cristo dos Santos dos Últimos Dias), 80
Moroder, Giorgio, 388
Morris, Ed, 223
Morrison, Jim, 25, 54
Morrison, Van, 200
Morrissey, 272
Mos Def, 16, 344
"mosh", partes do, 263
Moss, Jon, 445
"Mother and Child Reunion", 89
Mother's Milk (Red Hot Chili Peppers), 233
Mötley Crüe, 41, 42, 43, 44, 47, 49, 57, 58, 453
motoqueiros, cultura de, 33, 36, 68, 75
Motown, 107-10, 112-4, 116-22, 124, 127-9, 132, 134, 136, 139, 143-4, 147, 155, 159, 304, 385, 450; som da, 109, 113, 118, 122
Moulton, Tom, 383
"Mountain Jam", 97
"Move Your Body", 390
"Move Your Body Now", 404
movimento pelos direitos civis (EUA), 120, 121
Moyet, Alison, 445
MP3 (arquivos de música), 410
Mraz, Jason, 85
MRR — MAXIMUM ROCKNROLL (fanzine), 279, 280, 281, 282
Mtume, James, 315

MTV (Music Television), 25, 38-40, 42-6, 48, 53, 57-60, 74-6, 79, 102, 134-5, 137, 149-50, 165, 194, 197, 227, 233, 239-41, 250, 256-8, 269, 284-5, 297, 314, 321, 330, 336, 348, 407, 410, 450
MTV Video Music Awards, 48, 79
"MTV — Get Off the Air", 258
"Much Too Young (to Feel This Damn Old)", 202
MuchMusic (canal por assinatura canadense), 277
"mumble rappers" [rappers que resmungam], 370
Murder Dog (revista), 352
Murphy, Walter, 379
Muscle Shoals (Alabama, EUA), 184
"Muscles", 149
Musgraves, Kacey, 201
Music (Madonna), 409
Music Box (casa noturna), 389
Music of My Mind (Wonder), 119
"música ambiente", 459
música industrial, 407
Musical Youth, 441
Musician (revista), 102
"Muskrat Love", 435
Mussorgsky, Modest, 93
Mustaine, Dave, 60
My Chemical Romance, 284
"My Front Porch Looking In", 205
"My Girl", 108, 109
"My Grand Funk Problem — and Ours" [O meu — e o nosso — problema com o Grand Funk] (Willis), 31
"My Heart Will Go On", 460
My Lai, massacre de (Vietnã), 212
"My Negro Problem — and Ours", 31
"My Prerogative", 141, 142
"My Sharona", 102, 387, 439

N

N.W.A., 15, 315, 319-20, 322, 331, 334-6, 341, 402
N'Dour, Youssou, 238
Nação do Islã, 347
Nas (banda), 347
NASA (festa), 400
Nashville (Tennessee, EUA), 14, 173, 175, 179, 183-9, 191, 193, 195, 197-200, 202, 205, 208, 219, 227, 231, 289, 358, 359
Nashville Skyline (Dylan), 187
Nashville Sound, The (Hemphill), 173
Nashville Star (programa de TV), 200
Native Tongues (coletivo), 312, 313, 354
nazismo: Alemanha nazista, 386; neonazismo, 66, 67, 259, 263, 280; suástica, 234, 253, 254, 257
Neal, Mark Anthony, 133
Nebraska (Springsteen), 101
"Necropedophile", 63
"Negermusik" reprimida na Alemanha nazista, 386
Negócio arriscado (filme), 103
negritude, 115, 124-5, 137, 162; afro-americanos, 200, 223, 364, 374, 389, 401; artistas/cantores negros, 111, 115-6, 124, 130, 132, 134-5, 144, 156, 169, 171, 185, 200, 220, 222, 384, 387; "cultura negra alternativa", 242; identidade negra, 116, 124-5, 140, 330; música negra, 71-2, 107, 110-1, 120-1, 124-5, 132, 134-5, 137-9, 141, 143, 156, 185, 220, 254, 296, 329, 343, 359, 387, 405
Neil, Vince, 41, 46, 49, 74, 75
Nelly, 228, 230, 337, 356, 367
Nelson, Terry, 212
Nelson, Willie, 186-191, 199, 213, 217
neo-soul, 159-62, 164, 189, 344
Neptunes, The, 361, 367
Nettles, Jennifer, 227
"Never Can Say Goodbye", 129
Never Can Say Goodbye (Gaynor), 383
Never Mind the Bollocks: Here's the Sex Pistols (Sex Pistols), 234, 240, 247, 255
"Never Too Much", 138
Nevermind (Nirvana), 240
"new country", 181
New Danger, The (Mos Def), 16, 17
New Edition (boy band afro-americana), 141, 142, 450
new jack swing, 142, 151
New Kids on the Block, 450

New Musical Express (revista), 35, 74, 393, 423, 424, 425, 442
New Orleans (Louisiana, EUA), 113, 327, 355, 356, 364, 365
new pop, 39, 250, 419-23, 427, 430-32, 440-5, 448, 455, 459
New Pornographers, The, 169
New Republic, The (revista), 330
"New Slang", 289
new wave, 102, 250, 272, 367, 388, 417, 421, 445
New York Dolls, 41, 245, 247
New York Record Pool, 383
New York Times, The (jornal), 15, 25, 30, 34, 55, 81, 130, 133, 164-5, 184, 198, 199, 202, 205, 240, 244, 270, 278, 332, 356-7, 361, 363, 385-6, 412, 415, 426, 437, 448, 464
"New York", 247
New Yorker, The (revista), 31, 69, 165, 340, 362, 461, 464
Newbury Comics (rede de lojas de discos), 275
Newman, A. C., 169
Newman, Randy, 88
Newsom, Joanna, 98
Newsweek (revista), 29, 80, 87, 241, 320, 396, 417
Next (banda), 151
Nickelback, 55, 56, 178
Nicks, Stevie, 84
"Night Fever", 384
Night Owl (casa noturna), 376
niilismo, 249
Nilsson, Harry, 47
Nine Inch Nails, 191, 407
Nipplegate (incidente de 2004), 157
Nirvana, 21, 48-54, 56, 103, 240, 251, 274, 277-9, 281, 285, 289
nitrito de amila (droga), 398
Nitty Gritty Dirt Band, 195
Nixon, Richard, 214
No Doubt (banda), 361
No Fences (Brooks), 203
No Strings Attached (*NSYNC), 154
Noel, Michelle, 268
"noise music", 163, 290
Nonesuch Records, 289
Noruega, bandas de metal da, 65

nostalgia e revivalismo, 27-8, 89, 102-3, 158, 161, 184, 188, 196, 197, 202, 220, 222, 242, 277, 427, 466
nostalgia, ULTRA (Ocean), 168
"Not Ready to Make Nice", 211
"Nothing Compares 2 U", 90
"Nothing Else Matters", 60
Notorious B.I.G., 295, 317, 325, 336, 347, 348, 352, 364, 371
Notting Hill Carnival (festival), 256
Nova York (NY), 16, 31, 63, 74, 111, 129-30, 144, 181, 196, 223, 239-40, 244-5, 247-50, 254, 256-7, 260-1, 263, 299, 302, 313, 319, 322, 331, 334, 343, 346-9, 352, 354, 356-60, 362, 364, 368, 371-3, 375-6, 379, 383-4, 387, 400, 402-4, 415, 422, 431, 446
*NSYNC, 154, 155, 367, 426, 450
Nugent, Ted, 244
Nuggets (coletânea), 244, 245
Numan, Gary, 440
nü-metal, 54, 55
Nuriddin, Jalal Mansur, 317
NWOBHM [*new wave of British heavy metal*], 58

O

O'Connor, Sinead, 90
O'Jays, The, 122, 125, 156, 382
O'Sullivan, Gilbert, 316
Oak Ridge Boys, 197, 200
Oakey, Phil, 441
Oasis, 104, 408
Obama, Barack, 218, 345
Obama, Michelle, 167
Oberst, Conor, 284
obscenidade, 247, 318, 331, 333, 334, 337, 389
Observer, The (jornal), 393
Ocaso de uma estrela, O (filme), 127, 128
Ocean, Frank, 98, 167
Odd Future, 167, 168, 362
Offspring, The, 51, 52, 281
Ohio Players, 124, 147
OK Computer (Radiohead), 98
"Okie from Muskogee", 213, 214
Ol' Dirty Bastard, 143

"Old Time Rock & Roll", 103
"Old Town Road", 181, 228, 229
Olimpíadas Especiais, 77
Olympia (Washington, EUA), 266, 270
Omar, Don, 372
"On & On", 159, 390
On Michael Jackson (Jefferson), 148
On the Record (documentário), 338
"Once You Understand", 434
"One in a Million", 78
"One Less Bitch", 336
"One", 60, 77
"Only in America", 216
Onze de Setembro, ataques terroristas de (2001), 216, 217
"Oops (Oh My)", 427
Operation Ivy (banda), 279
Opeth, 98
opioides, 285; *ver também* heroína, 285
Orb, The, 400
Orbit, William, 400
Orbital (dupla), 400
Original Hip-Hop Lyrics Archive (site), 347
orquestras, 14, 60, 184, 419
Osbourne, Ozzy, 34, 35, 61, 67, 245, 370
Oscars, 88, 127, 357
Osmonds, 434, 451
Osorio, Kim, 352
Otis, Shuggie, 454
Our Band Could Be Your Life (Azerrad), 274
OutKast, 209, 353, 354, 358, 367
"Over and Over", 228
Owens, Buck, 183, 197, 211, 212
"Owner of a Lonely Heart", 95
Ozone (revista), 352

P

P!nk, 156
P.O.D. (banda cristã), 79
"P.S.K. (What Does It Mean?)", 318
pagãos, mitos, 66
Page, Jimmy, 24, 34, 68
Paid in Full (Erik B. & Rakim), 307
Pain (Ohio Players), 147

Paisley, Brad, 195, 206, 218, 219, 221
Palace Brothers, 288
palm muting [abafamento, técnica do metal], 59
Palmer, Carl, 93
Palmer, Robert, 184, 202, 314
Paltrow, Gwyneth, 104
Pancho & Lefty (Haggard e Nelson), 189
Pandy, Darryl, 396
Panic! at the Disco (banda), 284, 285
Pantera (banda de rock), 64, 222
Panteras Negras, 309, 325, 375, 376
Papa Roach, 53
"Papa Was a Rollin' Stone", 118
"Paper Thin", 307
"Parabéns a você", 433
Paradise Garage (casa noturna), 382
Paramore, 284
Paranoid (Black Sabbath), 34
Parks, Rosa, 222
Parliament (banda), 124, 125, 390
Parsons, Gram, 100, 187, 190, 196-7
Partido Democrata (EUA), 215, 217-8
Partido Republicano (EUA), 145, 214-6; Convenção Nacional do, 126
Parton, Dolly, 173-81, 193, 200, 208-9, 222
"Party for Your Right to Fight", 309
Party Monster (filme), 396, 400
Paul, Billy, 122, 126
Paul, Sean, 371
Pavement, 288
"Pay to Cum", 260
Paycheck, Johnny, 190
Pearl Jam, 50, 56
Peebles, Ann, 159
Peer, Ralph, 176, 199, 223
Pendergrass, Teddy, 122, 139, 147
penteados, 41, 238, 260, 296
People's Instinctive Travels and the Paths of Rhythm (A Tribe Called Quest), 313
"Perfect", 85
Perigo para a sociedade (filme), 322
Pernice Brothers, 462
"Pernicious Rise of Poptimism, The" (Austerlitz), 428, 429
Perry, Joe, 313
Perry, Kate, 447, 448

Perry, Katy, 201, 429
Pet Shop Boys, 443, 444
Petty, Tom, 72, 102, 104, 222, 259
Phair, Liz, 90, 165, 270, 288
Philadelphia International Records, 121-2, 125-7, 130, 377
Phillips, Dom, 394, 395
Philly soul (ou "TSOP", The Sound of Philadelphia), 121, 123, 377
Phish, 97, 98
Phoenix (banda francesa), 153
"Photograph", 56
Phuture, 392
piano, 47, 82, 175, 177, 390, 391
Picciotto, Guy, 265, 284
"Picture", 227
Pierre (DJ), 392
Pink Floyd, 95, 98, 103, 433
Pitbull (rapper), 410
pitch, software para a correção de (autotune), 368, 369
Pitchfork (site), 353, 431
Pittman, Bob, 76
"Planet Rock", 310
Plant, Robert, 27, 34, 35
"Platypus (I Hate You)", 280
Play (Moby), 408
Playboy (revista), 63, 73, 256
"Please Mr. Postman", 108, 114
Pleasure (Ohio Players), 147
"Plush", 52
PMRC (Parents Music Resource Center), 39, 61, 62, 77
poder, dinâmicas de, 147
Podhoretz, Norman, 31
poesia, 23, 88, 187, 250, 301, 304, 362, 374
Poison, 44, 45, 47, 49, 75, 142, 239
"Poison", 142, 239
Polachek, Caroline, 169
"Police Story", 262
Police, The, 272, 317
Poly Styrene, 267
Pop Group, The, 440
Pop Smoke, 372
Pop, Iggy, 21, 241, 245, 446
pop, música, 11, 15, 17, 19, 45, 47, 51, 75, 82, 88, 101, 108-9, 112, 122-4, 126, 128, 138, 142, 155, 157, 170, 173-4, 178, 185, 240, 268, 272, 297, 308, 314, 322, 341, 356, 376, 379, 390, 394, 415, 418-23, 426, 428, 430, 433, 437-8, 441-4, 446, 448-51, 453, 456, 462, 464-5; Brit-pop (pop britânico), 39, 104, 419, 421-2, 425; *easy listening*, 132-3, 437; electro-pop, 139, 441-2, 455; "folk-pop feminino", 90; formato MOR — "middle of the road" [meio do caminho], 435; hyperpop, 448; K-pop (pop coreano), 448; mainstream, 21, 108, 178, 180, 254, 268, 350, 394, 418, 463-4; new pop, 39, 250, 419-23, 427, 430-2, 440-5, 448, 455, 459; new wave, 102, 250, 272, 367, 388, 417, 421, 445; pop eletrônico, 441, 445; "pop puro", 447; pop-punk, 280, 283, 462; poptimismo, 427-8, 430-1, 454-5, 462; synth-pop, 272, 402; Top 40 (formato), 449-50; uso do termo "pop", 421
"Pop" (canção do *NSYNC), 154
popularidade, 15, 28, 36, 40, 42, 47, 66, 136, 140, 154, 161, 173, 176, 183, 199, 204-5, 208, 213, 256, 281, 288-9, 293, 308, 316, 324, 330, 363-4, 369, 372-3, 395, 396, 402, 408, 414-5, 419, 421, 425, 428, 433, 436, 439, 442-3, 448-9, 454-5, 463
Porter Wagoner Show, The (programa de TV), 174, 175
Portlandia (programa de TV), 271
Portman, Natalie, 289
Porto Rico, 372
Posner, Mike, 410, 411
Possessed, 63
Powell, Colin, 218
Powell, Maxine, 116
"power ballads", 46-7, 60, 85, 175
power chords, 34
"Power, The", 404
"Power of Love, The", 103
Power Plant, The (casa noturna), 389
Powers, Ann, 90, 165
preconceito musical, 438
Presley, Elvis, 26-7, 99, 182-3, 186, 219, 304, 424
"Pretty Little Baby", 109
Pride, Charley, 220
Prince, 18, 21, 62, 90, 137, 148, 150, 162, 168, 441, 449

Prince Paul, 311
Prine, John, 88, 196, 200
Prism (Perry), 429
"Problems", 248
Prodigy, The, 360, 394, 407, 408
Professor Griff, 340
progressive house, 12, 406
progressivo, rock, 26, 29, 93-5, 97-9, 105, 119, 388, 409
protesto, canções e álbuns de, 34, 56, 70, 102, 120, 262, 385
Proud Boys, 259
psicodélica, música, 32, 81, 118, 119, 262, 353, 400, 465
psicodélicas, drogas, 32, 95
Public Announcement (banda), 151
Public Enemy, 21, 296, 298, 303, 308-9, 311, 340-1, 374
Public Image Ltd (banda), 250, 422, 440
Pulitzer, Prêmio, 344, 374
"Pump Up the Jam", 403
Punk (revista), 248, 254
"Punk Is Dead", 255
punk rock, 10, 19, 26, 189, 233, 238, 240-1, 244, 246, 251, 254, 257, 260, 262, 266-9, 276-9, 283-4, 286-7, 290-1, 308, 321, 394, 422; crust punk, 250
punks, 21, 59, 64, 234-5, 237-9, 245, 249-51, 253, 255, 257-61, 268-9, 272, 275, 279-82, 285, 291, 361, 439, 446; ; cultura "cyberpunk", 400
"Punks Not Dead", 255
Punks Not Dead (The Exploited), 235
Pure Country (filme), 193-4
Purple Haze (Cam'ron), 357
Purple Rain (filme), 137
"Push It", 307
Pussy Galore, 243
Pussy Riot, 271
"Pyramids", 98

Q

Q-Tip, 313, 431
Quadros de uma exposição (Mussorgsky, versão de Emerson, Lake & Palmer), 93

Queen, 36, 314, 379
queer, cultura, 404, 430
Questlove, 343-4, 353
quiet storm (formato radiofônico), 132-4, 136, 138, 168
Quiet Storm, A (Robinson), 132
"Quiet Storm", 132
Quik (DJ), 320

R

R&B (rhythm and blues), 11, 13, 15, 18-21, 26, 28, 38, 71-2, 83, 85, 91, 107-71, 176, 180, 182-5, 194, 219-20, 230, 239, 269, 273, 291, 294, 296, 299-301, 304, 311, 313, 315, 317, 331, 338, 342-3, 348, 350, 358, 366, 368, 375, 377, 382, 384, 389, 396, 402, 404, 419-20, 425, 427-8, 430-2, 434-5, 438-9, 448-50, 453-4, 460, 462; "blue-eyed soul" (cantores brancos), 155; introdução do termo "Rhythm and Blues", 111; *ver também* blues
R.E.M., 50, 79, 273
Race Records, 111, 171
racismo, 31, 78, 132, 134, 221, 254, 256-7, 296, 339, 343, 423
rádio: AM versus FM, 85, 119; estações de, 58, 85, 98, 119, 121, 130, 133-4, 138, 153, 157, 160, 175-7, 181, 184, 188, 196-7, 209, 214, 226, 232, 242, 302, 333, 358, 361, 372, 417, 432-3, 449; rádios locais, 271, 390; "urban contemporary" (formato radiofônico), 130
Radio City Music Hall (Nova York), 162
Radiohead, 52, 98, 409
Raekwon the Chef, 347
Rage Against the Machine, 54-5
"ragga", 395, 405
Rainbow (banda), 61
Raincoats, The, 251, 278
Ram (McCartney), 26
Ramones, 239, 246, 253-4, 260, 280
Rampling, Jenny, 397
Ranaldo, Lee, 274
Random Access Memories (Daft Punk), 409

rap, 54, 290, 296, 298, 302, 304-5, 309, 317, 320, 323, 324-5, 328, 329-30, 338, 341-2, 353-4, 361, 405-6; batalhas de, 363; country rap, 228; gangsta rap, 151, 295, 320-3, 327-9, 335, 338, 341, 344, 347, 350, 359, 371; "mumble rappers" [rappers que resmungam], 370; rap rock, 54, 264, 361; rappers brancos, 155, 227, 228, 302, 328, 330-1; rappers emo, 370; sério, 359-60; *ver também* hip-hop
"Rap against Rockism, The" (Sanneh), 426
Rap Attack, The (Toop), 306
Rap Pages (revista), 352
"Rapper's Delight", 295, 301, 315, 323, 402
"Rapture", 301, 302, 330
rastafarianismo, 260
Rat (jornal underground), 69
raves, 393-4, 399-402, 404, 407, 410-1; *ver também* dance music; eletrônica, música
Ray of Light (Madonna), 409
RCA Records, 153, 188, 361
Ready to Die (Notorious B.I.G.), 325
Reagan, Ronald, 148, 261, 274
Real Housewives of Atlanta, The (programa de TV), 156
Reasonable Doubt (Jay-Z), 328
Reba (série de TV), 194
"Rebel Girl", 268
"Reclamation", 265
Record Mirror (jornal), 392, 422
Recording Industry Association of America, 135
Recovery (Eminem), 362
Red (King Crimson), 94
Red Headed Stranger (Nelson), 188
Red Hot Chili Peppers, 50, 233, 236, 426
Redding, Otis, 109, 110, 116, 254
Reddy, Helen, 435
"Redemption Song", 90
redes sociais, 10, 56, 158, 164, 372, 374, 463
Reek of Putrefaction (Carcass), 64
Reeves, Jim, 184
"Reflex, The", 387
reggae, 67, 85, 89-90, 256, 257, 264, 272, 371, 441, 446, 455
reggaeton, 372, 373
Reid, L. A., 144

Reign in Blood (Slayer), 62
Reino Unido, 234, 371, 378; *ver também* Inglaterra
"Relax", 444
remixes, 356, 372, 383, 389-90, 401, 403, 413, 465
Replacements, The, 237
Reprise Records, 279, 289
"Respect", 17, 119, 139
Return to Forever, 96
Revolutionary Worker (jornal), 257
Rexha, Bebe, 229
Reynolds, Simon, 395, 396, 404
Reznor, Trent, 407
Rhodes, Nick, 442
Rhymes (loja de discos), 272, 276
Rhythm Nation 1814 (Janet Jackson), 142
Rhythm of the Saints, The (Simon), 89
Ricch, Roddy, 25
Rich, Charlie, 184, 198
Rich, Frank, 363
Richard D. James Album (Aphex Twin), 413
Richards, Keith, 67, 68, 70
Richardson, J. P. (The Big Bopper), 183
Richie, Lionel, 85, 138
Ride the Lightning (Metallica), 60
Right On (Haralambos), 116
Right On! (revista), 121
Rihanna, 153, 363, 410
Riley, Teddy, 142, 150
rimas de rua, tradição de, 318-20, 322, 332, 334
Rimmer, Dave, 417-8, 420-2, 431, 442, 455
riot grrrl (movimento), 266-71, 282
Riot Grrrl Collection, The (livro de 2013), 269
Rites of Spring, 284
Ritmo de um sonho (filme), 357
Ritter, Tex, 213
Ritz, David, 144, 146
Robinson, Darren (The Human Beat Box), 301
Robinson, Smokey, 108, 113, 115, 127, 132
Robinson, Sylvia, 301
Robyn, 448, 455
rock: acid rock, 26, 32, 58; álbum de rock, formato, 92, 248; álbuns conceituais, 92-3, 122, 433; alternativo, 49, 51, 53, 56, 79, 98, 140, 199, 209, 251, 288, 358, 361, 407, 409; ano de 1967 como o paraíso do

rock 'n' roll nos EUA, 433; astros do, 25, 27, 39, 41, 53-5, 71, 73-4, 90, 102, 105, 119, 155, 244, 256, 272, 280, 327, 330, 351, 365, 418, 424; black metal, 65-6, 104; blues rock, 102; "chifres do diabo" (símbolo com os dedos), 61; clássico, 53, 103, 200, 297; "college rock", 236; corporativo, 278; country rock, 100, 104, 187, 189-90, 195, 196, 216, 222; cristão, 79; críticos de, 31, 76, 351, 422, 425, 427, 458; de arena, 26, 50, 227; de garagem, 458; death metal, 63, 64, 104, 337, 466; doom metal, 64; "downer rock", 33, 40; glam rock, 44, 73-4; glitter rock, 73-4; grindcore, 64; grunge, 48-50, 52-6, 78-9, 103, 253, 278, 449; hair metal, 20, 25, 42-4, 46-8, 52-4, 57, 59, 74-6, 79, 175, 179; hard rock, 30, 40-1, 43, 47, 52, 55, 60, 72, 77-9, 81, 84-5, 95, 136, 227, 259, 277, 280, 313-4, 439, 442, 462; hardcore punk, 59, 61, 65, 236, 260-67, 281-4, 290, 302, 342, 395-6, 405; heavy metal, 34-5, 38, 40-1, 44-5, 57-8, 60-2, 64, 66, 72, 77-8, 84, 87, 93, 102, 205, 223, 245, 252, 254, 272, 333, 370; indie rock, 168-9, 223, 288-9, 366; "metal extremo", 64, 98; Modern Rock (parada da Billboard), 51; nü-metal, 54-5; NWOBHM [*new wave of British heavy metal*], 58; *palm muting* [abafamento, técnica do metal], 59; pós-punk, 49, 90, 199, 236-7, 240-1, 250, 273, 277-8, 288, 391; progressivo, 26, 29, 93-5, 97-9, 105, 119, 388, 409; punk rock, 10, 19, 26, 189, 233, 238, 240-1, 244, 246, 250-1, 254, 257, 260, 262, 266-9, 276-9, 283-4, 286-7, 290-1, 308, 321, 394, 422; rap rock, 54, 264, 361; rock mainstream, 49, 53, 55-6, 59, 80, 236, 272; "rockismo", 423-31, 438, 443; semiprogressivo, 95; shock rock, 62; sludge metal, 64; soft rock, 26, 81, 83-5, 88, 90, 96, 177, 179, 184, 268, 435; southern rock, 97, 189-90, 221-2, 226-7; thrash metal, 59-60, 62-4; "upper rock", 40; uso do termo "rock 'n' roll", 113, 115; "yacht rock", 84

Rock & Roll Hall of Fame, 44, 425

Rock Against Racism (RAR, movimento antifascista), 256, 257

"Rock and Roll" (canção do Led Zeppelin), 27

Rock Candy, 41

"Rock the Casbah", 256, 257

"Rock Your Baby", 388

rockabilly, 182, 197

Rockin' Mr. G, 116

"Rockit", 402

Rodgers, Jimmie, 176

Rodgers, Nile, 131, 315, 375, 380, 384, 398, 403, 409

Rogers, Kenny, 85

Rolling Stone (revista), 26, 30-1, 33, 37-8, 44-5, 49, 53, 60, 70-2, 74, 76, 78, 81, 83, 85-6, 88, 96, 100, 161, 165, 189, 210, 222, 270, 278, 281, 349-51, 357, 361, 379, 381, 400, 407-8, 411, 425-6, 429, 432, 435-6; *The Rolling Stone Illustrated History of Rock & Roll*, 84, 101

Rolling Stones, The, 23, 37, 42, 67-73, 100-1, 104-5, 113-5, 187, 220, 233-4, 239, 252, 286, 304, 379, 425, 433, 439, 442

Rolling Thunder Revue (turnê de Bob Dylan), 39

Rollins, Henry, 65, 262

romântica, música, 60, 117, 123, 132, 138, 142-3, 168, 174, 190, 398; *ver também* amor, canções de

Ronstadt, Linda, 83, 138

Roots, The, 342, 343, 344, 353

Ropin' the Wind (Brooks), 205

Rose Royce (grupo musical), 439

Rose, Axl, 43, 78

Rose, Tricia, 334, 339, 374

Rose, Wesley, 173

Rosen, Jody, 428

Ross, Diana, 114, 117, 120, 125, 127-8, 131, 138, 147, 149, 163, 166-7, 317, 384

Ross, Rick, 338

Roth, David Lee, 40, 45

Rotten, Johnny *ver* Lydon, John

Rotterdam (Holanda), 406

"Rotting Corpse, Stinking Up the Airwaves, A" [Um cadáver putrefato que empesteia as ondas radiofônicas] (Donahue), 432

Rough Trade Records, 251

"Roundabout", 94

Roxy Music, 73

"Rubber Duckie", 434
Rubin, Rick, 191, 303, 308, 313, 321, 334
Rucker, Darius, 223
"Rude", 455
Rufus, 124, 138
Rumours (Fleetwood Mac), 84
Run the Jewels, 346, 358
Runaways, The, 267
Run-DMC, 296, 302-3, 306-7, 313-4, 318, 321, 323
Rush, 94
Rutherford, Mike, 95
RZA (produtor), 347

S

S.O.A. (State of Alert), 262
Sadler, Barry, 212
Safer Scenes, 287
Salsoul Records, 384
Salt-N-Pepa, 307
Samberg, Andy, 151
samples, 160, 250, 311-6, 320, 322, 333, 361, 366, 394, 408-9, 454
Samuels, David, 330
Sanctuary, The (boate gay), 382
Sandinista! (The Clash), 256
Sandpiper (boate), 383
satanismo, 61, 62, 63, 65
Saturday Night Live (programa de TV), 151, 426
"Saturday Night", 452, 453
Saturday Review (revista), 67
Saunders, Jesse, 390
Saunders, Metal Mike, 72
Saunderson, Kevin, 391
"Save a Horse (Ride a Cowboy)", 228
Savile, Jimmy, 377
saxofones, 71, 79, 179, 184, 299
"Say It Loud — I'm Black and I'm Proud", 116
"Say No Go", 311
"Say Say Say", 38
"Say You, Say Me", 85
Scarface (rapper), 321
Schloss, Joseph G., 311
Scholz, Tom, 95

"Schoolboy Blues", 73
Schoolly D, 318, 319
Scorsese, Martin, 39
Scott, Jill, 160
Scott, Travis, 370
Scott-Heron, Gil, 305
"Scream", 149
Screw (DJ), 357, 369, 465
Scritti Politti, 430
Seat at the Table, A (Solange), 169
Seattle (Washington, EUA), 49-50, 53, 277-9
Seeburg (empresa de jukeboxes), 378-9
Seger, Bob, 103, 408
segregação musical, 71, 111, 134, 156, 171
Self Portrait (Dylan), 86
"Self-Destruction", 341
selos independentes, 108, 217, 251, 274, 277, 280, 288
Senado (EUA), 39, 40
Senegal, 9
Sessions (Craig), 413
"Setting Sun", 408
Seven Churches (Possessed), 63
Seven Mary Three, 52
"Sex & Violence", 235
Sex Pistols, 234-7, 240-1, 247-50, 253-5, 277, 422, 439-40, 442
"Sex Type Thing", 52
sexismo e misoginia, 67, 462; *ver também* machismo
"Sexual Healing", 144
SFX (empresa de eventos), 411, 415
Sgt. Pepper's Lonely Hearts Club Band (Beatles), 44, 92
Sha Na Na, 103
Shade, Will, 176
Shadow, The (jornal), 257
Shakur, Tupac, 295, 322, 324-6, 353, 364
Shamen, The, 393
Shan (MC), 310
Shannon, 402
"Sharon e Tracy" (apelido de fãs de pop mainstream), 394
Shaver, Billy Joe, 196
Shaw, Mattie Della, 137
"She Said Yeah", 252
"She Works Hard for the Money", 402

"She'll Be Sorry", 129
She's So Unusual (Lauper), 446-7
Sheeran, Ed, 85, 464
Shelter (casa noturna), 400
Shelton, Blake, 230
Sherrill, Billy, 184
Shinoda, Mike, 55
Shins, The, 289
Ship Ahoy (O'Jays), 126
Shirley, Danny, 222, 419
shock rock, 62
Shocking Blue, 104
Shoom (casa noturna), 397
Shout at the Devil (Mötley Crüe), 44
Sia, 410
Siano, Nicky, 382
Sicko, Dan, 406
Sideburns (fanzine britânico), 237
Signed, Sealed and Delivered (Garratt), 451
signifying monkey [macaco que aponta, mitologia iorubá], 318
"Signifying Rapper", 318
Silk, 158
"Silly Ho!", 163
Silverchair, 53
Silverstein, Shel, 189
Simmons, Joseph, 303
Simmons, Russell, 303, 308, 338
Simon & Garfunkel, 89, 119
Simon, Carly, 82-3
Simon, John, 99
Simon, Paul, 89, 238
Simone, Nina, 116
Simpson, Ashlee, 426, 427
Simpson, Kim, 435
Sinatra, Frank, 114, 133
Singleton, John, 353
Singleton, Raynoma, 120
sintetizadores, 40, 42, 119, 179, 207, 250, 310, 388, 392, 396, 404, 424, 441; Moog, 388
Siouxsie and the Banshees, 250
Siouxsie Sioux, 250
"sippy-cup country" [country mamadeira], 205, 206
Sir Mix-A-Lot, 449
"Sister", 148
Sixx, Nikki, 41, 42, 57

ska, 279, 361
Skaggs, Ricky, 195
skinheads, 258-64, 280
Skrewdriver, 258, 259
Skrillex (produtor), 410
Slash, 43
Slate (revista), 428
Slayer, 60, 62, 63, 65, 77
Sleater-Kinney, 271
Slick Rick, 307
Slits, The, 251
slow jams, 136, 144, 168, 196, 198, 358
"Slow Jamz", 367
sludge metal, 64
"slut-shaming", 271
Sly and the Family Stone, 119, 388, 439
Smash Hits (revista), 421, 430, 443
Smash! (Winwood), 280
Smashing Pumpkins, The, 52
"Smells Like Teen Spirit", 48, 49, 240
Smith, Danyel, 152
Smith, Patti, 241, 246, 255
Smith, Will, 303
Smiths, The, 272
Smokey Robinson and the Miracles, 108, 113
smooth jazz, 132, 157
Smucker, Tom, 437
Snap! (grupo alemão), 404
Snider, Dee, 39, 40, 62
Snivelling Shits, The, 252
Snoop Dogg, 322, 324, 335-6, 352-3
Snowman, The (Young Jeezy), 358
So Beautiful or So What (Simon), 89
"So Gone", 158
SOD (Sounds of Death, revista), 65
Soft Cell, 424
soft rock, 26, 81, 83-5, 88, 90, 96, 177, 179, 184, 268, 435
#sogonechallenge (fenômeno das redes sociais), 158
Solange, 169, 170, 171
"Some Kind of Wonderful", 30
"Somewhere Out There", 138
Song Remains the Same, The (filme), 36
Songs in the Key of Life (Wonder), 119, 127
Sonic Youth, 240, 274, 275
Soul Discharge (Boredoms), 242

"Soul Makossa", 381, 382, 410
soul music, 71, 110, 116-23, 129, 134, 137-8, 140, 142, 144, 155, 159-62, 184, 185, 254, 343, 345, 347, 353, 388, 396; "blue-eyed soul" (cantores brancos), 155; hip-hop soul", 144; neo-soul, 159-62, 164, 189, 344; pesquisa da Harvard Business School, 121; Philly soul (ou "TSOP", The Sound of Philadelphia), 121, 123, 377; soul psicodélico, 118, 119
Soul Train (programa de TV), 121-2
Soul Train Awards, 140
Soulaquarians, 344
"Sound of Silence, The", 89
SoundCloud, 12
Soundgarden, 50
Sounds (revista britânica), 72
SoundScan (empresa), 204
Source Awards, 352, 354, 360
Source, The (revista), 18, 296, 315, 348, 349-52, 356
Southern Accents (turnê de Petty), 222
"Southern Man", 221
"southern rock, 97, 189, 190, 221, 222, 226, 227
Southern Voice", 222
Spandau Ballet, 422, 424
Spears, Britney, 53, 411, 426, 450, 466
Spelman College, 337
Spheeris, Penelope, 43
Spice Girls, 271
Spin (revista), 53, 54, 62, 140, 298, 319-20, 351, 449-50
Spotify, 13, 229-30, 287, 365, 372, 453, 455, 463, 465
Springfield, Rick, 453
Springsteen, Bruce, 28-9, 50, 101,-2, 227, 244, 439
"Springsteen", 101, 227
Sprinkles (DJ), 413
SST Records, 273-4, 278
Stagecoach (festival), 196
"Stairway to Heaven", 26, 46
Stakes Is High (De La Soul), 341
Standells, The, 244
Stanley, Paul, 36, 44
Stanley, Ralph, 195
stans, 10

Staple Singers, The, 453
Stapleton, Chris, 200
Stapp, Scott, 53, 54
"Star Wars Theme/Cantina Band", 379
Starchild (personagem), 36
Stardust (Nelson), 191
Starlito, 458
Starr, Maurice, 450
"Stars and Stripes of Corruption", 257
"Start Me Up", 101
Stax Records, 118
"Stayin' Alive", 384
steel guitar, 175-6, 178-9, 181, 187, 201, 207-8
Steely Dan, 84
Stefani, Gwen, 209, 361
Steppenwolf, 34
Stetsasonic, 315
Stevens, Cat, 69
Stevie Wonder's Journey Through the Secret Life of Plants (álbum), 127
Stewart, Bill, 434, 450
Stewart, Martha, 335
Stewart, Rod, 88, 379, 386
Stewart, Sue, 451
Stiff Little Fingers, 424
"Stillness Is the Move", 169
Stone Temple Pilots, 51, 52
Stone, Sly, 71
Stonewall, revolta de (Nova York, 1969), 379
Stooges, The, 245, 246, 249, 253
Stop the Violence Movement, 341
Storm Rave (festa itinerante), 400
"Straight Edge", 261
Straight Outta Compton (N.W.A.), 320-3
straight-edge (movimento), 261-3, 285
Strait, George, 181, 192-5, 197-9, 201
Strange, Steve, 439, 442
Strauss, Neil, 41, 199
Strawberries (loja de discos), 272
Stray Cats, 197
streamings digitais, 13, 21, 135, 226, 229-30, 271, 287, 369, 372, 410, 453-4, 463, 465
Streisand, Barbra, 84, 396
Streissguth, Michael, 213
"Strings of Life", 391
Strokes, The, 104, 241
Strong, Barrett, 118

"Stronger", 409
Strummer, Joe, 257
Stuart, Ian, 259
Stubblefield, Clyde, 311
Studio 54 (boate), 384-5, 387, 398, 400
Styx, 94
suástica, 234, 253-4, 257
Sub Pop Records, 277-8, 289
"Substitute", 113
Suécia, 98, 250, 312, 448
Sugarcubes, 90
Sugarhill Gang, The, 295, 301, 315
Sugarland, 227
"Suicide Solution", 61
suicídio, 51, 60, 61, 135, 241, 325
Sullivan, Ed, 99
Summer Jam (show anual em Nova Jersey), 359, 360
Summer, Donna, 163, 186, 380, 384, 388, 396, 402, 439
Sun Records, 183
Sundblad, Linda, 458
"Super Freak" (canção), 134-5, 314
"Superfreak" (artigo de Smith, 1994), 152
"Supernature", 389
Suprema Corte (EUA), 265
Supremes, The, 114, 116-7, 144, 164, 166
Surviving R. Kelly (documentário), 153
Sweatshirt, Earl, 362
"Sweet Home Alabama", 221, 227
"Sweet, Sweet Smile", 438
Sweetheart of the Rodeo (The Byrds), 187
Swift, Taylor, 92, 180, 208, 209, 218, 285, 411
Switchfoot (banda cristã), 79
Sylvester, 385, 389
synth-pop, 272, 402

T

T. Rex, 73
T.I. (rapper), 358
Tailgates & Tanlines (Bryan), 225
Take Back the Music (campanha), 337
"Take Good Care of My Baby", 82
"Takeover", 360

"Takin' Care of Business", 308
"Takin' Retards to the Zoo", 237
Taking the Long Way (Dixie Chicks), 211
"Talkin' All That Jazz", 315
"Talkin' Song Repair Blues, The", 193
Talking Heads, 273
Tamla Records, 107
Tangerine Dream, 388
Tapestry (Carole King), 82, 84
Tattoo You (Rolling Stones), 101
Taupin, Bernie, 84
Taylor, James, 81, 83, 84
Taylor, Jennifer, 91
"Tears Are Not Enough", 420, 421
techno, 12, 161, 223, 252, 380, 391, 394-6, 399-401, 404, 406-8, 413-5
"Techno Music", 391
Techno! The New Dance Sound of Detroit (coletânea), 391
Technotronic, 403
Teenage Awards Music International (T.A.M.I. Show), 114, 115
Television Personalities (banda), 251
Temple of the Dog, 50
Temptations, The, 109, 118
Tennant, Neil, 443, 444
Tennessean, The (jornal), 219
Terrorizer (revista), 64
Tesfaye, Abel (The Weeknd), 168
Texas Monthly (revista), 190
Tharpe, Sister Rosetta, 79
"That's the Way I've Always Heard It Should Be", 83
"That's What Friends Are for", 139
The-Dream, 358
"There You Go", 156
There's a Riot Goin' On (Sly and the Family Stone), 119
"(They Long to Be) Close to You", 437
Thin White Duke (personagem de Bowie), 256
This Is It (filme), 149
This Is Spinal Tap (documentário), 94
"This Note's for You", 77
Thomas, Clarence, 265
Thomas, Timmy, 129
Thompson, Hunter S., 212

Thornton, Sarah, 394, 397
thrash metal, 59, 60, 62, 63, 64
Thrasher (revista), 283, 284
Three 6 Mafia, 356, 357
"Thriller", 135, 147
Thriller (Jackson), 10, 38, 128, 135-8
Thunder Rolls, The", 203, 210
Thurber, James, 340
Tiësto, 414
Tiger Beat (revista), 121
"Tik Tok" (canção), 361
TikTok, 374
"Tim McGraw", 208
Timbaland, 157, 163, 366-7
Timberlake, Justin, 151, 154-7, 367, 426
Time (revista), 35, 72, 80, 83, 99, 103, 114, 140, 205, 211, 223, 400
"Time to Jack", 390
TLC (trio), 150, 156, 163
TNN (emissora), 204
To Be Loved (Gordy), 108
To Hell with the Devil (Stryper), 79
"To Kill a Hooker", 322
"To Sir with Love", 433
Toad's Place (casa de shows), 239
"toasters" (deejays jamaicanos), 305
Today Show (programa de TV), 248, 303
Tomato-gate (controvérsia), 226
Tomb of the Mutilated (Cannibal Corpse), 63
Tomorrowland (festival belga), 414
Tone Lōc, 314
Tonto's Expanding Head Band, 119
Too $hort, 319
"Too Close", 151
Tool (banda), 98
Toop, David, 306
"Torn and Frayed", 100
Total Request Live (programa de TV), 450
"Touch It", 409
"Tracks of My Tears, The", 113
traficantes, 317, 319, 327, 358
Trago, Tom, 130
trap, 358, 373
Travis, Randy, 193, 198
Travolta, John, 177, 192, 194, 384, 386
Treacy, Dan, 251
Treasures, The, 185

tremas decorativos em nomes de bandas, 41, 54
tremolo (na guitarra), 63
"Tribal Rites of the New Saturday Night" [Rituais tribais das novas noites de sábado] (revista *New York*), 386
tribal/tribalismo, 11, 21, 84, 104, 180, 213, 217, 219, 255, 292, 386
Tribe Called Quest, A, 313, 323
Trick Daddy, 356
trilhas sonoras, 9, 32, 96, 103, 133, 194, 199, 256, 266, 348, 357, 363, 384, 388, 400-2, 405, 415, 454
Trina, 356
Trolls 2 (filme de animação), 20
"tropical house", 415
True, Everett, 277
Trugoy the Dove, 312
Trump, Donald, 56, 259, 345
TSOP (The Sound of Philadelphia)", 121
Tttttttttt (fanzine), 238
Turner, Ike, 79, 138
Turner, Tina, 138
Turtles, The, 316
TV a cabo, 45, 193, 297
Twain, Shania, 207, 209
Tweedy, Jeff, 199
"Twinkle, Twinkle, Little Star", 433
Twisted Sister, 39, 40, 57
Twitter, 164, 170, 411, 431
Tyler, Steven, 37, 313
Tyler, the Creator, 362

U

"U Can't Touch This", 134, 297, 314, 315
U2, 50, 79
UB40 (banda), 85
UK drill, 371
Ulrich, Lars, 59
Ultra Music (Miami), 411
Ultramagnetic MCs, 297
"Unanswered Prayers", 203
Uncle Tupelo, 199, 200
"Under My Thumb", 68, 69
"Under the Bridge", 236

Underwood, Carrie, 227
Universal Companies, 126
Universal Records, 159
Universidade Brown, 335
Universidade da Pensilvânia, 318
Universidade Harvard: Harvard Business School, 121
Universidade Howard, 132
Universidade Princeton, 87
"Unwound", 192, 193
Up! (Twain), 207
"upper rock", 40
"Upside Down", 131
"urban contemporary" (formato radiofônico), 130
Urban, Keith, 227
Urie, Brendon, 285
U-Roy, 304, 305
USA Today (programa de TV), 209
"Use Me Again", 130
Use Your Illusion (Guns N' Roses), 49
"Used to Love Her", 78, 336
Used, The, 241
Usher, 144, 156, 366, 410

V

Vai, Steve, 45
Valens, Ritchie, 183
Vampire Weekend, 241
Van Cortland Park (Bronx, Nova York), 70
Van Eaton, Jimmy, 99
Van Halen (grupo californiano), 40-1, 45, 49, 136
Van Halen, Eddie, 40, 136
Van Zandt, Townes, 88
Vandross, Luther, 138, 140-1, 147, 156, 194
Vanilla Ice, 297, 314
Vanity Fair (revista), 444
Vee, Bobby, 82
Vee-Jay Records, 114
Velvet Revolver, 52
Velvet Underground, The, 79, 245, 433
Venom (banda), 62, 63, 65
Vernon, Justin, 169

Very Special Christmas, A (álbum coletivo de 1987), 77
VH1 (emissora), 53
Vibe (revista), 143, 150, 152, 343, 348, 352
Vicious, Sid, 249
Victor Talking Machine Company, 176
"Video", 160
Vietnã, Guerra do, 19, 214; massacre de My Lai, 212
Vikernes, Varg, 65, 66
Vila Sésamo (programa de TV), 113, 434
Village People (banda), 385
Village Voice, The (jornal), 18, 31, 69, 165, 254, 356, 424, 437
Viner, Michael, 299
Vines, The, 457
violão, 46-7, 60, 71, 85, 91, 155, 160, 176, 178, 183, 194-5, 218, 237
violência, 38, 40, 61, 63, 65, 78, 153, 210, 258, 259, 264, 268, 279, 322, 326, 328, 334-6, 341-2, 358; doméstica, 78, 153
violinos, 10, 14, 178, 187, 192, 207, 209, 238, 251
Virgin Records, 391
Visage, 442
Vlad (DJ), 364
"Vogue", 239, 403
Voodoo (D'Angelo), 161
Vulgar Display of Power (Pantera), 64

W

W.A.S.P., 62
Wagoner, Porter, 174, 175
Wah!, 423, 424
"Waitin' on a Woman", 206
"Waiting in Your Welfare Line", 211
Waits, Tom, 88
Walk the West, 202
"Walk This Way", 313, 314
Walker, Summer, 358
Wall, The (Pink Floyd), 95
Wallace, George, 214, 215, 221
Wallen, Morgan, 178, 179, 181, 231
Walmart, 77

Walters, Barbara, 215
"Wanna Be Startin' Somethin'", 410
Wanna Buy a Bridge? (coletânea), 251
Wanted! The Outlaws (coletânea), 188, 189, 210
"WAP" (ou "Wet Ass Pussy"), 333, 337
"War Pigs", 34
Warehouse, The (casa noturna), 387, 389, 390
Warhol, Andy, 38, 245
Warner Bros., 273, 289, 321
Warp Records, 395
Warrant, 46, 49, 75, 76
Warren, Diane, 47
Warwick, Dionne, 138, 139, 140
Washington Times, The (jornal), 340
Washington, DC, 132, 165, 260, 262, 264, 266, 269, 283-5
Washington, Dinah, 112
Wattie, 255
Watts Prophets, The, 305
"Way over There", 108
WBLS (estação de rádio), 130, 137, 381
WCHB (estação de rádio), 116
"We Are All Prostitutes", 440
"We Are the World", 77
"We Call It Acieeed", 393
"We Got to Hit It Off", 130
"We're an American Band", 30
"We're Not Gonna Take It", 39, 40
"We've Only Just Begun", 436, 437
Webb, Jimmy, 185
Weeknd, The, 168
Weiland, Scott, 52
Weinstein, Deena, 32
Weiss, Barry, 361
Welch, Gillian, 199
Welcome to Hell (Venom), 62
"Welcome to the Future", 218, 219
Wendell, Bud, 205
Wenner, Jann, 30, 44, 100, 101, 351
West, Cornel, 124
West, Kanye, 345, 367, 409, 413
Westerberg, Paul, 237
Western music, 111, 176, 177; *ver também* country music
Westwood, Vivienne, 247, 253

WFNX (estação de rádio), 276
"Wham Rap! (Enjoy What You Do?)", 431
Wham! (dupla), 431, 444
What's Going On (Gaye), 120, 122
What's the 411? (Blige), 144
When Chickenheads Come Home to Roost (Morgan), 335
"When We Stand Together", 56
"Where Were You (When the World Stopped Turning)", 216
"Whiskey Lullaby", 195
Whisky à Go Go (boate), 377
White Lion, 43, 47, 49
"White Noise Supremacists, The" (Bangs), 254
"White Power", 259
"White Riot", 255
White Stripes, 104
White, Barry, 123, 128
Whitehead, John, 126
Whitesnake, 42, 47, 49
Whitfield, Norman, 118, 119
Whitley, Keith, 195
"Who Protects Us from You?", 334
"Who Shot Ya?", 326
Who, The, 27, 113, 433
"Whoever's in New England", 193, 194, 204
"Whole Lotta Love", 382
"Whole Lotta Shakin' Goin' On", 183
WHRB (estação de rádio), 242-4, 246-7, 249, 251-2, 278, 290
WHUR (estação de rádio), 132
"Why Can't We Live Together", 129
"Wichita Lineman", 185
Wide Open Spaces (Maines), 209
Wilco, 199, 289
"Wild Horses", 187
Will the Circle Be Unbroken (Nitty Gritty Dirt Band), 195
Williams, Hank, 176, 192, 221-2
Williams, Larry, 252
Williams, Lucinda, 199
Williams, Pharrell, 367
Williams, Robert, 43, 387
Williams Jr., Hank, 221, 223, 226
Willie Nelson's Fourth of July Picnic (festival), 186

Willis, Ellen, 31, 35, 57, 69, 75
Willis, Victor, 385
Wilson, Ann, 43
Wilson, Carl, 460, 464, 466
Wilson, Cassandra, 343
Wilson, Jackie, 148
Wilson, John S., 437
Wilson, Nancy, 133
Winfrey, Oprah, 137, 259
Winger (banda), 48, 49
Winger, Kip, 48, 49
Winwood, Steve, 102
"Wipeout", 302
Wish You Were Here (Pink Floyd), 95
"Without You", 46
Witter, Simon, 396
Wolf in Sheep's Clothing, A (Black Sheep), 293, 296
Womack, Lee Ann, 181
Woman in Me, The (Twain), 207
Wonder Mike, 295, 323
Wonder, Stevie, 110, 119-20, 125, 127, 139-40, 163, 166, 232, 301
Woodstock, festival de (EUA, 1969), 103, 186
world music, 20, 181, 207, 312
Worley, Darryl, 216
Wrecking Ball (Harris), 197, 198
Wright, Adrian, 422
Wu-Tang Clan, 347, 348, 349, 350
Wu-Tang Forever (Wu-Tang Clan), 349
Wylie, Pete, 423, 428
Wynette, Tammy, 184, 210, 215

X

X-Ray Spex, 267
Xscape, 156
XXL (revista), 352
XXXTentacion, 285-7, 370

Y

"Y.M.C.A.", 385
"yacht rock", 84
Yankovic, Weird Al, 448

Yazoo, 445
Yello, 389
Yes (banda), 93-5, 98
Yes Yes Y'all (Frick and Ahearn), 299, 300
Yo Gotti, 357
Yo! MTV Raps (programa de TV), 45, 297, 331
Yoakam, Dwight, 197, 200
Yohannan, Tim, 279-82
"You Are You", 112
You Can Dance (Madonna), 403
"You Give Good Love", 139
"(You Make Me Feel) Like a Natural Woman", 82
"You Oughta Know", 51
"You Should Be Dancing", 384
"You're Nobody Till Somebody Loves You", 114
"You've Got a Friend", 82
Young Jeezy, 358, 359
Young Money (gravadora), 368
Young Thug, 370
Young, Earl, 377, 381, 388, 396, 401, 404
Young, Neil, 77, 84, 221
Youth of Today, 263
YouTube, 364, 410, 428, 463

Z

Zappa, Frank, 24, 95
Zevon, Warren, 227
Zion I, 339
ZZ Top, 102

Major Labels: A History of Popular Music in Seven Genres © Kelefa Sanneh, 2021

Todos os direitos desta edição reservados à Todavia.

Venda proibida em Portugal

Grafia atualizada segundo o Acordo Ortográfico da Língua Portuguesa de 1990, que entrou em vigor no Brasil em 2009.

capa
Elohim Barros
composição
Jussara Fino
preparação
Cacilda Guerra
índice remissivo
Luciano Marchiori
revisão
Ana Maria Barbosa
Erika Nogueira Vieira

Dados Internacionais de Catalogação na Publicação (CIP)

Sanneh, Kelefa (1976-)
 Na trilha do pop : a música do século XX em sete gêneros / Kelefa Sanneh ; tradução André Czarnobai. — 1. ed. — São Paulo : Todavia, 2023.

 Título original: Major Labels : A History of Popular Music in Seven Genres
 ISBN 978-65-5692-438-0

 1. Música popular — história. 2. Música — século XX. I. Czarnobai, André. II. Título.

CDD 780.8

Índice para catálogo sistemático:
1. História da música 780.8

Bruna Heller — Bibliotecária — CRB 10/2348

todavia
Rua Luís Anhaia, 44
05433.020 São Paulo SP
T. 55 11. 3094 0500
www.todavialivros.com.br

fonte
Register*
papel
Pólen natural 80 g/m²
impressão
Geográfica